모형공구 카탈로그 1

1. 프라모델용 니퍼
2. 그 밖의 니퍼
3. 커터 나이프
4. 나이프
5. 그 밖의 커터 & 나이프
6. 줄
7. 사포
8. 핀셋
9. 핀 바이스 & 드릴
10. 펀치
11. 철필
12. 조각도
13. 그 밖의 절삭 공구
14. 톱
15. 가위
16. 펜치 & 플라이어
17. 모터 툴
18. 열가공 툴
19. 자, 가이드
20. 주변 용구

모형을 만드는 데 필요한 공구에 자르거나 깎기 위한 절삭공구, 부품을 들거나 잡기 위한 도구, 계측이나 모양을 만들기 위한 가이드 역할을 하는 것 등, 이 모두를 '공구'라는 단 한 마디의 단어로 묶어 표현하기엔 그 종류가 너무나도 다양하다. 이들 공구의 대부분은 모형 점에서 쉽게 손에 넣을 수 있으며 대개의 경우 해당 용도에 딱 맞추어 제작되었기에 사용하기도 편리하다. 하지만 개조 가공이나 그 외의 특수한 조형 작업을 하기 위해서는 일반적인 공구에도 눈을 돌려, 보다 선택의 폭을 넓힐 필요가 있다. 이번 챕터에서는 다양한 공구를 자료와 함께 소개해나가도록 하겠다.

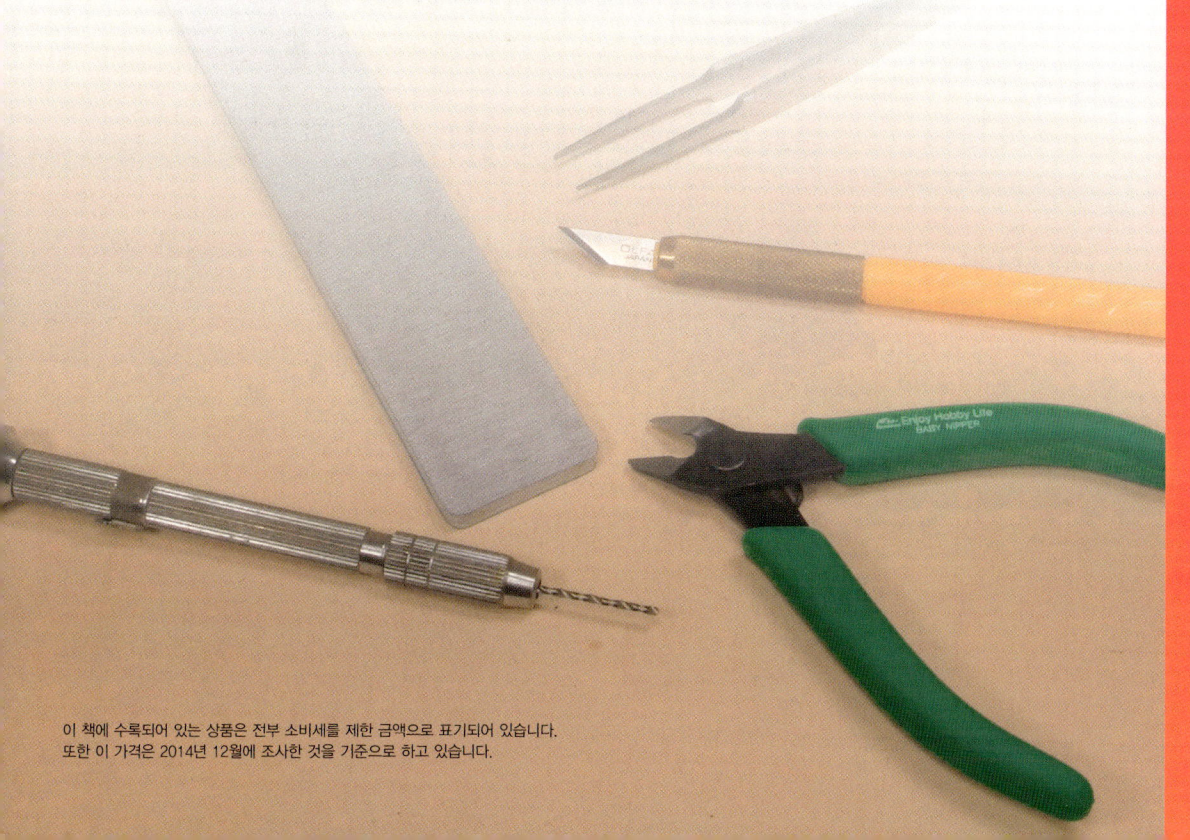

이 책에 수록되어 있는 상품은 전부 소비세를 제한 금액으로 표기되어 있습니다.
또한 이 가격은 2014년 12월에 조사한 것을 기준으로 하고 있습니다.

1 프라모델용 니퍼

【용도】 • 프라모델의 게이트를 자를 때
• 플라스틱 소재의 절단

니퍼는 프라모델을 만들 때 필요로 하게 되는 제1순위의 공구이다. 하지만 일상적으로는 사용할 일이 거의 없기 때문에 "(오직) 모형을 만들기 위해 구입하는 공구"의 1순위라고도 할 수 있을 것이다. 구조는 가위와 비슷하며 부품을 좌우 양쪽의 날에 물리고 "뚝!"하고 단번에 잘라낸다.

일반용 니퍼는 철사나 전기배선의 절단 등에 사용되는 것으로, 튼튼한 날과 다부진 그립으로 구성되어 있으나, 프라모델용 니퍼는 플라스틱 같은 비교적 부드러운 소재를 자르기 위해 날을 날카롭게 가공한 것으로 단단한 소재를 절단하기에는 적합하지 않다. 외견상으로는 날의 측면이 얇고 양쪽 날을 맞대었을 때 바깥 면이 일자로 평평해지는 것으로 구별할 수 있다. 날의 측면이 얇은 것은 부품과 런너 사이의 좁은 부분에 집어넣기 편하게 하기 위함이고, 날의 바깥 면이 평평한 것은 절단면을 평탄하게 하여 게이트(런너와 부품을 이어주던 부분)를 처리하기 편리하도록 하는 한편으로 절단 시에 부품이 일그러지는 것을 최소화하기 위함이다. 프라모델용 니퍼도 가격이나 모양의 차이로 여러 가지 종류가 있으나, 수백 개가 넘는 부품을 잘라내다 보면, 조그만 차이가 쌓이고 쌓여서 때로는 꽤나 큰 피로가 누적되기도 한다. 사용빈도가 높은 도구이므로 가능하면 좋은 것을 사용할 것을 권하고 싶다.

▲프라모델의 부품을 런너에서 잘라내는 모습. 품질이 좋은 니퍼일수록 큰소리를 내지 않고 슥슥 부드럽게 잘린다. 당연히 힘도 적게 들어가므로 손에 가는 부담 또한 적다.

▲절단면의 비교. 왼쪽이 프라모델용, 오른쪽이 일반용 니퍼다. 프라모델용은 절단면이 평평하지만 일반용은 솟아올라 있다.

▲날의 측면 비교. 왼쪽의 프라모델용은 앞부분이 도려낸 듯 얇게 가공되어 있다. 반면 일반용은 서서히 좁아진다.

베이비 니퍼
◀소형이면서 경량인 니퍼. 일반적인 니퍼의 손아귀 폭이 50mm 전후인데 반해서, 이 제품은 42mm으로 손이 작은 어린이에게 적합하다. 가격은 싸지만 날이 튼튼하고 날카롭다. 그립은 탄성 고무이며 다른 제품과 비교해도 부드럽다. 첫 프라모델과 함께 선물해주는 것을 추천
(500엔 / 미네시마)

모델러즈 니퍼 α(그레이)
▶입문자용 니퍼…라고 하지만 손잡이의 강도와 날의 날카로움은 통상적인 제작에서도 제몫을 하는 제품이다. 탄력과 벌어지는 정도도 적절. 특히 그립이 잡기 수월하고 힘을 주기 편하게 만들어져 있다. 게이트부터 런너 절단까지 소화할 수 있는 안정감이 있다. 입문자용 첫 니퍼로, 추후에 보다 상급 제품을 구입한 후에는 '서브'로 활용해도 좋을 것이다.
(1200엔 / 타미야)

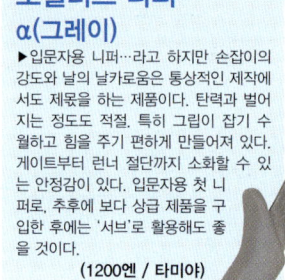

프라모델용 니퍼
▶하세가와 「트라이 툴」의 프라모델용. 크기는 약간 작은 편이고 손잡이는 두터운 판을 구부린 듯한 형태로 만들어져 있어 튼튼하다. 그립도 각을 주어서 힘을 주기 쉬운 타입. 날 주변이 약간 두께가 있는 편으로, 위에서 게이트 부분을 향해서 삽입하듯이 사용하는 방식에 적합하다. 날카로움은 프라모델용으로 극히 평균적. 동사의 「에칭 니퍼」 쪽이 프라모델용으로는 훨씬 자르는 맛이 좋은 편.
(2400엔 / 하세가와)

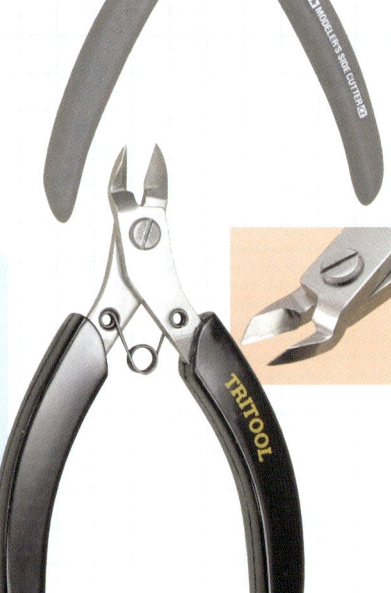

Mr. 베이직 니퍼
◀저가의 범용 니퍼. 입문용의 1000엔 전후 제품치고는 스탠더드한 구조로, 날이 바깥에 있는 면의 일부가 약간 좁지만, 절단면은 평평하다. 날 끝은 튼튼한 편으로 플라스틱 봉이나 레진 부품 등 플라스틱 수지뿐만 아니라 금속선의 절단에도 활용이 가능하다. 지름 1.2mm의 황동선도 절단이 가능하므로, 해당 작업에 대비하여 구비해두는 것도 좋을 것이다.
(1000엔 / GSI 크레오스)

Mr. 니퍼
▶이쪽은 프라모델 전용으로 한층 더 본격적인 타입. 손잡이와 힘을 주는 부분도 제대로 만들어져 있다. 끝 부분은 삼각형으로 작게 되어 있으며, 두께도 얇게 도려낸 듯한 형태로 되어 있는 등 게이트 근처에 삽입하기 쉽게 되어 있다. 날이 달려 있는 부분은 극단적으로 얇지는 않기에, 게이트 커팅 전용이라기보다는 보다 다용도로 사용할 수 있는 제품이다.
(1800엔 / GSI 크레오스)

✏ CHECK POINT

●넓게 벌려서 잘라선 안 된다!

▲플라스틱처럼 원래 자를 수 있는 소재라 하여도 지나치게 굵거나 두꺼운 것을 무리해서 자르려 하면 안 된다. 날을 넓게 벌려서 사용하면 칼날이 뒤틀리거나 접합부분이 상하는 원인이 된다.

●프라모델용으로 금속을 자르지 말 것!

▲사진은 프라모델 전용 니퍼로 황동선을 자른 칼날의 모습이다. 단단한 소재를 무리해서 자르면 이렇게 날이 나가고 만다. 이렇게 되면 다시는 원래대로 돌아가지 않으므로 절대 따라 하지 말 것!

NOMOKEN

노모토 켄이치 모델링 연구소 【최신개정판】
CONTENTS

1 모형공구 카탈로그 — 5

1. 프라모델용 니퍼 ········ 6
2. 그 밖의 니퍼 ········ 8
3. 커터 나이프 ········ 9
4. 나이프 ········ 10
5. 그 밖의 커터 & 나이프 ········ 12
6. 줄 ········ 14
7. 사포 ········ 16
8. 핀셋 ········ 18
9. 핀 바이스 & 드릴 ········ 20
10. 펀치 ········ 21
11. 철필 ········ 21
12. 조각도 ········ 22
13. 그 밖의 절삭 공구 ········ 23
14. 톱 ········ 24
15. 가위 ········ 25
16. 펜치 & 플라이어 ········ 26
17. 모터 툴 ········ 27
18. 열가공 툴 ········ 30
19. 자, 가이드 ········ 31
20. 주변 용구 ········ 33

2 모형재료 카탈로그 — 35

1. 프라모델용 접착제 ········ 36
2. 순간접착제 ········ 37
3. 그 밖의 접착제 ········ 39
4. 플라스틱 소재 ········ 41
5. 그 밖의 합성수지 소재 ········ 45
6. 금속 소재 ········ 46
7. 래커 퍼티 ········ 48
8. 에폭시 퍼티 ········ 50
9. 폴리 퍼티 ········ 52
10. 그 밖의 퍼티 ········ 54
11. 서페이서 ········ 55

3 공작 테크닉/조립 편 — 59

1. 부품의 분리 ········ 60
2. 줄과 사포를 이용한 연삭 가공의 요령 ········ 62
3. 파팅라인의 처리 ········ 63
4. 조립 ········ 64
5. 접착 ········ 66
6. 접합선 수정 ········ 68
7. 표면 처리 ········ 70

4 공작 테크닉/개조 편 — 73

1. 부품의 절단 ········ 74
2. 플라스틱 소재를 사용한 형태 변경 ········ 76
3. 에폭시 퍼티를 사용한 형태 변경 ········ 80
4. 폴리 퍼티를 사용한 형태 변경 ········ 82
5. 부품의 접착·응용편 ········ 84
6. 패널라인 새기기 ········ 86
7. 몰드의 추가 ········ 92
8. 모터 툴 ········ 94
9. 히트 펜 ········ 97
10. 플라스틱 소재의 열 가공과 히트프레스 ········ 99
11. 버큠 폼 ········ 102
12. 디테일 업 부품의 능숙한 사용법 ········ 107
13. 관절 등 가동 기믹의 제작 ········ 111
14. 전자 광원의 이식 ········ 116
15. 응용편 「제스타 캐논」의 제작 ········ 118

5 도색용구 카탈로그 — 123

1. 도료 ········ 124
2. 캔 스프레이 ········ 127
3. 붓 ········ 128
4. 마커 ········ 129
5. 에어브러시 ········ 130
6. 컴프레서 외 ········ 134
7. 도색 부스 ········ 137
8. 마스킹 재료 ········ 138
9. 연마재 ········ 139
10. 웨더링 재료 ········ 140
11. 데칼 및 관련 용품 ········ 142
12. 기타 주변 용품 ········ 143

6 도색 테크닉 — 145

1. 도색을 위한 환경 ········ 146
2. 도료를 사용하기에 앞서 ········ 148
3. 에어브러시의 사용법 ········ 149
4. 에어브러시 테크닉 ········ 154
5. 클리어 컬러 활용 ········ 158
6. 캔 스프레이 ········ 160
7. 마스킹 ········ 162
8. 도색 표면의 연마 ········ 166
9. 붓 도색 ········ 168
10. 웨더링 ········ 173
11. 데칼의 사용법 ········ 177
12. 자작 데칼 만들기 ········ 181

7 개러지 키트의 제작법 — 183

1. 레진 키트 제작 방법 ········ 184
2. 메탈제 키트 제작 방법 ········ 187

8 형틀 뜨기·복제 — 191

1. 복제용 재료 카탈로그 ········ 192
2. 형틀 뜨기의 기본 ········ 194
3. 양면 형틀로 형틀 뜨기 ········ 197
4. 그 밖의 복제 테크닉 ········ 201
5. 간이 복제 ········ 204
6. 붓칠을 이용한 복제 기법 ········ 206

요즘 세상은 그야말로 '모형적'인 물건들이 온통 넘쳐나고 있습니다.

프라모델에 레진 키트 등, 기존의 '모형'에 더하여 완구, 피규어, 인형, 음식 미니어쳐 등등, 소재는 물론 재현 대상도 다양한 물건들을 쉽게 손에 넣을 수 있으며 이에 따라 많은 이의 책상 위에 장식으로 올려져 있는 모습을 볼 수 있습니다. 입체물이 지닌 매력을 그만큼 많은 사람들이 느끼고 있다는 뜻일 테지요.

이 책은 그러한 모형, 입체물을 사랑하는 사람들 중에서도 특히 모형을 "만든다"라고 하는 행위에 빠진 분들에게 보내드리는 '모형 제작을 위한 테크닉 가이드북'입니다.

모형을 만든다고 하는 것은 확실히 수고스러운 작업입니다. 하지만, 스스로가 흥미를 가지고 있는 것, 다른 곳에는 없는 것을 스스로 만들어 완성시키는 것에는 세상 그 무엇과도 바꾸기 힘든 매력이 있습니다. 서툴게 시작한 모형의 제작 과정에서 소소한 성공과 실패를 반복해가며 테크닉을 하나하나 터득하고, 이러한 과정이 모형의 완성도에 차곡차곡 반영되어 가는 것을 살펴보는 것 또한 모형을 만드는 즐거움 가운데 하나라고 할 수 있을 것입니다.

이 책에서는 공구나 재료의 소개부터, 프라모델의 조립, 개조 테크닉, 경우에 따라서는 키트에 없는 오리지널 디테일을 만들어나가기 위한 조형적인 기법, 마감과 도장, 그리고 복제까지의 기법을 총망라하여 풍부한 사진과 함께 해설해나갈 것입니다. 또한 이번에 새로이 출간하게 된 『개정판』에서는 이전보다 내용을 한층 업그레이드하여, 상품 카탈로그는 물론 각 챕터의 해설의 수정과 보강이 이루어졌으며 여기에 「개러지 키트의 제작법」을 별도의 챕터로 분리하여 추가했습니다.

이 책을 읽은 여러분의 취미 생활에 참고가 됨과 동시에 무언가를 만든다고 하는 것을 즐기는 데 도움이 될 수 있다면 정말 기쁘겠습니다.

노모토 켄이치

1. 프라모델용 니퍼

정밀 니퍼
◀날카롭고 내구성도 높은 본격적인 프라모델용 니퍼. 게이트 근처에 넣기 쉽도록 전체적으로 날 부분이 얇게 만들어져 있으며 동사의 「얇은 날 니퍼」와 비슷하지만, 강도는 한층 더 높은 느낌. 날 끝도 13mm로 제법 긴 편으로 게이트 커팅부터 소재 절단까지 제법 다용도로 사용할 수 있다. 날이 맞닿는 면은 완만한 커브로 되어 있으므로, 절단면에 맞추기 쉬운 것도 특징. 그립 부분도 잡기 쉬우며, 방향을 바꾸기도 쉽다.

(2000엔 / 타미야)

Premium 얇은 날 니퍼
◀얇은 날 니퍼로는 극히 표준적인 형태로 날 끝은 옆에서 보면 얇으며 위에서 봐도 가늘게 만들어져 있기에 게이트 부근에 집어넣기 쉽게 되어 있다. 날카로움도 범용 프라모델용 니퍼보다 한 단계 위에 있는 것은 틀림없지만, 좀 더 고가인 박도 계열에 비하면 좀 부족한 느낌. 역시나 가격(…)에 걸맞은 품질 차이라고 해야 할까. 그렇다고는 해도 상급 니퍼로써의 날카로움과 사용감은 충분히 갖추고 있다.

(2000엔 / 미네시마)

얇은 날 니퍼(게이트 커팅용)
▶게이트 커팅용으로는 그야말로 기본이라 할 수 있는 제품. 크기는 손에 맞는 사이즈로 동사의 정밀 니퍼와 비슷하지만, 날 끝은 한층 더 예리하며 좁은 부분에도 쉽게 집어넣을 수 있도록 되어 있다. 날카로움도 나름대로 한 단계 위에 있지만, 오래 사용하면 날이 무디어지는 것을 느낄 수 있다. 그렇게 되면 새로 사야 할 필요가 있다. 또한 얇은 날 니퍼가 잘 잘라진다고 해서 런너 등을 절단하는 데까지 사용하면, 날이 쉽게 상하게 되므로 주의할 것!

(2400엔 / 타미야)

초 얇은 날 니퍼·안전 손톱깎이 TYPE
▼안심하고 손쉽게 사용하는 것을 우선으로 하는, 손톱깎이 타입 니퍼. 정면의 날은 똑바르고 왼쪽 끝이 돌출되어 있다. 이곳을 부품의 가장자리에 삽입하여 잘라낸다. 게이트 주위에 방해물이 없다면 작업성이 좋지만, 주위에 다른 부품이 있으면 그렇지 못하므로, 런너째로 잘라버리는 등의 궁리가 필요하다. 날 끝은 3mm 정도밖에 벌려지지 않아 위험이 적으므로 어린 아이들이 사용하기에도 안심. 부속되어 있는 줄로 절단면을 정형하는 것도 가능하다. 맘 편하게 작업할 때 사용하는 용도로 가지고 있는 것도 나쁘지는 않을 것이다.

(600엔 / 아이콤)

극·얇은 날 니퍼
◀프라모델용 중에서도 상급의 날카로움을 자랑하는 니퍼. 날이 붙어 있는 면이 날카로운 예각을 그리고 있는 등, 전체적으로 얇게 만들어졌다. 도신이 길고 직선적인 느낌이라. 딱히 노리지 않아도 게이트 근처에 넣기가 쉽다. 따라서 게이트를 속속 잘라 나가는 작업에서 다루기가 편리하며 그 외의 범용 작업에서도 특유의 날카로움을 활용하기 편리하도록 되어 있다. 스프링 부분은 플라스틱제이며 강약에 따라서 2가지 종류(옐로, 그레이)로 교환할 수 있다.

(2476엔 / 굿 스마일 컴퍼니)

얼티밋 니퍼 5.0 SPN-120
▶게이트 커팅에 특화되어 있는 얇은 날 니퍼. 한쪽 면에만 날을 붙여줌으로써, 절단면이 하얗게 되는 것과 일그러짐을 최소한으로 억제하는 것이 특징. 오른손으로 들었을 때는 눈앞에 있는 측면에 날이 달려 있으며, 반대쪽은 가늘고 평평한 면으로 되어 있다. 이곳을 지지대 삼아 나이프처럼 얇은 날이 들어간다. 그 날카로움은 여타 제품과 비교해도 발군. 날이 달린 면의 기울기가 커서, 특히나 두 번 칼집을 넣을 때 다루기가 편리하다.

(3500엔 / 갓 핸드)

CHECK POINT
● 게이트 커팅용의 특징은?

▲통상 타입(왼쪽)은 날이 두꺼워 "딱"하는 소리를 내면서 잘리지만, 게이트 커팅용(오른쪽)인 얇은 날 니퍼의 경우에는 "서걱"하고 잘리므로 절단면이 일그러지거나 하얗게 되지 않는다. 관절을 빡빡하게 하기 위해서 축이 되는 봉에 일부러 칼집을 내야하는 경우에는, 통상 타입 쪽을 사용하는 것이 좋을 것이다.

2 그 밖의 니퍼

【용도】
- 두께가 있는 합성수지 소재나 경질 소재의 절단
- 금속선, 봉 등의 절단
- 날이 잘 닿지 않는 부분의 절단(앵글 니퍼 등)

프라모델용 니퍼는 단단한 소재의 절단에는 적합하지 않으므로, 금속선 등을 절단할 때는 그에 맞는 금속용 니퍼를 사용할 필요가 있다. 절단면의 깔끔함과 편리한 사용감을 원한다면 모형용으로 발매되고 있는 금속용 니퍼를 추천한다. 또한 이와는 별개로 칼날 끝의 각도가 다른 특수한 니퍼도 소개하겠다.

◀두꺼운 금속선 등을 절단할 때는 힘을 줘서 절단해도 날이 빠지지 않는 금속용 니퍼를 사용하자.

◀합성수지소재라 하여도 두께가 있으면 날이 손상되기 쉽다. 이럴 땐 역시 커다란 금속용 니퍼로 Go!

에칭 니퍼(Nipper Etching)

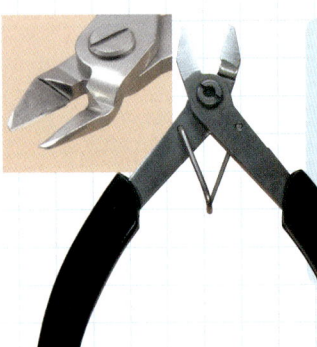

◀이름 그대로 에칭 부품 등의 얇은 금속판을 자를 수 있는 것이 특징. 그렇다고는 해도 반드시 금속 한정으로 사용하는 건 아니다. 날 끝의 단면이 예리하므로 프라모델을 자르는 얇은 날 니퍼에 가까운 감각으로 사용할 수 있다. 또한 날 끝이 넓게 벌려지므로 레진 부품의 불필요 부위나 런너 절단에도 편리, 범용성이 높은 도구이다. 또한 에칭판을 자를 수 있기는 하지만 금속선의 절단에 사용하면 날이 상하므로, 그쪽 용도로 사용해서는 곤란하다.

(2600엔 / 하세가와)

마이크로 프라 니퍼

◀적절한 가격과 상급품에 가까운 강도와 날카로움을 지닌 니퍼. 끝이 얇게 파여 있어서 게이트부터 런너 절단 등에 사용할 수 있을 뿐 아니라, 1.2mm까지의 황동선 절단에도 활용이 가능하다. 물론 절단면이 평평해지므로 황동선을 잘랐을 때에도 끝 부분을 정형하는 수고를 덜 수 있다. 이것 하나로 프라모델 제작 작업 전반에 걸쳐서 사용하는 것도 가능

(1400엔 / 미네시마)

하드 마이크로 니퍼

◀금속선 절단 전용 니퍼. 0.5mm 이하의 피아노선부터 1.6mm 두께의 철사까지 활용이 가능하다. 물론 절단면은 평평하다. 크기도 다른 프라모델용 니퍼와 동일. 날 끝의 강도를 우선으로 했기에 얇게 해놓지 않았다. 플라스틱이나 기타 플라스틱 부품을 절단할 때에도 단단한 경우에는 이것을 사용하기도 한다. 가느다란 금속선을 자르는 용도로도 안심하고 사용할 수 있으므로, 금속선을 다루는 일이 많은 사람에게 추천

(1700엔 / 미네시마)

HG 금속선용 니퍼(2.0)

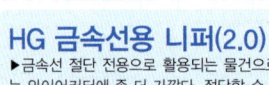

▶금속선 절단 전용으로 활용되는 물건으로, 니퍼라기보다는 와이어커터에 좀 더 가깝다. 절단할 수 있는 것은 황동선의 경우에 2.0mm, 알루미늄 선은 3.0mm까지 이며, 와이어 로프는 2.0mm 까지가 권장 한계치이다. 'ㄱ'자 형태로 구부러져 있는 날에 끼워서 자르며 절단면은 평평하게 마무리 된다. 사용해 보면 의외로 가벼운 힘으로 절단할 수 있어서 놀라게 될 것이다. 보다 소형인 HG 금속선용 니퍼(1.0)도 있다.

(1480엔 / 웨이브)

CHECK POINT

● **금속선을 평평하게 자른다.**

▲금속선을 일반용 니퍼(좌측)와 절단면이 평평한 니퍼(우측)로 자른 것을 비교한 것. 가는 금속선은 절단면을 줄로 다듬기가 어렵다.(휘어질 우려가 있으므로). 따라서 평평하게 자를 수 있다는 것은 큰 이점이다.

● **니퍼로 자를 수 없는 것은**

▲이것은 「클리퍼」라고 하는 도구로, 니퍼로는 버거운 두꺼운 금속선과 단단한 피아노선도 자를 수 있다. 이 사례는 전장 20cm 정도로, 약 3mm 두께의 철사, 2.3mm의 피아노선을 자를 수 있다. 가격은 2000엔 정도

● **앵글 니퍼의 활용법**

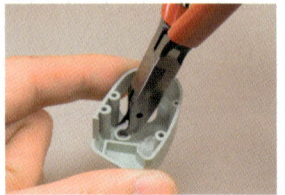

▲부품 뒷면의 돌기를 자르려고 하는 장면. 이처럼 안에 파묻혀 있는 부분이라 해도, 날에 각도가 있어서 절단할 수 있다. 게이트 커팅의 경우에도 이러한 '각'이 있는 니퍼가 요긴하게 쓰이는 일이 많다.

미니 에지 니퍼 115mm

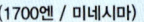

◀「앵글 니퍼」와 「에지 니퍼」로 불리며 끝의 꺾여 있는 부분에 날이 달려 있는 니퍼. 통상 타입으로는 날을 넣을 수 없는 장소나 평면상의 돌출부를 깎는데 편리. 날 끝은 손잡이를 기준으로 45° 기울어져 있다. 날 끝의 닫힘과 날카로움도 좋으며 절단면 또한 평평하므로, 게이트 부분에도 사용하기 쉽다.

(2500엔 / 시모무라 알렉)

옥집게

옥집게는 손톱깎이처럼 날이 정면을 바라보고 있다. 기본적인 구조는 일반 니퍼와 같으며 평면에서 튀어나온 것을 자를 때 사용한다. 이 타입은 절단면이 평평하지는 않지만 그만큼 부품에 밀착해서 사용할 수 있다. 레진 부품의 보풀 제거 등에 유용하다.

(2570엔 / 마루토 하세가와)

3 커터 나이프

【용도】
- 플라스틱판이나 종이 등 얇은 소재의 절단
- 가공을 위해 표식(칼자국)을 낸다.
- 날을 빼서 수직으로 절삭

물건을 자르는 도구 중에서 가장 친숙한 것을 꼽자면 문구점에서 흔히 구입할 수 있는 타입의 커터 나이프를 빼놓을 수 없을 것이다. 이것의 특징은 날 사이사이에 홈이 파여 있어 무뎌진 칼날을 한 칸씩 잘라내 새로운 칼날을 꺼내 쓸 수 있다는 점이며 여기에 더하여 칼끝의 길이를 조정할 수 있기 때문에 용도에 맞추어 그 길이를 조정할 수 있고, 사용하지 않을 때는 날 전체를 손잡이 안에 수납할 수 있다는 점도 사용상의 이점이라 할 수 있을 것이다.

커터 나이프를 사용할 때는 칼끝을 대상물에 갖다 댄 상태에서 그어서 칼집을 낸 후 절단하면 된다. 또 경우에 따라서는 날을 길게 빼어 자르거나, 날을 세운 채 평행이동 시킴으로써 대패와 같은 용도로도 사용할 수 있다. 제품 자체로는 종류가 아주 많지만, 날의 크기에 따라서 크게 3종류로 나뉘며 제조사에 상관없이 날의 호환성이 있는 편이다. 소형, 대형으로 하나 씩은 갖추고 있는 편이 좋다.

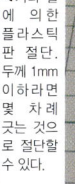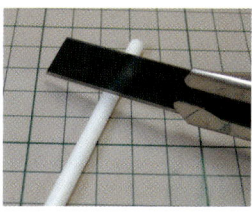
◀커터 칼에 의한 플라스틱판 절단. 두께 1mm 이하라면 몇 차례 긋는 것으로 절단할 수 있다.
◀둥근 봉을 절단할 땐, 날을 길게 빼고 날을 댄 채 소재를 앞뒤로 굴리면서 칼집을 낸다.

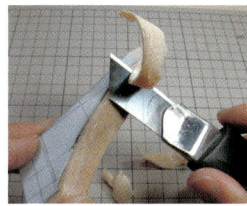
◀소재를 대략적인 모양으로 잘라낼 때는 대형 커터 칼이 유용하다.
◀날을 세워서 대패질을 하듯 움직인다. 부품의 표면을 평탄하게 만드는데 편리하다.

절단 교체 타입 커터 (소형)
◀소형의 절단 교체 타입 커터는 공작할 때 빼놓을 수 없는 도구 중 하나이다. 날의 크기는 'S' 혹은 'A'라 불리는 크기다. 가정용으로도 보편적으로 사용되기 때문에 그 종류도 풍부하다. 손잡이나 톱니부분이 전부 합성수지인 것은, 힘이 많이 들어가는 작업에서는 위험할 수 있으므로 피하는 편이 좋다. 사진과 같이 톱니부분과 본체의 끝부분(날이 들어갔다 나왔다 하는 곳)이 금속제인 것이 좋다. 교체용 칼날은 10개에 200엔 정도부터.
(200엔~ / 범용품)

크래프트 커터
◀얼핏 평범한 소형 커터처럼 보이지만 실은 좀 더 모형 공작용으로 특화된 제품이다. 손잡이 부위에 고무가 있어 잡기 쉽게 되어있고, 칼날도 쉽게 상하지 않으며 녹이 잘 슬지 않는 스테인리스제이다. 타미야에서 발매하던 교환용 칼날 판매가 중지되었으므로, 교환할 때는「스테인리스제 교체용 칼날(소)」(5장 들이 300엔 / 올파)를 사용하는 것을 추천한다. 물론 보다 저가인 일반적인 칼날을 끼우는 것도 가능하다.
(380엔 / 타미야)

정밀 커터
◀소형 커터와 같은 크기이나 칼끝의 각도가 30도로 바뀐 형태. 칼끝부분이 날카롭기 때문에 끝부분을 이용하여 테이프나 데칼을 절단하거나 또는 조각을 하는 등의 가공에 적합하다. 용도로 본다면 디자인나이프에 가까운 부류지만 절단교체 방식이므로 취급이 편리하면서 경제적인 점이 장점. 이쪽의 교체용 칼날도 타미야 제품은 판매가 중지 되었으므로, 동일한 형태의「세공용 커터 교체날」(10장 들이, 440엔 / 올파) 등을 사용하도록 하자.
(660엔 / 타미야)

만능 L형
▶대형(L사이즈) 절단 교체 타입 커터. 날의 폭이 넓고 강도도 높아서 날을 길게 빼서 사용할 수 있다. 일상 용품으로서 이미 사용하고 있는 사람도 많이 있을 것이다. 모형 제작 시에는 소재의 절단이나 퍼티를 바른 뒤에 대략적으로 다듬는 작업 등, 힘이 많이 쓰이는 경우가 많다. 같은 종류의 제품이 다수 발매되어 있지만 되도록 손에 쥐기 쉽고 날 끝이 흔들리지 않는 제품을 사용할 것을 권하고 싶다. 교체 칼날은 10개에 330엔.
(550엔 / 올파)

교체용 날 특전 흑도
▼「특전 흑도」는 절단교체 형 커터 칼 제조사로 유명한 올파에서 발매되고 있는 교체용 날이다. 칼날이 다른 것보다 날카롭게 연마되어 있어 예리하게 잘라낼 수 있고 잘 잘린다. 때문에 칼집이 비뚤게 나거나, 소재표면이 뒤집히는 일도 적다. 사용하면 금방 그 차이를 느낄 수 있을 만큼 잘 잘리기 때문에, 취급 시 충분한 주의가 필요하다. 대(L), 중(M), 소(S) 사이즈별로 판매되고 있으며 가격도 올파의 다른 제품과 동일하다.
(220엔~ / 올파)

특전 M형
◀절단교체 형 커터 칼 중 M사이즈는 그다지 많지 않은데, 그 중 특징적인 것이 이 올파의 「특전 M형」이다. 날의 두께가 0.25mm로 SA사이즈(0.38mm)보다도 얇고, 특전 흑도의 날카로움이 더해져 한층 더 잘 잘리는 커터 칼이 되었다. 날 두께 0.2mm의 교체 날도 있으므로 잘 잘리는 칼을 찾는 사람에게 추천한다. 동일 사양의 소형 사이즈 제품인「특전 A형」(480엔)도 있다.
(580엔 / 올파)

● CHECK POINT

● 잘라낸 날의 관리

▲잘라낸 칼날은 위험하지 않도록 용기에 모아서 버리도록 하자. 대형 날이라 용기에 들어가지 않는 경우에는 테이프 등을 사용해서 날을 감싸주도록 하자.

● 톱니식인가 나사식인가

▲칼날 위치의 고정은 그 편리함 때문에 톱니 방식이 많이 사용되지만 때에 따라서 날이 멋대로 움직여 버리는 경우가 있다. 조금 번거롭긴 하지만 나사식은 그런 일이 적다. 힘이 많이 들어가는 부위의 작업에는 나사식을 선택하는 편이 안전하다.

4 나이프

【용도】
- 얇은 소재를 잘라낼 때
- 가공을 위해 표식(칼집)을 낼 때
- 날을 세워서 절삭
- 칼끝을 사용한 조각
- 패널라인을 새길 때

나이프는 절단교체 형 커터 나이프와 더불어 모형제작 전반에 걸쳐 사용빈도가 높은 공구이다. 여기서 말하는 나이프는 가는 손잡이 끝부분에 칼날을 고정하는 형태의 것으로 '디자인나이프' 혹은 '아트나이프'라고 말하는 편이 이해하기 쉬울 것이다. 칼끝이 확실히 고정되기 때문에 흔들리는 일이 적고, 또한 칼끝을 자유로운 각도로 바꿔 들어 사용하기 편리하므로 데칼이나 스티커, 플라스틱판을 작게 잘라 낼 때나, 조각이나 모양을 미세 수정 할 때와 같이 정밀함이 요구되는 가공 작업에 유용하다. 하지만 칼날의 이가 빠지거나 무뎌지기 쉬우므로, 칼날을 날카롭게 유지하려면 자주 교환해 주어야 한다. 칼날의 형상이나 종류에는 다양한 종류가 있어 상황에 맞춰 바꿔가며 사용할 수도 있다. 또, 칼집을 반복해서 내거나 칼날의 뒷면으로 긁어내는 방법을 통해 패널라인을 새기는 등의 용도로도 사용할 수 있다.

취급 시의 주의사항이라면 커터 칼처럼 쉽게 칼날을 수납할 수 없으므로 사용하지 않을 때는 칼날을 빼두거나, 끝에 뚜껑을 씌우는 것을 잊으면 안 된다. 또 사용할 때는 가능한 한 날이 손가락 쪽을 향하지 않도록 주의하자.

▲게이트처리 등 세세한 절삭에 유용하다. 이 경우 날을 안쪽으로 넣고 밀어내듯 잘라준다.

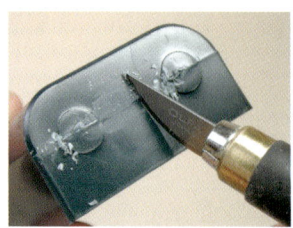
▲곡선 날을 사용하여 파팅라인을 지운다. 부분적으로 깎을 수 있는 이점이 있다.

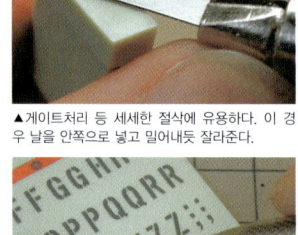
▲데칼을 잘라내는 등, 세밀하게 방향을 바꿔가며 사용하는 것도 나이프의 뛰어난 장점

▲패널라인을 새기기 위한 기준선 작업. 또한 나이프를 이용해 아주 가는 패널라인을 새길 수도 있다.

디자인나이프
◀이 형태의 나이프 중 날이 가장 작은 것이 NT의 디자인나이프이다. 합성수지로 만든 손잡이는 펜처럼 가늘고, 약간 탄력이 있어 맨손으로도 사용하기 편하다. 이 한 자루만으로 데칼을 잘라내는 것부터 조각까지 폭넓게 활용할 수 있다. 칼날의 폭은 4mm로 부속되는 칼끝의 각도는 30°와 45° 두 종류가 있다. 손잡이 뒷부분의 둥글게 처리된 부분은 인스턴트 레터링을 문지를 때도 사용할 수 있다.
(400엔 / NT)

디자인나이프
◀타미야의 디자인나이프는 평범한 모양이지만, 미끄럼 방지 부위가 넓고, 손잡이가 팔각형으로 되어 있어 잡기 편하다는 점이 특징. 테이블 위에 두었을 때 잘 구르지 않는다는 점도 장점이라 할 수 있다. 날 끝은 30도인 것이 부속되어 있다. 교체용 날은 30개에 250엔.
(700엔 / 타미야)

모델러즈 나이프
◀디자인나이프 보다 날이 한층 더 크고, 훨씬 내구성이 좋은 나이프. 올파의 아트나이프와 비슷하여 날은 공통으로 쓸 수 있지만, 이쪽은 손잡이의 재질이 딱딱하다. 힘을 주어도 날이 잘 휘어지지 않으므로 모형 공작에 사용하기 쉽다. 단면은 12각형으로 굴림 방지 돌기도 달려있다. 교체 날은 25개에 300엔.
(740엔 / 타미야)

아트나이프
◀디자인나이프와 함께 모형 작업에 있어 빼놓을 수 없는 용품이 된 올파의 아트나이프. 날의 폭은 6mm로 조금 사이즈가 큰 편. 칼날의 내구성이 높은 것이 특징으로, 힘이 많이 들어가는 작업에도 날이 잘 나가지 않고 두꺼운 플라스틱판을 가공할 때도 사용 가능하다. 날 끝의 각도는 32.8°이며 교체용 칼날은 25개에 300엔. 같은 사양의 제품으로 타미야의 모델러즈 나이프가 있다.
(550엔 / 올파)

디자인나이프용 교체 칼날
▲날의 폭이 4mm인 디자인나이프는 여러 회사에서 판매되고 있어 날 자체는 거의 공통으로 호환되므로 원래 30° 짜리 칼날이 들어 있던 제품이라도 별 무리 없이 45° 짜리를 사용할 수 있다. 교체 칼날은 NT사의 제품이 30°와 45° 모두 40개에 200엔으로 경제적인 편. 각도에 따라 바꿔가며 쓸 때는 날을 교체하기보다 처음부터 2자루 준비하여 사용하는 편이 좋다.
(200엔 / NT)

CHECK POINT

●나이프는 날 끝이 생명

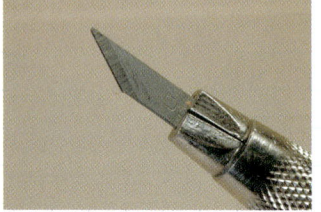
▲앞서도 언급했지만 디자인나이프로 조각 작업을 하면 쉽게 날이 나간다. 내구성을 원한다면 더 큰 사이즈를 사용하는 편이 좋지만, 잘 잘리는 것을 원한다면 망설이지 말고 수시로 날을 교체하자.

●칼날 크기의 차이

▲왼쪽부터 디자인나이프, 아트나이프, 아트나이프 프로의 칼끝. 비슷한 형태이긴 하지만 이와 같이 크기가 제각각 다르다. 칼끝의 강도도 다르므로 용도에 맞춰 사용하도록 하자.

아트나이프 프로

◀아트나이프보다도 훨씬 대형인 나이프가 바로 이 아트나이프 프로이다. 칼날 장착부는 6mm이지만 최대 폭은 8mm이며, 더욱 강한 힘으로 작업이 가능하도록 손잡이 부위도 두껍고 그립에도 고무가 감겨 있다. 날의 종류도 직선 날, 곡선 날, 평 날의 3종류가 있고, 잘라내는 것 보다는 조각용도를 더 중시하는 듯하다. 또한 톱날 형태의 날도 장착이 가능하다. X-ACTO 나이프의 일본판이라고 할 수 있을 듯.

(1280엔 / 올파)

정밀 나이프

▶원래는 의료용 메스로 대단히 날카로운 나이프. 날카로움의 정도는 깜박하고 만졌다간 위험할 정도이므로, 나이프를 다루는데 익숙한 사람에게 적합하다. 금속제 홀더(손잡이)에 날을 달아주는 교환식으로 직선과 곡선날 등의 5종류가 부속. 용도는 마스킹 테이프와 필름 같이, 얇아서 자르기 힘든 소재를 자르는데 특히 편리하다. 날 교환을 손가락으로 직접 하는 것은 위험하니 롱 노우즈 플라이어를 사용하는 것이 좋다.

(2200엔 / 아이거 툴)

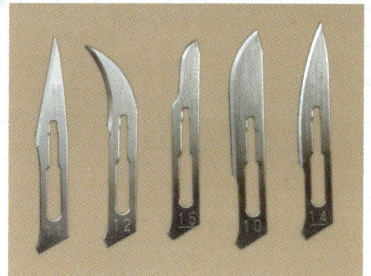

◀정밀 나이프 부속 날. 직선과 도려내는 날, 곡선날은 크기와 곡률이 다른 것이 세트로 되어 있으며, 날의 뿌리에 새겨져 있는 번호로 구별할 수 있다. 작은 곡선날은 날을 대는 방향의 자유도가 높으므로, 세부적인 곳의 절삭에 요긴하다. 교체 칼날은 전부 1개에 180엔

아트나이프 프로 교체 날

▲왼쪽부터 곡선 날(3개 들이), 직선 날(5개 들이), 평 날(10개 들이)이다. 이 중 특히 편리한 것은 곡선 날로, 휘어지는 칼집을 낸다거나 날의 배 부분을 이용하여 쓸데없는 상처를 내지 않고 물건을 자를 때 편리하다. 평 날은 끝날처럼 눌러 자를 때 사용한다. 직선 날도 날의 길이를 살려 커터 칼 같이 한 번에 넓은 칼집을 내는데 유리하다.

(350엔 / 올파)

X-ACTO #1 나이프

▶X-ACTO는 나이프나 톱으로 유명한 미국 브랜드 제품이다. 다양한 크기의 손잡이에 나이프나 톱, 조각도, 스크레이퍼 등 다양한 종류의 날이 장착 가능한 방대한 라인업을 가지고 있다. X-ACTO 나이프는 이 제품군의 통칭이다. 「#1」은 아트나이프와 거의 같은 사이즈이지만 모양은 아트나이프 프로에 더 가깝다. 칼날의 내구성이 높고, 또한 금속제 손잡이는 가벼우면서도 내구성이 우수하다. 한층 사이즈가 큰 「#2」도 있으며, 이쪽은 톱날 같은 것도 라인업에 추가되어 있다.

(450엔 / X-ACTO)

초박(超薄) 정밀 나이프
(Precision knife)

◀이쪽도 의료용 메스를 전용한 제품으로 날이 홀더에 고정되고, 무뎌지면 버릴 수 있게 되어 있다. 홀더는 합성수지로 만들어져 가볍다. 처음 샀을 때는 홀더의 끝부분으로 날이 보호되고 있으므로 그 부분을 부러뜨린 후 사용한다. 별도로 칼끝에 씌우는 케이스도 부속되어 있다. 사진의 「FE-10」은 곡선 날. 이 외에도 「FE-11」(직선 날), 「FE-14」(완만한 곡선 날), 「FE-15」(소형 곡선 날)이 판매되고 있다.

(450엔 / 아이거 툴)

M-500

▶튼튼한 긁개날이 부속된 큼직한 나이프로 공작 전반에 편리하게 사용하는 제품. 날 끝은 슬라이드 하는 게 아니라 고정된 교환식. 본체 내에는 예비 칼날이 수납되어 있으며, 플라스틱 커터 날도 부속. 이를 교환하여 플라스틱판이나 얇은 금속판을 절단하는데도 사용할 수 있다.

(500엔 / NT)

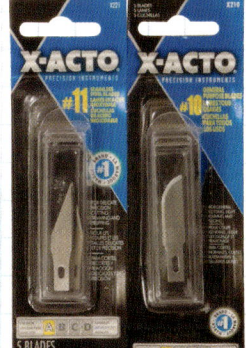

▶이 쪽은 X-ACTO #1과 같은 「A」사이즈(패키지 하단에 주목)의 교체 날이다. 왼쪽의 #11은 직선 날이며 5개에 450엔, 오른쪽의 #10은 곡선 날로 5장에 750엔. 그 외에도 도려내기 날과 평 날까지 전부 7종류가 있다.

CHECK POINT

● 의외로 편리한 곡선 날

▲곡선 날을 사용하면 소재에 부분적으로 칼날을 갖다 댈 수 있고, 그 각도도 보다 자유롭기 때문에 조각할 때 매우 유용하다. 사진의 예와 같이 칼날을 누르는 방향으로 자를 수 있는 경우도 있다. 한 자루로 다양한 사용법이 가능한 것이다.

● 다른 칼날을 조합한다.

▲이것은 X-ACTO #1 나이프에 아트나이프 프로의 날을 장착한 것이다. 칼날 장착부의 폭이 같으므로 이렇게 사용하는 것도 가능하다. X-ACTO라면 손잡이도 금속제이므로 손잡이가 휠 염려가 없어 강한 힘이 드는 작업에도 안심하고 사용할 수 있다.

● 자르는 것 외에도…

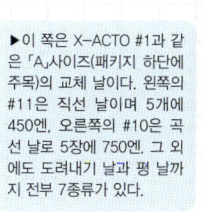

▲아주 작은 부품을 다룰 때 나이프 끝으로 콕 찍어서 들어올린다. 이것도 자주 사용되는 기법 중 하나. 핀셋으로 드는 것과는 달리 어딘가로 튀어 날아갈 염려도 없어 편리하다.

5 그 밖의 커터 & 나이프

【용도】
- 소재 절단
- 패널라인 새기기 (P 커터)
- 원형 잘라내기 (서클 커터)

이미 소개한 커터나 나이프는 일반적인 도구라고 할 수 있는 것들로, 이번 항목에서는 기타 특수한 용도로 사용되는 커터와 나이프, 기타 절단용구를 소개할까 한다. 「P 커터」는 프라판이나 아크릴판과 같은 판재에 홈을 파서 절단하는 공구로 프라모델 제작 시에는 패널라인을 새기는 용도 등으로 사용된다. 「서클 커터」는 컴퍼스 상태의 끝 부분이 칼날로 되어 있는 것으로 원과 원호를 도려낼 때 사용하며, 「파이프 커터」나 「쵸퍼」는 봉 소재를 절단하기 위한 도구이다. 특히 반복되는 가공 작업에는 이러한 전용 공구가 편리하다. 초음파 커터는 칼날을 초음파로 진동시켜 힘을 주지 않고서도 쉽게 절단 가공을 할 수 있는 편리한 도구이다.

◀플라스틱판을 절단하기 위해서 P 커터로 홈을 판다. 깊게 파서 절단하는 것이 아니라, 홈을 판 부분을 접어준다.

◀컴퍼스 커터를 사용할 때는, 중심이 어긋나거나 날이 떠오르는 일이 없도록 양 끝에 밸런스 좋게 힘을 주면서 돌리는 것이 요령이다

◀파이프 커터는 파이프를 물린 채 한 바퀴 돌림으로써 홈을 만들어 절단을 돕는다. 플라스틱용으로는 절단 가이드로도 유용하다.

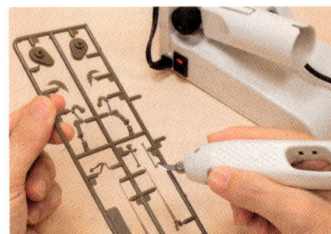
◀초음파 커터는 힘을 주지 않고도 자를 수 있어 가는 부품이나 투명한 부품을 게이트에서 잘라낼 때 편리하다.

라인 엔그레이버 1 (가는 라인용)
◀이름 그대로 패널라인을 새기는 용도로 판매되고 있는 P 커터. 칼끝의 여백이 전혀 없어 라인을 새기는 용도로는 이 형태가 가장 이상적이다. 날이 본체에 고정되어 있어 교환은 불가능하다. 이 밖에도 같은 모양에 손잡이가 하얀 「라인 엔그레이버 2」(굵은 라인용)도 판매되고 있다.
(1600엔 / 하세가와)

P 커터 II
◀플라스틱 절단용 커터. 날이 독특한 형태로 되어 있는데 자를 때 사용하는 것은 갈고리 형태로 옆으로 돌출된 끝 부분. 이 부분을 이용하여 판의 표면을 긁어내듯이 잘라낸다. 얇은 판은 그대로 자를 수 있지만, 두꺼운 판에서는 홈을 파고 그곳을 꺾어 버리는 식으로 사용된다. 프라모델 제작에서는 패널라인 등을 새기는 용도로 사용하는 경우가 대부분. 날은 본체 내부에 수납할 수 있다. 교체 날도 본체의 주머니에 수납할 수 있으며 2개가 부속이다.
(600엔 / 타미야)

서클 커터
◀서클 커터는 금속제로 홈이 달려 있는 바디에 바늘과 칼날을 달 수 있는 유닛이 각각 나사로 고정되는 스타일. 날 끝은 디자인나이프의 날(45°)를 그대로 사용한다. 양쪽에 바늘 또는 칼날을 달 수 있으며, 디바이더처럼 사용한다거나 평면 절단 커터로 사용하는 것도 가능하다. 잘라낼 수 있는 원의 직경은 약 1~14cm. 교체하는 날도 디자인나이프용을 사용한다.
(700엔 / NT)

컴퍼스 커터
▼원 모양을 잘라내기 위한 공구 중에선 가장 기본적인 상품. 노란색 부분에 전용 날을 달아서, 교차하는 부분을 슬라이드 시켜 중심의 바늘과의 폭을 조정한다. 자를 수 있는 폭은 직경 약 1~15cm까지. 날은 강도가 높아서 1mm 정도의 플라스틱판을 잘라낼 때에도 사용할 수 있다. 칼날집에 예비 날 5개와 스펀지 제의 중심기가 부속한다. 교체 날은 15개에 250엔
(550엔 / 올파)

펀치 컴퍼스
▼자그마한 원형을 도려내기 위한 컴퍼스 형태의 커터. 자르는 원의 크기는 직경 1.5mm~10cm 가량이다. 여타 서클 커터에서는 어려운, 직경 1cm 이하의 원 자르기에도 대응하는 것이 특징. 날은 「절단 교체식 커터(소형)」의 날을 한 칸 정도 줄인 것을 사용한다. 얇은 플라스틱 소재와 마스킹 테이프, 씰 종류를 잘라 내기에 적합하다.
(참고 가격 1000엔 / 우메모토 디자인)

CHECK POINT

● 여백을 깎는다.

▲앞서 말한 바와 같이 P커터를 패널라인을 새기는 용도로 사용할 경우 앞쪽의 여백이 방해가 될 때가 있는데, 이럴 때는 오른쪽 사진과 같이 여백을 전동 공구 등으로 잘라내어 사용한다. 하지만 여백을 너무 많이 잘라내면 칼날의 강도가 떨어져서 긁을 때 흔들리기 쉬우므로 주의가 필요하다.

● 날을 반대로 부착한다.

▲컴퍼스 커터로 플라스틱판을 자르는 경우에는, 날을 뒤집어 달아서 P 커터처럼 "홈을 파는" 방식으로 절단하는 쪽이 좀 더 편리하다.

5. 그 밖의 커터 & 나이프

하비 로터리

◀원반 형태의 날로 눌러주면서 자르는 로터리 커터. 통상의 나이프와 커터에서는 늘어나거나 팽팽하게 당겨져서 자르기 힘든 천과 비닐 절단에 편리. 날의 직경 차이에 따라서 몇 종류의 제품이 있는데, 이것은 가장 작은 타입으로 직경 18mm. 교체 날은 2개에 350엔. 또한 날 부분이 톱니처럼 되어 있어 재봉용 바늘구멍 자리를 만들 수 있는 전용날도 동일한 가격으로 판매하고 있다.

(550엔 / 올파)

▲소재위에 놓고 눌러주면서 날을 회전해서 자른다. 이 사진은 직물 리본을 자르고 있는 장면

초퍼 2형

◀초퍼는 플라스틱 소재의 절단기를 뜻한다. 미국의 철도 모형 용품 메이커 NES사의 제품으로, 일본에서는 제마 코퍼레이션에서 판매하고 있다. 보는 바와 같이 종이 절단기와 같은 요령으로 손잡이에 붙은 칼날을 내리누르듯이 절단한다. 각도조정을 위한 가이드도 부속되어있다. 플라스틱 소재 중에서도 비교적 부드러운 에버그린이나 플라스트럭트 등의 제품 절단에 적합하다.

(8990엔 / 제마 코퍼레이션)

▲초퍼는 플라스틱 소재에 알맞은 절단기. 일정 각도와 길이의 부품을 여러 개 절단해야 할 때 매우 편리하다.

파이프 커터 【플라스틱 파이프 용】

◀플라스틱제 파이프 소재를 절단하는 전용 공구. 롤러와 원형 날이 달려 있는 곳에 소재를 물려주고 봉 모양의 소재를 돌려가면서 물려주는 힘을 조금씩 늘려 나감으로써 칼집을 낸다. 플라스틱 파이프는 너무 힘을 주면 우그러지기 쉬우므로 주의가 필요. 파이프 안에 심이 되는 소재를 넣어주던가 하면 좋을 것이다. 플라스틱 봉의 절단이나 봉 주위를 한 바퀴 도는 형상의 몰드를 새기는 용도로도 사용할 수 있다. 교체 날은 2장 들이가 480엔.

(1200엔 / 웨이브)

초음파 소형 커터 ZO-40W

▶초음파 커터는 날 끝이 미세한 초음파 진동을 하며 절단시의 저항을 줄여주기에 단단한 소재를 가볍게 자를 수 있는 도구. 발신기라고 불리는 본체와, 잘록한 형상의 핸드 피스로 구성되며 날은 교환식. 표준에서는 디자인나이프의 날이 부속이며, 이걸로 칼집을 낼 수 있는 소재라면, 한층 더 가볍게 자를 수 있다. 진동은 체감할 수 있는 정도가 아니라서, 작게 "윙"하는 소리를 듣고 작동하고 있음을 알 수 있을 정도. ZO-40W(화이트) 외에도 ZO-4B(블랙), 그리고 진동의 강약을 변경할 수 있는 타입인 ZO-41(41600엔)도 있다. (36800엔 / 에코 테크)

▲초음파 커터의 날은 표준 디자인나이프 외에도 다양한 전용 날을 교환하여, 절단과 조각에 사용할 수 있다. 왼쪽부터 「평 날」(2350엔), 「긴 날 25mm」(1800엔), 「끝이 둥근 날」(1600엔). 이외에도 완만한 끌 형태와 톱 형태 등 다양한 종류가 있다.

CHECK POINT

● 라인을 새길 때에도

▲파이프 커터로 플라스틱 봉에 라인을 새기고 있는 장면. 플라스틱 소재라면 그냥 기준선을 찍는 것뿐 아니라 그대로 라인을 새겨주는 것도 가능하다.

● 가이드를 활용

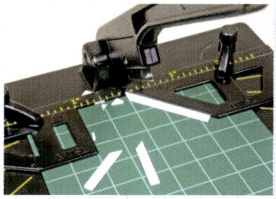

▲초퍼에는 소재의 각도 유지용 가이드가 붙어 있다. 45° 가이드를 사용하면 플라스틱판 등을 모서리 부분을 이어 붙이는 것도 쉽다.

6 줄

【용도】 • 단단한 소재의 절삭 (대강 깎아낼 때)
• 면을 평탄화시키는 등의 정형(마감작업 시)

모형 매장에서 판매되는 '모형용' 줄은 일반적으로 소형 줄, 정밀 줄이라고 불리는 것으로 길이는 10~15㎝, 폭은 3~10mm정도의 물건이다. 줄 날이 촘촘해서 파팅라인을 지우거나 간단한 평탄화 등 부분적인 가공에 적합하다. 하지만 단단한 소재의 절삭이나, 퍼티나 플라스틱판 적층재를 깎아 낼 때 등 대량 절삭 작업을 할 때 이런 소형 줄로는 역시나 역부족이다. 이럴 때는 대형 마트 등에서 팔고 있는 대형 쇠줄을 사용하자. 대형 줄은 절삭이 잘 되는 만큼 힘의 방향이나 강도를 잘 조정하지 않으면 일그러지거나 실패했을 때 타격이 크다. 또한 쇠줄을 사용해서 거칠어진 표면은 사포 등을 사용해서 꼼꼼하게 문지르면 된다. 그것 또한 줄을 사용한 가공의 일부인 것이다.

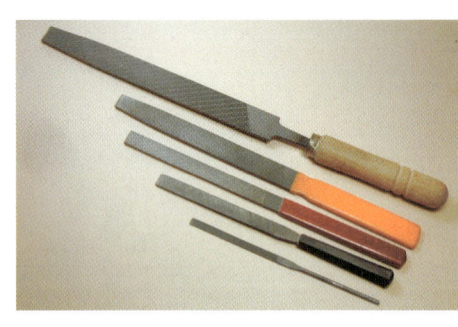
◀모형 용도로 사용하는 다양한 크기의 줄. 효율적인 작업을 위해 상황에 맞춰 바꿔가며 사용하도록 하자.

「줄눈」의 종류와 절삭면

쇠줄은 「줄눈」이라 불리는 절삭면의 모양에 따라 깎이는 정도와 절삭 표면의 상태가 제각기 다르다. 우선은 「줄눈」의 차이와 특징을 살펴, 공작에 적절한 줄을 선택하자. 또한 동일한 패턴이라도 그 간격에 따라 「황목, 중목, 세목, 유목」의 순으로 분류되는 것도 기억해 둘 것.

단목
▶날이 한 방향으로만 있는 것. 절삭면이 깔끔해서 마감을 할 때나, 절삭면끼리 붙여야 하는 작업을 할 때 적합하다. 수지와 경금속에 대한 절삭성이 좋으나, 작업하다가 날 사이에 톱밥이 끼기 쉬우므로 중간 중간 제거해주어야 한다. 날이 느슨한 곡선 타입도 있다.

복목
▶날이 서로 교차하는 것. 일반적으로 철공용 줄이라고도 불린다. 범용성이 높아서 플라스틱, 퍼티 종류 외에 금속 부품의 절삭에도 적합하다.(일반적인 쇠 줄은 바로 이 타입). 절삭면에 거친 흔적이 남는 편이다. 크기와 형태도 풍부하여 다양한 선택이 가능하며 가격도 저렴하다.

멀티 컷(파목)
▶상품에 따라 「X컷」이라고도 불리고 있지만 외날에 교차하듯이 날이 없는 홈이 파인 것이다. 절삭력도 뛰어나고 찌꺼기도 적게 발생하여 깔끔하게 마무리되는 것은 단목과 동일. 약간 고가지만 다루기가 편리하다.

이형 복목
▶복목과 흡사하지만 좀 더 거칠고 줄눈이 전체적으로 솟아오른 모양이 특징이다. 소재에 대해서는 복목에 준하는 범용성이 있지만 좀 더 부드러운 소재의 연삭에 적합하다. 플라스틱이나 레진, 퍼티를 깎아낼 경우 복목보다는 큼직큼직하게 대략적인 정형 작업에 유리하다. 절삭 흔적이 크게 남는 편.

귀목(라스프 컷)
▶강판처럼 솟은 날을 가졌다. 퍼티나 목재 등 부드러운 소재를 거칠게 깎아낼 때 적합하다. 부스러기에 막히는 일이 없어서, 부스러기가 많이 발생하는 소재에 적합. 목공용 줄은 뒷면이 반원줄, 이형 복목인 경우도 많으므로, 한 자루를 가지고 다양한 작업에 사용할 수 있다.

다이아몬드 줄
▶공업용 다이아몬드 입자를 표면에 전착시킨 것으로, 단단한 금속과 유리도 절삭할 수 있다. 모형에서는 작은 범위의 절삭과, 에칭판 정형에 사용하는 경우가 많다. 줄을 어느 방향으로 움직여도 절삭되며, 절삭 후에 자잘한 흠집이 남는다.

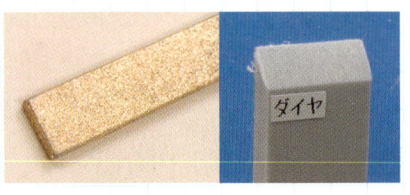

줄의 형태에 따른 분류

줄의 단면 형태에도 다양한 모양의 제품이 있다. 일반적으로는 깎아내는 면에 맞춰 평면에는 평줄, 곡면에는 둥근 줄이나 반원 줄을 사용한다. 경우에 따라 모서리나 곡면의 일부를 부분적으로 사용할 때도 있다. 가장 먼저 갖춰두면 좋은 것은 평줄, 반원 줄, 둥근 줄의 3가지. 여기에 필요에 따라 특수한 모양을 준비하면 된다.

평줄

▲「평줄」은 절삭면이 넓어서 안정된 절삭이 가능한 것이 특징. 게이트 처리와 이음매 제거에서도 활약하는 것은 물론이고, 큰 제품은 발라놓은 퍼티 등을 대략적으로 정형할 때에도 사용한다. 측면에 날이 있는 제품은, 그곳을 좁은 평면으로 사용할 수도 있다. 목적에 맞춰서 큰 것과 작은 것을 가지고 있으면 좋을 것이다.

반원 줄

▲「반원 줄」은 보이는 바와 같이 평면과 곡면을 겸용으로 사용 가능한 편리한 모양이다. 곡면부는 「원줄」보다는 조금 완만한 곡선을 그리기 때문에 잘록한 면을 정형할 때 사용한다. 또 소형인 것은 끝트머리를 이용하면 움푹 파인 곳의 가장자리나 홈을 가공할 때도 사용이 가능하다. 한 개를 가지고 있으면 여러모로 편리하게 사용할 수 있는 형태다.

둥근 줄

▲「둥근 줄」은 동그란 봉 모양으로 앞으로 갈수록 가늘어지는 것이 일반적. 움푹 파인 곡면의 절삭, 원이나 동그란 구멍이 난 곳의 가장자리 정형 외에 가는 형태 덕분에 부분적인 줄질도 가능하며, 좁은 곳의 줄질에도 활용한다. 끝이 가는 바늘 모양 외에 전체의 굵기가 동일한 타입도 있다.

사각, 삼각
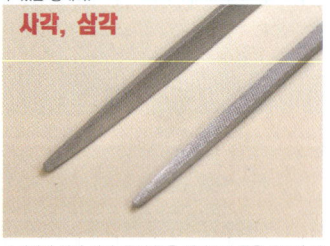
▲사각과 삼각 단면. 폭이 좁은 평면으로 좁은 부분의 절삭과 구멍 안쪽의 정형에 사용하는 경우가 많다. 사각은 각도 그대로 직각으로 깎을 수 있지만, 조심하지 않으면 처음 의도했던 것 보다 더 깎아 버리기 쉽다. 삼각은 가장자리가 예리하므로, 각의 미세 조정과 칼집 내기 같은 용도로도 사용할 수 있다.

날 세우기(마름모 꼴)

▲「날 세우기용 줄」은 톱의 날을 마감하기 위한 줄로 「양 날 줄」이라고도 불린다. 단면은 얇은 마름모꼴로 날의 형태는 단목. 가장자리가 얇게 돌출되어 있으므로, 모형 공작에서는 홈파기, 줄파기 용으로 사용하면 편리.

인두 줄
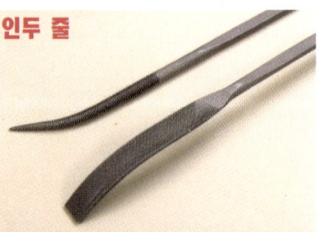
▲「인두 줄」은 끝트머리가 완전하게 구부러진 모양의 줄로, 단면 형태는 평과 원, 사각, 삼각 등 다양한 형태가 있다. 「구부러져 있다」고 해서 곡면만을 깎는 것이 아니라, 통상적인 줄질이 어려운 면에 사용할 수 있는 것이 이점.

6. 줄

베이직 줄 세트(3 Piece basic file set)
◀플라스틱뿐 아니라, 금속이나 퍼티 류 등 폭넓은 소재의 절삭에 사용할 수 있는 줄. 사용빈도가 높은 평줄, 반원줄, 원줄의 3가지가 한 세트. 크기는 평면 폭으로 8mm, 길이는 16cm. 줄눈은 중목에 복목이다. 프라모델의 개조작업 등에 적당한 크기이면서 절삭력도 나쁘지 않기 때문에 처음 쇠줄을 사용할 때 적당하다. 이 외에 동일한 품목이면서 사이즈가 작은 3개 세트 「베이직 줄 세트(세목 더블 컷)」(600엔)도 있다.
(600엔 / 타미야)

모델링 파일(정밀 줄)
▼평줄, 반원줄, 원줄, 사각, 삼각 등 일반적인 모양부터, 타원형, 도검형, 양반원형 등 다양한 모양의 줄이 한 세트가 된 것. 사용빈도가 낮은 것도 있지만 이정도로 잘 갖춰져 있으면 다양한 상황에 맞춰 사용할 수 있다. 크기는 평면 폭으로 약 5mm, 길이는 13cm정도다. 줄눈은 조밀한 복목으로 가공보다는 마감에 적합하다. 또한 이 제품을 5종류로 나누어 판매하는 「스탠더드 5개 세트」, 「프로페셔널 5개 세트」(각 700엔)도 있다.
(1300엔 / 하세가와)

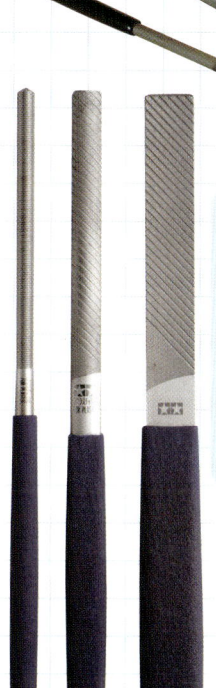

크래프트 줄 PRO
◀줄눈이 「호」를 그리는 멀티 컷 타입으로 플라스틱 전용 줄. 일반적인 멀티컷보다도 절삭력이 높고 작업후의 표면이 매끄러운 것이 특징. 플라스틱과 퍼티 종류의 표면을 대패질하듯이 깎는다. 절삭 후 샌드페이퍼질이 필요 없을 정도다. 개조 가공을 하는 것이 좋다면 사이즈가 큰 것을 이용하는 게 편리할 것이다. 종류도 다양해서 평줄(폭 16mm, 10mm, 6mm), 반원줄(폭 15mm, 10mm), 원줄(직경 6mm, 3mm)가 있다. 원줄은 원추형이 아닌 동일한 지름의 원기둥형 이다.
(1200~2000엔 / 타미야)

Mr. 귀목 줄(Mr. Rasps File)
◀일반적인 귀목 줄은 목공용으로 판매하므로 모형에 사용하기에는 약간 크지만, 이것은 길이 195mm, 폭 13mm으로 다루기 쉬운 사이즈. 반원으로 줄눈이 양면 모두 귀목으로 되어 있다. 거칠게 발라 놓은 에폭시 퍼티, 폴리에스테르 퍼티 등을 대략적으로 다듬는 것에 적합하다. 물론 절삭 후의 표면은 거친 상태이므로, 그 후의 정형 작업은 필수.
(1000엔 / GSI 크레오스)

GY-1 극히 얇은 줄
▶줄의 판 두께가 0.5mm인 극히 얇은 줄. 슬릿을 정형할 때 등 좁은 부분을 마감할 때 편리하다. 판이 휘어지므로 힘이 들어가는 절삭에는 적합하지 않지만, 판을 젖혀가면서 절삭하는 표면을 다듬는 작업도 가능하다. 줄눈은 복목. 「GY-1 정밀 유목」외에 「GY-2 중목」도 판매하고 있다. 양쪽 다 길이 14cm에 폭은 4mm.
(1980엔 / 미네시마)

하드 코트 줄 PRO
◀줄 표면에 강도가 높은 코팅을 한 것으로 단단한 소재를 절삭해도 날이 무디어지지 않는 것이 특징. 어느 쪽도 줄눈은 복목. 「반원 줄 - 폭 7.5mm / 2520엔」, 「끝이 가는 줄 - 폭 6mm / 2625엔」, 「둥근 줄 - 지름 3mm / 2625엔」. 퍼티와 소재를 팍팍 깎아낼 때 적합하며, 특히 단단해진 퍼티를 절삭할 때 편리하다. 끝이 가는 줄과 둥근 줄은 정밀 줄의 크기이며 눈은 복목. 작은 만큼 눈이 가늘면서도 코팅 덕분에 부스러기가 잘 발생하지 않으므로, 안정된 절삭이 가능하다. 「반원 줄 - 폭 7.5mm」외에 「끝이 가는 줄 - 폭 6mm」 「둥근 줄 - 지름 3mm」가 있다.
(2400엔~2500엔 / 타미야)

「타쿠미노야스리·극」진타
▶「타쿠미노야스리·극」시리즈의 「진타」는 하드 코트 되어 있는 줄이다. 「얇은 양날 평줄」은 길이 22cm, 모형용으로서는 약간 크며 절삭성도 높아서, 개조 가공을 하는 사람에게 편리한 제품이다. 「원형 3.2Φ㎜」은 길이 약 18cm, 두께 3.2~2Φ의 테이퍼 형. 역시나 높은 절삭력을 가지고 있으며, 곡선 부분과 세부적인 부분의 정형에 적합하다.
평 2200엔, 원형 2000엔 / GSI 크레오스

에칭 줄(Diamond file for photo-etched parts)
◀표면에 다이아몬드 숫돌 입자를 전착시킨 소형 반원 줄로, 에칭 부품의 게이트 처리용 제품. 얇은 금속판은 입자로 깎아주는 쪽이 눈에 거슬리지 않고 절삭하기 쉽다. 단단한 스테인리스제 에칭도 깎을 수 있으며, 플라스틱의 소소한 가공에도 사용할 수 있다. 숫돌 입자는 #400.
(600엔 / 타미야)

날 세우기용 줄
◀모형 제작에서는 주로 패널라인을 새기는 작업 등에 사용하는 줄. 일반 공구로 찾아보면 사이즈가 커지기 쉬우므로 주의. 가장자리가 얼마나 얇은지가 중요하므로, 가장 작은 사이즈인 「75mm」를 기준으로 찾는 게 좋을 것이다.
(참고 가격 1000엔 / 범용품)

건틀릿 파일
◀평줄, 둥근 줄, 삼각 줄의 3종 세트. 끝이 젖혀지듯이 구부러져 있는 줄로, 구부러져 있다고 해서 곡면만을 깎는 것이 아니라, 통상의 줄로는 작업하기 힘든 면에 사용할 수 있다는 것이 장점. 프라모델 키트의 접합선 수정이나 간단한 정형에 적합하다. 길이는 약 18cm, 평면 폭이 5.5mm, 줄눈은 복목. 생산이 중지되었지만 이 상품 외에 한쪽 면이 다이아몬드 줄로 되어 있는 평줄과 원줄 2개 세트인 「다이아몬드 건틀릿 파일」(2000엔)도 있다.
(1300엔 / 하세가와)

HG 특수형 다이아몬드 줄
◀끝이 구부러져 있는 각종 단면 형태의 다이아몬드 줄. 왼쪽부터 나이프 형, 반원형, 양쪽 반원형, 원형, 사각형, 삼각형의 6종류, 숫돌 입자는 전부 #140. 이 타입의 용도를 따지기 보다, 우선 전부 갖춰두고 평범한 줄로 깎기 힘든 부분이 있을 때 적합한 것을 골라서 사용하는 방식이 될 것이다. 끝의 형태는 이 외에도 끝이 작게 구부러진 5 종류(평형, 타원형, 원형, 사각형, 삼각형)과 원(바퀴형)도 있다.
(각 950엔 / 웨이브)

CHECK POINT
●줄의 손질

▲줄눈 틈새에 들어 찬 찌꺼기는 합성수지로 된 칫솔 등으로 자주 제거해 주자. 와이어 브러시는 날을 상하게 할 우려가 있으므로 피하는 편이 좋다. 퍼티 같은 것이 눌어붙은 경우 나이프를 사용해서 조심스레 제거한다. 번거롭기는 하지만 가장 확실한 방법이다.

7 사포

【용도】
- 소재의 절삭 (거칠게 대강 깎거나 정형할 때)
- 흠집을 지울 때 (마감)
- 도색 표면을 연마할 때 (광을 낼 때)

「사포」란 바탕이 되는 종이에 연마용 가루(금속이나 숫돌입자)를 부착시킨 연마재다. 이것으로 행하는 작업을 「사포질」이라고 한다. 적당한 크기로 자르거나 구부리거나 붙이거나 등등 상황에 맞춰서 다양한 형태로 바꿔가며 사용할 수 있는 것이 특징이다. 줄로 치면 『날의 촘촘함』에 해당하는 것은 숫돌가루의 입자크기에 따라 「240번」, 「800번」과 같은 숫자, 즉 「입도수치」로 표기되고, 숫자가 클수록 촘촘하며 마감 작업에 적절하다.

덧붙여 사포는 일반 사포와 내수성 사포로 나뉘는데, 모형 공작에서는 눈이 자잘한 것을 사용하는 경우가 많으며 사포 틈새에 절삭찌꺼기가 끼는 것을 방지하기 위해 물에 적셔서 사용할 수도 있는(마찰열을 물로 식혀주면서 절삭찌꺼기가 잘 눌어붙지 않게 된다) 이른바 '물 사포'를 사용하는 경우가 일반적이다. 이 물 사포질용 사포는 「내수 페이퍼」라고도 부르며 물에 적셔도 숫돌가루가 떨어져 나가거나 사포가 찢어지지 않는다. 모형용으로 사포를 사용할 때는 대부분 이 「내수 페이퍼」를 사용하므로 사포 = 내수 페이퍼(또는 그냥 '페이퍼') 라는 뜻으로 서로 구별하지 않고 사용하는 경우가 많다. 사이즈도 다양하지만 가장 일반적인 것은 230 x 278mm인 제품이다. 최근에는 모형 공작에 사용하기 쉬운 크기와 '받침목'이 일체화된 제품도 늘어나는 추세.

▲내수 페이퍼의 기본적인 사용법. 받침목(사진은 지우개)에 감아서 물에 적신 다음에 사포질한다.

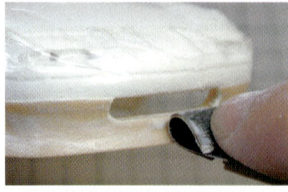
▲곡면의 마감은 받침목을 사용하지 않고, 동그랗게 만 사포의 탄력을 이용하는 방식으로 작업이 가능하다.

▲넓은 면을 평탄화시키는 경우 커다란 판에 사포를 붙이고, 그 위에서 부품을 움직이며 작업하는 게 더 편리하다.

▲받침목이 달려 있는 제품은 간단하게 사포질을 할 수 있으며 정형도 손쉽다.

내수 페이퍼
◀모형 작업에서 '사포질'이라고 하면 내수 페이퍼, 별칭 '물 사포질용' 사포를 사용하는 것을 뜻한다. 물 사포질이 가능하므로 연마력을 오래 유지할 수 있고 또한 절삭 찌꺼기를 제거하기 쉬워서 연식면에 상처가 나는 것도 방지할 수 있다. 입도수치도 60~2000번까지 선택폭이 넓다. 또한 물을 묻히지 않고 사용할 수도 있다. 일반용과 물 사포질용을 구분하는 것은 제품 뒷면에 「WATER PROOF」라고 쓰여 있는지의 여부를 확인하면 된다.
(70엔~ / 범용품)

스펀지 연마재
◀스펀지 시트 표면에 연마재가 붙은 내수성 연마재. 표면과 밀착도가 좋고 찌꺼기가 눌어붙어도 물로 세척하면 재사용이 가능하다는 특징이 있다. 입도수치는 120~180번 상당, 240~320번 상당, 320~600번 상당, 800~1000번 상당, 1200~1500번 상당까지의 5 종류가 있고 세게 누르면 거칠고, 약하게 누르면 촘촘한 입도수준이 된다. 114 x 140mm크기 시트
(참고가격 300엔 / 3M)

타미야 피니싱 페이퍼
(Finishing abrasives)
▶고품질의 내수 페이퍼. 절삭찌꺼기가 잘 끼지 않고, 밀착도가 뛰어난 것이 특징이다. 황목(거친 표면세트(180~320번), 세목(촘촘한 면세트 (400~1000번), 마감 세트(1200~2000번)외에도 180번, 240번, 320번, 400번, 600번, 800번, 1000번, 1200번, 1500번, 2000번이 별도 단품으로 판매되고 있다. 1200번 이상의 마감용도로는 특히 추천하고 싶은 제품이다.
(120~250엔 / 타미야)

Mr. 페이퍼 세트
▶이쪽도 부드러운 바탕지가 특징인 내수 페이퍼. 구부려도 각이 잘 생기지 않고, 접어도 바탕지가 쉬이 갈라지지 않는다. 그대로 사용해도 좋지만 유연한 받침목과 조합하여 사용하기에도 적합하다. 입자가 큰 세트는 400, 600, 1000 번이 각 2장 들이, 가는 입자 세트는 1200, 1500, 2000번이 각 2장 들이. 각 입도수치 당 4장 들이 단품 상품도 있다.
(거친 입자 180엔, 가는 입자 220엔 / GSI 크레오스)

미리 잘라놓은 사포
▼마치 메모지처럼 사포가 직사각형 형태로 되어 있는 제품. 1장의 크기는 20mm×75mm. 입도수치는 320, 400, 600, 800, 1000, 1200의 6종류로 1세트에 50장 들이. 적당한 크기로 잘라야 하는 수고를 덜어주는 것은 물론이고 수납하기 편한 것도 장점. 입도 수치도 알기 쉬워서 상자에서 바로 꺼내서 사용할 수 있다.
(240엔 / 웨이브)

✔ CHECK POINT

● 입도수치와 용도

입도수치	용도
240	거친 절삭
320	
400	표면처리
600	
800	
1000	
1200	연마
1500	
2000	

◀사포의 입도수치와 용도를 표로 나타낸 것이다. 240~320번은 소재를 거칠게 깎아낼 때. 400~1000번은 표면의 울퉁불퉁함이나 일그러짐을 수정할 때. 1200~2000번은 세밀한 흠집을 지우거나 연마하여 광을 낼 때, 하는 식으로 분류된다. 소재에 따라 다소 차이는 있으나 대략적인 기준이 될 것이다.

● 봉에 붙여서 사용한다.

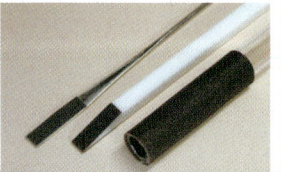

▲좁은 부분이나 움푹 파인 곳을 사포질 할 때에는 적합한 모양의 봉 소재 등에 양면테이프로 사포를 붙여서 사용하는 것이 좋다. 사진은 왼쪽부터 타미야의 조색 스틱, 5mm 각봉의 끄트머리를 깎아서 쐐기모양으로 만든 것, 아크릴 봉에 사포를 감은 것 이다. 원하는 모양의 섬세한 이용이 가능한 '자작 줄'을 쉽게 만들 수 있다.

7. 사포

타일러
▶사포질을 간단하게 할 수 있도록 손잡이가 달린 사포. 내수 페이퍼가 붙어있는 부분은 완만하게 구부러져 있어서 이음매 등 돌출부만 깎아내기에도 편리하고, 끄트머리가 벗겨질 걱정도 적다. 입도수치는 색상으로 나뉘며, 240(핑크), 320(오렌지), 400(옐로), 600(블루), 800(그린) 이다. 각 3개 한 세트

(각 280엔 / 겟세)

스티커 사포
◀양면테이프를 사용해 사포에 받침목이나 봉 형태의 소재를 붙여서 사용하면 사포질이 무척 편리해지는데, 이쪽은 아예 처음부터 사포 뒷면에 스티커가 붙어 있는 제품. 입도수치는 A400, B600, C800, D1000, E1200, F1500, G2000으로 전부 다 3장 들이.

(각 360엔 / 인터 얼라이드)

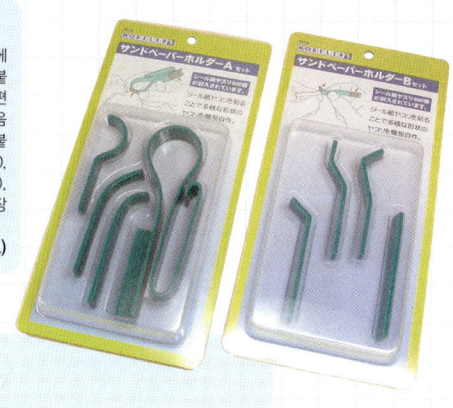

샌드페이퍼 홀더
▶이쪽은 사포를 붙여서 사용하는 홀더 세트. 단순한 판 모양에 복잡한 곡면 형상에 이르기까지 다양한 종류가 있으며, A 세트, B 세트의 형태는 사진과 같다. 합성수지 재질이므로 중간을 잘라서 작게 만들어서 사용하는 방법도 있다.

(각 500엔 / 인터 얼라이드)

타미야 연마 스펀지 시트
◀곡면 등에 다루기 쉬운 스펀지 시트 형태의 연마재. 부드러운 스펀지로 되어 있어 접어서 구부리거나 문지르기에도 견뎌낸다. 사이즈는 114mm×140mm. 입도수치는 180, 240, 320, 400, 600, 800, 1000, 1500. 실제로 깎이는 정도는 힘을 주는 강도에 의해서 변한다. 뒷면에는 입도수치가 다른 색으로 인쇄되어 있고 표시가 빽빽하게 들어차 있으므로 잘라서 사용해도 알기 쉽다.

(각 280엔 / 타미야)

사포 스틱 소프트
◀가느다란 판 형태의 받침목과 일체화 되어 있는 사포. 받침목은 플라스틱제 판을 스펀지에 끼워 넣는 구조로, 면에 알맞은 유연함과 적절한 압력을 가할 수 있기에 사용하기에 따라서는 샤프하게도 느슨하게도 작업할 수 있다. 입도수치는 80, 120, 180, 240, 320, 400, 600, 800, 1000, 1200이 있다. 사이즈는 30mm×175mm 3장 들이. 작게 잘라서 쓰는 것도 가능하다. 사이즈가 작은 10장 들이 「소프트 2」(각 300엔)도 있다.

(380엔 / 웨이브)

스펀지 천 사포~카미야스~
◀스펀지 시트에 유연한 천 사포를 조합한 사포. 스펀지의 두께는 2, 3, 5mm의 3종류가 있으며 각 사포의 입도 수치는 120(블랙), 240(레드), 400(옐로), 600(그린), 800(블루)가 있다. 1장의 크기는 105mm×20mm으로 4~5장 들이. 대형 사이즈(265mm×243mm)도 있다.

(각 400엔 / 갓 핸드)

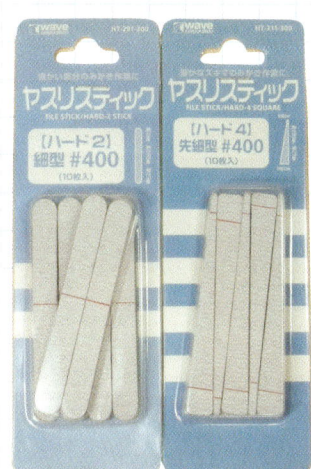

사포 스틱 하드
◀「하드」는 받침목이 단단한 판. 접합선 부분을 퍼티로 메운 뒤의 상태 등 돌기물이 있는 부분을 확실하게 정형하고 싶은 경우에 적합하다. 사이즈는 「소프트」와 비슷한 가느다란 판 형태 외에, 이런 사례처럼 가느다란 봉 형태와 쐐기 형태도 있다. 게이트 흔적 등 세부 정형에 사용하기 쉽다. 입도수치는 120~1200의 9종류로 어느 쪽이건 간에 대형 사이즈는 3장, 소형 사이즈는 10장 들이.

(300~380엔 / 웨이브)

사포 스틱 피니시
▶사포 스틱의 마감 연마용. 녹색 면으로 연마하면 균일한 반광택 마무리, 반대쪽인 흰색 면은 광택 마무리에 사용한다. 여타 연마 소재와 비교해 보면 녹색은 4000번 정도, 흰 색은 10000번 이상에 해당하는 듯하다. 먼저 1000~2000번의 사포로 밑 준비를 한 다음에 사용하면 효과적. 2장 들이. 사이즈가 작은 「세형」(10장 들이, 300엔)도 있다.

(380엔 / 웨이브)

Mr. 라프로스
▶유연한 천 상태의 연마 시트. 연마하는 면은 약간 탄력이 있어서 연마하는 면에 여분의 흠집을 잘 남기지 않는다. 입도수치는 2400과 4000 세트, 6000과 8000 세트로 되어 있다. 광택을 내는 콤파운드로 칠을 연마하기 전에, 이걸로 다듬어두면 한층 더 효과적이다.

(400엔 / GSI 크레오스)

사포 포대 2
▶플라스틱 소재의 '평탄화'를 돕는 플라스틱으로 만든 가이드 세트. 슬라이드 홈이 파인 받침대 옆에 시판되는 사포를 붙인 벽면을 수직 혹은 45° 각도로 세운다. 그리고 벽면에 소재를 대고 누른 채 받침대를 슬라이드시키며 깎는다. 봉 소재 등의 절단면을 정돈하는 데 편리하다. 사포는 재사용이 가능한 접착시트로 고정시킨다.

(680엔 / 웨이브)

8 핀셋

【용도】• 작은 부품을 잡을 때, 붙일 때
  • 데칼, 테이프를 다룰 때
  • 먼지를 제거할 때

손끝으로는 다루기 어려운 작은 부품을 다룰 때 빠트릴 수 없는 것이 핀셋이다. 좁은 장소에서의 작업이나 데칼 등을 붙일 때도 활약한다. 모형용 핀셋에 가장 먼저 요구되는 것은 끝 부분의 정밀도이다. 1mm 이하 굵기의 극히 가는 금속선이나 에칭 부품을 집을 때 끝 부분이 서로 정확히 맞닿아 있는 물건이 아니면 사용하기가 매우 곤란하다. 또한 핀셋으로 집을 때의 사용감도 중요한데 저렴한 제품은 힘을 가했을 때 전체적으로 휘는 경향이 있어서 정밀한 작업을 할 때 안정감이 떨어진다. 탄성이 있는 부분과 없는 부분이 확실히 구분되어 있는 쪽이 사용감이 좋다.

핀셋은 모양이나 용도에 따라 크게 4종류로 나뉜다. 우선 끝 부분까지 일자로 뻗은 「스트레이트(직선)」형과, 끝 부분이 구부러진 「곡선」형이 있는데 이것들은 부품을 다루기 쉬운 각도에 맞춰 구분해서 사용하는 것이므로 어느 쪽이 더 뛰어나거나 한 것은 아니다. 다음으로 데칼이나 스티커 등 얇은 소재를 다루기 위해 끝 부분의 폭이 넓어진 타입. 여기까지는 끝 부분의 모양만 다를 뿐 기본 구조는 같다. 그리고 「역작동형」이라고 하여 평소에는 끝 부분이 닫혀있지만 자루 부분에 힘을 가하면 끝 부분이 열리는 타입이 있다. 이것은 손을 놓아도 핀셋이 부품을 잡고 있기 때문에 장시간 잡고 있어야 할 때 '제3의 손'으로도 활용할 수 있다.

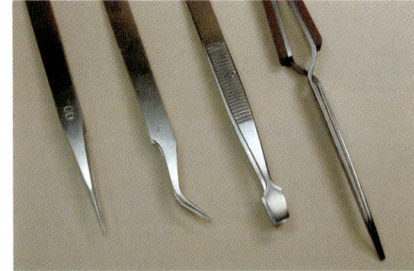

◀모형용 핀셋의 대표적인 타입 4종류를 늘어놓아 보았다. 왼쪽부터 직선형, 곡선형, 데칼용, 역작동형이다. 왼쪽의 3종류는 작동원리는 같고 끝 부분의 모양만 다르며 역작동형은 중간 지점이 교차되어있는 것으로 구별할 수 있다.

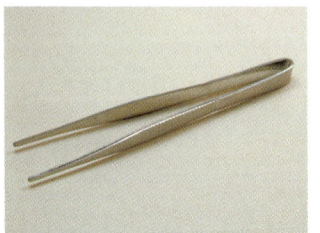

▲구급세트 등에 들어있는 가정용 핀셋은 손잡이가 잘 휘고 끝부분도 둥글둥글해서 모형용으로는 적합하지 않다

▲정밀도가 높은 핀셋이라면 극히 가는 핀도 정확히 집을 수 있다.

■ 스트레이트(직선)형

정밀 핀셋 110mm
▲단순한 형태의 스트레이트형 핀셋. 모형용 핀셋으로서의 기본을 섭렵하는 구조로, 끝 부분은 날카로우며 맞물림도 좋다. 저가이지만 1000엔 미만의 제품으로서는 충분한 사용감이다. 간단히 공구를 갖추는 것이 좋다면 추천. 길이 120mm
(300엔 / 미네시마)

스트레이트 핀셋
▼일반적인 모양의 스트레이트 형 핀셋. 표면이 검게 코팅되어 있고 내구성이 좋으며 광범위하게 활용할 수 있다. 정밀도는 고급품에 미치지 못하지만 가격이 싸서 입문용으로는 추천할 만하다. 전체 길이 126mm
(600엔 / 타미야)

정밀 핀셋(스트레이트 타입)
▼이름 그대로 보다 정교한 작업을 위한 정밀도가 높은 핀셋이다. 끝 부분이 바늘처럼 가늘게 처리된 것이 특징으로 조그마한 부품을 집었을 때도 잘 보인다는 장점이 있다. 손잡이는 제법 두꺼우며 강도도 충분하다. 길이 126mm. 끝 부분이 뾰족하지 않고 둥글게 가공된 타입도 있다.
(1200엔 / 타미야)

Mr. 핀셋 「비스듬한 날」
▲「비스듬한 날」은 문자 그대로 끝 부분이 나이프처럼 비스듬하게 가공되어 있어 '모서리'와 '면'으로 집는 타입. 스티커와 마스킹 테이프를 벗기는 작업에 요긴하다. 길이 120mm. Mr. 핀셋 시리즈로 이 제품 이외에도 스탠더드한 스트레이트 타입과 끝이 가는 타입도 제품 라인업에 올라 있다.
(1000엔 / GSI 크레오스)

마이크로 핀셋
▶소형 부품을 확실하게 집을 수 있도록 만들어진 핀셋. 가느다란 끝 부분은 세세하게 미끄러짐 방지 가공이 되어 있어 자그마한 선 소재와 에칭 부품을 취급할 때 편리하다. 같은 형태로 끝 부분이 손톱처럼 휘어진 타입도 있다. 전체 길이 90mm.
(2000엔 / 미네시마)

CHECK POINT

● 불소 코팅

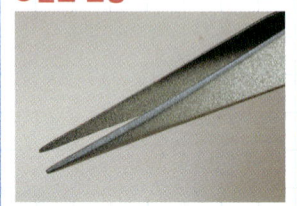

▲표면이 불소 코팅 처리된 핀셋도 있다. 이런 제품은 테이프 등의 접착제나 먼지가 들러붙지 않기 때문에 테이프나 스티커를 붙이거나 벗길 때 매우 편리하다. 다양한 모양의 제품이 있으며 가격은 650엔 정도부터 시작한다.

8. 핀셋

■ 곡선형

곡선 핀셋
일반적인 곡선형 핀셋. 모형용으로는 비교적 긴 편이지만 전체적인 폭을 좁게 잡아놨기 때문에 좁은 장소나 깊은 곳에 쑤셔 넣고 사용할 때 편리하다. 세세한 작업뿐 아니라 광범위하게 사용할 수 있는 제품이다. 전체 길이 155mm.
(800엔 / 타미야)

Mr.핀셋 곡선 타입 (끝이 가는 곡선형)
▲끝이 가늘고 각도가 있는 형태. 부품을 집어 올리거나 삽입하는 작업에 적합하다. 손가락으로 잡기 쉽도록 수지제 그립이 달려 있는 것은 Mr.핀셋 시리즈의 공통 사양. 여타 제품과 비교하면 약간 작은 편으로 전체 길이는 113mm.
(1000엔 / GSI 크레오스)

정밀 핀셋 (곡선형 / 끝이 둥근 타입)
◀끝이 완만한 커브를 그리고 있으며, 또한 약 3mm 폭의 반원으로 되어 있는 핀셋. 이 제품은 끝이 뾰족하지가 않아서 스티커 종류에 흠집이 잘 생기지 않으며, 작은 부품도 좁은 '면'으로 집기 때문에 쉬이 튕겨나가지 않는다는 메리트가 있다. 길이 120mm. 기존 제품들처럼 뾰족한 타입도 있다.
(1400엔 / 타미야)

■ 역작동형

정밀 핀셋 (역작동 스트레이트 타입)
▲손잡이 중앙부가 교차되어 힘을 주면 끝 부분이 벌어지는 구조의 핀셋. 잡은 상태를 유지하는데 힘이 들어가지 않기 때문에, 안으로 들어가 있는 부분에 삽입할 때와, 장시간 집고 있어야 할 때 편리. 부품을 잡는 면은 미끄러짐 방지 가공이 되어있다. 길이 165mm. 동일한 구조의 곡선형 핀셋도 판매 중.
(1300엔 / 타미야)

클립 핀셋
▲집은 부품을 공중에 띄워서 고정시키기 위한 핀셋이다. 핀셋을 공중에 띄울 수 있도록 거치대가 포함되어 있어서 가로로도 세로로도 끼워 넣고 사용할 수 있다. 접착이나 부품의 건조 등을 기다리는 것 외에 납땜을 할 때 부품을 잡아두는 용도로도 편리하다. 전체 길이 110mm.
(350엔 / 미네시마)

■ 데칼, 스티커용

데칼 핀셋
◀끝 부분은 화살 같은 모양을 하고 있지만 면을 이용해 집기 때문에 작은 데칼부터 넓은 것까지 다룰 수 있다. 게다가 끝 부분의 모서리부분은 둥글게 처리되어 있으므로 물위에 뜬 데칼을 집을 때 데칼을 놓치지 않도록 되어있다. 그리고 이것은 이 제품의 중요한 특성 중 하나이다. 길이 125mm
(1400엔 / 타미야)

대나무 핀셋
▲하세가와의 피니시 시리즈 등, 극히 얇은 필름을 취급하기에 적합한 대나무제 핀셋. 정전기가 잘 일어나지 않으므로, 필름 같은 것이 쉬이 달라붙지 않는다. 뒷부분은 필름을 쉽게 다룰 수 있도록, 둥그런 형태로 되어 있다. 길이 140mm. 현재는 생산이 중단되었다.
(1500엔 / 하세가와)

피니시 핀셋
▲끝이 둥근 스트레이트형 핀셋의 끝 부분을, 극히 얇게 특수 가공함으로서 필름 등을 대지에서 쉽게 벗길 수 있다. "칼집을 냈는데도 잘 벗겨지지 않는다."고 하는 상황에서 활약한다. 끝이 둥글게 처리되어 있으므로 스티커에 흠이 잘 생기지 않는다. 길이 115mm
(2800엔 / 하세가와)

CHECK POINT

● 집은 물건이 다른 데로 튀지 않도록
▲작은 금속부품 등을 사용할 때는 핀셋의 끝 부분에 탄력이 있으면 조금 더 잡기가 쉽다. 이럴 때 끝 부분에 마스킹 졸이나 에폭시 접착제를 얇게 펴 발라서 미끄럼 방지 가공을 해 두면 편리하다.

● 끝 부분의 가공
▲사진은 작은 베어링 구슬 등을 잡기 편리하도록 끝 부분에 홈을 판 핀셋의 끝 부분의 모습이다.(이 사례에서는 전동 루터를 이용하여 가공). 이렇게 자신이 사용하기 쉽도록 공구를 가공하는 것도 좋은 방법이다

● 확실하게 잡아주기 위해

▲잡은 채로 지탱해주는 형태의 핀셋은 없지만 잠시 잡고 있고 싶을 경우, 이렇게 손잡이 쪽에 테이프나 고무줄 등을 감아서 대처하는 것이 좋다.

1: 모형공구 카탈로그

9 핀 바이스 & 드릴

【용도】 • 특정한 크기의 구멍을 뚫을 때
• 절단 시 가이드 역할을 하는 구멍을 뚫을 때
• 봉 모양의 부품을 들고 있을 때(핀 바이스)

사실 구멍을 뚫는 가공은 키트를 그냥 그대로 조립하는 경우에도 종종 필요한데, 이때 정확히 딱 맞는 구멍을 뚫어주기 위해서는 핀 바이스와 드릴 날을 준비하는 것이 좋다.

핀 바이스는 '핀'처럼 가는 드릴 날을 끼워서 고정시키는 도구로, 이것을 손으로 돌려서 구멍을 뚫는다. 일반적으로는 지름 3mm 이하의 것을 사용하며, 날의 형상에 따라 목공용과 금속용 등으로 구분되지만 플라스틱, 퍼티에는 금속용을 사용하는 편이 좋다. 구멍을 뚫을 때 먼저 철필 같은 것으로 먼저 위치를 잡아두면 드릴 날이 엇나가는 것을 방지할 수 있다. 그리고 핀 바이스는 뚫으려는 면에 대해 항상 수직으로 위치해야 하며, 가는 드릴 날을 사용할 때는 세게 누르지 말고 가벼운 힘으로 돌려야 함을 잊지 말자.

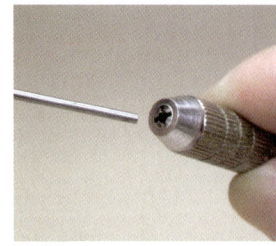
▲핀 바이스에 드릴 날을 장착할 때는 중심의 십자모양 홈(콜레트 척)에 끼워 넣는다. 바깥부분을 돌리면 날이 고정된다.

▲구멍을 뚫을 때는 핀 바이스 끝에 드릴 날을 장착하고 소재를 누르면 천천히 돌린다. 극히 얇은 드릴 날은 부러지기 쉬우니 가볍게 누를 것

정밀 핀 바이스D
◀핀 바이스는 범용품으로 여러 메이커에서 발매되어있다. 모형용으로는 타미야의 정밀 핀 바이스가 가장 입수하기 쉬운 편. 0.1mm부터 3.2mm까지의 드릴 날을 고정할 수 있는 물건으로, 이를 위해 두 개의 콜레트 척을 위아래 양끝을 4단계로 변경해가며 사용하게 된다. 사용하지 않는 콜레트 척은 그립 내부에 수납이 가능하다.
(1300엔 / 타미야)

정밀 핀 바이스 S
▶1.0mm이하의 가는 드릴 날을 사용하기 위한 핀 바이스. 본체는 알루미늄 재질로 9.5g의 경량이고, 손잡이 축도 가는 것이 특징이다. 이로 인해 극세 날을 사용할 때에도 쓸데없는 부담이 가해지지 않아서 안정적으로 돌릴 수 있고, 날이 부러지는 위험성도 적다. 또한 좁은 장소에 구멍을 뚫을 때에도 사용하기 편하다.
(800엔 / 타미야)

정밀 드릴 날
▼몸통 부분이 지름 1mm의 축으로 되어 있는 극세 드릴 날. 축이 두터워서 잘 부러지지 않으며, 핀 바이스에 고정하기 또한 쉽다. 사이즈는 0.2, 0.3, 0.4, 0.5mm가 있으며 축에 사이즈가 인쇄되어 있다. 케이스마다 하나씩 들어 있는 제품
(360~540엔 / 타미야)

베이직 드릴 날 세트
▲구멍을 뚫는 가공에 자주 사용되는 크기의 드릴 날들이 한 세트를 이룬 제품. 1, 1.5, 2, 2.5, 3mm의 5개로 각각 0.5mm차이의 날들이 갖춰져 있다. 낱개로 구입하는 것보다 저렴하면서 사용하기 적당한 크기들이 모여 있으므로 처음으로 드릴 날을 사는 사람들에게 추천한다. 폴리에틸렌으로 만든 수납케이스를 함께 주는 것도 매력적이다. 동일한 사양으로 1mm 미만의 5개 들이 세트인「극세 드릴 날 세트」도 동일한 가격에 판매되고 있다.
(1000엔 / 타미야)

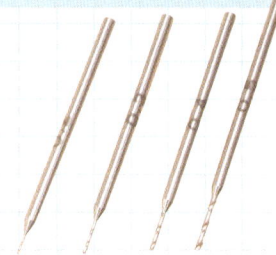

Mr. 핀 바이스 5개 세트
▶손쉽게 사용할 수 있는 그립이 달린 드릴 세트. 지름은 자주 사용되는 1.0mm, 1.5mm, 2.0mm, 2.5mm, 3.0mm의 5개가 들어있다. 구별하기 쉽도록 각각 색이 다르고 그립은 고무 재질이다. 잡기 편해서 사용 시 손가락이 아플 일도 적다. 그립 뒷부분은 헛돌게 되어 있어 일반 핀 바이스와 마찬가지로 저항 없이 돌릴 수 있게 고안되었다.
(1200엔 / GSI 크레오스)

HG 원 터치 핀 바이스 세트
▶그저 끼워 넣는 것만으로 드릴 날의 교환이 이루어지는 핀 바이스와 드릴 세트. 일반적인 전동 드릴에서 사용하고 있는 육각축의 소형판 같은 것이다. 부속되어 있는 드릴 날은 1.0mm, 2.0mm, 3.0mm, 이외의 전용 날은 1.0~3.0mm 사이의 날이 0.1mm 단위로 판매되고 있다.
(1500엔 / 웨이브)

HG 멀티 핸들
▼축의 지름이 0.3~3.2mm의 드릴 날과 봉 형태의 소재를, 척 교환 없이 고정시킬 수 있는 공구. 끝 부분은 소형 드릴 척으로 돌려주는 것만으로 안쪽의 지름을 변경할 수 있다. 손잡이가 두터우므로 사용 용도는, 굵은 지름의 구멍 뚫기 등에 적합. 루터의 비트를 변경하여 사용할 때도 편리.
(1300엔 / 웨이브)

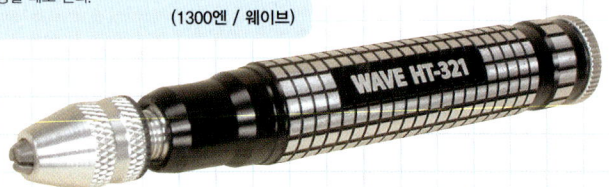

◆ CHECK POINT

● 범용 드릴 날

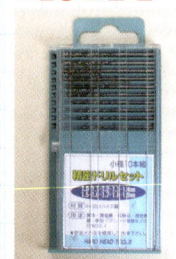
◀케이스에 든 드릴 날 세트. 이것은 0.1mm 단위의 10개 세트로, 주목할 것은 바로 이 케이스. 측면에 구멍이 있어 필요한 날만 골라 꺼낼 수 있고 관리하기도 편리. 사진의 세트는 1500엔 정도.

◀낱개로 판매되는 드릴 날. 3mm정도 크기까지는 0.1mm 단위로 고를 수 있다. 1mm이하의 날은 부러지기 쉬우므로 여분을 준비해 두면 좋다.

⑩ 펀치

【용도】
- 원형으로 잘라낼 때
- 원형으로 구멍을 낼 때

펀치는 종이, 가죽이나 천 등 드릴 등으로는 구멍을 뚫기 어려운 소재에 동그란 구멍을 뚫을 때 사용하는 도구다. 원통의 가장자리에 날이 달려 있어 소재에 갖다 댄 후 뒷부분을 망치 등으로 때려서 사용한다. 모형용도로는 주로 1㎝이하의 작은 원을 잘라낼 때 사용한다. 마스킹 테이프나 스티커 외에, 플라스틱판도 0.5mm정도 두께까지는 사용할 수 있다. 플라스틱판일 경우 망치는 사용하지 않고 누른 채로 빙글빙글 돌려가며 잘라낸다.

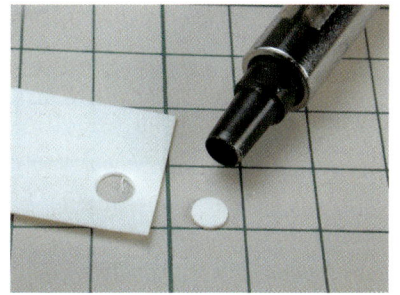
▲플라스틱판을 펀치로 도려낸 모습. 도려낸 원과 플라스틱판 모두 각자 용도에 따라 사용할 수 있다.

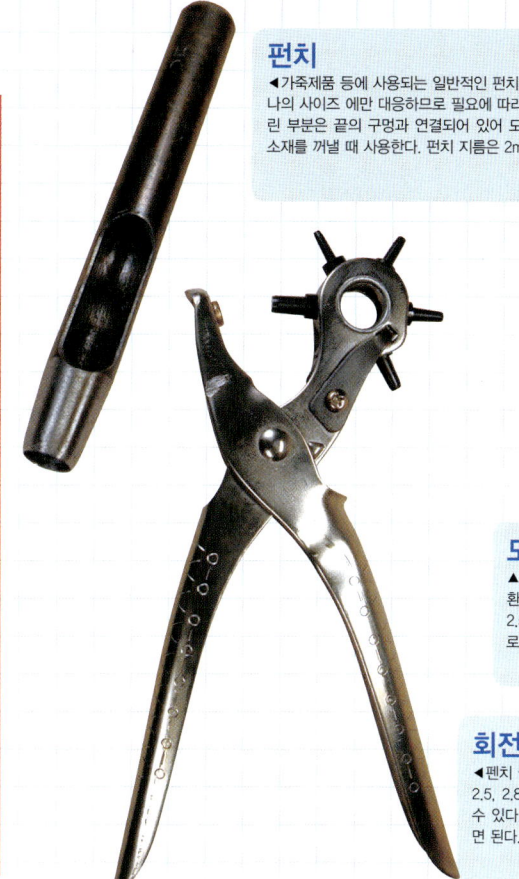

펀치
◀가죽제품 등에 사용되는 일반적인 펀치. 이 타입은 하나의 펀치가 하나의 사이즈 에만 대응하므로 필요에 따라 갖춰나가야 한다. 측면에 뚫린 부분은 끝의 구멍과 연결되어 있어 도려낸 뒤 펀치 안으로 들어간 소재를 꺼낼 때 사용한다. 펀치 지름은 2mm부터 2㎝까지 다양하다.
(200엔~ / 범용품)

모델링 펀치 A
▲스티커와 필름 등 극히 얇은 소재를 원형으로 잘라내는 펀치. 끝 부분은 교환식으로 2~3 사이즈 마다 세트로 발매되어 있다. 사진으로 실린 「A」는 2, 2.5, 3mm, 「B」는 3.5, 4, 5mm, 「C」는 1, 1.5mm. 끝 부분을 분리할 수 있으므로 자른 찌꺼기가 안에 들어차도 빼내기가 쉽다.
(각 2000엔 / 하세가와)

회전식 구멍 뚫기 펀치
◀펜치 끝에 펀치가 달린 듯한 모습을 한 공구. 회전 부에 6종류의 펀치(2.0, 2.5, 2.8, 3.2, 4.0, 4.8mm)가 달려 있어 이것을 돌려 구멍의 크기를 조정할 수 있다. 구멍을 뚫을 때는 필요한 크기를 설정하고 소재를 끼운 뒤 힘을 주면 된다. 손쉽게 구멍을 뚫을 수 있는 매우 편리한 도구다.
(700엔~ / 범용품)

⑪ 철필

【용도】
- 패널라인 새기기
- 헤어라인을 그릴 때 (표식 내기)
- 드릴로 구멍 내기 전 가이드 구멍을 낼 때

「철필」은 바늘을 뜻하지만 모형에서 사용하는 철필은 이른바 「헤어라인 바늘」이라는 종류다. 표식 역할을 하는 상처를 내거나 패널라인을 새길 때 사용하는 도구다. 단순히 표식을 내는 정도의 작업이라면 바늘과 유사한 날카로운 것이면 아무거나 써도 상관없지만, 본격적으로 패널라인을 새기는 등의 용도라면 바늘 끝의 강도는 물론 사용감이 매우 중요하다. 이런 맥락에서 볼 때 모형용으로 판매되는 철필은 대부분 패널라인 작업용이라고 볼 수 있다. 컴퍼스의 심이나 핀을 핀 바이스에 장착해서 사용하는 대용법도 있다.

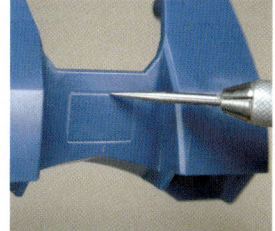
▲철필은 프라모델 표면에 패널라인을 파거나 라인을 더 깊게 만들 때 주로 사용된다. 날붙이와 달리 사용할 때 방향성이 없어서 움직임이 자유로운 점이 장점이다.

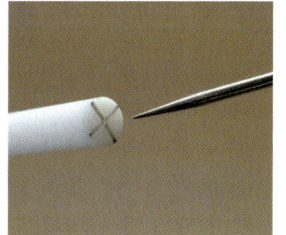
▲드릴로 구멍을 뚫기 전에 끝이 흔들리지 않도록 철필을 사용하여 기준점을 새겨주는 장면. 이렇게 하면 드릴의 위치를 잡기 편리하다.

디자인나이프 DS-800P
▶상품으로는 디자인나이프의 한 종류지만 칼날 외에 철제 바늘이 포함되어 있으며 이것을 장착하면 철필로도 사용이 가능하다. 손잡이가 6mm정도로 가늘면서 알루미늄 재질로 가볍기 때문에 사용하기 아주 편리하다.
(800엔 / NT)

모델링 스크레이퍼
◀경질의 강철재로 손잡이부터 바늘 끝까지 일체형이다. 덕분에 매우 견고하며 완전히 굳어버린 퍼티 등 단단한 소재에도 대응이 가능하다. 바늘 끝도 날카로워서 깨끗하게 V자로 파낼 수 있다. 검은 부분은 미끄럼방지용 고무 그립이다.
(1300엔 / 하세가와)

헤어라인 철필 2.0mm 곡선 타입
◀가늘고 긴 끄트머리가 굽어진 형태의 헤어라인 바늘. 좁은 곳이나 움푹 파인 곳에 라인을 새길 때나 표식을 낼 때 적합하다. 끝 부분이 굽어있으므로 가공 면에 대하여 바늘 끝을 갖다 댄 채 긁는 방향으로 힘을 주기 쉽다. 하지만 손잡이도 매우 가늘고 휘어진 바늘 때문에 확실히 고정시켜 잡지 않으면 흔들리기 쉽다. 전체 길이는 16㎝정도로 긴 편이다.
(1300엔 / 미네시마)

12 조각도

【용도】 • 합성수지 소재의 절삭
• 몰드를 판다.(조각)

조각도는 미술 수업 때도 사용해 봤을 것이라고 생각하는데, 주로 목재를 대상으로 세밀한 장식을 팔 때 사용한다. 모형공작의 범위에서는 폴리에스테르 퍼티나 에폭시 퍼티, 레진을 대상으로 한 작업 및 플라스틱 표면에 패널라인 새기기, 작은 몰드 붙이기 그리고 부품 뒷면의 정형 등에 사용한다.

조각도의 사용법은 칼끝 방향으로 밀듯이 움직이며 파 나가는 식이다. 단단한 것을 팔 때 힘을 세게 주어도 휘거나 하지 않도록 날이 두껍고 칼날도 잘 손상되거나 하지 않는다. 이것이 나이프나 커터 칼과 같은 날이 얇은 공구와 다른 점이다. 퍼티 등을 깎아 낼 때는 일반 공구인 조각도를 그대로 쓰면 된다. 반면 모형용 조각도는 작은 것이 많으므로 정밀부의 조각이나 몰드 추가용이라고 생각해도 좋다. 또한 조각도는 무뎌지면 숫돌로 다시 예리하게 만들 수 있다.

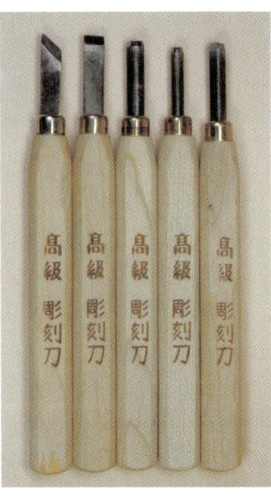

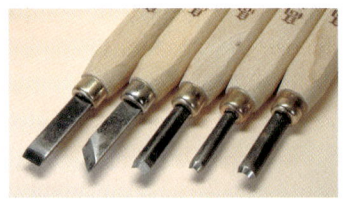
◀일반적인 조각도. 목제 손잡이에 철제 날이 달려 있다. 이것은 학교 교재로도 사용되고 있는 5개 한 세트인 제품(1000엔 정도). 이런 것으로도 퍼티류의 틀을 잡거나 절삭을 하는 데는 충분하다. 나이프 계열의 물건보다 내구성이 뛰어난 것이 특징

▲조각도의 칼날 종류. 좌측부터 평끌(끌칼), 창칼(잘라내기), 삼각칼, 둥근칼(소), 둥근칼(대)

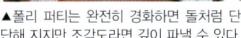
▲폴리 퍼티는 완전히 경화하면 돌처럼 단단해 지지만 조각도라면 깊이 파낼 수 있다.

▲끝 부분의 방향으로 날이 달려 있어서 플라스틱 부품의 뒷면 등 푹 파인 부분의 정형도 편리하다.

모델링 치젤

▶하세가와 트라이 툴의 「모델링 치젤」은 모형용 소형 끌이다. 날 모양은 「평·세」, 「환·세」, 「삼각·세」, 「평·폭」 3mm의 4종류. 손잡이는 금속이고 미끄럼 방지용 고무가 달려 있다. 끝 부분은 극세형으로 주로 정밀한 조각이나 정형, 홈파기에 사용된다. 가늘기 때문에 좁은 곳에도 사용하기 쉽고 숫돌도 같이 들어있기 때문에 무뎌지면 다시 갈아서 오래 도록 사용할 수 있다. 전체 길이 약14cm.

(각 1500엔 / 하세가와)

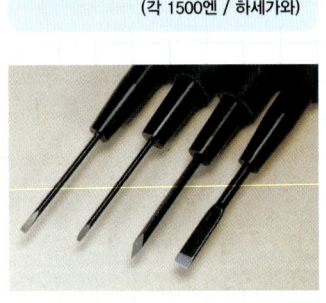

카빙 나이프

▶이 제품은 모형용 조각도로 일반 조각도로는 보기 드문 소형 날이다. 「카빙 나이프 U」, 「카빙 나이프 V」, 「모델링 치젤 5 모형용 끌 '둥근 평칼'」의 3종류로 각각 둥근칼, 삼각칼, 둥근 평칼에 해당한다. 모두 금속제의 같은 손잡이로 끝 부분의 모양만 다르다. 둥근 평칼의 경우 명칭은 '모형용 끌'이라고 되어 있으나 본체의 모양 때문에 이렇게 분류했다. 전체 길이가 약 13cm.

(각 1300엔 / 하세가와)

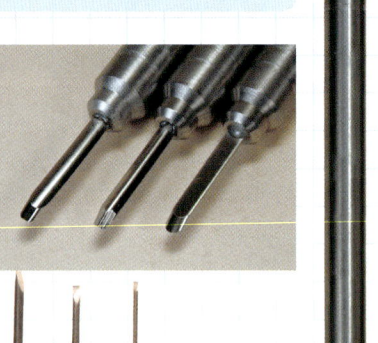

HG 세폭 조각칼(평끌)

▶홈파기와 굴곡의 정형에 편리한 얇은 평끌이 다양한 사이즈로 들어가 있다. 날 끝 부분은 전부 둥그란 축을 연마한 평끌(양날). 날의 폭은 1.0, 1.6, 2.0, 2.4, 3.0, 3.5mm. 육각 손잡이에 고정되며, 두터운 그립 상태인 부분을 분리하여 반대쪽에 박아주면 날을 덮어주는 커버가 된다.

(각 750엔 / 웨이브)

Mr. 정밀 조각칼

▶세부 가공에 적합한 조각칼. 날 끝은 척 방식으로 고정되며 교환도 가능하다. 제품에는 2mm폭의 평끌이 부속, 별도로 판매하는 교환 날은 평날(2mm폭), 가는 평날(1mm폭), 기울어진 날, V형 날, 둥그란 날, 스크레이퍼, 삼각칼의 7 종류(각 800~900엔). 축의 지름은 2mm로, 칼날의 폭도 이 범위 내의 크기이다. 본체는 알루미늄제로 무게가 가볍게 마무리 되어 있다.

(2400엔 / GSI 크레오스)

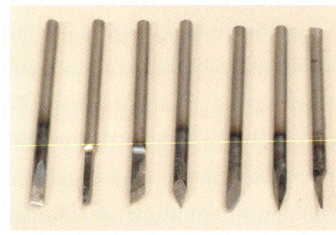

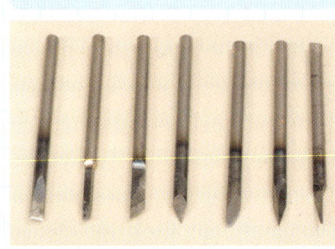

13 그 밖의 절삭 공구

【용도】
- 재료 절단과 홈파기
- 부품 표면의 정형

이번 항목에서는 조각도는 아니지만 조각용으로 쓰이는 도구를 소개하고자 한다. 모델링에 있어 대표적 추가공작인 「패널라인 작업」의 경우, 일정한 폭마다 각기 다른 날이 준비되어 있는 전용 공구를 사용하면 보다 샤프하고 깔끔한 결과를 얻을 수 있다. 또한 전용 공구 가운데 폭이 넓은 것으로는 '도랑' 몰드를 파내는 등 심화된 몰드 가공에도 응용 할 수 있다.

이 외에도 부품 표면을 평평히 하거나 움푹 들어간 곳을 말끔하게 다듬는 등, 자잘한 정형 작업에 편리한 절삭 공구가 있으며 사포질하는 수고를 덜어주거나 다른 도구들로는 작업하기 까다로운 부분의 정형에 큰 도움이 되어준다.

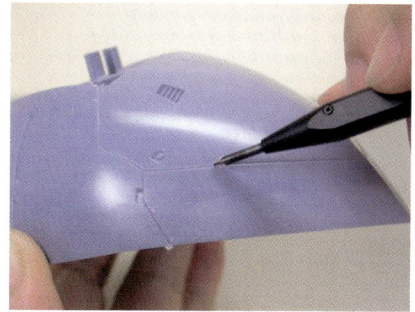
▲키트의 홈을 전용 공구로 파냄으로써, 폭이 일정하고 샤프한 몰드가 된다.

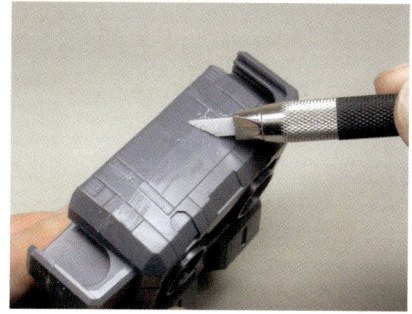
▲'대패질'로 파팅라인을 다듬는 모습. 세라믹 날은 절삭성이 좋기에, 나이프 보다 안정적으로 깎을 수 있다.

BMC 강철 끌
◀「BMC 강철 끌」은 날 끝에 텅스텐강을 사용하여 긋는 맛이 일품인 강철 끌. 사용 방법은 날 끝을 부품의 표면에 세우고, 평면 쪽을 앞으로 하여 그대로 당겨주는 동작으로 깎아주는 방식이며 샤프하게 깎인 라인을 새길 수 있다. 패널라인 뿐 아니라, 어느 정도 폭이 있는 도랑 모양의 라인 가공에도 편리. 0.1mm, 0.15mm등 극세품부터 3.0mm 까지 사이즈도 풍부하다.

(1400엔 / 스지보리도)

Mr.라인 치젤
◀칼끝으로 긁어내듯 사용하는 공구. 사용 방법은 P 커터와 비슷하지만, 날 끝은 아주 가는 '평면'이므로 파낸 부분의 단면은 '凹'자 모양이 된다. 본체에는 0.3mm 폭이 달려 있으며, 이는 삽입방식으로 교환이 가능하다. 깎는 폭을 바꾸기 위해서 준비되어 있는 칼날은 0.1, 0.15, 0.2, 0.3, 0.5, 0.7, 1.0, 1.2와 철필 상태의 「회전 깎기용」이 있다.

(2200엔 / GSI 크레오스)

펜 블레이드
▼플라스틱 소재의 표면을 깎는 공구로, 특히 오목한 가장자리 정형에 편리. 수지제의 그립 끝에 텅스텐제의 칼이 달려 있으며, 칼끝의 각도가 45°, 60°, 75°의 3개 세트로 되어 있다. 칼끝의 커버는 회전식으로 젖혀진다. 동일한 스타일에 폭이 다른 평날로 되어 있는 「펜 스크레이퍼」도 있다.

(1200엔 / 月世)

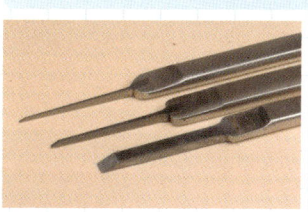

마이크로 세라 블레이드
▼디자인나이프 끝에 세라믹 날이 붙은 것으로, 나이프를 옆으로 눕혀서 대패질의 요령으로 사용한다. 칼이라고는 해도 날이 두터운 편이라 손가락을 베일 염려가 없기에 안심하고 사용할 수 있다. 날은 수직과 둥근 형태가 한 짝으로 되어 있어서, 깎아야 하는 장소에 따라서 선택할 수 있다. 스페어는 3개 들이가 1200엔.

(1500엔 / 가이아노츠)

슈퍼 스틱 숫돌
▲샤프심이 세라믹제 숫돌로 되어 있는 스타일. 이 끝 부분과 가장자리를 왕복시켜서, 좁은 곳이나 오목하게 파인 곳의 바닥을 연마한다. 숫돌의 단면은 0.9mm의 사각, #400(오렌지), #800(블루), #1200(레드) 3가지가 부속이다. #240(브라운)은 별매. 스페어는 각 번호 당 3개 들이가 1500엔.

(2200엔 / 가이아노츠)

R보코
▶유니크한 형태의 절삭 공구. 얇고 튼튼한 철판 한 장으로, 각부의 원형 부분에 날이 달려 있어, 그 부분에 부품을 대고 문질러서 깎는다. 곡면으로 된 파팅라인의 정형이나 부품의 모서리를 죽일 때에 편리. 각부의 R 사이즈는 직경 2~22mm의 11 종류.

(1600엔 / 시모무라 알렉)

14 톱

【용도】
- 두꺼운 소재를 잘라 낼 때
- 이미 잘라낸 부품을 재사용하기 위해 절단할 때
- 패널라인 새기기 (에칭 톱)

톱은 커터 칼처럼 칼집을 내서 자르는 것이 아니라 수없이 뾰족하게 솟은 미세한 톱날을 왕복시켜 가늘게 깎아냄으로써 소재를 분단하는 도구다. 커터 칼 같은 것으로는 날이 들지 않는 딱딱한 금속이나, 두꺼운 소재를 자를 때 활약한다. 절단면은 평탄하지만 톱날로 깎아내는 만큼 '톱밥'이 발생하므로 잘라낸 소재의 길이는 잘라내기 전보다 짧아진다. 부품을 절단할 때 절단한 부품의 양쪽을 모두 사용할 경우 이 '톱밥'이 적을수록 좋다. 때문에 모형용으로는 얇은 날의 톱이 요구된다.

톱의 날은 목공용, 금속용, 합성수지용 등 자르고자하는 소재에 따라 날의 피치(톱날 사이의 간격)나 모양이 다르기 때문에 용도에 맞는 톱을 골라서 사용해야 한다. 또한 톱은 당길 때 잘린다는 것을 이해하자. 모형용 에칭 톱은 절단 외에 패널라인 작업용으로도 활약한다.

▲왼쪽은 목공용. 날의 피치가 크직하고 서로 교차하며 좌우로 열려 있다. 가운데가 금속용으로 날의 피치가 조밀하고 마치 파도치듯이 날이 좌우로 열려 있다. 가장 오른쪽이 모형용으로 목공용에 가깝지만 보다 피치가 조밀하다.

▲날이 얇은 톱을 사용하여 부품을 절단한다. 두께가 있는 부품이라도 한 번에 자를 수 있어, 폭을 넓히거나 좁히기가 편하다.

▲작은 부품의 절단에는 에칭 톱이 편리하다. 톱밥도 극히 적고 커터 칼처럼 절단부가 뒤집히는 일도 없다.

얇은 날 크래프트 소우
▶플라스틱이나 목재, 알루미늄 등 폭넓은 소재의 절단에 대응 가능한 만능 톱이다. 날의 길이는 16cm이며 폭은 4cm로 넓은 편. 또한 그립이 커서 잡기가 쉽다. 때문에 두꺼운 소재를 절단할 때에도 흔들림이 없어 깨끗하게 절단할 수 있다. 날 두께는 0.25mm로 같은 모양의 「크래프트 소우」(올파) 보다도 날이 얇다. 부속품으로 교체용 날도 하나 포함된다. 교체 날은 고객 서비스 취급으로 1장에 단돈 300엔.

(1300엔 / 타미야)

레이저 소우 & 커팅 가이드 박스
▶직각과 45° 절단에 편리한 「가이드 박스」와 세트로 나온 얇은 날 톱. 톱날 두께는 0.4mm, 날의 길이는 127mm. 프라모델 부품이나 봉 소재의 절단에 알맞은 크기일 것이다. 그립은 탈착식이므로 확실하게 고정해서 사용하자. 가이드 박스 안팎에는 봉재를 고정하기 쉽도록 홈이 파여 있다.

(1800엔 / 웨이브)

미니 레이저 소우 II
◀플라스틱용 소형 톱. 날은 교환식으로 두께 0.35mm의 넓은 날과 좁은 날의 두 종류가 부속이다. 넓은 날은 직선적으로 여러 개를 자를 때, 좁은 날은 좁은 부분과, 원으로 도려내기 등에 적합하다. 홀더는 동사의 모델러즈 나이프와 동일한 형태. 프라모델 키트 개조 시에 요긴하게 사용되는 제품이다.

(780엔 / 타미야)

하이퍼 컷 소우 0.1 PRO-S
◀얇게 생기는 톱밥과 발군의 날카로움을 자랑하는 정밀 톱. 「0.1 PRO-S」는 날의 두께가 0.1mm로 에칭 톱 수준으로 얇다. 그러면서도 날의 강도가 높아서 구부러질 걱정도 적으니 참으로 고맙다. 칼날의 길이는 약 55mm. 절단할 수 있는 소재는 플라스틱과 ABS, 레진 등의 합성수지. 고가이지만 납득이 가는 절삭력과 다루기 쉬운 것이 장점이다.

(3200엔 / 시모무라 알렉)

하이퍼 컷 소우 0.1 PRO-M
▶이쪽은 황동이나 양은, 알루미늄, 구리 등 경금속의 절단에도 대응하는 모델. 날의 두께는 0.1mm로 대단히 얇다. 제품에는 부식을 막고 절삭력을 유지하는데 도움이 되는 날 집이 부속되어 있다. 사용 후에는 오염을 제거하고 여기에 넣어서 보관하도록 하자. 이외에도 동사에서는 여러 가지 얇은 날 톱을 라인업에 올려두고 있다.

(3400엔 / 시모무라 알렉)

모델링 톱 세트
◀플라스틱용 에칭 톱. 판 두께(날 두께) 0.25mm인 스테인리스를 에칭 가공하여 각종 톱 형태로 가공한 것. 직선, 곡선, 원형. 커터 칼이나 디자인나이프에 장착하여 사용하는 등 다양한 모양이 한 세트로 되어있다. 날이 좌우로 벌어져 있지 않아서 톱밥도 적게 나오며 절단면도 깔끔하게 마무리할 수 있다. 이러한 특성 때문에 패널라인을 파는 공구로도 유용하다.

(1200엔 / 하세가와)

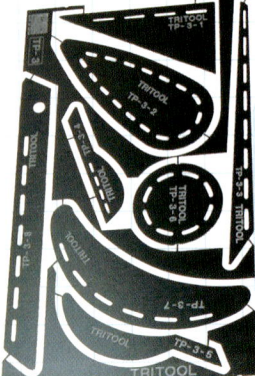
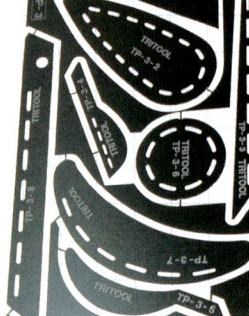
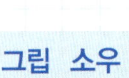

그립 소우
▶스테인리스로 만든 4종류의 에칭 톱에 각각 플라스틱으로 된 그립이 붙은 제품이다. 얇은 에칭 날을 쥐고 사용하기에 편리하며 작업성도 우수하다. 또한 부품 밑단을 균등한 폭으로 자르기 위한 가이드(1~6mm용)도 포함되어 있다. 에칭 날과 플라스틱 부분 모두 런너(뼈대)에 붙은 채로 판매되고 있으므로 사용 전에는 간단한 조립과정이 필수.

(980엔 / 웨이브)

15 가위

【용도】
- 얇은 소재를 잘라낼 때
- 스티커나 테이프의 절단

가위는 소재를 "끼워서 자르는" 도구이므로 날붙이 중에서는 비교적 안전하면서 정확하게 절단작업을 할 수 있다. 종이 등을 자르는 가위는 일상적으로 사용되므로 이 편리함에는 다들 익숙할 것이다. 모형을 제작할 때는 종이 외에도 플라스틱이나 염화비닐 판 소재, 얇은 금속이나 가는 금속선, 또는 천이나 비닐 등 다양한 소재를 자를 때 사용한다. 최근의 스테인리스 가위는 날도 예리하고 내구성도 좋으므로 활용범위가 매우 넓다. 하지만 가위자체의 강도나 크기, 모양에 따라 상황 별로 알맞은 가위가 있으므로 그것을 따르는 것이 좋다. 기본적인 가위의 이용법은 정확한 모양으로 딱 맞춰 잘라내는 것이 아닌 "적당한 크기로 잘라내는" 것이다. 주의할 점이라면 자르는 부분이 일그러질 수 있다는 것이다. 구부러진 자국이 남은 부분은 재료로서 사용할 수 없는 경우도 있으므로 여백 등을 생각하며 잘라야 한다.

◀데칼을 잘라낼 때 가위를 사용하면 커터 칼로 자르는 것 보다 가장자리가 눈에 잘 안 띈다.

◀버큠 방식으로 제작된 부품의 여백을 잘라낼 때도 가위가 대 활약! 힘 조절이 용이하고 자르는 방향도 마음대로 조정할 수 있기 때문에 아주 편리하다.

간단 작업용 가위
◀종이나 테이프 따위를 자르기 위한 문구용 가위. 불소 코팅 된 타입은 점착제가 들러붙거나 먼지가 잘 붙지 않으므로 테이프를 자를 때 특히 편리하다. 스테인리스 날이라면 얇은 플라스틱판이나 양은으로 된 판도 자를 수 있으나 가위의 날 자체가 우악스러운 작업에 적합한 편은 아니므로 힘을 들이지 않고 자를 수 있는 정도의 두께로 한정하는 것이 좋다. **(500엔~ / 범용품)**

공작용 가위
◀조금 큰 사이즈의 스테인리스 가위. 날의 맞물림이 확실한 구조로 날의 내구성도 뛰어나다. 칼날의 길이를 살려 소재를 싹둑싹둑 큼직하게 잘라낼 때 편리하다. 얇은 플라스틱판(0.5mm 이하)나 내수 페이퍼 등을 자를 때 요긴하게 쓰인다. **(1500엔~ / 범용품)**

만능 가위
◀만능 가위는 힘을 가하기 쉬운 그립과 날이 튼튼하게 연결되어 있기 때문에 플라스틱판은 물론이고 금속이나 목제 판도 시원스럽게 잘라낼 수 있다. 다양한 모양이 있지만 짧고 두께가 있는 날, 칼날을 벌리기 위한 스프링과 닫아두기 위한 잠금쇠가 달린 것이 대표적인 특징이다. 자르는 소재를 확실히 붙잡기 위해 칼날 면이 잘록하게 되어있거나 미끄럼 방지 처리된 제품도 있다. **(1000엔~ / 범용품)**

데칼 가위
◀이름 그대로 데칼이나 스티커종류를 자잘하게 잘라내기 위한 가위. 날도 짧고 전체적으로 조그맣기 때문에 손가락 끝으로 가볍게 다루기 편리하다. 칼날 측면이 불소 코팅되어 있어 접착용 풀이 들러붙는 일도 적으며 마스킹 테이프를 잘라낼 때도 매우 유용하다 **(1200엔 / 타미야)**

곡선 가위
▶날 전체가 약간 휜 모양을 한 가위. 자르면서 방향을 쉽게 바꿀 수 있어 곡선으로 자를 때 부드럽게 잘린다. 또한 날이 두껍고 튼튼하기 때문에 1mm정도의 두꺼운 플라스틱판도 자를 수 있다. 원래는 RC(무선 조종)모형의 폴리카보네이트제 바디를 잘라내기 위한 도구지만 버큠 부품의 여백을 잘라낼 때도 추천할 만하다. 곡선 날은 조금씩만 잘리기 때문에 부품이 깨지는 일이 적기 때문이다. 날의 깊숙한 부분을 사용하면 직선으로도 자를 수 있다. **(1000엔 / 타미야)**

데칼 커터
▼데칼 등의 정밀한 모양을 잘라내기 위한 가위. 이 하세가와 트라이툴 제품은 타미야 제품보다 전체적으로 한 사이즈 더 큼직하다. 칼끝이 예리해서 날을 보호하는 칼날집이 포함되어있으며 칼날은 물론 불소 코팅 처리가 되어있다. 예리함을 유지하려면 종이와 테이프 말고 다른 것을 자를 땐 사용하지 않는 것이 좋다. **(1600엔 / 하세가와)**

에칭 가위
▼에칭 부품의 게이트를 자르는 용도의 소형 가위다. 날의 길이는 1cm정도이고 가늘어서 틈새에 끼워 넣기 편하다. 또한 칼끝이 뒤집혀 있는 것이 특징으로 자르는 부위를 보기 쉬움과 동시에 틀에서 잘라낸 다음에 조금 남은 게이트를 날만 대고 자르는 작업도 용이하다. 날을 보호하기 위한 케이스도 포함되어 있다. **(1200엔 / 타미야)**

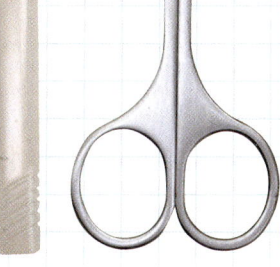

CHECK POINT

●불소 코팅된 가위

▲사진은 에폭시 퍼티를 잘라내는 모습이다. 일반적인 가위를 사용하면 퍼티가 가위에 들러붙어서 자르기 힘들지만 불소 코팅된 가위는 쉽게 자를 수 있다.

●절단면이 뒤집혀 올라온다

▲가위로 판재를 자르면 일시적으로 절단면이 뒤집혀 올라온다. 종이나 얇은 플라스틱판 이라면 금방 원상 복구되지만, 두터운 플라스틱이나 금속판이면 뒤집힌 채로 원래대로 잘 돌아오지 않으므로 그만큼의 여백을 고려해 둘 필요가 있다. 뒤집히는 게 싫다면 다른 공구를 이용하도록 하자.

16 펜치 & 플라이어

【용도】
- 부품을 잡고 작업할 때
- 선 소재나 면 소재를 잡을 때 혹은 가공할 때
- 에칭 부품을 구부릴 때

플라스틱 소재만 다룬다면 그다지 필요 없지만 나사 고정이나 모터라이즈, 금속을 사용한 디테일 업 등을 할 때 활약하는 것이 이번에 소개할 펜치와 플라이어다. 펜치는 부품을 튼튼하게 붙잡거나 금속선을 절단할 때 사용한다. 플라이어는 잡은 물건을 구부리기 위한 것이다. 비슷한 모양이지만, 모형용 플라이어는 잡는 면이 평평한 것이 많아서 구분하기 쉽다. 덧붙여 에칭 부품을 구부릴 때 사용하는 벤더도 함께 소개하겠다.

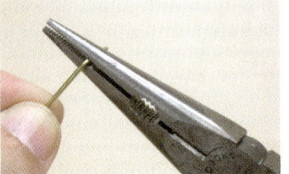
▲황동선을 구부리는 등의 금속가공에는 라디오 펜치(롱 노우즈)가 편리하다. 끝이 가늘기 때문에 'ㄷ'자로 구부리기도 쉬우며 칼날 부분으로 자를 수도 있다.

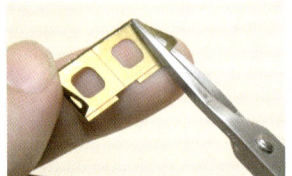
▲플라이어나 벤더로 에칭 부품을 물고 구부린다. 전용 제품은 면의 끄트머리와 가장자리가 직선 처리되어 깔끔하게 접히도록 되어있다. 잡는 공구 외에 평평한 가이드가 있으면 더욱 편리하다.

▲황동선 등을 둥글게 구부리고 싶을 땐 단면이 둥글게 처리된 콘 플라이어(원형 플라이어)를 사용하는 것이 좋다. 이것으로 잡고서 구부리면 쉽게 형태를 만들 수 있다. 한쪽은 원형이고 나머지 한쪽은 평면인 타입도 있다.

라디오 펜치

◀라디오 펜치는 끝부분으로 갈수록 가늘어지는 형상의 정밀 작업용 펜치로 가는 금속 부품을 잡거나, 구부리거나, 자르는 등 다용도로 사용가능한 도구다. 모형 작업에서는 황동선을 구부리거나 절단할 때 자주 사용된다. 또한 특수한 작동 기믹이 탑재된 모형이나 모터라이즈 키트 등의 제작에도 반드시 필요한 공구다. 어쨌거나 일단은 갖춰두는 쪽이 편리한 도구 중 하나라고 할 수 있겠다. (1800엔 / 타미야)

핀셋 펜치
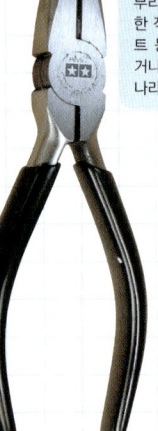
▶이것도 끝이 극히 가늘게 처리된 펜치이다. 핀셋보다도 확실하게 집을 수 있어서 작은 나사나 너트를 취급하기에 편리하며 깊숙하게 들어간 곳에 집어넣거나 복잡하게 얽힌 부분의 조립 시에도 유용하다. 잡는 면에 꺼끌꺼끌한 미끄럼 방지처리가 없어서 부품에 상처가 안 나는 점이 Very Good! 덕분에 금속선을 잡거나 구부릴 때도 자주 사용된다. (2500엔 / 타미야)

에칭 벤더
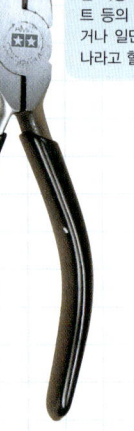
▶에칭 부품을 잡고 구부리기 위한 도구. 노즈가 가늘고 긴 것이 특징으로 폭이 좁은 것을 구부릴 때는 끄트머리로, 폭이 넓은 것을 구부릴 때는 깊숙이 넣어서 구부려서 최대 45mm너비까지 한 번에 구부릴 수 있다. 전체적으로 가장자리 부분은 경사지게 예각 처리되어 있어 직각으로 구부리기 쉽게 되어있다. 이것은 구부릴 때의 반발도 고려한 설계이다. 노즈로 소재를 잡을 때도 미묘한 탄력이 있어 어떤 위치라도 확실하게 잡을 수 있다. (2000엔 / 타미야)

에칭 플라이어

▶작은 부품의 가공에 편리한 에칭용 플라이어이다. 이런 공구 중에서는 비교적 가는 노즈를 가졌다. 두꺼운 곳이 약 2mm, 가장 끄트머리는 0.7mm이다. 조그맣게 'ㄷ'자 모양으로 구부릴 경우에 편리한 크기다. 잡는 면의 길이는 2cm 정도, 측면 가장자리는 직각이지만 점점 가늘어지는 모양 때문에 앞쪽으로 살짝 경사져 있어서 한 번에 구부릴 수 있는 것은 1cm을 조금 넘기는 정도이다. (1600엔 / 하세가와)

와이어 루프 플라이어

▶이것은 끄트머리가 3단계로 나뉜 원기둥 형상으로 만들어진 플라이어로 역시 금속선을 둥글게 가공하는 도구다. 직경을 명확히 알 수 있으므로 작업량이 많을 때 크기를 맞추기 쉽다. 또한 콘 플라이어로는 작업이 까다로운 띠 모양의 소재를 구부릴 때에도 사용할 수 있다. 이 제품은 가장 윗부분은 원추형, 가운데는 직경 2mm, 가장 밑이 3mm이다. (3320엔 / 마루토 하세가와)

콘 플라이어(원형 플라이어)

◀노즈 부분이 원추형으로 생긴 플라이어로 금속선을 둥글게 구부릴 때 빠트릴 수 없는 도구이다. 선을 물린 뒤 둘 중 한 쪽 노즈를 따라 감는 느낌으로 조금씩 둥글게 말아 가는데, 원추형이므로 물린 위치에 따라 구부러지는 정도를 조정할 수 있다. 원형뿐 아니라 '8'자 모양으로도 구부릴 수 있다. (1000엔~ / 범용품)

핀셋 벤더 (에칭 부품 용)

▶자그마한 에칭 부품을 구부릴 때 도움이 되는 핀셋 형 벤더. 봉 모양인 끝 부분은 폭이 약 1mm으로 가늘며, 약 10mm의 길이를 확실하게 잡아준다. 구부리는 작업은 핀셋 끝을 비트는 움직임이 되므로, 확실하게 단단히 집은 상태에서 하도록 하자. 단 꺾임 기준선이 없는 부분을 구부리는 작업은 아무래도 부담이 크므로 사용하지 않는 것이 좋다. (1200엔 / 타미야)

EP 벤더 M

▲금속제 베이스와 손톱 형태로 가공된 플레이트 사이에 에칭 부품을 끼워서 고정, 접어 구부리는 작업을 보조해주는 도구. 각 변의 손톱처럼 생긴 부분은 다양한 폭이 준비되어 있고 구부리는 형태에 따라서도 대응하도록 만들어져 있다. 평면상에서 부품을 들어 올리는데 사용하는 헤라(주걱)도 부속. 이 사진에 실린 「M 사이즈(79mm×59mm)」외에, 좀 더 소형인 「S 사이즈(59mm×59mm)」와 대형인 「L 사이즈(165mm×79mm)」가 있다. (5800엔 / 인터 얼라이드)

17 모터 툴

【용도】
- 구멍 뚫기
- 절삭 / 연삭 가공, 연마
- 카빙 (조각)
- 절단
- 도료의 교반

'모터 툴'은 전동 모터를 내장하고 있는 공구의 총칭으로 모형용으로는 드릴과 루터(router)를 뜻하는 경우가 많다. 드릴은 구멍을 뚫는 용도로, 루터는 깎아내는 용도로 쓰이지만 기본 구조는 동일하며, 회전축의 끝에 드릴 날과 비트(절삭용 날)를 달아서 사용한다. 수작업으로는 다루기 어려운 단단한 소재의 절삭이나 대량 절삭, 구멍 뚫는 작업을 용이하게 해준다. 또한 통상적으로는 깎아내기 힘든 방향의 절삭과 특수한 팁을 이용한 조각 등, 가공의 마무리 폭이 넓어진다. 본격적인 제품은 나름 고가이지만, 최근에는 전지를 사용하며 부담 없는 가격의 제품을 각 메이커에서 발매하고 있으므로, 우선은 저가의 제품을 사용해보다가, 추후 사용빈도에 맞춰서 고가의 제품을 구입하는 것도 좋을 것이다.

모터 툴은 잘못 다루면 부상을 입을 우려가 있으므로 사용 중에는 충분히 주의를 기울여야만 한다. 회전 방향과 날을 대는 방식에 주의하여, 동작에 무리가 가지 않도록 사용할 것. 만에 하나라도 드릴 날이 손으로 향하는 일은 없도록 주의하자. 또한 소재에 따라서는 깎는 작업 중에 부스러기가 흩날리는 경우도 있으므로, 진공청소기의 흡입구를 바로 옆에 대고 사용하는 등의 궁리도 필요하다. 또한 루터의 각종 비트와 그 사용 방법에 관해서는 P.94에서 보다 자세히 다루도록 하겠다.

▲모형용으로 발매한 비교적 저가의 루터, 드릴, 샌더. 모두 전지를 사용하며 크기도 적당한 편. 코드 리스로 사용할 수 있다는 점도 좋은 메리트. 대량의 절삭과 장시간 사용에는 적합하지 않지만, 통상적인 작업이라면 이 정도로도 충분히 편리하게 사용할 수 있다.

▲거칠게 깎을 때와 조각 작업에서 활약하는 루터. 끝의 비트를 교환함으로써 다양한 작업에 대응할 수 있다.

▲드릴로 구멍을 뚫는 중. 회전 중에 흔들리는 일이 없도록 확실하게 잡아줘야 한다. 뚫고 지나가도 괜찮도록 밑에 나무를 받쳐 둔다.

▲사포질을 편리하게 해주는 샌더. 상하좌우로 미세하게 진동하면서 움직이는 타입 외에 좀 더 크기가 있는 벨트식 샌더가 있다.

■드릴

전동 핸디 드릴
▲조립식 소형 전지 드릴. 조립 방식은 나사 방식으로, 미니 사륜구동 같은 분위기라 누구라도 간단하게 만들 수 있다. 스위치는 방아쇠 방식으로 안전장치도 설치되어 있다. 회전수는 낮게 설정되어 있으며, 플라스틱, 목재 가공에 적합하다. 척은 2종류가 있으며 지름 1~3mm 까지의 드릴 날에 대응하며 2mm 드릴 날이 부속되어있다. AA사이즈 건전지 2개 사용.
(1800엔 / 타미야)

베이직 드릴 날 세트
▲타미야에서 발매한 드릴 날 세트. 동사에서 발매한 핸디 드릴에 딱 맞는 1mm, 1.5mm, 2mm, 2.5mm, 3mm의 총 5개가 세트로 구성되어 있다.
(1000엔 / 타미야)

■루터

전동 핸디 루터
◀피스톨 형태의 소형 루터. 간단한 조립식으로 30분 정도면 완성된다. 130 모터와 AA형 건전지 2개의 조합으로 분당 7800rpm의 회전수로 고정. 끝 부분은 2.4mm의 척 방식. 구형 다이아몬드 비트 한 개가 부속되어있다. 「전동 핸디 드릴」과 동일한 형태인 탓에, 루터치고는 약간 다루기 힘든 면이 있다.
(1800엔 / 타미야)

전동 코드 리스 루터 PRO II
▶적당한 크기에 다루기도 쉬운 전동 루터. 비트를 고정하는 척 방식을 채용한 모델로, 수지 보디 타입의 「전동 코드 리스 루터」(2000엔)보다도 흔들림이 적고 정밀도가 높은 작업을 할 수 있다. 척은 나사가 아니라 스토퍼 방식이므로 비트 교환도 수월. 스위치를 누르고 있을 때만 회전을 하므로 안전성도 높다. 회전수는 분당 9850rpm, AAA형 건전지 2개를 사용. 동일한 형태로 AC 전원을 사용하는「Mr.루터 PRO III AC 어댑터 타입」(9680엔)도 있다.
(3900엔 / GSI 크레오스)

마이크로 그라인더 HD10
▼손쉽게 사용할 수 있는 전지식 루터. 길이도 짧아서 다루기 쉽다. 루터를 시험해 보고 싶은 사람은 물론이고 본격적인 타입을 소지하고 있는 사람이라 해도, 가벼운 작업용으로 가지고 있으면 편리. 회전수는 분당 10000rpm으로 고정. 척은 수지제로 2.34mm 삽입 방식. 사용하는 건전지는 AA형 2개, 소형 원주의 다이아몬드 비트 1개가 부속.
(2500엔 / 우라와 공업)

전동 루터용 비트 5개 세트
◀축경 2.4mm의 전착 다이아몬드 숫돌 비트. 이 타입은 부스러기가 잘 끼지 않으므로 퍼티나 플라스틱을 깎을 때도 쓸 수 있다. 넓은 면적을 깎는데 적합한 원주형, 구멍을 넓히는데 이용하는 원추형, 깎는 방향이 자유로운 구형 등 5개가 세트로 구성되어 있다.
(1000엔 / 타미야)

전용 비트
▼전동 코드 리스 루터용의 비트는 기본 줄 세트(3개), 강력 줄 세트(2개), 정밀 줄 세트(3개), 다이아몬드 줄 세트(2개), 강력 줄 세트 소형(2개), 도료 교반 어태치먼트가 있다. 수제품 홀더에서 분리하면 다른 루터도 사용할 수 있다. 사진은 강력 줄 세트.
(1000~1600엔 / GSI 크레오스)

✓ CHECK POINT

●드릴과 루터의 차이

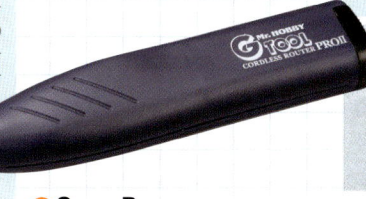

▲루터는 회전수가 분당 3000 ~ 수 만 rpm에 달하는 고회전형. 그에 반해서 드릴은 분당 회전수가 수 백 ~ 3000rpm 정도로 낮은 편이다. 루터는 끝 부분을 다양한 각도로 절삭 면에 댈 수 있지만, 드릴은 똑바로 꽂기만 할 뿐이다.

●도료의 교반에도

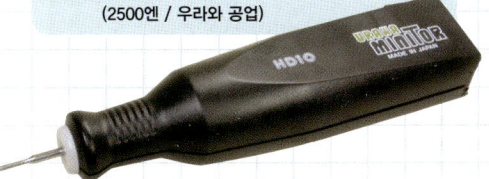

▲핸디 드릴은 도료를 섞는 작업에도 편리하다. 왼쪽은 GSI 크레오스의 「도료 교반 어태치먼트」를 장착한 것이며 오른쪽은 타미야 조색 스틱을 가공한 것. 사용 방법은 병에 넣어서 회전시키기만 하면 OK. 요컨대 핸드 믹서 같은 제품이다.

1: 모형공구 카탈로그

■루터(AC 100V 타입)

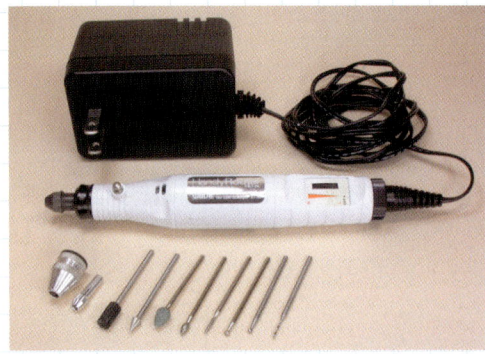

핸디 루터 Mk.1 AC
▲컨트롤러까지 일체형이면서도 본체가 가늘어서 다루기 쉬운 전동 루터. 전원은 큼직한 AC 어댑터 방식이지만, 전선이 가늘어 다루기 충분한 길이를 자랑한다. 앞부분의 조임쇠는 2.35~2.4mm, 3.0~3.2mm에 대응하는 것 외에도, 축경 0.3~3.2mm으로 사용하는 드릴 척도 부속으로 있다. 비트는 8종류가 부속. 회전수는 분당 3000~23000rpm.

(8800엔 / 웨이브)

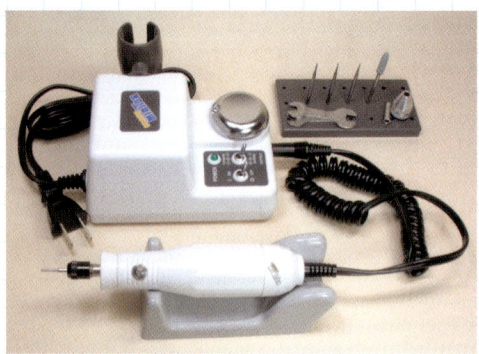

마이크로 그라인더 HD20
▲본체와 스피드 컨트롤러가 별개로 분리되어 있는 타입. 본체가 소형이면서 경량이므로, 세세한 작업을 할 때 다루기 쉽고 장시간 사용할 때도 편하다. 또한 역회전 기능도 있으므로 사용 폭이 훨씬 넓어진다. 조임쇠는 2.34mm용과 3.0mm용, 0.5~3.2mm의 드릴 척이 부속. 비트 4개, 스탠드 같은 것도 부속으로 있다. 회전수는 분당 3500~20000rpm.

(13800엔 / 우라와 공업)

미니 루터 MM100
▲모형용 전동 공구로 친숙한 브랜드인「프록슨」. 미니 루터도 소형부터 큼직한 것에 이르기까지 여러 가지 라인업이 있는데, 이 제품은 중형으로 범용성이 높은 모델이다. 스위치와 스피드 컨트롤러도 본체에 내장되어있는 일체형. 조임쇠는 2.35mm용, 3.0mm용이 부속. 회전수는 분당 8000~18000rpm. 그 외 다양한 비트와 세트로 되어 있는 제품도 있다.

(17200엔 / 키소 파워 툴)

미니 루터 LS50
◀분당 회전수가 2300~4500rpm으로 저속 작업이 가능한 모델. 고속 회전으로는 작업하기 힘든 목재 가공이나, 드릴 날을 이용한 구멍 뚫기, 연마 작업에 적합하다. 모터부(핸드 피스)는 두텁고 스위치와 스피드 컨트롤러도 모터부에 달려 있으며, 덤으로 전원 트랜스와 접속해서 사용한다. 소구경 드릴 척은 0.5~3.2mm까지의 날을 부착할 수 있다.

(16800엔 / 키소 파워 툴)

드레멜 3000
◀일반 공작용으로 거친 작업에 사용하는 것으로 잘 알려져 있는「드레멜」제품. 몸체가 두껍고 무거워서 세세한 작업에는 사용하기 약간 힘들지만, 단단한 소재의 가공과 대량 절삭 등, '하드코어'한 작업에서는 큰 도움이 된다. 이 모델은 비트가 5개 부속이다. 조임쇠는 3.2mm 구경이 표준. 별도로 판매하는 옵션을 통해 0.8, 1.6, 2.4 구경으로 변경할 수 있다. 분당 회전수는 10000~28000rpm으로 10단계로 조절 가능. 각종 비트와 세부 작업용으로 플렉시블 샤프트가 세트로 되어 있는 모델도 있다.

(실제 가격 8000~9000엔 / 보쉬)

마이크로 그라인더 제로 원
▶종래의 상급 기종이 갖추고 있던 특징을 비교적 저가에 실현한 모델. 핸드 피스와 컨트롤러는 별도. 비트 교환은 핸드 피스의 링 부분을 돌려서 척을 느슨하게 하는 방식으로, 축경은 2.34mm 전용. 척을 노출시키지 않고 비트의 뿌리 부분 근처를 손가락으로 집는다. 회전수는 분당 0~15000rpm. 컨트롤러에는 스피드 조정 다이얼과, 정·역회전 전환 스위치가 달려 있다.

(16000엔 / 펜텍)

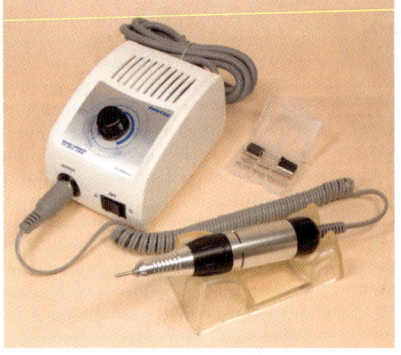

마이크로 그라인더 미니터 네오
▼공업용 제품도 다루는 우라와 공업의 모형 작업용 최상위 모델. 축의 흔들림이 없는 높은 정밀도의 핸드 피스로, 회전에 의한 진동이 없으며 섬세한 가공이 가능하다. 회전수는 분당 3500~35000rpm. 조임쇠는 2.34mm용, 3.0mm용이 부속. 척을 느슨하게 하려면 본체의 링 부분 (실버의 뒤쪽 끝)을 약간 돌리는 것만으로도 간단히 끝난다. 컨트롤 부는 역회전에도 대응하고 있으며, 과도하게 사용하는 경우에는 전류를 차단하는 기능도 있다.

(39800엔 / 우라와 공업)

⚑ CHECK POINT

●비트 지름에 관해서

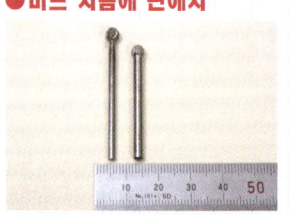

▲비트의 축경은 2.35~2.6mm가 일반적이지만, 3.0~3.2mm 제품도 있다. 조임쇠가 척 방식의 루터라면 교환해서 어느 쪽에도 대응할 수 있다.

●사용 시에는 고글을

▲루터 사용 시에는 절삭 작업 중에 부스러기가 흩날리거나 튀는 경우가 있다. 부스러기가 눈에 들어가거나 들이마시는 것을 방지하기 위해서, 작업 중에는 고글과 마스크를 착용하자. 고글은 안경을 쓴 위에 덮어 쓸 수 있는 전용 제품도 판매되고 있다.

빌드 마스터 블랙
◀「조케이무라(造形村)」브랜드로 나온 전동 루터. 축 정밀도가 높은 핸드 피스와 역회전 기능이 달려 있는 컨트롤러에, 발로 전원을 넣을 수 있는 풋 스위치가 동봉. 다이아몬드 비트 30개, 스탠드, 방진 마스크, 보호 안경 등, 실제 사용에 필요한 주변 용품도 부속으로 넣은 세트이다. 분당 회전수는 0~35000rpm. 조임쇠는 3.0mm용 안에 2.35mm용 슬리브를 넣어서 사용할 수 있도록 되어 있다.

(19048엔 / 보크스)

18. 열가공 툴

■ 샌더

전동 코드리스 폴리셔II
▶끝 부분의 헤드에 붙어 있는 사포면을, 전후로 왕복시켜서 사포질을 해주는 툴. 게이트 처리와 퍼팅 라인 지우기 등의 정형 작업에 도움을 준다. 헤드는 평면과 볼록하게 라운드 된 2종류가 부속. 왕복하는 스피드는 2단계로 변환이 가능하다.

(3000엔 / GSI 크레오스)

Mr.폴리셔 PRO
◀원형 헤드가 좌우로 스윙 운동을 하여 줄질을 하는 폴리셔. 전동 칫솔이 베이스가 되었다. 줄은 사포에 스폰지가 달려 있는 것으로, 곡면에서의 줄질, 연마에 적합하다. 600, 800, 1000번의 내수 페이퍼가 부속. AA형 건전지 2개 사용. 옵션으로 교환용 헤드(280엔)도 있다.

(1500엔 / GSI 크레오스)

전용 헤드
◀「코드리스 폴리셔II」용 헤드는 연마용 크로스 시트(400~800번), 내수 페이퍼 세트(400, 600번), 내수 페이퍼 세트 가는 타입(800,1000번), 헤드세트(평형, 곡면 각 2개), 내수 페이퍼 세트 매우 거친 타입(180~320번)이 있다.

(320~600엔 / GSI 크레오스)

마이크로 벨트 샌더
◀폭 10mm의 벨트를 회전시켜 연마하는 전동 샌더. 목재, 금속의 세밀한 부분의 연마, 마무리에 적합하며 벨트의 휘어짐을 이용하여 곡면도 연마할 수 있다. 끝 부분은 0~70°까지 각도 조정이 가능. 벨트 페이퍼(80, 180, 240번)가 각 2개씩 부속. 집진 호스는 본체를 집진기나 청소기에 연결하여 분진을 빨아들이기 위한 것. 교환용 벨트 페이퍼는 각 번호 당 5세트에 1500엔

(28500엔 / 키소 파워 툴)

교환용 내수 페이퍼
▲「Mr.폴리셔 PRO」의 교환용 내수 페이퍼. 번호는 400, 600, 800, 1000번. 내수 페이퍼를 둥글게 오려낸 것이며, 뒤쪽은 얇은 스펀지가 달려 있는 면으로 되어 있다.

(각 200엔 / GSI 크레오스)

■ 그 외의 용품

드릴 스탠드
◀프록슨의 미니 루터를 달아서 안정된 작업을 할 수 있게 해주는 스탠드. 수직으로 달아주면 드릴링 머신처럼 정확하게 구멍을 뚫을 수가 있다. 또한 헤드 부분이 90°도 까지 각도 조정이 가능하여 그라인더로도 사용이 가능. 사진은 미니 루터 MM100을 장착한 상태. 미니 루터, 드릴은 제품에 포함되어 있지 않다.

(14000엔 / 키소 파워 툴)

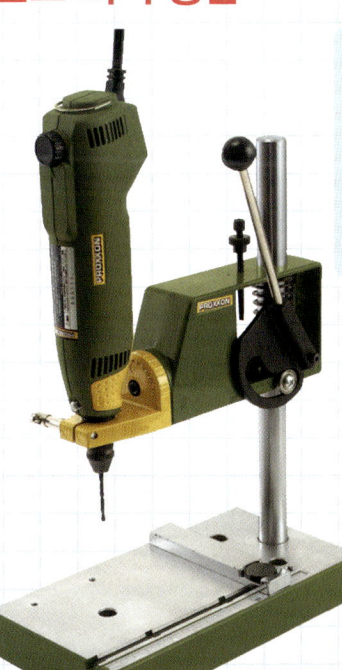

더스트 캐처 (집진 테이블)
◀절삭 가공 중에 나오는 부스러기를 빨아들이는 장치. 내부에 전동 팬이 들어있으며 상단부의 흡기구가 부스러기를 빨아들인다. 측면의 구멍에 배기 호스를 달아주면 배기 장소를 멀리 떨어뜨리는 것이 가능. 이 위에서 작업을 하면 주변에 흩날리는 부스러기를 줄일 수 있다. 도색 부스와 동일한 구조로 메쉬 안쪽에는 전용 필터가 장착되어 있다.

(14200엔 / 키소 파워 툴)

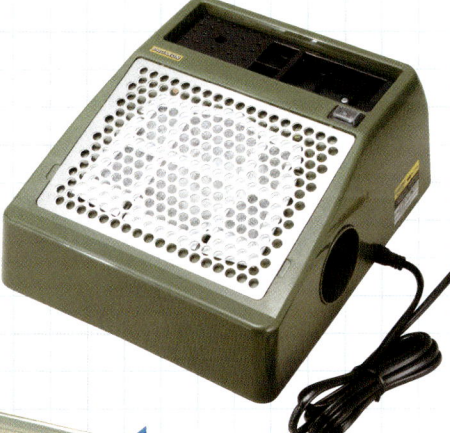

HG 루터 작업 박스
◀전동 루터 작업 시에 발생하는 분진이 주변으로 날아가지 않도록 해주는 작업 박스. 상자 좌우에는 방진 캡이 달려 있는 구멍이 있으며, 그곳으로 손을 넣어서 투명 패널 너머로 상황을 보면서 작업할 수 있다. 내부에는 바닥에 슬릿이 있으며, 거기에 부속인 브러시로 깎인 부스러기를 떨어뜨리면, 아래쪽에 있는 트레이에 모이게 되는 구조. 본체의 크기는 폭 245mm×너비 205mm×높이 205mm.

(8500엔 / 웨이브)

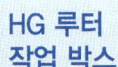

● CHECK POINT
● 집진에도 신경을 쓰자

▲전동 공구는 절삭력이 높은 만큼 깎이는 부스러기가 주변에 퍼지기 쉽다. 청소기 흡입구를 가까이 대고 작업하면, 절삭 부분도 확인하기 편하며 부스러기도 잘 퍼지지 않게 된다.

29

1: 모형공구 카탈로그

18 열가공 툴

【용도】
· 열로 녹여서 절단한다.
· 열로 부드럽게 하여 몰드를 넣어준다

플라스틱 소재를 시작으로 하는 수지 소재는 열을 가하면 형태가 변하거나 절단하기 쉬워진다. 이번 항목에서는 그런 열을 이용하여 가공하는 공구를 소개. 그 중에서도 대표적이라 할 수 있는 것은 「핫 나이프」. 인두 끝에 칼날이 달려 있는 형태로, 플라스틱 소재를 열로 녹이고 칼집을 내서 절단한다. 커터와 톱에 의한 직선적인 절단과 다르게, 자유로이 곡선으로 자를 수 있는 것이 특징. 절단할 때에 날 끝에서 발생하는 열이 소재에 전달되어 녹기 까지, 약간의 시간차가 있기 때문에 나이프를 천천히 움직이게 된다. 주의할 점은 플라스틱 같은 수지 소재를 녹였을 때 유독 가스가 발생하므로 환기에 신경을 쓰고 대량으로 녹이는 것은 자제하도록 하자. 이 핫 나이프를 개량, 발전시킨 것이 바로 「히트 펜」. 프라모델의 소재인 폴리스티렌 수지가 열가소성수지에 속한다고 하는 점을 활용하여, 적절한 가열을 통해 부드럽게 만들어 줌으로써 몰드를 붙이거나 부품을 변형시키는 가공이 가능해진다.

◀컷 어웨이 모델의 제작 등, 부품을 곡선으로 대담하게 가르는 작업에는, 핫 나이프가 적합하다. 데미지 표현에도 이용할 수 있다.

◀히트 펜을 사용하여 부품 표면에 용접한 흔적의 몰드를 추가하고 있는 모습. 열로 변형하는 것이므로 퍼티 같은 여타 소재도 필요 없고 부스러기도 생기지 않는다.

핫 나이프

◀인두의 끝 부분을 칼날을 달 수 있는 유닛으로 변경한 제품. 통상의 인두 부분도 부속에 있기에 인두로도 사용할 수 있다. 사진속의 핫 나이프는 소비 전력 40W 타입. 이미 사용을 했기에 금속 부위에 그을음이 있다. 비슷한 사양의 제품이 여러 메이커에서 발매되어 있다.

(1500엔~ / 범용품)

핫 나이프 끝 부분 유닛

◀이미 인두를 가지고 있다면 이처럼 나이프 유닛만 따로 구입하여 교체해도 좋다. 끝에 달려 있는 날을 교체하고 싶다면 아트나이프(올파)의 날을 그대로 가져다 쓰면 된다.

(500엔~ / 범용품)

히트 펜 HP-1000

▼플라스틱 소재를 열로 조각, 형태 변경을 하는 공구. 원리적으로는 인두나 핫 나이프와 같은 제품. 온도 컨트롤러를 통해 인두 끝 부분의 온도를 프라모델이 부드러워 지는 적절한 수준의 열로 설정하고, 인두 끝의 비트로 플라스틱을 녹이면서 가공한다. 스탬핑을 하거나 패널라인을 새기는 요령으로 몰드를 추가하거나 플라스틱끼리의 이음매를 다듬어주고, 플라스틱 소재를 여러 장 겹친 것을 베이스로 조형을 하는 것도 가능. 끝 부분 가까이 있는 검은 부분을 잡고 세밀한 작업을 해 주기도 쉽다. 비트는 황동이나 구리로 되어있으며, 자작 커스텀 비트를 만들어 사용하는 것도 가능하다. 전원은 AC 100V. 온도 제어 범위는 약 160℃~270℃.

(6600엔 / 토와다 기연)

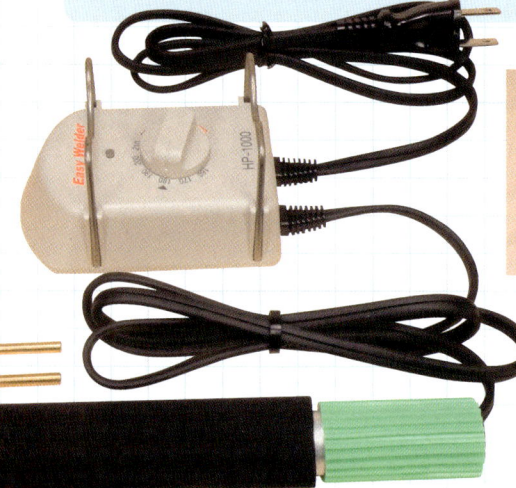

▲끝 부분의 비트(인두 끝)은 용도에 따라서 교환한다. 제품에는 기본적인 형태의 3개가 부속, 이 외에도 풍부한 옵션 비트, 가공용 가이드가 라인업되어 있다. 구체적인 사용 방법은 P.97을 참조.

카빙 히트 펜 CH-1

▶끝 부분에 노출되어 있는 히터 칩이 고온이 됨으로서, 플라스틱 소재를 녹여서 절단하는 공구. 전원은 본체 내장으로 AA형 전지 한 개가 들어가는데, 스위치를 누르면 몇 초 만에 뜨거워 져서 바로 절단 작업이 가능하다. 발열 온도는 280℃. 적절한 크기와 별다른 준비 없이 사용할 수 있는 등, 다루기 쉬운 것이 특징이다. 히터 칩은 소모품이며 교환용도 준비되어 있다.(800엔)

(2500엔 / 펜텍)

▼절단하는 경우에는 칩에 부담이 가지 않도록 횡으로 이동시킨다.

스티롤 커터

◀발포 스티롤이나 스티로폼 같은 발포 소재를 열선으로 절단하는 커터. 절단 부분의 두께는 11cm, 너비는 17cm. 이 제품은 전원이 AC 100V 타입으로 소재에 맞춰서 온도를 2단계로 변화시킬 수 있다. 도려내는 가공도 가능하므로 디오라마 베이스의 제작 등 발포 소재를 사용하는 경우에 요긴하게 쓰인다. 예비 히터 선은 3개들이 400엔, 약간 소형인 전지식 제품도 있다.

(3500엔 / 핫코우)

◉ CHECK POINT

● 간이 핫 나이프

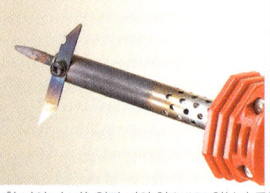
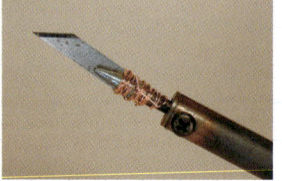

▲핫 나이프는 쓸 일이 거의 없으므로 일부러 구입하는 것은 좀…이라고 생각하는 분들은 나이프 날을 인두에 고정해서 사용하는 방법도 있다. 왼쪽 사진은 인두의 히터 나사로 날을 고정시킨 것. 오른쪽 사진은 인두 끝에 날을 황동선으로 감아서 고정시킨 것이다. 양쪽 다 충분히 핫 나이프로 사용하는 것이 가능하다.

19 자, 가이드

【용도】
- 길이, 각도의 계측
- 길이 측정, 모양 측정의 가이드
- 칼로 작업할 때 가이드 역할

자나 가이드 같은 계측 기구는 모형을 만들 때 의도한 모양을 정확하게 재현하기 위해 빼놓을 수 없는 도구다. 부품을 처음부터 만들 때는 물론 기존의 부품을 가공할 때도 기준이 되는 위치나 각도, 두께를 재기도 하고 또 표면에 줄금을 파거나 몰드를 추가할 경우에도 가이드가 필요하다. 계측 기구를 사용하면서 작업하는 것은 귀찮게 느껴지기도 하지만, 실제로는 이런 도구를 사용함으로 인해 쓸데없는 가공이나 수정을 줄일 수 있으므로 작업효율이 올라가는 경우도 많다. 게다가 무엇보다 정밀도를 높이는 것은 모형의 완성도에 크게 영향을 미친다. 여기서는 다양한 계측기구나 가이드를 소개하지만, 이밖에도 상황이나 여건에 맞춰 기존에 갖고 있는 것들을 조합하거나 아예 가이드를 자작하는 방법도 있다.

▲자를 대고 플라스틱판을 자르는 모습. 플라스틱 자를 쓸 경우 한쪽 모서리 면에 쇠가 달린 부분을 사용하자.

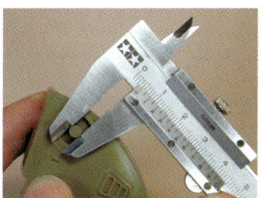
▲축이나 봉 소재의 직경은 캘리퍼스로 재는 것이 좋다. 단면에 자를 대고 재는 것보다 정확하고 측정하기도 쉽다.

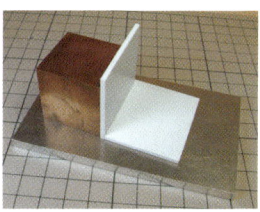
▲직각으로 붙일 때 금속판과 금속 블록을 가이드로 사용하는 모습. 각진 봉을 사용하는 것보다 확실하다.

금속 자
▶금속 자는 일그러짐이 적고 정확하며 내구성이 뛰어난 자다. 커터 칼 등으로 직선으로 잘라낼 때의 가이드 역할은 물론 길이를 재거나 디바이더를 대고 동일한 길이로 따올 때에도 사용한다. 15cm정도의 길이가 사용하기 편리한데, 보다 큰 소재를 잘라낼 때를 대비해서 30cm, 60cm등 큰 사이즈도 가지고 있으면 편리하다.
(300엔~ / 범용품)

방안자(모눈자)
◀「방안자」는 합성수지제품으로 자 전체에 길이와 폭의 눈금이 인쇄되어 있다. 소재를 평행, 또는 직각으로 잘라낼 때 모눈에 맞춰 자를 놓으면 간단하게 위치를 결정할 수 있다. 대충 길이를 재도 될 때 특히 편리하다. 한쪽 모서리 면에 금속판이 달린 제품을 골라서 커터 칼등은 그 면에 대고 사용할 것
(1000엔~ / 범용품)

HG 스테인리스 T형자
▶도면 제작용으로 T형자가 있는데, 이 제품은 그것과 동일한 기능의 소형판. 짧은 변을 플라스틱의 변에 당기듯이 대어줌으로써 간단하게 직각을 산출한다거나, 평행이동을 시켜서 계측과 절단에 도움을 준다. 금속.(0.6mm 두께의 스테인리스)제로 내구성도 있으며, 눈금이 각 면에 있으므로 사용하기 편리하다.
(850엔 / 웨이브)

정밀 캘리퍼스(Precision caliper)
▲모형용으로 판매되고 있는 다루기 쉽고 정밀도가 높은 캘리퍼스. 캘리퍼스는 다양한 계측이 가능한 계측기를 뜻한다. 우선 끝의 부리 같은 부분에 물리듯이 대상물을 사이에 끼우고 길이를 잰다. 그 반대쪽의 갈퀴 같은 부분은 파이프의 내부 지름 등 안쪽에서 행하는 측정 작업에 사용된다. 또한 밑에 튀어나온 봉을 이용해서 홈의 깊이를 잴 수 있다. 이 제품은 10cm까지 측정가능하고 스토퍼가 달려 있어 수치를 고정시켜둘 수도 있다. 천으로 된 집이 포함되어있다.
(3000엔 / 타미야)

디지털 캘리퍼스
▲캘리퍼스의 눈금이 디지털로 표시되는 제품 소수점 이하 수mm의 단위까지 크기를 표시해 주므로 알기 쉽고, 홀드 기능도 달려 있어서 사용하기 편하다. 계측하는 기능과 사용 방법은 통상의 타입과 마찬가지. 모형 공작에 적합한 10cm와 15cm까지의 계측용은 3000엔~5000엔 정도로 입수할 수 있다.
(3000엔~ / 범용품)

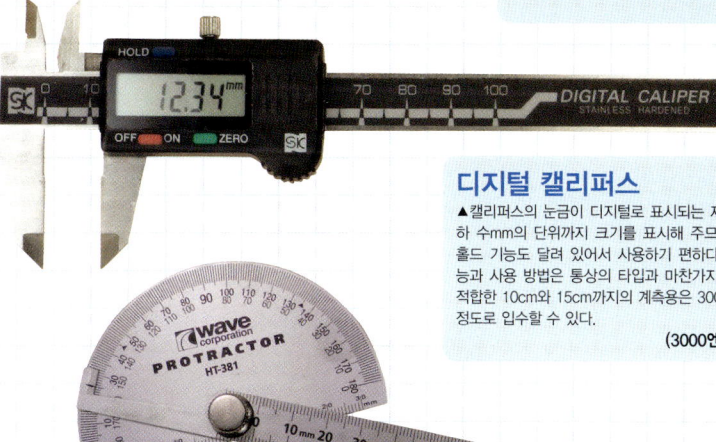

제도용 템플릿
▲제도용 템플릿은 다양한 제품이 있으나 특히 편리한 것은 원과 타원이다. 부품을 잘라내기 전의 작도는 물론 원형으로 줄금을 파거나 잘라낼 때, 가공의 가이드 역 할로도 활용할 수 있다. 또한 제도용 템플릿의 구멍은 작도용 연필심의 굵기를 고려하여 실제로 적힌 수치보다 약간 크게 되어있는데 철필을 이용해서 잘라낼 때 이러한 부분이 도움이 되기도 한다.
(1200엔~ / 범용품)

HG 프로트랙터
▲'프로트랙터'란 각도자를 뜻한다. 각도기와 자가 조합된 것으로 각도기의 아랫변과 자 사이에 대상물을 끼워 넣어서 각도를 측정한다던가, 일정 각도로 밑그림을 그리는 가이드로 삼는다. 이 제품은 중심부의 나사를 조여서 각도를 고정시키는 것이 특징. T형자와 마찬가지로 프라판을 자를 때 편리하다.
(880엔 / 웨이브)

✓ CHECK POINT

● 대략적인 치수라면

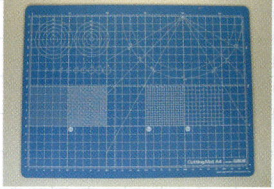

▲모델링용 커팅매트에는 자잘한 눈금이나 원과 선이 인쇄되어 있다. 플라스틱판이나 테이프 등을 대략적으로 자를 때는 이 눈금을 참고하는 것도 좋은 방법이다.

1: 모형공구 카탈로그

디바이더
▶수치를 복사하거나 선을 분할하기 위해서 사용하는 제도 용구. 모형 용도로는 자를 사용하기 힘든 곳의 길이나 수치를 재지 않아도 좌우의 길이가 동일한지를 확인하는 경우 등에 사용한다. 또한 컴퍼스 커터와 같이 원형의 헤어라인에 사용하는 경우도 있다. 게다가 원래의 용도는 아니지만 실금 긋기를 반복하여 얇은 플라스틱판을 자르거나, 철필로 패널라인 등을 새기는 용도로 사용하는 경우도 있다.

(1000엔~ / 범용품)

토스칸(서페이스 게이지)
▶일정한 높이에 표시를 내기(헤어라인을 그리기)위한 도구다. 하나의 부품을 한 바퀴 돌려 헤어라인을 그리거나 복수의 부품의 모양을 정돈하기 위해 사용한다. 말하자면 높이에 특화된 디바이더 같은 도구인 것이다. 세로축의 나사로 헤어라인 바늘(좌우에 위치한 갈퀴)의 높이를 변경하고 헤어라인 바늘의 각도는 중앙의 나사를 풀어서 임의로 조정한다. 밑에서부터의 높이는 자 같은 걸로 측정한다. 사용할 때는 선반 같은 균일한 평면 위에 두고 사용하는 것이 기본 전제다.

(2500엔~ / 범용품)

스코야(직각자)
◀각도를 체크하는 기구로 이것은 「L」자 모양의 「직각 스코야」다. 외부, 내부 양쪽 다 직각여부를 확인하는 데 사용할 수 있다. 또한 교차된 부분의 고저차가 나는 부분의 가장자리에 대해서 수직으로 실금을 넣을 때 가이드로도 사용할 수 있다.

(750엔~ / 범용품)

금속블록
▲황동이나 알루미늄 등의 금속블록도 직각 가이드로 활용할 수 있다. 플라스틱판을 접합할 때 외에도 에칭 부품을 구부리거나 납땜질할 때의 가이드 등 다양한 용도로 사용 가능하다.

(150엔~ / 범용품)

정반, 유리판
▲토스칸이나 금속블록을 사용할 때는 평면상에서 사용하는 것이 전제가 된다. 이럴 때는 공업용 「정반(Surface Plate)」을 준비하는 것이 이상적이다. 하지만 꽤 고가품이므로 유리판이나 커다란 금속판으로 대용하는 것도 방법.

(1000엔~ / 범용품)

삼각 스케일 (스케일 모델용)
▲삼각 스케일은 제도 용품으로, 각 면에 다른 축척의 눈금이 새겨져 있어서, 계산을 하지 않고도 직접 해당 축척의 수치를 읽을 수 있다. 이 제품의 축척은 1:72, 1:48, 1:32, 1:35, 1:24, 1:12로 스케일 모델에서 자주 사용하는 6종류. 이걸로 부품을 측정함으로써 "실물"의 수치를 알 수 있게 된다.

(2800엔 / 하세가와)

눈금 툴
◀「눈금 툴」은 모눈이 인쇄되어 있는 투명 스티커로 네모 칸을 기준으로 간단하게 도면을 그릴 수 있으며, 플라스틱판 등에 붙여서 자를 때 이용하는 가이드로 삼는다거나 그대로 라인을 새길 때의 가이드로도 쓸 수 있다. 곡면에 붙여서 길이를 측정하는 등, 다양한 용도로 사용하는 것이 가능. 종이의 크기는 10cm×14cm로 사각 칸이 6장, 삼각 모양이 2장 들이로 되어 있다.

(640엔 / 하이큐 부품)

필름 게이지
◀두께 0.1mm의 투명 필름에 길이와 각도, 모눈이 인쇄되어 있는 제품. 투명하므로 겉에서 눈금을 세어보는 것만으로도 수치를 측정하기 쉬우며, 유연한 소재이므로 곡면에도 충분히 활용할 수 있다. 다루기 쉽게 잘라서 사용하는 것도 가능. 「A 세트」는 모눈, 각도기, 스케일 상태의 세트, 「B 시트」는 1장에 다양한 게이지가 인쇄되어 있다.

(각 750엔 / 인터 얼라이드)

마스킹 스티커 (1mm 모눈 타입)
▶크기가 240mm×180mm의 시트로 된 마스킹 소재에 1mm 모눈이 인쇄되어 있는 제품. 마스크 소재로 잘라내는 기준도 되지만, 이를 기준으로 도면을 그려서 플라스틱에 붙여서 자른다거나, 가늘게 잘라서 테이프처럼 만들어 줌으로써, 세부와 곡면의 측정 테이프로도 사용할 수 있다. 마스킹 소재임에도 접착 성분이 잘 남지 않는 고품질 제품으로 5장 들이로 판매 중.

(600엔 / 타미야)

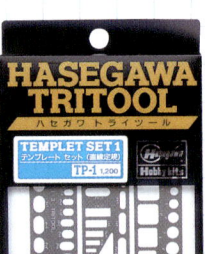

템플릿 세트 1
◀패널라인 용 템플릿으로 이 가운데 「1」은 직선형 자이다. 각 사이즈의 원, 사각, 타원 외에도 직선형의 다양한 모양의 가이드가 있다. 에칭 제품으로 아주 얇기 때문에 어느 정도는 구부려서 곡면에도 사용할 수 있다.

(1200엔 / 하세가와)

템플릿 세트 2
▶이 사진의 「2」는 곡선자로 다양한 곡률의 가이드 세트이다. 곡선으로 된 패널라인을 새길 때의 가이드가 되어주는 데 그치지 않고 항공기의 동체 등 완만한 곡선을 그리는 표면에 직선 라인을 파는 작업에도 요긴하게 사용할 수 있다.

(1200엔 / 하세가와)

CHECK POINT

●디바이더의 활용

▲퍼티로 추가한 벌지 부분을 측정하는 모습. 직선으로 잴 수 없기 때문에 디바이더로 폭을 재서 그대로 옆의 것과 비교한다. 이 경우는 치수의 계측이 아니라 좌우의 크기를 맞추는 것이 목적이므로 굳이 자로 잴 필요는 없다.

●모눈종이를 감아서 잰다
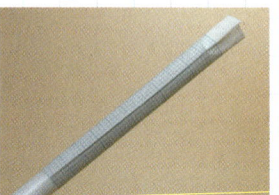
▲둥근 봉 주변에 동일한 폭으로 몰드를 팔 때 등 일반적으로 계측하기 어려운 부분에는 모눈종이를 감아서 재면 된다. 정밀도가 높다고 할 수는 없지만 꽤 유용한 수단 중 하나.

20 주변 용구

【용도】
- 제작 환경 정리 (트레이, 부품 상자)
- 부품의 고정 (클램프, 바이스등)
- 세세한 부분을 보기 쉽게 한다. (루페)

공구 카탈로그 편의 마지막은 공작에 직접 사용하는 것은 아니지만, 모형 제작에 있어서 작업을 수월하게 해주는 주변 용품을 소개하기로 한다. 일상적으로 사용하는 것부터 편의성을 자랑하는 전문 용품까지, 그 종류도 여러 가지. 제작에 있어서 불편한 점이 있다면 뭔가 도움이 될 만한 것은 없는지를 궁리하여 시험해 보자. 또한 모형을 만들 때에는 부품 들이나 도구를 주변에 어질러놓기 십상. 그런 상태에서는 부품을 분실하기도 쉽다. 주변을 정리하여, 정돈된 환경에서 제작을 하면 그러한 실수를 줄일 수 있고, 결과적으로 안정된 작업이 가능하게 된다.

◀세밀한 작업을 할 때는 루페를 이용하여 손을 확대하면, 상태 확인이 쉽고 실수도 줄어든다.

▼작은 부품들을 수납 박스에 넣어서 보관. 제작 중에는 물론이고 중단하고 있는 동안에도 파손과 분실을 방지할 수 있다.

커팅 매트

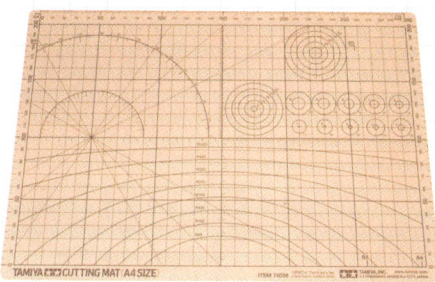

◀공작을 할 때에 책상에 흠집이 나거나 더러워지는 것을 방지하기 위해서 깔아 놓는 것이 커팅 매트. 표면에 탄력이 있으면서 미세한 요철이 나있기에 부품이나 공구를 놓아두었을 때, 멋대로 굴러다니거나 "달그락 달그락"하며 귀에 거슬리는 소리가 들리지 않는 것도 메리트. 칸이 그려져 있는 제품은 치수의 기준이 되기도 한다. 사이즈와 가격은 제각각. 사진은 타미야의 A4 사이즈(980엔).

(300엔~ / 범용품)

트레이, 부품 상자

◀부품을 정리, 보관하기에 용이한 것이 투명한 부품 상자. 관련 부품들 끼리 모아 놓는다던가, 도색 배치나 좌우를 헷갈리지 않도록 따로 분류해 놓는 등 사용 방법도 다양하다. 트레이는 작업 공간으로서, 또한 접착제와 도료를 두고, 오염이 번지지 않도록 한데 모아 사용한다던가, 공구를 모아 놓을 때에도 편리. 상기 제품들은 전부 폴리에틸렌제로 도료나 접착제가 묻더라도 제거하기 쉬우므로 추천.

(100엔~ / 범용품)

양면테이프

▶가조립은 물론 부품에 손잡이를 만드는 등의 작업까지 어떤 상황에서도 편리하게 쓸 수 있는 양면테이프. 사용이 끝나면 벗겨내야 하므로 점착제가 잘 남지 않는 제품을 선택하자. 폭도 여러 가지를 선택 가능. 참고로 쉽게 벗겨지는 경우에는 2장을 겹쳐서 사용하면 잘 붙는다.

(250엔~ / 범용품)

클램프

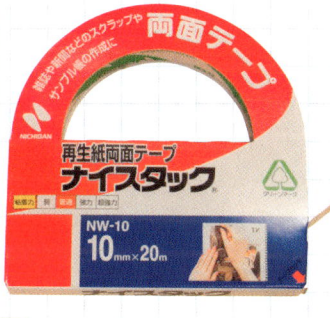

▲클램프는 목공 작업에서 접합한 부분을 꽉 고정시켜 주기 위해서 사용하는 도구. 고정쇠를 옆으로 이동 시켜서 위치를 조정한 후 나사를 조여서 고정. 끝 부분에 달려 있는 나사를 더욱 조여서 단단히 압박한다. 부품끼리 접착한 상태로 안정을 시킨다거나, 플라판을 박스모양으로 짠 것을 고정하는 등에 이용 할 수 있다.

(750엔~ / 범용품)

Mr.바이스

◀제작중인 부품을 잡아줄 '제3의 손'이 필요할 때에 사용하는 고정 도구. 금속제로 단단하게 만들어져 있으며, 바닥에서 띄워져 있는 바이스 부분은 볼 마운트로 각도를 바꿀 수 있다. 부품을 잡아주는 부분은 부품 형태에 맞춰서 금속 핀을 삽입하는 방식으로, 흠집이 생기지 않도록 실리콘 튜브를 입혀서 사용한다.

(6800엔 / GSI 크레오스)

플라스틱 부품 고정구

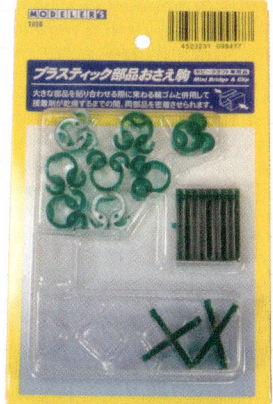

▲프라모델의 부품들을 결합하여 한동안 고정시키고 싶을 경우 흔히 고무 밴드를 사용하는데 이때 특히 도움이 되는 제품. 부품들의 모서리나 면을 눌러주는 형태로 되어 있고 끝 부분에 고무 밴드를 걸 수 있는 홈이 있다. 동그란 것은 그대로 클립처럼 사용할 수도 있다.

(600엔 / 인터 얼라이드)

정밀 드라이버

▲프라모델 조립에도 나사가 사용되는 경우가 있다. 하지만 2mm 이하의 극소 나사는 일반적인 드라이버와 사이즈가 맞지 않는데 이럴 때에는 나사의 크기에 알맞은 정밀 드라이버가 필요. 하나만 있어도 괜찮지만, 세트로 준비하고 있으면 안심이다.

(1000엔 / 범용품)

부품 오프너

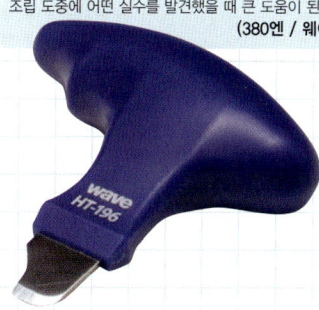

▼일단 끼워 넣은 스냅핏 방식의 부품들을 다시 분리하는 것은 의외로 어려운 법. 그런 때에 편리하게 사용할 수 있는 것이 바로 이것. 손톱처럼 날카로운 끝 부분을 접합부에 삽입하여, 비틀어서 부품 사이의 틈을 벌려준다. 그림도 잡기 쉬운 편이며 아이들도 힘을 주기 쉽다. 조립 도중에 어떤 실수를 발견했을 때 큰 도움이 된다.

(380엔 / 웨이브)

1: 모형공구 카탈로그

Mr.루페
◀배율 : 2.0. 렌즈 직경 130mm. 가장자리가 없는 넓은 렌즈를 지닌 LED 장착 루페. 스탠드에 세운 상태에서는 직립부를 앞쪽에 두고, 렌즈면 너머에서 들여다보는 자세로 사용한다. 렌즈면 외로 방해가 되지 않고 공간을 유효하게 사용할 수 있다. 렌즈의 각도를 바꾸는 자바라 부분으로 45°까지, 간단한 구조에 저가인 점도 매력적이다.
(1800엔 / GSI 크레오스)

▶렌즈는 구별하기 편하도록 배율마다 가장자리와 케이스가 색으로 분류되어 있다.(1.7 : 그레이, 2 : 블루, 2.5 : 그린). 제품에는 교환 렌즈를 포함해서 수납용 주머니도 부속.

▲2개의 LED 라이트가 렌즈 뿌리 쪽에 붙어 있다. 전원은 AAA사이즈 건전지 2개로 그립 모양인 본체에 수납. 스탠드에 결합하지 않고 그대로 손에 드는 루페로도 사용할 수 있다. 자루 주머니 형태의 렌즈 커버도 부속.

헤드 루페(1.7 / 2 / 2.5배 렌즈 부착)
▲배율 : 1.7, 2, 2.5. 수지 프레임 제로 경량 헤드 마운트식 루페. 렌즈는 원형에 맞춘 형태로 가깝고 넓다. 삽입 방식으로 간단하게 교환할 수 있다. 프레임 앞쪽은 좌우로 끌어당기는 것이 가능하여 폭을 넓힐 수 있다. 또한 뒤쪽도 추가 부품으로 두께를 변경하여, 조이는 정도를 조정 가능. 번잡함을 최대한 배제하여 다루기 편리한 제품이다.
(6800엔 / 타미야)

고글
▶부품을 가공하는 때에, 깎아낸 부스러기와 파편 등으로부터 눈을 보호해주기 위한 고글. 평상시에는 그다지 필요 없지만, 금속 가공과 전동 공구를 사용할 때는 착용하는 것이 안전. 이 제품은 가볍고 단단한 폴리카보네이트 제로, 착용 시의 부담도 적다.
(1100엔 / 타미야)

워크 스탠드(렌즈 부착)
◀배율 : 2.0. 렌즈 넓이 150mm×100mm. 루페가 부속으로 들어가는 작업대. 일시적인 작업 공간을 구축하는데 있어서 편리한 아이템으로, 렌즈가 달려 있는 암은 데스크 라이트처럼 상하좌우로 자유롭게 움직이며 LED 조명까지 달려 있다. 작업대에는 동사의 A4 사이즈 커팅 매트와 접착제 병이 자리에 딱 맞게 수납된다.
(8000엔~ / 타미야)

▼렌즈는 가장자리가 없고 넓이가 적당하다. LED는 핸디 사이즈의 보조 등으로 D형 건전지 4개, 또는 별도로 판매하는 작업대 전용 AC 어댑터(1300엔)를 사용한다.

루페 스탠드(LED 라이트 부착)
▼배율 : 3. 렌즈 직경 90mm. 렌즈 주변에 LED를 배치하여 대상을 밝게 비춰주고 보기 쉽게 한다. 스펙상의 비율은 3배지만, 실제 사용감은 그렇게까지 극단적이지 않으며, 2배 보다 조금 더 위라는 느낌이다. 얇고 긴 플렉시블 암이 유연하게 움직이므로 렌즈 위치 조정의 자유도가 높다.
(6800엔 / 웨이브)

Mr.겔 클리너
▼부품과 쇠줄 등에 붙어 있는 부스러기를 제거하는 겔 상태의 청소제. 사용 방법은 용기에서 적정량을 꺼내 반죽하여, 더럽혀진 부분에 가져다 대었다가 떼었다가 하는 것을 반복한다. 몇 번을 반복하다 보면 이물질을 안으로 흡수하게 된다.
(850엔 / GSI 크레오스)

▲LED가 원형으로 배치되어 넓게 비추는 것이 가능하다. 간이 데스크 라이트로 사용하면서, 필요할 때에는 루페로서 사용하는 것도 좋을 것이다.

◀전원은 AAA 사이즈 전지 2개, 또는 AC 어댑터를 사용한다. 본체(전지 박스 부분)의 아래에는 강력한 자석이 있으며, 이걸로 스틸 플레이트와 데스크 클램프 위에 고정한다.

▲이물질이 붙어 있는 곳에 대었다가 뗀다. 이물질을 흡수하기 때문에 다른 곳으로 퍼질 걱정이 필요 없다는 것이 특징.

모형재료 카탈로그

1. 플라스틱용 접착제
2. 순간접착제
3. 그 밖의 접착제
4. 플라스틱 소재
5. 그 밖의 합성수지 소재
6. 금속 소재
7. 래커 퍼티
8. 에폭시 퍼티
9. 폴리 퍼티
10. 그 밖의 퍼티
11. 서페이서

> 모형을 만들기 위해선 공구 외에도 다양한 재료가 필요하다. 우선 부품을 접착하기 위한 접착제나 이음매와 빈 틈을 메울 퍼티. 게다가 개조나 부품을 자작하는 경우에는 플라스틱을 필두로 합성수지류나 금속 소재 등, 가공의 용이성이나 목적에 맞춰 다양한 소재를 사용하게 된다. 어떤 경우든 완성도나 사용의 용이성을 고려하여 적절한 것을 선택하는 것이 좋은데, 이를 위해선 각 소재, 각 재료의 특성을 확실히 파악해둘 필요가 있다.

1 프라모델용 접착제

【용도】• 플라스틱의 접착
• 그 밖의 합성수지 소재의 접착(각 전용 접착제)

프라모델용 접착제는 프라모델의 재료인 스티롤수지(폴리스틸렌)을 녹여서 붙이는 접착제다. 따라서 접착력은 매우 강력하다. 주성분은 시클로헥산 및 초산부틸(부틸아세테이트), 아세톤 등의 용제성분에 더해 점성을 주기 위해 스티롤 수지가 함유되어 있는 것이 일반적이다. 반면, 용제성분만 있고 점성분이 없는 '무수지'타입의 시멘트도 있다. 이쪽은 수지가 없는 만큼 유동성이 높고 건조가 빠른 것 특징으로 일반적인 접착제처럼 "발라서" 붙이는 것이 아니라, 부품의 접합면에 "흘러 넣어" 접착한다.

또한 프라모델용 접착제 외에도 비슷한 유기용제 계열 접착제로 ABS용 접착제나 염화비닐용 접착제가 있다. 이것들은 일반적인 프라모델용 접착제 정도로는 녹지 않는 수지에 사용하는 플라스틱 접착제로 강력한 용제 성분과 각 소재에 맞는 점성분이 들어있다. 기본적인 사용법은 거의 동일하며 접착시킬 면에 바른 뒤 붙인 다음 건조시키면 OK. 유기 용제계열의 접착제는 휘발성이 매우 높으니 사용 중에는 환기에 신경을 쓰도록 하자.

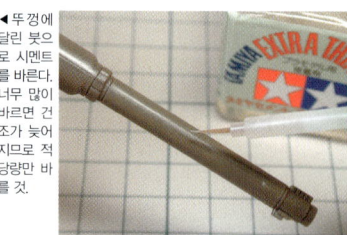

◀뚜껑에 달린 붓으로 시멘트를 바른다. 너무 많이 바르면 건조가 늦어지므로 적당량만 바를 것.

▲무수지 타입의 접착제는 부품끼리의 접합부에 모세관 현상을 이용해서 흘러 넣자. 건조가 빨라서 효율적으로 작업할 수 있다.

◀일단 접착한 부품을 분리해 보았다. 접착제를 바른 부분이 녹아있는 것을 확인할 수 있다.

Mr.시멘트

▶수지가 포함된 일반적인 프라모델용 접착제로 걸쭉한 액체 상태로 되어 있어 뚜껑 뒤에 달려 있는 붓으로 칠한다. Mr. 시멘트는 이 타입 중에서는 점도가 낮고 건조가 빠른 편에 속한다. 삼각형 병은 25㎖로, 이 외에 용량이 많은 「Mr.시멘트 DX」(180엔 / 40㎖)도 있다. 잘 쓰러지지 않으며 굳이 어느 쪽을 택한다면 사각형 병을 추천.
(150엔 / GSI 크레오스)

타미야 시멘트

▶타미야 시멘트 시리즈 가운데 이쪽은 수지가 포함된 타입의 프라모델용 접착제. 사진은 「육각병」(20㎖ 들이). 이 외에 더 큰 「사각병」(40㎖ / 200엔)이 있다. 성분은 양자 모두 동일하며 점도가 약간 높고 건조가 조금 느린 편. 때문에 "발라서 접착"되기까지 작업 시간에 여유가 있다. 확실하게 녹여서 꽉 붙인다는 인상의 제품.
(150엔 / 타미야)

Mr.시멘트 S (흘려 넣기 타입)

▶부품과 부품 사이의 접합면에 살짝 흘려주는 것만으로 재빠르게 접착할 수 있는 흘려 넣기 타입의 접착제. 최근의 키트는 정밀도가 높아서 접합면 끼리 딱 맞아떨어지는 것이 많으므로 이러한 타입이 한층 더 요긴하게 사용된다. 「Mr.시멘트 S」는 그 중에서도 특히 건조가 빠르고 바른 후의 흔적도 잘 남지 않는다. ABS 수지로 된 부품을 접착할 때에도 사용할 수 있다. 40㎖ 들이.
(250엔 / GSI 크레오스)

타미야 시멘트 (흘려 넣기 타입)

▶수지성분이 없는 흘려 넣기 타입의 프라모델용 접착제. 접착하려는 면에 흘려 넣고 건조를 기다려야 하는데, 이런 타입 중에서는 건조가 약간 느린 편이지만 플라스틱을 확실하게 녹여준다. 바를 때에는 접착제를 많이 사용하여 부품을 필요 이상으로 녹여버리는 일이 없도록 주의하자. ABS 부품도 접착할 수 있다. 40㎖ 들이.
(300엔 / 타미야)

타미야 시멘트 (ABS용)

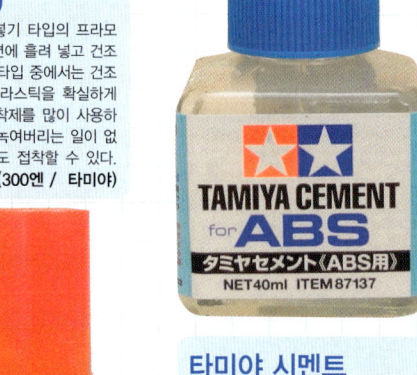

▲ABS 수지를 접착할 수 있는, 합성수지가 들어가 있는 타입의 플라스틱용 접착제. ABS 수지제 부품끼리의 접착은 물론이고, 일반 ABS용 접착제(합성수지가 들어가 있는)로는 어려운 'ABS + 플라스틱'이라는 조합도 고려가 되어 있어 동사의 스케일 모델에 들어 있는 ABS 부품 + 플라스틱 부품(스티롤 수지)의 접착도 가능하게 되어 있다. 40㎖ 들이.
(260엔 / 타미야)

GSR 강력 용착제

▶강력한 용제로 플라스틱(폴리스틸렌)과 ABS 뿐만 아니라 폴리카보네이트 등의 수지 까지 접착할 수 있다. 캔에 들어 있으며 붓 같은 부속이 없기 때문에 별도의 붓이 필요한데 이때는 유기용제에 강한 천연모(동물 털)로 된 붓을 사용하는 것이 좋다. 용량은 100㎖ 들이. 보충용 대형 캔 「강력 용착제 매그넘」(500㎖ / 1900엔)도 있다.
(667엔 / 굿 스마일 컴퍼니)

Mr.시멘트 리모넨 계열 (흘려 넣기 타입)

▶용제로 리모넨을 사용하고 있는 프라모델용 접착제. 감귤과 비슷한 냄새가 나므로 시너 냄새가 거북한 사람이나 주위 사람을 배려하고자 할 때 도움이 된다. 사용 방법은 통상의 프라모델용 접착제와 동일. 마찬가지로 흘려 넣는 계열의 「Mr.시멘트 S」와 비교해 보면 건조 시간이 약간 길지만, 일단 건조하면 이 제품도 확실하게 접착이 된다. 40㎖ 들이.
(280엔 / GSI 크레오스)

✏ CHECK POINT

● 휘발시키지 않는다!

▶플라스틱 접착제는 유기용제가 포함되어 있어 뚜껑을 열어두면 용제 성분이 계속 증발된다. 수지가 포함된 시멘트는 용제가 날아간 만큼 점도가 높아져서 다루기가 힘들어진다. 작업 중에는 가능하면 뚜껑을 닫아 휘발되는 양을 최소화시키자.

2 순간접착제

【용도】
- 플라스틱의 접착
- 레진, 소프트 비닐 등 합성수지의 접착
- 폴리 퍼티, 에폭시 퍼티, 금속의 접착
- 틈새를 메울 때

순간접착제는 공기 중이나 접착면의 수분에 의해 화학반응을 일으켜 굳는 접착제로 정식으로는 「시아노 아크릴레이트 계열 접착제」라는 명칭으로 불린다. 다양한 소재를 재빠르고 강력하게 접착시킬 수 있는 매우 편리한 접착제다. 동일한 소재끼리는 물론이고 서로 다른 소재를 접착시킬 수도 있다. 특히 레진 키트, 소프트 비닐 키트 등의 제작은 이것이 없으면 거의 불가능할 정도.

기본적으로는 단단한 소재끼리 밀착시킨 상태에서 접착력을 발휘한다. 때문에 접착제가 스며들 수 있는 다공질 소재(목재 등)에는 적합하지 않으나, 지금은 이러한 소재도 접착이 가능한 제품이 판매되고 있다. 게다가 '경화촉진제'를 병용하여 퍼티처럼 틈새 등을 메우는 목적으로도 사용할 수 있다. 또한 순간접착제는 굳은 후에 탄력이 없고 플라스틱에 가까운 경도(실제로는 조금 더 단단하다)가 되며 밀도도 있으므로 부품표면에 묻더라도 마감 시 영향이 적다. 주의할 점이라면 의외로 충격에 약하기 때문에 하중이 걸리는 부분에서는 보강용 심을 넣어서 접착할 필요가 있다. 또한 개봉 후 공기 중의 수분을 흡수하면 접착력이 떨어지므로 가능한 빨리 소모하는 편이 좋다.

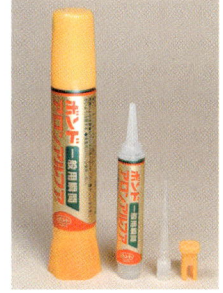

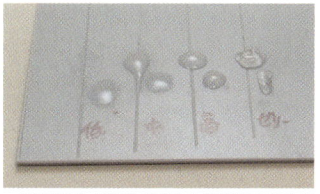
◀일반적인 순간접착제의 내용물. 접착제가 들어있는 용기와 끝에 달린 노즐, 구멍 뚫기용 핀이 포함되어 있다. 용기 내에는 건조제가 들어있고 사용 후 용기에 다시 넣고 밀봉한다.

▲순간접착제는 점도에 따라 각기 사용법이 다르다. 왼쪽부터 저점도, 중점도, 고점도, 젤리형 접착제를 한 방울씩 떨어뜨린 샘플. 점도가 낮은 것은 좁은 부분에 흘려 넣을 수 있으며 점도가 높은 것은 빈틈을 메우는 용도로 사용한다.

▲플라스틱끼리 붙일 때도 순간접착제를 쓰는 경우도 있다. 약간 넘치는 정도로 사용해서 접착과 빈틈 메우기를 겸한다.

◀빈틈이 있는 부분에 젤리형 순간접착제를 바른 모습. 굳는데 시간이 걸리므로 경화촉진제를 병용하는 것이 좋다.

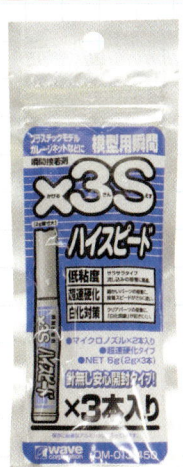

x3S 하이스피드
◀부품의 접착면에 흘려 넣어서 접착시킬 수 있는 저점도 타입의 순간접착제. 플라스틱끼리는 물론이고 벗겨진 퍼티부분 등을 접착할 때에도 도움이 된다. 점도가 낮아 잘 흐르기 때문에 너무 많은 양을 사용하여 불필요한 곳까지 흘러들어가지 않도록 주의할 것! 2g 들이 용기 3개가 한 세트로 싼 가격, 입수하기 쉬운 것도 장점이다. 노즐은 2개 포함. 이 밖에도 'x3 저백화', 고강도 타입의 'x3G 고강도'도 있다.
(450엔 / 웨이브)

아론 알파 프로용 No.1 저점도 하이 스피드
◀유동성이 높고 매우 강력한 접착력을 지닌 순간접착제. 찰랑찰랑한 것이 눈에 보일 정도로 점도가 낮으므로 흘려 넣기 쉽고, 틈새의 안쪽까지 침투시키고 싶은 국면에서 도움이 된다. 20g이나 되는 대용량 프로용 시리즈로 대형 마트 등에서 구입할 수 있다. 전부 다 한 번에 사용하기에는 좀 많은 양이므로 부속되어 있는 봉지에 넣어서 열화가 되지 않도록 보관하자. 노즐 1개 부속.
(참고 가격 1100엔 / 코니시)

파워 에이스 강력 순간접착제 CA-01+
▼파워 에이스는 순간접착제 메이커 알테코의 일반 판매용 브랜드. 알테코에서는 예전부터 모형용 순간접착제를 판매하고 있는데 이 브랜드에서도 이를 계승하고 있다. CA-01+는 유동성이 특히나 높은 타입으로 재빠른 접착과, 다용도로 사용할 수 있는 것이 특징. 10g 들이로 노즐 2개가 부속. 동일한 점도이면서 이보다 약간 경화 속도가 느리면서 백화현상이 적게 일어나는 'CA-04'도 있다.
(700엔 / 알테코)

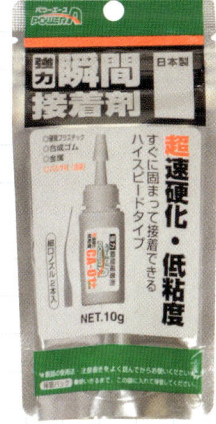

아론 알파 일반용
◀'아론 알파'는 가장 흔한 순간접착제 상표로 손쉽게 구할 수 있고, 종류도 풍부하다. 사진의 일반용은 중간 정도의 점도로 콕 찍듯이 바르거나 서로 맞대고 붙일 때 사용한다. 또한 접합선 수정 시 퍼티 대신으로 사용하는 경우도 있다. 흘려 넣기 방식으로 쓰기엔 약간 점도가 높다. 이 밖에 점도가 높은 '목공용'(450엔)이 있는데 이것은 목재 등 접착제가 스며드는 소재의 접착이나 틈새 메우기, 접착면의 받침 보강 등에도 사용할 수 있다. 양쪽 다 용량은 2g이고 끝 부분 노즐도 함께 들어있다.
(450엔 / 코니시)

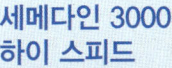

Mr.저스트 초고속 타입
▼'초고속'이라는 이름에 걸맞게 접착 스피드가 빠른 타입. 설명만 보면 저점도로 생각하겠지만 이것은 중간 점도인 타입. 동사의 'Mr.저스트 원 푸쉬'에 비해 4배 정도의 속도라고 한다. 겉 봉지나 케이스 같은 용기는 없지만, 알루미늄 튜브 덕분에 보관성이 높다. 3g 들이 2개 세트로 노즐도 2개가 부속. 동일한 형태로 '예초용 고강도 타입'도 있다.
(500엔 / GSI 크레오스)

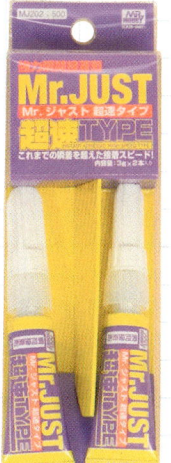

세메다인 3000 하이 스피드
▶이쪽도 익숙한 세메다인. 한 방울씩 떨어뜨리기 쉬운 소형 병 타입으로, 오래 보관할 수 있어 마지막 한 방울까지 사용하기 용이하다. 하이 스피드는 고속 경화 타입. 점도는 중간이지만 약간 느릿하게 흘려 넣을 수도 있다. 용기를 세우기 쉽고 다루기 쉬운 것도 특징. 3g 들이로 노즐 1개가 부속. 그 외에 일반용, 다용도 등도 있다.
(450엔 / 세메다인)

◉ CHECK POINT

● 순간접착제의 보관
▶순간접착제는 습기를 빨아들이면 접착력이 떨어지거나 약해져서 쓸 수 없는 경우가 있다. 일반적인 튜브타입 등 건조제가 포함된 케이스가 부속되지 않은 경우에는 뚜껑이 있는 용기에 건조제와 함께 두어 보관하면 좋을 것이다.

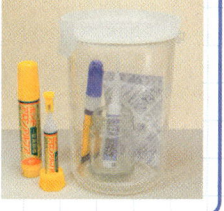

2 : 모형재료 카탈로그

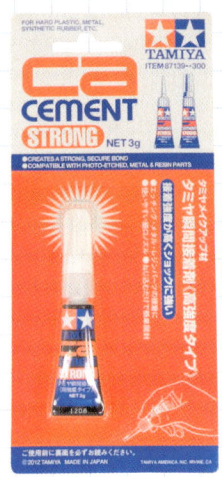

타미야 순간접착제(고강도)
◀플라스틱 부품 끼리만이 아니라 플라스틱과 금속제 부품을 확실하게 접착하고 싶은 경우에 적절한 고강도 타입. 콕 찍어서 붙이거나 접착면에 발라 사용하는 타입으로 경화후의 강도가 높으며 접착면이 적은 부분에도, 에칭 부품의 부착에 적합하다. 용기의 끝에 노즐을 붙일 수 있는 타입은 아니지만, 쉽게 막히지 않아서 다루기 쉽다. 3g 들이.

(300엔 / 타미야)

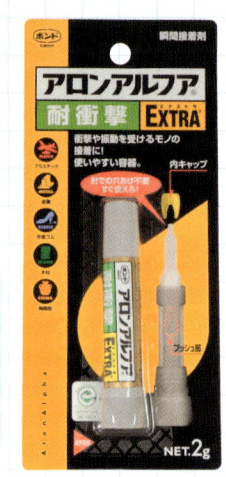

아론 알파 엑스트라 내충격 접착제
▶에칭 부품이나 금속 세공, 메탈 부품 같은 금속제 부품의 접착에 적합한 고강도 타입. 충격과 진동에도 강하며, 작업 도중에 툭하고 떨어져 나갈 것이 걱정되는 부품의 접착에도 좋을 것이다. 용기는 보틀의 커버 부분을 누르면 한 방울씩 나오도록 되어 있다. 끝 부분이 가늘며 노즐은 없다.

(실제 가격 500엔 / 코니시)

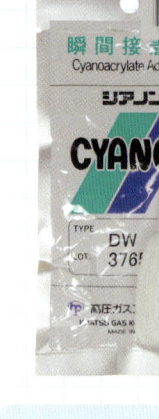

순간접착제 시아논 DW (백색)
◀이 제품은 백색의 순간접착제로 점도는 중간 정도이다. 본래는 인공대리석 등의 접착에 사용하는 제품이나 백색이라는 특징을 살려 기포와 흠집 보수용으로 사용하거나 퍼티처럼 사용하는 용도로 모델러들 사이에 널리 알려져 있다. 또한「검은 순간접착제 순착」과 섞어서 그레이로 사용하는 것도 가능하다. 20g 들이.

(1600엔 / 고압 가스 공업)

아론 알파 목공용
▶목재, 발사 소재 등, 스며들기 쉬운 소재도 강력하게 접착하는 순간접착제. 점도는 일반용 보다 높은 고점도. 플라스틱에도 사용할 수 있으므로, 이러한 나무 소재 계열과 플라스틱을 접착한다거나 높은 점도를 이용하여 틈새를 메우는 용도로 쓰기에 알맞다. 젤리 상태 정도까지는 아니지만 잘 흐르지 않으므로 가는 부품을 콕 찍어 접착할 때도 사용하기 편리하다. 노즐 1개 부속.

(450엔 / 코니시)

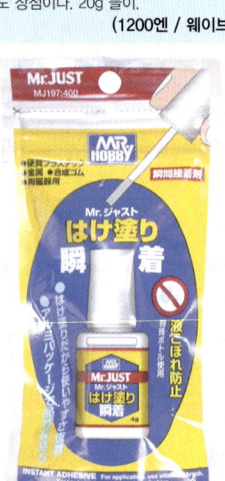

검은 순간접착제
▶새카만 색의 순간접착제. 고점도 타입으로 통상적인 접착이나 스며들기 쉬운 소재의 접착 뿐 아니라 경화 촉진제와 병용하여 두껍게 바르기와, 틈새 메우기에도 적합하다. 경화 후에는 일반 순간접착제 보다 부드러우며, 플라스틱 소재와 비슷한 느낌으로 절삭하여 마감할 수 있다. 또한 검은색은 주위 색과 확연하게 차이를 내므로, 매워 놓은 부분이 어디인지 알기 쉬운 것도 장점이다. 20g 들이.

(1200엔 / 웨이브)

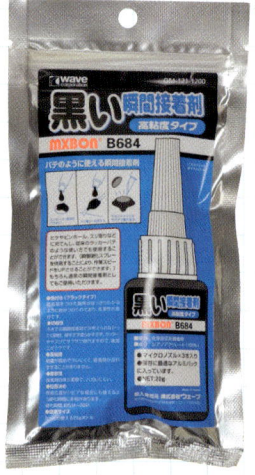

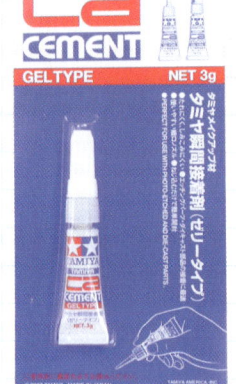

타미야 순간접착제 (젤리타입)
◀젤리 타입의 순간접착제는 흘러내리거나, 스며들지 않는 것이 특징. 다소 틈새가 벌어져도 접착할 수 있으므로, 접착면에 넓게 바르거나 작고 가는 부품에 콕 찍어주는 방식으로 접착할 때에도 사용하기 편리하다. 접합 후 바로 경화하지 않으므로, 부품의 위치와 방향의 미세 조정이 가능한 것 또한 장점이다. 빨리 굳히고 싶은 경우에는 경화 촉진제를 뿌려주면 된다. 3g 들이.

(360엔 / 타미야)

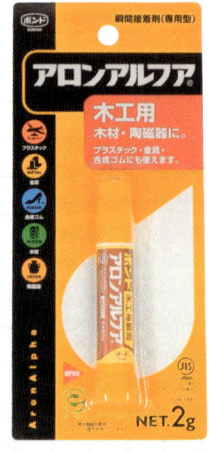

타미야 순간접착제 (브러시 부속)
▶잘 쓰러지지 않는 용기에 담겨 있는 순간접착제로 동봉된 브러시로 바르는 타입이다. 이쪽은 중간 정도의 점도로, 스탠더드한 순간접착제와 거의 동일한 방식으로 사용할 수 있다. 브러시를 사용하기에 접착면과 틈새를 메우기 위해서 발라주기도 편리하며, 흘러나올 걱정도 피할 수 있기에 안심할 수 있다. 브러시가 달린 뚜껑에는 큰 손잡이가 있어 조금 굳더라도 돌려서 열기가 편리하다. 5g 들이.

(600엔 / 타미야)

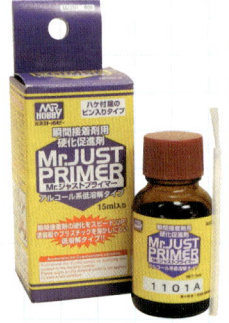

Mr.저스트 붓칠 순접
◀솔로 바를 수 있는 순간접착제. 작은 접착 면부터 넓은 면까지 어떤 면도 편하게 바를 수 있다. 노즐형 처럼 끝이 막히는 일도 없다. 점도는 중간 보다 약간 낮은 쪽에 가까우며 경화도 빠른 편이다. 용기에 여러 가지 궁리를 하여 쓰러져도 내용물이 쉽게 흘러나오지 않는다. 사용할 때는 열화를 피하기 위해, 뚜껑을 자주 닫아 주도록 하자. 3g 들이.

(400엔 / GSI 크레오스)

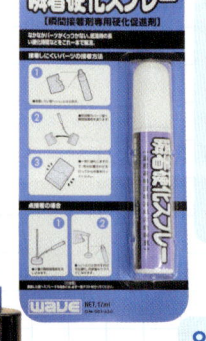

순착 경화 스프레이
◀슬림하고 다루기 편한 용기에 들어있는 스프레이 타입의 경화촉진제. 사전에 접착면에 뿌려서 경화 촉진과 백화 현상 방지에 사용한다던가, 이미 바른 곳에 뿌려서 퍼티 메우기처럼 굳혀주는 식으로 사용한다. 급속 건조 타입이지만 시클로펜탄 계열은 다량으로 뿌려주면 플라스틱에 침투하는 경우도 있으니 주의하자. 17ml 들이. 냄새를 억제한 「순착 경화 스프레이 덕용」(180ml / 1600엔)도 있다.

(650엔 / 웨이브)

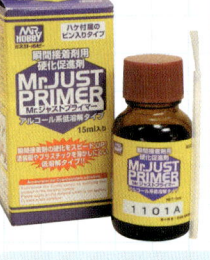

Mr.저스트 프라이머
◀순간접착제의 경화를 한층 더 빠르게 하여, 붙이기 힘든 소재의 접착을 돕는 경화 촉진제(프라이머). 용기에 들어 있는 액체를 부속으로 들어 있는 붓을 이용해, 사전에 접착면에 발라둔다. 플라스틱 수지의 부식성이 적은 알콜 계열이므로 플라스틱 소재에 흠집이 적게 발생한다. 또한 도색면에도 사용할 수 있지만 붓으로 살짝 칠하는 정도의 수준으로 끝내는 것이 좋다. 15ml 들이.

(800엔 / GSI 크레오스)

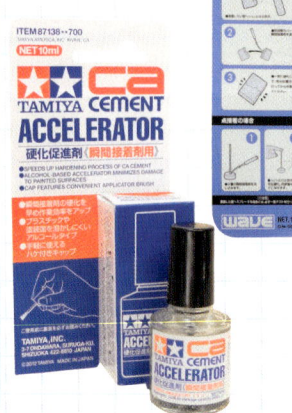

경화 촉진제(순간접착제용)
▶알코올 계열의 경화 촉진제. 이 타입은 냄새가 무난하므로, 독한 냄새의 스프레이 타입을 피하고 싶은 경우에도 좋다. 사용 방법은 접착면의 한쪽에 바르고 반대쪽에 순간접착제를 발라 주는 방식. 뚜껑 뒤에 붓이 달려 있으므로 이것을 이용해 발라준다. 10ml 들이.

(700엔 / 타미야)

알테코 스프레이 프라이머
▶시클로펜탄 계열의 스프레이식 경화 촉진제. 이 타입은 다루기가 수월해서 좋지만, 냄새가 좀 독하므로 작업을 할 때에는 밀폐된 곳을 피하고 충분히 환기를 하자. 하드 유저용 대형 스프레이 캔(420ml 들이)외에 한층 다루기 쉬운 사이즈인 100ml(1100엔)도 있다.

(1900엔 / 알테코)

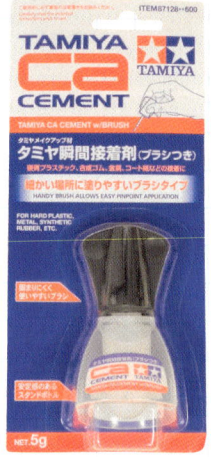

38

2. 순간접착제 / 3. 그 밖의 접착제

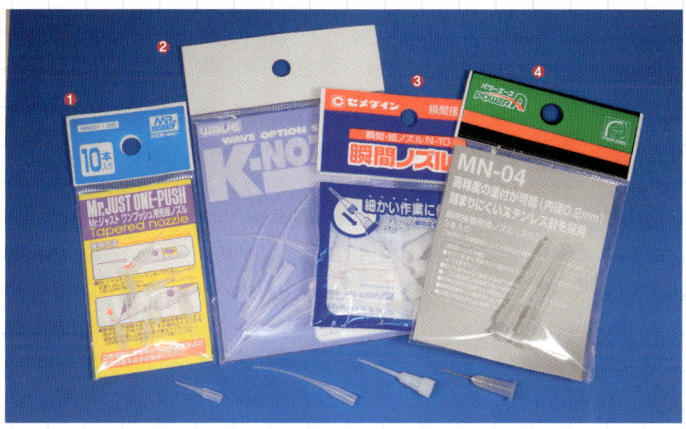

Mr.글루 어플리케이터

▼순간접착제를 바르거나 덧씌울 때 사용하는 접착제 도포용 헤라세트. 틈새를 메우거나 순간접착제를 덧씌울 때는 대충하게 되는데 그렇게 하면 접착제도 낭비되고 깎아내는 작업도 헛수고가 많아진다. 이때 이 헤라를 사용해서 적절한 양만 사용하자. 접착제를 콕 찍어 바르는 접착이나 보강, 깊숙한 안쪽면의 접착에 사용할 때도 편리하다. 작은 접시, 헤라 양쪽 모두 순간접착제가 굳어버리더라도 잘 벗겨지는 재질로 되어있다.

(700엔 / GSI 크레오스)

CHECK POINT
●경화 촉진을 시켰더니 발포현상이?!

▲순간접착제가 뭉친 곳에 경화촉진제를 뿌리면 격렬히 반응하며 강한 열과 거품이 생기는 경우가 있다. 저점도 타입은 특히 거품이 잘 생기므로 가능하면 이 조합은 피하는 것이 좋다.

CHECK POINT
●순간접착제 리무버

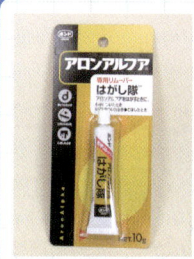

◀불필요한 곳에 묻은 순간접착제를 벗기기 위한 용액으로 서로 맞붙인 면을 떼어내기 위한 용도가 아니다. 접착제 표면에 이 액을 바른 뒤 몇 분간 기다리면 부드러워져서 쉽게 벗길 수 있다. 손가락끼리 붙어버렸을 때는 주변에 액을 바르고 몇 분간 기다린 후 부드럽게 마사지하듯이 움직이며 떼어내자. 이 리무버에는 유기용제가 포함되어 있으므로 도색 표면이나 플라스틱이 녹을 우려가 있다. (250엔 / 코니시)

순간접착제용 노즐

①Mr. 저스트 원 푸시용 노즐
짧고 가늘기 때문에 손에 가장 익숙하게 사용할 수 있는 타입. 10개 들이. (300엔 / GSI 크레오스)

②K・노즐(순간접착제용 노즐)
범용적인 형태의 노즐. 가늘고 긴 부분은 막히면 잘라서 사용한다. 10개 들이. (200엔 / 웨이브)

③순간 가는 노즐 N-10
성형품으로 형태가 불규칙하지 않은 가는 노즐. 꽂는 부분이 원추형이라 범용성도 높다. 10개 들이. (180엔 / 세메다인)

④파워 에이스 순간접착제용 노즐 MN-04(스테인리스)
정밀하게 찍어 바르는 방식의 접착이 가능한 안쪽 지름 0.2mm의 극세 노즐. 끝 부분은 잘 막히지 않는 스테인리스제. 3개 들이. (609엔 / 알테코)

3 그 밖의 접착제

【용도】
- 투명부품의 접착
- 종이, 목제 부품의 접착
- 금속의 접착
- 연질소재의 접착

모형을 만들 때는 플라스틱 이외에도, 퍼티나 금속 등 다양한 소재를 사용한다. 하지만 이들 소재를 접착할 때 경우에 따라서는 플라스틱용 접착제나, 순간접착제가 적합하지 않은 일도 종종 있다. 또한 접착할 부품이 투명하거나 접착면이 겉으로 드러날 때에는 접착흔적이 눈에 띄지 않는 투명타입의 접착제를 고르고, 도장면의 접착은 도료를 녹이지 않는 것을 고르는 등 용도에 맞게 구분하며 사용할 필요가 있기도 하다.

▲두 액을 섞으면 굳기 시작하는 에폭시 계열 접착제. 플라스틱 외에 금속이나 목재 등에 사용된다.

▲클리어 부품의 접착은 접착제 흔적이 눈에 띄지 않는 투명 타입을 사용하는 것이 좋다.

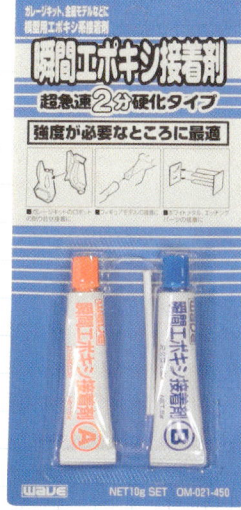

순간 에폭시 접착제

◀2분만에 경화가 시작되는 매우 빠르게 굳는 타입의 에폭시 접착제. 사용법은 2개의 튜브에서 서로 같은 양을 짜내서 섞은 뒤 그것을 접착면에 바르고 부품끼리 붙인다. 빨리 굳기 때문에 부품을 잡고 있어야 하는 시간이 짧다는 점이 좋다. 역으로 대량으로 바를 때나 몇 군데 나눠서 바를 때는 조금 시간이 부족한 감이 있기 때문에 소량사용 시 적합하다. 색은 투명하며 용량은 10g 들이. 또한 에폭시 계열 접착제는 연질 염화비닐이나 폴리 계열 수지 부품의 접착에 적합하지 않으므로 주의할 것.

(450엔 / 웨이브)

타미야 에폭시 접착제

▶경화 개시 시간이 5분으로 어느 정도 작업 시간을 확보할 수 있는 타입. 도장 후에 작은 부품의 접착이나, 에칭과 금속 부품을 달아 줄 때 편리. 색 표기는 없지만 혼합물은 투명하며 경화 후에는 약간 흐릿해진다. 투명 부품의 가장자리에 사용하는 것은 피하는 것이 무난할 것이다. 10g 들이.

(440엔 / 타미야)

에폭시 클리어

◀마찬가지로 무색투명한 타입의 에폭시 계열 접착제. 경화개시는 5분. 실제 사용 가능한 강도에 도달하는 시간은 약 90분이다. 용량은 15g이고 다른 제품도 그렇지만 기온이 높을수록 경화시간은 짧아지고 낮을수록 길어진다. 그 사이에 위치가 틀어지지 않도록 조심해야 한다. 또한 투명한 타입은 잘 섞였는지 확인하기가 어렵기 때문에 확실히 섞이도록 취급에 유의하도록 하자.

(700엔 / 코니시)

하이 퀵

▶5분 경화 타입으로 고점도의 에폭시 계열 접착제. 2개 액을 혼합하면 나오는 색은 회색. 금속, 콘크리트, 타일, 플라스틱, 나무 등을 접착할 수 있다. 고점도 이므로 어느 정도 형태를 유지하는 덩어리로 만드는 것도 가능. 틈새를 메우면서 접착하는 방식이 가장 적절하다. 모형용으로는 도색 이전 단계에서 금속과 레진 부품 등을 접착하는데 알맞다. 50g 들이.

(800엔 / 세메다인)

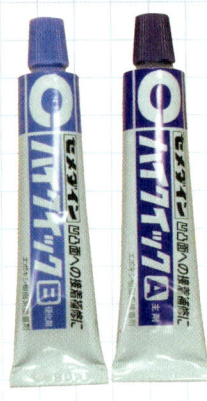
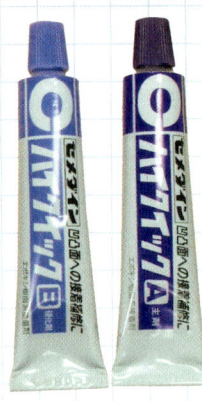

매직 스무스

◀레진 접착, 보수용으로 적합한 미국제 에폭시 계열 접착제. 반죽 상태를 혼합하는 것으로 경화 개시는 1시간 정도. 완전 경화하기까지는 하룻밤이 걸린다. 접착력은 강력하고 약간의 탄성도 있으며 충격에 강하다. 퍼티 같은 느낌으로 쓸 수도 있으며 덩어리로 굳혀서 물을 뿌린 다음에 표면을 다듬어주는 것도 가능하다. 일본 내에서는 몇 개 회사에서 수입하여 판매하고 있다. 453g 들이.

(실제 가격 2500엔 / wesco)

본드 목공용

◀종이 세공이나 목공 공작으로 익숙한 목공용 접착제. 주된 용도는 나무나 종이, 천이나 가죽 등의 접착이다. 굳기 전에는 하얗지만 다 마르면 투명해지며, 수성이고 인체에도 무해하다. 소재를 녹이지 않는 특성으로 투명부품의 접착에 사용하거나 물로 희석시켜 데칼용 접착제로도 사용, 약간 흘러나오더라도 굳기 전이라면 바로 닦아낼 수 있다. 다양한 용량의 제품이 있는데 사진의 제품은 50g 들이. 건조 시간이 절반 정도로 줄어든 「목공용 급속 건조」(200엔)도 있다.

(170엔 / 코니시)

타미야 크래프트 본드

▲수성 초산비닐계열 접착제. 굳은 후의 피막이 일반적인 목공 본드보다 유연하여 부드러운 소재에도 잘 맞는다. 급속 건조 타입으로 15~20분 안에 접착, 24시간이면 완전히 굳는다. 가늘고 긴 노즐이 달려 있어 좁은 틈새 등에도 사용하기 편하다. 다 마르고 나면 투명해지므로 라이트 렌즈 같은 부품도 접착할 수 있다. 20g 들이.

(300엔 / 타미야)

아쿠아링커 디오라마 모형용

◀투명한 수성 접착제. 사용 용도는 목공 계열에 가깝지만 젤 상태라서 점도가 높다. 초기 접착성도 있기 때문에 작은 부품을 콕 찍어 접착하는 방식의 작업도 편리하다. 접착제가 가늘고 길게 늘어나는 현상이 일어나지 않는 것도 장점이다. 넓게 발라주는 용도의 주걱이 부속으로 들어 있다. 17ml 들이.

(실제 가격 520엔 / 코니시)

스티롤 풀

▶발포 스티롤과 스티렌 보드 접착의 기본이랄 수 있는 제품으로, 유기 용제를 사용한 초산 비닐 계열의 접착제. 수성 목공용과 비교해보면 처음부터 점착력이 강하며 빠른 시간 안에 시간에 고정할 수 있는 것이 특징. 접착면에 도포한 뒤, 약간 건조된 다음에 확실하게 붙이는 식으로 사용하는 것이 좋다. 이 타입은 접착제를 바를 때 실처럼 늘어나기 십상이므로 주의해야 한다. 용량은 이것 외에도 100cc(500엔), 250cc(900엔), 500cc(1500엔)등이 있다.

(350엔 / 코에이도)

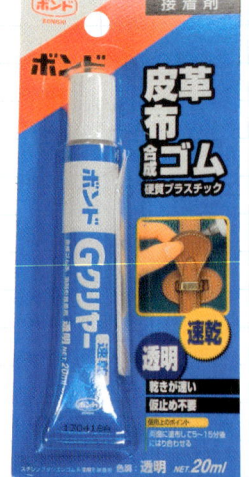

하이그레이드 모형용

▶다용도 수성 접착제. 유기용제가 들어있지 않아 도색 표면이나 부품을 녹이지 않는 것이 특징. 게다가 투명하기 때문에 투명부품의 접착에도 적합하며, 도색 표면에 작은 부품을 덧붙일 때에도 사용할 수 있다. 흘러나온다 해도 건조하기 전이라면 닦아서 제거하는 것이 가능. 초기 접착성이 있지만, 처음부터 단단하게 붙는 것이 아니라, 경우에 따라서는 테이프 등으로 반쯤 고정을 하는 것이 좋다. 대개 2~3시간이면 고정 완료. 20ml 들이.

(500엔 / 세메다인)

본드 G클리어

◀투명 타입의 합성고무계열 접착제. 성분은 고무와 용제로 종이, 나무, 천, 고무, 경질 플라스틱 등 다양한 소재를 접합할 수 있다. 건조하지 않은 상태에서도 접착력이 강하기 때문에 위치를 정하기 위해 누르고 있지 않아도 되는 점이 좋다. 접착 후에도 탄력이 남으므로 천과 가죽의 느낌을 남기고 싶을 때에 적합. 용해제로 플라스틱과 도장면을 녹이면, 액체가 실처럼 늘어나기 쉬우므로, 바깥 면에 사용하는 경우에는 흘러나오는 것에 주의할 필요가 있다. 20ml 들이. (200엔 / 코니시)

자외선 경화 접착제 UV 클리어

◀자외선을 비추면 굳어지는 투명 접착제. 햇빛에 노출시켜도 굳지만 별도로 판매하는 「자외선 LED」(2160엔)로 쏘여주면 5초 만에 경화된다. 접착면에 빛을 비춰줘야 하기 때문에 투명부품의 접착에 적합. 투명도가 높고 경화시키는 타이밍을 컨트롤할 수 있다는 점이 최대의 메리트라 할 수 있겠다. 접착제는 경화가 시작되기 전까지는 점착성이 없으므로 접착면이 서로 어긋나지 않도록 주의. 흘러나온다 해도 경화하기 전이라면 닦아낼 수 있다. 10g 들이.

(840엔 / 스지보리도)

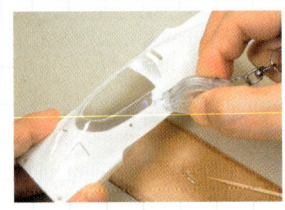

◀투명부품 너머로 자외선 LED를 쏘여서 경화시킨다.

스카치 초강력 접착제 프리미어 골드 [슈퍼 다용도]

▶접착이 어려운 소재인 실리콘 고무, 폴리에틸렌, 폴리프로필렌도 접착할 수 있는 다용도 접착제. 변성 실리콘 수지 계열로 점성이 있는 액체를 발라서 5~10분 정도 방치했다가 붙이면, 딱 하루 걸려서 굳는다. 경화 후에는 고무 같이 탄력이 있으며 실리콘 형의 파손 접착도 가능. 프라모델의 폴리캡 + 플라스틱 조합의 경우 고착되는 정도는 아니었다. 색은 클리어, 화이트, 블랙이 있다. 20g 들이.

(560엔 / 3M 재팬)

미 투명 접착제

◀용제를 사용하지 않는 변성 실리콘 접착제. 다용도 타입으로 플라스틱과 ABS, 목재, 발포 스티롤, 유리통 등 폭 넓은 소재에 사용한다. 투명 타입으로 투명부품 외에 액세서리 등의 접착에도 적합하다. 공기 중의 습도에 반응하여 경화하므로, 붙이고 5분 정도가 지나면 경화하기 시작하지만, 액체를 휘저어서 섞어준 다음에 사용하면 빠르게 굳는다. 경화 전에는 에나멜 용제 등으로 제거하는 것이 가능. 10g 들이.

(480엔 / GSI 크레오스)

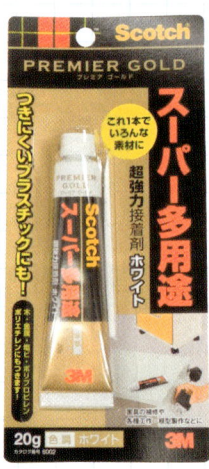

4 플라스틱 소재

【용도】
- 프라모델에 덧붙여서 형태를 변경한다.
- 상자 짜기 조립을 하거나 적층해서 조형한다.
- 열가공으로 조형한다.
- 가공용 「가이드」를 잘라낸다.

여기서 말하는 플라스틱 소재란 프라모델의 재료와 같은 「스티롤수지」로 된 판 또는 봉 소재를 뜻한다. 프라모델용 공구나 재료로 절단이나 절삭, 접착 등의 가공을 할 수 있어서 프라모델 개조용으로 가장 다루기 쉬운 소재다. 강도가 있으면서 가볍고, 가공성도 뛰어난 데다 밀도가 적당해 깔끔한 표면처리가 가능한 등 많은 장점을 지니고 있다. 시중에서 판매되는 플라스틱 소재는 각각 일정한 두께나 굵기로 성형되어 있어, 판재라면 두께, 봉재라면 원형, 사각형 등 단면의 형상이나 굵기에 따라 다양한 라인업이 갖춰져 있다. 잘만 조합하면 기준이 되는 수치를 측정하기 쉽고 또 정밀도도 높일 수 있어 매우 유용하다. 플라스틱 소재 조형은 판이나 봉 재를 자르고 붙이고 깎는 방법이 중심으로, 직선이나 평면을 조합하는 형태를 만드는 데 적합. 하지만 얇고 가느다란 플라스틱 소재를 굽혀 사용하거나 적층한 상태에서 깎아내서 곡면으로 가공하는 것도 충분히 가능하다. 또한 플라스틱 소재는 열을 가해 변형시킬 수 있는 것도 큰 특징. 여기에는 런너 늘인 것과 같이 부분적으로 열을 가해서 잡아당기는 단순한 것부터, 별도로 '원형'이 되는 형태를 만들어 열을 가한 플라스틱 판재를 압착하는 「히트프레스」나 「버큠 폼」 등의 기법도 있다. 여기서는 디테일 업에 편리한 범용 플라스틱 부품도 병행하여 소개할까 한다.

▲대표적인 플라스틱 소재인 프라판과 프라봉. 가공이나 접착, 마감에 필요한 재료, 공구는 프라모델 용과 같다. 프라모델 개조를 위한 기초적인 소재라고 할 수 있다.

▲하얀 부분이 프라판을 이용해 "폭 넓히기" 가공을 한 부분이다. 두께가 일정하다는 점을 이용하면 굳이 측정하지 않더라도 정확한 모양을 낼 수 있다.

▲가열한 플라스틱판을 틀에 대고 눌러서 조형한다. 이것이 흔히 「히트프레스」라고 부르는 성형법이다.

▲프라봉을 구부리고 조합해서 랠리 차량의 롤 케이지를 만든 예. 금속선으로 만드는 것 보다 쉽고 접착도 용이하다.

■ 플라스틱 판재

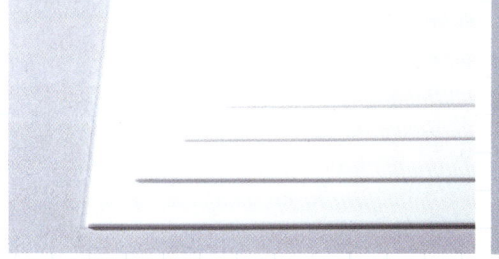

프라판
▲플라스틱 소재로는 익숙한 타미야의 「프라판」, 색은 백색, 사이즈는 B4(364mm×257mm). 두께 별로 0.3mm(5장 들이, 600엔), 0.5mm(4장 들이, 720엔), 1.0mm(2장 들이, 720엔), 1.2mm(2장 들이, 840엔), 1.5mm(1장 들이, 720엔), 2mm(1장 들이, 840엔) 이다. 이 밖에 「프라판 세트」(420엔)도 있어서 300mm×120mm사이즈로 0.3mm 2장, 0.5mm 2장, 1.2mm 1장이 들어있다. 판 소재로서 잘라내는 것부터 열 가공까지 폭넓게 사용할 수 있는 대표적인 재료다.

(420~840엔 / 타미야)

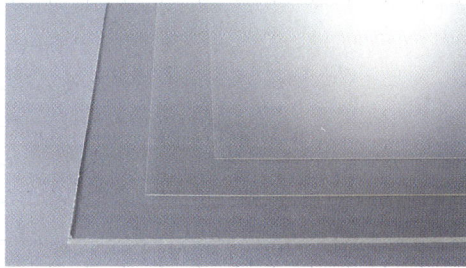

투명 프라판
▲이 제품은 무색투명한 프라판. 투명도가 매우 높은 것이 특징. 사이즈는 마찬가지로 B4(364mm×257mm). 두께는 0.2mm(5장 들이, 600엔), 0.3mm(4장 들이, 600엔), 0.4mm(4장 들이, 780엔), 1.7mm(1장 들이, 600엔)이다. 백색과는 두께가 다르기 때문에 그런 점으로도 구분하여 사용할 수 있다. 백색 프라판보다 단단한 편이기 때문에 잘라내는 방법에 따라서는 금이 갈 수도 있다는 점에 주의하도록 한다. 또한 가열해도 잘 늘어나지 않아서 히트프레스 등에는 적합하지 않다.

(600~780엔 / 타미야)

프라 페이퍼
▲종이 같이 극히 얇은 플라스틱 소재. 사이즈는 프라판과 마찬가지로 B4(364mm×257mm). 두께는 0.05mm(4장 들이, 640엔), 0.1mm(3장 들이, 540엔), 0.2mm(3장 들이, 600엔). 백색이고 표면은 광택을 제거. 얇은 필름에 코팅이 되어 있으므로 프라판과 동일한 소재를 단순히 얇게 만들기만 한 것은 아니다. 접착과 가공은 다른 플라스틱 소재와 동일하게 작업. 열가공도 가능하다.

(540~640엔 / 타미야)

화이트 플레인
▲미국제 플라스틱 소재 시리즈인 「에버그린」, 판재는 물론 봉재로도 다양한 형태와 사이즈가 발매 중. 이것은 아무 무늬도 없는 플라스틱판으로 두께는 0.13mm, 0.25mm, 0.38mm, 0.5mm, 0.75mm, 1.0mm, 1.5mm, 2.0mm가 있다. 크기는 각 152mm×305mm. 절삭성이 좋아서 1.5~2.0mm 두께운 판 소재는 특히 적층용으로 편리. 또한 얇은 판 소재는 곡면에도 잘 맞는다. 용제에 잘 녹으니 용제 계열의 접착제를 쓸 때는 너무 많이 바르지 않도록 주의. 투명 판재로 「클리어 플레인」도 두께 0.13mm, 0.25mm, 0.38mm도 있다.

(각 650엔 / 쿄쇼)

플라 플레이트
▲색이 들어가 있어서 몰드가 잘 보이는 플라스틱제의 판 소재. 「그레이」, 「다크 옐로」의 2종류가 있다. 크기는 B5 사이즈(182mm×257mm). 두께는 0.3mm, 0.5mm, 1.0mm(전부 다 2장 들이로, 사용하기 쉬운 크기로 갖추어져 있다. 키트를 개조할 때에 성형색에 맞추는 용도로도 사용할 수 있고, 일부러 다른 색을 사용하는 선택도 가능할 것이다. 플라스틱 소재로서의 사용감은 강도와 가공성 모두 타미야와 에버그린의 중간 정도.

(각 380엔 / 웨이브)

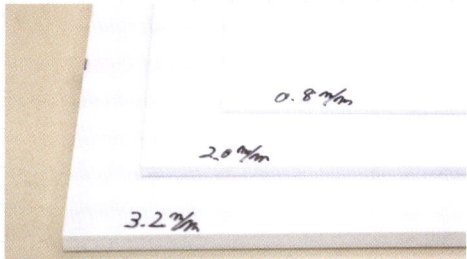

화이트 스티렌 시트
▲다양한 건축 모형 재료를 라인업하고 있는 미국의 플라스트럭트사의 플라스틱 소재. 이것은 무늬 없는 백색 판재로 두께는 0.3mm, 0.5mm, 0.8mm, 1.0mm, 2.0mm, 2.5mm, 3.2mm가 있으며 크기는 각각 175mm×300mm. 0.5mm과 0.8mm 두께만 31.8mm×600mm이라고 하는 벨트 형태의 사이즈가 있다. 2.5mm과 3.2mm의 두께는 다른 곳에는 없는 사이즈. 단단함과 절삭성은 타미야와 에버그린의 중간 정도이다. 화이트 외에 클리어(두께 0.3mm), 레드 그레이,(두께 0.5mm), 베이지(두께 0.5mm), 그레이,(두께 0.5mm)도 있다.

(130~830엔 / 제마 코퍼레이션)

2 : 모형재료 카탈로그

프라보드
▲프라판과 스틸렌 보드의 중간쯤 되는 듯한 소재로, 두꺼운 프라판, 혹은 단단한 스틸렌 보드라는 느낌의 판재. 프라판과 마찬가지로 플라스틱 용 시멘트로 접착할 수 있고, 절삭성은 프라판보다 좋지만 내부는 고밀도이면서도 발포성 재질로 되어있다. 모형 그 자체보다도 구성용 소재로 적합하다. 사이즈는 B4(364mm×257mm). 두께는 2mm(2장, 840엔), 3mm(1장, 600엔)
(600~840엔 / 타미야)

패턴 플라스틱판
▲에버그린의 플라스틱 시트 중에는 표면에 다양한 패턴이 들어간 것이 있는데 이 제품은 그 중 일부. 밑에서부터 순서대로 타일 홈이 깊은 타입으로 두께 1mm, 타일 폭은 1.6mm, 2.1mm, 3.2mm, 4.2mm, 6.3mm, 8.5mm, 12.7mm가 있다. 중간에 있는 것은 요철 패턴으로 두께1mm, 홈의 폭은 1.9mm, 2.5mm, 3.2mm이 있다. 위에는 랩사이딩(경사진 단차의 단면으로 두께 1mm, 홈의 폭은 0.75mm, 1.0mm, 1.3mm, 1.5mm, 2.0mm, 2.5mm로 되어 있다. (850~1200엔 / 쿄쇼)

패턴 시트
▲플라스트럭트의 판재로 표면에 울퉁불퉁한 모양이 새겨진 패턴 시트. 왼쪽부터 미끄림 방지 모양의 「다이아몬드」. 다음은 벽돌 같은 「블록」, 오른 쪽은 양옥 기와 모양의 「지붕」. 이 밖에도 도로나 수면 등 다양한 패턴이 있다. 사이즈는 175mm×300mm. 판 두께는 0.5mm. 디오라마 제작이나 간단한 베이스 마감에 적절할 것이다.
(900~1000엔 / 제마 코퍼레이션)

● CHECK POINT
메이커별 질감의 차이에 관해서
각종 사이즈를 고를 수 있는 플라스틱 소재로서 타미야, 에버그린, 플라스트럭트, 웨이브의 제품이 있다. 동일한 스티롤 수지(폴리스티렌)의 플라스틱 소재라고는 해도, 실제로 가공을 해보니 의외로 감촉이 달랐다. 타미야의 플라스틱 소재는 비교적 단단한 편이라서 절삭에 힘이 들어가지만 완성도가 샤프하며 얇아도 강도가 있다. 에버그린의 소재는 부드러운 편으로 두께가 있어도 절삭하기 쉽다. 가공성은 좋지만 거칠게 사포질을 하면 모서리가 죽어버리기도 한다. 플라스트럭트와 웨이브는 이것의 중간 정도 느낌이다

■ 프라봉

프라 소재(사각 봉)
◀타미야의 「프라 소재」는 스티롤 수지로 만든 봉 소재다. 접착이나 절삭가공, 열가공도 프라판과 같은 방식으로 할 수 있다. 이 사각 봉은 프라판을 접합한 모서리의 보강이나, 프라판 사이에 끼우는 식의 사용법에 유용하다. 사이즈는 1mm각(10개 들이), 2mm각(10개 들이), 3mm각(10개 들이), 5mm각(6개 들이). 길이는 각 40cm
(각 360엔 / 타미야)

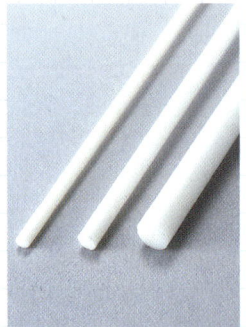

프라 소재(둥근 봉)
◀둥근 봉은 원기둥이나 봉 모양 부품을 재현하는 데 사용하는 것 외에도 관절의 축으로도 이용. 표시된 수치보다 지름이 약간 두터우므로, 부착을 위해서 구멍을 뚫을 때에는 주의하자. 견고하고 강도가 있는 특성이 튼튼한 축으로서 활약할 수 있게 한다. 지름 1mm(10개 들이), 지름 2mm(10개 들이), 지름 3mm지름(10개 들이), 지름 5mm(6개 들이). 이것도 길이는 각 40cm.(각 360엔 / 타미야)

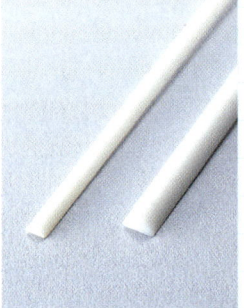

프라 소재(삼각봉)
◀삼각봉은 단면이 직각 이등변 삼각형 모양인 플라스틱 소재다. 소재를 다루는 방법은 사각 봉과 동일. 주된 용도로는 프라판을 직각으로 붙인 곳의 보강재로 사용하는 것이 일반적. 또한 45°의 가장자리나 경사를 재현할 때도 쓸 수 있다. 사이즈는 2mm각(10개 들이), 3mm각(8개 들이), 5mm각(5개 들이). 길이는 각 40cm.
(각 360엔 / 타미야)

프라 소재(L형 봉 및 기타)
◀'L', 'H', 'ㄷ'자 모양의 철제 빔 같은 단면 형태를 가지는 플라스틱 소재. 이러한 앵글 소재치고는 각 부위의 두께가 균등한 것이 특징. 얇은 부분의 판 두께는 1mm로 알기 쉬운 형태. 3mm L형(6개들이), 5mm L형(5개 들이), 3mm ㄷ자형(5개 들이). 동일한 형태의 투명 플라스틱 소재도 있으며 가격은 동일. 길이는 각 40cm
(각 400엔 / 타미야)

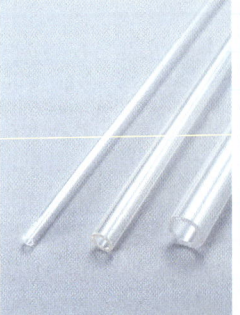

투명 프라 소재(파이프)
◀무색투명한 파이프형 프라 소재. 재질은 플라스틱 봉 보다 단단하다. 니퍼 등을 사용하여 절단할 경우 깨지기 쉬우므로 칼집을 내서 부러뜨리거나 톱으로 자르는 것이 좋다. 사이즈는 3mm 파이프(안쪽 지름 2mm, 6개 들이), 315엔, 5mm파이프(안쪽 지름 3mm, 5개 들이), 8mm파이프(안쪽 지름 5mm, 3개 들이). 길이는 각40cm.
(각 400엔 / 타미야)

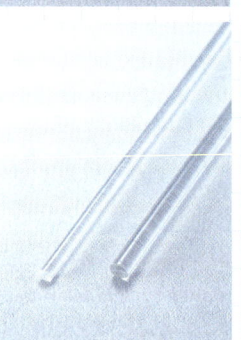

투명 소프트 프라 소재
◀연질 스티롤 수지로 만든 무색투명한 원형봉. 구부려도 부러지거나 주름이 생기지 않는다. 접착이나 가공은 일반적인 플라스틱 소재와 거의 같지만 구부러진 부분에 순간접착제를 사용하면 깨지기 쉬우므로 주의하자. 구부린 부분이 원상태로 돌아가는 것을 억제하려면, 드라이어 등으로 가열해주면 된다. 지름 2mm(6개 들이), 지름 3mm(5개 들이). 길이는 각40cm
(각 400엔 / 타미야)

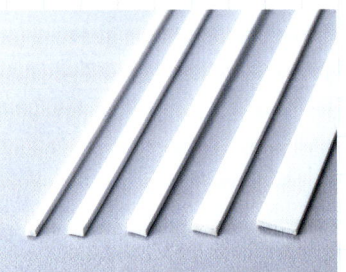

평봉
▲에버그린의 「프라보우」시리즈의 「평봉」은 다른 제품처럼 찍어내는 방식의 성형품이 아니라 판 소재를 직접 절단하여 생산한 느낌이다. 두께는 0.25mm, 0.38mm, 0.5mm, 0.75mm, 1.0mm, 1.5mm, 2.0mm, 2.5mm, 3.2mm, 4.8mm, 6.3mm, 폭도 마찬가지로 0.5~6.3mm사이의 라인업이 갖춰져 있어 다 합쳐서 71가지나 있다. 상자조립의 보강재 역할이나 사이에 끼워 넣어서 사용할 때 크게 도움이 된다. 길이는 약 36cm.
(각 500엔 / 쿄쇼)

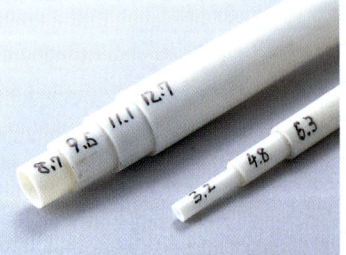

파이프
▲종류별로 조합해서 사용이 가능한 플라스틱제 파이프. 직경은 2.4mm, 3.2mm, 4.0mm, 4.8mm, 5.6mm, 6.3mm, 7.1mm, 8.7mm, 9.5mm, 11.1mm, 12.7mm. 사진과 같이 1~2사이즈 차이 별로 안에 통과시킬 수 있다. 이것보다 가는 사이즈는 원형봉인 「로드(rod)」로 분류되고, 직경은 0.5mm, 0.64mm, 0.75mm, 0.88mm, 1.0mm, 1.2mm, 1.6mm, 2.0mm, 2.5mm, 3.2mm가 있다.
(각 500엔 / 쿄쇼)

앵글 소재
▲각진 단면을 가진 각종 앵글 소재. 왼쪽부터 사각진 단면의 구멍이 뚫린 「스퀘어 파이프」(3.2mm, 4.8mm, 6.3mm, 7.9mm, 9.5mm), 「H빔」(1.5mm, 2.0mm, 2.5mm, 3.2mm, 4.8mm, 6.3mm), 「앵글」(1.5mm, 2.0mm, 2.5mm, 3.2mm, 4.8mm, 6.3mm). 이 밖에도 단면이 'I'자 모양인 「H빔」, 단면이 'ㄷ'자인 「채널」, 단면이 직사각형으로 구멍이 뚫린 「랙탱글 파이프」 등이 있다.
(각 500엔 / 쿄쇼)

반원, 1/4원 플라스틱 봉
▲원의 단면 베리에이션. 단면이 반원인 「하프 라운드」(직경 1.0mm, 1.5mm, 2.0mm, 2.5mm, 3.0mm). 1/4원 단면인 「쿼터 라운드」(반경 0.75mm, 1.0mm, 1.5mm, 2.0mm, 2.5mm)가 있다. 리브 몰드 등의 재현에 그대로 사용할 수 있다.
(각 500엔 / 쿄쇼)

4. 플라스틱 소재

원, 반원, 1/4원 플라스틱 봉
▶플라스트럭트의 봉 소재는 형태, 사이즈가 전부 풍부한 종류를 자랑한다. 왼쪽부터 단면이 원, 반원, 1/4원인 봉 소재. 원의 직경은 0.3mm, 0.4mm, 0.5mm, 0.6mm, 0.8mm, 0.9mm, 1.0mm, 1.1mm, 1.3mm, 1.5mm, 2.0mm, 2.5mm, 3.2mm, 4.0mm, 4.8mm, 6.4mm. 반원은 직경 0.8mm, 1.0mm, 1.5mm, 2.0mm, 2.5mm, 3.2mm, 4.0mm, 4.8mm, 6.4mm. 1/4원은 반경 0.8mm, 1.0mm, 1.5mm, 2.0mm, 2.5mm, 3.2mm. 길이는 전부 250mm. 5~10개 들이.
(410~860엔 / 제마 코퍼레이션)

삼각, 사각, 오각, 육각봉
▶단면이 다각형인 봉 소재. 삼각봉은 단면이 정삼각형으로 폭 0.8mm, 1.0mm, 1.5mm, 2.0mm, 2.5mm, 3.2mm. 사각은 0.3mm, 0.5mm, 0.8mm, 1.0mm, 1.5mm, 2.0mm, 3.2mm, 4.0mm, 4.8mm, 6.4mm. 오각은 폭(높이) 0.5mm, 1.0mm, 1.3mm, 1.5mm, 2.0mm. 육각은 폭 0.5mm, 0.8mm, 1.0mm, 1.5mm, 2.0mm, 2.5mm, 3.2mm. 육각은 얇게 자르면 육각볼트의 재현에도 유용하게 쓰인다. 길이는 250mm. 5~10개 들이.
(450~860엔 / 제마 코퍼레이션)

직사각형
▶평평한 판 모양의 봉 소재. 다양한 판 두께, 폭이 있어서 플라스틱판 주체의 풀 스크래치를 만들 때 매우 편리하다. 두께는 0.3mm, 0.5mm, 0.8mm, 1.0mm, 1.5mm, 2.0mm, 2.5mm, 3.2mm, 4.0mm, 4.8mm. 각각에 대해서 폭도 마찬가지로 0.5~6.4mm사이의 라인업이 갖춰져 있다. 길이는 250mm. 5~10개 들이.
(250~660엔 / 제마 코퍼레이션)

파이프 소재
▶파이프 소재는 단면이 원, 사각, 장방형으로 나뉜다. 사이즈는 다음과 같다. 원의 직경 / 안쪽 지름이, 2.4mm / 1.4mm, 3.2mm / 1.9mm, 4.8mm / 3.4mm, 6.4mm / 4.9mm, 7.9mm / 6.4mm, 9.5mm / 8.3mm. 사각형은 한 변이 3.2mm, 4.8mm, 6.4mm, 7.9mm, 9.5mm. 장방형은 한 변이 6.4mm이고 폭 4.8mm, 6.4mm, 7.9mm, 9.5mm. 길이는 전부 375mm.
(100~220엔 / 제마 코퍼레이션)

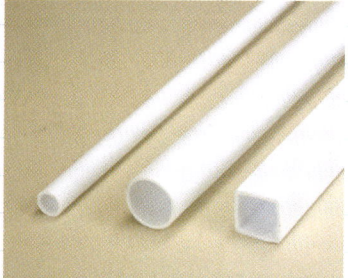

앵글 소재 1
▶철제 빔을 그대로 축소시킨 듯한 앵글 소재. 왼쪽부터 'L', 'ㄷ', 'l'자 모양의 단면. 「L형」은 가로, 세로가 같은 폭으로 1.2mm, 1.6mm, 2.4mm, 3.2mm, 4.8mm, 6.4mm, 7.9mm, 9.5mm가 있다. 길이는 250~600mm. 「ㄷ자형」은 실제로는 '['에 가까운 형상으로 최대 폭 1.6mm, 2.4mm, 3.2mm, 4.8mm, 6.4mm, 7.9mm. 길이는 250~600mm. 「l형」은 세로(긴 변)길이로 1.6mm, 2.4mm, 3.2mm, 4.0mm, 4.8mm, 6.4mm, 7.9mm, 9.5mm, 11.1mm, 12.7mm, 14.3mm, 15.9mm. 폭은 세로의 1/2. 길이는 250~750mm. 이러한 앵글소재는 철제 빔처럼 조립하기도 하고 잘라내어 플라스틱 재질의 작은 부품을 만들 때도 이용할 수 있다.
(100~290엔 / 제마 코퍼레이션)

앵글 소재 2
▶이 제품은 'H', 'T', 'U', 'Z'자 모양의 단면. 「H형」은 폭 1.6mm, 2.4mm, 3.2mm, 4.0mm, 4.8mm, 6.4mm, 7.9mm, 9.5mm로 폭과 높이는 같다. 길이 250~375mm. 「T형」은 높이 1.2mm, 1.6mm, 2.4mm, 3.2mm, 4.8mm, 6.4mm. 윗변의 폭도 같다. 길이는 250~600mm. 「U형」은 실제로는 'ㄷ'자 모양에 좀 더 가깝다. 폭 / 높이는 1.6mm / 1.1mm, 2.4mm / 1.7mm, 3.2mm / 2.3mm, 4.8mm / 3.4mm, 6.4mm / 4.6mm. 길이는 250~600mm. 「Z형」은 크랭크 형으로 높이 / 짧은 변은 1.6mm / 1.0mm, 2.4mm / 1.4mm, 3.2mm / 2.0mm, 4.8mm / 2.7mm, 6.4mm / 3.7mm. 길이는 250~600mm.
(100~250엔 / 제마 코퍼레이션)

프라 원형봉
◀웨이브가 발매하는 플라스틱 소재 시리즈도 충실해 졌다. 재질은 프라모델과 동일한 재질의 스티롤 수지 소재로, 색은 전부 그레이 인 것이 특징이다. 이 원형봉의 사이즈는 직경 1.0mm, 2.0mm, 3.0mm, 4.0mm, 5.0mm. 각각 4~8개 들이로 길이는 250mm. 동사의 프라 파이프와, 원추 원형봉과 조합하면 동일한 축이면서도 굵기에 변화를 줄 수 있다.
(각 350엔 / 웨이브)

프라 파이프
◀동일한 플라스틱 소재 파이프지만 이쪽은 한층 더 종류가 풍부. 직경 3.0mm~8.0mm 사이에서 0.5mm 간격으로 각 사이즈가 있다. (3~5개 들이, 길이 250mm). 더욱이 가장자리의 두께 차이에 따라 「얇음」, 「두꺼움」의 2 종류가 있으며, 「얇음」은 두께 0.4mm, 「두꺼움」은 두께 0.9mm로 나와 있다. 예를 들어 5mm 파이프의 「얇음」은 안쪽 지름은 4.2mm으로 4mm 원형봉과 파이프가 들어간다. 두께가 두꺼움은 안쪽 지름이 3.2mm으로 3mm 원형 봉이 딱 맞게 수납된다.
(각 350엔 / 웨이브)

프라 재료 반원봉
◀「반원봉」은 원형봉을 반으로 자른, 반원형 단면으로 되어 있다. 봉 소재가 박혀 있는 표현이나 프레스 몰드의 추가 등에 사용된다. 사이즈는 폭 1.0mm, 2.0mm, 3.0mm, 4.0mm, 5.0mm(4~8개 들이)이며 길이는 250mm. 원형봉과 동일한 사이즈를 딱 반으로 만들었다고 보면 된다.
(각 380엔 / 웨이브)

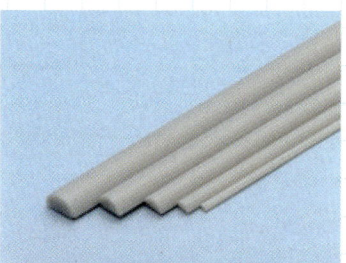

프라 재료 각봉
◀「각봉」은 단면이 정사각형의 봉 소재. 각이 있는 소재는 그대로 봉 소재로서의 상태를 표현하는 것뿐만이 아니라, 플라스틱판을 이용하여 상자 모양을 쨌을 때 안쪽 면에 붙여서 보강재로 사용한다거나 두께를 늘리려고 할 때도 도움이 된다. 사이즈는 한변에 1.0mm, 2.0mm, 3.0mm, 4.0mm, 5.0mm(4~8개 들이). 길이는 250mm
(각 380엔 / 웨이브)

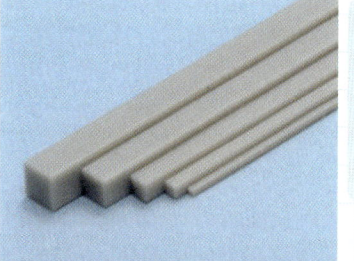

프라 재료 삼각봉
◀「삼각봉」은 단면이 직각 이등변 삼각형인 봉 소재. 이 또한 플라스틱판 공작에서 보강재로 사용하거나 가장 자리에 붙여서 45°도로 마무리 할 때 편리. 나열해서 붙이면 배기 슬릿 같은 표현도 가능. 사이즈는 한 변이 1.0mm, 2.0mm, 3.0mm, 4.0mm, 5.0mm(4~8개 들이). 길이는 250mm
(각 380엔 / 웨이브)

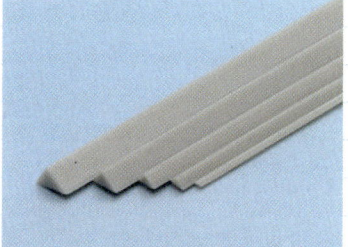

프라 재료 테이퍼 원형봉
◀폭이 서서히 좁아지는 형상을 가리켜 흔히 "테이퍼(taper)가 들어갔다"라고 하는데, 이것은 원형봉이 처음부터 원추 상태로 되어 있는 유니크한 봉 소재. 길이는 10cm으로 그 앞부분 / 뒷부분의 직경이 1.0mm / 3.0mm, 2.0mm / 4.0mm, 3.0mm / 5.0mm, 4.0mm / 6.0mm, 5.0mm / 7.0mm으로 되어 있다. 선반 같은 것이 없으면 만들기 어려운 형태인 만큼, 이러한 형태를 재현하고 싶을 때 도움이 될 것이다.
(각 380엔 / 웨이브)

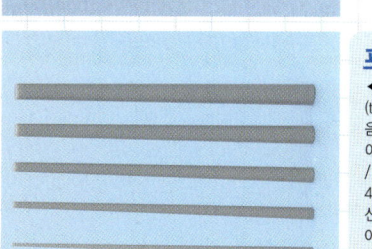

■디테일 업용 플라스틱 부품

최근에는 특정한 형상을 재현하기 위한 플라스틱제 범용 부품이 많이 있다. 그대로 붙이는 것뿐 아니라 여기에 추가적인 가공을 해서 사용하는 것도 좋을 것이다. 부품을 자작하고자 할 때 비슷한 모양이 있으면 작업도 편해지고 보다 정밀하게 완성할 수도 있다.

NEW R·리벳【각】, NEW R·리벳【원】

▶R·리벳【각】은 육각 볼트 중심에 원형 돌기가 있는 모양이다. 너트로 나사를 고정시킨 듯한 모양이지만 돌기를 잘라내면 육각 볼트처럼 사용할 수도 있다. 지름은 1.0mm, 1.2mm, 1.6mm, 2.2mm의 4종류. R·리벳【원】은 원형 리벳 세트로 직경은 1.0mm, 1.2mm, 1.6mm, 2.0mm의 4종류가 있다. 형태는 반원에 가까운 동글동글한 모습이다. 각각 2장 세트
(각 240엔 / 웨이브)

메쉬 플레이트

▼판의 표면에 그물망이나 리브 몰드가 양각으로 파인 플레이트. 1장은 사각형과 마름모꼴의 그물눈. 또 한 장은 밀도가 다른 리브 형태의 몰드. 플레이트의 사이즈는 59mm×40mm로 각 몰드가 반반씩 들어있다. 2장이 1세트. 개구부의 안쪽을 막을 때 등에 사용하는 것이 좋다.
(200엔 / 고토부키야)

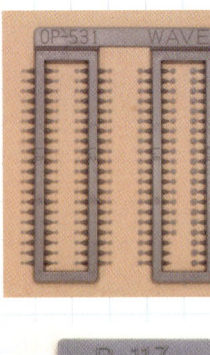

육각너트

▶이 제품도 육각이고 중심이 튀어나온 볼트 모양 세트. 비교적 큰 편이고 지름은 1.5mm, 2mm, 3mm, 4mm의 4가지. 같은 런너가 2개씩 들었다. AFV모델 작업 등에 좋다.
(300엔 / 고토부키야)

리벳

▲머리 부분이 둥글게 처리된 것과 각이 진 원반 형 부품이 세트로 구성된 제품. 사이즈는 각각 2mm, 3mm, 4mm, 5mm 직경. 리벳뿐 아니라 원형 부품을 자작할 때에도 도움이 된다. 보다 큰 크기의 「원형 몰드」, 지름이 작은 「소형 리벳」등도 있다.
(300엔 / 고토부키야)

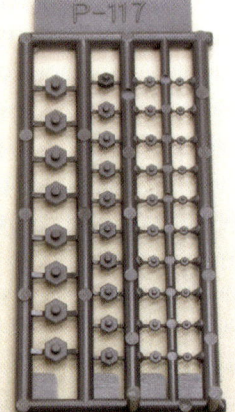

몰드·플레이트【2】

◀표면의 굴곡이 연속적인 파도모양의 플레이트. 넓이가 다른 2가지 패턴이 새겨져있다. 유효넓이는 각각 70mm×50mm. 같은 모양으로 판이 비스듬히 겹쳐진 듯한 형태가 반복되는 모양의 몰드·플레이트【1】도 있다.
(300엔 / 웨이브)

U·버니어 플랫 3【정사각형】

▲이 제품은 정사각형으로 테두리가 달린 부품이다. 크기는 2.5mm, 3mm, 4mm, 5mm, 6mm, 7mm, 8mm, 9mm, 10mm. 이 중에서 2.5mm, 3mm만 가운데가 평면으로 되어있으며, 나머지는 안쪽에 평행 모양으로 라인이 여러 개 새겨져있다. 이 밖에 직사각형이나 원도 있다.
(300엔 / 웨이브)

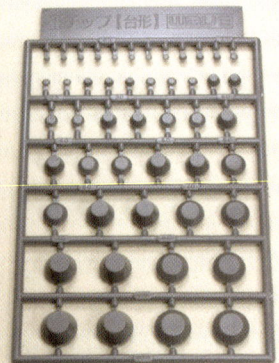

원형 노즐〈S〉

▶원형으로 테두리가 달린 모양의 세트. 원 둘레의 모양은 3종류가 있어서 모서리가 면으로 잘린 것, 모서리가 둥글게 잘린 것. 위쪽에 원추형이 달린 것이 있다. 직경은 2mm, 3mm, 4mm, 5mm, 6mm. 같은 모양으로 사이즈가 좀 더 큰 「노즐〈L〉」도 있다.
(300엔 / 고토부키야)

I·칩【받침대 형】

▲단면이 받침대처럼 생긴 원형 부품. 지름은 2mm, 2.5mm, 3mm, 4mm, 5mm, 6mm, 7mm, 8mm, 9mm, 10mm등 다양하다. 높이는 각각 2종류씩 있다. 전체적으로 구형 인 「I·칩【원】도 있다.
(300엔 / 웨이브)

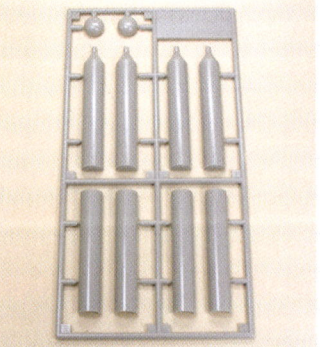

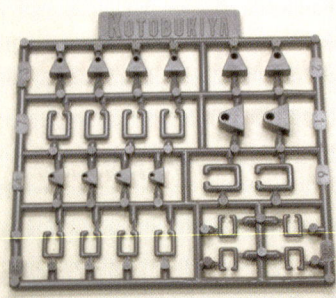

훅

◀견인용 고리 등을 걸기 위한 훅을 재현한 부품. 삼각형 모양의 기부에 사각으로 구부린 훅을 묶어 한 세트가 구성된다. 대소 4가지 사이즈가 있다. 훅은 끼워 넣기만 하면 자유롭게 움직인다.
(300엔 / 고토부키야)

버니어 노즐

▶원추형 노즐세트. 바깥면에 높이조정을 위한 가이드 홈이 있어서 편리하다. 이러한 버니어 노즐은 이 외에도 다양한 종류가 있다.
(300엔 / 고토부키야)

G·탱크【롱 L】

▲서로 접합시켜서 원통형의 탱크를 만드는 부품. 직경은 11mm. 끝 부분은 평면 또는 둥근 형태로 완성되어 있다. 뒷면에는 짧게 잘라낼 때의 가이드 홈이 있다. 이 밖에도 지름이나 길이가 다른 「롱 M」(지름 9mm), 「쇼트 M」(지름 27mm, 30mm)등이 있다.
(300엔 / 웨이브)

5 그 밖의 합성수지 소재

【용도】
- 열가공으로 모양을 만든다.
- 깎아내서 조형한다.
- 강도가 필요한 부분의 조형

'합성수지소재'라는 한 마디로 묶기에는 그 폭이 매우 넓지만 일단 여기서는 프라판 이외의 합성수지제 판재만을 소개하도록 하겠다.

우선 프라판에 가까운 것으로는 염화비닐 판, ABS 판 등의 소재가 있다. 모두가 플라스틱판보다는 가공성이나 접착성이 떨어지지만 훨씬 강도가 높기 때문에 하중이나 충격을 견뎌야 하는 곳에 사용된다. 또한 염화비닐 판은 투명한 부분의 열가공에 있어 빼놓을 수 없는 소재이기도 하다.

두께를 살린 깎아내기 용 소재로는 고밀도의 발포재가 있다. 스틸렌 보드, 스티로폼 등은 프라판과 같은 폴리스티렌 재질이지만 두께가 있음에도 절삭 가공하기가 편리하다. 게다가 부피에 비해 가볍다는 장점이 있다. 하지만 표면이 일반적인 플라스틱보다는 거칠기 때문에 표면의 자잘한 구멍을 메우는 등 별도의 표면처리를 할 필요가 있다. 같은 목적으로 사용하는 소재로서 오래 전부터 사용되어 온 것이 발사 소재. 이것은 천연 목재이므로 나무 특유의 질감을 살린 표현에 사용되기도 한다.

◀투명부품을 자작할 때는 염화비닐 판을 사용해서 틀만 열가공하는 것이 일반적

◀발사 소재를 이용해 깎아서 만든 버큠폼 가공용 원형. 가공성과 내열성이 뛰어난 것이 장점이다

▲자작 부품의 크기를 대충 맞춰보기 위해 스티렌 보드로 틀만 거칠게 깎아서 가상의 부품을 제작하여 확인해 본다

염화비닐 판
▲염화비닐 판은 색이 들어간 것도 있지만, 모형 제작에서는 주로 투명한 판을 사용한다. 상온에서는 크게 구부리더라도 잘 부러지지 않으며 열가공 시에는 잘 늘어난다. 덕분에 창틀에 그대로 끼우거나 투명부품을 자작할 때, 히트프레스나 버큠폼 가공용 소재로 사용된다. 이러한 용도로 사용하는 두께는 0.3mm, 0.5mm, 1.0mm의 3가지. 가격은 두께에 따라서 다르지만 30mm 각 정도의 크기로 300~500엔 정도. 화방이나 대형 매장의 DIY 코너 등에서 입수가 가능하다.
(300엔~ / 범용품)

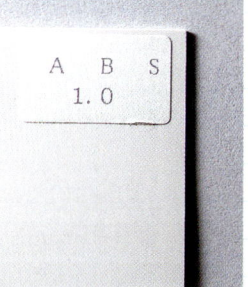

ABS판
▲ABS수지는 충격에 강한 것이 특징인 소재다. 강도가 필요한 메카닉의 관절이나 프레임의 제작 등에 적합하다. 가공성은 스티롤 수지에 가까우나 나이프 등으로 자를 때는 다소 질긴 감이 있어 정교한 조각에는 적합하지 않다. 하지만 반대로 기계 가공하기에는 편리한 소재로 ABS재질의 봉재의 경우 선반을 이용한 절삭 가공이 흔히 이루어지기도 한다. DIY 용품 매장 등의 소재 가게에서 구입할 수 있으며 두께는 1~10mm까지 있다. 가격은 1mm, 30㎠인 제품이 300엔 정도
(300엔~ / 범용품)

고밀도 스티로폼
▲일반적인 스티로폼에 비해 거의 두 배 가량의 밀도를 지닌 발포 소재. 두께는 10mm. 정교한 모양을 만드는 것 보다는 디오라마의 베이스용이나 건물에 사용하는데 알맞다. 크기는 B4사이즈로 동사의 프라판이나 스티렌보드와 같은 크기.
(480엔 / 타미야)

스티로폼
▶이 제품도 경질의 발포 소재다. 실내 단열재로 철물점이나 DIY 전문 매장 등에서 입수할 수 있다. 가볍고 절삭성이 좋으면서도 양에 비해 저렴한 것이 특징이다. 커다란 부품을 깎아낼 때나 디오라마의 베이스용 소재로 많이 쓴다. 손쉽고 재빠르게 깎을 수 있어서 크기를 맞춰보기 위한 가상 제작에도 많이 쓰인다. 두께 20mm, 90㎝×90㎝인 제품이 800엔 정도부터
(800엔~ / 범용품)

스티렌보드
◀스티롤 재질로 고밀도의 발포 소재. 스티로폼보다 결이 곱고 표면이 매끈하다. 절삭성이 높아 커터 칼로도 쉽게 자를 수 있고 접착은 목공용을 사용할 수 있다. 모형 제작에서는 디오라마의 건축물에 사용한다거나, 적층해서 깎아내는 용도로 많이 쓴다. 소재 자체는 부드러운 편으로 세게 누르면 찌그러지기 때문에 단단하게 마감할 때는 표면을 폴리 퍼티 등으로 덧씌우는 것이 좋다. 크기는 B4사이즈, 두께 1mm(6장 들이, 780엔), 두께 2mm(4장 들이, 780엔), 두께 3mm(3장 들이, 840엔), 두께 5mm(2장 들이, 840엔).
(780엔~840엔 / 타미야)

발사 소재
▲가볍고 절삭 가공하기 편한 목재. 모형 용도로는 경량으로 가볍게 다룰 수 있는 공작 재료로서, 모형 항공기 제작을 중심으로 널리 쓰이고 있었다. 프라모델 제작에서는 버큠폼용 원형제작과 디오라마의 재료에 사용하는 등. 나무의 결을 따라서 자르면 잘 잘리지만 너무 많이 잘라버릴 우려가 있으므로 주의하자. 판재, 봉재, 블록 형등이 있지만 가장 입수하기 쉬운 것은 80mm×600mm의 판 소재. 0.5mm~20.0mm의 두께까지 있고 가격은 110~530엔.
(110엔~ / 범용품)

✓ CHECK POINT
● **발포재의 절단은**

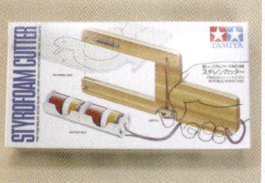

▲발포재의 가공 시에 편리한 것이 바로 열선 커터. 니크롬선에 전기를 흘려보내 녹여 자르는 도구다. 도려내기 편리하고 잘라낸 부스러기도 흩날리지 않는다. 사진은 타미야의 「즐거운 공작」 시리즈에 속한 「스티렌 커터」 (800엔)

6 금속소재

【용도】
- 강도가 필요한 부품의 제작
- 금속의 질감을 살리는 이용
- 특수한 형태의 소재로서 이용
- 심, 보강용 소재로서 사용

금속소재는 합성수지 소재에 비해서 단단하고 강도가 있으며 또 용해제 등에도 녹지 않는, 안정적인 성질을 가지고 있다. 따라서 강도가 필요한 부분이나 극히 가늘거나 얇으면서도 튼튼한 부품을 만들기에 적합하다. 예를 들어, 봉이나 파이프 형인 부품을 금속으로 대체하는 공작. 이것은 강도를 확보하는 의미와 함께 플라스틱 부품 등은 파팅라인이나 접착 자국 등의 문제로 완전히 둥근 단면을 표현하기 어려우므로 금속선이나 금속 파이프로 대체하는 것이 매우 효과적이다. 또한 도색으로는 표현하기 어려운 금속의 질감을 재현할 때 금속으로 부품을 만들어 그대로 도색 없이.(혹은 클리어 도료만 뿌려서) 완성시키는 것도 좋은 방법이다. 그 밖에도 그물망이나 스프링 등 실물과 같은 모양으로 크기만 작아진 제품도 판매되고 있다. 금속에도 다양한 소재가 있으므로 강도나 질감, 가공성에 따라 구분해서 사용하도록 하자.

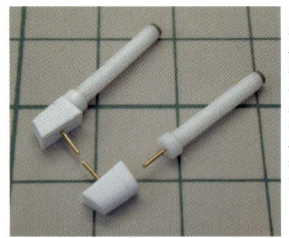
◀부품의 장착위치를 정하기 위해 황동선을 통과시킨다. 접착고정을 튼튼하게 해주는 역할도 한다.

◀철망을 재현하기 위해 모형용 금속 메쉬를 그대로 사용한 사례

◀얇은 부품을 자작할 때에는 강도를 높이기 위해 철사 등을 심으로 삼아서 퍼티를 바르면 좋다.

◀극세 리드선이나 양은 선, 양은판 등을 사용해서 디테일 업한 사례

C · 라인
◀난간이나 훅을 자작, 설치할 때 많이 사용하는 것이 바로 황동선. 모델러들에게 있어 가장 익숙한 금속 소재중 하나일 것이다. C · 라인은 길이 150mm의 적당한 사이즈로 잘린 황동선 세트. 직경 0.3mm, 0.5mm, 0.8mm, 1.0mm, 1.5mm, 2.0mm의 라인업이 갖춰져 있다. 각 3~6개 들이.
(200엔 / 웨이브)

라인 유닛
▶각 사이즈 별로 구비된 황동선 세트. 길이는 240mm로 다소 긴 편이므로 접착 보강뿐 아니라 안에 박아 넣는 심으로 사용하거나 구부려서 가공하기에도 충분하다. 지름은 0.3mm, 0.5mm, 0.8mm, 1.0mm, 1.5mm, 2.0mm, 3.0mm. 각 2~8개 들이.
(350엔 / 고토부키야)

NEW C · 파이프
◀극히 가는 황동 파이프를 사이즈 별로 라인업. 길이는 각 130mm, 직경은 1.1mm, 1.3mm, 1.5mm, 1.6mm, 1.8mm, 2.0mm, 2.1mm, 2.3mm, 2.5mm, 2.6mm, 2.8mm, 3.0mm. 세 사이즈 모두 작은 파이프를 통과시켜 조합할 수 있게 되어있다. 2개 들이.
(450엔 / 웨이브)

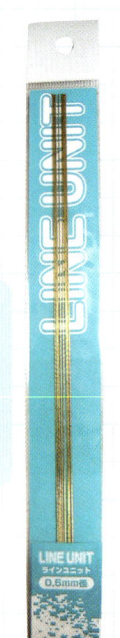

정밀 도금 파이프
▲크롬 도금이 되어 있는 황동 파이프. 두께가 얇으며 직경 / 안쪽 지름은 3.6mm / 3.2mm, 3.4mm / 3.0mm, 3.2mm / 2.8mm, 3.0mm / 2.4mm의 4종류. 길이는 전부 35mm. 2개 들이.
(600엔 / 애들러즈 네스트)

A · 스프링 블랙
▶유연하게 구부려서 사용할 수 있는 파이프 형 스프링. 덕트 호스나 파이프로, 또 늘여주면 용수철로도 쓸 수 있다. 길이는 각 150mm로, 직경 1.0mm, 1.5mm, 2.0mm, 2.5mm, 3.0mm, 4.0mm의 6종류. 2개 들이. 소재의 원래 색 그대로인「A·스프링」(각 120엔)도 동일한 사이즈도.
(240엔 / 웨이브)

스프링 유닛
▶이 제품은 MSG(모델링 서포트 굿즈)시리즈의 파이프 스프링이다. 길이가 200mm로 대형 모델에도 사용하기 편한 길이다. 지름도 풍부해서 직경 0.5mm, 1.0mm, 1.5mm, 2.0mm, 2.5mm, 3.0mm, 4.0mm, 5.0mm의 8종류. 각 2개들이.
(200엔 / 고토부키야)

AL · 라인
◀손쉽게 구부러지는 것이 특징인 알루미늄 선. 부품끼리 연결한 다음에 방향을 다소 조정할 수 있는 접속 부분에 사용하기 쉬운 금속선이다. 펜치 등으로 집으면 간단히 우그러지므로, 눈에 띄는 표면에 사용하는 경우에는 주의할 것. 길이는 150mm. 직경은 0.8mm, 1.0mm, 1.5mm, 2.0mm의 4종류. 각 3~5개 들이.
(200엔 / 웨이브)

● CHECK POINT
● 황동 파이프의 절단

◀황동선이나 스프링은 금속용 니퍼로 절단하면 되지만 극히 가는 황동 파이프는 자칫 절단면이 찌그러질 위험이 있다. 이 때 나이프의 칼끝을 파이프에 대고 칼금을 새겨 굴리면서 자르면 깔끔하게 절단된다. 단 힘을 너무 세게 주지는 말 것!

6. 금속 소재

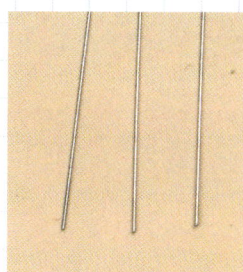

양은선
◀ 양은은 동, 니켈, 아연 등의 합금이다. 가공성이 뛰어나고 강하다. 표면이 매우 깨끗한 광택이 있는 은색이므로 소재의 색상과 질감을 활용하는 사용방식이 중심. 선의 굵기는 주로 0.3~1.0mm 정도.
(400엔~ / 범용품)

구리선
▶ 구리선은 부드럽고 구부리기 쉬운 선 소재다. 배선, 배관의 재현 외에, 어느 정도 탄력도 있으므로 봉에 감아서 용수철 모양으로 만드는 등 다양하게 가공해서 사용할 수 있다. 사진은 0.3mm의 동선. DIY 용품 매장 등에서 구입할 수 있다.
(160엔 / 범용품)

곤충 핀
◀ 스테인리스 재질의 핀. 본래는 곤충 표본 제작에 쓰이지만 머리 부분이 평평하므로 리벳이나 안테나의 재현 등 오토 모델(자동차 모델)에 자주 사용된다. 굵기는 00호(0.25mm), 0호(0.3mm), 1호(0.35mm), 2호(0.4mm), 3호(0.45mm), 4호(0.5mm), 5호(0.55mm), 6호(0.6mm). 길이는 40mm으로 각 100개 들이.
(318~530엔 / 시가곤충보급사)

극소 나사
▲ 1.0mm, 1.2mm, 1.4mm 크기의 극소 사이즈 나사. 프라모델에 포함되어있는 경우도 있고 차량의 카울을 고정시키거나 가동부 등 하중이 걸리는 부분을 확실하게 고정하는 데 사용된다. 또한 그대로 나사자국을 재현하는 데 사용할 수도 있다. 길이나 나사 머리 부분 모양이 랜덤하게 들어있는 제품을 DIY 매장 등에서 구할 수 있다. (210엔 / 범용품)

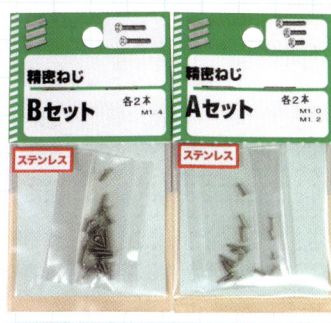

소프트 와이어 (납선)
▲ 여타 금속 선재보다도 한층 더 부드러워 구부리기 쉬운 선 소재. 가느다란 배선, 배관의 재현에 적합하며, 부품의 표면을 그대로 따라가도록 구부릴 수 있기 때문에 다루기도 쉽다. 굵기는 0.3mm과 0.5mm가 있으며 길이는 1m.
(500엔 / 프로 하비)

양은판
▲ 양은판은 얇고 평평한 것의 재현과, 금속의 질감을 살리는 표현에 사용되는 판 소재. 커터 칼이나 가위로 절단할 수 있으나 자른 부분이 뒤집히는 것에 주의하자. 얇은 양은 판에는 프레스 가공을 한 듯한 느낌의 몰드를 넣을 수도 있다. 두께는 0.1mm, 0.2mm, 0.3mm, 0.5mm등이 있다.
(500엔~ / 범용품)

황동판
▲ 황동이란 동과 아연의 합금. 양은 보다 저렴하고 가공성이 좋은 것이 특징이다. 용도는 양은판과 거의 같으나 표면이 황동색이기 때문에 질감을 살린 사용법보다는 도색을 기본 전제로 사용하는 경우가 많다. 두께는 0.1mm~1.0mm정도까지 다양하다. 황동과 양은 끼리 고정할 때는 납땜할 것을 추천한다.
(350엔~ / 범용품)

알루미늄 판
◀ 알루미늄 판도 두께는 몇mm부터 몇cm에 이르기 까지 다양하나, 모형용으로 사용하는 것은 주로 0.5mm이하의 극히 얇은 것들이다. 구부리기 편리하다는 점을 활용해서 표면이 움푹 파인 모습이나 젖혀진 모습 등을 표현할 때 적합하다. 사진은 두께가 0.2mm으로 100mm×300mm 제품. 또한 알루미늄은 납땜질이 어려우므로 접착제를 사용한다.
(150엔~ / 범용품)

C · 메쉬
▲ 황동제 금속망. 실물과 똑같은 금속망을 재현하기 위해서 사용한다. 그물눈의 사이즈도 다양하며 #20, #30, #40, #50, #60, #80, #100, #120, #150가 라인업되어 있다. 숫자는 1인치(25.4mm)사이에 있는 그물눈의 숫자 이며 수치가 큰 쪽이 보다 촘촘하다. 1장의 사이즈는 90mm×70mm으로 적당한 크기다.
(380엔~360엔 / 웨이브)

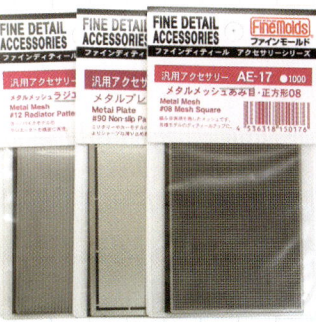

메탈 메쉬
◀ 스테인리스 재질의 에칭 메쉬. 범용 액세서리용품으로 패턴이 다양하다. 사진의 실린 것은 왼쪽이 라디에이터 표면처럼 높낮이가 있는 것, 가운데가 미끄럼 방지 문양, 오른쪽이 그물눈. 이 그물눈도 평평한 것이 아니라 실제 그물처럼 서로 겹쳐진 모양을 재현하고 있다. 이 외에도 마름모꼴, 원형 구멍, 육각 구멍이 사이즈 별로 있다. 유효치수는 46mm×61mm(제품에 따라 약간씩 다르다).
(1000엔 / 파인몰드)

에칭 금속 띠
▲ 두께 0.15mm의 에칭 제품으로 다양한 사이즈의 폭을 지닌 띠 모양의 금속판으로 되어 있는 제품. 폭도 다양한 종류가 있어서 가느다란 판재로 사용하는 것 외에, 다른 판재와 연결한 부분을 접어서 앵글 소재처럼 이용하는 것도 가능하다. 재질은 스테인리스와 황동의 두 가지.
(각 1300엔 / 파인몰드)

네오디뮴 자석
◀ 접착하지 않고 부품을 고정하는데 사용하는 자석. 네오디뮴 자석은 작아도 강력한 자력을 가지고 있으므로 HIQ PARTS에서는 이를 이용한 다양한 형태의 자석이 판매되고 있다. 사진은 범용성이 높은 직경 4mm의 원형으로 두께는 2mm.
(248~300엔 / HIQ PARTS)

CHECK POINT

● 철사 벤더

▲ 이것은 철사 등을 구부리기 위한 도구. 홈에 끼워서 구부리는 것으로 직각이나 크랭크, 'ㄷ'자 모양으로 구부리기 쉽게 한다. 이 사례는 범용 공구라서 모형에 쓰기엔 큰 편이나 같은 모양으로 많은 양을 구부리고 싶을 때는 이런 도구를 자작해도 좋을 것이다.

● 그 외에 이런 물건도…?

▲ 실물을 그대로 축소한 듯한 극세 체인 와이어 등의 소재는 액세서리, 수공예, 장식용품 등으로 수예품 매장 등에서 입수할 수 있다. 이것들을 통해 리얼한 질감 재현이나 강도면에서도 충분한 완성도의 작품을 만들 수 있을 것이다. 때로는 시선을 다른 곳으로 돌려 모형 소재 이외의 것을 찾아보는 것도 좋을 것이다.

7 래커 퍼티

【용도】
- 플라스틱, 그 밖의 부품의 흠집 메우기, 단차 메우기
- 목재표면의 마감
- 표면에 특정한 질감을 재현한다.('배 껍질' 표현 등)

래커 퍼티는 유기용제가 포함되어 있으며 그것이 휘발하면서 굳는 크림상태의 퍼티. 모형용 상표로는 「플라퍼티」라고도 불리고 있다. 용제성분 덕에 플라스틱에 잘 유착되는 것이 특징이다. 자잘한 흠집이나 파인 곳을 메우거나 표면에 발라서 질감을 바꾸는 등의 용도로 사용되며 조형용 퍼티와는 달리 많은 양을 덧씌운 뒤 조형하는 방식에는 그리 적합하지 않다.

흠집을 메우거나 할 때 사용하는 방법은 주걱이나 붓으로 부품에 바른 뒤 마르면 사포질을 해서 표면을 평탄화하는 식이다. 용제가 휘발되고 난 뒤에는 퍼티의 부피가 줄고 표면이 꺼지기(수축하기)때문에 메우고 싶은 만큼보다는 다소 두껍게 바르도록 하자. 하지만 너무 많이 바르면 겉 부분만 마르고 내부가 굳는 속도가 느려진다. 이 경우에는 몇 번에 걸쳐 바르는 방식으로 작업하는 것이 좋다. 또한 래커 퍼티는 래커 계열 도료의 용제(희석제)를 섞음으로써 점도를 낮출 수 있다. 이 상태를 '액체 퍼티'라고 한다. 넓은 면에 바르는 경우에는 조금씩 녹인 상태의 퍼티를 사용하는 경우가 많다.

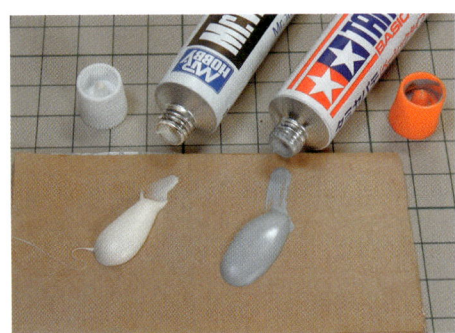

▲튜브에 들어있는 모형용 래커 퍼티. 크림상태로 용기에서 짜내면 용제가 조금씩 휘발되어 굳기 시작한다. 경화 시간은 두께에 따라 다르지만 몇 시간~하루 정도는 걸린다.

◀단차를 메우기 위해 래커 퍼티를 이쑤시개로 바른다. 퍼티만으로는 표면이 울퉁불퉁해진다.

▲퍼티를 바른 부분을 사포로 다듬었다. 움푹 들어가 있던 부분에 퍼티가 남아있다.

▲붓으로 바를 경우 래커 계열 도료의 용해제를 섞은 '액체 퍼티'를 사용하면 바르기 편하다.

▲수축의 예. 주변과 같은 높이로 퍼티를 발랐지만 마르고 나니 줄금이 파여 있던 부분만 움푹 들어갔다.

타미야 퍼티 (베이직 타입)

▶색상은 회색으로 메운 부분의 상태를 확인하기 쉬운 래커 퍼티. 점도는 튜브에서 짜냈을 때 붓보다는 주걱으로 바르는 게 편할 정도로 단단하다. 건조 시간은 퍼티를 바른 면의 두께가 1mm 이하라면 1시간 정도로 빠른 편. 래커 퍼티 중에서는 약간 입자감이 있는 것도 특징으로, 툭툭 두들겨 주듯 펴 발라서 표면을 거칠게 만들 때도 사용한다. 32g 들이.

(250엔 / 타미야)

타미야 퍼티(화이트)

◀표면에 도료를 덧칠해도 색을 변화시키지 않는 화이트 래커 퍼티. 점도 등의 사용감은 베이직 타입과 마찬가지지만, 이쪽은 입자감이 없어 결이 한층 곱게 느껴진다. 화이트는 그레이보다 흠집이 눈에 잘 띄지 않으므로 완성도를 잘 확인해서 사용하도록 하자. 32g 들이.

(280엔 / 타미야)

✓ CHECK POINT

● 래커 퍼티의 점도 조정

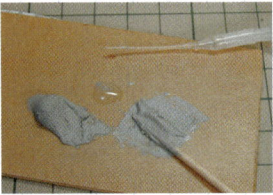

▲래커 퍼티의 점도 조정은 래커 계열 도료의 희석액(신너)을 이용한다. 바르기 편한 점도는 개인에 따라 다르므로 처음에는 붓끝으로 퍼티와 희석액을 조금씩 섞어서 적당한 점도를 파악하도록 하자. 또한 이렇게 만들어둔 액체 퍼티도 시간이 흐르면서 점차 건조되어 굳어가므로 점도 조정은 틈틈이 확인하자.

● 순간접착제를 더하여 급속건조 퍼티로

▲굳는데 시간이 걸리는 래커 퍼티를 급속 건조시키는 일종의 '꼼수'로 래커 퍼티에 순간접착제를 섞으면 몇 분 만에 경화되어버린다. 굳기 전에 주걱 등으로 바르면 재빠르게 퍼티작업을 할 수 있고, 다소 많은 양을 바르더라도 문제없다. 하지만 붓칠은 불가능하니 주의할 것.

Mr.화이트 퍼티

▶결이 고운 래커 퍼티. 색은 아이보리 화이트. 건조 후에는 밀도감이 있으며, 덧칠하는 도료의 용제를 적게 흡수하므로 프라모델 표면과도 상성이 좋다. 주의해야 할 점은 두껍게 바른 경우 표면의 건조가 빨라서 내부의 건조 속도와 차이가 나기 쉬운 경향이 있다는 점. 당황하지 말고 느긋하게 건조를 기다리면 된다. 25g 들이.

(230엔 / GSI 크레오스)

7. 래커 퍼티

Mr. 화이트 퍼티 R
▲처음부터 점도를 낮춘 덕에 그대로 붓칠이 가능한 래커 퍼티. 튜브를 통해서 질퍽하게 흘러나올 정도이므로, 퍼티를 녹이는 수고를 덜었다…고 생각하면 이해가 빠를 것이다. 색은 기존의 Mr. 화이트 퍼티와 동일한 아이보리 화이트. 점도가 낮아도 건조 후에는 밀폐감이 있으며 확실하게 단단해진다. 25g들이.

(250엔 / GSI 크레오스)

CHECK POINT
● 여분을 닦아내자

▲틈이 벌어진 곳을 메우는 데 액체 퍼티를 사용한 예. 희석액을 묻힌 면봉으로 불필요하게 삐져나온 부분을 닦아 제거해주면 나중에 사포를 쓸 일이 줄어든다.

래커 퍼티 희석액
(500엔 / 피니셔즈)

Mr. 액체 퍼티 · 화이트
▶점도를 낮춰 붓으로 바르기 편하게 조정된 래커 퍼티. 색도 질감도 Mr.화이트 퍼티를 그대로 희석한 것에 가까운 인상. 얕은 흠집을 메우기에 적합하다. 틈새를 메우는 것이 좋다면 점도를 높여야 하므로, 침전물을 이용하거나 약간 휘발시킨 다음에 사용하는 것이 좋을 것이다. 40mℓ 들이.

(300엔 / GSI 크레오스)

래커 퍼티
▲병에 들어 있는 래커 퍼티. 건조가 빠르고 결이 고운 것이 특징. 색은 그린. 다른 래커 퍼티보다도 용제 냄새가 약간 독하며, 휘발하기 쉬운 경향이 있으므로, 별도로 판매하는 「래커 퍼티 희석액」을 섞어서, 점도를 잘 조정하도록 하자. 입구가 넓은 병이므로 붓으로 적량을 찍기가 쉬우며, 점도 조정도 편리하다. 20g 들이.

(400엔 / 피니셔즈)

Mr. 서페이서 500
◀「액체 퍼티」로도 사용할 수 있는 병에 담긴 서페이서. 서페이서로는 입자가 굵은 편으로 「Mr.액체 퍼티·화이트」와 비교해 보면, 건조 후의 표면에 입자감이 느껴지며 건조도 약간 빠른 편. 괜히 색이 다른 것이 아니다. 점도와 사용 용도는 동일한 느낌으로, 더욱 희석하는 것이 좋다면 Mr.신너를 사용하도록 하자. 40mℓ들이.

(300엔 / GSI 크레오스)

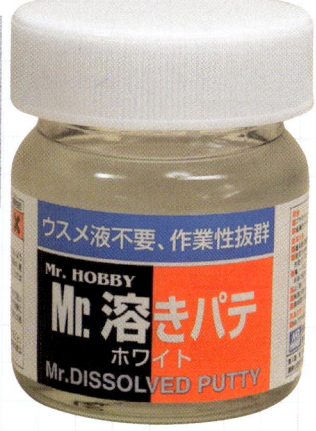

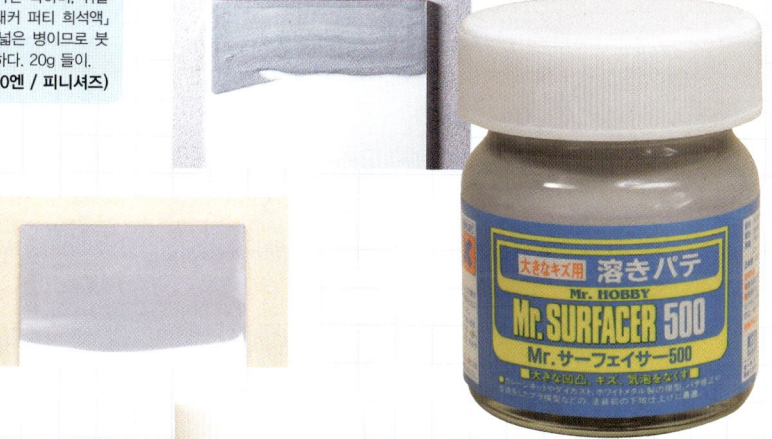

CHECK POINT
● 컬러 퍼티를 활용한다

▲화이트 퍼티를 베이스로 해서 퍼티에 색을 넣을 수도 있다. 사진의 사례는 래커 계열 도료인 올리브 드랍을 화이트퍼티에 섞은 모습이다.

▲밀핀 자국으로 인해 움푹 들어간인 곳을 컬러 퍼티로 메웠다.
성형색에 잘 맞춰주면 메운 자국이 눈에 잘 띄지 않는다. 서페이서를 뿌리지 않고 바로 도색 작업으로 넘어가고 싶을 때 유용하다

서페이서
▲병에 담긴 서페이서 겸 프라이머. 용도가 비슷하므로 여기서 같이 소개하도록 하겠다. 플라스틱뿐 아니라 목재나 금속 부품 등의 흠집 메우기, 표면처리에도 사용할 수 있다. 액체 퍼티 그대로 붓으로 발라도 되고 동사에서 발매 중인 신너로 희석하여 에어브러시로 도포할 수도 있다. 색은 타미야 퍼티보다 조금 연한 라이트 그레이이며 40mℓ들이.

(300엔 / 타미야)

서페이서(화이트)
◀붓으로 바르는 타입의 화이트 서페이서. 도료의 유착을 돕는 '프라이머'로서의 효과도 있다. 이 화이트와 라이트 그레이 둘 다, 튜브에 들어 있는 퍼티보다는 입자가 곱다. 동사의 스프레이 캔과 비교하자면, 슈퍼 서페이서와 파인 서페이서의 중간이라 할 수 있는 느낌이다. 40mℓ 들이.

(300엔 / 타미야)

8 에폭시 퍼티

【용도】
- 점토처럼 덩어리를 빚어 조형할 때
- 굳은 뒤 절삭해서 조형할 때
- 부분적인 구멍 메우기나 갈아낼 반대 면을 보강해줄 때

에폭시 퍼티는 주제와 경화제를 섞어 경화시키는 점토 상태의 퍼티로 일반 가정용의 보수제로도 폭 넓게 사용되고 있으며, 보수하는 소재에 알맞은 다양한 굳기와 질감이 있다. 모형용 퍼티는 이 중에서도 모형 공작에 알맞은 성질의 제품을 적절한 단위로 포장한 것이라 보면 될 것이다. 점토처럼 손으로도 자유로이 빚어 조형이 가능하다는 점이 특징으로, 펴 바르거나 메우는 데 쓸 수 있으며 굳은 뒤에는 절삭 가공도 가능하다. 수축과 기포가 거의 없소 경화 후의 성질이 안정적인 점도 에폭시 퍼티의 특징이라 할 수 있다.

절삭성, 질감, 경화시간, 조형의 간편함 등에 따라 다양한 제품이 있으므로 취향에 맞는 성질의 제품을 고르도록 하자. 다만 점토처럼 빚어서 조형하는 것은 어느 정도 익숙하지 않으면 잘 만들기 어려우며, 익숙해져도 소재에 따라서는 실패하는 등 편차가 큰 편이다. 따라서 다양한 종류를 사용해보고 자신의 작업 방식에 맞는 제품을 찾아내는 것이 중요하다. 여기서는 각 제품의 특징을 이해하기 쉽도록 그 특성 일부를 별점으로 그려보았으니 참고 바란다.

▲ 에폭시 퍼티는 주제와 경화제가 두 개의 봉 또는 동심원을 그리듯 하나의 봉처럼 들어있다. 양쪽 다 잘 섞어서 사용해야 한다는 점에서는 동일하다

▲ 섞은 뒤 경화가 시작하기 전까지라면 둥글게 빚거나 늘이는 등 점토처럼 자유롭게 조형할 수 있다.

▲ 퍼티를 바르고 주걱으로 옷의 주름을 재현하고 있는 장면. 주걱에는 물이나 알코올(사진은 수성 도료 용제)을 발라서 작업하면 잘 달라붙지 않는다.

▲ 에폭시 퍼티로 만든 자동차 모형의 에어 스포일러. 밀도가 높은 퍼티를 사용하면 굳은 뒤에 절삭해서 샤프한 모양을 만들어 낼 수도 있다.

에폭시 퍼티 목재용
◀ 10분 경화 타입으로 완전경화는 24시간. 반죽해서 바르는 작업을 4분 이내에 하도록 적혀있는 것과 같이 경화가 시작되는 것이 매우 빠르다. 절삭성은 아주 뛰어나고 익숙해지면 작업효율이 매우 높아진다. 모델러 중에도 애용하는 사람이 많은 퍼티다. 보호 장갑 포함. 30g 들이.
- 플라스틱에 대한 유착 ★
- 결이 고운 정도 ★
- 절삭성 ★★★★

(780엔 / 세메다인)

접착 퍼티 목재용
▶ 30분 경화 타입으로 완전경화는 24시간. 같은 타입의 세메다인 제품보다 조금 더 결이 곱고, 경화시간도 더 긴 것이 특징. 종종 내부에 굳지 않은 '멍울'이 잘 생기기 때문에 교반 작업에 특히 신경을 써야 한다. 주걱과 보호 장갑이 부속으로 들어 있다. 30g 들이.
- 플라스틱에 대한 유착 ★
- 결이 고운 정도 ★★
- 절삭성 ★★★★

(780엔 / 코니시)

Mr. 조형용 에폭시 퍼티
에포퍼 PRO-L 초경량 타입
▲ 약 3시간 만에 경화하여 절삭이 가능해진다. 가벼우므로 사용량을 아낄 수 있고, 또한 절삭성도 좋으므로 조형의 심이 되는 부분에 사용하기에 적합하다. 반죽할 때는 힘을 줘서 확실하게 섞어주는 것이 좋다. 38g 들이.
- 플라스틱에 대한 유착 ★★
- 결이 고운 정도 ★★
- 절삭성 ★★★★

(780엔 / 코니시)

웨이브·에폭시 퍼티 [경량타입]
▶ 3시간이면 절삭가능. 4~5시간 사이에 경화. 반죽할 때 폭신폭신한 느낌이 들어 부드럽고 반죽하기 쉽다. 가격에 비해 양이 많기 때문에 사용량이 많을 때 이득이다. 또한 가볍기 때문에 많은 양을 바를 때 적합하다. 다만 퍼티 위에 덧붙일 때는 부착력이 다소 약하기 때문에 벗겨지지 않도록 주의가 필요하다. 색은 베이지와 그레이 2종류가 있다. 60g 들이.
- 플라스틱에 대한 유착 ★★
- 결이 고운 정도 ★★
- 절삭성 ★★★

(긱 980엔 / 웨이브)

에포레진 프로
▼ 반죽한 뒤 30분까지는 조형할 수 있다. 그 후 2~3시간 안에 완전 경화된다. 부드러운 감촉으로 섞기 편하지만 다소 끈적거리는 감이 있다. 조형 작업 시에는 손가락에 물을 묻혀가며 하는 것이 사용하기 편하며, 퍼티도 쉽게 늘어나게 된다. 대량으로 사용할 때 추천한다. 580g 들이.
- 플라스틱에 대한 유착 ★★
- 결이 고운 정도 ★★
- 절삭성 ★★★

(3000엔 / 비트 소닉)

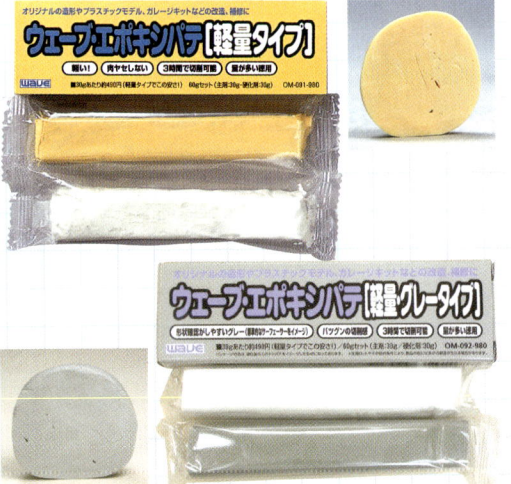

8. 에폭시 퍼티

에폭시 퍼티 프라모델용
◀60분 경화 타입, 완전경화시간 24시간. 프라모델용으로는 비교적 경화가 빠른 타입이다. 굳은 뒤에도 약간 탄력성이 있으므로 가는 물건이나 얇은 것을 만들어도 끝이 떨어지거나 깨질 염려가 적다는 점이 특징. 처음 반죽하는 시점에는 약간 단단하다. 보호 장갑 포함, 45g 들이.
- 플라스틱에 대한 유착 ★★
- 결이 고운 정도 ★★★
- 절삭성 ★★

(780엔 / 세메다인)

Mr. 조형용 에폭시 퍼티 에포퍼 PRO-H 고밀도 타입
▲3~4시간 만에 경화, 절삭이 가능해진다. 고밀도지만 탄력이나 끈적임이 없어 깎아서 조형할 수 있는 타입에 속한다. 크게 바르기 보다는 세부 조형과 마감에 적합. 동사의 『초경량 타입』과 섞어서 원하는 강도로 사용하는 것도 가능하다. 7g 들이.
- 플라스틱에 대한 유착 ★★
- 결이 고운 정도 ★★
- 절삭성 ★★★

(1000엔 / GSI 크레오스)

CHECK POINT

● '멍울'에 주의!

◀에폭시 퍼티를 사용할 때 문제가 되는 것이 경화 불량에 의한 '멍울'. 이것은 전체가 굳어도 굳지 않고 공기그렇게 남아있는 부분을 뜻하는 말로 그 부분만 부드러워서 마감 시에 차이가 드러난다. 원인은 섞기 전에 에폭시 수지의 가장자리 등이 공기에 장시간 노출되어 열화되었기 때문이다.

◀하얀 부분의 일부가 변색된 것에 주목. 굳기 전의 퍼티에 주름이 생겨 그곳으로부터 공기가 침투해 열화한 부분이다. 사포질을 해출 면의 뒷면을 보강하는 등의 용도라면 별 상관없지만 표면에 드러나는 부분에 사용할 것이라면 이런 부분은 가능한 한 제거한 다음에 사용하도록 하자.

매직 스컬프
▶조형용으로 미국에서 유명한 에폭시 퍼티. 반죽하기 쉽고 대략적인 모양을 만들어두기 편하다. 작업이 가능한 것은 약 1시간, 그 후 6시간 정도 지나면 완전 경화 된다. 경화 후에는 끈적임이 없이 서걱서걱 깎이는 느낌이다. 혼합하기 전에 잘 열화하지 않는 것도 특징으로 장기간에 걸쳐 사용할 수 있다. 색은 노랑과 그레이. 일본 내에서도 몇 개 루트에서 수입하여 판매하고 있다.
- 플라스틱에 대한 유착 ★★
- 결이 고운 정도 ★★★
- 절삭성 ★★

(실제 가격 2500엔 / wesco)

에폭시 퍼티 금속용
◀10분 경화 타입, 완전경화시간 24시간. 경화시간이 짧고, 단단한 것이 특징. 하지만 밀도자체는 높지 않으므로 조형·절삭가공보다도 메우기나 보강 등에 적합하다. 절삭성은 의외로 좋은 편이지만 부품 표면에 사용할 경우에는 표면처리가 필요해진다. 보호 장갑 포함, 60g 들이.
- 플라스틱에 대한 유착 ★★★
- 결이 고운 정도 ★
- 절삭성 ★

(780엔 / 세메다인)

타미야 에폭시 조형 퍼티 (급속 경화 타입)
◀1~2시간 안에 굳기 시작하고, 6시간이면 완전경화. 반죽하기 쉽고 모양도 잡기 쉬워서 쓰기 편하다. 절삭가공 하는 데에도 적합하나, 나이프 등으로 자르거나 조각할 때는 가끔씩 떨어져나가는 경우가 있으므로 힘 조절에 주의할 필요가 있다. 용량 25g 들이. 100g 들이 (1480엔)도 있다.
- 플라스틱에 대한 유착 ★★
- 결이 고운 정도 ★★★
- 절삭성 ★★★

(400엔 / 타미야)

타미야 에폭시 조형 퍼티 (고밀도 타입)
▲5~6시간 안에 경화 시작, 12시간이면 완전 경화 된다. 찰기가 있어서 가늘게 늘이는 조형을 해도 잘 끊어지지 않고, 확실하게 모양을 유지한다. 굳은 뒤에는 다소 탄력이 있는 것도 특징. 밀도가 높은 것치고는 의외로 나이프 등으로도 잘 썰린다. 용량 25g 들이. 100g 들이.(1480엔)도 있다.
- 플라스틱에 대한 유착 ★★★
- 결이 고운 정도 ★★★★
- 절삭성 ★★

(400엔 / 타미야)

에폭시 퍼티
▶그 패키지 상표 때문에 '말 퍼티'라고 불리며 모델러들에게 친숙했던 상표의 후계자격인 제품. 성질은 예전과는 달라져서 물을 첨가해서 늘어나는 정도는 줄어들고 돌 같은 질감이 강해졌다. 굳은 뒤에도 이전처럼 끈적끈적함이 없이 사각사각 깎인다. 내부는 멍울이 발생하지 않고 균일하다. 60분이면 경화가 시작되어 6시간 안에 실용 강도에 도달한다. 용량은 100g 들이.
- 플라스틱에 대한 유착 ★★
- 결이 고운 정도 ★★★
- 절삭성 ★★

(780엔 / 세메다인)

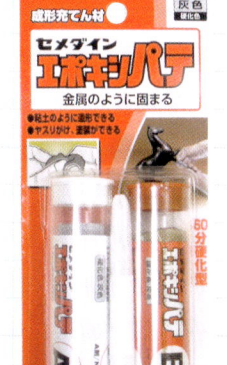

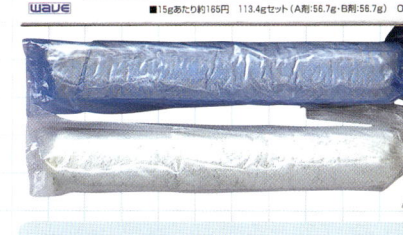

밀리풋·에폭시 퍼티·그레이드 S
▲2~3시간 만에 경화. 다소 석질이 섞인 듯 단단한 퍼티. 물을 묻혀 문지르면 결도 고와져서 깨끗하게 마감된다. 하지만 물에 녹아내리는 양이 많아 퍼석퍼석해지기 쉬우니 물을 너무 많이 사용하지 않도록 주의할 것. 113.4g 들이.
- 플라스틱에 대한 유착 ★★
- 결이 고운 정도 ★★★
- 절삭성 ★

(1380엔 / 웨이브)

9 폴리 퍼티

【용도】
- 퍼티를 바른 다음, 절삭해서 조형
- 형틀에 부어넣어서 성형
- 부분적인 구멍 메우기나 사포질을 할 부분의 뒷면 보강

「폴리 퍼티」란 「불포화 폴리에스테르 수지」를 주성분으로 하는 보수용 퍼티로 주제는 페이스트 상태인데, 이것에 경화제를 잘 섞어준 것을 바른 다음 경화를 기다리는 방식으로 사용된다. 원래는 자동차의 바디가 함몰된 부분을 수리하는 용도 등으로 사용하던 것으로, 모형용으로 판매되는 제품은 플라스틱과의 유착과 절삭성 등 모델러가 작업하기 편하게 고려된 제품이다. 특징은 우선 가장 먼저 경화시간이 짧고 퍼티를 바른 다음의 가공이 단시간에 가능해 진다는 점, 적당한 강도로 가공이나 정형이 용이한 점, 밀도가 높고 매끈하게 완성 된다는 점, 수축이 적다는 점, 양에 비해 비교적 저렴한 점 등이 있다. 다만 기포를 처리하기가 번거로운 점이나 경화가 이루어지는 동안 냄새가 독하다는 단점이 있기도 하다.

조형방법은 "바르고 깎는 것"이 기본. 점토처럼 굳기 전에 정교한 모양을 만드는 것은 어렵고 적당히 발라주고 굳은 뒤에 깎아내는 방식이다. 때문에 경우에 따라서는 꽤나 많은 양을 낭비하는 일도 있다. 또한 다소 유동성이 있으므로 형틀을 만들어서 그곳에 흘려 넣는(실제로는 "밀어 넣는"것에 가깝다)성형도 가능하다. 폴리 퍼티는 제품에 따라서 크게 특성이 달라지는 일은 없으나 소재와의 유착과 절삭감 등 세세한 부분에서 의외로 차이가 나타나므로 선택 시에는 이러한 요소들을 고려할 필요가 있을 것이다.

▲ 폴리퍼티의 주제와 경화제. 경화제는 주제와 비교하여 중량비로 2~4%정도. 하지만 굳이 그렇게까지 정확하게 계산하지 않아도 별 문제는 없다

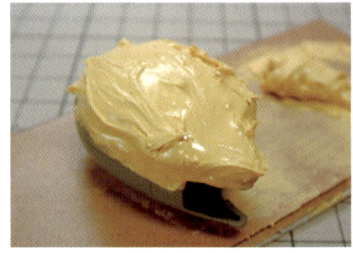
▲ 퍼티를 바른 모습. 점도가 높으므로 퍼티의 표면이 매끈해지기는 어렵다. 굳은 다음에 깎아서 완성하는 것을 전제로 한다.

▲ 완전 경화하면 제법 단단해 지므로 대략적인 가공은 나이프 등을 사용할 수 있는 반경화 상태에서 끝내두면 좋다.

▲ 유동성을 살려 형틀에 흘려 넣어 성형할 수도 있다. 또한 이렇게 블록 형으로 굳힌 것에서 깎아내는 방법도 있다.

퍼티혁명 모리모리

▶사용가능시간 6~10분. 연마 가능 시간 25~40분. 모형용 폴리 퍼티로는 개척자적인 폴리 퍼티. 바르거나 절삭가공에 적합하고 플라스틱과의 유착도 좋다. 굳은 직후에는 절삭성이 높고 그 후로 서서히 경화된다. 소재의 밀도와 매끄러움, 파는 작업을 할 때 약간 쫀득한 점성이 느껴지므로 조각과 세부 가공하기도 쉽다. 120g 들이, 이 외에 40g(580엔), 1kg 캔(3800엔)도 있다.

(980엔 / 웨이브)

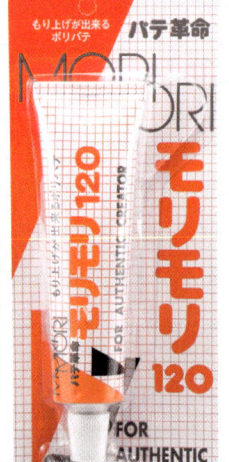
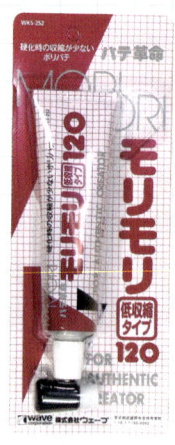

모리모리 저수축 타입

◀사용 가능 시간은 5~10분. 연마 가능 시간은 40분 이후로. 폴리 퍼티는 비교적 적기는 하지만 그래도 수축이 발생하는 편인데 이를 한층 더 억제한 타입. 소량으로는 차이를 느끼기 힘들지만, 양을 어느 정도 이상 사용했을 경우엔 그 효과를 볼 수 있을 것이다. 주제는 회색이며 경화제는 황갈색. 경화 후에는 노란색이 된다. 통상의 「모리모리」와 비교하면 약간 밀도가 낮은 인상이며, 절삭성은 좋다. 120g 들이. 40g들이(1200엔)도 있다.

(1980엔 / 웨이브)

모리모리 저취 타입

▶사용 가능 시간은 10~20분. 연마 가능 시간은 70분 이후로 경화시간은 길은 편. 주제에 스티렌이 들어있지 않아서, 폴리 퍼티 특유의 독한 냄새를 억제한 것이 특징. 주제의 색은 연푸른색이며 경화제는 황갈색. 경화 후의 질감도 「모리모리」에 가까운 매끈함이 있다. 점도는 그다지 없는 느낌. 120g 들이. 40g들이(1200엔)도 있다.

(1980엔 / 웨이브)

타미야 폴리에스테르 퍼티

◀사용 가능 시간 5~10분, 연마 가능 시간은 60분. 예전에는 경화하면 엷은 녹색이었지만 현재는 황색. 질감도 좀 더 밀도 있으면서 매끈해졌다. 경화제는 튜브의 출구가 좁아서, 주제와 동일한 길이로 짜주면 딱 좋다. 뚜껑의 색깔이 적절하게 혼합되었을 때의 퍼티색으로 되어있는 등, 초보자도 다루기 쉽게 배려하고 있다. 120g 들이. 40g들이(560엔)도 있다.

(980엔 / 타미야)

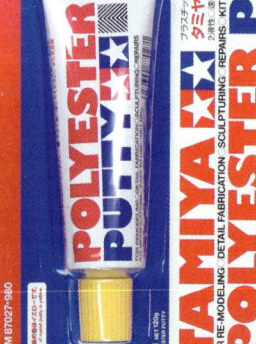

⚡ CHECK POINT

● '윗물'에 주의!

▲튜브에 들어있는 폴리 퍼티를 짜낼 때 안에서 분리된 맑은 '윗물'이 나오는 경우가 있다. 너무 많이 나오면 점도가 떨어지므로 이 부분은 피해서 섞도록 하자. 튜브 끝을 위로해서 보관하면 이런 일이 잘 생긴다. 때문에 포장은 항상 밑을 향하게 되어있다.

● 섞을 때 편리한 것

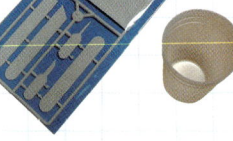

▼ 왼쪽은 웨이브의 「퍼티 스틱 세트」(350엔). 폴리 퍼티나 에폭시 계열 접착제를 섞기 위한 팔레트와 주걱 세트다. 연질 소재로 경화된 퍼티를 벗겨서 재이용할 수 있다. 오른쪽은 범용 폴리에스테르 재질의 컵. 대량으로 섞을 때는 팔레트보다 이런 컵이 더 편하다.

9. 폴리 퍼티

퍼티 혁명 스베스베
◀사용 가능 시간 6~10분, 연마 가능 시간은 25~40분. 문자 그대로 경화 후에는 "매끈매끈"한 질감의 표면을 자랑하는 퍼티로 동사의 「모리모리」와 비교했을 때 입자가 매우 곱고 점도가 높으며 경화 후에는 조금 더 단단한 특성이 있다. 주제는 흰 색이며 경화제가 투명으로 잘 섞였는지 육안으로 파악하기 어려우므로 교반 시에 주의할 필요가 있다. 120g 들이 외에 40g들이(1000엔)와 1kg 들이(6000엔)도 있다.
(1800엔 / 웨이브)

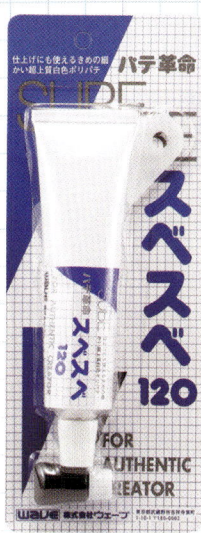

퍼티 혁명 도로도로
▲사용가능시간 6~10분. 연마 가능 시간 25~40분. 점도가 낮고 형틀에 흘려 넣거나 기포를 메울 때 적절한 폴리 퍼티. 굳기 전의 주제는 요구르트나 실리콘 정도의 점도. 저점도라고 해도 레진 대신에 주형으로 쓸 수 있는 정도의 유동성은 없다. 기포가 적은 것도 특징이다. 굳은 뒤에는 폴리 퍼티로서는 부드럽고 절단 등이 편하다. 그만큼 다소 수축하는 폭이 크다. 1kg 들이.
(5000엔 / 웨이브)

하다지만※
▲사용가능 시간 6~10분, 연마 가능 시간 25~40분. 경화제가 적갈색이고 주제와 섞으면 살색이 되는 폴리 퍼티. 피규어 등의 원형제작에서는 이미지를 잡기 쉬울 것이다. 특성으로는 입자, 점도 모두 동사 제품인 「모리모리」와 거의 같다. 1kg 들이.
(4000엔 / 웨이브)

폴리 퍼티 스탠더드
◀플라스틱 표면 등의 소재와 유착이 좋고 경화시간이 빠른 것이 특징인 폴리 퍼티. 주제는 그레이로 페이스트 상의 경화제는 옐로. 이것을 혼합하면 5~10분 만에 경화된다. 하지만 바로 딱딱해지지는 않고 경화 후 몇 시간 정도는 슥슥 깎인다. 그 후에 단단해져 가는 것은 다른 폴리 퍼티와 같다. 200g 들이.
(1200엔 / 피니셔즈)

CHECK POINT

●캔에 든 퍼티는 덜어서 사용하면 편리하다

▲대형 캔에 든 타입을 구매하더라도 결국 한 번에 사용하는 양은 소량인 경우가 많은데 이 경우에는 작은 병이나 용기에 나누어 덜어두는 것이 좋다. 이렇게 하면 쓰기도 편할 뿐 아니라 사용하지 않은 분량의 열화를 막는 효과도 있다. 특히 더운 여름에는 열화가 심해지므로 용기의 뚜껑은 꼭 닫아두도록 하자.

●점도의 차이와 기포

▲왼쪽은 점도가 낮은 것을, 그리고 오른쪽은 점도가 높은 것을 경화시킨 후에 자른 단면. 내부에 생긴 기포의 양과 크기를 한 눈에 알 수 있을 것이다. 점도가 낮으면 공기가 안에 갇히기 어려우므로 기포가 적게 발생하지만 점도가 너무 낮아진 상태에서 경화시켰을 경우에는 경도가 너무 낮아지는 문제가 있으므로 주의!

폴리 퍼티 HG
▲「스탠더드」에 비해서 주제의 입자가 고운 것이 특징. 경화시간은 5~10분으로 역시 짧은 편이다. 주제는 블루로 옐로의 경화제와 섞어서 혼합 후에는 그린이 된다. 매끄럽기 때문에 레진의 기포를 메울 때 적당하다. 또한 굳은 후에는 패널라인 새기기나 조각 등에 적절한 밀도이며 걸리적거리거나 떨어져 나가는 일이 적어서 가공하기 편하다. 200g 들이.
(1200엔 / 피니셔즈)

신·조케이무라 폴리에스테르 퍼티
▶사용 가능 시간 4~6분, 연마 가능 시간 30~40분. 경화가 빠르고 바르고 깎는 작업도 신속하게 할 수 있는, 가공성이 뛰어난 폴리 퍼티. 굳은 뒤의 절삭성도 높아지고 슥슥 깎을 수 있다. 또한 같은 중량일 경우 타사의 제품 보다 2할 정도 부피가 크다. 동일한 부피일 경우 더 가볍기 때문에 대량으로 작업할 경우에 도움이 될 것이다. 150g 들이. 500g들이 대형 캔(2267엔)도 있다.
(1200엔 / 복스)

CHECK POINT

●폴리 퍼티의 점도 조정

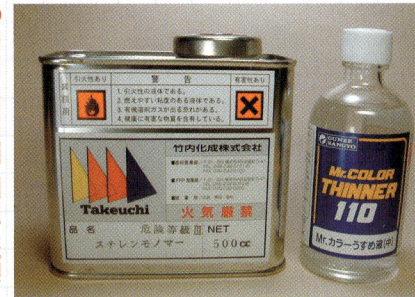

▲폴리 퍼티는 점도를 조정함으로써 목적에 맞춰서 사용하기 편해진다. 자잘한 기포를 메우거나 표면을 매끌하게 하고 싶을 때는 점도를 낮춘다. 이때는 폴리에스테르 수지의 용해제인 「스틸렌 모노머」(500cc, 1200엔)를 첨가하여 섞는다. 입수가 곤란하면 Mr.컬러의 희석액도 대용품으로 쓸 수 있지만, 약간 강도가 떨어질 우려가 있다.

◀스틸렌 모노머는 경화제에 혼합하는 주제이다. 경화제를 섞고 필요 이상 하다고 하면 조금 더 첨가한다.

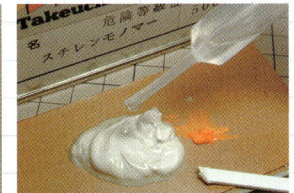

◀끈적한 상태가 된 폴리 퍼티. 점도가 낮아지면 다소 경화가 늦어지며 수축하는 것도 커진다.

▲다음은 점도를 높이는 경우. 분말을 섞어서 점도를 높이면 잘 흘러내리지 않으며 큰 덩어리 상태로 바를 수도 있다. 위의 「마이크로벌룬」(150cc, 300엔 / 클리퍼 상회)은 속이 빈 미세한 입자의 분말로, 폴리 퍼티에 섞으면 점도가 올라가면서도 무게는 가볍게 유지한 채로 부피를 늘릴 수 있다.

▲분말을 첨가하면 반죽하기 힘들어지지만, 확실하게 섞어야 한다. 경화시간도 짧아지므로 잽싸게 작업한다.

▲점도가 높아지면 높이 쌓아 올릴 수도 있다. 다만 유동성이 없어서 표면을 매끈하게 만들기는 어렵다

※ : 일본어로 "スベスベ"는 매끈매끈함을 의미하는 의태어.
※※ : 한국어로는 "(자랑할 만한) 고운 살결" 정도의 의미를 갖는다.

10 그밖의 퍼티

【용도】
- 틈새와 홈을 메워준다
- 형틀에 채워 넣어 주형 (광경화 퍼티)

이번에는 앞에서 다룬 것을 제외한 기타 종류의 퍼티를 한꺼번에 소개하고자 한다. 일단은 크게 2종류로 나누어지는데, 하나는 "액체와 분말을 섞는"퍼티로 이것은 순간접착제에 분말을 뿌려서 경화시킨다거나 볼륨감을 늘리는 방법을 발전시켜 효과적으로 행하게 만들어 주는 제품. 경화가 빠르고 소재에 대한 유착이 우수한 것이 특징이다. 또 하나는 빛을 비추면 경화되는 퍼티. 액세서리용으로서도 활발하게 이용되고 있는 광경화 수지를 사용한 것으로, 액체와 크림 상태의 소재가 단기간에 경화 된다. 빛은 자외선을 발하는 전용 LED를 사용하는 것과, 일반 형광등에 대응하는 것이 있다. 작업이 간단하고 메워 넣은 부분의 가공성은 좋지만, 소재에 대한 유착이 그다지 강하지 않다. 한 번에 사용할 수 있는 양은 빛이 투과되는 수 mm가 한계인만큼, 그 이상의 사이즈를 원한다면 퍼티를 적층하는 수밖에 없다.

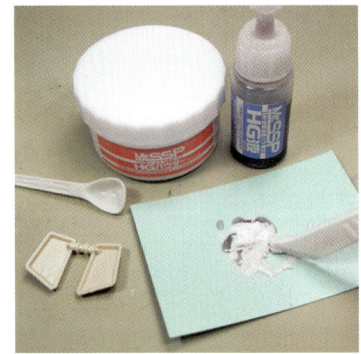
▲분말과 액체를 섞어서 사용하는 순간 접착 퍼티 Mr.SSP. 깊이 파인 곳도 재빠르게 메울 수 있으므로, 프로모델 제작에 있어서도 요긴하게 사용된다.

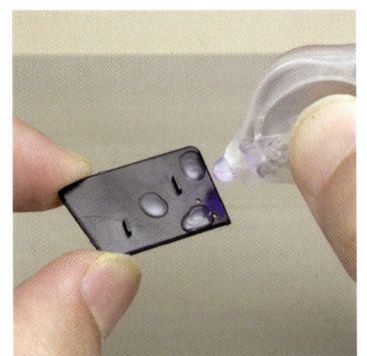
▲밀핀 자국을 메워주기 위해서 자외선 경화 퍼티를 점처럼 채워 넣은 후 LED 빛을 쬐어주고 있는 상태. 금방 굳으므로 바로 정형을 시작할 수 있다.

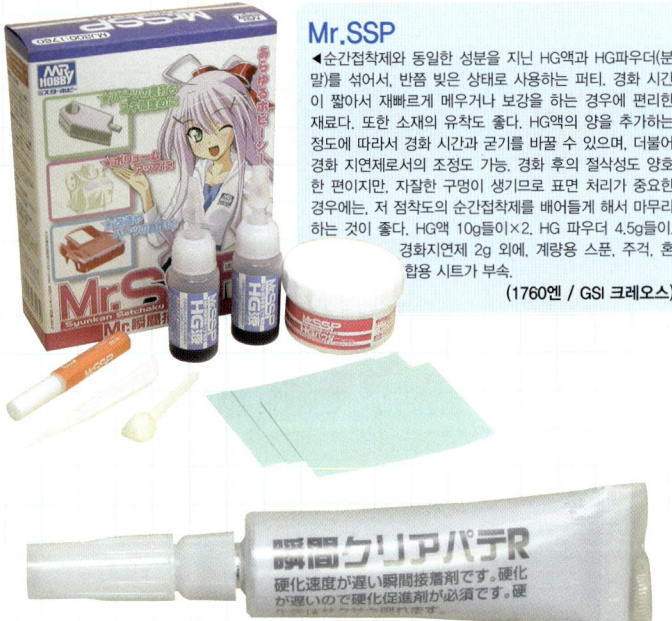

Mr.SSP
◀순간접착제와 동일한 성분을 지닌 HG액과 HG파우더(분말)를 섞어서, 반쯤 빛은 상태로 사용하는 퍼티. 경화 시간이 짧아서 재빠르게 메우거나 보강을 하는 경우에 편리한 재료다. 또한 소재의 유착도 좋다. HG액의 양을 추가하는 정도에 따라서 경화 시간과 굳기를 바꿀 수 있으며, 더불어 경화 지연제로서의 조정도 가능. 경화 후의 절삭성도 양호한 편이지만, 자잘한 구멍이 생기므로 표면 처리가 중요한 경우에는, 저 점착도의 순간접착제를 배어들게 해서 마무리하는 것이 좋다. HG액 10g들이×2, HG 파우더 4.5g들이. 경화지연제 2g 외에, 계량용 스푼, 주걱, 혼합용 시트가 부속.
(1760엔 / GSI 크레오스)

순간 클리어 퍼티R
▲순간접착제를 퍼티용으로 조정한 제품. 발라서 메우는 것은 통상의 순간접착제로도 할 수 있지만, 이 제품은 굳은 후에 지나치게 단단해지지 않으므로 정형하기 쉬운 것이 특징. 다만 그냥 내버려두면 경화 속도가 느리므로 경화 촉진제와 병행해서 사용하는 것이 전제가 된다. 두껍게 바르는 작업에는 적합하지 않으며, 얕은 흠집이나 틈새의 굴곡에 적합하다.
(100엔 / 가이아 노츠)

광경화 퍼티 록 레이저 328
▶자외선으로 경화하는 퍼티. 햇볕으로도 경화 하지만 별도로 판매하는 자외선 LED 라이트를 이용하면 5초 만에 경화하며, 바로 가공 및 정형이 가능한 것이 특징. 경화 후의 표면은 끈적이지 않으며 플라스틱과 마찬가지로 단단하여 가공성이 좋다. 한 번에 바르는 양은 2mm 까지. 별도로 판매하는 라이트는 「초소형 자외선 LED 라이트」(1200엔)외에 별도로 판매하는 라이트는 약간 걸어지지만 가격이 싼 「이고노미 타입」(200엔)이 있다.
(800엔 / 스지보리도)

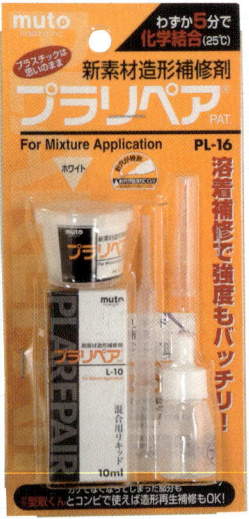

프라 리페어
◀주로 경질 플라스틱에 적합한 보수제. 혼합용 액체와 분말의 조합으로 소재에 달라붙는 강한 접착성과 굳은 후의 튼튼함이 특징. 혼합액을 다루는 것은 바늘 상태의 스포이드로, 끝 부분에서 액체를 흘린 후 여기에 분말을 부착시키고, 메워야 하는 부분으로 옮겨서 한 번 더 리쿼드를 흘려서 경화하기를 기다린다. 경화 시간은 약 5분. 색은 백, 흑, 투명, 적, 청, 황색 등이 있다. 혼합용 액체 10㎖, 분말 5g 들이.
(1600엔 / 무토 상사)

타미야 광경화 퍼티
▼빛을 쬐이는 것만으로도 단시간에 경화하는 특수한 퍼티. 태양광이라면 약 1분, 형광등 근처에서는 약 2분 만에 경화된다. 수축하는 경우도 거의 없으며 사포질도 일반 플라스틱처럼 할 수 있다. 경화 후에는 표면에 경화하지 않은 부분이 남아 있으므로, 이를 락커 용해제로 닦아내야 할 필요가 있다. 두껍게 발라주면 안쪽까지 빛이 닿지 않도록 되므로, 한 번에 작업하는 사이즈는 2mm 정도까지. 반복하여 적층하는 방법으로 두께를 늘리는 것도 가능하다. 발라주는 면은 사전에 400번 정도의 사포로 거칠게 문질러서 부착되기 쉽도록 만드는 게 좋다. 색은 옐로, 34g 들이.
(1200엔 / 타미야)

UV 젤 클리어
▼광경화 투명 수지. 젤 상태로 얇게 바른 후에 부속인 LED 라이트를 쬐어 경화시켜주면, 투명도가 높은 클리어 수지가 된다. 원형 부품 위에 흘려서 렌즈 상태로 만든다거나 눈동자가 젖어 있는 표현 등에도 사용할 수 있다. 두껍게 하고 싶은 경우에는 같은 작업을 반복하여 적층할 것. 경화 시간은 40초 정도. 5㎖ 들이.
(1500엔 / 가이아 노츠)

⑪ 서페이서

【용도】
- 부품의 완성도를 쉽게 확인할 수 있다.
- 사포 자국 등의 자잘한 흠집을 메운다.
- 소재가 투명하게 비치는 것을 방지한다.
- 밑 도색을 통해 색을 균일하게 맞춘다
- 도료의 유착을 좋게 한다.

도색 전 표면의 마감과, 밑도색용으로 사용하는 것이 바로 서페이서. 서페이서는 흠집을 메우는 효과가 있는 표면처리제로 이것을 발라서 표면의 색을 균일하게 함으로써 상처 난 부분을 찾아내기 쉽게 해주는 효과도 있다. 극히 얇은 흠집이라면 뿌려주는 것만으로도 평평하게 만들 수 있으며, 흠집이 남아 있는 경우에는, 서페이서를 뿌려준 면에 사포질을 해서 다듬는다. 모형용 서페이서는 도료의 유착을 높여주는 「프라이머」로서의 효과도 가지고 있다. 이 항목에서는 주로 플라스틱 소재에 적합한 「플라스틱용 서페이서」, 퍼티를 바른 면이나 레진 등에 유착성이 좋은 제품인 「프라서프」(프라이머·서페이서의 줄임말), 마지막으로 플라스틱에는 적합하지 않지만 금속과 레진에 효과가 높은 「레진용 서페이서」까지 특징 별로 분류했다. 또한 「프라이머」전용 제품도 아울러 소개하고자한다.

▲왼쪽이 뿌리기 전, 오른쪽이 회색 서페이서를 뿌린 상태. 색이 균일해지고 퍼티자국이 사라졌다

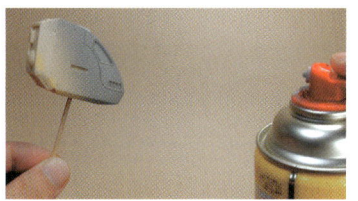
▲레진 부품의 마무리와 도료 유착이 좋아지도록 서페이서를 뿌리고 있다. 레진용을 사용하면 훨씬 효과적이다.

▲검은색 바디 오른쪽 절반에 하얀 서페이서를 뿌려보았다. 성형색을 은폐하는 밑 도색을 겸하고 있으며 도색 면의 발색이 좋아진다.

▲흠집을 메울 필요는 없지만 도료의 유착성을 높이고 싶은 경우에는 프라이머를 사용한다. 이 사례는 금속 부품에 붓으로 바르고 있는 모습.

■ 플라스틱 용 서페이서

Mr.서페이서 500

◀GSI 크레오스의 Mr.서페이서 시리즈는 흠집을 메우는 효과(입자의 자잘함)를 수치로 표시하고 있다. 「500」은 입자가 가장 커서 흠집을 메워주는 효과가 높은 서페이서. 대신 그만큼 거칠어지기 쉬우므로 매끈하게 마감하려면 사포질을 해줄 필요가 있다. 일부러 '배 껍질' 모양으로 표면 질감을 내주기 위해 덧뿌려주는 사용 방식도 있다. 색은 광택이 없는 라이트 그레이, 100㎖ 들이.

(400엔 / GSI 크레오스)

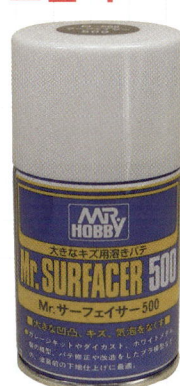

Mr.서페이서 1000

▼부품을 개조하는 등 별도 가공한 부분의 마감에 적합한 서페이서. 적당한 흠집 메우기 효과와 표면의 매끈함이 있으며, 색은 약간 푸른빛을 띠는 그레이. 약간 광택이 있는 덕분에 수축과 흠집을 발견하기 쉽다. 600~800번 정도의 사포질 흔적이라면 이것을 뿌려주는 것만으로도 지울 수 있다. 몇 번에 걸쳐 덧뿌려주면 표면이 '귤껍질'처럼 되기 쉬우므로 주의. 광택 마무리를 하는 경우에는 표면을 한층 더 사포질하는 것이 좋을 것이다. 100㎖ 들이와 덕용 170㎖ 들이가 있다.

(400엔, 덕용 600엔 / GSI 크레오스)

Mr.마호가니 서페이서

▼서페이서로서의 기능 자체는 「Mr.서페이서 1000」과 동등. 일반적인 서페이서 같이 회색일 경우 밑색으로 쓰기에 좀 밝게 하고 싶은 경우, 이쪽의 짙은 갈색을 사용하여 전체적으로 어둡게 처리할 수 있다. 170㎖ 들이.

(700엔 / GSI 크레오스)

Mr.서페이서 1200

▼「1000」보다 입자가 고와서 피막을 얇게 할 수 있는 서페이서. 딱히 거창한 가공을 할 필요가 없는 프라모델 제작이라면, 이걸 사용하는 쪽이 좋을 것이다. 키트의 섬세한 몰드가 손상되는 일 없이 마무리할 수 있다. 극히 미세한 흠집을 메워주거나, 밑바탕 색으로 사용하는 것이 주된 역할이므로, 접합선 같은 경우는 충분히 다듬은 다음에 사용하도록 하자. 800번 정도의 사포 자국이라면 뿌리는 것만으로 지워지므로, 그 부분이 기준이 될 것이다. 색은 광택이 없는 라이트 그레이. 입자가 곱고 매끈하지만 광택은 없다. 180㎖ 들이.

(600엔 / GSI 크레오스)

Mr.피니싱 서페이서 1500

▼「1500」이라는 수치에서 알 수 있듯이, 입자가 한층 더 고운 서페이서. 흠집을 메우는 목적이 아니라, 바탕색을 맞추다던가, 정착성을 높이는 바탕 도장용으로 생각하는 것이 좋다. 정형이 필요한 플라스틱 부품과, 충분히 흠집을 없앤 후에 마무리를 할 때 사용하면 좋을 것이다. 색은 광택이 없는 라이트 그레이로 「1200」보다 약간 파란색. 또한 「블랙」은 빛의 투과를 억제하거나, 검은 부분에서 밝게 덧칠하는 도장법, 파인 곳을 검은 색 만으로 칠할 때에 사용하면, 우수한 정착성과 착색을 함께 느낄 수 있을 것이다. 170㎖ 들이.

(각 700엔 / GSI 크레오스)

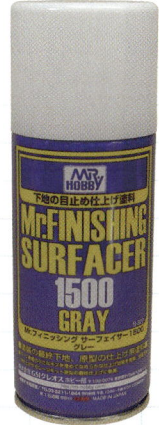

◀그레이 타입

▶블랙

✍ CHECK POINT

● 병에 들어있는 서페이서

▲병에 들어있는 타입의 서페이서는 액체 퍼티처럼 붓으로 칠할 수 있지만, 에어브러시로 서페이서를 뿌리는 경우에도 사용한다. 스프레이 캔 보다 낭비가 없고 유연하게 도장할 수 있다.

2 : 모형재료 카탈로그

Mr.화이트 서페이서 1000

◀밝은 도장색의 바탕으로서 사용할 수 있도록 고안된 백색의 서페이서. 바탕색을 은폐하는 정도는 그레이보다 떨어진다. 그 때문에 처음 뿌릴 때는 색이 투명하게 보이기 쉬우니, 자신도 모르는 사이에 지나치게 많이 뿌리지 않도록 주의하자. 마른 다음에 덧뿌려주는 것이 요령이다. 서페이서를 뿌린 후에 사포질을 하는 것은 피하는 것이 좋으므로 부품 표면의 흠집은 최대한 다듬어두자. 170㎖ 들이.

(600엔 / GSI 크레오스)

Mr.베이스 화이트 1000

▶차폐력이 뛰어난 백색의 바탕 도료. 「Mr.베이스 화이트~」보다도 스프레이로 뿌리기 시작할 때의 차폐 정도가 높은 것이 특징으로 건조도 빠른 편, 양쪽 다 「1000」이지만 「베이스」쪽이 약간 입자가 거칠다. 사포질로 생긴 흠집을 메우는 서페이서로 쓸 수 있지만, 섬세한 몰드가 파묻히기 쉬워진다. 덧칠하는 도료의 용제성분을 쉽게 흡수하는 경향이 있으므로 두껍게 칠하는 것은 피하는 것이 좋다. 180㎖ 들이.

(600엔 / GSI 크레오스)

서페이서 에보

◀▼서페이서 에보는 도색 표면의 매끈함과 색상의 풍부함이 특징인 서페이서. 캔 스프레이와 병 타입이 있다. 입자가 곱기 때문에 몰드를 메우는 효과는 적다. 그런 만큼 흠집을 메우는 효과도 적은 편이므로, 계속 뿌려서 마감을 할 생각이라면, 서페이서를 뿌리기 전에 800번 정도의 사포질을 처리해 두는 게 좋을 것이다. 프라모델 소재 이외에도 레진 등의 도장의 정착성을 올리는 효과도 있지만 전용 제품 수준은 아니다. 서페이서로서의 특징은 어느 색도 마찬가지지만, 색을 유착시키는 난이도에는 다소 차이가 있다. 스프레이 타입을 사용할 때는, 처음에는 거리를 두고 마르는 기미가 보일 때 뿌려 주는 게 좋다. 병 타입은 50㎖ 들이, 스프레이 캔은 200㎖ 들이. 병과 스프레이는 색의 라인업에 일부 차이가 있다.

(병 600엔, 스프레이 1200엔 / 가이아 노츠)

▲그레이(캔 / 병)　▲화이트(캔 / 병)

▲블랙(캔 / 병)　▲핑크(캔)　▲라이트 블루(캔)　▲크림 옐로(캔)

▲플레시(캔 / 병)　▲다크 그레이(캔)　▲그레이(병)　▲실버(병)

■프라서프

Mr.프라이머 서페이서 1000

◀▶소재에 대한 정착성을 높여주는 프라이머 성분을 추가한 서페이서. 통상의 서페이서보다도 금속, 레진에 효과가 좋으므로 플라스틱 이외의 소재가 섞여 있는 곳의 마무리와, 바탕 도장에 편리하다. 색은 광택이 없는 라이트 그레이. 「Mr.옥사이드 레드 서페이서 1000」은 색이 다른 동일한 상표의 제품으로, 에칭 부품과 메탈 부품을 사용하는 밀리터리 모델의 바탕 작업에 편리하다. 170㎖ 들이.

(각 700엔 / GSI 크레오스)

◀그레이 타입

▶옥사이드 레드

슈퍼 서페이서

▶서페이서로서의 흠집 메우기 효과와 프라이머 기능을 합친 제품. 예전에는 건조 후에 도료 피막이 두껍고 표면이 무른 경향이 있었지만, 요즘 제품은 피막이 얇고 표면도 단단해지도록 변경. 표면을 사포질하기 쉬워졌으며, 600번 정도의 사포질을 한 뒤에 뿌려주는 것만으로도 마무리가 된다. 색은 광택이 없는 그레이. 100㎖ 들이의 소형 캔과 180㎖ 들이 대형 캔이 있다.

(400~600엔 / 타미야)

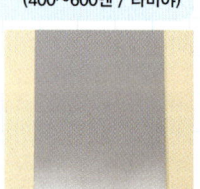

파인 서페이서 L

▶동사의 「슈퍼 서페이서」보다 입자가 결이 곱고 뿌린 표면이 매끈해지는 것이 특징. 페이퍼 질을 충분히 다듬어 놓은 후의 마무리와 바탕색 도장에 적합. 색은 광택이 없는 라이트 그레이, 화이트, 핑크, 옥사이드 레드. 특히나 화이트는 뿌리기 시작한 시점에서 발색, 소재에 대한 정착이 좋기에, 화이트 서페이서 중에서도 다루기 쉽다.

(600~800엔 / 타미야)

◀라이트 그레이　▶화이트

◀핑크　▶옥사이드 레드

11. 서페이서

■레진용 서페이서

조케이무라 GK 서페이서

▶▶자동차용 도료로 유명한 「소프트 99」의 콜라보레이션 상품. 입자가 곱고 칠이 매끈한 것이 특성이다. 캔은 대형으로 뿌리는 노즐이 타원형으로 펼쳐지는(방향을 바꿀 수 있다) 타입이므로 넓은 면적에 뿌리기 편하다. 레진과 금속에 적합하며 소프트 비닐과 플라스틱 소재에는 사용할 수 없다. 색은 5색. 위에 덧칠하는 색에 맞춰서 고를 수 있다. 「투명」은 소재의 색을 살리는 이른바 '서프리스'용 프라이머로도 활용할 수 있다. 300㎖ 들이.

(각 980엔 / 보크스)

▶그레이
◀블랙
▶화이트
◀투명
◀플래시(살)색

CheckPoint
● 플라스틱 표면에선 벗겨져 버린다

▲레진용 서페이서는 플라스틱에는 사용할 수 없다. 바를 수는 있지만 사진으로 보면 알 수 있듯, 건조 후에 간단히 벗겨지기 때문이다

프라이머 그레이

◀이 제품도 자동차 차체 보수용 프라서프. 레진과 금속에 유착이 좋고, 자잘한 흠집과 기포에도 정착이 잘 되서 메우는 작업에 편하다. 단 칠이 두터워지기 쉬우므로 정밀한 몰드 부품에 사용하는 것은 주의. 건조 시간은 20~40분으로 짧은 편. 색은 밝은 회색, 180㎖ 들이. 한층 대형 캔인 「프라서프 그레이」(300㎖ 들이, 오픈 가격)도 있다.

(800엔 / 무사시 홀츠)

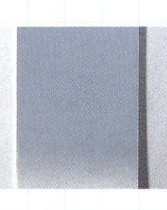

HG 서페이서

▼모형 메이커 웨이브가 통신 판매점 「be-J」에서 판매하고 있는 레진용 서페이서. 점도가 높은 상태로 병에 들어 있으므로 그대로 액체 퍼티로서, 또는 동사의 「HG 신너 프리미엄」으로 녹여서 에어브러시용으로도 사용할 수 있다. 서페이서의 입자가 거칠어서 흠집을 메우는 효과는 높지만 피막이 거칠어지기 쉽다. 레진 외에 화이트 메탈의 마무리에도 사용하기 쉽다. 예전에 있던 「소프트 99 프라서프」에 가까운 성질의 제품. 200㎖ 들이.

(1296엔 / be-J)

아크릴 프라서프

▶자동차 모델용 도료로 잘 알려져 있는 「피니셔즈」의 레진, 금속용 프라서프. 병 타입으로 액체 퍼티처럼 붓으로 칠하여 기포 메우기에 그대로 사용한다. 또한 동사의 「퓨어 신너」로 희석하면, 에어브러시로 뿌려주는 것도 가능하다. 금속에 대한 유착도 좋으므로 에어브러시를 사용하는 경우에는 빨리 세척해 놓을 것. 색은 밝은 그레이와 화이트 2색. 50㎖ 들이.

(각 800엔 / 피니셔즈)

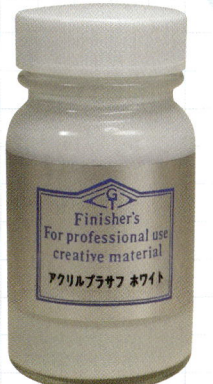

◀그레이
▶화이트

CheckPoint
● 서페이서의 입도수치 대비표

	거침 ←		→ 고움	
플라스틱, 전반용	Mr. 서프 500	Mr. 서프 1000 Mr.프라서프 1000 타미야 슈퍼 서프	Mr. 서프 1200 가이아 서프에보 타미야 파인 서프	Mr. 서프 1500
		Mr. 화이트 서프 1000 Mr. 베이스 화이트 1000		
레진, 금속용	홀츠 그레이 Be-j HG 서프	조케이무라 GK 서프 피니셔즈		

◀서페이서를 뿌린 표면의 결의 고운 정도로 각 제품을 분류해 보았다. (제품명은 약칭) 대상이 되는 소재와 뿌리는 방식, 덧칠하여 뿌린 정도에 따라서도 상태가 변하므로 절대적인 구분은 될 수 없겠지만 제품 설명과 함께 참고하면 사용할 때 기준을 잡을 수 있을 것이다.

■ 프라이머

Mr.메탈 프라이머 개(改)
◀▼모형용 도료를 그대로 바르면 피막이 벗겨지기 쉬운 금속 부분에 대한 도료 정착을 도와주는 도료. 화이트 메탈과 금속을 깎아서 만든 부품, 에칭 부품의 표면에 사전에 발라 놓고 충분히 마른 다음에 도색을 한다. 스프레이 타입(100㎖ 들이)이외에 병 타입(40㎖, 250엔)도 있다.

(500엔 / GSI 크레오스)

메탈 프라이머
◀다이캐스트 부품이나 알루미늄, 황동 같은 금속 재질 부품에 도색을 할 수 있도록 도와주는 프라이머. 무색투명하므로 보호용으로도 사용할 수 있다. 플라스틱 정착에도 문제가 없으므로 금속 부품과 플라스틱이 섞여 있는 부분에도 뿌려줄 수 있다. 굳이 금속 질감을 살릴 생각이 아닐 경우 표면에 살짝 사포질(800번 정도)을 해두면 한층 더 유착이 좋아진다. 100㎖ 들이.

(500엔 / 타미야)

가이아 멀티 프라이머
▶폭 넓은 소재에 효과가 있는 프라이머「밋차크론」의 기술을 제공 받았기에 금속과 레진, 폴리 소재 부품 등 다양한 소재에서 효과를 볼 수 있다. 사용할 때는 붓으로 칠하거나 에어브러시로 부품의 표면에 얇게 도포한다. 찰랑거리는 액체이므로 에어브러시에서 바로 뿌릴 수 있다. 무색투명. 50㎖ 들이.

(700엔 / 가이아 노츠)

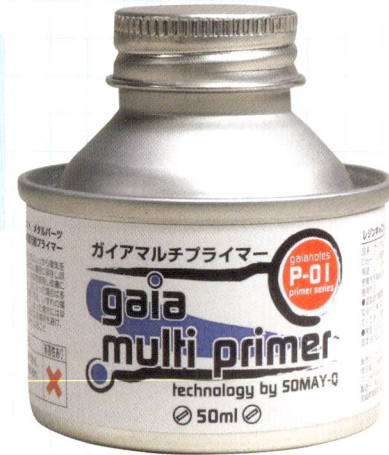

멀티 프라이머
▶플라스틱과 레진, 금속만이 아니라, 일반 도료와 밀착성이 좋지 않은 유리와 소프트 비닐 같은 소재에까지 대응하는 프라이머. 붓칠로도 에어브러시로도 사용할 수 있지만, 두껍게 칠하지 말고 전체적으로 얇게 뿌려줄 것. 또한 충분히 건조한 후에 도장을 하도록 한다. 에어브러시로 뿌린 후에는 세척용제로 잘 헹궈두자. 110㎖ 들이.

(934엔 / 피니셔즈)

프라이머 Z
◀폴리스티렌과 ABS 수지 등 프라모델 제작에 사용하는 수지부터, PVC 같은 염화 비닐 재질, 여기에 레진과 금속 소재에도 활용이 가능하다. 스프레이 방식의 다용도 프라이머. 건조 시간은 60분, 완전 경화까지는 24시간. 마감은 광택이 없으며 색은 클리어, 무광 증량 클리어, 화이트, 블랙, 고스트 그레이가 있다. 바탕 도장과 나눠 칠하는 첫 번째 색으로서도 활용된다. 420㎖ 들이.

(2800~3200엔 / 아이 크래프트)

밋차크론 멀티
▶탄성이 있는 수지와 비철금속, 도금 표면 등, 기존에는 도장이 어려웠던 소재에도 강력하게 밀착시켜주는 프라이머. 프라모델 용으로는 폴리스티렌과 금속 부품의 도장에 특히 효과적. 스프레이는 얇게 뿌려서 두껍게 칠하지 않는 것이 좋다. 확실하게 건조시킨 후에 도색할 것. 420㎖ 들이.

(1444엔 / 소메Q 테크놀로지)

나일론 · PP용 프라이머
▲나일론과 PP(폴리프로필렌)의 도장을 도와주는 프라이머. RC카와 미니 4륜구동의 휠, 또는 프라모델 용도에서는 오래된 밀리터리 모델의 캐터필러 등에 칠해서 도료의 정착을 좋게 한다. 플라스틱 부품(폴리스티렌)을 녹이는 성질이 있으므로 함께 뿌리는 것은 피하도록 하자. 100㎖ 들이.

(700엔 / 타미야)

공작 테크닉 / 조립 편

1. 부품의 분리
2. 줄과 사포를 이용한 연삭 가공의 요령
3. 파팅라인의 처리
4. 조립
5. 접착
6. 접합선 수정
7. 표면처리

여기서부터는 실전편이다. 우선 프라모델을 조립하기 위한 기초적인 테크닉부터 확인해 나가자. 부품 잘라내기, 접착, 단차의 처리 등 기본 사항은 프라모델을 만드는 데 익숙한 사람이라면 이미 알고 있는 작업도 많을 터. 여기에 덧붙여 이번 챕터에서는 개조 등 한 단계 더 나아간 작업도 고려하여 좀 더 실전적인 노하우도 다루어 나가고자한다. 그 중에서도 「표면처리」는 어떤 경우에도 최후의 마감단계가 되는 중요한 포인트다. 이번 장에서 소개하는 기초 테크닉이야말로 작품의 완성도를 가장 크게 좌우하는 것이라 할 수 있다.

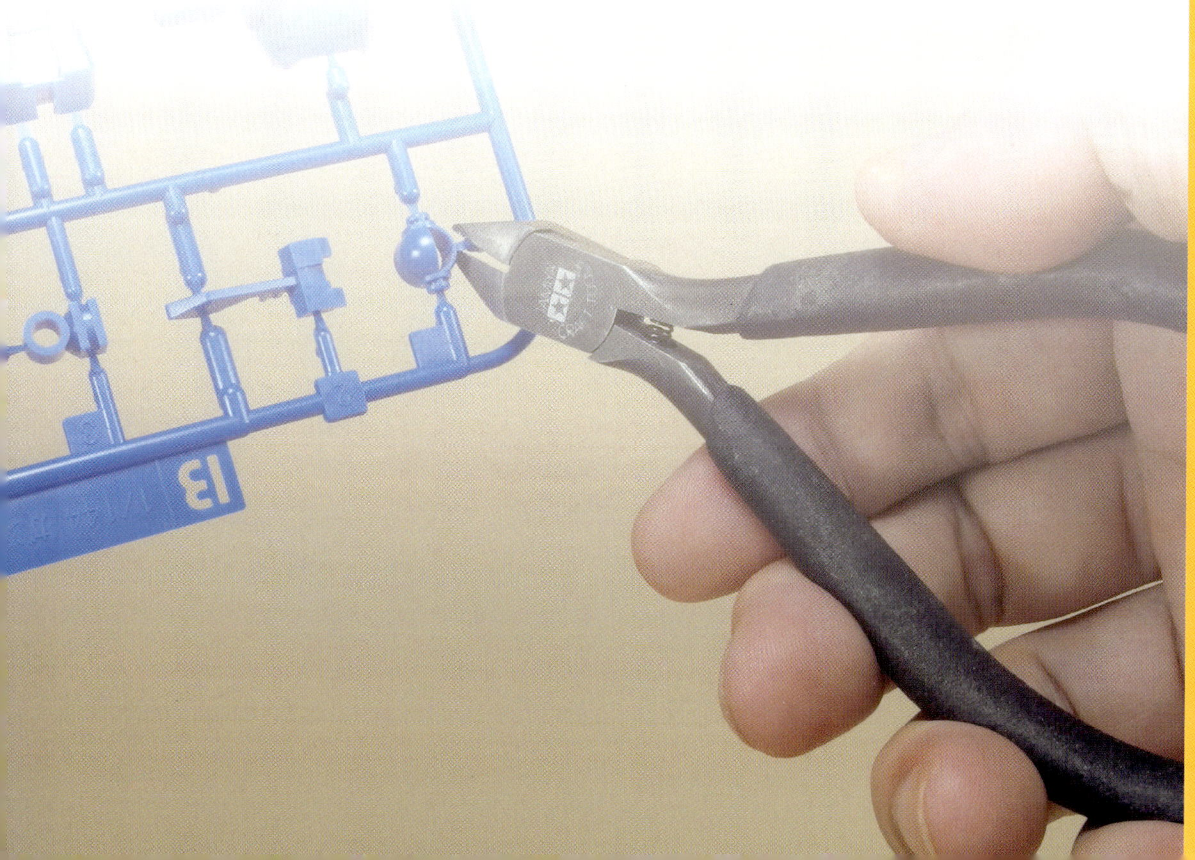

1. 부품의 분리

우선은 부품에 흠집이 생기지 않도록 분리해보자

프라모델을 제작할 때 가장 처음으로 하게 되는 작업이 바로 이 부품을 분리해내는 것이다. 각 부품은 '런너'라고 불리는 커다란 틀에 붙어 있으며 수많은 다른 부품과 연결되어 있다. 이 런너는 부품을 성형할 때 "(용융된) 플라스틱 수지가 지나간 길"로 일정한 굵기의 봉처럼 생겼다. 런너의 큰 틀을 그대로 '런너틀'이라고 부르는데, 각기 'A', 'B'등의 기호가 붙어있으며 조립 설명서의 "A의 O번"같은 지시에 부합하도록 되어 있다.

런너틀 내부에 배치된 각 부품들은 런너와 그냥 연결된 것이 아니라, 그 틈새에 다리를 놓듯 마련된 작은 '게이트'를 통해 이어져 있다. 따라서 부품들을 분리할 때는 이 '게이트'를 절단해야 한다. 게이트는 통상적으로 부품의 측면에 몇 군데에 걸쳐 붙어있기 때문에 한 개의 프라모델을 조립하려면 수많은 게이트를 잘라서 그 절단면을 마무리 해줄 필요가 있다. 작업 자체는 단순하지만 어떻게 처리하는 가에 따라 완성도에 큰 차이가 나타나는 기본 중의 기본이므로 결코 소홀히 넘어가서는 아니 될 것이다.

이 때 사용하는 도구는 프라모델 용 니퍼, 나이프, 커터 칼, 소형 톱 등이다. 주로 사용하는 것은 프라모델 용 니퍼. 니퍼는 게이트를 사이에 끼우고 자르기 때문에 부품을 들고 있기 편하고 안전하고 재빠르게 분리해낼 수 있다. 또한 프라모델 용 니퍼라면 절단면도 평평해지기 때문에 마감 작업도 수월하다. 나이프나 커터 등은 자른 후의 흔적 처리에. 톱은 니퍼로 자르기 힘든 부분에 사용한다.

니퍼를 이용하는 절단에는 여러 가지 방법이 있으며 부품의 가장자리에서 그대로 자르는 경우와, 절단면의 일그러짐과 백화를 피하기 위해서 '나눠 자르기'하는 방법, 때에 따라서는 주위의 런너를 먼저 자르는 경우도 있다. 어떤 방법이던 간에 부품의 형태에 영향을 주지 않고 잘라내는 것이 중요하다.

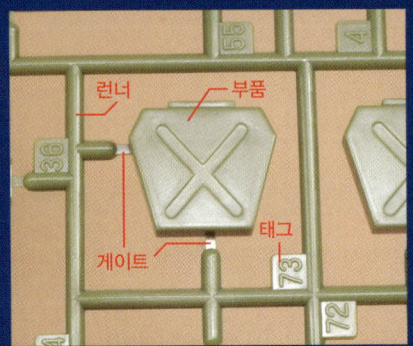
▲프라모델의 '런너틀' 각 부위의 명칭. 게이트는 통상적으로 부품 측면 여러 곳에 있다.

▼부품의 뒷면에 게이트가 마련된 것이 이른바 '언더게이트'. 절단면이 눈에 띄지 않는다.

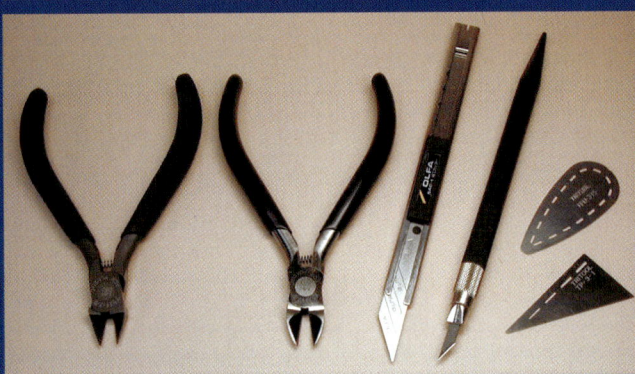
▲부품을 잘라낼 때 주로 사용하는 도구. 왼쪽부터 프라모델 용 니퍼 (얇은 날), 프라모델 용 니퍼(범용), 커터 칼, 나이프, 에칭 톱. 프라모델 용 니퍼는 둘 중 하나만 있어도 충분하다.

부품의 분리와 게이트면 처리

런너에서 부품을 분리하고 게이트 절단면을 깔끔하게 마무리한다. 절단 작업은 「나눠 자르기」가 기본. 여기까지가 하나의 작업이라고 생각하도록 하자.

CheckPoint
● 게이트와 니퍼의 방향

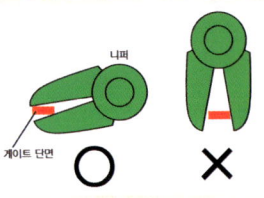

▲게이트를 자를 때에는 두께를 잘 확인한 뒤 얇은 면에 니퍼를 삽입하여 자르도록 하자. 이렇게 하면 적은 힘을 들이고 쉽게 자를 수 있기 때문에, 부품의 일그러짐이나 변색이 줄어든다.

CheckPoint
● 도색을 생략하고 마무리하는 경우···

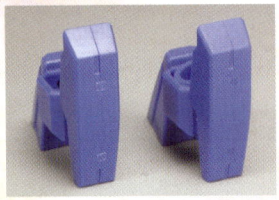

▲왼쪽은 니퍼로 '나눠 자르기'를 끝낸 것이며 오른쪽은 여기에 추가로 사포질(1000번 이상 사용)하여 절단면을 다듬은 것. 특히 도색을 하지 않고 조립하는 경우, 이렇게 해두면 게이트 흔적이 눈에 띄지 않도록 만들 수 있다.

①
▲우선은 런너에서 절단. 한 손에는 런너, 다른 한 손에는 니퍼를 들고 니퍼 끝을 부품과 런너 사이, 다시 말해 게이트 부분에 삽입하는 형태가 된다. 이때 니퍼의 날 바깥쪽(맞물리면 평평해지는 곳)을 부품 쪽으로 향하도록 한다.

②
▲게이트를 절단할 때는, 니퍼의 끝을 부품에서 조금 떨어진 곳에서 놓고 절단할 것. 이렇게 하면 게이트가 약간 남게 되지만 이 부분은 나중에 정리하면 그만이다. 처음에는 부품에 영향을 주지 않도록 조심하며 런너에서 절단하는 것만으로 충분하다

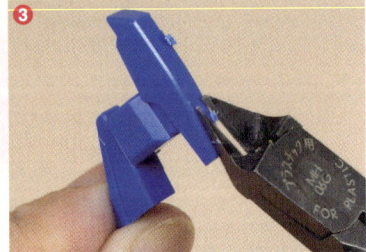
③
▲주변의 게이트를 절단. 런너에서 부품을 떼어냈다면 남아 있는 게이트를 정리. 다시 니퍼를 대고 자를 때에는 니퍼의 바깥 면을 표면에 대고 잘라, 게이트를 자른 자국이 남지 않도록 한다. 좀 더 신중을 기하고자 한다면, 게이트를 약간 남기고 잘라낸 뒤 줄이나 사포로 정형해주자.

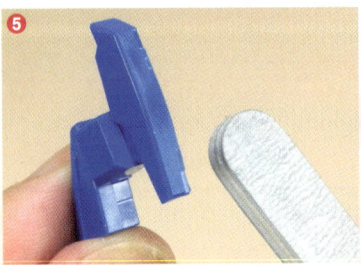
⑤
▲나눠 자르기 후에 약간 남은 단차를 정리하기 위해서 600~800번 정도의 사포로 표면을 다듬어주는 모습. 여기까지 작업하면 손가락으로 만져 봐도 게이트가 있던 곳을 알 수 없을 정도가 된다. 이는 '접합선 수정'등 후속 작업을 겸해서 해도 좋다

④
▲니퍼를 이용한 '나눠 자르기'로 부품을 잘라내고 다듬어 게이트의 흔적이 거의 남지 않은 상태가 되었다. 이것이 게이트 컷의 기본인 경우에 따라서는 두 번째 커팅 뒤에 나이프나 줄로 작업하며, 주가로 게이트 흔적을 감추기 위해서 사포질을 한다.

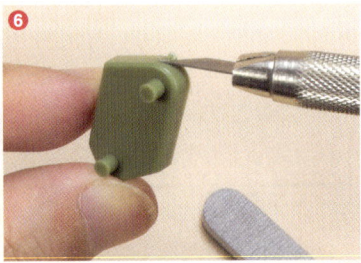
⑥
▲게이트가 곡면에 있는 경우에는 니퍼를 대고 평평하게 깎는 방식이 잘 맞지 않으므로 게이트의 남은 부분을 나이프로 깎아준다거나, 줄로 갈아서 게이트를 다듬도록 하자. 보통의 니퍼나 그 외 다른 도구로 게이트를 절단한 경우 평평한 부분이라고 해도 이렇게 정형해주는 것이 좋다.

1. 부품의 분리

▲절단면이 완성 후에 보이지 않는 곳이나 끼우는데 방해가 되지 않는 부분이라면 아예 처음에 게이트를 절단할 때 아슬아슬한 거리까지 잘라내도 좋다. 그에 대한 판단은 부품이 쓰이는 용도, 조립 설명서를 잘 보고 확인해두자.

▲곡면에 달려 있는 게이트를 아슬아슬한 거리까지 자르려고 하다가 부품의 일부까지 파먹는 경우는 흔히 있는 실패 케이스. 부품을 손상시키는 일이 없도록 각도에 주의를 기울인다거나 얇은 게이트가 남을 정도까지만 자른 후에 줄 등으로 다듬어주도록 하자.

▲(저연령 대상)건프라 등 일부 키트 중에는 부품을 비틀어서 떼어내는 「터치 게이트」 방식의 키트가 있다. 하지만 그냥 조립하기에는 절단면이 찢겨져 나갔다거나 흔적이 남아있기 일쑤이므로 깔끔하게 마무리 하는 것이 좋다면 니퍼를 이용하여 분리해주도록 하자.

● CHECK POINT

● 니퍼를 삽입하기 힘든 경우

▲게이트 부분을 자르기 쉬운 방향으로 니퍼를 삽입하고 싶지만 런너가 방해될 때가 있다. 이런 경우에는 런너를 먼저 자르는 것도 좋다. 물론 런너를 자르는 것도 니퍼로 한다.

가느다란 부품의 분리

가느다란 부품의 경우, 때에 따라서는 니퍼 날을 삽입하는 것만으로도 부러져 버릴 것만 같은 부품도 제법 자주 볼 수 있다. 이럴 때에는 신중하게 아래와 같은 순서를 밟아서 분리해주도록 하자.

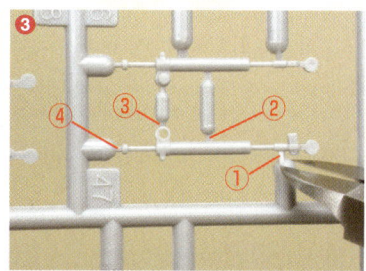
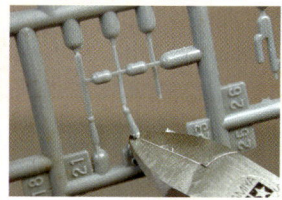

▲가는 형상의 부품으로 니퍼 날이 안 들어갈 만큼 좁은 위치에 게이트가 위치한 사례. 게이트에 대해서 수직으로 날을 넣으면 잘리긴 하겠지만 부품이 상할 우려가 크다. 이럴 때에는 일단 조금 떨어진 곳의 런너를 잘라서 틀에서 분리한 후에 게이트를 자르도록 하자.

▲주변의 런너를 자르는 것조차 위험한 경우에는 아주 얇은 에칭 톱을 사용한다. 단 이 경우에도 자칫 잘못하면 부품이 부러지기 때문에 힘을 넣지 말고 천천히 잘라낸다. 부품에 날이 직접 닿지 않도록 주의할 것.

▲가느다란 부품의 각 부위가 게이트에 달려 있는 사례. 이런 곳은 니퍼 날을 삽입하면 튕겨 나갈듯한 부분을 먼저 자르고, 잘 튕겨나가지 않을 듯한 부분은 나중에 하자. 이 경우 숫자의 순서대로 자르는 것이 정답이다

● CHECK POINT

● 가는 부품은 주의할 것!

▲가는 부품을 잘라낼 때 주의해야 함은 이미 설명했다. 게이트에 무리하게 날을 넣으면 위와 같이 부품이 휘거나 부러져버리기 때문이다. 중간 부분이 가는 형상의 부품은 특히 요주의!

투명 부품의 분리

투명 부품은 소재 성질상 일반적인 부품보다 깨지거나 금이 가기 쉽다. 그렇게 되면 투명한 만큼 더 눈에 띄고 복구하기도 힘들다. 상처가 나지 않도록 신중하게 다루자

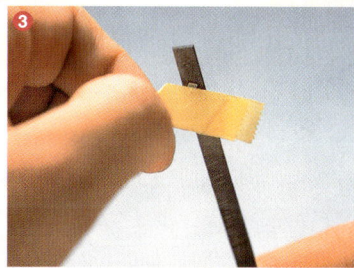

▲니퍼로 투명 부품의 게이트를 아슬아슬한 위치에서 자른 모습. 이렇게 끝이 잘 갈라지고 말았다. 표면에 드러나지 않는 다면 문제없겠지만 눈에 띄는 곳이라면 돌이킬 방법이 없다.

▲변형 방지를 위해 1차적으로 부품 본체에서 떨어진 곳을 잘라 주는것은 아까 설명한 바와 동일. 다음 단계로 부품에서 가까운 곳을 절단할 때에는 힘을 주어 게이트가 일그러지는 일이 없도록 에칭 톱 등으로 작업한다. 물론 이때에도 부품의 가장 자리는 건드리지 않도록 주의하자.

▲부품의 가장 자리에 남은 게이트는 줄로 깎아준다. 이 때에는 부품 표면에 상처가 생기지 않도록 테이프 등으로 마스킹을 해두는 편이 좋다. 이후 입자가 고운 사포로 마무리해주자.

● CHECK POINT

● 어디까지가 게이트??

▲부품의 형상에 따라서는 부품 본체와 게이트를 구별하기 어려운 경우도 있다. 이럴 때에는 조립 설명서에 실린 부품 구성도를 잘 살펴보고 판단하자. 또한 런너에서 절단한 후에, 끼우는 핀을 자르고 남은 게이트로 착각해서 잘라버리는 '사고'도 곧잘 일어날 수 있으니 주의하도록 하자.

언더 게이트의 경우

「언더 게이트」의 경우에는 게이트자국이 부품 표면에 드러나지 않는 위치에 있기 때문에 게이트 처리가 매우 편하고 마무리도 깔끔하게 되지만 게이트를 처리하는 방법에 따라서는 조립할 때 영향을 미치는 경우도 있다.

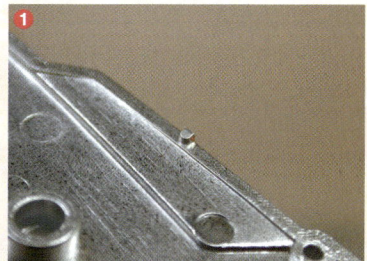

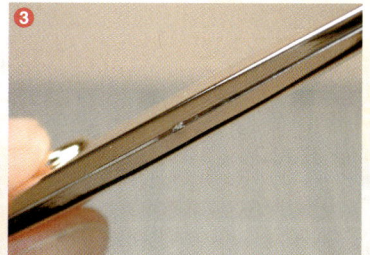

▲언더 게이트의 게이트 커팅 제1단계! 부품 측면에 니퍼를 대고 가장자리를 잘라낸 모습. 일반적인 게이트라면 이 때 제거가 되지만 언더게이트는 아랫면(사진에서는 윗면)에 게이트 자국이 남는다.

▲다음으로 게이트가 달려 있는 면(이 경우 맞닿는 면)에 니퍼의 평평한 부분을 갖다 대고서 자른다. 이것으로 게이트 자국은 충분히 깔끔하게 제거되며 마무리 사포질도 최소한으로 끝낼 수 있다.

▲언더 게이트 중에는 맞닿는 면에 게이트 자국이 남는 경우도 있다. 이런 부분에 게이트 자국이 남아있으면 이렇게 틈새가 생기고 만다. 부품을 확실하게 조립하기 위해 게이트 자국을 말끔히 처리할 필요가 있다.

● CHECK POINT

● 작은 부품의 절단은…

▲작은 부품은 런너와 분리하지 않는 편이 다루기 쉬울 때가 있다. 사진처럼 완성 후에 보이지 않는 곳에 게이트가 남는 경우에는 런너를 남긴 채로 파팅라인 제거와 도색까지 끝내고 나서 접착하기 전에 잘라내면 편리하다.

61

2. 줄과 사포를 이용한 연삭 가공의 요령

여러 장면에서 필요한 부품 정형의 기본

프라모델 제작에서 완성도를 신경 쓰자면 게이트나 파팅라인의 처리, 접합선 수정 등 다양한 연삭 가공을 실시하게 되는데, 연삭 가공의 기본요령과 주의사항은 어느 작업이든 동일하므로 먼저 정리해서 소개하고자 한다.

사포를 이용한 연삭 가공, 즉 '사포질'의 경우 사포를 사용할 때 갈아낸 찌꺼기가 틈새에 끼거나 눌어붙어 연삭력이 떨어지지 않도록 물을 묻혀 사용하는 「내수성 사포」, 일명 「내수 페이퍼」를 사용하는 것이 일반적이다. 입도 수치가 낮은 것은 입자가 커서 거친 연삭 작업에 적합하며 수치가 높은 것은 입자가 미세하여 마무리용으로 쓰인다. 최근에는 '받침목'이 달려 있는 제품도 많아 졌다. 쇠줄은 절삭력이 높고 사포처럼 쉬이 소모되지도 않으므로, 대량의 부품을 다듬을 때나 단단한 소재를 가지고 작업해야할 때 사용하면 효과적이다. 쇠줄 또한 다양한 형태가 있으므로 작업할 소재나 그 형상에 따라서 적절한 것을 선택할 필요가 있다.

▲각종 사포(내수 페이퍼)의 예시. 시트 상태인 것 외에 받침목에 붙어 있는 제품도 있다.

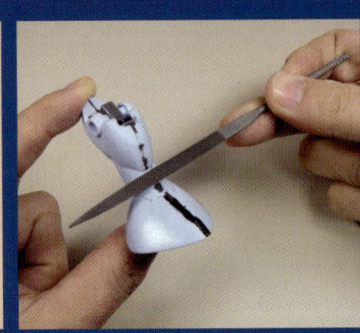
▲재빠른 작업에는 쇠줄이 편리. 깎은 흔적이 남으므로 사포질로 마무리하도록 한다.

사포질의 기본

연삭 가공에는 형태를 다듬는 '정형'단계와 자잘한 흠집을 없애는 '마무리'단계가 있다. 사포질을 할 때에는 목적을 의식하여, 그에 알맞은 동작과 입도수치를 선택하자. 단계별로 입자가 작은 걸로 바꾸는 것도 중요하다.

▲사포는 적당한 크기로 잘라서 '받침목'에 감아서 사용하는 것이 기본. 오른쪽이 두터운 플라스틱판에 감은 것으로, 손가락으로 받쳐 사용한다. 왼쪽은 둥근 봉과 얇은 판에 양면테이프로 붙인 것. 깎는 장소에 따라서 손쉽게 사용할 수 있도록 궁리를 해보자.

▲남아 있는 게이트와 주변의 수축된 곳을 다듬는 사포질 방법을 살펴보자. 우선은 돌기 등을 깎아주는 '정형'단계. 이 사진에서는 약간 거친 400번대 사포를 사용하고 있다. 깎는 부분에 대고 앞으로 밀면서 깎아주는 것이 기본이다

▲400번으로 사포질하여 돌출부와 단차가 사라졌다면, 거칠게 생긴 흠집을 지우는 '정형'작업에 들어갈 차례. 한층 더 세밀한 800번을 사용하여 부품의 표면을 따라 형태가 망가지는 일이 없도록 주의를 기울이도록 하자. 힘을 주지 않고 왕복시키는 움직임으로 표면을 얇게 갈아낸다.

CHECK POINT
● '물 사포질'에 관해서

▲내수 페이퍼를 사용하는 것은 물을 묻혀서 하는 '물 사포질'을 할 수 있기 때문이지만 물을 묻히지 않는 일반적인 '사포질'보다도 사포에 찌꺼기가 적게 끼고, 오래 유지가 되며, 큰 흠집을 낸다거나, 부스러기가 흩날리거나 하지 않는다고 하는 메리트가 있다. 다만 이 항목에서는 연삭 상태를 보기 쉽도록 일부러 그냥 사포질을 하고 있다는 점에 유의할 것.

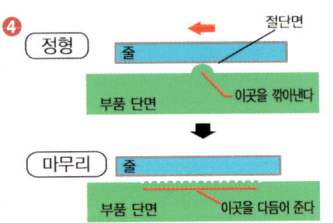
▲'정형'과 '마무리'의 2단계 상황을 그림으로 그려보았다. 정형에서는 가능한 깎는 곳 외에 줄을 대지 않도록 한다. 따라서 받침목이 중요. 마무리는 부품을 변형시키는 일 없이 흠집만을 제거해야 하므로, 부품의 표면을 쓰다듬는 느낌으로 사포질을 해주도록 한다.

▲평면에 약간의 단차가 있는 부분을 다듬는 사례. 이 경우 사포를 부품 표면에 그냥 턱하니 겹치면 상태를 알기가 힘들어 진다. 받침목의 가장자리로 깎는다는 느낌으로 좌우로 왕복시키면서 앞으로 이동하면, 확인하기도 쉽고 지나치게 많이 갈아내는 '참사'도 미연에 방지할 수 있다.

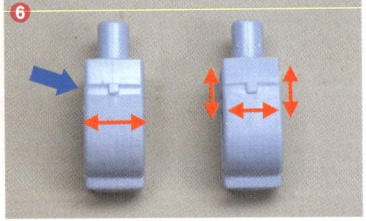
▲사포질하는 면에 돌출부가 있는 경우. 그 가장자리를 지나치게 깎으면, 쓸데없는 단차가 발생하기 쉽다.(사진 왼쪽). 이런 경우에는 사포의 방향을 조금씩 바꾸면서 깎아주는 것이 좋다.(사진 오른쪽)

CHECK POINT
● 부드러운 받침목

▲받침목은 단단한 것만이 아니라, 휘어짐과 탄력이 있는 쪽이 편리한 경우도 있다. 왼쪽은 얇은 플라스틱판에 사포를 붙인 것이며 오른쪽은 고무지우개에 감은 경우. 역시나 깎는 장소와 형태에 대응하여 크기를 조정할 수 있는 소재가 좋다.

쇠줄의 사용 방법

'정형' 단계에서는 쇠줄을 이용하는 것도 효과적이다. 다양한 단면 형태가 있으므로 곡면과 좁은 부분을 연삭할 때에도 편리. 필요 이상으로 깎이지 않도록 주의하면서 초벌 연삭 가공이 끝나면 사포질을 하여 마무리 하도록 한다.

▲쇠줄의 '눈'은 앞부분을 향해서 밀어주면 깎이게 된다. 고로 힘을 주는 것은 밀어줄 때만으로 하고, 당길 때는 가볍게 띄우거나 되돌린다. 굳이 의성어로 표현하자면 "슥슥슥삭"이 아니라 "슥, 슥"하는 느낌이라 할 수 있을 것이다.

▲쇠줄도 눈의 종류에 따라서 마무리에 차이가 있다. 왼쪽의 예는 '복목'이라고 하는 눈이 교차하는 제품으로 잘 깎이지만 깎은 흔적이 남는다. 이 사례는 '단목'이라 해서 눈이 일렬로 늘어선 것이므로 질삭부가 매끄럽게 마무리 된다. 사포질을 하는 수고도 상당부분 줄일 수 있을 정도이다.

▲오목한 곳의 접합선을 둥근 줄로 정형하고 있는 상황. 이렇게 오목한 곳과 구멍의 안쪽에는 둥근 줄이 편리하다. 여기서도 밀어서 사포질하는 것은 마찬가지지만, 곡면에 따라 방향을 바꾸면서 사용하는 게 좋다.

3. 파팅라인의 처리

금형 흔적을 지워서 매끈한 표면으로

「파팅라인」이란 프라모델 생산에 사용되는 금형의 분할선을 뜻한다. 일반적으로 금형은 위 아래로 나뉘어 있어 부품 모양으로 파인 면을 맞대고 수지를 흘려 넣어 부품을 '주조'하는데, 때문에 부품 표면 어딘가에는 한 바퀴 돌듯이 이어진 자국이 남게 된다. 부품을 위에서 봤을 때 바깥 둘레에 미세하게 튀어나온 돌기 또는 단차 부분이 바로 이것!

또한 부품에 따라서는 파팅라인이 복수 존재하는 경우도 있는데 이것은 「슬라이드 금형」이라 하여 위아래 뿐 아니라 다수의 방향으로 틀을 분할, 복잡한 모양을 일체 성형하는 고급 생산 방식으로 자동차 모형의 차체 부품 등이 대표적인 예. 대개는 눈에 띄지 않는 부분에 파팅라인이 오도록 설계되어있으나, 그래도 자세히 보면 각 면의 경계선에 미세한 단차가 있다는 것을 알 수 있다.

또한 최근의 키트에서는 그다지 볼 일이 없겠지만, 종종 런너 부품의 가장자리에 플라스틱 수지가 얇게 삐져나온 '날개(burr)'가 있는 경우도 있다. 이것은 금형의 접합선의 틈새로 용융되어있던 수지가 삐져나오면서 얇은 판 모양으로 성형된 것이다. 이것은 파팅라인 자국의 가장 나쁜 상태라고 할 수 있을 것이다.

파팅라인의 처리는 부품 표면이나 가장자리 등 완성 후에 겉으로 드러나는 부분이나 부품 끼리 깔끔하게 결합되어야 하는 부분을 평판하게 만들어주는 작업이다. 키트를 생산하는 금형의 상태가 좋다면 소수점 수 mm 이하의 미세한 단차로 약간의 사포질만으로 간단하게 처리할 수 있지만, 경우에 따라서는 단차가 꽤나 심하게 나면서 퍼티로 메워야 할 필요가 생기기도 한다. 퍼티 메우기가 필요한 경우는 뒤에서 다룰 '접합선 수정' 항목을 참고하기 바란다.

정형 방법은 사포질이 주가 되지만, 거칠게 다듬을 때는 아예 나이프나 커터의 날을 세워서 '대패질'하듯 깎는 방법이 사용되기도 한다. 어느 쪽이건 간에 표면 몰드가 망가지지 않도록 주의할 필요가 있다.

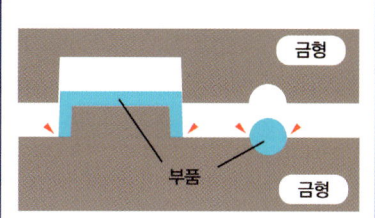
▲파팅라인은 프라모델을 생산하는 데 쓰이는 「금형」사이에 생기는 밀착면의 자국. 부품 끄트머리에 가느다란 선 같은 흔적이 남는다.

▲파팅라인은 일반적으로 부품 가장자리에 있으나 금형의 분할 방식에 따라서는 이처럼 눈에 띄는 부분에 생기는 경우도 있다.

▲슬라이드 금형으로 성형된 부품의 예. 하얗게 표시된 것이 파팅라인.

▲금형 사이의 틈새로 용융되어있던 플라스틱 수지가 삐져나오면서 생긴, 이른바 '날개'라 불리는 찌꺼기 부분.

파팅라인 지우기

사포질을 통해 자동차 모델의 바디에 있는 파팅라인을 지우는 작업과정을 관찰해보자. 특유의 곡면을 그리고 있으므로 본래의 형상을 남기면서 갈려나가는 범위를 최소한으로 억제해줄 필요가 있다.

1

▲우선은 시험 삼아 1000번 사포로 1~2회 가볍게 문질러 본다. 이렇게 하면 주변에 흠집이 나는 모양새나 감촉으로 부품의 수축이나 단차 상태를 알기 쉽다. 금방 없어질 것 같으면 이대로 1000번 사포를, 그렇지 않으면 수치를 내려서 사포질에 들어가자.

2

▲일단 여기서는 800번으로 다듬기로 했다. 받침목을 대고 '물 사포질'에 들어간다. 물을 충분히 적셔서 큰 흠집이 생기지 않도록 가볍게 문질러주자. 부품 형상에 맞춰 사포가 닿도록 접촉면의 각도에도 신경을 써야 한다.

3

▲물기를 제거한 뒤 깎인 정도를 확인한다. 사포가 닿지 않은 곳은 광택이 있으므로 쉽게 알 수 있다. 아직 약간의 단차가 남아있지만 이 정도까지 했으면 OK. 이제 1000번으로 수치를 올려서 800번 사포로 생긴 흠집과 남은 단차를 정리한다.

4

▲1000번 사포로 마무리한 상태. 사포질한 부분은 약간 광택이 사라진 상태지만 파팅라인은 완전히 제거되었다. 이 정도 광택의 차이는 밑색 겸 표면정리용으로 서페이서를 뿌리거나 도색을 하게 되면 다른 부분과 차이가 없이 완성된다.

5
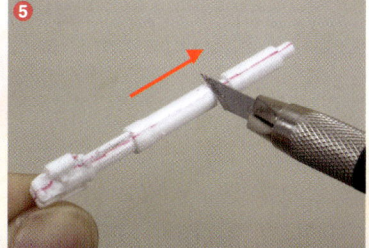
▲봉 모양 부품의 측면에는 반드시 파팅라인이 있다. (붉게 표시한 부분). 이런 부분의 처리는 나이프의 날을 세워서 긁어내듯 깎아가는 일명 '대패질'이 편리하다. 이렇게 대략적인 정형 작업을 해준 뒤에는 사포질로 마무리를 해준다.

6

▲평면상에 파팅라인이 있는 경우 곡선날인 나이프가 편리. 파팅라인 부분의 단차만을 깎아낼 수 있다. 완전한 평면으로 하기는 조금 어렵지만 작업 자체가 스피디하게 진행된다.

CHECK POINT
●부품의 가장자리도 처리

▲부품의 가장자리에 있는 파팅라인은 약간 뾰족한 모양이므로 내버려두면 도료가 뭉치거나 완성 후에 도료가 뭉친다거나, 그곳만 쓸려서 도색 피막이 벗겨지기 쉬워지기도 한다. 이런 부분도 확실하게 처리해두자.

CHECK POINT
●도금이 된 부품의 경우
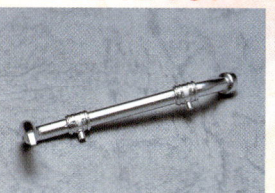
▲도금 부품의 게이트나 파팅라인의 처리는 매우 고민이 되는 부분이 아닐 수 없다. 특유의 질감을 살리려면 파팅라인 처리 없이 게이트 절단 부분만 칠해주면 그만이지만 파팅라인을 완전히 제거하는 것이 좋다면 도금을 벗기고 다시 조색할 필요가 있다.

3 : 공작 테크닉 / 조립 편

4. 조립

가조립을 하여 제작 플랜을 세워 보자

최근의 프라모델은 정밀도가 높고 부품끼리도 아귀가 잘 맞아서 잘라낸 부품들을 그저 설명서대로 접착하거나 끼워 넣어나가기만 해도 특별한 문제없이 완성할 수 있는 것이 대부분이다. 하지만 자기 나름대로 키트에 손을 대보거나 더욱 세밀한 도색을 하는 것이 좋다고 생각한다면 본 조립 전에 「가조립」이라는 단계를 거칠 필요가 있다.

「가조립」이란 각 부품을 접착하지 않고 테이프 등을 사용하여 임시로 고정시켜 조립해 보는 것으로 키트의 구성이나 각 부품의 상태를 파악하고 작업의 순서나 손을 댈 필요가 있는 곳 등을 검토하는 작업이다. 경우에 따라서는 즉석에서 수정해서 각 부품의 형상을 다듬는 일도 있고, 가동 부위라면 가동 범위나 관절의 강도, 클리어런스 (Clearance : 여유 공간이란 뜻으로 특히 기계적 움직임이 필요한 곳에서 다른 부품의 간섭을 받지 않고 움직일 수 있는 공간을 뜻함)를 체크하기도 한다. 또한 개조나 도색하기 편리하도록 조립 순서를 다시 구상하는 경우도 있을 수 있다. 가조립이란 이렇게 실제로 조립하는 과정을 '시뮬레이트'하여 진짜 본편이라 할 수 있는 조립 단계를 대비하는 단계인 것이다.

스냅 핏(끼워넣기) 방식 키트의 경우 간단히 끼워 맞추기만 하면 조립이 끝난 다는 점이 장점이지만 그 반면 한 번 끼우면 그것만으로 단단하게 고정되는 관계로 분리하기가 힘들다. 따라서 스냅핏 모델은 끼워 결합하는 부분을 미리 조금 헐렁하게 가공해 두거나, 경우에 따라서는 아예 접착하는 것을 전제로 '스냅 타이트'를 포기해야 할 필요가 발생하기도 한다.

가조립은 완성형과 같은 상태까지 조립하는 것이 이상적이겠지만 실제로 그 정도 선까지 하기는 힘들다. 블록 단위 등 적당한 선까지 작업하고 그것들을 각자 맞춰보는 방식이 현실적일 것이다. 이것은 각 키트의 부품 구성에 따라 다르지만 가동 기믹이나 부품의 탈착, 내부 재현 등이 있는 곳은 잘 확인해 둘 필요가 있다. 또한 도색의 편의성을 고려하여 먼저 끼워 넣을 부품을 도색한 뒤 나중에 끼워 넣을 수 있게 하는 이른바 '후조립 가공' 또는 'C형 가공'이라는 방법도 있다. 이것을 하면 색상별로 나눠서 칠하기가 편리하다. 외관에 영향이 없도록 '후조립 가공'을 하려면 퍼즐을 맞추는 식의 사고 능력이 필요하다.

▲가조립을 해준 자동차 모형. 일단 부품을 간단히 맞춰보고 키트의 내용을 파악한 뒤 조립과 도색의 순서를 생각해보자.

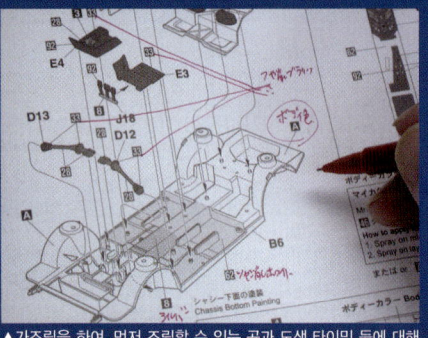
◀가조립을 하여, 먼저 조립할 수 있는 곳과 도색 타이밍 등에 대해서 체크할 사항이 있다면, 설명서에 적어두는 것이 좋다.

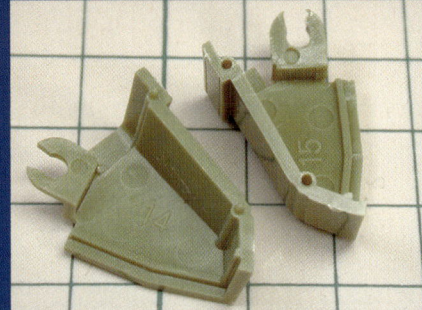
▲접착식 키트에는 위치를 맞춰주는 「가이드 핀」과 「받이」가 있다. 단, 경우에 따라서는 미묘하게 어긋나 있는 경우도 있으니 주의!

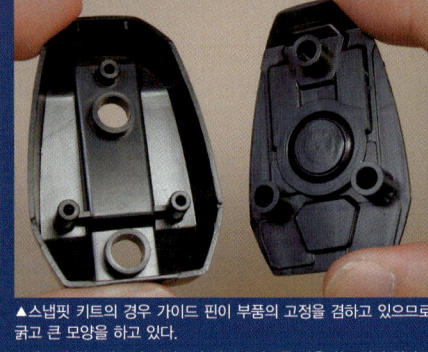
▲스냅핏 키트의 경우 가이드 핀이 부품의 고정을 겸하고 있으므로 굵고 큰 모양을 하고 있다.

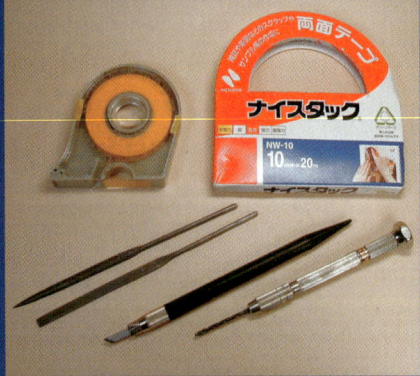
◀가조립에는 마스킹 테이프나 양면테이프를 사용하는 것이 일반적이다. 가능하면 끈적한 점착 성분이 남지 않는 것을 사용하자. 줄은 조립할 때 접합부의 미세 조정용이며 작은 평날이 있으면 좋다. 나이프나 핀 바이스는, '비(非)스냅 가공' 등에 사용한다.

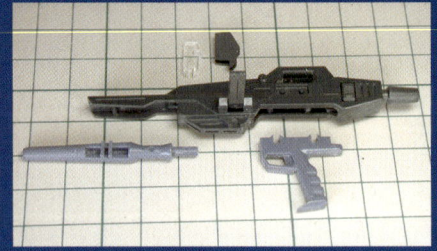
▲끼워 넣는 부품을 도색 후에 끼울 수 있도록 가공한 사례. 그만큼 수고를 들여야 하지만, 접합선 수정은 물론 색상별로 나눠 도색하기가 편리해진다.

가조립과 스냅핏의 조정

복수의 부품을 조립해야 하는 부분은 가조립을 해서 아귀가 잘 맞는지, 움직임은 어떤지를 확인하는 것이 중요. 아귀가 잘 맞지 않는 등의 문제점이 발견되면 보이는 부분만으로 판단하지 말고 원인을 잘 분석한 다음에 수정한다.

CHECK POINT
● 최소단위의 부품은 접착

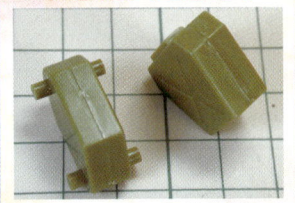
▲'가조립'이라 해도 단순한 접합 부품은 이 단계에서 접착해도 상관없다. 그 편이 가조립 과정도 보다 수월하게 진행된다. 물론 접착하는 부품 사이에 아귀가 잘 맞는가 하는 부분은 미리 파악하여 맞춰 둘 것!

①
▲좌우의 부품을 맞춰본 결과 전체적으로 어긋난 모양이 나왔다. 이런 경우 보통은 퍼티로 메우기에 이어 줄과 사포를 이용한 수정을 하게 되지만 그 전에 하나 확인해 둘 것이 있다.

②
▲그것은 바로 가이드 핀을 잘라서 부품을 맞춰 보는 것. 접착 시에 위치를 잡아주는 역할을 해주는 가이드 핀이지만 이것이 어긋난 것이 원인이 되는 경우도 있다. 그러므로 핀을 잘라낸 뒤 부품의 룰레를 우선해서 맞춰본다.

③
▲부품 둘레를 따라 맞춰보았더니 어느 곳도 문제없이 딱 들어맞는다. 이렇게 가이드핀을 잘라냄으로써 어긋남을 해소할 수 있었다. 이것은 하나의 예로 언제나 이 방법으로 내처할 수 있는 것은 아니지만, 어긋남을 발견했을 때는 시험해 보는 것이 좋다.

4. 조립

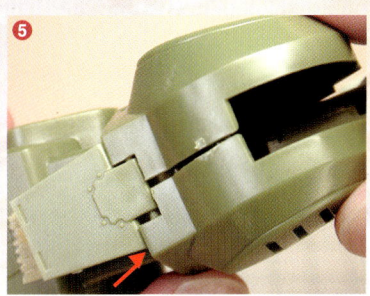

▲끼워 넣는 부품이 많은 관절부위 등은 부품의 아귀가 잘 맞는 지와 더불어 움직임도 확실히 확인해 두자. 이 사례에서는 내부에 관절 부품이 들어가므로 움직임의 견고함, 부드러움을 체크한다. 부품은 마스킹 테이프 등을 이용해서 임시 고정하면 된다.

▲이 사례에서는 정강이 부품(좌우 접합)에 장갑판(판 모양 부품)을 끼워 넣는 부분이 잘 들어맞지가 않는다. 이런 경우는 좌우 부품만을 조립해 보거나 한쪽씩 끼워보고 문제가 있는 부분을 찾도록 한다. 이렇게 해본 결과 화살표로 표시한 곳 때문에 맞지 않았다는 것을 알 수 있었다.

▲부품끼리 간섭하는 곳을 약간 깎아내니까 좌우가 딱 들어맞았다. 또한 판 모양의 부품을 부착할 때는 물론 결합 후의 움직임도 원활. 간섭은 한쪽뿐이었지만, 겉보기에 통일되도록 반대쪽도 약간 더 깎아주었다.

CHECK POINT
● 관절부의 도색 벗겨짐

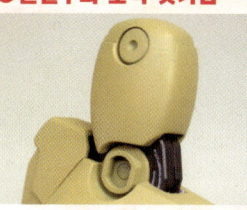

▲도색 후에 관절을 움직여 보니 부품끼리 스치게 되면서 도색이 벗겨진 예. 관절부의 틈새(클리어런스)가 부족하다거나, 부품의 가장자리나 파팅라인이 뾰족하게 남아 있으면 이렇게 되기 쉽다. 가조립 단계에서 미리 체크해 두자.

▲복잡한 곡면 형태의 F1 머신을 가조립한 모습. 최근의 키트에서는 이러한 곡면 접합부도 딱 들어맞으므로, 아귀가 딱 맞는 지를 확인하기 위한 가조립은 거의 필요가 없어졌다 할 수 있다. 다만 전체적인 결합이 어느 정도인지를 확인하기 위해서 가조립을 하는 의미는 여전히 유효하다.

▲지나칠 정도로 딱 들어맞는 부분은 도색 후에 조립해봤을 경우 도색 피막의 두께 때문에 지나치게 빽빽해져서 도리어 결합이 어려워지는 문제가 발생한다. 광택 도색을 했을 때처럼 피막이 두꺼운 경우에는 사전에 부품의 가장자리를 깎아 일부러 여유 공간을 만드는 경우도 있다.

▲이것은 부품 접합면 부분의 움푹 들어간 자리를 끌로 살짝 깎아준 모습. 이런 식으로 움푹 들어간 곳은 나중에 도료가 고이기 쉬우므로 그 부근의 모서리나 바닥 면을 살짝 깎아주어 이러한 영향을 최소한으로 줄일 필요가 있다. 사전에 미리 마무리 가공을 예측한 대응이라 할 수 있겠다.

CHECK POINT
● 추가 가공을 잊지 말 것!

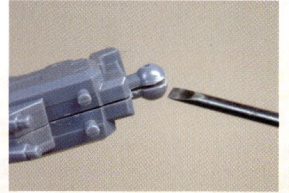

▲키트에 따라서는 부품을 끼우는 구멍 등을 모델러 자신이 직접 가공해야 하는 경우가 있다. 대부분은 부품 뒤의 표시를 기준으로 삼으므로 깜빡하고 그냥 접합시켜 버리면 위치를 알 수 없게 되는 경우가 종종 있으니 주의하도록.

스냅 핏의 경우

스냅 핏은 부품끼리 끼워 넣어서 접착제를 사용하지 않고 고정하는 방식이다. 별다른 가공 없이 '맨조립'으로 끝낼 것이라면 더없이 간편하고 좋지만 도색이나 개조 등을 고려하여 가조립이 필요한 경우에는 결합 부위를 느슨하게 조정해둘 필요가 있다.

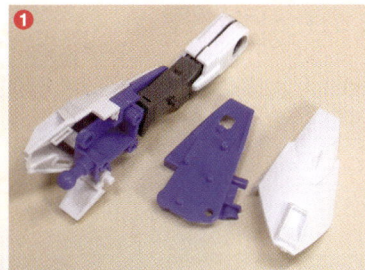

▲끼워 넣는 핀의 가장자리를 잘라서 'D'자형 단면으로 만들어주고 있는 모습. 이렇게 핀을 조금 잘라두면 탈부착이 편해진다. 처음부터 돌출부가 달려 있는 곳도 있으므로 그런 경우에는 그 부분을 깎아주도록 한다.

▲핀을 약간 짧게 자르는 것으로도 결합을 느슨하게 할 수 있다. 이 경우에는 핀의 머리에 약간의 경사를 주도록 가공하면 끼워 넣기가 편해진다. 다만 이 방법의 경우 가조립 정도라면 스냅 핏으로 사용할 수 있지만 최종 완성을 위한 조립에서는 접착해주는 편이 좋다.

▲이것은 끼우는 구멍을 확대하는 방법. 구멍 지름을 0.1mm정도 넓혀주면 적당히 느슨해진다. 도색을 하게 되면 도료의 피막 때문에 핀이 두꺼워져서 구멍크기에 딱 맞는 경우가 있다. 구멍 크기를 더 키우면 부품의 어긋남을 조정하거나 비 스냅화시킬 수도 있다.

CHECK POINT
● 스냅 핏을 분리하는 경우

▲단단하게 고정된 스냅 핏을 분리하려면 부품 사이의 접합선에 일자 드라이버 등을 끼워서 살짝 비틀듯이 해서 연다. 나이프 등으로 해도 되지만 날이 부러질 우려가 있다. 틈새를 벌린 부분에 상처가 나기 쉬우므로 가능하면 눈에 안 띄는 부분에 작업할 것

후조립 가공

「후조립 가공」이란 끼워 넣어야 하는 부품을 도색 후에 장착할 수 있도록 조립 방법을 변경하는 작업. 접합선의 제거는 물론 도색도 쉽게 할 수 있다. 어떻게 가공할지는 부품의 형상을 보고 판단한다.

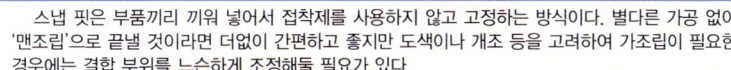

▲후조립 가공을 한 사례를 소개하겠다. 이것은 회색의 관절부를 파란 부품과 하얀 부품 사이에 끼워 넣는 부분이다. 이 상태에서는 조립하고 나서 접합선을 수정하거나 도색하기가 매우 까다로워 보인다.

▲그래서 파란색과 하얀색의 부품을 각각 먼저 좌우를 접착하고 접합선을 수정하기로 했다. 이를 위해 파란 부품 측면의 핀을 잘라서 하얀 부품을 붙인 다음에도 안에 넣을 수 있게 했다.

▲각 부품을 도색한 뒤의 모습. 이와 같이 각각의 블록단위로 정형부터 도색까지 마친 상태에서 각 부품 블록을 조립해주는 것이다. 이렇게 하면 색상을 구분하여 도색하는 것도 깔끔하게 되는 것을 알 수 있을 것이다. 이것이 바로 후조립 가공의 효과다.

CHECK POINT
● 부품에 표시를 한다

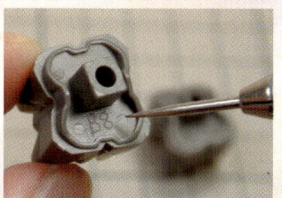

▲비슷한 부품이 여러 개 있거나, 좌우를 착각하기 쉬운 경우에는 눈에 띄지 않는 곳에 부품의 넘버나 좌우 구별용 표식을 새겨두면 좋다. 사진은 부품에 번호를 새겨 넣고 있는 장면.

5. 접착

소재에 알맞은 접착제와 접착 방법을 선택하자

프라모델이나 기타 가공 소재의 접착에는 플라스틱 접착제, 순간접착제, 에폭시 계열 접착제가 사용된다. 기본적으로는 접착할 소재에 맞는 접착제를 골라야 하지만, 이 모두가 플라스틱 부품의 접착에 사용 가능하고 플라스틱 접착제를 제외한 다른 광범위한 소재에도 사용가능하다. 따라서 어느 것을 사용할 지는 접착제의 성질과 더불어 "어떤 상황에서 사용할 것인가"를 아울러 고려해야 한다.

접착을 하는 경우는 크게 둘로 나뉜다. "조립 도중"과 "도색이 끝난 뒤"인데, 여기서 말하는 "조립 도중"이란 부품을 잘라 내거나 정형하는 등, 일련의 작업과정을 뜻한다. 이 단계에서는 부품을 단단히 접착하는 것이 최우선이며 접착 자체가 '접합선 수정' 과정의 일부가 되기도 하므로 접착제가 마른 부분도 단단해져서 접착부가 부품 표면과 위화감이 없게 되어야 한다. 삐져나온 경우에는 나중에 사포질로 수정해주면 된다. 이러한 조립 중의 접착에는 플라스틱 접착제, 순간접착제가 적합하다.

반면, "도색이 끝난 뒤"의 접착에서 중요한 것은 무엇보다 도색 표면을 상하게 하지 않는 것이다. 도색 표면에 프라모델용 접착제 등과 같이 도색을 녹이는 접착제를 사용한다면 불필요한 부분에 묻었을 때 돌이킬 방법이 없기 때문이다. 이 경우, 흘러나와도 눈에 띄지 않는 투명한 에폭시 계열 접착제가 요긴하게 쓰인다. 다만 접착 표면에 하중이 걸리는 경우, 도색 면끼리 맞대어 접착하는 것은 피하는 것이 좋다. 표면끼리는 붙어있더라도 하중이 가해졌을 때 도료 피막이 통째로 벗겨질 가능성이 있기 때문이다. 이것을 방지하려면 보강용 심을 박거나 피막을 깎아낸 다음 접착하는 것이 좋다.

◀모형 제작에 사용되는 주요 접착제. 왼쪽부터 프라모델용 접착제(수지형, 무수지형), 순간접착제와 경화촉진제, 에폭시 계열 접착제(투명), 크래프트 본드, 목공 본드. 각각의 특징을 이해하고 용도에 따라 구분해가며 사용하자.

▲플라스틱 접착제 플라스틱 부품 전용. 접착면에 바르고 접합하면 수지를 녹여서 붙인다.

▲순간접착제는 부품 접합에도 사용되는데 아귀가 잘 맞는 부품끼리는 저점도 타입을 흘려 넣는 편이 좋다.

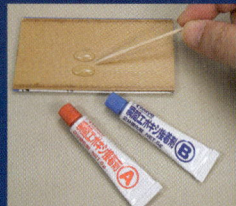
▲에폭시 계열은 우선 2액을 잘 섞을 것. 굳기까지는 접착력이 거의 없는 점에 주의할 것.

프라모델용 접착제로 접착

'수지 타입'은 주로 조립 중에 사용하며 붙인 다음에 확실히 눌러서 건조시키며 '흘려 넣기 타입'은 부품의 접합선에 살짝 흘려 넣는 방식. 금방 건조되어 눈에 띄지 않으므로 조립 중에는 물론 도색 후에도 쓸 수 있다.

CHECK POINT
● 점도가 높아 졌다면…

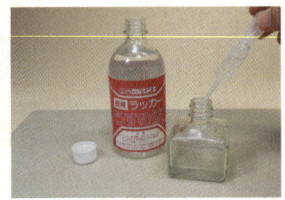

▲수지형 플라스틱 접착제는 사용하고 있는 중에도 용제 성분이 휘발하면서 점점 점도가 높아지게 된다. 점도를 낮추기 위해서는 일반 도료용의 래커 희석액(모형용 래커 계열과 다름)을 넣어주면 된다.

❶ ■프라모델용 접착제(수지 타입)을 이용한 접착

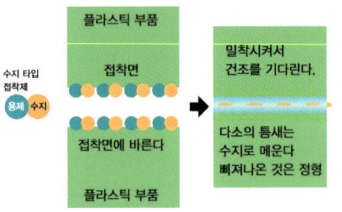

▲수지 타입 프라모델용 접착제를 이용한 접착 구조. 접착제를 바르면 부품의 표면이 녹으며, 동시에 부품과 거의 같은 수지 성분이 더해지게 된다. 이 상태에서 밀착시킴으로써 부품이 이어지고 용제가 휘발하면서 두 부품이 하나가 된다. 접합 라인에 생겨난 약간의 틈새도 메워주지만 완전 건조까지는 조금 시간이 걸린다.

❷

▲기본적인 접착 방법. 부품의 접착면과 고정 핀 등에 적당량의 접착제를 붓으로 칠한다. 접착제가 흘러나오지 않도록 하는 것이 좋다면, 붓 끝의 각진 부분을 이용하여 접착제를 너무 많이 바르지 않도록 하자. 단차가 있는 곳에 접착제가 고이면, 부품을 접합할 때에 흘러나오므로 주의하도록.

❸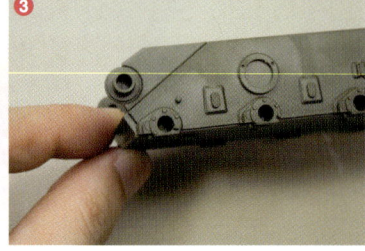

▲접착제를 발랐다면 마르기 전에 접합하여 확실하게 눌러준다. 부품이 서로 밀착된 것을 확인했다면 그대로 건조할 때 까지 내버려 두자. 만약 흘러나온다면 바로 만지지 말고 완전히 건조한 뒤에 사포질을 하여 수정한다.

CHECK POINT
● 리벳 등의 접착

▲리벳 같은 자그마한 몰드 부품의 접착. 흘려 넣기 타입 접착제의 뒷면에 적정량을 바르고, 그대로 붙여주면 된다. 사진에서는 살짝 기울인 도료 접시에 접착제를 부어 리벳을 나이프 끝으로 콕 찍어서 다루고 있다.

❹ ■프라모델용 접착제 (흘려 넣기 타입)을 통한 접착

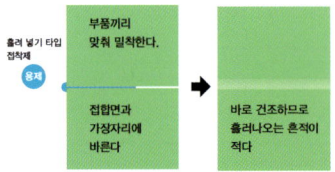

▲흘려 넣기 타입 접착제의 접착 구조. 부품끼리 접합한 상태에서 접합선에 접착제를 흘려 넣어 준다. 그렇게 하면 접합선사이의 틈새로 스며들어서는 부품을 녹여 서로 엉겨 붙게 한 뒤 바로 건조된다. 부품끼리 맞 맞는다면 바로 접착·고정되므로 조립 작업을 스피디하게 진행할 수 있다.

❺

▲부품이 서로 어긋나지 않도록 접합하여 접점에 접착제를 흘려 넣는데. 살짝 발라주는 것만으로 접착제가 흘러들어가서 흔적도 거의 남기지 않고 접착 된다. 접착면의 상태가 좋으면, 가볍게 사포질을 하는 것만으로 접합선을 제거할 수 있을 정도다. 아귀가 잘 들어맞지 않는 경우는 사전에 평면 작업을 해두자.

❻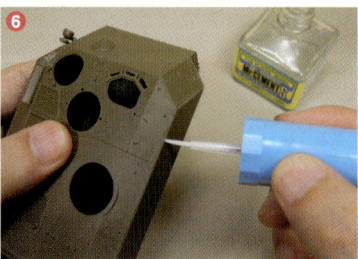

▲각 패널 사이의 접합 접점이 긴 경우에도 흘려 넣기 접착을 하는 쪽이 편하다. 다만 주의해야 할 것은 강도의 확보. 접착제가 부품 안까지 침투하지 못한 채로 표면만을 건조시키면, 나중에 "빠직" 하고 갈라져 버리는 경우도 있다. 부품 사이를 약간 띄운 상태에서 흘려 넣고 바로 닫아주는 것도 좋다.

순간접착제로 접착

단시간에 강력하게 붙는 것이 순간접착제의 특징이자 장점. 스피디한 작업을 할 경우에는 편리하지만 일단 접착이 끝나면 수정하기 어려우므로 주의가 필요하다. 폭 넓은 소재를 접착할 수 있으며, 플라스틱 이외의 접착에서도 활약한다.

▲원래 프라모델에는 플라스틱 접착제를 사용하지만 시간이 부족할 때나 스냅핏 부분이 확실하게 끼워지도록 하고 싶을 때에는 순간접착제를 사용한다. 일단 붙으면 수정을 할 수 없으므로 방향이나 조립 방식을 착각하지 않도록 주의. 삐져나오는 것을 피하기 위해 안쪽 구멍에 접착제를 발라주는 것도 좋은 방법. 또한 저점도 타입은 노즐을 부착해서 사용하자.

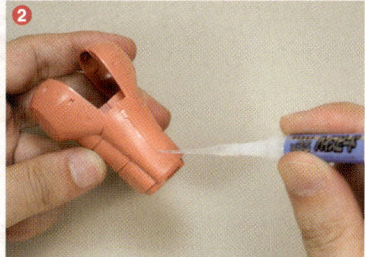

▲부품끼리의 접합선을 제거하는 경우. 접착과 접합선의 수정을 겸해서 접합면을 순간접착제로 붙인다. 접합면이 딱 맞는다면 저점도 타입을 흘려 넣어 주는 게 좋지만, 단차와 틈새가 눈에 띈다면, 중점도~고점도를 사용하자. 빨리 굳는 데다 경화 후에 수축이 없는 것도 순간접착제의 장점이다

▲흘려 넣기 접착에서 곧잘 일어나는 실수. 접착제를 너무 많이 흘려 넣어서 접합선과 교차하는 몰드까지 흘러 들어가고, 손에까지 묻어버리는 참사가…. 이쯤 되면 수정이 매우 어려우므로 저점도로 작업을 할 때에는 주의하도록 하자. 부품에 칠하기 전에 노즐에서 나오는 정도를 확인한 후에 사용하도록 하자.

CHECK POINT
● 노즐이 막혔다면…

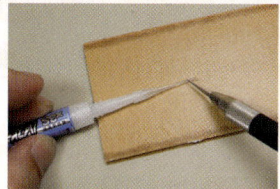

▲노즐 끝에 있는 접착제가 굳어서 막히는 사태는 흔히 있는 일. 이럴 때에는 막힌 곳을 나이프로 잘라서 사용하자. 노즐이 짧아지지만 노즐이라는 것은 어디까지나 '소모품'이라는 것을 기억할 것! 대각선으로 자르면 부품 가장자리에 바르기 쉬워진다.

▲키트 개조로 폴리에스테르 퍼티와 에폭시 퍼티를 사용하는 경우. 퍼티가 벗겨졌다면 순간접착제를 틈새의 안쪽에 흘려 넣어서 접착하자. 이렇게 벗겨짐 방지 외에, 서로 다른 소재의 접착을 눈에 띄지 않게 만들기 위해, 순간접착제를 얇게 발라 정형하는 방법도 있다.

▲에칭 부품 등, 금속과 플라스틱의 접착도 순간접착제가 편리. 접착면이 좁은 경우에는 점도가 높은 고강도 타입을 사용하는 것이 좋다. 접착제가 흘러나오지 않도록 이쑤시개 등을 이용하여, 필요한 부분에 조금씩 발라 주도록 한다. 접착할 부위에 에칭 부품을 올려둔 뒤 접점 부분에 조금씩 발라주는 방법도 있다.

▲순간접착제로 접착을 한 경우, 접착제의 성분이 휘발되면서 주변에 부옇게 흐려지는 경우가 있다. 투명 부품의 접착이나 마무리 단계에서의 사용은 피하는 게 좋지만, 사전에 경화 촉진제(프라이머)를 발라두면 이러한 '백화 현상'을 억제할 수 있다. 합성수지에 적게 영향을 끼치는 알코올 계열을 사용하자.

CHECK POINT
● 도색 표면끼리 접착하면

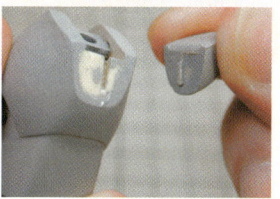

▲서페이서를 뿌린 면을 접착하면 표면적으로는 붙어 있어도, 힘이 가해지면 서페이서와 함께 벗겨져 버리는 경우가 있다. 강력하게 접착하려면 밑칠을 벗기고 소재면 끼리 접착하자

에폭시 계열 접착제, 목공 본드

클리어 부품과 도색 후의 접착 등에서는, 에폭시 계열 접착제와 목공 본드(초산 비닐 계열)가 활약. 양쪽 다 발라서 붙이는 방식이다.

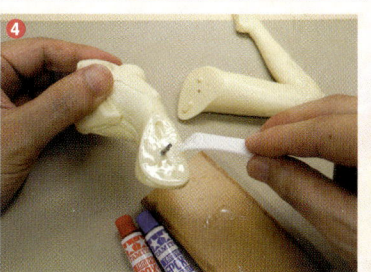

▲2액형 에폭시 계열 접착제는 다소 틈새가 있는 부분도 접착할 수 있으며, 도색 표면에 대한 영향도 적으므로 투명 부품이나 도색 표면의 접착에 적합하다. 사용하는 방식은 A액, B액을 동일한 양으로 혼합하여 바르고 붙인다. 투명 타입이라면 삐져나와도 눈에 잘 띄지 않는다.

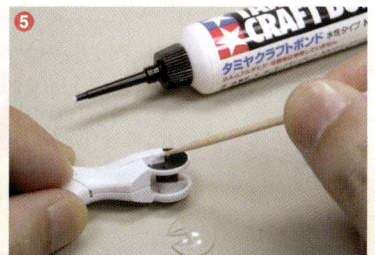

▲투명 부품의 접착 예. 일반적인 프라모델용 접착제 등으로는 흘러나온 것을 수정하기 어렵고, 순간접착제라면 백화현상이 일어날 우려가 있다. 이런 장소에는 틈새가 있는 경우도 많으므로 에폭시 계열 접착제를 추천한다. 이 경우에는 차체 쪽에 접착제를 점으로 찍듯이 발라서 붙여준다.

▲붙이는 작업이 끝났다면 표면에서 봐서, 어긋남이 있거나 접착제가 흘러나온 곳이 없는지를 체크. 경화하기 전이라면 이러한 문제를 수정하는 것도 가능하다. 필요하다면 부품의 위치가 어긋나지 않도록 마스킹 테이프 등으로 가조립을 해보는 것도 좋다.

CHECK POINT
● 삐져나왔을 때의 대처

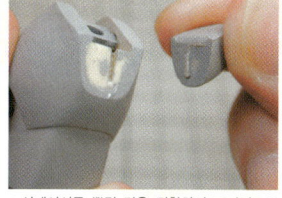

▲에폭시 계열 접착제가 흘러나온 경우 경화하기 전이라면 에나멜 도료의 용제로 닦을 수 있다. 면봉에 용제를 묻혀서 사용하면 될 것이다. 또한 반경화로 아직 부드러운 상태라면, 흘러나오는 부위에 나이프로 칼집을 내고 손가락으로 집어서 제거하는 것도 가능. 단, 자칫하면 도색이 벗겨질 위험이 있으므로 주의!

▲레진과 메탈 부품을 접착하는 경우 아무래도 순간접착제만으로는 강도 면에서 다소 불안하다. 특히 부하가 걸리는 부분은 에폭시 계열 접착제로 확실하게 접착하자. 접착면 전체에 발라서 빈틈없이 붙인다. 위치 가이드와 보강을 겸해서 금속선으로 된 축을 통과시켜주면 안심이다.

▲투명 부품의 접착에는 목공 본드나 크래프트 본드 등 초산 비닐 계열의 접착제를 사용하는 방법도 있다. 플라스틱에 대한 접착력은 그리 강하지 않지만, 건조하면 투명해지고 소재를 녹이지 않으므로 부품이 잘 망가지지 않는다. 사진은 소량을 접합면에 바르고 있는 모습.

▲부품을 접착한 후 삐져나온 접착제를 이쑤시개로 문질러 제거하고 있는 모습. 부품의 접합면에 얇게 펼쳐서 고착시키는 것뿐이므로 필요에 따라서는 벗겨내는 것도 가능하다. 위험 부담이 적은 방법이라 할 수 있다.

CHECK POINT
● 희석해서 사용한다.

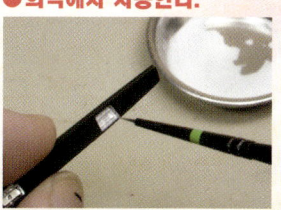

▲목공 본드 계열은 물로 희석할 수가 있다. 사진은 투명 부품을 끼워 넣고, 그 가장자리에 희석한 본드를 흘려 넣고 있는 모습. 여기서 한층 더 희석하여 데칼을 붙이는 '풀'로 사용하는 경우도 있다.

6. 접합선 수정

틈새와 단차를 다듬어서 면을 매끄럽게 이어준다

「접합선」이란 부품과 부품을 붙였을 때의 경계선을 뜻한다. 조립한 상태에서 보면 "부품의 분할선"이라는 뜻으로 볼 수도 있다. 이 접합선이 완성 후에 보이지 않는 곳에 있다면 상관없지만 겉으로 드러나는 경우에는 역시 제거하는 것이 보기 좋다. 단차나 틈새가 있는 곳을 다듬어서 깔끔하게 마무리해주는 것이다. 이런 부분은 파팅라인의 처리와 마찬가지. 최근의 키트는 아귀도 잘 맞고 접합선의 위치 설정에도 많은 궁리를 하고 있으므로 부담이 이전보다 줄어든 것이 사실이다.

사실 접합선 수정은 부품의 아귀를 맞춰보는 가조립 단계가 그 시작이다. 부품끼리 잘 들어맞으면 접합면의 틈새나 단차가 줄어들면서 작업에 효율을 기할 수 있기 때문이다. 그리고 접착할 때에도 접합선 제거를 지우기 편한 방법을 고려하여 어떻게 접착할 것인지를 정하는 것이 좋다. 예를 들어 수지를 녹여서 접착하는 플라스틱 접착제의 특성을 살려 접착제를 다소 넉넉히 바른 뒤, 삐져나온 플라스틱 수지를 퍼티대신 사용하여 접합선을 메우는 방법은 흔히 사용되는 방법이며, 다소의 어긋남이나 틈새가 있는 것을 알고 있는 경우에는 부품을 맞춘 다음 접합면 부분에 순간접착제가 일부러 삐져나오도록 흘려 넣어, 접착과 틈새 메우기를 겸하는 방법도 있다.

메우는 작업에 사용하는 것은 래커 퍼티나 순간접착제로, 래커 퍼티는 플라스틱에 잘 맞고 「액체 퍼티」로 만들어 사용하면 움푹 파인 곳에 바르기도 쉽지만 건조할 때까지 시간이 걸리며 큰 틈새에서는 수축할 가능성이 크다. 순간접착제는 빨리 굳고 큰 단차나 틈새도 메울 수 있어서 신속하게 작업하기 좋다. 하지만 단단해서 정교한 부분은 깎아내기 어렵다는 단점이 있다. 또한 틈새나 단차가 큰 경우에는 에폭시 퍼티나 폴리에스테르 퍼티를 사용해야 하는 경우도 있다. 어느 쪽이건 접합 부위의 상태를 파악하여 가장 적합한 접착제를 고를 수 있도록 하자.

◀접합선 수정에 사용할 접착제와 퍼티, 프라모델용 접착제는 수지가 들어 있는 것을 사용하며 순간접착제는 틈새의 크기에 따라 점도를 구분하여 사용한다. 단차를 메울 때는 래커 퍼티, 또는 입자가 굵은 서페이서를 덧칠하는 것도 방법.

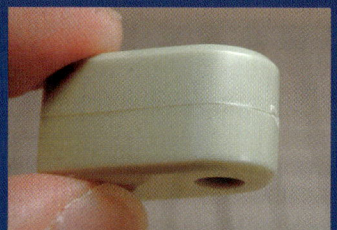

▲부품을 붙인 자국이 「접합선」이다. 분할하는 과정에서 생긴 것이므로 없애서 마무리하자

▲접합선을 지우기 위해 단차나 틈새를 퍼티로 메운다. 이것은 액체퍼티를 바르는 모습

CHECK POINT

● 퍼티는 약간 넉넉하게 바른다

▲래커 퍼티에 의한 접합선 수정을 그림으로 그려 보았다. 래커 퍼티는 용제 성분이 휘발하면 부피가 조금 줄어든다. 이를 예측하여 파인 곳에 약간 넉넉하게 발라야 하는데 바르는 양이 늘어나면 건조가 늦어지므로 적당히 조절할 것. 퍼티가 건조하면 사포질을 해서 주위를 다듬는다.

래커 퍼티로 접합선 수정

가장 스탠더드한 접합선 수정 방법은, 래커 퍼티로 틈새를 메운 후 정형하는 방법. 퍼티 대신 병 타입 서페이서를 사용해도 좋다.

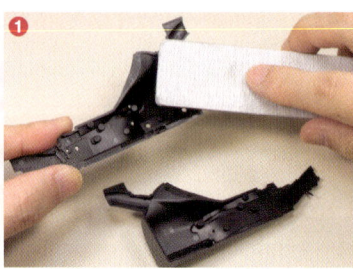

❶ ▲우선 접합 전 단계. 퍼티 메우기는 가능하면 적게 하는 편이 좋으므로 부품이 잘 접합되도록 작업해둔다. 평면으로 접합하는 곳은 접착면을 약간 사포질하여 미묘한 일그러짐을 없애 버림으로써 한층 더 쉽게 밀착하게 된다.

❷ ▲이어서 좌우를 접합한다. 사진의 예는 접착면이 긴 편이므로 흘려 넣기 용 접착제를 사용하고 있다. 접착 전에도 하는 일이지만, 접합한 후에도 좌우의 어긋남이 없는지를 체크. 만약 있다면 부품을 약간 비틀어서 가능한 맞추도록 하자.

❸ ▲접합선에 생기는 틈새와 단차를 메우기 위해서 「액체퍼티」를 바르고 있는 모습. 액체 퍼티는 래커 퍼티를 쉽게 바를 수 있도록, 래커 계열 도료용 희석액을 혼합한 것. 접합선주위에 얇게 발라준다

❹ ▲퍼티가 건조되었으면 사포질. 400~600번을 사용하여 찌꺼기가 발생하지 않도록 물 사포질을 하는 게 좋다. 홈과 단차에서 낮아진 부분에 퍼티가 남아 있다. 이후 부품을 만져서 단차가 있는지 확인해 보자

❺ ▲단차 상태가 있는 곳에 부품을 끼워 넣은 부분. 접합선에 틈새가 있으며, 단차가 있음을 알 수 있다. 여기서도 마찬가지로 래커 퍼티로 메워서 접합선을 제거하자

❻ ▲퍼티 메우기 후 사포질까지 끝낸 상태. 틈새를 그레이 퍼티로 메워서 홈이 없어진 것뿐만이 아니라, 주변의 단차도 제거하여 하나의 면이 되었다. 부품 면도 약간 깎아서 형태를 다듬었다.

순간접착제로 접합선 수정

건조 시간을 기다리지 않고 재빨리 접합선을 제거하는 것이 좋다면, 순간접착제를 사용하는 방법도 있다. 경화가 끝나면 플라스틱보다 단단해 지므로 사포질하기 쉬운 부분에 적합하다.

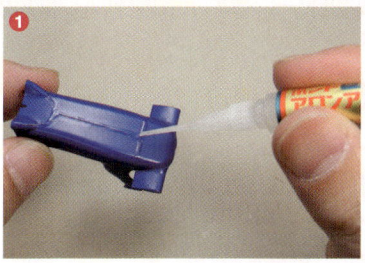
▲부품의 접합 단계까지는, 래커 퍼티의 사례와 동일. 흘려 넣기 접착제로 가조립하여, 부품 위치를 맞춰두자. 다음에 부품의 접합선을 따라서 순간접착제를 붙인다. 이 사례에서는 일반적인 중점도 타입을 사용하고 있다.

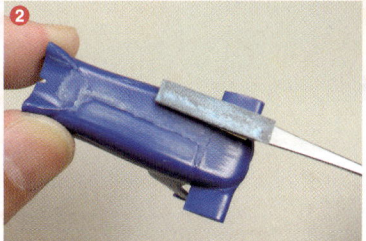
▲발라놓은 순간접착제가 그대로 경화되는 것을 기다리거나 경화 촉진제를 스프레이로 뿌려서 빨리 굳힌다. 굳힌 부분은 플라스틱보다도 단단하므로 그 부분을 확실하게 깎는 것을 의식한다. 사례는 조색 스틱에 400번의 사포를 붙여서 사용하고 있다.

▲우선 윗면을 평평하게 정형한 모습. 접합선 근처에 색이 약간 진해 보이는 부분이, 순간접착제로 메운 부분이다. 나머지 접합선도 마찬가지로 정형하고, 그 후에 800번으로 사포질을 하여 흠집을 없앤다.

CHECK POINT
● 단차가 큰 경우에는

▲틈새와 단차를 정리하는데 폴리에스테르 퍼티를 사용한 사례. 위쪽이 바른 상태이며, 검은 부분은 고점도의 순간접착제를 사용하고 있다. 아래쪽이 정형 후. 중앙의 단차를 다듬어 놓은 부분. 면을 원활하게 이어주기 위해서 넓게 퍼티가 남아 있다.

플라스틱 접착제로 접합선 수정

플라스틱 접착제로 접착면을 녹이고, 녹인 수지로 틈새를 메우는 방법. 틈새가 큰 곳에는 적합하지 않지만 퍼티도 필요 없으며, 성형색 그대로 완성하는 것도 가능하다.

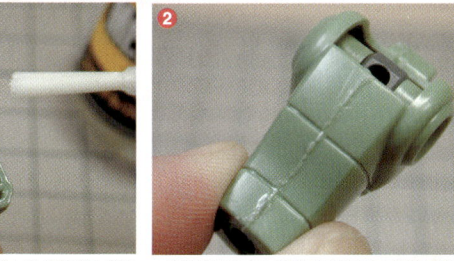
▲우선은 접착면에 수지 타입의 플라스틱 접착제를 대량으로 바른다. 그렇다고 지나치게 많이 바르면 플라스틱 부품이 너무 많이 녹아서, 건조까지 시간이 걸리므로 통상의 접착 보다 약간 많은 정도면 된다. 이를 접합 부품 양면에 행한다.

▲접착제를 바르고 잠시 기다렸다가 부품을 붙인다. 그리고 좌우에서 강하게 밀어 붙인 상태가 이것. 접합선을 따라서 녹아내린 수지가 흘러나와 있다. 이 수지 성분이 틈새를 메우는 것이다.

▲녹아내린 수지는 부드러우며 바로 경화하지 않는다. 접착 후 최저 하루, 가능하면 2~3일 정도 그대로 건조 시켜 두자. 손톱 끝으로 눌러서 흔적이 생긴다면 아직 이른 것이다. 표면이 건조해도 내부의 건조는 시간이 걸리므로 신중하게.

▲건조가 끝났다면 사포질로 표면을 정리한다. 우선은 400 사포를 사용. 처음에는 흘러나온 부분을 중심으로 하고, 서서히 면 전체를 정리하듯이 마무리한다. 최종적으로는 800~1000번까지 사포질하면 OK다

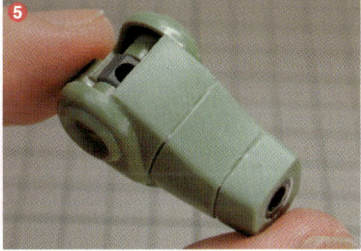
▲사포의 번호를 올려서 완성한 상태. 단차와 틈새가 없는 것은 물론이고, 접합선의 흔적도 희미하게 보일 정도로 되어 있다. 접합선 작업은 이걸로 끝이다.

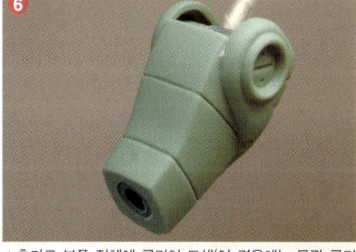
▲추가로 부품 전체에 클리어 도색(이 경우에는 무광 클리어)을 한 모습. 사포질 한 면과 다른 면이 통일되어서, 사포질을 한 흔적을 알 수 없게 되어버렸다. 원래의 성형색을 살리면서 접합선을 제거하는 것은 이 방법만의 고유한 특징.

CHECK POINT
● 건조부족일 경우

▲이것은 아직 건조가 덜 된 상태에서 사포질을 해버린 예. 접착한 부분이 부드러우면 사포에 의해 수지가 움직여서 깨끗하게 깎이지 않는다. 또한 자기 딴에는 평평하게 해놓은 셈이라 해도 건조가 진행되면 결국 더 수축하고 만다

밀핀 자국을 지운다

「밀핀 자국」이란 프라모델의 부품을 금형에서 분리할 때 밀어내는 봉의 자국이다. 일반적으로는 부품의 뒷면에 있는데 완성 후에 보이는 곳에 있는 것은 메워주도록 하자. 작업은 파팅라인이나 접합선의 수정과 같은 요령이다.

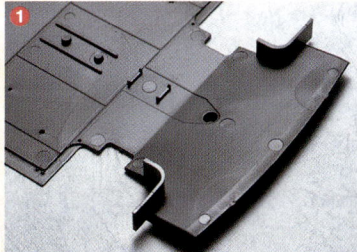
▲부품의 도처에 보이는「○」부분이 밀핀 자국이다. 이 예와 같이 움푹 파인 경우가 많지만 볼록 솟은 경우도 있다. 솟은 것은 깎아내면 되지만 파인 것은 퍼티로 메워야 할 필요가 있다.

▲밀핀 자국에 액체 퍼티를 바른다. 플라스틱의 얇은 홈을 메우는 데는 순간접착제보다 래커 퍼티가 더 플라스틱 표면에 잘 동화되고 경도도 플라스틱에 가까워서 사포질하기가 쉽다. 순간접착제는 단단해서 아무래도 부품 뒷면의 좁은 곳은 깎기 힘들다

▲왼쪽이 키트의 부품으로, 각 부분에 밀핀의 흔적이 있다. 오른쪽은 그런 핀의 흔적을 순간접착제로 메워서 사포질 까지 끝낸 상태. 접합선 수정과 마찬가지로, 파인 곳을 단순히 메우는 것뿐만이 아니라 주변과 평탄하게 한 면이 되도록 마감해준다.

CHECK POINT
● 퍼티의 여분을 닦아낸다.

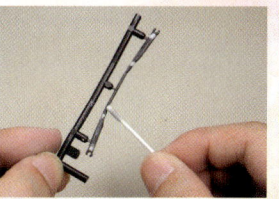
▲액체 퍼티로 움푹 들어간 곳을 메운 경우, 여분의 퍼티를 닦아서 사포질을 줄이는 방법도 있다. 사진의 경우, 면봉 등에 래커 계열의 도료 희석액을 발라서 문지르면 된다. 주변 몰드의 손상을 피하고 싶은 경우에도 사용하도록 하자.

7. 표면처리

흠집과 일그러짐을 처리하여, 도색에 대비한다.

「표면처리」는 부품 가공의 최종 마무리, 도색을 위한 준비단계로 흠집 없이 매끈한 표면을 만드는 작업으로, 구체적으로는 파팅라인 처리, 접합선제거로 생긴 사포질 흔적을 없애는 것 외에 표면의 미묘한 일그러짐(수축)의 수정 등을 열거할 수 있다. 또한 폴리에스테르 퍼티나 레진 등의 소재에서는 표면에 생긴 「기포」를 메워줄 필요도 있다. 기포는 작고 그 수가 많을 뿐만 아니라 표면에 드러난 구멍보다 내부가 넓고 깊어 메우기가 번거로운 경우가 많다. 표면처리는 꼼꼼함과 끈기가 필요한 작업인 것이다.

이러한 표면처리에 빼놓을 수 없는 것이 「서페이서」로, 그 효과는 다음과 같다.

- 자잘한 사포질 흔적을 지운다.
- 색을 정돈하고 표면의 흠집을 찾아내기 쉽게 해준다.
- 서로 다른 소재의 질감을 통일시켜준다.
- 소재 뒷면에서 빛이 투과되는 것을 막아준다.
- 도료의 유착을 돕는다.

서페이서를 사용하여 표면처리부터 밑바탕까지 일괄 처리 가능하지만, 반드시 "표면처리 = 서페이서 작업"인 것은 아니며, 뿌린 이후의 작업 내용 또한 중요하다. 서페이서는 종류도 많고 소재별 적합 여부의 문제도 있으므로, 그 부분은 카탈로그 페이지를 참고했으면 한다.

또한 사전 정형과 흠집의 마감이 충분하다면 서페이서를 사용하지 않고 표면 처리를 완료하고, 도색 작업으로 넘어가도 된다. 도색의 유착 개선에는 「프라이머」를 사용한다거나, 바탕색을 통일하는 역할은 도료에 맡겨도 된다. 표면 처리가 어느 정도로 필요한지는, 목적한 완성도에 따라서 다르므로, 상황에 따라서 유연하게 대처하면 될 것이다.

▲서페이서 뿌리기에는 흠집 메우기 외에, 소재의 색을 숨기고, 색을 통일하는 '바탕색'으로서의 효과도 있다.

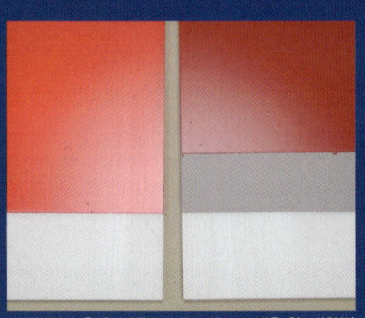
▲사포질의 흠집이 있는 면에 그대로 도색을 한 것(왼쪽)과, 서페이서를 뿌린 다음에 도색한 것(오른쪽). 서페이서를 뿌리면 흠집이 잘 드러나지 않는다.

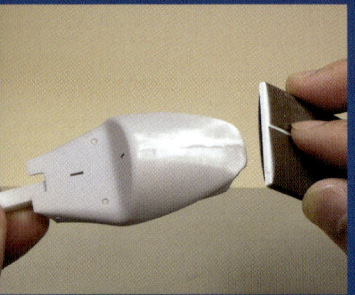
▲퍼티로 메운 부분에 서페이서를 뿌려서 사포질을 함으로써, 미묘한 일그러짐도 알 수 있고 정돈하기 쉬워진다.

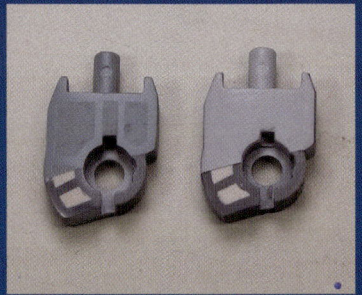
▲플라스틱과 퍼티 종류 등, 다른 소재가 섞여 있는 면의 질감을 통일한다. 또한 도료의 유착을 돕는 효과도 있다.

표면 처리 실천

그럼 스프레이 타입의 서페이서를 사용하여, 부품의 흠집과 굴곡을 지우는 「표면 처리」를 해보자. 서페이서를 뿌리는 상황에 맞춰서 표면 처리 수순을 확인하는 것이 좋다.

① ▲접합선을 제거한 부품의 표면 처리를 한다. 이미 800번까지의 사포질을 하여 표면을 다듬은 상태다. 그 완성도의 확인과 메운 부분의 색을 통일하기 위해서, 이후에 서페이서를 뿌려준다

② ▲부품에 서페이서를 뿌리는 것을 「서페이서 뿌리기」라고 한다. 수순은 캔 스프레이의 도색과 마찬가지로, 스프레이를 횡 이동시키면서 뿌려준다. 처음에는 약간 떨어져서 얇게 뿌리다가, 그 후에 전체에 확실하게 착색되도록 뿌려주면 된다.

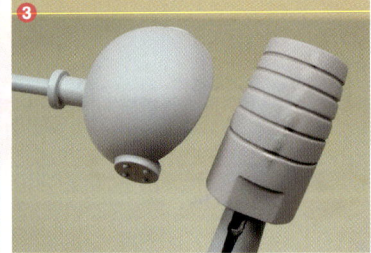
③ ▲서페이서 작업이 끝난 후 확인. 왼쪽의 둥그런 부품은 접합선을 메운 흔적이 안 보이게 되었으며, 흠집도 없어 매끈한 상태. 이걸로 OK. 오른쪽 부품은 접합선이 메워지기는커녕 아직도 부풀어 오른 것처럼 보인다.

● CHECK POINT
● 서페이서로 메우는 상태

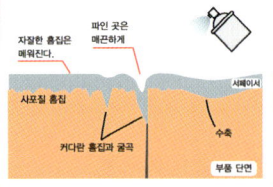

▲흠집이 있는 면에 서페이서를 뿌린 상태를 그림으로 그려 보았다. 800번 정도의 사포질 흠집이라면, 100~1200번의 서페이서를 뿌려줌으로써, 거의 평평하게 메워준다. 그보다도 커다란 흠집과 파인 곳은 완전히 메워주지 못하고 조금 낮아지는 정도. 상황에 따라서는, 추가로 사포질을 하게 된다.

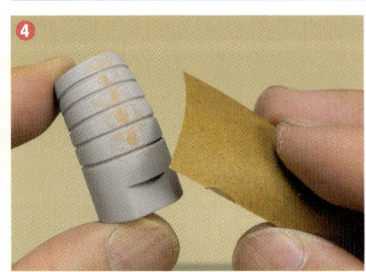
④ ▲그 부분에 사포질을 약간 해보았다. 부풀어 오른 부분은 서페이서가 바로 깎여나가므로, 면이 매끄럽게 이어지지 않음을 확실하게 알 수 있다. 접합선에 바른 순간접착제를 깎아내는 것이 부족했던 모양이다. 그래서 다시 면을 하나로 이어주기 위해 사포질을 한다.

⑤ ▲마무리가 어설펐던 부분을 사포질. 이번에는 매끈하게 정리가 되었을 터. 이후 서페이서가 벗겨진 면에 다시 서페이서를 뿌려준다. 그때 색을 통일하려고 하다가, 자기도 모르는 사이에 두껍게 뿌리기 십상이므로 주의. 역시 처음에는 얇게 뿌려주고 그 위에 차근차근 덧칠하도록 한다.

⑥ ▲서페이서 뿌리기가 마무리 된 부품. 이로써 흠집이나 단차가 없는 균일한 표면이 되었다. 서페이서를 뿌리는 중에 먼지가 달라붙는 경우도 있으므로, 주의하도록 하자. 이렇게 부품 표면을 정리했다면, 다음은 드디어 도색 작업에 들어가게 된다.

수축 처리

부품 표면이 원래의 형태보다도 살짝 패여 있는 부분을 「수축」이라고 부른다. 이러한 일그러짐을 수정하는 것도 표면 처리 중 하나이다. 여기서는 퍼티로 메우는 것이 아니라, 먼저 서페이서를 뿌린 다음에 사포질을 하는 방법을 소개하겠다.

▲「수축」은 부품의 가장자리 부근과 두께가 있는 곳의 표면에 발생하기 쉽다. 부품이 광택이라면 빛을 비춰봐서 반사하는 상황을 보면, 수축에 의한 일그러짐을 잘 알 수 있다. 그리고 유광 도색을 하는 경우에는 특히 신경이 쓰이므로 다듬어주자

▲부품 각 부위에 수축이 있는 경우에는 전체적으로 서페이서를 뿌린 다음에 각 면을 사포질하면 빠짐없이 대처할 수 있다. 서페이서 작업의 경우 그냥 메우는 것만을 우선시한다면 대충 작업해도 그만이겠지만 아무래도 디테일한 부분이 메워지는 것은 좀 곤란하다. 사진에서는 「Mr. 서페이서 1200」을 사용.

▲이어서 부품 표면을 쓰다듬어 주듯이 800번 정도로 사포질을 한다. 이렇게 하면 수축된 곳에 서페이서가 남아 있는 상태를 잘 알 수 있다. 여기서 부품 표면을 약간 깎아내는 정도로 사포질하여 표면을 다듬는다. 그 후 다시 한번 서페이서를 뿌려 색을 통일시킨 뒤 완성도를 확인하자.

CHECK POINT
● 마무리를 위해 서페이서 뿌리기

▲수축의 처리, 파인 곳의 메우기를 끝내고, 각각 다시 서페이서를 뿌려서 마무리 한 상태. 이 서페이서 뿌리기는 메우는 효과보다도, 색과 질감을 통일하는 것이 목적이다

움푹 들어간 부분이 남아 있는 경우의 대처법

서페이서를 뿌린 뒤에 움푹 들어간 부분이 선명하게 드러났을 경우, 얕은 흠집이나 수축이라면 서페이서면을 사포질하여 다듬어주거나 그렇지 않을 경우에는 퍼티로 메우게 된다.

▲접합선 부분을 다듬으려 했는데, 서페이서를 뿌려 보니 움푹 들어간 부분을 발견. 래커 퍼티로 메우는 작업이 좀 부족했던 모양이다. 부품과 퍼티의 색이 다른 상태인 경우, 의외로 이런 실수를 놓치는 경우도 있다.

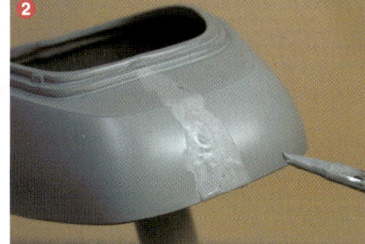
▲서페이서를 뿌린 뒤에 메울 때는 액체 퍼티나 병 타입 서페이서를 사용하면, 서페이서면과 잘 어우러져서 좋다. 마른 다음에 사포질을 하는 데 미리 뿌려두었던 서페이서면까지 깎지 않고 평평하게 할 수 있으며 재차 서페이서를 뿌릴 필요도 없다

▲하지만 서페이서를 두껍게 뿌린 경우가 아니라면 사포질을 하자마자 금세 소재면이 드러나고 말 것이다. 주위를 충분히 다듬어서 파인 곳이 없는지를, 보기만 하지 말고 손가락으로 만져서 확인하자. 그리고 충분하다면 다시 서페이서를 뿌려준다

플라스틱 + 폴리에스테르 퍼티 인 경우

플라스틱과 폴리에스테르 퍼티 등 서로 다른 소재가 섞여 있는 표면의 처리에는 신경을 써야 한다. 표면의 마무리와 서페이서의 유착 정도가 다르기 때문이다. 여기에서는 플라스틱 용 서페이서를 사용하고 있다.

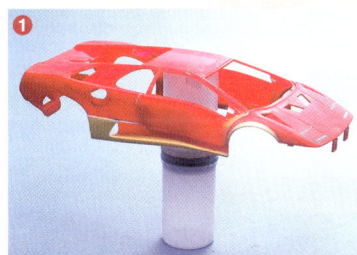
▲자동차 모델의 바디 일부를 폴리에스테르 퍼티로 개조한 모습. 노란 부분이 폴리에스테르 퍼티 부분이다. 표면 확인과 도색의 바탕을 정리하기 위해 서페이서를 뿌린다. 부품의 지붕 뒤에는 서페이서를 뿌릴 때 사용하기 위한 손잡이를 달아 놓았다

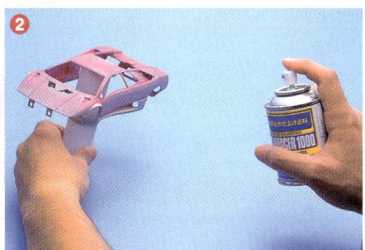
▲플라스틱용 서페이서가 폴리에스테르 퍼티 표면에 잘 정착되도록 처음엔 퍼티 작업 표면에 중점을 두고 다소 떨어진 곳에서 얇게 뿌려 건조시킨다. 색이 확실하게 유착되지 않는다고 두껍게 뿌리지 않도록 주의할 것. 이후 조금씩 덧칠하여 색이 확실하게 유착되도록 한다.

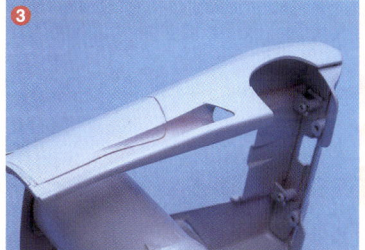
▲폴리에르테르 퍼티로 개조한 부분은 프라모델 키트의 표면보다도 줄의 흔적이 남기 쉬우므로, 우선은 그 부분을 확실하게 덮어준다. 상태를 확인하여 양호하면 그 시점에서 종료. 만약 흠집 등이 있다면, 위에서 소개한 수축이나 움푹 들어간 곳의 처리와 동일한 작업을 한다.

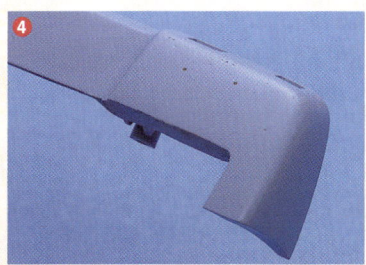
▲범퍼 부분에 폴리에스테르 퍼티의 기포가 발견되었다. 서페이서를 뿌리기 전이라면 같은 폴리에스테르 퍼티로 메울 수 있겠지만, 뿌린 후에는 폴리에스테르 퍼티를 뿌려도 잘 정착되지 않는다. 이럴 때는 액체퍼티로 메우는 것이 정답이다

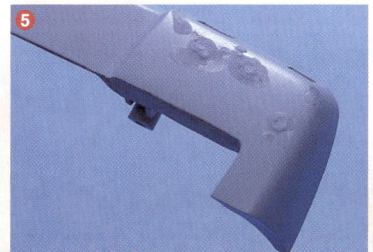
▲액체퍼티를 바른 모습. 기포는 대부분의 경우 '구' 형태의 구멍으로, 그중 일부가 표면에 드러난 것이 기포다. 보기보다 내부가 깊은 경우도 있으므로 퍼티를 안쪽까지 확실히 채워 넣어 주자. 액체 퍼티는 수축도 고려해서 부품면보다 다소 높게 넉넉한 양을 바른다.

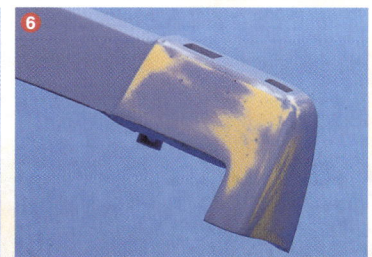
▲이후로 표면에 사포질을 해서 다듬는다. 기포가 그레이의 퍼티로 메워 졌음을 확인할 수 있다. 이 때 폴리에스테르 퍼티 면까지 깎아버리면 새로운 기포가 생겨나기도 하므로, 가능한 한 주위의 면을 깎아내지 않는 것이 좋다.

CHECK POINT
● 다른 소재를 이어준다

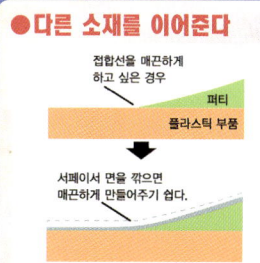
▲플라스틱 부품에 폴리에스테르 퍼티나 에폭시 퍼티를 바른 부분을, 경계선 없이 이어주고 싶은 경우. 소재면 그대로는 절삭성과 질감의 차이로 인해서 미묘하게 흔적이 남는다. 그럴 때는 서페이서를 뿌린 다음에 사포질을 하면, 한층 매끈하게 이어진다.

CHECK POINT
● 레진용 서페이서

▲유착과 기포 메우기를 중시한다면, 레진 부품에 사용하는 서페이서는 레진 전용을 사용하는 것이 좋다. 단 플라스틱 부품에는 적합하지 않으므로, 섞여 있는 상태라면 플라스틱 서페이서를 사용할 것.

레진 부품의 경우

부품의 성형 상태에 따라서 갈리기는 하지만, 자잘한 기포가 많은 경우 표면 처리가 쉽지 않아진다. 이는 그런 때를 위한 대처법. 또한 레진 부품의 기본적인 취급에 관해서는 P.184의 「레진 키트의 조립 방법」을 참고 할 것.

▲서페이서의 유착을 돕기 위해 표면을 600번 정도로 사포질을 해두면 효과적이다. 이것은 게이트 처리와 수축 처리를 겸해서 하는 것이 좋다. 표면을 너무 깎으면 쓸데없는 기포까지 드러나는 경우가 있으므로, 적당히 하도록

▲사진 왼쪽은 서페이서를 뿌린 뒤에 자잘한 기포가 많이 발견된 상태. 서페이서를 뿌리기 전에 메워도 좋지만, 레진용 서페이서를 뿌린 다음에 작업하는 편이, 액체 퍼티로 기포를 메우기 편해진다. 사진 오른쪽은 그곳에 액체 퍼티를 바르고 있는 장면

▲사포질을 한 상태(왼쪽). 기포는 메워 졌지만 레진면이 보이는 상황이라면, 다시 기포가 드러날 수도 있으므로, 그 전에 사포질을 해서 막는 것이 좋다. 메울 수 없는 파인 곳이 있으면, 다음에 서페이서를 두텁게 뿌린 것이 오른쪽 사진

CHECK POINT
● 서페이서로 '배 껍질' 질감을 내보자

▲서페이서를 이용하여 '배 껍질' 질감을 내는 방법. 입자가 거친 서페이서(사례는 Mr. 서페이서 500)을 사용하여, 거리를 두고 부품 표면에 실포 시 내려앉도록 뿌려준다.(사진 위쪽). 뿌리고 말리기를 몇 번 반복하면 균일하게 '배 껍질' 같은 질감이 나온다. 이는 천으로 된 표면이나 주조 성형된 금속 질감 표현에 사용된다.(사진 아래쪽)

서페이서 표면을 다듬는다

표면 처리 과정에서 몇 번이고 서페이서를 덧뿌리면, 표면에 자잘한 굴곡이 생기는 '귤껍질'이나 '배 껍질' 상태가 되어 버린다. 이 상태에서 그대로 도색을 하면, 도색 표면도 마찬가지 상태가 된다. 광택 도색을 할 생각이라면, 이런 면을 다듬어 두자.

 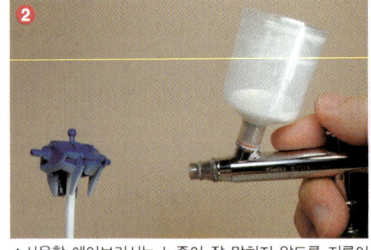 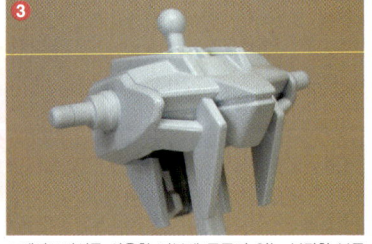

▲서페이서를 덧뿌리니 바디 표면에 자잘한 굴곡이 생겼다. 이것이 바로 '귤껍질'. 좀 더 거칠어지면 광택이 없는 '배 껍질' 상태가 된다. 광택을 제거하여 마무리 할 거라면 이대로 내버려 두어도 눈에 띄지 않지만, 유광이나 반광으로 마무리하고 싶다면 다듬어 두는 게 좋다.

▲서페이서면의 사포질은 입자가 고운 줄을 사용하므로, 부스러기가 걸리지 않는 물 사포질을 한다. 받침목은 지우개 같이 부드러운 것으로 하거나, 이 사례처럼 스펀지 줄을 사용하면 된다. 서페이서 표면을 쓰다듬어 주듯 힘을 주지 않고 다듬어준다.

▲이것은 '귤껍질'이나 '배 껍질' 상태까지는 아니지만, 서페이서가 흘러내리면서 부품 가장 자리에 고여 버린 상황. 세부적인 부분까지 뿌리려고 하다가, 이런 곳에 지나치게 많이 뿌려 버린 실패 사례다. 이런 경우에도 충분히 건조시킨 다음 고여 있는 부분을 다듬어 주자.

서페이서를 에어브러시로 뿌린다

서페이서는 캔 스프레이 타입이 편리하지만 깊은 홈이나 세밀한 부분까지 칠해주기는 힘들다. 에어브러시를 사용해서 뿌리면 이런 상황에도 대응할 수 있다.

▲에어브러시로 서페이서를 뿌리는 경우에는 병 타입 제품을 사용하는 것이 편리하다. 병 바닥에 모여 있는 덩어리까지 확실하게 섞은 후에, 각 상표에서 지정하는 용제를 넣어서, 에어브러시 도색에 적합한 농도로 조정한다. 이 사례에서는 화이트 서페이서를 사용하고 있다.

▲사용할 에어브러시는 노즐이 잘 막히지 않도록 지름이 0.3mm이상인 것이 좋다. 적절한 농도로 희석했으면 일반적인 도료처럼 뿌릴 수 있다. 사용 후에는 컵 안에 있는 서페이서가 굳기 전에 세척해두자.

▲에어브러시를 사용한 덕분에 굴곡이 있는 복잡한 부품도, 서페이서가 흘러내리는 일 없이 깔끔하게 뿌릴 수 있었다. 서페이서를 뿌린 후에 사포질을 하여 부분적으로 바탕이 드러난 경우에도 그 부분만 다시 뿌려주면 된다고 하는 메리트가 있다.

CHECK POINT
● 서페이서에 색을 넣는다

▲서페이서의 구성은 래커 계열 도료에 가까우므로, 동일한 계열의 도료를 섞어서 '조색'하는 것도 가능하다. 이 사례는 「Mr. 서페이서 1200」에 블랙을 첨가하여 다크 그레이로 만든 것.

바탕 도색으로서의 서페이서

서페이서의 색은 통상적으로 밝은 그레이지만, 덧칠하는 도색에 맞춰서 색을 선택할 수도 있다. 바탕색의 역할을 중시하는 사용 방법이다.

▲그레이 이외의 서페이서. 왼쪽은 화이트와 핑크 등, 덧칠하는 도료를 선명하게 발색시켜주기 위한 것. 오른쪽은 블랙과 부식 방지용 프라이머 색, 실버 등, 그 자체가 특정한 색으로서 도색을 겸하고 있으며 표면에 드러나지 않지만 그 밑 바탕색으로 이용된다.

◀덧칠하는 도료의 발색을 살려주는 효과는 도색 전체에 해당된다. 사진은 그레이, 화이트, 핑크의 바탕에 레드를 덧칠한 예. 그레이보다도 화이트, 핑크의 발색이 명백하게 좋다는 것을 알 수 있다. 적색이나 황색 등 채도가 높은 색은 바탕색의 영향을 받기 쉽다.

▲전차의 바탕색으로 부식 방지 프라이머색 서페이서를 전체에 뿌려준 모습. 이 위에 차체의 색을 덧칠하고 부분적으로 얇게 문질러서, 바탕색이 투명하게 보이도록 색조를 표현한다거나, 칠을 벗겨서 바탕색을 보이게 하여 대미지 표현에 이용한다.

공작 테크닉 / 개조 편

4

1. 부품의 절단
2. 플라스틱 소재를 사용한 형태 변경
3. 에폭시 퍼티를 사용한 형태 변경
4. 폴리 퍼티를 사용한 형태 변경
5. 부품의 접착·응용 편
6. 패널라인 새기기
7. 몰드의 추가
8. 모터 툴
9. 히트 펜
10. 플라스틱 소재의 열 가공과 히트프레스
11. 버큠 폼
12. 디테일 업 부품의 능숙한 사용법
13. 관절 등 가동 기믹의 제작
14. 전자 광원의 이식
15. 응용편「제스타 캐논」의 제작

키트를 그대로 조립하는 것뿐 아니라 더욱 정밀하게 만들거나 자신의 취향에 맞춰서 모양을 바꾸기도 하는 키트 개조는, 모형 제작의 백미라고도 할 수 있을 것이다. 이러한 가공을 잘 하려면 원하는 완성도에 맞춰 다양한 소재와 기법을 구사해 나가야 한다. 이번 장에서는 주된 소재의 취급법이나 개조를 위한 테크닉을 소개하도록 하겠다. 그리고 이번에는「스크래치 빌드」에도 도전해 보았다.

1. 부품의 절단

프라모델 부품의 일부를 절단하여 사용하기 위해서

부품의 절단은 프라모델 개조의 첫걸음. 여기서는 프라모델의 부품을 절단하기 위한 다양한 방법과 그것에 맞춘 도구의 사용법, 또 주의사항을 소개하고자한다.

부품의 절단방법은 자른 부품을 어떻게 사용할 것인지에 따라 달라진다. 우선 부분적으로 잘라낸 뒤 남은 부분을 사용할 경우에는 필요 없는 부분을 제거하는 것이므로, 적당히 잘라낸 다음 사용할 부분에 맞춰서 마지막에 줄 등으로 정형해주면 된다. 기본적으로는 "깎아 내는 것"과 크게 차이가 없다. 남길 부분의 범위는 실제로 맞춰보면서 깎아서 정하는 경우도 있겠지만 미리 부품에 패널라인을 그려두면 정확한 모양을 잡을 수 있다.

어려운 부분은 절단한 부품을 양쪽 모두 사용하는 경우다. 잘라낼 때는 커터 칼이든 톱이든 약간의 '톱밥'이 생긴다. 때문에 잘라낸 양쪽 혹은 한쪽의 부품은 원래 모양보다 톱밥의 양만큼 작아지고 만다. 부품의 폭을 늘릴 때처럼 잘라서 분리한 다음 중간에 플라스틱판을 이어 붙이는 거라면 상관없겠지만 다시 두 부품을 서로 끼워 맞추거나 할 경우에는 톱밥의 양만큼 틈새를 조정해야 한다. 이러한 조정을 피하려면 최대한 톱밥이 적게 나오는 절단방법을 택해야 한다. 다만 패널라인 부분을 자르는 경우 등에는 톱밥을 패널라인 폭 정도로 억제하면 조정해야 하는 폭은 의외로 적을 것이다.

또한 절단 작업 시 주의해야 할 점은 억지로 힘을 들여 자르려고 하지 말아야 한다는 것이다. 무리하게 힘을 주게 되면 부품이 깨지거나 일그러지기도 하고 칼끝이 갑작스럽게 움직여 다칠 위험도 있기 때문이다. 칼끝이나 절단면에 얼마나 힘이 가해지고 있는지 주의하면서 작업하자.

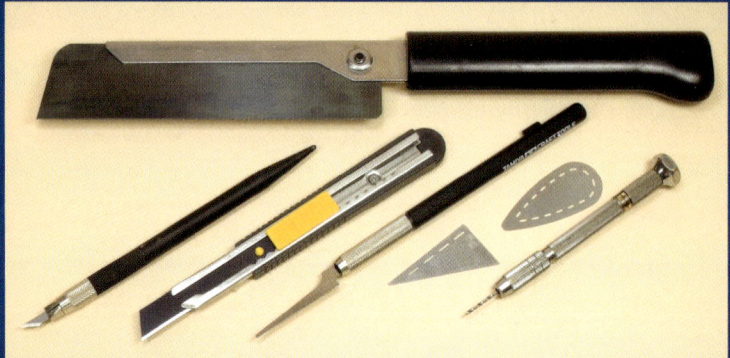

▲부품의 절단에 사용하는 도구는 톱, 커터, 나이프 등이다. 드릴로 구멍을 뚫어서 구멍끼리 이어가며 자르는 방법도 있다. 이 밖에 절단면의 정형에는 쇠줄이나 입자가 굵은 사포를 사용한다.

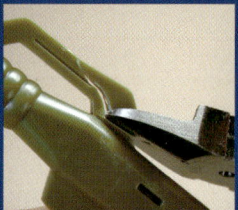

▲니퍼로 부품을 절단하면 일그러짐이 심하고 깨지거나 휘어버리기도 한다.

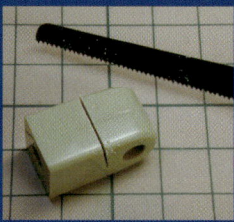

▲두께가 있는 부품의 절단에는 톱을 사용하는 것이 좋다. 단, 톱날의 두께만큼 '톱밥'이 생긴다.

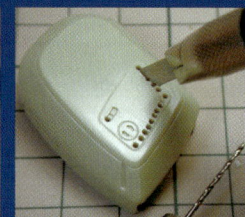

▲칼끝이 들어가지 않는 곳에는 이렇게 드릴로 구멍을 뚫고 그것을 연결해서 잘라내는 것도 좋은 방법이다.

필요한 부품 잘라내기

부품의 일부를 잘라내서 필요한 부분을 남겨 정형하는 과정을 확인하겠다. 잘라내는 부분은 신경 쓰지 않아도 되지만, 중요한 것은 필요한 부품에 상처나 일그러짐이 생기지 않도록 하는 것이다.

◆ CHECK POINT

● 절단 기준선 긋기

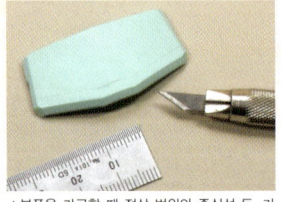

▲부품을 가공할 때 절삭 범위와 중심선 등, 가공 기준을 알기 쉽도록 표시하는 것을, "기준선 그리기"라고 한다. 연필과 펜 대신 철필이나 아트나이프처럼 끝이 뾰족한 도구를 이용해서 얇은 흠집(칼금)을 내면 사포질로 다소 표면이 깎여 나간다 해도 흔적이 사라지지 않으므로 작업하기 쉬워진다.

▲칼금을 그은 부분에 붓펜 등으로 문질러준 다음에 닦아내면 색이 들어가 보기 편해진다. 유성 펜은 남아 있는 잉크가 도색을 할 때 얼룩지도록 만들 우려가 있으므로 사용하지 않는 것이 좋다.

① ▲부품에 사선으로 그려 넣은 부분이 잘라낼 부분이다. 볼록 솟은 모양이므로 단순하게 톱으로 잘라내는 식으로는 할 수 없다. 기준선에는 나이프로 금을 그어 마무리할 때의 기준으로 삼으면 좋다.

② ▲우선 부품의 밑 부분을 소형 톱으로 잘라냈다. 좌우의 가장자리에서 각각 톱으로 자르기 시작해서 중간에서 이어지게 해서 잘랐다. 처음부터 기준선에 바싹 대고 자르지 말고 몇mm의 여유를 두도록 하자.

③ ▲이어서 움푹 들어간 곳의 절단. 우선은 드릴로 안쪽 변에 구멍을 나란히 뚫는다. 이것은 구멍을 연결해서 잘라내기 위함과 동시에 톱으로 자를 때 톱날을 멈추는 위치의 기준 역할도 한다. 구멍을 뚫은 다음 톱으로 자른다.

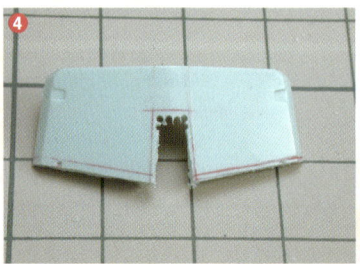

④ ▲톱으로 자른 다음 구멍을 나이프로 연결해 주면 가운데 부분이 잘려나가고 사진과 같은 상태가 된다. 가장자리는 아직 거칠지만 이 뒤에 기준선에 맞춰서 정형한다.

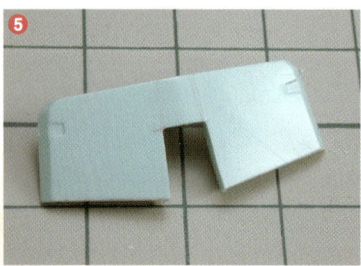

⑤ ▲기준선(칼금)위치까지 여백을 깎아내어 정형한 상태. 정확한 모양을 만들려면 적당히 절단한 다음 쇠줄이나 사포를 써서 서서히 깎아 나가면 된다. 부품을 잘라내는 작업 자체는 이것으로 종료.

⑥ ▲이것은 덤. 실제 부품 개조의 경우, 이런 절단면은 받침이나 모서리의 모양 등 주변에 맞는 모양을 만드는 가공도 필요하다. 이 경우에는 플라스틱판을 덧붙여서 측면과 폭을 맞춘 것이다. 이러한 것도 고려해서 기준선을 정하는 것이다.

잘라낸 양쪽을 활용하는 절단

이번에는 일체 성형된 부품을 절단해서 양쪽 다 사용하는 경우다. 톱밥을 최대한 줄이면서 부품 자체에도 흠집이 나지 않도록 분리할 필요가 있다. 작업은 신중하게!

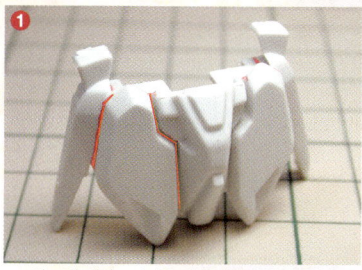

▲프런트 및 사이드 아머가 일체 성형 된 허리 부품. 여기서는 프런트 아머를 분할, 절단하는 작업을 살펴보자. 붉은 색으로 그려진 선이 분할을 위한 기준선이다. 허리 중앙에 움푹 파인 부분의 절단이 까다로워 보인다.

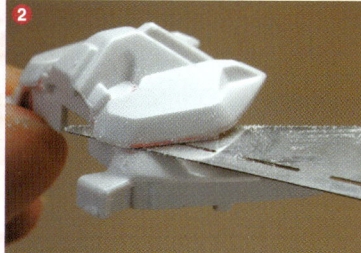

▲우선은 작업하기 수월한 곳부터! 옆면에서부터 직선적으로 에칭 톱으로 칼집을 넣는다. 날이 얇은 에칭 톱이라면 톱밥도 극히 적게 나오므로 다시 부착할 때에도 문제없다.

▲다음은 허리 중앙 부근. 직선적으로 자를 수 있는 부분은 마찬가지로 에칭 톱으로 잘라간다. 하지만 분할선이 휘어있기 때문에 더 이상은 자를 수 없다.

▲움푹 파인 부분을 철필로 파서 잘라내려는 모습이다. 바늘은 자유롭게 움직일 수 있고 바늘 끝 외의 부분에는 흠집을 내지 않으므로 이런 작업에 적합하다. 하지만 이 경우는 골이 깊어서 작업이 그리 쉽지 않은데….

▲그래서 뒷면에서 나이프로 칼집을 내기로 했다. 빛을 투과시켜보고 얇은 부분의 뒷면에서 나이프로 반복해서 칼집을 낸다. 좁은 부분이므로 칼끝을 움직이기 힘들고 날도 부러지기 쉽지만 관통할 때까지 반복한다.

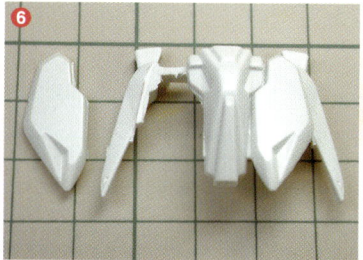

▲무사히 분리한 부품. 이후 절단면에 사포질을 해서 마무리한다. 이렇게 잘라내기가 어려운 모양인 경우에는 같은 부품을 2개 준비해서 각각에서 사용할 부분만 잘라내는 방법도 있지만 조심스레 작업하면 1개만으로도 충분하다.

✔ CHECK POINT
● 초음파 커터

▲고가의 도구지만 초음파 커터를 사용하면, 칼 끝을 꽂아넣듯이 사용할 수 있으므로 각이 진 구멍을 뚫는 것도 가능하다. 단, 플라스틱 부품은 절단면이 약간 녹아 버리기 때문에 절단면의 정형이 별도로 필요하게 된다.

패널라인에 맞춰 절단

이번에도 잘라낸 부품을 양쪽 다 활용하는 방법이다. 자동차 모델의 보닛을 분리하는 경우인데 전체 라인이 미묘한 곡선이므로 톱으로는 자르기 어렵다. 또한 톱밥도 가능한 줄이는 것이 좋다. 그런데 작업 방법은 의외로 단순하다.

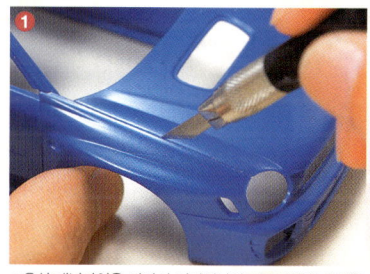

▲우선 패널라인을 따라서 디자인나이프로 가볍게 칼집을 낸다. 한번 칼집을 냈으면 이 칼집을 따라 여러 번에 걸쳐 칼로 그어주도록 하자. 억지로 힘을 넣어 자르려고 하면 칼집의 라인이 어긋나면서 깔끔하게 잘라낼 수 없게 된다.

▲진척 상황은 부품에 빛을 투과시켜서 확인하면 된다. 사진에서는 하얀 자국이 눈에 보이는데 여기까지 잘랐으면 얼마 남지 않은 상태. 다만, 여기까지 진행하는 데 100번은 넘게 칼집을 했다. 일부분을 먼저 자르는 것이 아니라 전체적으로 동시에 진행한다.

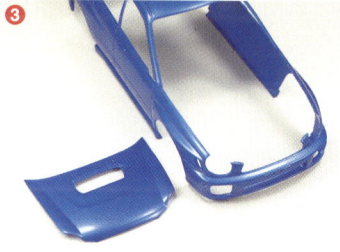

▲드디어 분할 성공! 이제 남은 것은 절단면을 사포로 정리해주면 OK. 차체 부품을 2개 준비해서 보닛과 바디를 각각 따로 자르는 것보다 이쪽이 아귀도 잘 맞는다. 번거롭긴 하지만 기술적으로 어려운 일은 아니다.

표면 몰드 벗겨내기

자작하기 어려운 정교한 디테일은 키트 부품의 표면에서 벗겨내서 사용하는 방법도 있는데 전차 등의 리벳이나 힌지, 훅 등이 그 대표적 예라 할 수 있다. 이번에는 그 방법을 소개하고자 한다.

▲벗겨낼 때는 날이 얇은 디자인나이프가 편리하다. 몰드의 가장자리에서부터 살짝 칼끝을 넣고, 표면을 따라서 서서히 밀어내듯이 자른다. 이때 칼끝이 뜨지 않도록 주의할 것. 모양에 따라서는 주위부터 칼집을 넣는 편이 좋은 경우도 있다.

▲꼼꼼하게 작업하면 이렇게 작은 부품도 그대로 벗겨낼 수 있다. 작업할 때 부품이 다소 휘긴 하지만 어느 정도는 어쩔 수 없다. 뒤집어서 눌러주는 등 수정해서 사용한다.

▲나이프로 자르기 힘든 장소나 커다란 몰드는, 극히 얇은 에칭 톱을 사용한다. 주위에 흠집이 생기지 않도록 하려면 테이프 등으로 마스킹하면 되지만, 그만큼 톱의 움직임을 방해하게 되므로 이 사례에서는 마스킹을 하지 않았다.

✔ CHECK POINT
● 폭을 줄이는 밑그림

▲이것은 토스칸을 사용해서 부품의 접착면에 평행하게 칼금을 그어 넣은 모습. 부품의 폭을 줄여야 할 때 접착면을 일정폭으로 자르는(깎는)경우에는, 이렇게 '기준선'을 그려두면 작업하기 편하다.

2. 플라스틱 소재를 사용한 형태 변경

플라스틱판·플라스틱 봉은 키트 개조의 든든한 아군!

플라스틱(스티롤 수지)소재는 자르고, 깎고, 구부리는 등의 가공이 쉽고 또한 용착에 의한 확실한 접착성, 적절한 밀도, 강도를 지니고 있으며 표면을 매끈하게 완성하기 쉬운 등, 공작에 있어 편리한 특징을 많이 지니고 있다. 프라모델과 같은 재질이기에 부분적인 개조에도 사용하기 편하고 위화감 없는 가공과 마무리를 할 수 있다. 게다가 키트개조가 아닌 처음부터 완전히 조형해내는 이른바「풀 스크래치」도 가능하다.

소재의 형태가 판이나 봉 이기 때문에 기본적으로는 잘라내서 붙이거나 상자모양으로 이어 붙이는「상자 짜기 조립」에서 사용하는 경우가 많다. 또한 겹쳐서 두껍게 한 상태에서 깎아 낼 수도 있다. 어느 경우에도 판이나 봉의 특징인 "두께 또는 지름이 일정하다"는 것을 이용한 직선적인 가공에 적합하다.(이 밖에 열가공에 의해 성형하는 방법도 있으나, 그것은 다른 항목에서 소개할까한다)

플라스틱 소재를 사용함에 있어 어렵다고 할까 거북한 것은 "정확한 치수로 잘라내는"것일 것이다. 플라스틱판 위에 형상을 작도해서 잘라내는 것은 번거롭기도 하고, 그 그림 그대로 잘라내는 것은 확실히 어렵다. 물론 그런 정확한 작업이 필요한 경우도 있으나 편하게 사용한다면 "가능한 측정하지 않고" 사용할 것을 추천하는 바이다. 그렇다고 아무렇게나 가공하는 것이 아니라 모양이나 길이가 정해진 부분에 맞춰서 자르거나 깎는 것으로 일일이 측정하지 않아도 원하는 모양을 자를 수 있도록 궁리를 하라는 것이다. (눈)대중으로 맞추는 방법인 것이다.

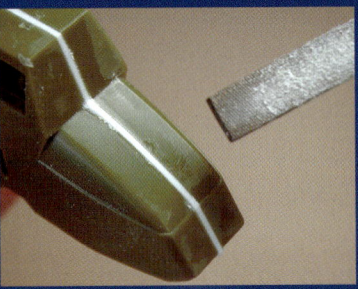
▲부품의 접합면에 플라스틱판을 붙여「폭 넓힘」을 하는 모습. 흔히 있는 개조 가공의 하나다.

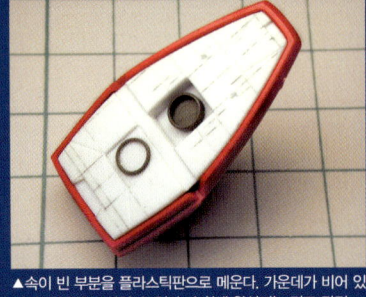
▲속이 빈 부분을 플라스틱판으로 메운다. 가운데가 비어 있기에 관절 등도 살릴 수 있다. 손쉽게 완성되는 것도 장점.

▲적층한 플라스틱판을 깎아서 성형한다. 작은 부품은 판을 잘라서 상자 모양을 짜는 것보다 깎아내는 편이 훨씬 편리하다.

▲「상자 짜기 조립」사례. 맞닿는 모서리는 각봉으로 보강하는 것이 좋다. 오른쪽처럼 구부려서 사용할 수도 있다.

플라스틱판의 절단

우선 플라스틱판의 기본적인 절단 방법부터 확인하자. 플라스틱판을 자를 때도 역시 요령이 있다. 기본은 칼집을 내준 뒤 "접어서 분리"하는 방법이다. P커터를 사용해서 자르면 '톱밥'이 생기기 때문에 가능하면 P커터보다 날이 얇은 커터를 사용하자.

CHECK POINT
● T형 자 이용

▲플라스틱 소재를 자를 때 편리한 것이 금속제 T형 자. 플라스틱판의 한 변에 대면 수직선을 바로 그을 수 있으므로, 직각과 평행의 칼금 긋기나 절단이 편해진다. 사진의 사례는 HG 스테인리스 T형 자(웨이브)

① ▲우선 자를 대고 커터 칼로 칼집을 낸다. 가볍게 선을 긋듯이 시작해서 서서히 힘을 가하며 2~3회 긋는다. 얇은 플라스틱판이면 이것으로 잘리지만 두께 있는 것은 접어서 분리한다. 자는 스틸자나 가장자리에 금속이 붙은 것을 사용하자.

② ▲칼집을 낸 부분을 따라서 접을 때는 이상한 자국 같은 것이 남지 않도록 자를 가이드 삼아 균일하게 힘을 가한다.(실제로는 미묘하게 끝머리에서부터 힘을 가하며 접어간다). 접는데 꽤나 힘이 필요할 때는 다시 한 번 칼로 그어주자.

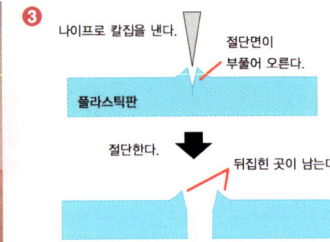
③ ▲잘라낸 플라스틱판의 가장자리에는 "뒤집혀 올라간" 부분이 있다. 이것은 플라스틱판을 겹치거나 할 때 방해되므로 깎아내서 평평하게 만들자. 줄로 깎는 외에도 나이프나 커터 날을 대고 대패질을 하듯 잘라낼 수도 있다.

특정 형태로 잘라내기

플라스틱판을 원하는 모양에 맞게 잘라내 보자. 적당한 크기로 자른 뒤 수정하는 방법과, 정확하게 도면을 그려서 잘라내는 방법이 있다. 잘라낸 부품을 어떻게 사용할 것인지에 따라 잘라내는 방법도 달라진다.

CHECK POINT
● 두께가 있는 플라스틱판의 경우에는

① ▲이미 있는 부품에 모양을 맞출 경우에는 적당한 크기로 잘라낸 뒤 부품에 붙이고 나서 여백을 잘라내는 식으로 정형하면 된다. 여백은 니퍼 같은 것으로 대충 잘라낸 후 줄로 나머지를 OK.

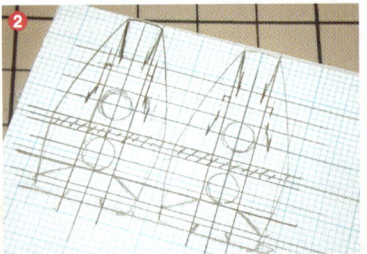
② ▲복잡한 형태로 자르는 경우에는 플라스틱판에 직접 도면을 그리는 것 보다 모눈종이 등에 그린 도면을 플라스틱판에 붙이는 것이 작업이 편하다. 도면을 복사해서 사용하면 원본도 남을 뿐더러, 몇 장이라도 직입할 수 있다. 플라스틱판을 붙일 때는 스프레이 풀을 사용하는 게 수월하다.

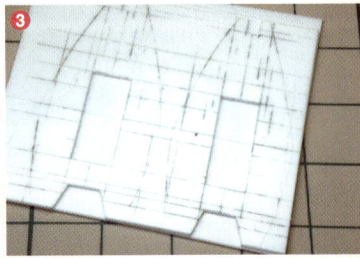
③ ▲절단은 종이를 붙인 채로 그대로 자르는 것이 아니라 우선 그림을 따라서 나이프로 칼집을 넣어서 칼금을 넣은 뒤 도면을 벗겨내고 이를 기준으로 절단하는 것이 순서다. 길금 부분에 수성 펜 등을 사용해서 살짝 '믹선'을 넣어주면 위치를 확인하기 쉽다.

동일한 형태를 여러 개 잘라낸다.

플라스틱판을 동일한 형태로 여러 장 잘라낼 때는 여러 장을 겹쳐서 깎아내는 방법이 있다. 정확한 모양을 깎아내려면 1장씩 하는 편이 좋을 때도 있지만, 모양이 통일된 것을 우선시한다면 이 방법이 더 좋다.

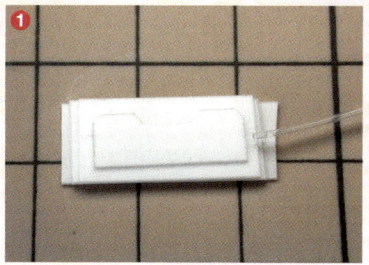

▲우선 기본이 되는 1장을 잘라낸 다음 그곳에 플라스틱판을 여러 장 덧댄다. 이 사례에서는 0.5mm 플라스틱판을 4장 덧댔다. 각 플라스틱판은 서로 벗기기 쉽도록 임시 접착했다. 순간접착제를 한 방울만 사용하거나 측면에서 조금 흘려 넣는 정도로 한다.

▲기준이 되는 모양에 맞춰서 주위를 깎아나간다. 나이프로 눌러서 자르면 비스듬하게 잘리거나, 겹쳐놓은 플라스틱판이 벗겨지기 쉬워진다. 쇠줄을 사용해서 플라스틱판의 면과 평행하게 움직이면, 플라스틱판이 벗겨지는 일 없이 깎을 수 있다.

▲주위를 정형했으면 임시로 접착한 곳을 나이프를 이용해서 떼어낸다. 접착이 강하게 되었을 때는 주위에서부터 조금씩 나이프를 넣자. 표면에 남은 접착제는 나이프로 긁어내거나 사포질을 해서 깨끗하게 제거하자.

봉 소재의 절단

플라스틱 봉이나 플라스틱 파이프의 절단은 절단면의 모양을 유지하며 자르는 것이 중요하다. 나이프로 칼집을 내서 접어버리는 방법은 의외로 간단하고 깔끔하게 자를 수 있다. 주의할 것은 니퍼의 사용이다. 순수한 봉 소재라면 상관없지만 파이프나 앵글소재인 경우에는 깨지거나 모양이 일그러질 수 있다.

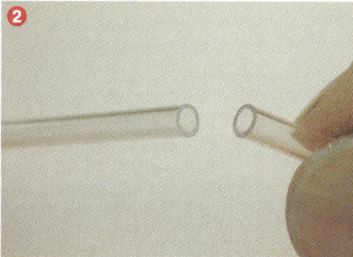

▲플라스틱 봉, 플라스틱 파이프의 절단은 플라스틱판과 마찬가지로 칼집을 낸 다음 접어서 분리하는 게 가장 간단하다. 평평한 곳에 소재를 두고 커터나 나이프의 날로 굴리듯이 하면 된다. 사진은 플라스틱 파이프를 자르려는 모습.

▲칼집을 냈으면 힘을 줘서 뚝하고 잘라낸다. 칼집이 확실히 들어가 있으면 절단면이 깨끗할 것이다. 하지만 상태에 따라 다소 정형이 필요할 때도 있다.

▲봉 소재라도 깔끔하게 자르기 어려운 굵은 것이나 각봉, 앵글 소재 등은 톱으로 자르는 것이 간단하고 확실하다. 이 경우 가이드박스를 사용하면 재료를 고정하기 쉽고 직각으로 잘라내기도 편리하다.

CHECK POINT
● 파이프 커터를 사용하자

▲굵은 원형 봉이나 파이프를 절단할 때는 파이프 커터를 사용하면 편리. 이것은 둥그런 소재를 원형의 날 사이에 끼워서 돌리면서, 그 간격을 조금씩 줄여나가는 방식으로 자른다. 얇은 플라스틱 파이프는 안에 내용물을 채워 넣으면 절단하기 쉬워진다.

원형으로 잘라내기

원을 잘라내는 것은 처음부터 필요한 크기를 잘라낼 수 있도록 전용 공구를 사용하는 것이 좋다. 잘라내는 사이즈에 따라서 적합한 도구가 바뀔 뿐 아니라 전용의 사이즈가 있는 경우도 있으므로 어느 정도 대응할 수 있도록, 각 종류를 다양하게 준비해두는 편이 좋다.

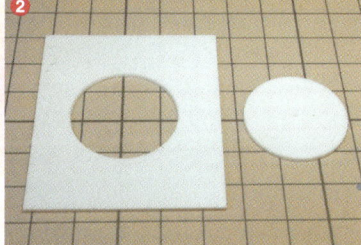

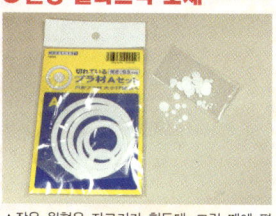

▲직경 1cm이상의 원이면 컴퍼스 커터로 잘라내는 것이 간편하다. 칼날을 반대 방향으로 해서 P커터처럼 사용한다. 잘라낼 때 찌꺼기가 꽤 많이 생기기 때문에, 날과 중심의 바늘까지의 간격을 정할 때 미리 그 점도 고려하도록 한다.

▲컴퍼스 커터로 잘라낸 모습. 두께가 있는 플라스틱판인 경우 컴퍼스가 기울어 있기에 절단면에도 약간의 경사가 발생하므로, 이 경우에는 정형이 필요하게 된다. 1mm 이상의 플라스틱판은 여러 번 칼집을 내야 하지만 두께 2mm까지는 커터로 절단이 가능하다.

▲이것은 템플릿을 가이드로 삼아 철필로 계속 칼금을 그려서 잘라내는 방법이다. 사진에서 보이는 정도까지 파냈다면 나머지는 홈에 대고 나이프로 한번 긋는 것으로 충분. 두꺼운 플라스틱판인 경우에는 칼금 주위를 대충 잘라내고, 줄로 정형한다.

CHECK POINT
● 원형 플라스틱 소재

▲작은 원형은 자르기가 힘든데, 그런 때에 편리한 것이 「(사이즈에 맞게)잘라진 플라스틱 소재」(인터 얼라이드). 두께 0.5mm의 플라스틱판을 작은 원으로 자른 세트, 최소 지름은 1mm부터.

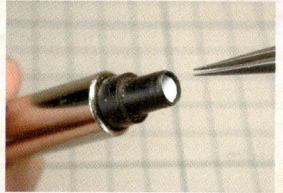

▲작은 원을 잘라낼 때는 펀치를 사용하는 것이 편하다. 본래는 망치 등으로 때려서 쓰지만 플라스틱판의 경우에는 그냥 꽉 누르고는 빙글빙글 돌려주면 OK. 밑에는 커팅매트 등 평평하고 상처가 나도 되는 것을 깔아두자.

▲펀치로 원형을 뚫은 모습. 구멍이 나는 쪽은 다소 일그러지므로 재활용하기 어렵다. 또한, 이 방법으로 뚫을 수 있는 플라스틱판은 두께 0.5mm정도까지이다.

▲펀치로 구멍을 뚫는 것은 꽤 손이 아픈 작업인데 「회전식 구멍 뚫기 펀치」를 사용하면 편하게 할 수 있다. 받아주는 쪽과 펀치 끝을 니퍼처럼 사용할 수 있어서 크기만 맞는다면 이쪽을 추천한다.

CHECK POINT
● 펀치 안에서 꺼내기

펀치로 구멍을 뚫을 때는 뚫고 남은 원 모양이 펀치 내부에 남아 꺼내기 힘들 때가 있다. 가는 봉으로 찔러도 그저 내부에서 빙글빙글 헛돌 뿐이므로, 안쪽과 비슷한 지름의 봉으로 밀어내거나 핀셋을 사용해서 상처가 나지 않도록 꺼내자.

플라스틱판으로 구멍 메우기

여기서부터는 플라스틱판을 잘라낸 후의 가공을 보도록 하자. 이 「구멍 메우기」는 개구부의 모양에 맞춰서 플라스틱판을 잘라내고 주위의 면과 통일시키는 작업이다. 잘라낸 다음의 작업은 접합선제거와 같은 방식이다.

▲구멍을 메우기 위한 플라스틱판 조각을 잘라낸다. 어느 정도 두께가 필요하므로 여기서는 두께 1.0mm짜리를 사용. 작게 잘라낼 때는 처음부터 딱 맞는 크기로 자르지 말고 폭 정도만 맞춰서 띠처럼 잘라낸 다음 길이를 조정하도록 한다.

▲플라스틱판은 메우는 구멍보다 다소 크게 잘라둔 다음에 실제로 끼울 때 줄로 미세 조정을 한다. 주위 가장자리를 경사지게 만들어주면 끼우기 쉽다. 구멍 반대편을 미리 막아두면 플라스틱판이 안으로 떨어지는 일도 없다.

▲플라스틱판을 부품 표면보다 약간 튀어나온 곳에서 고정하고 플라스틱 접착제로 접착한다. 접착제 건조 후 순간접착제를 흘려 넣어서 접착과 틈새 메우기를 한다. 굳은 다음에 접합선 수정과 같은 방식으로 줄이나 사포로 표면을 마무리하면 구멍 메우기 완료.

플라스틱판을 붙여서 폭 늘리기

플라스틱판을 덧붙여서 부품을 크게 늘리는 공작. 여기서는 가능한 한 치수를 재지 말고 대충 맞추기로 진행한다. 가공 후를 보면 어렵게 보이더라도 작업은 1단계씩 같은 것을 반복하는 게 전부다.

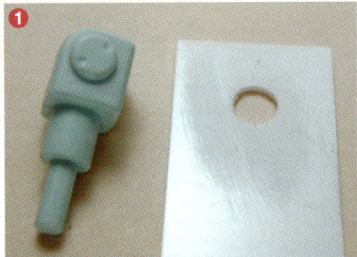

▲교재로 사용할 것은 HGUC 「GM」의 어깨 블록. 주위에 플라스틱판을 붙여서 한층 크게 만들어보자. 측면에 둥글게 튀어나온 부분은 안쪽에 어깨 축 역할인 폴리캡이 들어가는 부분. 이곳은 이대로 살려서 동그란 구멍을 뚫은 플라스틱판을 붙인다.

▲구멍을 뚫은 플라스틱판을 적당히 잘라서 어깨 블록에 순간접착제로 고정. 틈새를 메우기 위해서 표면에도 접착제를 발랐다. 키트 표면과 접착면 양쪽 다 400번 사포로 가볍게 문질러서 접착제의 유착을 높여두면 좋다.

▲플라스틱과 블록 사이의 틈새에도 순간접착제를 발라서 메워둔다. 반대쪽도 마찬가지모양으로 플라스틱판을 붙이고 어깨의 외측, 내측(축이 있는 면) 모두 쇠줄로 평평하게 만든다. 여기까지 작업한 것이 사진의 상태다

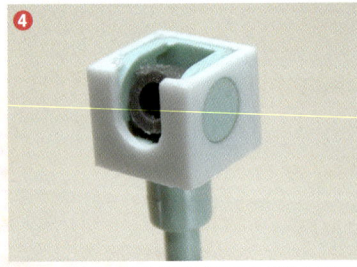
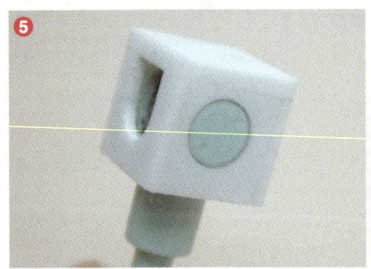
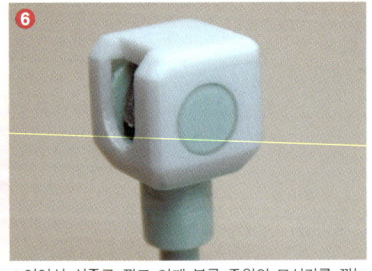

▲외측, 내측에도 플라스틱판을 붙여둔다. 어깨 축 부분은 U자형으로 만들 필요가 있다. 이것은 미리 U자형으로 구멍을 뚫어놓은 플라스틱판을 사용한다. 여기서도 외형은 대충 잘라두고 붙인 다음에 주변에 맞추면서 정형한다.

▲윗부분에도 플라스틱판을 붙이고 정형한 상태. 윗면에는 1.0mm와 0.5mm판을 덧붙였다. 사포질은 순간접착제와 여분의 플라스틱판 부분만 깎는 것보다도, 면 전체를 한 꺼풀 벗기는 느낌으로 하는 편이 균일한 면으로 만들기 쉽다.

▲이어서 쇠줄로 깎아 어깨 블록 주위의 모서리를 깎는다.(모서리를 비스듬하게 만든다). 순간접착제로 메운 부분은 안에 기포가 생긴 경우도 있다. 기포가 표면에 드러나면 저점도의 접착제를 흘려 넣어서 메우고 정형한다. 이것으로 어깨의 볼륨업은 끝이다.

플라스틱판을 끼워서 폭 늘리기

이번에는 플라스틱판을 끼워서 폭을 넓히는 방법. 판재를 이용한 형태 변경의 대표적 공작이다. 이번 예시에서는 한쪽 면씩 붙이는 것이 아니라, 처음부터 부품 사이에 끼워 넣어 정형하고 있다.

●CHECK POINT
●종횡으로 끼워서 볼륨 업

▲좌우 접합면에만 판을 끼우는 것이 아니라, 상하로도 절단하여 플라스틱판을 끼워서 대형화시킨 사례. 부품의 중간 부분의 폭을 늘려줌으로써, 전체적인 형태와 내부 관절을 유지한 채로 볼륨 업을 할 수도 있다.

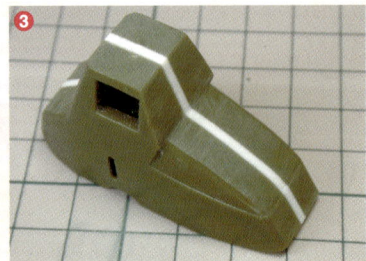

▲부품의 접합선부분에 두께 2mm의 플라스틱판을 끼운다. 좌우의 부품이 어긋나지 않도록 정반(금속판)위에서 위치를 맞춘다. 전후좌우 어긋나지 않도록 플라스틱판의 윗변 앞쪽에 위치 맞추기의 기준이 되는 칼집이 나 있다.

▲순간접착제를 흘려 넣어서 접착한 뒤 정형을 시작한다. 이때는 대형 줄을 사용하기 때문에 필요 이상으로 부품의 손상이 발생하지 않도록 주변에 테이프를 붙여서 마스킹해 두도록 하자.

▲가공이 끝난 상태. 위치가 어긋나지 않는다면 양쪽을 맞대고 정형하는 것이 더 간편하다. 또 한쪽만 대고 정형하면 그 시점에서 바깥둘레가 조금 작아져서 나머지 한쪽을 붙였을 때 맞지 않을 수 있다.

플라스틱판 상자 짜기

입체적 형상의 부품을 만들기 위해 플라스틱판을 각 면의 형상에 맞춰 잘라낸 뒤, 접합해 나가는 것이 '상자 짜기'이다. 여기서는 일정 두께를 가진 것을 예로 들어 효율적 제작법을 소개할까 한다.

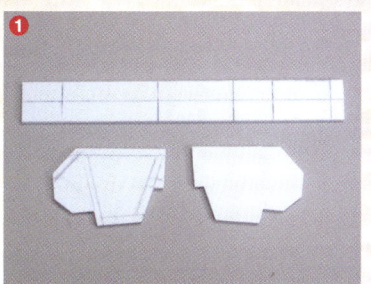

❶ ▲아래는 측면 형태로 잘라놓은 플라스틱판. 위의 띠 모양의 플라스틱판은, 주변의 각 면에 붙이는 부분. 폭(높이)이 일정한 상자를 만드는 것이므로, 각 면이 통일되도록 일정 폭으로 잘라낸 것이다. 이를 짧게 잘라서 각 면에 붙인다.

❷ ▲측면 판에 주위와 내벽을 붙인 모습. 바깥쪽이 복잡한 형태이므로, 바깥으로 말아주듯이 붙이는 게 아니라 좌우 판으로 끼워주듯이 하고 있다. 각진 부분은 처음부터 길이를 딱 맞추지 말고, 깎아서 맞춰 나간다.

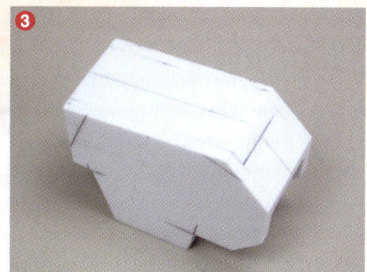

❸ ▲반대쪽 측면판도 붙여서, 각진 부분을 깎아냄과 동시에, 측면의 가장자리에 끼워 넣은 판이 한 면이 되도록 정형한다. 이후, 필요에 따라서 각을 약간 제거하는 등의 가공을 한다.

CHECK POINT
● 직각으로 접착하는 경우

▲판 끼리 직각으로 붙이는 경우에는 가이드를 대서 정확하게 고정해야 한다. 사진은 평평한 판에 사각 금속 블록을 사용하고 있는 모습. 이 외에 모서리 안쪽에 사각봉을 붙여서 보강을 겸해 가이드를 하는 방법도 있다.

응용·플라스틱판을 이용한 스크래치

마지막 정리로 총 부품을 자작하는 과정을 소개하겠다. 평면이나 원통으로 구성된 부품을 만드는 데는 역시 플라스틱판이나 플라스틱 봉 등이 적합하다.

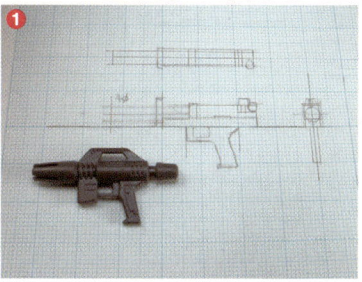

❶ ▲우선 설정 일러스트를 바탕으로 총의 삼면도를 그려본다. 모눈종이를 사용하면 세세한 부분의 치수를 재기 쉽고, 플라스틱판을 적층하는 방법도 생각해보기 쉽다. 단, 처음부터 그리려고 하면 이미지를 포착하기 힘들기 때문에 먼저 러프 스케치를 그리는 것이 좋다.

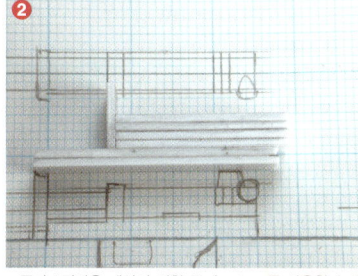

❷ ▲플라스틱판은 계산이 편한 두께 1.0mm를 사용한다. 우선 본체가 되는 부분은 5mm폭으로 잘라낸 띠 형태의 플라스틱판을 겹쳐서 붙인다. 앞, 뒷부분은 나중에 정형할 것이므로 아직 거친 상태다. 하지만 총신 부분은 플라스틱판을 1장 세로로 붙여서 면을 만들었다.

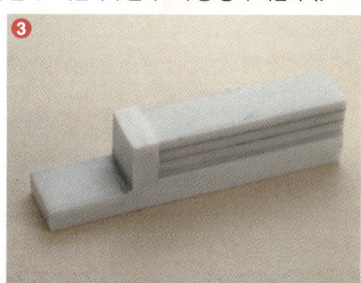

❸ ▲윗면, 측면 모두 남는 부분을 깎아서 정형한 모습. 이 공작에는 큰 폭의 쇠줄을 사용하는 것이 편리하다. 입자가 굵은 사포를 받침목에 대고 사용해도 된다. 사진은 단차 부분을 재현하기 위해서 측면과 윗면에 플라스틱판을 붙인 모습.

CHECK POINT
● 일그러짐 체크

▲플라스틱판을 적층할 경우, 적층 면에 연하게 색을 칠해두면 등고선처럼 되면서 면의 일그러짐을 확인하기 쉬워진다. 선이 비스듬하게 되어 있지 않은지 좌우간격이 맞는지 주의하면서 절삭하자.

❹ ▲총신으로는 에버그린의 4mm 파이프를 사용했다. 주위의 움푹 파인 몰드는 양끝에 핀 바이스로 가이드 구멍을 낸 뒤(관통시키지는 않는다) 그것을 잇듯이 나이프로 칼집을 내서 마치 패널라인을 새긴 상태처럼 만들어주었다.

❺ ▲총신에 붙일 가늠쇠 부분의 가공. 총신이 지나는 구멍을 플라스틱판에 뚫고 가늠쇠 부분의 슬릿도 이 단계에서 뚫어버린다. 이와 같이 가공하기 쉬운 단계에서 미리 작업을 마쳐두면 편리하다. 가늠쇠는 두께 1.5mm로, 1.0mm와 0.5mm의 플라스틱판을 겹쳤다.

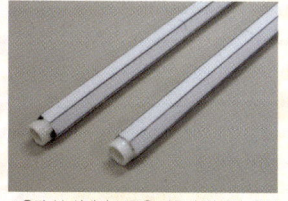

❻ ▲총신에 가늠쇠용 플라스틱판을 접착한다. 이후 주위의 여백부분을 깎을 것이기 때문에 이 접착을 확실하게 할 필요가 있다. 총신부분은 가늠쇠를 깎아낼 때 상처가 나지 않도록 테이프로 마스킹해두었다.

CHECK POINT
● 봉 소재 자작

▲육각 봉 상태의 부품을 만들기 위해서, 원형 파이프에 동등한 폭의 플라스틱판을 감아서, 정육각형 봉 소재로 만든 사례. 이런 형태도 궁리하기에 따라서 만드는 것이 가능하다.

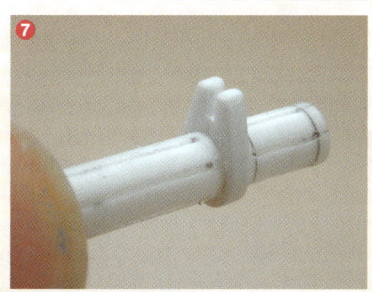

❼ ▲가늠자 주위의 여백은 우선 니퍼로 대충 잘라내고 나서, 평줄 같은 것으로 조금씩 깎아서 정확한 모양으로 정형해 나간다. 너무 많이 깎으면 다시 작업하기 힘드니까 조금씩 깎고 형태 확인을 반복하면서 진행하자.

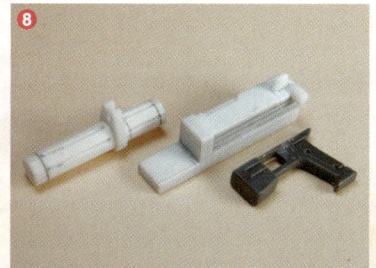

❽ ▲블록단위로 완성된 부품. 본체 뒷부분의 가늠좌는 1.0mm의 플라스틱판, 다이얼은 2mm 원형 봉을 가공하여 제작. 총신 부품과 본체가 겹치는 부분은 아랫면을 평평하게 깎아 놓았다. 손잡이는 키트에 있던 것을 잘라서 이식한다.

❾ ▲부품을 접착하고 도색하면 짐·라이트아머 용 라이플이 완성된다. 우측면은 설정 일러스트가 없어서 상상으로 탄피 배출구 모양을 팠다. 또한 각 부위의 모서리는 원본 키트의 표현에 맞추어 살짝 두껍게 했다.

3. 에폭시 퍼티를 사용한 형태 변경

점토처럼 다루는 조형용 퍼티 활용법

프라모델의 개조나 스크래치의 소재로서 다용도로 사용되는 「에폭시 퍼티」. 에폭시 퍼티는 점토 같은 감각으로 자유롭게 빚어 조형할 수 있는 것이 가장 큰 특징이다.

구멍 메우기나 덧바르는 등의 사용법은 물론이고 덧 바른 뒤 주걱 등으로 모양을 만들거나, 가늘게 늘여서 봉이나 끈처럼 만들거나 특정한 패턴이 있는 것을 찍어서 몰드(「스탬핑」이라고 불리는 기법)를 넣는 등 다양한 사용법이 있다. 또한 굳기 전에 모양을 만드는 것뿐만 아니라 굳은 후에 절삭해서 성형하는 것도 가능하다. 게다가 에폭시 퍼티는 폴리에스테르 퍼티에 비해 기포가 적고 굳은 뒤에 표면을 조각하기도 쉽다는 특징도 있다. 하지만 한번 굳은 에폭시 퍼티에 정교한 수정을 할 때, 그 위에 에폭시 퍼티를 덧씌울 경우엔 의외로 유착성이 좋지 않은 편. 이런 경우 해당 부분의 수정에 폴리에스테르 퍼티를 사용하기도 한다.

에폭시 퍼티를 반죽하거나 조형할 때는 손이나 주걱에 물을 묻혀서 하면 퍼티가 잘 들러붙지 않아서 다루기 쉽다. 하지만 수분이 과하면 퍼티가 푸석푸석하게 변하기도 하고 만에 하나 반죽한 퍼티 안에 수분이 남아있으면 굳은 다음에 갈라지는 일도 있으니 주의할 것. 또한 사람에 따라서는 에폭시 퍼티를 직접 손으로 만지면 손이 트기도 한다. 그럴 때는 비닐장갑을 착용하면 된다. 이 때문에 비닐장갑이 포함된 제품도 있는데 다만 이 경우에는 조형하기 어려워지는 점은 감수해야만 한다.

그러면 에폭시 퍼티의 기본적인 사용법과 점토적인 특징을 살린 사용 예를 소개하겠다.

◀에폭시 퍼티는 2개의 소재를 동일한 양으로 반죽함으로써 경화된다. 섞을 때는 손가락에 물을 묻혀가면서 하면 손가락에 잘 달라붙지 않는다.

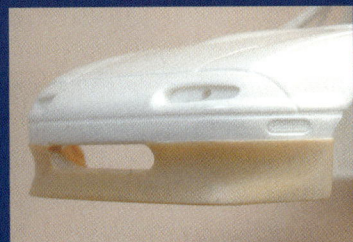

▲에폭시 퍼티를 발라서 깎아내기 가공을 한 사례. 플라스틱 표면에 가까운 완성도를 얻을 수 있다.

▲미끄럼방지 패턴을 찍어보았다. 이러한 표현이 가능한 것 또한 에폭시 퍼티만의 특징!

CHECK POINT

● 속이 비어 있는 부분의 받침

▲부품 뒤의 파인 곳을 에폭시 퍼티로 메운 사례. 양을 가늠하기 쉽고 수축도 적으므로, 이런 메우기 작업에 사용하기도 편리하다. 물론 여기에 패널라인 등을 새기는 공작도 가능하다.

메우기

조형이라기보다는 '보수'에 가까운 사용법이지만 이것이 일반적인 에폭시 퍼티의 본래 용도. 구멍 메우기는 물론 뒷면 받침이나 보강 등도 똑같다. 축 처지는 일 없이 필요한 양을 확실하게 붙일 수 있다고 하는 에폭시 퍼티의 특징을 잘 살리는 방식이다.

▲일례로 이 부품의 구멍을 메워보도록 하자. 에폭시 퍼티는 경화속도, 절삭성을 따져서 세미다인의 에폭시 퍼티 목공용을 골랐다. 사진은 이미 반죽한 상태. 경화시간이 짧기 때문에 서둘러서 붙여야 한다.

▲각진 부분에 틈새가 생기지 않도록 확실히 밀어 넣자. 에폭시 퍼티는 수축이 없으므로 너무 많이 붙일 필요는 없지만 약간 많이 붙인 다음에 주걱 등으로 남는 부분을 깎아 내는 것이 좋다. 손가락이나 주걱에는 물을 묻혀가면서 작업하자.

▲굳은 뒤 내수 페이퍼(400~800번)로 마무리. 플라스틱과 퍼티의 경계선도 매끄럽게 처리되었다. 혹시 경계선에 틈새나 단차가 생기면 순간접착제를 흘려 넣은 다음에 사포질한다. 아직 부드러운 상태에서 줄질을 하면 단차가 생기기 쉬우므로 주의.

덧붙이기

덧붙여서 하는 조형에는 2가지 방법이 있다. 굳기 전에 조형을 끝내고 굳은 다음에는 수정만 하는 방법과, 넉넉히 붙여둔 다음에 굳고 나서 깎아내는 방법이다. 여기서 소개할 것은 전자다. 사용한 퍼티는 타미야의 에폭시 조형 퍼티(급속 경화 타입)이다.

▲에폭시 퍼티는 기본적으로 매끄러운 면과의 유착이 나쁘다. 그래서 플라스틱 부품에 덧붙일 때는 표면을 거칠게 만들어 두면 좋다. 여기서는 240번 사포를 사용했다. 검게 그려진 부분이 퍼티를 바르는 위치의 표시.

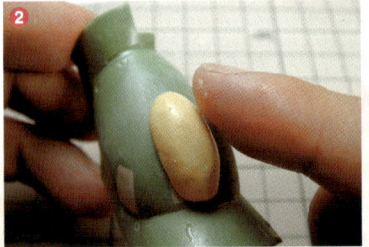

▲반죽을 끝낸 퍼티를 덧붙인다. 붙이는 면, 퍼티 모두 표면의 수분은 제거해두어야 한다. 수분이나 유분, 더러움이 있으면 퍼티와 표면 사이의 밀착성이 낮아져서 모양을 정리할 때 쉽게 어긋난다. 확실히 위치가 고정되면 모양을 정돈하자.

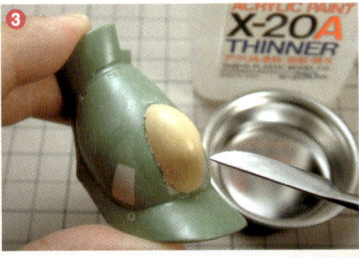

▲에폭시 퍼티의 표면을 다듬을 때는 물보다 에폭시를 녹이기 쉬운 수성 아크릴용 용제를 쓰면 된다. 이것을 묻히면서 표면을 다듬으면 매끈매끈하게 되고 플라스틱 표면과의 접합도 좋아진다. 용제대신 알코올도 상관없다.

▲벌지 가장자리를 주변과 매끄럽게 이어지도록 다듬어 보자. 사용하고 있는 것은 이쑤시개 끝을 둥글게 만든 것. 수성아크릴 용제를 묻히면서 중심에서 바깥방향으로 퍼티를 다듬어나간다.

▲이번에는 몰드 넣기. 퍼티가 굳기 전에 일자 드라이버로 눌러줌으로써 작은 슬릿을 간단하게 표현할 수 있다. 이러한 「스탬핑」을 손쉽게 할 수 있는 것도 에폭시의 특징. 하지만 재작업은 하기 어려우므로 신중하게 할 것.

▲굳은 뒤에 표면을 내수 페이퍼(800번)으로 마무리한다. 덧씌운 부분의 표면이나 원래 부품과의 연결도 매끄럽게 완성되었다. 기포 등의 염려도 없어서 마무리 작업을 순조롭게 할 수 있다.

CHECK POINT
● 피부 트러블 방지를 위해서

▲에폭시 퍼티를 사용할 때는 피부가 트거나 기타 트러블이 생기는 것을 방지하기 위해 1회용 장갑을 착용할 것을 권하는 바이다. 작업할 때 불편하기는 하지만 피부가 튼튼한 사람이라도 손이 지저분해지지 않으므로 반죽할 때만이라도 사용하는 것이 좋다. DIY 매장에서 100엔이면 살 수 있다.

펼쳐 다듬은 것을 붙인다

증가 장갑 등과 같이, 기존 부품의 모양을 본뜬 형태를 만드는 방법을 살펴보도록 하자. 퍼티를 얇게 펴서 그것을 붙이는 작업이다. 균일한 두께로 만들기 위해서는 적당한 가이드를 준비하면 된다.

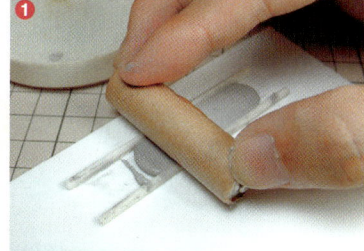

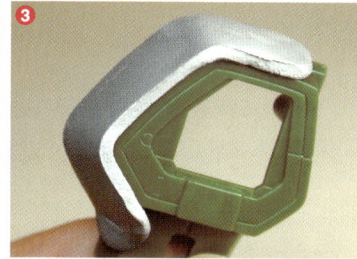

▲플라스틱판 위에 플라스틱 봉(2mm, 사각)을 평행하게 붙이고 이것을 가이드로 삼아서 에폭시 퍼티를 균일하게 늘여나간다. 밀대는 AA 사이즈 건전지에 박스테이프를 감은 것이다. 플라스틱판, 밀대 모두 퍼티를 벗겨내기 쉽도록 물로 적셔두자.

▲밀대로 늘인 퍼티를 끄트머리부터 서서히 들어 올리면서 벗겨낸다. 벗길 때 걸리는 부분이 있으면 퍼티가 늘어나서 부분적으로 얇아지는 경우도 있다. 실패하면 다시 반죽하자.

▲벗겨낸 퍼티를 부품에 씌운다. 퍼티를 가볍게 눌러서 부품면과 잘 붙어있는지 확인한 후, 그대로 경화되기를 기다린다. 이 방법이라면 곡면이나 각진 부분이라도 같은 두께의 부품을 간단히 덧씌울 수 있다. 경화가 진행되어 형태가 무너질 우려가 없다면, 나이프로 여분을 제거한다. 완전 경화 후에 정형을 하여 마무리 짓는다.

CHECK POINT
● 경화 후의 절삭은

▲완성된 상태. 완전 경화 후의 정형은, 퍼티를 부품에서 분리한 뒤가 편리하다. 플라스틱 표면이 매끈매끈하고 단순한 면이라면, 경계선에 나이프를 삽입하는 것만으로도 간단하게 벗겨진다. 다시 접착을 할 때에는 순간접착제를 사용한다.

굴곡에 딱 맞추어준다

점토처럼 사용할 수 있는 에폭시 퍼티는 굴곡이 있는 형태에 딱 맞는 부분을 만드는 작업에도 적합하다. 표면에 그대로 바르는 것만이 아니라, 벗긴다거나 도색 후에 붙이는 식의 사용 방법도 가능하다.

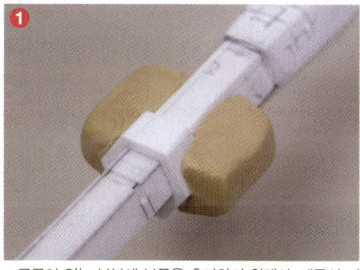

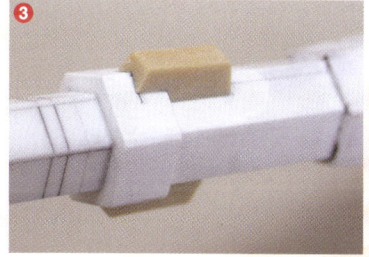

▲굴곡이 있는 부분에 부품을 추가하기 위해서, 에폭시 퍼티를 발라 놓은 모습. 단차 부분과 각이 진 부분에서 떠오르지 않도록 주의해서 눌러준다. 또한 필요한 형태를 발라야 하는 부품 쪽에 밑그림을 그려두면 좋다.

▲경화 후에 에폭시 퍼티를 벗긴 모습. 붙이는 면의 밑그림이 복사되어 있으므로, 이를 기준으로 쓸모없는 부분을 제거한다. 분해해서 가공하는 편이 작업하기도 좋고, 원래 부품에 흠집이 생기지 않는다.

▲형태를 갖춘 부품을 다시 달아 놓은 모습. 단차와 각진 부분에 딱 맞게 부품이 만들어졌다. 일체감을 주고 싶으면 플라스틱 소재와의 틈새를 프라모델 퍼티 등으로 메워주면 되며, 다른 부품이라는 감각을 주는 것이 좋다면 각을 약간 죽여주면 된다.

CHECK POINT
● 파인 곳의 정형

▲파인 곳의 안쪽을 손쉽게 정형하는 사례. 안에 에폭시 퍼티를 채운 후에, 파인 곳 뒤집은 형태로 만든 볼록한 부품으로 눌러준다. 이렇게 하면 내벽이 깔끔하게 정형된다.

손가락 부품 자작 사례

점토처럼 빚어서 조형하는 예로 로봇의 손가락 부품을 자작해보자. 여기서는 경화시간이 적당하고 경화 후에 탄력이 있는, 세메다인의 「에폭시 퍼티·플라스틱용」을 사용해 보았다.

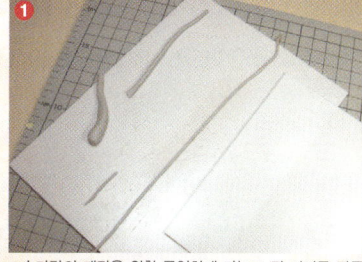
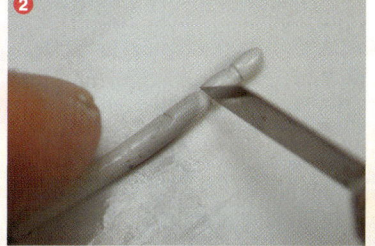
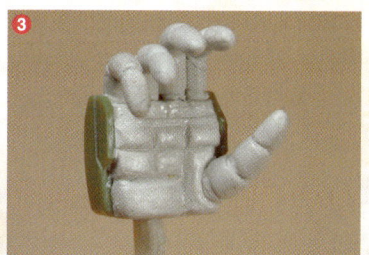

▲손가락의 제작을 위한 균일하게 가늘고 긴 퍼티를 만들려면, 적당히 가늘고 길게 만든 퍼티를 평평한 면 위에 두고 평평한 판으로 누르면서 앞뒤로 굴려주면 된다. 이때는 위아래 모두 플라스틱판을 사용한다. 이때 위에 있는 판을 누르는 힘을 조정해서 점점 가늘어지게 만들 수도 있다.

▲늘인 퍼티를 각 손가락용으로 절단한 뒤 끄트머리를 둥글게 하고 관절을 새긴다. 사진은 나이프의 칼등을 이용해서 관절을 그리는 모습이다. 퍼티는 어느 정도 단단한 편이 다루기 쉬우므로, 약간 식혀서 꾸덕꾸덕하게 만든 뒤 작업하면 편리하다.

▲이렇게 5개의 손가락을 제작. 각 손가락의 길이나 모양을 정돈하면 전체적인 손 모양을 잡아서 손등에 결합하자. 가동선 등을 심으로 삼아서 고정하면 좋다. 이대로 경화하면 완성이다.

CHECK POINT
● 점토용 주걱
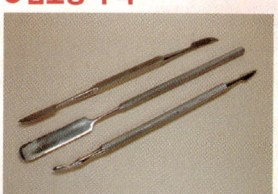

사진은 시판되는 스파츄라(점토 세공용 주걱)다. 점토조형에서는 이러한 강도와 탄력이 있는 주걱이 있으면 편하다. 또한 자신의 취향에 맞게 나무나 플라스틱 소재를 가공해서 자작해보는 것도 좋을 것이다.

4. 폴리 퍼티를 사용한 형태 변경

발군의 절삭성을 자랑하는 페이스트 상태의 퍼티를 사용해보자

폴리에스테르 퍼티에 의한 조형은 "적당히 붙이고 깎는 것"이 기본이다. 즉「깎아내기」작업이라는 뜻이다. 폴리에스테르 퍼티는 유동성이 있으므로 에폭시 퍼티처럼 그 자체만으로 모양을 만드는 것이 어려워서, 만드는 모양에 따라 두껍게 붙이거나 얇게 발라붙이는 식으로 사용한다. 또한 형틀을 만들어서 그곳에 흘려 넣어 조형하는 방법도 있다. 이 경우 완성도는 그대로 형틀의 완성도와 만드는 방법에 좌우된다. 어느 쪽이건 점도를 잘 조정해서 사용해야 한다.

깎아내기를 통한 조형의 경우, 만드는 모양이 명확하게 정해져 있다면 수치를 측정하면서 하면 되는데, 캐릭터 모델 등에서는 깎으면서 전체 밸런스를 보면서 크기를 정해가는 경우도 많다. 이때 너무 많이 깎아냈을 경우 다시 퍼티를 붙이고 다시 깎는 식으로 작업이 왔다 갔다 하게 되는데, 이것을 비교적 짧은 시간 안에 할 수 있는 것이 폴리에스테르 퍼티 조형의 특징이기도 하다. 폴리에스테르 퍼티는 폴리에스테르 퍼티 위에 덧붙여도 유착성이 매우 좋아서 경화하면 거의 한 덩어리인 것처럼 완성된다. 때문에 정교한 조각이나 몰드를 새겼다가 그것을 없애고 다시 하는 경우에도 위화감 없이 완성시킬 수 있는 것이다.

단, 폴리에스테르 퍼티조형에서 문제가 되는 것은 기포의 처리이다. 이것은 폴리에스테르 퍼티를 반죽할 때 혼입된 공기나 경화할 때 발생하는 가스가 내부에서 기포화해서 생기는 것으로 표면을 매끈하게 마무리하려면 이 기포를 메우지 않으면 안 된다. 가능한 한 폴리에스테르 퍼티로 메우는 것이 이상적이지만, 극히 자잘한 기포는 표면처리단계에서 래커 퍼티나 서페이서로 메우게 된다.

여기서는 이러한 폴리에스테르 퍼티 조형의 특징이나 가공과정을, 실제 부품개조, 자작 사례와 함께 살펴볼 것이다. 폴리에스테르 퍼티의 사용에 한정하지 않고 깎아내기 공작의 사례로서도 참고해주기 바란다.

▶폴리에스테르 퍼티의 주제와 경화제를 반죽한다. 필요하다면 점도를 조정할 수 있다. 이 단계에서.

▲퍼티를 바를 때는 깎아낼 양을 고려하여 조금 넉넉하게 발라준다. 한 번에 다 바를 수 없을 때는 여러 차례로 나누어 발라도 된다.

▲절삭 후의 표면. 표면에 작은 구멍이 무수히 있다. 이「기포」를 완전히 메워서 마무리한다.

▲알아보기 쉽게 색이 다른 폴리에스테르 퍼티로 기포를 메웠다. 여기까지 했으면 폴리에스테르 퍼티 가공은 끝이다.

퍼티 바르기와 정형

폴리에스테르 퍼티의 조형은 넉넉하게 발라놓고 경화 후에 깎아서 형태를 다듬는 것이 기본. 폴리에스테르 퍼티를 사용하는 '메우기'작업을 통해서 퍼티를 바르고 정형하는 기본적인 사용법과 주의 사항을 소개하겠다.

CHECK POINT
● 유착을 좋게 한다

플라스틱 소재에 폴리에스테르 퍼티를 바를 때는 유착 정도를 높이기 위해 소재 표면을 사포로 거칠게 만들어두면 좋다.

❶ ▲돔 형태의 부품에 있는 파인 홈을 주변과 같은 높이로 수정하는 작업을 한다. 이러한 곡면에서 하는 메우기 작업은 역시나 폴리에스테르 퍼티를 쓰는 것이 간편하다.

❷ ▲경화제와 혼합한 폴리에스테르 퍼티를 바른다. 우선은 홈 사이에 틈새가 없도록 한다. 그리고 표면은 약간 흘러나오는 정도로 바른다. 처음부터 너무 딱 알맞게 바르면 모자랄 수 있고, 이렇게 하는 편이 주변과 맞춰가며 작업하기 편하기 때문이다.

❸ ▲폴리에스테르 퍼티가 경화되면 나이프로 우선 대강 깎아낸다. 경화 후 1시간 정도 까지는 나이프로도 쉽게 깎이지만 그보다 더 지나면 입자가 굵은 줄로 정형해야만 한다.

CHECK POINT
● 순간접착제로 기포 메우기

▲이 사례에서는 간편하게 기포를 메우기 위해 웨이브의「검은 순간접착제」를 발랐다. 순간 경화 스프레이를 뿌려서 재빨리 굳히면, 곧바로 마무리 작업을 할 수 있다. 일반적인 순간접착제 보다 부드럽기 때문에 퍼티와 잘 어울린다.

❹ ▲이어서 주변의 면과 부드럽게 이어지도록 사포로 깎아낸다. 폴리에스테르 퍼티를 그냥 사포질을 하게 되면 깎아낸 가루가 이리저리 날리므로, 이를 피하기 위해서라도 물 사포질을 하도록 한다.

❺ ▲여기서 부터가 폴리에스테르 퍼티의 귀찮은 점. 굳은 폴리에스테르 퍼티의 표면이나 내부에는 자잘한 기포가 있다. 이것을 확실하게 메워주기 위해, 칫솔로 문지르거나 두드려서 기포가 올라오게 한다.

❻ ▲기포를 메우고 재차 사포질을 해서 마무리한 상태. 여기서는 손쉽게 순간접착제로 기포를 메웠으나 표면에 패널 라인을 파거나 조각을 할 경우에는 소재감이 바뀌지 않도록 폴리에스테르 퍼티로 메우는 편이 좋다. 다음으로 서페이서를 뿌려 표면처리를 한다.

4. 폴리 퍼티를 사용한 형태 변경

깎아내기 가공의 예

이번에는 폴리에스테르 퍼티 덩어리에서 필요한 모양을 깎아내는 예를 살펴보자. 총을 단단히 쥔 모양의 손을 재현하기 위해서 "손가락"을 만들어보자. 그립이나 손바닥과 딱 맞도록 "발랐다가 떼어내는"것도 포인트.

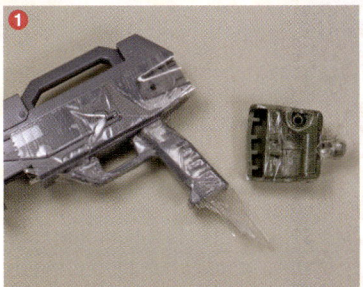

▲준비한 총과 손바닥 부품. 이것들을 고정한 부분에 퍼티를 바르는데 이때 다른 곳에는 퍼티가 묻지 않고, 폴리에스테르 퍼티를 떼어내기도 쉽도록 셀로판테이프로 마스킹한다. 테이프는 두껍게 겹쳐 붙이지 않는다.

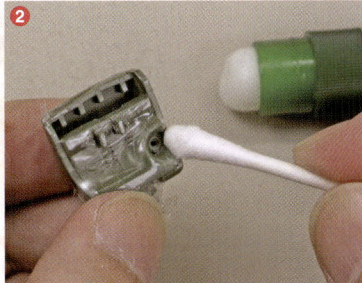

▲곡면 등 테이프로는 딱 맞게 마스킹할 수 없는 곳은 멘소레담이나 바셀린 등의 유분을 발라둔다. 여기서는 립 밤을 면봉으로 바르고 있는 모습.

▲마스킹을 마치면 그립과 손바닥을 "들게 하고 싶은 각도"로 고정시킨다. 그곳에 폴리에스테르 퍼티를 발라나간다. 손바닥의 각도를 먼저 정한 다음에 마스킹을 하고 유분을 발라줘도 된다.

CHECK POINT
● 대충 다듬을 때 주의할 점

▲경화 후에 대충 다듬으려고 할 때 힘을 세게 주어서 나이프로 자르려고 하면 "금"이 가기 쉽다. 이것을 막으려면 한 번에 두껍게 자르려고 하지 말 것. 나이프의 날을 누르는 것이 아니라 날을 당겨주듯이 자른다. 절대 날을 비틀거나 하지는 말 것.

▲퍼티가 경화되면 적당히 깎아내서 틀을 잡아주기 시작한다. 슥슥 잘 깎일 때 손가락의 모양을 적당히 잡아주자. 마스킹 된 부분은 퍼티를 떼어내기도 쉽고 나이프에 의한 흠집도 잘 생기지 않는다.

▲대충 다듬는 것이 끝났다면 손을 그립과 분리한다. 이제부터는 총을 들었다가 놓았다 하는 것을 반복하여 상태를 확인하면서 정형해나간다.

▲손가락의 굵기나 관절의 위치를 이미지하기 쉽도록 연필로 미리 그려놓은 모습. 그린 면뿐 아니라 다양한 방향에서 보면서 모양을 정해나간다.

CHECK POINT
● 순간접착제를 첨가

▲폴리에스테르 퍼티에 순간접착제를 섞는 것은 기본적인 방법 중 하나다. 플라스틱 등과 유착이 잘 될 뿐 아니라 경화가 촉진되어 굳는 속도도 빨라진다. 특히 폴리에스테르 퍼티를 조금만 사용할 때 효과적이다. 순간접착제를 섞을 때에는 중점도로 몇 방울 떨어뜨리는 정도면 족하다.

▲손가락 관절의 단차도 이렇게 움푹 파준다. 이런 홈을 깨끗하게 마무리하려면 소형 끌 등을 사용하는 것이 좋다. 나이프와 끌로 정형한 후에, 소형 쇠줄과 사포로 표면을 마무리하자.

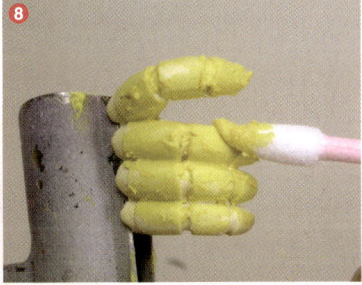

▲기포는 브러시로 두들기거나 나이프로 넓히거나 해서 메워놓기 쉽게 해놓는다. 기포 메우기도 폴리에스테르 퍼티로, 자잘한 기포 사이에 들어갈 수 있도록 면봉으로 문질러준다

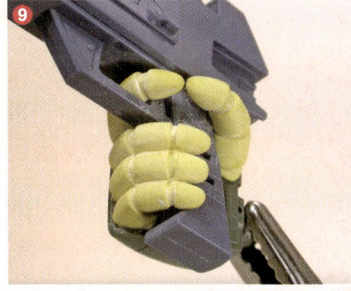

▲기포를 메운 다음 사포질을 해서 표면을 매끄럽게 마무리하면 폴리에스테르 퍼티 정형은 끝. 이렇게 해서 그립을 단단히 쥔 손가락이 완성되었다. 이후 표면 처리 단계에서 자잘한 흠집 등을 제거하자.

CHECK POINT
● 마감에 관해서

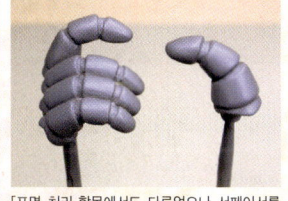

「표면 처리」항목에서도 다루었으나 서페이서를 뿌리면 자잘한 흠집이나 기포를 찾기 쉽고 액체 퍼티도 바르기 편해진다. 너무 큰 기포가 있으면 폴리에스테르 퍼티로 메우는 작업으로 되돌아가는 것이 되므로 그런 일은 없도록 하자.

성형해서 사용한다

폴리에스테르 퍼티를 형에 흘려 넣어서 굳히는, 일정의 형태로 사용하는 방법도 있다. 여기에서의 사례는 단순히 두꺼운 판이지만 만드는 형태에 따라서 한층 더 공을 들인 형틀을 만든다면, 절삭 가공을 전제로 하지 않는 조형도 가능해진다.

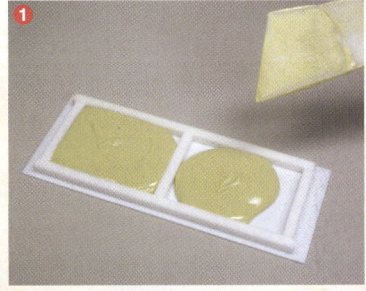

▲플라스틱 소재로 만든 형틀에 폴리에스테르 퍼티를 부어 놓은 상황. 이 사례는 5mm의 각봉으로 주위를 둘러싸서 두터운 '판재'를 만들려고 하는 모습이다. 폴리에스테르 퍼티는 틀의 높이보다 많이 흘려 넣고, 그 위에 판을 덮어서 평평하게 한다.

▲경화 후에 형틀에서 빼낸 폴리에스테르 퍼티 판재. 일정 형태를 갖춤으로써 소재로서 사용하기 편해진다. 표면에 기포가 약간 보이지만, 대부분 깔끔하게 성형할 수 있다. 형틀에 흘려 넣는 사용 방식으로 실리콘 형틀을 사용하는 방법도 있다.(P.206 참조)

▲부품을 자작하기 위해서 폴리에스테르 퍼티를 가공하고 있는 모습. 이후의 가공 수순은 플라스틱판 등과 마찬가지지만, 두께가 있어서 커다란 톱이나 쇠줄로 절삭해야 한다. 또한 약간 데워놓으면 쉽게 깎을 수 있으므로 기억해 두자.

_# 5. 부품의 접착 · 응용편

각종 접착제의 특성을 파악하여 활용해 보자

모형 제작에서 사용하는 접착제는 플라스틱 접착제와 순간접착제, 에폭시 계열, 목공 본드 계열 등 여러 가지 종류가 있다. 이 제품들의 기본적인 사용방법은, 제3장의 「접착」에서 설명한 바와 같다. 그러나 기본을 이해하고 있다고 생각해도 실제로 작업하는 중에는, 기대했던 것 보다 제대로 붙지 않는다거나 마무리가 지저분해 지기 십상이다. 이 항목에서는, 그렇게 약간 곤란한 상황에서의 대응 방법과, 소재에 따른 접착 테크닉 등, 한층 더 진보한 사용 방법을 소개하기로 하겠다. 또한 접착제를 퍼티처럼 사용하는 등, 접착 목적 이외의 응용 방법에 대해서도 알아보도록 하자. 접착제와 그 주변 용품을 능숙하게 활용하여 제작을 원활하게 하자.

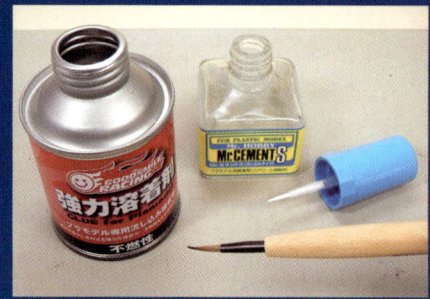

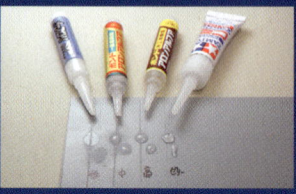

▲플라스틱 접착제는 프라모델 부품 접착의 기본. 부속으로 들어가는 붓 이외에, 접착제용의 붓을 준비해두면 한층 더 쉽게 칠할 수 있다.

▲순간접착제는 퍼티 대신 사용하는 것도 가능. 점도가 높은 쪽이 형태를 만들어주기 용이하다.

순간접착제 사용 요령과 주의할 점

순간접착제는 단시간에 강력하게 붙는 만큼, 일단 붙여 버리면 수정하기가 힘들다. 흘러나오거나 하는 것은 깎는 것 외에 방법이 없으므로, 가능한 실패하는 것은 피하도록 하자.

❶

▲사진 왼쪽은 순간접착제를 한방울 떨어트린 상태. 중앙은 그 위에 투명한 플라스틱판을 올린 것. 오른쪽은 많은 양을 넣은 상태. 한 방울이라도 묻혀서 얇게 밀착하면 강한 접착력을 발휘한다. 너무 많이 사용하여 흘러나오게 되면, 그 부분은 바로 굳어지지도 않고, 마무리도 지저분해 진다.

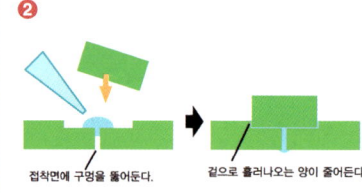

❷

접착면에 구멍을 뚫어둔다. 겉으로 흘러나오는 양이 줄어든다.

▲흘러나오는 것을 적게 하는 방법. 접착제를 사용하는 부분에 자그마한 구멍을 뚫어서, 밀착시킬 때 여분의 접착제가 도망갈 수 있는 길을 만들어 둔다. 이렇게 하면 표면으로 흘러나오는 접착제를 줄일 수 있다. 이는 순간접착제뿐만이 아니라, 접착제 전반에 응용할 수 있는 방법이다.

❸

▲한번 붙인 부분이 벗겨진(또는 벗겨낸)경우 다시 접착할 때는, 굳어 있는 순간접착제를 깎아내는 등, 접착면을 정리(소재의 면끼리 접착한다)할 것. 굳은 부분이 남아 있으면 부품이 밀착되지 않아서 접착력이 발휘되지 않는다.

CHECK POINT
● 순간접착제 리무버

▲「순간접착제 리무버」는 젤 상태의 용액으로 굳어 있는 순간접착제 위에 발라주면 부드럽게 변해서 벗겨낼 수 있게 된다. 수지에 침투하므로 플라스틱에는 사용할 수 없지만 금속 부품을 다시 붙이려는 경우 등에 도움이 된다.

❹

▲가죽과 종이 등 스며드는 소재의 경우. 접착은 가능하지만 접착제가 스며든 부분이 딱딱해져서 질감이 변해 버리기 쉬우므로, 다른 접착제를 사용하는 것이 좋을 것이다. 일부러 화장지에 스며들게 해서 시트 등의 표현에 이용하는 방법도 있다.

❺

▲순간접착제를 도색면(서페이서 면)에 발라 보았다. 접착제가 피막을 녹여서 부드러워 지고, 이쑤시개로 휘저어 보니 섞여버리고 말았다. 당장 굳어지지 않고 어느 정도 시간이 걸리게 된다. 도색을 한 부분에 사용할 때에는, 굳을 때 까지 한동안 이 상태를 유지시켜줄 필요가 있다.

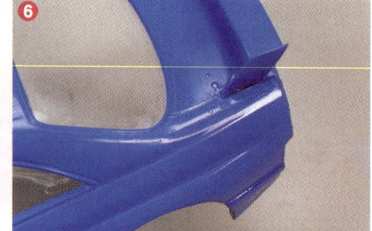

❻

▲도색 면으로 흘러 나와서 물방울이 튀어버린 실패 사례. 이렇게 되면 간단히 제거할 수 없으므로 수정하기 힘들다. 순간접착제는 편리하지만 이러한 위험도 있으므로, 겉에서 보이는 곳에는 가능한 사용하지 않는 편이 좋다.

CHECK POINT
● 경화 촉진제에 관해서

▲경화 촉진제에는 2가지 타입이 있다. 왼쪽은 액상의 붓칠 타입과 펜 타입으로 접착면에 먼저 발라서 사용하는 방식. 오른쪽의 스프레이 타입은 간편하면서도 강력한 촉진제가 들어 있는 것이 특징. 접착면에 미리 뿌리거나, 접착부위에 뿌려준다. 냄새가 독하다는 것이 단점이라면 단점.

순간접착제를 퍼티 대신으로

순간접착제는 유착이 좋고 빨리 굳기에 「대용 퍼티」로 활용하는 것도 가능하다. 약간의 틈새와 홈집 처리, 분말재료와 섞어서 덧붙이는 등 다양한 사용법이 있다. 경화 후에 수축으로 움푹 패이는 곳이 잘 생기지 않는 것도 메리트.

❶

▲부품 접합선의 단차와 틈새를 메우는 사례. 메우고 싶은 부분에 순간접착제를 바른다. 두께가 필요하다면 중~고 점착도를 사용하는 것이 좋다. 그 후 경화 촉진제를 스프레이로 뿌려 잽싸게 경화시킨다. 마찬가지 방식으로 파인 곳을 메우는 것도 가능하다.

❷

▲바로 경화시켜서 사포질을 할 수 있는 것이 이 방법의 메리트. 경화 촉진 스프레이를 사용할 경우 경도가 있어 플라스틱 부분과 갈려 나가는 정도의 차이가 나기 쉽다. 발라준 부분을 제대로 깎아낼 수 있도록 사포에 받침목을 이용할 것. 번호도 입도수치가 큰 것부터 시작하는 게 좋다.

❸

▲다시 라인을 파악할 필요가 있는 부분 등, 순간접착제로 부드럽게(플라스틱과 비슷한 정도의 굳기) 메우고 싶은 경우의 방법. 중간 접착력의 순간접착제를 바른 채로 방치하여, 완전히 굳기를 기다린다. 다소 움푹 들어가게 되므로, 부족한 부분은 다시 보충. 경화 전에 만지지 않도록 주의.

▲오목한 몰드를 메우기 위해 순간접착제를 흘리고, 거기에 플라스틱과 퍼티를 깎은 부스러기 가루를 묻히는 방법. 부스러기로 볼륨감을 늘릴 수 있는 것은 물론이고, 빨리 굳어지며 가공성도 플라스틱에 가까워진다. 특별한 용품이 필요 없으며, 약간의 덧대기와 보강에 있어서도 편리한 방법이다.

▲이러한 부스러기와의 혼합을 이용한 것이 「Mr.SSP(순간접착 퍼티)」다. 옅은 보라색의 HG액(순간접착제에 가까운 것)과 파우더를 섞어줌으로써, 적절한 반죽 상태가 되어 잽싸게 경화가 이뤄지는 퍼티가 된다. 액과 파우더의 양에 따라서 경화 시간과 점착도를 조정하는 것도 가능.

▲부품 뒤의 빈 공간을 채워 넣은 사례. 칠한 부분은 "슥슥" 깎아 내기 쉽게 되었지만 퍼티의 경도는 섞은 비율에 따라 달라진다. 경화가 빨라서 오른쪽처럼 구멍이 발생한 경우에는, 마무리를 할 때 점착도가 낮은 순간접착제를 흘려 넣어서 부품의 표면을 때려 주듯이 하면 된다. 이는 부속으로 들어가는 「경화 지연제」를 추가하여 줄일 수 있다.

CHECK POINT
● 섞어서 사용한다.

▲색이 있는 순간접착제는 흠집이나 메워진 부분을 확인하기 쉽지만, 점도가 높은 타입이라면 작은 구멍을 메우기가 힘들다. 그럴 때는 점도가 낮은 타입과 섞어서, 점도를 낮춘 다음에 발라주면 좋다.

플라스틱 접착제 활용

플라스틱 접착제는 「수지 타입」과 「액상 타입(흘려 넣기 타입)」의 2종류가 있으며, 상황에 따라서 구분하여 사용하는 것 외에, 둘을 조합하여 사용하는 경우도 있다. 또한 흘려 넣는 타입의 "플라스틱을 녹이는"기능도 마무리에 이용할 수 있다.

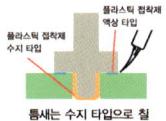 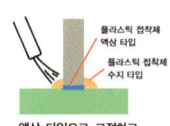
▲왼쪽은 끼우는 곳에 틈새가 있는 접착 사례. 틈새를 「수지 타입」으로 메우고 딱 맞는 부분에 「액상 타입」을 사용한다. 이렇게 하면 수지 타입보다도 빨리 고정할 수 있다. 오른쪽은 접착면이 좁은 경우. 「액상 타입」으로 접착한 주변에 「수지 타입」을 칠해서 보강한다.

▲「액상 타입」의 플라스틱을 녹이는 성질을 이용한 사례. 사포질 등으로 표면이 거칠어진 부분과 약간의 파팅라인 흔적은, 「액상 타입」을 발라줌으로써, 거친 부분과 단차를 다듬는 것도 가능하다. 바로 말라서 없어질 정도로 바르도록 하고, 플라스틱이 지나치게 녹지 않도록 주의할 것.

▲역으로 표면을 거칠게 만드는 사례. 「액상 타입」을 발라준 붓으로 부품의 표면을 때려 주듯이 하면, 전차의 장갑 같은 부분이 랜덤하게 거칠어져 있는 상태를 표현할 수 있다. 투박한 정도는 소재와 플라스틱 접착제의 상성에 비례하므로, 부품의 뒷면으로 미리 시험을 해본 다음에 작업하자.

CHECK POINT
● 얇은 소재의 접착은…

▲매우 얇은 플라스틱판을 플라스틱 접착제로 접착하면, 용제 성분의 영향으로 표면이 부풀어 오르거나, 움푹 패는 경우가 있다. 부드러운 단계에서는 건드리지 말고 마른 다음에 수정하도록 하자.

리모넨 계열, ABS용 접착제

통상의 제품과는 약간 다른 것이, 지금 소개하는 접착제. 리모넨 계열은 오렌지 등 감귤 계열의 껍질에서 추출한 유기용제를 사용, 냄새가 기존의 접착제보다 덜 자극적인 프라모델용 접착제. ABS 용은 이름 그대로 ABS 수지 부품의 접착에 사용한다.

▲"리모넨 계열은 접착력이 좀 미묘하지 않아?"라고 의문을 품는 사람도 있을 것이다. 대체적으로 기존 접착제보다 건조 시간이 약간 긴 편이지만, 일단 굳은 뒤의 완성도는 동등하다고 할 수 있다. 접착제가 흘러나오는 현상을 이용하는 「접합선 수정」도 충분히 가능하다.

▲ABS제 부품은 프라모델용 접착제의 「수지 타입」으로는 접착할 수 없다. 실제로 작업을 해보면, 표면이 살짝 녹기는 하지만 벗겨져 버리고 만다. 한편으로 「액상 타입」이라면 접착할 수 있다.

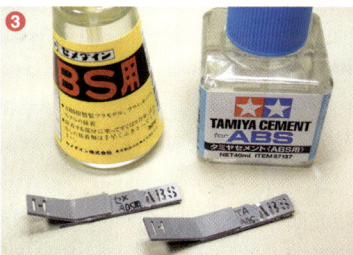
▲ABS용 접착제는 수지가 들어가 있으며, 약간의 틈새를 메워주면서 단단하게 접착할 수 있다. 다만 같은 ABS 수지라 해도 키트나 메이커에 따라서는 사용할 수 없는 경우도 있으므로 런너로 미리 시험해 볼 것! 사진의 예에서는 별 탈 없이 제대로 접착이 되었다.

접착제 이외의 고정 방법

"접착" 방식에 크게 개의치 않는다면, 부품의 접합에 사용하는 소재는 여러 가지가 있다. 아이디어에 따라서는 마무리의 선택지를 늘려주는 아이템도 찾을 수 있을 것이다.

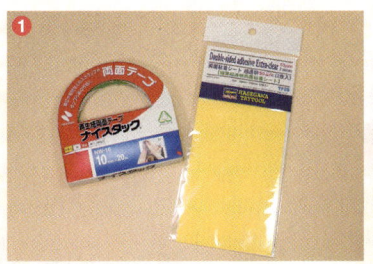
▲양면테이프는 천 같이 부드러운 것과, 작은 부품의 고정 등 보조적인 용도로 활용할 수 있다. 반 고정의 경우는 접착제가 잘 남지 않는 제품을 선택하자. 사진 오른쪽의 「양면 점착 시트 초 투명」(하세가와)는 매우 얇은 점착 시트로, 투명도가 높으므로 클리어 부품 가장 자리에 붙여서 고정시켜도 눈에 띄지 않을 정도다.

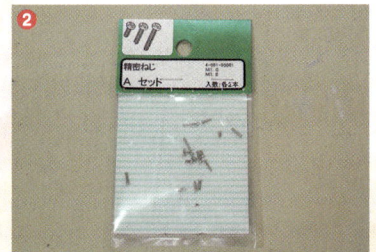
▲금속제의 극소 나사. 무게가 있는 부품의 고정, 섬세한 가동부 등에 편리. 박는 곳에 구멍을 작게 뚫어서 조여주면, 너트조차 필요 없이 고정된다. 자그마한 나사 머리에 맞는 정밀 드라이버도 함께 준비해두자.

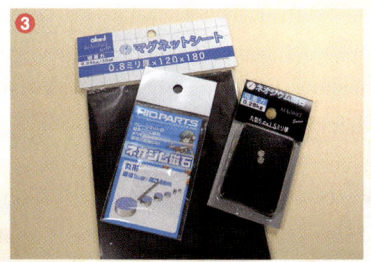
▲부품을 탈착하고 싶은 부분에는 자석을 사용하는 방법도 있다. 사진은 소형이면서 강력한 네오디뮴 자석과 시트 상태의 자석. 이것을 채워 넣고 반대 면에 금속을 배치함으로써, 겉모습을 손상시키지 않고 부품을 탈착하는 것이 가능해진다. 자석을 부품에 고정시키는 것이 좋다면 에폭시 계열의 접착제등을 사용하면 된다.

6. 패널라인 새기기

라인 몰드를 새겨 넣어 이미지 업!

「패널라인」이란 부품 표면에 홈처럼 파여 있는 몰드를 말한다. 일반적으로는 부품이 나뉘는 분할선(패널라인)을 표현하는 것인데, 그와 동시에 단조로운 면에 정밀감을 주거나 질감을 바꾸기 위해 경계선을 표현하는 방법이기도 하다.

패널라인 새기기를 직접 하는 경우는, 접착이나 접합선 수정 과정에서 없어져 버린 패널라인을 되살리거나, (원래 새겨져 있던) 패널라인이 서페이서나 도료 등에 메워져버리지 않도록 깊게 만들어주는 등 보완하는 작업을 먼저 생각할 수 있는데 이외에도 키트에는 없는 독자적인 표현으로, 또는 자작한 부품이나 개조한 곳에 패널라인을 파는 등 개개인의 '커스터마이징'이라는 측면도 있다. 단순히 홈을 판다고는 하지만 그 모양새도 사실은 다양해서 날카로운 'V'자로 하는 경우, '凹'자 모양으로 만드는 경우, 또한 홈의 폭이나 가장자리 면의 처리방식 차이 등으로 정밀감이나 패널라인에서 연상되는 역할에 변화를 줄 수 있다.

패널라인 새기기에 사용되는 도구에는 철필과 나이프, 에칭 톱, 날 세우기용 줄 등, 절단과 절삭용 공구를 사용하는 것 외에도, 끌이나 정 같이 패널라인을 파는 전용 툴도 있다. 사용하는 도구에 따라서 패널라인이 파이는 정도와 면에 따라서 적합한지 부적합한지를 따져야 하고, 패널라인이 파이는 정도도 다르므로 이미지에 맞는 것을 고르기 바란다. 이 밖에 필요한 도구라면 템플릿과 테이프 등의 가이드 종류. 특히 에칭 템플릿처럼 범용성이 좋은 것부터, 장르에 맞춘 형태까지 다양한 것이 있으므로 잘 활용하는 것이 좋을 것이다. 기성품에 의존하는 것 외에도 파고 싶은 모양에 맞춰서 스스로 가이드를 만드는 것도, 경우에 따라서는 필요하다.

또한 패널라인을 팔 때 패널라인이 비뚤어지거나 어긋나는 등의 실패가 매우 흔한데, 물론 실패하지 않는 것이 제일 좋겠지만 (기계가 아닌 이상) 그런 것은 무리라 할 수 있으며 차라리 실패했을 때의 대처법을 확실히 알아두는 것이 더욱 완성도를 높이는 지름길이라 할 수 있을 것이다. 수정할 수 있는 자신이 있어야만 대담하게 가공할 수 있기 때문이다.

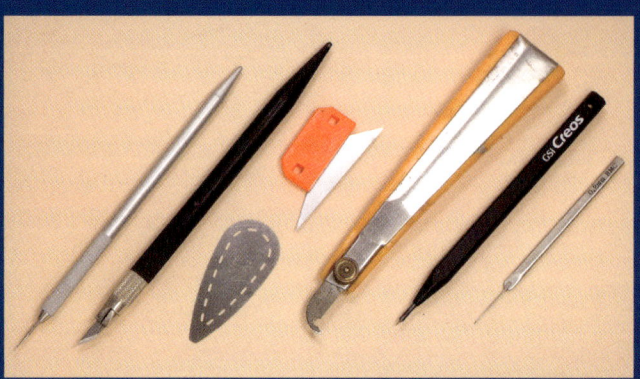
▲패널라인을 새기는데 사용할 도구. 왼쪽부터 철필, 나이프, 에칭 톱, P커터, 끌, 정. 각각 완성된 모습에 차이가 있으므로 용도에 맞는 것을 선택하자.

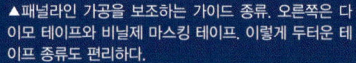
▲패널라인 가공을 보조하는 가이드 종류. 오른쪽은 다이모 테이프와 비닐제 마스킹 테이프. 이렇게 두터운 테이프 종류도 편리하다.

▲키트를 가공한 예. 직사각형의 노즐 주변에 패널라인을 새겨줌으로써 먹선을 넣은 것이 뚜렷하게 드러난다.

패널라인 작업용 공구의 특징

패널라인을 파는 도구도 다양한 종류가 있는데 우선 여기서는 그런 공구들의 특징을 소개하겠다. 처음부터 모든 종류를 모으는 것은 어려우므로, 처음에는 수중에 있는 공구부터 시험해 보는 게 좋을 것이다.

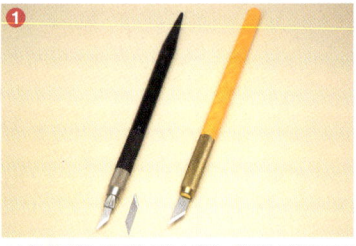
❶ ▲소형 디자인나이프와 아트 나이트. 칼집을 넣어서 파기 전에 밑그림(위치 가이드)을 그릴 때 사용하는 것 외에도 V자 형태로 파 놓은 홈을 깎는다거나, 칼등으로 P 커터처럼 사용하는 테크닉도 있다. 또한 일그러짐의 수정도 이걸로 한다. 깎는 작업의 주역은 아니지만 패널라인 새기기에서는 빠질 수 없다.

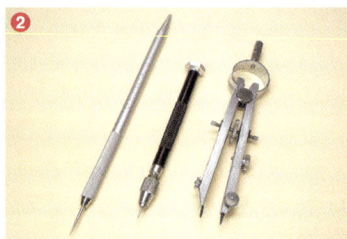
❷ ▲철필은 파는 방향이 한정되어 있지 않은 것이 특징으로, 특히 템플릿을 따라서 자그마한 원이나 사각을 파는데 적합하다. 적당한 바늘 끝이 있으면 핀 바이스에 물려서 사용하는 것도 괜찮을 것이다. 양끝이 바늘인 디바이더(오른쪽)은 원 모양으로 새기거나 할 때에도 편리.

❸ ▲P 커터. 칼끝으로 표면을 할퀴듯이 홈을 판다. 원래는 플라스틱판과 아크릴판의 절단용 공구지만, V자 형태의 홈을 손쉽게 팔 수 있기 때문에 모형 제작에서는 패널라인 작업에 사용하는 경우가 많다. 모형에 적합한 제품은 날 끝의 여백을 줄여서 다루기 편리하도록 한 제품이다.

CHECK POINT

● 각 공구에 따른 홈 단면의 차이

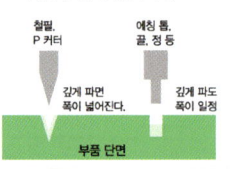

▲날 끝이 'V'자 형태인 공구는 얕게 파면 가늘고, 깊게 파면 폭이 넓어지므로, 하나의 도구로 가늘게도 두껍게도 팔 수 있다. 한편 끝이 각진 형태의 공구는 깊이 파더라도 홈의 폭이 일정하므로 통일성을 줘야 할 때 사용하면 좋다. 또한 가장자리가 직각에 가까운 형태이므로 패널라인을 새긴 곳이 선명하게 드러난다.

❹ ▲에칭 톱. 두께 0.1~0.2mm의 얇은 스테인리스제 톱으로 부품 표면에 칼집을 내듯 사용한다. 다양한 형태가 있으며 곡면이나 울퉁불퉁한 면에도 대응하기 쉽다. '선'으로 파는 만큼 일그러짐의 수정에도 적합하다. 판을 잡기 쉽게 그립을 달아놓은 제품도 있다.

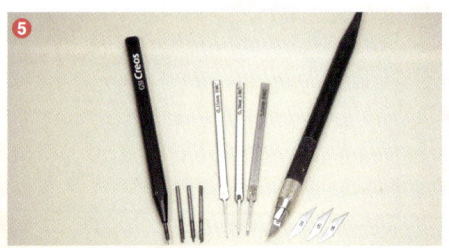
❺ ▲일정한 폭으로 파인 라인을 파는 공구. 왼쪽은 Mr. 라인 치젤(GSI 크레오스), 자그마한 P 커터처럼 생겼으니 날 끝은 솟아올라. 중앙은 BMC 정(스지보리도). 가늘게 뻗어나온 사각 단면의 날 끝으로 판다. 오른쪽은 커터 끝(키라라 본점). 시판 중인 디자인나이프에 부착할 수 있는 판 모양의 끝(날 끝만 있는 제품). 전부 다 날을 당기듯이 사용한다. 홈의 폭을 변경할 때는, 날 끝이나 공구 자체를 교환한다.

❻ ▲쇠줄 중에도 홈을 팔 수 있는 것이 있다. 왼쪽은 날 세우기 줄. 얇은 마름모 단면 가장자리에 대고 밀어서 깎는다. 부풀어 오른 면이나 부품의 가장자리에 대기 쉽고, '선'으로 팔 수 있으므로 일그러짐의 수정에도 편리. 넓고 얕은 홈이라면 삼각 줄을 사용하는 방법도 있다.

6. 패널라인 새기기

파는 동작에서 주의 할 점

패널라인 새기기 가공은 끝이 뾰족한 공구를 이용하여 부품의 표면을 할퀴는 동작으로 홈을 파는 것이 주된 작업이다. 그러한 동작을 원활하게 해주는 포인트를 정리해 보았다.

■ 힘 조정

①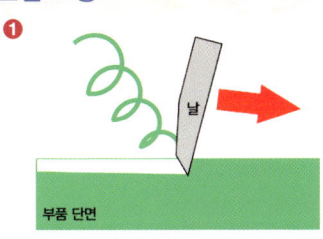
②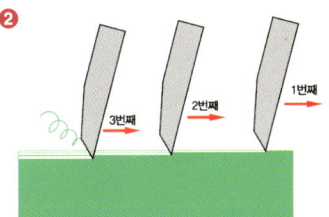
③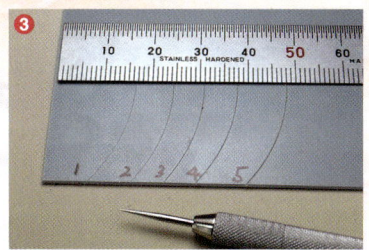

▲패널라인 새기기에서 중요한 "힘을 조정하는 방법"을 그림으로 그려 보았다. 이것은 좋지 않은 사례. 처음부터 큰 힘으로 깊게 파버리면, 부스러기가 발생하여 언뜻 잘 파고 있는 것처럼 보이지만, 도중에 날이 걸린다거나, 날 끝이 흔들리면 큰 흠집이 생기기 때문에 추천하고 싶지 않다. 단, 절단을 위해서라면 이렇게 사용하는 경우도 있다.

▲올바른 힘 조정 방법. 실패를 피하고 일그러짐 없는 홈파기를 위해서는, 힘을 너무 주지 말고 동일한 부분을 반복해서 깎아주는 방법이 좋다. "판다"고 하기 보다는 가이드를 따라서"매끄럽게" 움직이는 것을 이미지하여 작업한다. 자칫 손이 미끄러진다고 하더라도 큰 흠집이 생기지 않는다.

▲철필을 사용하여 가벼운 힘으로 파놓은 사례. 숫자는 파기를 반복한 횟수. 처음에는 선을 따라가는 흔적만이 있는 정도였지만 반복해서 작업을 하는 동안 서서히 홈이 생겨난다. 처음부터 힘을 주는 경우보다도, 가장자리의 부풀음이 적고 깔끔하게 마무리 된다.

> **CHECK POINT**
> ● 힘을 주는 방법의 기준
>
> ▲가벼운 힘으로 파는 경우의 기준은 연필로 그리는 정도를 생각하면 된다. 사진처럼 실제로 밑그림을 해두면 움직이는 감을 잡을 수 있고, 깜빡하고 어긋나기 쉬운 부분도 파악할 수 있을 것이다.

■ 날 끝을 대는 방법

①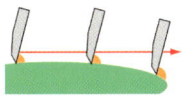
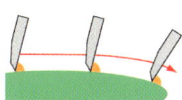
②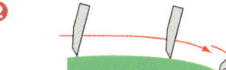

③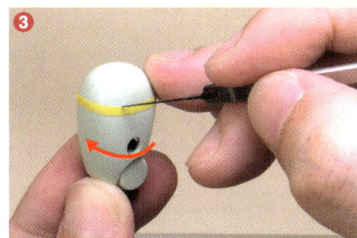

▲공구의 날 끝은 부품을 파기 위한 적절한 각도가 있으므로, 이를 유지하면서 움직인다. 그림은 좋지 않은 사례. 날 끝이 표면을 따라가고는 있지만, 곡면에 대해서도 방향이 그대로인지라 각도가 얕아진다.(노란색 표시에 주목). 이래서는 파는 것도 얕고 날 끝이 떠올라서 어긋나기 십상이다. 아래 그림처럼 곡면에 맞춰서 날 끝의 각도를 변경하자

▲면의 각도가 변하는 곳은 한 번에 파려고 하지 말고, 파기 쉬운 방향으로 부품이나 공구를 고쳐 잡아서 선을 이어주도록 한다. "알고는 있는데 나도 모르게 그대로 파다가 실패…"라는 상황도 심심찮게 나오므로 주의한다. 또한 작게 선회해야 하는 부분은 뾰족한 공구로 작업하기 어려우므로, 톱처럼 '선'으로 팔 수 있는 도구로 바꾸면 좋다.

▲이 사례는 날 끝을 움직이는 게 아니라, 부품을 움직여서(부품을 왼손으로 회전시키면서)파고 있는 모습. 중요한 것은 어디까지나 부품 표면과 날 끝의 각도를 일정하게 유지하여, 원활하게 움직이게 하는 것. 반드시 공구만을 움직일 필요는 없다

접합선의 패널라인 새기기 수정

평범하게 키트 제작을 해도 접합선 수정과 수축을 메우는 과정에서, 패널라인이 사라지거나 얕아져 버리는 경우가 있다. 이럴 때에는 패널라인을 파서 디테일을 다시 살려보도록 하자.

①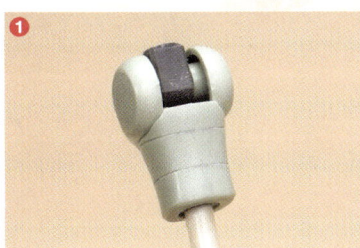
②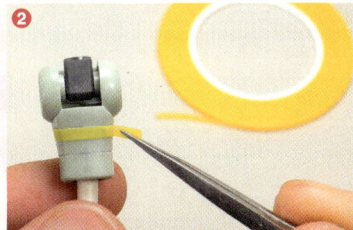
③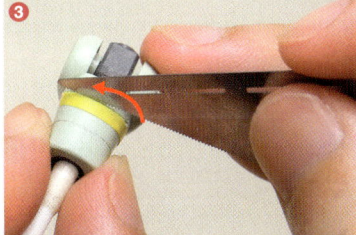

▲사진은 1 : 144 자쿠의 아래팔 부품. 사포질을 해서 접합선을 제거한 상태인데, 접합선을 지나가는 패널라인이 얕아지면서 일부가 사라져 버렸다. 흔적이 남아 있는 부분을 주변과 동일한 홈이 되도록 다시 파주자

▲끊어진 패널라인이 똑바로 이어지도록 가이드 테이프를 붙인다. 여기서는 비닐 계열의 마스킹 테이프를 사용했다. 기울어진 면에도 잘 어우러지며, 어느 정도 두께가 있다는 점에서 이것을 선택했다. 색도 보기 편하고 휘어져 있는지의 여부도 알기 쉽다.

▲이처럼 곡면으로 되어 있는 곳을 파는 작업은 에칭 톱이 다루기 쉽다. 가이드 테이프를 따라서 가벼운 힘으로 눌러주는 방향으로 미끄러지게 하는 움직임을 몇 번 반복한다. 그렇게 하면 가늘게 깎인 홈이 생긴다. 마찬가지 요령으로 날 세우기 줄로 가공해도 좋을 것이다.

④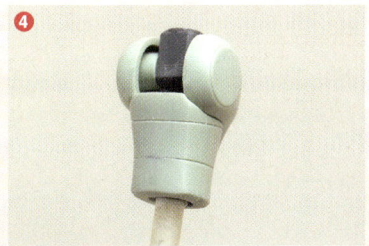
⑤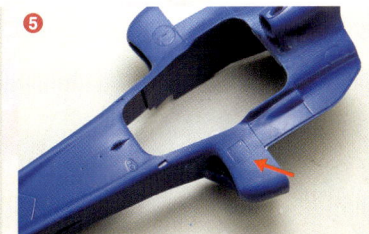
⑥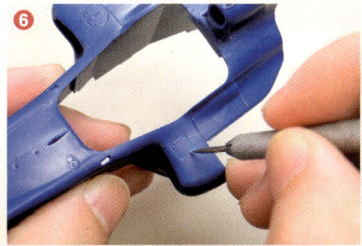

▲위쪽의 한 줄을 파놓은 모습. 아래와 비교하면 홈의 두께도 다르지 않아서 위화감이 거의 없다는 것을 알 수 있을 것이다. 홈에 부스러기나 보풀이 남아 있다면 800번 정도의 사포로 가장자리에 홈을 따라서 제거한다. 참고로 여기서 사용한 에칭 톱의 두께는 0.2mm.

▲접합선을 제거하기 위해서 사포질을 한 탓에, 근처에 있던 패널라인이 얕아졌다. 각이 둥글게 되어버린 사각 패널이 그것으로, 일부는 소실되려 하고 있는데, 이를 정리하기 위해서 다시 파주자. 가이드를 대는 것은 어려우므로, 맨손으로 직접 판다.

▲약간 남아 있는 홈을 따라서 철필로 판다. 처음에는 철필 끝을 눕혀서 덧그리는 정도의 힘으로 홈을 따라서 흔적을 남기도록 한다. 흔적이 생겨서 철필이 잘 어긋나지 않도록 되면, 철필을 세워서 작업한다.

> **CHECK POINT**
> ● 홈의 굵기
>
> ▲부품 표면의 패널라인의 폭이 어느 정도인지를 알고 싶을 때, 이런 식으로 비교 게이지를 준비해 두면, 파는 굵기를 파악할 수 있고 공구를 선택하기도 편해진다.

얕은 패널라인을 다시 파기

패널라인이 전체적으로 얕은 키트는 표면처리와 도색을 하다 보면, 패널라인이 사라져 버리므로 사전에 다시 파는 작업을 해두는 것이 좋다. 다만 항공기 모형처럼 패널라인이 많은 경우에는 약간 힘들다.

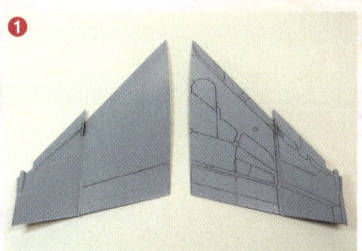

▲비행기 모델의 날개를 도색한 뒤에 먹선을 넣어 비교한 사례. 왼쪽이 패널라인이 얕은 상태 그대로, 오른쪽이 깊게 다시 파 놓은 것. 실제의 패널라인은 극히 얕고 가늘므로 스케일을 환산해본다면 '오버'스러운 표현이지만, 모형다운 '정밀함'을 우선한다면 패널라인을 다시 파주는 편이 좋을 것이다.

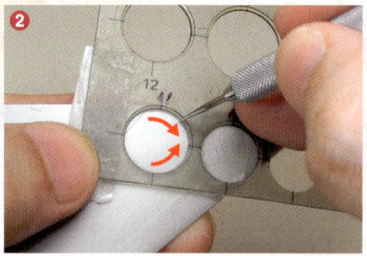

▲이 경우는 직선과 커브의 조합이므로 우선 어려워 보이는 곡선 부분부터 처리한다. 가능한 형태에 맞는 가이드를 대고 파나간다. 이곳은 반원 형태의 부분. 범위를 벗어나지 않도록 양 끝에서 안쪽을 향해서 판다. 곡선을 파기 쉬운 철필을 사용하는 게 좋다.

▲다음에는 직선 부분. 원래 파여진 홈이 얕으므로, 직선이라고는 해도 맨손으로 직접 파는 것은 위험하다. 여기서도 가이드 테이프를 붙이자. 직선부위는 철필이 아니라 다른 도구를 사용해도 좋지만, 곡선 부분과 홈의 마무리를 통일하기 위해서 철필을 사용하고 있다.

CHECK POINT
●플러스 몰드인 패널라인

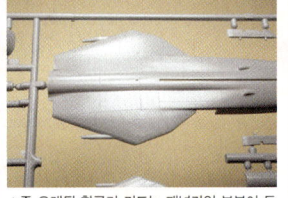

▲좀 오래된 항공기 키트는 패널라인 부분이 돌출되어있는 이른바 '플러스 몰드' 상태인 경우가 있다. 이 부분을 우리가 알고 있는 '마이너스 몰드'로 다시 작업하는 것도, 기본적으로는 앞에서 소개한 방법과 동일. 몰드를 다듬기 전에 나이프로 밑그림을 그려두는 것도 좋을 것이다.

▲부품 가장 자리면의 곡선 부분은 철필의 경우 끝 부분이 쉽게 어긋날 위험이 있다. 여기서는 두께 0.1mm의 에칭 톱을 이용. 톱은 부품의 곡면에 맞춰서 각도를 바꿔가면서 당기는 움직임으로 판다. 만일을 위해서 가이드 테이프도 붙이고 있다.

▲철필로 패널라인을 파면 보풀이 일어나거나, 라인 가장자리가 약간 올라오는 현상이 발생하기 쉽다. 이를 다듬어주기 위해서 800번 정도의 사포질을 표면 전체에 걸쳐서 해준다. 패널라인을 새기면서 발생한 가루나 찌꺼기는 붓으로 제거하자.

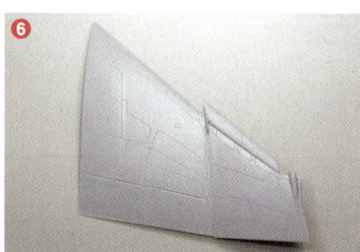

▲패널라인 작업을 끝낸 상태. 전체적으로 홈이 깊어져서, 도색을 하지 않은 상태에서도 확실하게 구분이 간다. 크게 어긋남 없이 마무리 되었는데, 도구를 능숙하게 다룸과 동시에, 힘 조정 등의 "익숙함"이 차지하는 부분도 크다. 서두르지 말고 끈기 있게 작업하는 것도 포인트다.

경사면의 패널라인을 다시 파기

부품 표면의 패널라인은 장소와 방향에 따라서 깊이가 얕거나 단차가 생기는 경우가 있다. 이는 금형으로 성형하는 중에 발생하는 것. 다시 파주는 작업을 하여 수정하면 완성 시에 받는 인상도 좋아질 터이다.

CHECK POINT
●경사면에서 얕아지는 이유

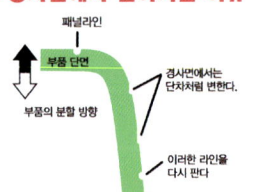

▲단면도를 통해서 패널라인이 얕아지는 이유를 살펴보자. 일반적인 부품은 상하로 분할되어 있는 금형에서 성형되므로 금형의 분할 면과 평행 방향으로 깊숙이 파인 형상의 몰드나 라인은 금형이라는 생산 방식 특성상 재현이 불가능하다. 얕은 단차 모양으로 생산되는 것은 이 때문.

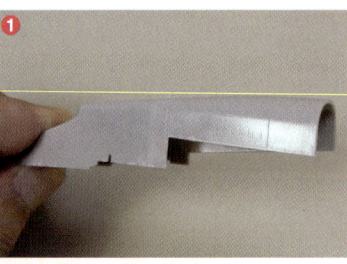

▲거의 수직으로 면에 들어가 있는 사각 패널라인. 얕은 홈 모양의 몰드가 달려 있는 것이 보이시는지? 얕기는 하지만 '흔적'이 있으므로 재현 작업에 도움이 된다. 이를 활용하여 패널라인을 파 보자.

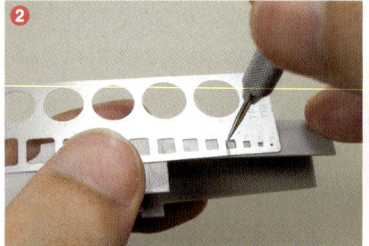

▲형태에 알맞은 사각 템플릿을 대고 철필을 이용하여 홈을 파고 있는 모습. 앞에서 본 사례와 기본은 동일. 가이드를 따라서 가벼운 힘으로 철필 끝으로 긋는 작업을 반복하여 약간씩 파내간다. 템플릿이 어긋나지 않도록 양면테이프를 붙여두었다.

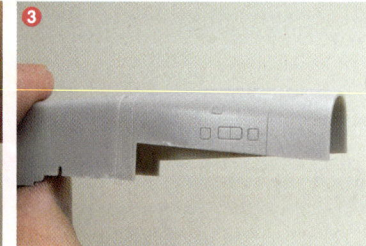

▲몇 군데에 걸쳐 사각 패널을 파내어 마무리. 각각이 확실하게 파여 있으며 경사진 곳이 없이 통일 된 것도 중요하다. 철필로 가늘게 파주면 보풀이 일어나므로 작업 후에 제거하도록 하자.

구분 도색에 도움이 되는 패널라인 작업

패널라인 작업은 패널라인 자체의 재현 뿐 아니라, 일체형으로 되어 있는 부품의 경계선을 깊이 파주어 구분 도색의 기준선으로 삼는다거나, 입체감을 한층 살리는 등의 효과가 있다.

CHECK POINT
●경계선에 라인을 팠을 때의 효과

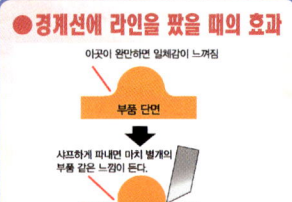

▲부품 표면의 몰드 경계선에 패널라인을 새겼을 때의 효과를 그림으로 그려 보았다. 아래의 그림처럼 한 덩어리가 아닌 별개의 부품 같은 느낌도 나며, 도색 시에 구분하여 칠하기도 쉬워진다. 먹선을 넣어주면 한층 더 효과적이다.

▲자동차 모형의 창틀(몰딩)을 실버로 칠한 모습. 경계선이 약간 삐져나오면서 지저분해졌다. 이와 같이 구분 도색은 작품의 완성도를 좌우하는 커다란 포인트. 사전에 구분 도색할 구역을 패널라인으로 파서 구분해놓으면 깔끔하게 마무리 할 수 있다.

▲이쪽은 도색 이전 단계에서 패널라인을 추가하고 있는 장면. 몰딩을 구분하기 쉽도록 경계선에 가이드 테이프를 붙이고, 거기에 에칭 톱으로 작업을 하고 있다. 패널라인을 새기는 방법 자체는 이미 앞에서 소개한 대로.

▲경계선부분에서 홈이 파인 상태가 되면 부품 표면에 마스킹 테이프를 붙인 다음에 자르기도 편리하고, 구분 도색 작업도 용이해진다. 또한 경계 부분이 뚜렷해지므로 그 부분이 마치 별개의 부품 같은 분위기를 내기도 한다.

6. 패널라인 새기기

새로운 패널라인을 추가한다

이어서 이번에는 원래 있던 패널라인의 보강이 아니라, 새로운 패널라인을 추가해보도록 하자. 라인을 새기는 요령은 동일하지만 도중에 선이 어긋나거나 비뚤어지는 일이 없도록 한층 더 신경을 써서 작업할 필요가 있다.

■ 직선 패턴

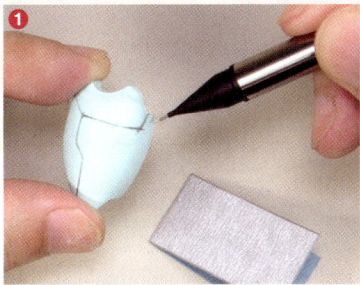

▲이것은 MG「GM Ver.2.0」의 장딴지 부품. 부풀어 있는 면에 직선적인 패널라인을 새겨 보자. 우선 패널라인의 밑그림을 그려, 파야 할 위치를 확인한다. 부품 표면에 사포질을 해두면 밑그림을 그리기 편하며, 표면의 상태도 확인하기 쉬워진다.

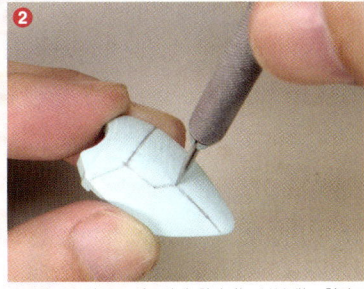

▲크랭크 모양으로 샤프하게 휘어지는 부분에는 철필로 콕 찍어서 살짝 자국을 낸다. 이것은 가이드용의 밑그림선이 사라진다 해도 장소를 알 수 있도록 함과 동시에, 파낼 때 날 끝이 약간 걸리도록 하여 어긋나는 것을 방지하기 위함이기도 하다.

▲직선 부위를 파기 위해서 철필로 표시를 한 부분을 이어주듯이 가이드 테이프를 붙인 모습. 이 사례에서는 다이모 테이프(플라스틱제 라벨 테이프)를 사용. 적당한 두께와 단단함이 있어서 이러한 작업에 편리하다. 사진에서는 약간 가늘게 잘라서 곡면에 붙이기 쉽게 해서 사용하고 있다.

▲가이드를 따라서 바늘구멍 사이를 파고 있는 모습. 사진에서 사용하고 있는 것은 BMC 정(0.15mm). 가벼운 힘으로 몇 번에 걸쳐 반복해서 파도록 한다. 바늘구멍이 있는 곳에서 뭔가 "탁"하고 걸리는 느낌이 있으면 거기서 멈춘다. 또한 바로 앞에서 멈춘 다음 반대 방향에서 파도 좋다.

▲앞에서와 마찬가지로 각각의 라인을 파주는데, 교차점과 각이 진 곳은 깔끔하게 이어주도록 하자. 각진 곳을 넘나들면서 칼끝을 움직여야 하므로, 날이 삐쳐나가기 쉬운 방향에 가이드를 붙이자. 그곳을 일련의 움직임으로 파줌으로써 홈이 매끄럽게 이어진다.

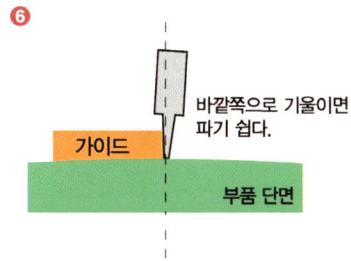

바깥쪽으로 기울이면 파기 쉽다.
가이드
부품 단면

▲가이드와 날 끝에 관해서 주의할 점. 정처럼 날 끝이 약간 원추형이고 가장자리도 예리한 공구는, 수직으로 작업하면 가이드에 닿기 쉽고, 움직임이 나빠서 걸리적거리기도 한다. 약간 기울이면 접촉면이 적어져서 원활하게 움직인다.

CHECK POINT

● 가이드로 사용하는 테이프

▲패널라인 작업 시 가이드로 쓰기 편리한 테이프 종류. 아래는 절단식 라벨용의 「다이모 테이프」. 적당한 단단함과 두께, 접착력이 있으므로 이러한 용도로는 딱 좋다. 문구점에서 입수할 수 있다. 왼쪽 위의「가이드 테이프」도 같은 종류로, 모형 작업에 적합하도록 투명하고 가늘게 되어 있다. 오른쪽 위는 비닐제 마스킹 테이프. 두께가 있으며 곡면에도 잘 붙는 것이 메리트. 익숙해지면 셀로판테이프로 대용할 수 있다.

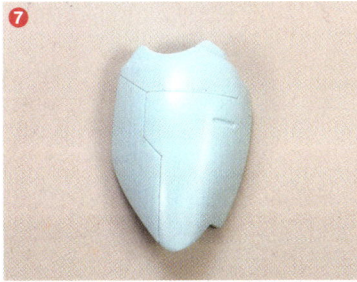

▲완성된 상태. 파인 곳의 라인이 선명하게 파여져 있다. 이 사례는 부품이 작아서 짧은 직선의 조합이므로 손가락 끝으로 다루기 쉬운 정을 사용했다. 끌이나 P 커터 등으로 파는 경우에도, 가이드의 수순과 파는 작업을 할 때 주의할 점은 동일하다.

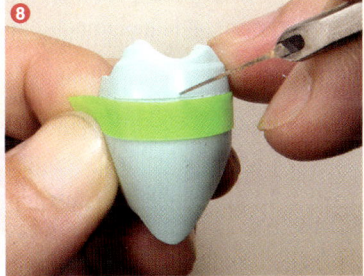

▲이쪽은 라인이 넓어져 버린 사례. 가이드를 따라서 그었는데, 너무 강하게 누른 탓에 가이드가 약간 어긋나 버린 것이 원인이다. 이러한 예를 보더라도 힘을 강하게 주지 않는 것이 라인을 어긋나게 하지 않으면서 원활하게 움직이는 요령임을 알 수 있을 것이다.

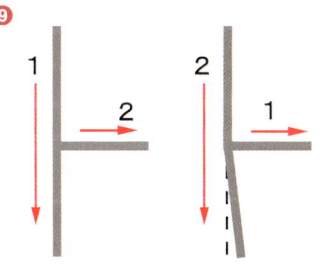

▲홈이 교차하는 곳에 주의할 점. 왼쪽 그림처럼 "가지"가 되는 쪽을 나중에 파는 쪽이 실패 확률을 줄일 수 있다. 오른쪽의 순서대로 하면 먼저 파놓은 패널라인과 교차하는 부분에서, 날 끝이 걸린다거나, 각도가 어긋나기 십상이기 때문이다.

CHECK POINT

● 플라스틱판으로 게이지를 만든다

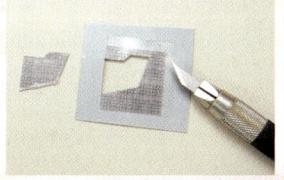

▲패널라인 패턴의 형상을 스티커 씰이나 테이프로 복사하여, 플라스틱판에 잘라 붙임으로써 전용 게이지로 만든 사례. 뒤집어서 사용하면 대칭인 형상의 패널라인으로도 사용할 수 있다.

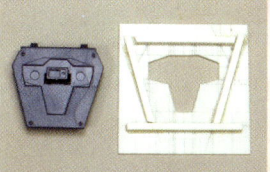

▲동일한 패턴의 패널라인 작업을 편하게 반복하기 위해서, 부품을 끼워서 위치를 고정시키는 게이지를 만든 사례. 사전 준비의 수고가 필요하지만 가공이 편리해지고 안정된 마무리를 할 수 있다.

■ 형상에 맞춘 작업 방식의 노하우

▲부품 바닥 면부터 동일한 높이의 홈을 수평으로 파는 경우. 이런 작업에는 일정한 높이에 밑그림(흠집)을 내는 도구가 달려있는 토스칸(사진 오른쪽)을 사용하면 편리하다. 이것을 나이프의 날 끝을 플라스틱 소재 등에 올려놓은 것(사진 왼쪽)으로도 대용할 수 있다.

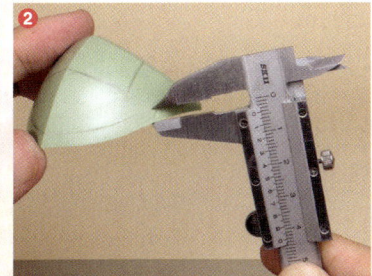

▲이것은 캘리퍼스의 끝(위쪽)을 갈고 뾰족하게 가공하여, 칼금이나 패널라인을 새길 수 있도록 만든 자작 공구. 아래쪽을 부품의 가장자리를 따라가도록 움직여서, 일정한 폭의 칼금을 간단히 그릴 수도 있었다. 곡면에서 사용할 수 있는 것도 장점이다.

▲동일한 패턴의 패널라인을 다른 장소에 그대로 옮겨 작업하려는 경우에는 밑그림과 이미 파여져 있는 홈 위에 투명 스티커 씰을 붙여서 형태를 복사해두면 좋다. 이 사례는 모눈이 인쇄되어 있는「마스킹 씰」을 사용하고 있는 모습. 평행과 직각의 기준으로도 삼을 수 있다.

CHECK POINT

● 가이드 고정에 관해서

▲오른쪽의 패널라인 작업이 완료되어 가이드를 벗긴 모습. 가이드로 이용한 플라스틱판은 순각접착제를 점으로 찍어서 고정하는 것이 좋지만, 벗긴 후에 흔적이 남는다면 정형해 주자.

■ 곡선 패턴(가이드를 이용한 패널라인 새기기)

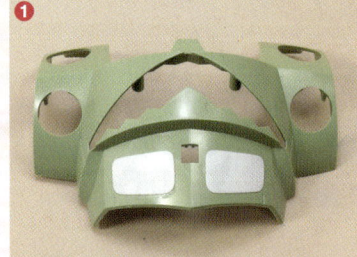

▲이것은 패널 형태로 자른 플라스틱판을 붙여서 가이드로 삼은 사례. 네 모서리가 둥근 것에 주목. 이곳은 커브의 바깥 면을 따라 그려나가야 하는 관계로 실수가 자주 일어나는 부분이다. 곡선의 경우 템플릿같이 바깥쪽에 가이드가 되어줄 것이 있으면 좋겠지만, 그럴 수 없는 경우도 많기에 자작을 하는 것이다.

▲직선에서 커브로 전환할 경우, 날의 방향을 바꾸지 못하고 밖으로 삐쳐나가기 쉬운데 특히 커브 작업 중에 힘을 주면 원활하게 방향을 바꾸기 힘들다. 페이스를 조금 떨어뜨리더라도 천천히 커브를 따라서 확실하게 날의 방향을 바꾸면서 작업하는 것을 명심하도록 하자.

▲말이 나온 김에 이를 실천해보도록 하자. 무작정 직선을 따라 쭉쭉 연속으로 파는 것이 아니라 커브 부분만을 먼저 파놓은 다음, 나중에 직선과 이어주는 것이 무난하다. 처음부터 힘을 주지 않도록 하는 것은 직선과 마찬가지. 서서히 가이드라인을 따라서 작업하는 것이 좋다.

■ 곡선 패턴(프리핸드)

▲곡면 부품의 표면에서 직선과 곡선이 섞여 있는 패턴의 패널라인을 새기는 경우. 부품 표면에 가이드를 붙이는 것조차 어려울 때는, 프리핸드로 작업하는 것도 하나의 방법이다. 우선 밑그림을 따라서 나이프로 칼집을 내준다.

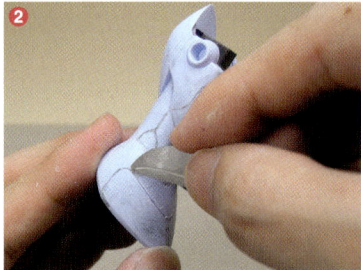

▲나이프로 칼집 내기를 몇 번 반복하여, 칼집이 극히 얇은 홈처럼 되었다면 거기에 에칭 톱을 투입하여 파낸다. 작은 라운드 부분에서는 톱의 끝을 사용하여 회전하듯이 방향을 바꾸면서 파내면 좋다.

▲각 라인을 에칭 톱으로 파낸 후 이어주면 거의 끝이지만 보기 좋게 정리하기 위해 끝을 사용하여 마무리 작업을 해보자. 이로써 라인의 안쪽과 가장 자리가 한층 더 샤프하게 되며 폭도 일정해진다.

실패한 패널라인의 수정

패널라인 새기기 작업에 있어 다소 어긋난다거나 흠집이 생기는 등의 사고는 어느 정도는 피할 수 없다고 생각하는 게 좋다. 따라서 이를 수복하는 방법을 익혀 최종적인 완성도를 높일 수 있도록 하자.

■ 라인을 파다가 어긋났을 경우엔…

▲파고 있는 도중에 선이 어긋나 버렸다. 몇 군데를 작업하고 있으면 이런 식으로 실수를 하는 경우도 있다. 한번 이렇게 되면 또 어긋나기 십상이므로 파는 작업을 일단 중단하도록 한다.

▲어긋난 부분의 가이드가 일그러져 있다거나, 부스러기가 붙어 있지는 않은지 확인해 보자. 얕게 어긋났다면 바로 메우지 말고, 다음에는 반대쪽부터 판다. 이는 어긋난 라인에 날 끝이 끌려가지 않도록 만들기 위해서다. 어긋난 홈을 감추기 전에 가이드를 다시 붙이는 방법도 있다.

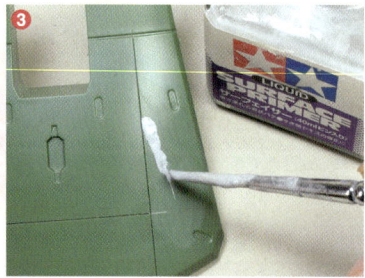

▲얕은 흠집은 작업 중에 여러 개가 생기는 경우도 있으므로, 마지막에 한꺼번에 메워주면 OK. 플라스틱 퍼티와 병 타입 세페이서를 붓으로 칠해서 메우고, 건조후에 사포질로 표면을 다듬는다. 최종적으로는 서페이서를 뿌려 마감 상태를 확인하자.

CHECK POINT

● 메워주는 소재에 관해서

▲이 사례에서는 실패한 부분을 순간접착제로 메웠지만, 보다 넓은 홈을 메워야 하거나 정형이 어려운 장소에는 다른 소재를 사용하는 편이 좋은 경우도 있다. 그 부분은 다음 페이지의 「패널라인 메우기」를 참고할 것.

④ ▲이것은 잘못된 위치에 깊숙하게 그어버린 예. 이렇게 되면 일단 메워준 다음에 다시 파주는 것이 상책. 얕은 흠집이라면 플라스틱 퍼티로도 메울 수도 있지만, 깊은 경우에는 수축이 없고 단단한 소재로 메우는 것이 좋다. 여기서는 순간접착제로 메우기로 했다.

▲순간접착제 중~고점도를 사용하면 메우기 쉽고, 불필요한 곳까지 흘러들어가지 않아서 좋다. 또한 붓 타입의 경화촉진제를 먼저 발라두면, 스프레이 타입의 촉진제보다 부드럽게 굳으므로 이편이 깎기도 쉬워진다.

▲메운 곳을 정형한 후에 다시 판다. 당겨 깎는 공구는 메운 부분의 경계에서 걸리는 경우가 있으므로, 여기서는 톱같이 "자르는" 도구가 적합하다. 만일을 위해서 가이드 테이프를 메운 곳을 감추는 위치에 붙여서 일껏 메운 홈을 다시 파지 않도록 한다.

6. 패널라인 새기기

■ 패널라인이 비뚤어졌다면…

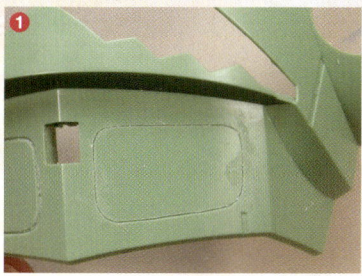

▲가이드가 있어도 파는 방식이 거칠어서 선이 거칠고 비뚤어진 사례. 이런 경우에는 메우기로 고치기도 미묘. 가능한 홈의 폭을 넓히지 않도록 하면서, 겉보기에 정리 된 듯이 보이도록 수정해주자.

▲비뚤어진 선을 정리하기 위해서 가장자리는 수정하는 상태를 그린 그림. 검은 부분은 깎는 곳. 각부를 조금씩 깎아서 최종적으로는 비뚤어짐이 없는 일정폭으로 수습한다. 비뚤어짐을 수정하지 않고 굵게 덧 파거나 하면, 완만한 일그러짐이 남게 된다.

▲검게 칠한 점이 깎는 부분. 톱을 눕혀서 라인의 벽에 대도록 하여 1~2mm으로 전후 왕복하면서 부분적으로 깎는다. 어디까지나 가장자리를 정리하기 위함으로, 깊은 방향으로는 파지 않도록 한다. 일그러진 채로 깊이 파버리면 수정이 힘들어진다.

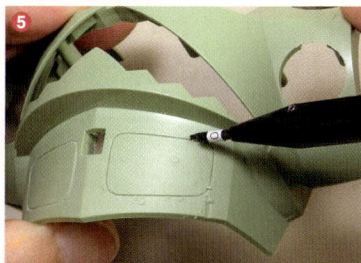

▲이어서 커브를 수정하는 경우. 바깥쪽의 라운드가 일정하지 않은 것을 통일하기 위해서 나이프로 얇게 깎으려 하고 있다. 날 끝을 손가락으로 받쳐 주면서 천천히 돌려주자. 라인의 상태를 쉽게 파악할 수 있도록, 검은 표식은 지웠다.

▲각 부의 가장 자리를 정형해서 비뚤어짐이 적어 졌다면, 폭을 정리하기 위해서 끌이나 정으로 한 바퀴 돌리듯이 파준다. 이 사례는 끌(0.2mm)을 사용하는 장면. 처음에 팠던 것이 폭 0.15mm이었으므로 폭이 약간 넓어지지만 최소한으로 억제했다.

▲마지막으로 표면에 약간 사포질을 해서 수정 중에 생긴 흠집과 라인 가장자리의 무디진 부분을 다듬으면 종료. 라인 폭이 약간 넓어지기는 했지만, 수정 전과 비교하면 완성도가 개선되었음을 알 수 있을 것이다.

패널라인 작업의 마무리

홈을 판 부분은 가장자리가 솟아오른다거나 보풀이 일어나게 되는 등, 그대로는 완성도가 부족한 경우가 있다. 마지막으로 한 번 더 수고를 해서 키트에 원래 있던 패널라인과 어우러지게 하자.

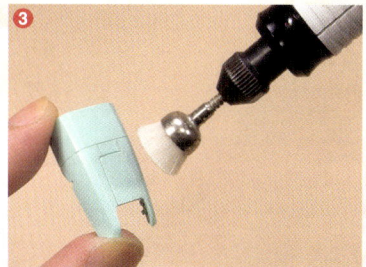

▲패널라인을 새겨준 뒤에 사포의 모서리를 패널라인에 대고 움직여서, 자잘한 보풀을 정형해주자. 번호는 600~800번 정도. 또한 패널라인이 너무나 샤프해서 키트의 몰드와 어울리지 않는 경우에는, 사포를 경사지게 해서 가장자리의 각을 조금 죽여주면 된다.

▲철필로 자잘하게 패널라인을 판 경우, 사포 모서리만으로 대응하기는 어렵다. 이럴 때에는 쇠 수세미로 문질러서 제거하면 된다. 이 경우 쇠 수세미는 주방용이 아니라, 목공 작업의 마무리용인 No.000 등, 입자가 가는 것을 사용하자.

▲라인 가장자리의 각도를 약간 누그러트리는 작업과 보풀의 제거를 동시에 수행하는 방법으로, 전동 루터의 나일론 브러시로 문질러 주는 방법도 있다. 쇠 수세미만큼 연삭력이 좋은 것은 아니지만, 이걸로도 충분한 경우도 있다. 부품을 너무 강하게 문질러 흠집이 생기지 않도록 주의하자.

패널라인 메우기

패널라인을 새기는 것과는 반대로, 라인을 메워서 마무리를 하는 경우도 있다. 패널라인을 다시 파는 작업을 설명할 때 플라스틱 퍼티와 순간접착제의 사례를 소개했지만, 그 외에도 메우기 작업을 위한 소재를 선택할 수 있다. 어떤 상황에서 적합한지를 정리해 보았다.

> **CHECK POINT**
> ● 플라스틱 소재로 메운다
>
>
>
> ▲이것은 「런너 늘인 것」을 라인에 붙여 넣어 홈을 메운 예. 요령은 플라스틱 접착제를 이용하는 이음새 메우기와 마찬가지. 동일한 부품의 런너로 작업을 하면 색이 통일되어, 도색을 하지 않더라도 흔적이 눈에 잘 띄지 않는다.

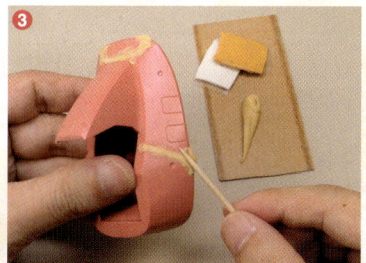

▲순간접착제와 분말을 섞어서 메우는, 순간접착 퍼티 Mr.SSP. 경화가 빠르고 유착도 좋아서 순간접착제로 메우는 것 보다 절삭성이 좋다. 다만 미묘하게 기포가 생기기 쉬우며, 일단 메운 곳에 다시 패널라인을 새길 경우 라인이 거칠어지는 경향이 있다.

▲부품의 전면에 있는 패널라인을 메우기 위해서는 폴리에스테르 퍼티를 발라주는 것이 제일 빠르다. 점도를 낮게 만들어주면 칠하기 쉽고 기포도 잘 생기지 않는다. 그 대신 수축이 약간 생기므로 충분히 경화한 후에 정형해주는 게 좋다.

▲폭이 넓은 홈을 메우고 가늘게 다시 파고 싶은 경우와, 정형 작업을 줄이고 싶을 때는, 플라스틱에 적합한 밀도가 높은 타입의 에폭시 퍼티로 메우면 좋다. 새로 파는 곳도 샤프하게 완성할 수 있다. 우선은 파인 곳을 확실하게 채워주도록 하자.

7. 몰드의 추가

조각을 하여 디테일을 추가해 보자

여기서 말하는 「몰드의 추가」는 부품 표면에 '디테일'을 넣어주는 것이다. 앞 항목의 패널라인 새기기도 그 중 하나라 할 수 있고, 이 밖에도 몰드를 넣는 기법은 다양하다. 작은 홈을 재현하는 것 하나만 보더라도 파내거나, 주변을 한층 쌓아올리고 또는 구멍을 뚫은 후 뒷면에서 구멍을 막는 등 다양한 방법을 모색할 수 있는 것이다. 따라서 우선은 어떤 가공이 자신이 넣고자 하는 몰드에 가장 적절한 것인지를 생각할 필요가 있다. 이러한 전제를 감안한 상태에서 여기서는 「조각」을 중심으로 테크닉을 소개해 가도록 하겠다. 접착, 절단, 구멍 뚫기 등은 기본 가공의 응용이므로 그 쪽 항목을 참고하기 바란다.

조각에 사용되는 것은 주로 끌이나 조각도. 물론 일반용은 아니며 모형의 정교한 몰드를 파는데 적합한, 날 끝이 작은 물건이다. 또한 정밀 드라이버를 갈아서 소형 끌로 만든 것과, 나이프의 날을 갈아낸 것도 편리한 공구가 된다. 이런 식으로 도구를 자작하거나 가공하는 것은 도구의 크기나 사용감이 완성도에 크게 영향을 미치기 때문이다.

파는 방법은 크기나 모양이 달라도 똑같지만, 예를 들어 홈이 파인 곳의 바닥을 평평하게 만들고 싶을 때는 홈의 폭과 같은 폭의 평끌로 파는 것이 가장 깔끔하게 마무리 된다. 작은 끌로는 그저 지저분한 요철만이 남을 뿐이다. 큰 것은 작은 것을 대신할 수 없지만 그렇다고 해서 작은 것이 큰 것을 대신할 수 있는 것도 아니다. 즉, 가능한 한 다양한 사이즈의 공구를 갖춰두라는 얘기이다. 또한 전동 공구를 사용하는 조각에 관해서는 다음 항목에서 소개하도록 하겠다.

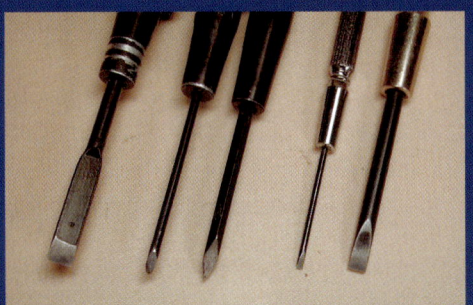
▲각종 모형용 조각도. 왼쪽의 3종류는 하세가와·트라이 툴로 나온 모형용 끌. 오른쪽 두개는 정밀 드라이버의 끝을 갈아낸 것이다. 이외에 정 같은 것도 몰드를 새기기 편리하다.

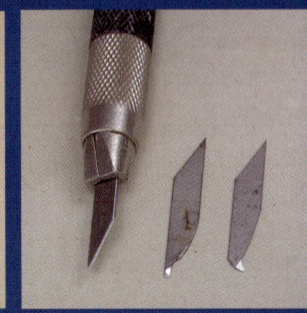
▲디자인나이프의 날을 가공해서 "평끌"로 만든 사례. 가장자리를 연마하고 날 끝을 작게 하여 사용하기 편하게 했다.

▲부품에 움푹 파인 몰드를 파고 있는 모습. 작업 자체는 날 끝으로 칼집을 내고 파는 것을 반복하는 것이다.

▲똑같이 움푹 파인 몰드라도 직접 파는(왼쪽)것과, 구멍이 뚫린 판을 한 장 붙이는(오른쪽)방법이 있다.

움푹 파인 몰드

부품 표면에 움푹 파인 몰드를 파보자. 중요한 것은 파는 몰드의 가장자리를 샤프하게 마무리 하는 것과, 바닥을 평평하게 만드는 것이다. 사용하는 도구는 파고자 하는 폭에 가까운 평끌(드라이버를 가공한 것)이다. 폭이 좁은 끌의 경우도 파는 방법은 똑같다.

CHECK POINT

● 날 끝의 가공

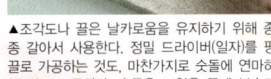

▲조각도나 끌은 날카로움을 유지하기 위해 종종 갈아서 사용한다. 정밀 드라이버(일자)를 평끌로 가공하는 것도, 마찬가지로 숫돌에 연마하는 것으로 족하다. 숫돌은 모형용 끌에 부속되어 있는 경우도 있다.

▲나이프 날의 가공에는 그라인더를 사용하든지 모터 툴에 숫돌 상태의 비트를 달아서 깎아주는 것이 좋다. 깎는 방법이 좋지 못하면 날이 부러져서 튕기는 경우도 있으므로, 충분히 주의를 기울여 작업할 것.

① ▲우선은 파는 부분의 모양에 맞춰 나이프로 칼집을 낸다. 이것은 얕게 표시만 하는 것이 아니라 패널 깊이에 맞춰서 깊게 칼집을 낸다. 주변에 흠집이 다소 생기지만 칼집이 확실히 나는 것이 더 중요하다. 흠집은 나중에 메우면 된다.

② ▲잘라낸 가장자리를 향해서 안쪽부터 끌로 파기 시작한다. 처음에는 가장자리 부근을 얕게 파고, 서서히 깊고 넓게 파도록 한다. 이것을 각 변에 모두 행한다. 칼집 바깥으로 끌이 벗어나지 않도록 할 것!

③ ▲이전 단계의 조각을 모든 변에 행한 모습이다. 각 변이 비슷한 깊이로 파여져 있는지 확인한다. 나이프로 칼집을 낸 것이 얕은 것 같으면 이 때 더 깊이 만들어 준다. 또한 중앙이 솟아올라 있는데 여기는 이제부터 가공할 것이다.

④ ▲이번에는 중앙부분을 판다. 정확히는 '판다'기보다는 '도려내는' 느낌. 이때도 파는 방향을 순서대로 바꾸면서 가장자리의 이미 파인 부분과 깊이를 맞추도록 한다.

⑤ ▲바닥면의 정형단계. 가장자리에서 중앙 부분까지를 평평하게 만들기 위해서 끌을 세우고 날 끝으로 자잘한 굴곡을 없앤다. 나이프 등으로 '대패질'하는 것과 같은 요령이다. 십자모양으로 교차하듯이 방향을 바꿔가면서 몇 번에 걸쳐 반복한다.

⑥ ▲끌로 하는 가공이 끝나면 가늘게 자른 사포로 바닥과 가장자리를 마무리한다. 특히 모서리 부분에 보풀이 남는 일이 없도록 주의하자. 바닥면을 좀 더 평평하게 만들고 싶을 때는 더욱 깊이 파준 뒤 얕은 플라스틱판을 한 장 붙이는 방법도 있다.

환기구 날개모양 몰드를 판다

홈을 파는 것의 응용으로 환기구의 날개가 달린 덕트를 새겨보자. 보통은 일단 구멍을 뚫고 가늘게 자른 플라스틱판을 붙이겠지만, 조각을 하는 것만으로도 이런 몰드를 붙일 수 있다.

● 파인 형상의 몰드 수정

1 ▲바깥 가장자리, 날개 가장자리가 될 위치에 칼집을 낸다. 환기구 모양은 몰드를 붙이는 면에 맞게 왼쪽변이 약간 짧은 사다리꼴이 되었다. 각 환기구 날개도 약간 사다리꼴로 한다. 이러한 모양을 재빠르게 정할 수 있는 것이 조각의 장점이다

2 ▲먼저 바깥 둘레를 45°의 디자인나이프로 「V」자로 파내고 주변보다 약간 낮은 상태로 만든다. 각 날개는 윗부분이 더 깊고 경사지게 판다. 여기까지의 작업은 앞서 설명한 「홈」과 같다. 대략적인 모양이 나오면 평끌을 세워서 대패질하는 요령으로 정형하면서 깊게 만든다.

3 ▲끌을 이용한 가공이 끝난 모습. 날개모양을 정돈하는 것은 플라스틱판을 붙였을 때만큼은 샤프하지 않지만 상당히 비슷하게 완성할 수 있다. 이 다음에 날개의 가장자리 등이 처지거나 일그러진 부분을 나이프로 수정한다.

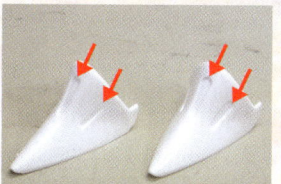

▲부품 성형 방향의 상황에 따라서 경사면의 몰드가 얕게 성형되거나, 몰드의 가장자리가 흐리멍덩해지는 것도 흔한 일이다. 이 또한 홈을 파는 것과 같은 수순으로 수정할 수 있다.

▲이 사례의 경우, 가장자리가 둥글어 난이도가 좀 있는 편. 이곳은 소형 끌의 날 끝을 안쪽에 대고 방향을 바꿔가면서 파고 있다.

프레스 몰드를 판다

한 마디로 "프레스(판금) 된 몰드"라고 해도 그 형상은 다양한데, 이번에는 단면이 반원을 그리는 가늘고 긴 것으로 했다. 완전히 한 층이 낮은 홈을 파는 것처럼 슬릿을 뚫고 뒷면을 막아주는 방식으로는 재현하기 어려운 형상이다.

1 ▲처음에 양 끝에 드릴로 구멍을 낸다. 몰드를 붙이고 싶은 폭의 넓이에 맞게 패이게 할 뿐 깊게 뚫어버릴 필요는 없다. 그리고 두 구멍 사이에 다리를 놓듯이 나이프로 가볍게 선을 그어준다. 이것도 깊이 그을 필요는 없다

2 ▲나이프로 두 구멍을 이어주듯 'V'자 모양으로 칼집을 낸 다음 둥근칼로 판다. 처음에는 얇게 파다가 서서히 끌을 세우면서 깊이 판다. 마지막에는 평끌로 팔 때와 마찬가지로 대패질하듯이 파내준다.

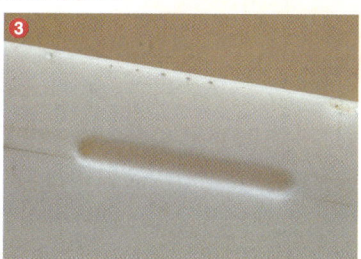

3 ▲끌로 다 파낸 뒤 사포질로 마무리한 상태. 홈이 각지지 않고 오목하게 파여 있는 것을 알 수 있다. 처음에 구멍을 낸 양 끝의 넓이가 보다 다소 넓어졌다. 이 점을 미리 고려하여 원하는 넓이보다 좁게 구멍을 낼 것

리벳 표현

패널라인의 가장자리에 나열되는 리벳이나 볼트 등의 몰드. 이것도 모양에 따라서 여러 가지 표현방법이 있다. 리벳이 아니더라도 비슷한 몰드를 붙이는 일은 자주 있으므로 다른 몰드 넣기의 참고도 될 것이다.

● 시판되는 몰드 부품

1 ▲시판되는 리벳 부품. 리벳이나 볼트의 머리 부분이 성형된 플라스틱 부품으로, 잘라내서 붙이기만 하면 간단히 리벳표현을 할 수 있다. 이러한 제품이 없었던 시절에는 리벳이 붙은 다른 키트의 부품에서 뜯어내서 사용하기도 했다.

2 ▲시판되는 부품이건 다른 키트에서 뜯어낸 부품이건 접착방법은 같다. 머리가 둥근 리벳은 핀셋으로 집을 수 없으므로 나이프 끝에서 콕 찍어서 다루도록 한다. 용제 계열의 플라스틱 접착제나 저점도의 순간접착제를 바닥에 발라서 붙인다. 접착제가 삐져나오지 않도록 소량만 사용할 것.

3 ▲이것은 「o」몰드. 부품의 표면과 높이가 같고 리벳의 윤곽만 움푹하다. 방법은 황동파이프의 끝 부분을 예리하게 가공해서 누르기만 하는 것이다. 끝 부분의 가공은 사포로 파이프 내벽을 비스듬히 갈아주는 것으로 충분하다. 핀 바이스에 장착해서 사용하면 된다.

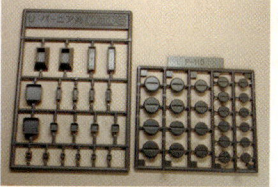

▲최근에는 리벳 외에도 노즐이나 원, 사각 몰드 등 다양한 몰드 부품이 판매되고 있다. 작은 구형이나 원형은 특히 편리하다. 이러한 제품을 사용하면 작업 효율은 물론 정밀도도 높일 수 있다.

4 ▲여기서부터는 "움푹 들어간 리벳"을 제작하는 과정이다. 우선 리벳의 지름에 맞게 드릴로 구멍을 뚫는다. 열을 가해 늘인 런너의 가늘어진 부분을 그곳에 집어넣고 딱 맞는 지름인 지점에서 자른다. 이것을 리벳의 머리로 쓰는 것이다.

5 ▲지름에 맞춰서 자른 런너 늘인 것을 뒷면에서 당기는 모습이다. 런너 늘인 것은 다소 빡빡한 정도로 해서 조금씩 당기면서 깊이를 조정한다. 적당해지면 뒷면에서 접착제로 접착하고 여분은 자른다.

6 ▲추가로 리벳머리에 일자드라이버 모양을 넣어보았다. 런너 늘인 것의 지름을 맞춘 다음 절단면에 나이프로 'V'자 홈을 파둔 것이다. 이런 방법은 일자 드라이버 모양 외에도 응용할 수 있다.

▲시판되는 몰드부품은 편리하지만 그것만 달랑 붙이면 다소 위화감이 들 때가 있다. 사진은 구멍을 내고 심어넣은 예인데, 이와 같이 가장자리의 각도를 주변의 부품과 맞추기만 해도 주변과 잘 어우러지게 보일 것이다.

8. 모터 툴

전동 루터의 비트와, 그 활용법

모터 툴(전동 공구)을 사용하는 메리트는 동일한 작업의 반복이 편해지며, 단단한 소재를 가공하기 쉬워지는 등 공작이 빠르고 원활하게 진행되는 것에 있다. 덕분에 제작 중에 받는 스트레스 또한 줄어들게 된다. 그 중에서도 「루터(핸디 그라인더)」는 회전축의 끝에 장착하는 「비트」를 교환해 줌으로써, 절삭과 정형, 연마 등 다양한 용도에 대응할 수 있으므로, 개조나 부품의 가공을 함에 있어 편리하다.

이 항목에서는 「루터」를 사용할 때 알아두었으면 하는 다양한 타입의 비트를 소개함과 동시에, 그 활용 사례를 살펴보도록 하자. 이미 가지고 있는 사람도, 이제부터 구입을 검토하는 사람도 이를 활용하기 위한 참고로 삼아주었으면한다.

또한 「루터」라고 하는 명칭은 일본 정밀 기계 공작 주식회사의 전동 공구 브랜드 명으로, 이것이 전동 핸디 그라인더를 부르는 방법으로 정착한 것이다. 이 항목에서도 「루터」로서 소개하기로 한다.

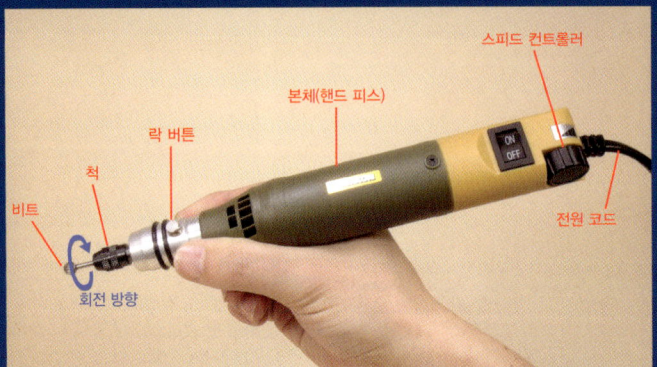

◀스탠다드한 루터(전원은 가정용 AC 100V)를 손에 들고 있는 상태. 이 사례는 회전 부분이 되는 「본체」(핸드 피스)에 회전수를 조정하는 「스피드 컨트롤러」를 내장하고 있는 타입. 맨 앞의 비트를 달아주는 부분이 「척」이며, 일정한 굵기의 축을 확실하게 고정할 수 있도록 되어 있다. 「락 버튼」은 비트를 교환할 때에 축이 회전하지 않도록 고정하는 장치. 축은 뒤에서 볼 때 시계 방향으로 회전한다.

▼비트의 축경은 2.34mm(2.35mm도 포함)이 표준적이며 그 외에 3.0mm 등도 있다. 축경이 다를 때에는 척 부분의 「콜렛」(홈이 나 있는 원통형 부품)을 대응하는 것으로 교환한다. 또한 옵션으로 핀 바이스같이 임의의 사이즈를 고정하기 위해서 「드릴 척」이 붙어 있는 제품도 있다.(가장 위의 오른쪽 부품)

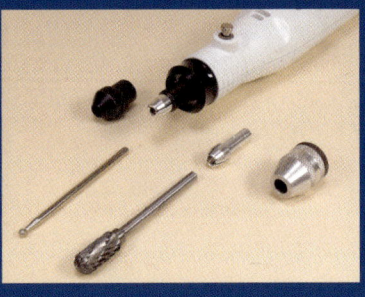

◀루터 끝과 그곳에 붙이는 비트들. 자잘한 날이 달려 있는 타입과, 숫돌, 브러시 타입 등 다양한 종류가 있다. 루터에는 비트가 부속으로 들어가는 제품도 있지만 기본적으로는 필요에 따라서 별도로 구매하게 된다.

절삭·정형용 비트

여기에서는 각종 비트를 용도별로 분류하고 동시에 사용 방법을 소개하기로 한다. 우선은 파거나, 깎아주거나, 부품의 형태를 바꾸기 위해서 존재하는 비트들. 종류도 많아서 루터를 사용하는 경우에 가장 사용 빈도가 높을 것이다.

■스틸 커터

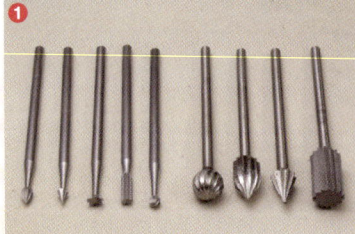

① ▲「스틸 커터」는 뾰죽뾰죽한 날이 달려 있는 절삭용 비트로, 형태는 구형, 원추형, 원통형, 원반형 등이 있다. 끝이 작은 것은 조각에, 커다란 것은 거칠게 다듬는데 적합하다. 종류도 풍부하며 가격은 1개에 수백 엔부터 시작한다.

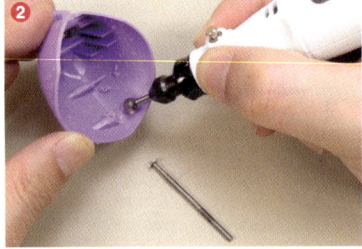

② ▲구형 비트로 부품 뒤의 돌기를 깎고 있는 장면. 이처럼 쇠줄을 들이대기 힘든 오목한 면의 가공이야말로 루터의 독무대! 절삭 중에는 부품을 댔다가 떼었다 하는 동작을 반복하여, 깎이는 정도를 확인하면서 진행하도록 하자.

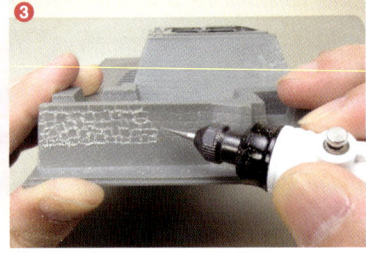

③ ▲소형 스틸 커터를 이용한 조각 사례. 성곽 프라모델에 돌로 쌓은 담벼락 몰드를 깊게 파주고 있는 장면. 디테일한 조각에 사용하는 경우에는, 부품과 핸드 피스를 확실하게 유지해주면서, 조각 하는 방향으로 쉽게 움직일 수 있도록 자세를 잡는 것이 중요. 파는 중에 일어나는 보풀의 대처법은 조금 뒤에 소개하겠다.

■초경질 커터

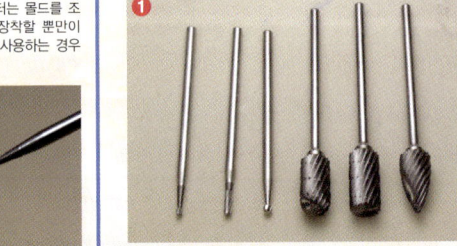

① ▲스틸 커터와 닮았지만, 이쪽은 날 끝에 텅스텐을 사용한 것으로, 높은 절삭력과 내구성을 자랑하는 비트. 플라스틱 소재에도 사용하지만 레진과 단단해진 퍼티, 금속 부품을 가공할 때 특히 도움이 된다. 단 가격은 1개에 1000엔~수천 엔을 호가하는 고가 상품이다.

② ▲알루미늄 다이캐스트 부품을 절삭하고 있는 장면. 이런 단단한 상태의 부품도 확실하게 깎아주며, 이런 작업을 반복해도 날이 잘 무뎌지지 않는다. 스틸 커터를 사용하는 것보다는 작업이 편해진다.

③ ▲플라스틱 부품의 표면을 깎는 사례. 초경화 커터의 날은, 날이 하나뿐인 외날과 교차하고 있는 크로스 컷 2종류가 있다. 상기 사례는 외날에 의한 절삭. 크로스 컷 보다 절삭력은 떨어지지만 깎은 흔적을 깔끔하게 정리할 수 있다.

CHECK POINT

● 비트를 수동으로 사용한다.

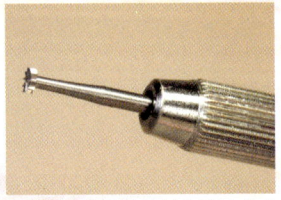

▲소형 스틸 커터를 핀 바이스에 물려 놓은 상태. 다양한 형태가 있는 스틸 커터는 몰드를 조각할 때도 편리하지만, 루터에 장착할 뿐만이 아니라, 이런 식으로 "수동"으로 사용하는 경우도 있다.

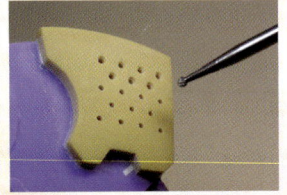

▲구형 비트를 이용하여 동그랗게 파인 구멍을 파는 사례. 깊이를 맞추고, 위치에 흔들림이 없도록 하기 위해, 손가락으로 돌려서 깎고 있다.

■ 다이아몬드 커터

▲끝 부분에 다이아몬드 숫돌 가루를 전착시킨 것으로 유리와 도자기 등, 단단한 소재의 조각도 가능. 입자로 깎기 때문에 깎이는 정도의 미세 조정이 쉽다. 칼날처럼 뾰족하지 않아서 위험성이 적으므로 초심자에게도 추천할 만하다.

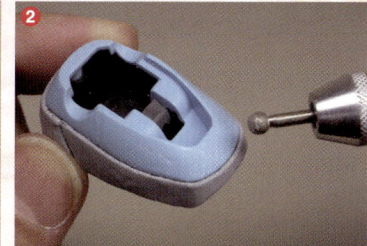

▲부품에 대미지 표현을 하고 있는 사례. 약간만 패이도록 만들기 위해서는 이 타입이 다루기 쉽다. 입자 사이로 플라스틱 수지가 녹아서 유착되지 않도록, 한 번에 대량으로 깎지 말고 조금씩 가져다 대듯이 사용하는 게 좋다. 이는 거칠게 다듬는 경우에도 마찬가지.

■ 샌더 타입

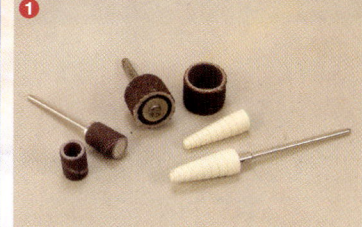

▲사포를 감아 놓은 듯한 타입. 왼쪽의 원통형은 「드럼 샌더」, 오른쪽의 원추형은 「롤 샌더」. 절삭 대상과 접촉하는 면적이 넓어서 '면'을 정형할 때에 다루기 쉽다. 사포 부분은 닳으면 축에서 분리하여 교환해서 사용한다.

CHECK POINT
● 역회전으로도 사용한다.

▲다이아몬드 커터는 역회전으로도 깎을 수 있으므로, 절삭부에 비트를 댈 수 있는 방향이 한정되는 경우와, 왼손잡이인 사람이 루터를 역회전으로 사용하고 싶은 경우에도 편리하다.

■ 숫돌 타입

▲끝 부분이 숫돌로 만들어져 있는 비트. 이 또한 금속이나 유리, 도자기 같이 단단한 소재에 적합. 형태의 종류도 풍부하므로 절삭부에 맞춰서 다양한 제품을 선택할 수 있다. 플라스틱과 퍼티를 거칠게 다듬을 때에 사용하면 표면에 걸리기 쉽지만, 표면을 문지르는 등, 살짝 깎는 작업을 할 때는 편리.

▲에칭 부품의 게이트가 남아 있는 부분을 깎고 있는 상황. 가장자리에 살짝 가져다 대면 간단히 정형할 수 있다. 통상적으로는 비트를 절삭 대상에 가져다 대지만, 그라인더처럼 절삭 물을 비트에 가져다 대는 가공도 많은 편이다.

▲접합선 수정 중의 모습. 단차를 수정하기 위해서 순간접합제를 바른 부분을 롤 샌더로 연삭하고 있는 사례다. 통상은 면이 거친 사포나 쇠줄을 사용해야 하는 작업이지만, 이렇게 비트를 사용하면 작업도 빠르고 피곤해지지 않는다. 물론 지나치게 많이 깎는 것에는 주의하자.

CHECK POINT
● 비트를 대는 방향

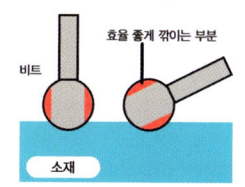

▲그림은 구형 비트의 예. 주위 전체에 숫돌 입자가 전착되어 있으므로 어떤 방향에서도 절삭이 가능하지만 회전의 중심에서 떨어져 있는 바깥 부분(붉게 표시한 부분)을 가져다 대면 절삭의 효율을 높일 수 있다.

흠집 제거·연마용 비트

계속해서 이번에는 표면을 연마하는 타입. 이 타입의 비트는 크게 형태를 바꾸는 것이 아니라 표면을 문질러 줌으로써 자그마한 흠집을 없애거나 광택을 나게 하는 것이 주된 목적이다.

■ 소프트 폴리셔

▲연마 입자를 부착한 스펀지 형태의 비트. 흔히 「수세미바」라고도 불리는 팁이다. 사진의 것은 우라와 공업의 소프트 폴리셔 그레이.(중간 눈)과 그린(가는 눈). 사용해 보니 사포의 입도수치 기준으로 600번, 800번 정도의 절삭력을 보였다.

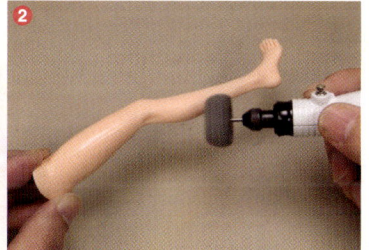

▲레진 부품의 표면 처리를 하고 있는 장면. 스펀지 형태인 만큼 곡면에서도 어느 정도 원활하게 깎아주므로, 표면의 번들거림을 없애기 위해서 하는 전면 사포질을 편하게 할 수 있다. 레진의 매끈매끈한 감촉이 사라지므로, 이 후에 도색이나 서페이서 작업 시에 유착력을 올릴 수 있다.

■ 브러시 타입

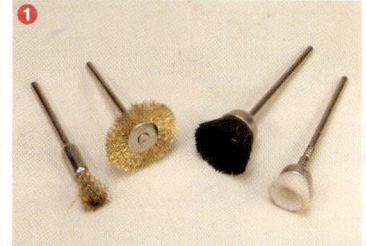

▲왼쪽은 황동제, 오른쪽은 나일론제 브러시. 부품의 표면을 문질러 줌으로써 오염이나 보풀을 제거하는 등 연마 작업에 사용한다. 이외에 스틸 브러시 같은 것도 있으며, 플라스틱 부품의 표면을 일부러 거칠게 만드는 용도로 사용하는 것도 가능하다.

■ 래디얼 브리슬 디스크(Radial Bristle Disc)

▲이것은 3M사에서 내놓은 숫돌 입자가 들어간 브러시. 입도수치는 #120부터 #8000에 이르기까지 폭이 넓다. 번호마다 색으로 나누어지며, 예의 3개는 왼쪽부터 브라운(#220~320), 핑크(#600~800), 그린(#6000~8000). 정형 후의 흠집 제거, 연마에 사용하면 편리.

▲접합선을 지우는 작업 중에 발생한 400번의 사포질 흔적을, 핑크(#600~800)로 연마 한 사례. 아래쪽 절반의 뿌연 느낌이 사라지고, 매끄럽게 되어 있다. 브러시 상태이므로 부품의 굴곡에도 다소는 대응할 수 있다. 강하게 밀어붙이지 말고, 브러시 끝이 무리 없이 움직일 수 있는 방향을 염두에 두고 사용하자.

▲이것은 스틸 커터 항목에서 조각했던 플라스틱 부품. 조각 작업에서 생겨난 보풀은 나일론 브러시로 표면을 문질러 줌으로써 부품에 불필요하게 상처를 주는 일 없이 간단히 제거할 수 있다. 홈파기 등의 수작업 조각의 마무리에도 편리하다.

4 : 공작 테크닉 / 개조 편

✓ CHECK POINT
● 면봉도 비트로

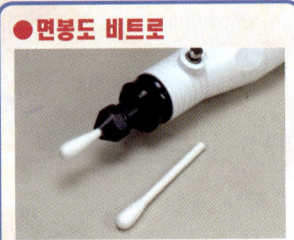

▲연마용 비트로 면봉을 사용하는 방법도 있다. 막대의 두께가 척에 물리기에 딱 맞는 사이즈다. 끝에 날이 없는 것도 장점으로, 콤파운드를 발라서 작은 클리어 부품을 닦을 때 등에 편리하다.

■ 버프, 폴리셔

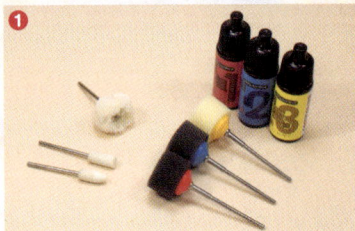

▲왼쪽 앞은 「펠트 버프」, 왼쪽 안쪽은 「코튼 버프」. 이것들은 소재에 광택을 내고 싶을 때 사용하는 비트. 이걸 그대로 사용하는 것뿐 아니라 콤파운드와 왁스를 발라 연마할 때에도 사용한다. 오른쪽은 「마이크로 폴리셔(스지보리도)」. 전용 콤파운드를 부착시켜서 도색면을 닦을 때 사용한다. 스펀지, 콤파운드 둘 다 크기에 따라서 3단계로 나누어진다.

▲화이트 메탈 부품의 표면을 연마하여 광을 내는데 사용한 사례. 왼쪽의 봉은 연마 전, 오른쪽이 연마 후. 사포질을 어느 정도 한 뒤에, 마무리로 펠트 버프에 콤파운드를 발라서 닦았다. 화이트 메탈의 표면이 깎여 나간 만큼 펠트가 검게 물들어 있다.

▲폴리셔로 자동차 모델의 도색면을 연마한 사례. 도색의 굴곡을 없애기 위해서 극세 줄로 연마하고, 그 흔집을 폴리셔로 연마하여 지운 것이 오른쪽의 반쪽이다. 사용하는 루터는 극저속으로 회전하는 제품을 선택할 것. 주변에 콤파운드가 튀기 쉬우므로, 주변에 가림막을 준비하는 등의 주의도 필요.

절단 · 구멍 뚫기 전용 비트

소재의 절단과 구멍을 뚫는 가공에 사용하는 비트들. 소재에 깊게 파고들거나, 날이 튀는 경우도 있으므로, 작업 중의 취급에는 주의해야 한다.

✓ CHECK POINT
● 날이 얇은 톱을 사용 시 주의할 점

▲두꺼운 플라스틱 봉이나 앵글 소재의 절단. 날이 얇은 톱에 딱 맞는 작업. 단, 톱의 날이 걸려서 날이 튕겨 나올 우려가 있으므로, 부품과 루터의 파지 및 각도 유지에 충분히 주의를 기울이자.

■ 커팅 디스크

▲왼쪽부터 「날이 얇은 원형 톱」, 「다이아몬드 숫돌 입자 타입」, 「절단용 숫돌 타입」. 어느 쪽도 전부 얇은 판이므로 절단 시에 소재의 손실이 적다. 굳어 있는 상태의 부품을 깊숙이 잘라낼 때에도 사용하지만, 굳이 용도를 따지자면 소재를 절단할 때에 요긴하게 사용한다.

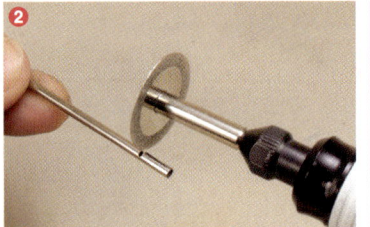

▲다이아몬드 숫돌 입자 타입을 사용해서 금속 파이프를 절단하는 장면. 이런 식으로 소재를 깎아가며 절단하기에, 파이프가 움푹 파이거나 잘린 부위가 일그러지는 일 없이 절단 할 수 있다.

■ 드릴 날

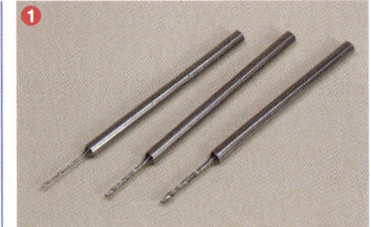

▲축경이 2.35mm로 루터의 척으로 고정할 수 있는 타입의 드릴 날. 임의의 사이즈를 고정할 수 있는 척으로 교환하여 범용 드릴 날을 사용하는 방법도 있지만, 사이즈가 가늘다면 이 타입을 사용하는 쪽이 날을 확실하게 잡아준다. 드릴 용도로 사용할 때는 루터의 회전수를 낮춰서 사용할 것.

간이 선반으로 삼는다

루터를 이용한 응용 기법. 루터 쪽에 가공하려고 하는 소재를 물려 고정시킨 후, 회전시키면 "선반"처럼 사용하는 것도 가능하다. 이 경우 소재를 척에 잘 고정시키는 것이 포인트가 된다.

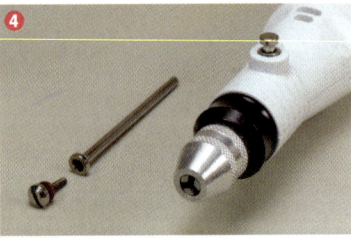

▲간이 선반으로 사용하기 위한 준비. 왼쪽은 커팅 디스크 등의 축으로 사용되는 「맨 드릴」이라고 하는 부품. 끝부분의 나사로 얇은 판 등을 축에 고정시킬 수 있다. 오른쪽의 루터는 임의의 축경을 물릴 수 있는 「드릴 척」을 장착한 모습.

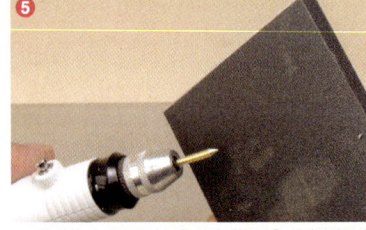

▲드릴 척에 소재를 물려 놓은 사례. 황동봉을 회전시켜주면서 끝 부분을 줄에 가져다 대어 뾰족한 모양으로 가공하고 있다. 적당한 루터의 경우 장착할 수 있는 사이즈는 3mm 까지며, 동그란 플라스틱 봉 같은 것도 가공할 수 있다.

▲중심에 구멍을 뚫은 플라스틱판을 맨 드릴에 고정한 후 회전시켜 정형함으로써, 깔끔한 원반형으로 완성할 수 있다. 축이 약간만 흔들려도 형태가 일그러지므로, 이러한 작업을 할 때는 축의 흔들림이 없는 고급 기종을 사용하는 것이 좋다.

루터를 다룰 때 주의할 점

마지막으로 루터를 사용할 때 주의해야 할 점을 정리해 보았다. 편리한 도구지만 날카로운 날이 달려 있는 만큼 취급에 충분히 주의를 기울여서, 사고를 미연에 방지하도록 하자.

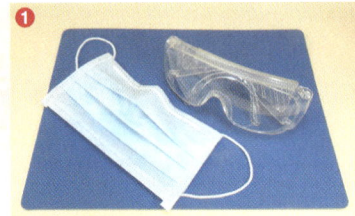

▲루터로 절삭과 연마를 하면, 자잘한 깎아낸 부스러기가 흩날리거나 튀어 오르거나 한다. 이런 것들을 흡입하거나 눈에 들어가지 않도록, 고글과 마스크를 장착한 후에 작업을 하도록 하자.

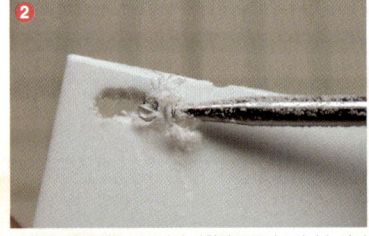

▲플라스틱 소재를 절삭하면 마찰열로 플라스틱이 녹아서 비트에 들러붙어 고착되는 경우가 있다. 이렇게 되면 더 이상 무리하지 말고, 전원을 끈 후에 플라스틱 부스러기를 확실하게 제거하자.

▲루터로 절삭을 하다 보면, 대량의 부스러기가 흘날려서 주변이 더러워진다. 이럴 때는 청소기의 흡입구 가까이에서 절삭 작업을 하여, 부스러기를 빨아들이면서 작업하는 것이 좋다. 참고로 장갑은 회전에 말려들 우려가 있으므로 착용하지 말 것.

9. 히트 펜

뜨거운 인두를 구사하여, 부품의 용접·몰드 가공

폴리스티렌 수지는 가열하면 부드러워져서 형태를 바꿀 수 있으며, 식으면 다시 원래의 특성으로 돌아가는 성질이 있는데, 이를 이용한 플라스틱 가공 기구가 바로 「히트 펜」이다. 기본적인 구조는 인두에 가깝지만, 인두의 '날'에 해당하는 「비트」에는 다양한 형태가 있으며, 이를 이용하여 플라스틱 부품을 부분적으로 열가공 함으로써, 절단과 용접, 몰드 가공 등, 다채로운 사용 방식이 가능하다. 열로 변형하여 가공하는 것은 점토를 주걱으로 형태를 만드는 것과 비슷한 느낌으로, 매우 독특한 가공 방식이라 할 수 있겠다. 퍼티처럼 경화되는데 시간이 걸리지도 않고, 소재가 동일하므로 그 후의 마무리 작업도 쉽다. 또한 절삭 과정에서 발생하는 부스러기가 없다는 이점이 있다. 요령을 잘 파악하여 모델링에 활용해 보도록 하자.

▲「히트 펜 HP-1000」(토와다 기연). 인두와 다르게 끝에 가까운 부분을 쥐는 스타일이므로, 디테일한 작업을 할 때에도 다루기 쉽다. 끝 부분의 온도는 다이얼식의 컨트롤러로 조정한다.

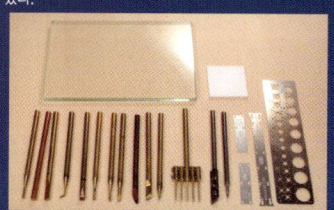

▼히트 펜의 주변 용품. 용도에 맞춰 교환하는 다양한 비트 외에도, 열에 강한 유리와 테플론제 작업대, 에칭제의 게이지 등, 풍부한 옵션 부품이 준비되어 있다.

절단과 표면 다듬기

우선은 기본적인 형태의 비트를 이용하여, 플라스틱을 녹이는 방식의 절단과 부품 표면을 다듬는 작업을 소개하겠다. 사용하는 것은 동그란 봉을 대각선으로 잘라낸 형태의 「웰더」. 이것은 히트 펜 본체에 부속되어있다.

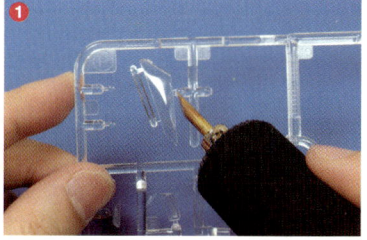

▲히트 펜 끝으로 게이트를 녹여서 런너로부터 분리하고 있는 장면. 니퍼로 자르는 것과는 다르게, 날 사이에 끼운 후에 힘을 주는 일이 없으므로, 클리어 부품을 떼어낼 때 자주 일어나는 미세한 금이 잘 일어나지 않는다. 물론 부품은 아슬아슬하게 자르지 않고, 약간 떨어트려서 절단한다.

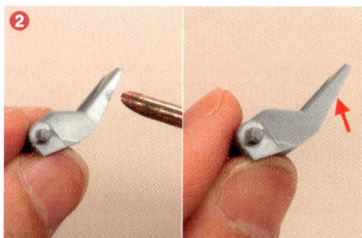

▲니퍼로 게이트를 자르면 다소 하얗게 되어버리지만, 히트 펜의 끝을 대서 열을 가하면 하얗게 되는 것을 방지할 수 있다. 부품의 표면에 닿지 않도록 게이트의 절단 부위에 대고, 그 후에 사포질을 한 것이 오른쪽 상태. 게이트 부위가 어디인지 알 수 없게 되었다.

▲플라스틱제 피규어의 주름 부분. 이런 곳의 파팅라인과 접합선은, 끝이 둥근 부분으로 문질러 주면 다듬어주기 쉽다. 물론 최종적으로는 사포질을 해줘야 하겠지만 퍼티를 사용하지 않고 완성할 수 있다. 또한 이제까지의 작업은 전부 설정 온도 180℃에서 이루어졌다.

CHECK POINT
● 핫 나이프와의 차이

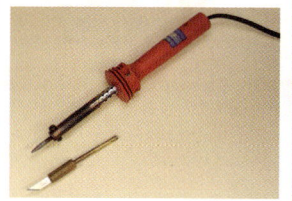

▲동일한 방식으로 열을 이용하여 가공하는 도구로서는 인두의 끝을 나이프 날로 교환한 「핫 나이프」가 있다. 거친 절단 등에는 편리하지만, 섬세한 가공을 해주기에는 조금 무리가 있다.

플라스틱 수지를 용접한다.

다음으로 "녹여서 붙이는"방법. 파인 곳이나 틈새를 플라스틱 수지로 메우는 것뿐만이 아니라 '접합선 수정'에도 활용하여, 부품을 일체화시켜주는 것도 가능하다. 동일한 색의 런너 등을 잘 이용하자.

▲우선은 돌출되어 있는 핀의 흔적을 메워보자. 유리판 위에서 키트의 런너를 녹여서, 수지를 비트 끝에 단 다음, 파인 곳 위에 발라준다. 부품 쪽에 녹아서 달라붙지 않도록, 비트 끝으로 세세하게 찔러주는 움직임으로 정착시킨다. 그 후 표면을 다듬는다.

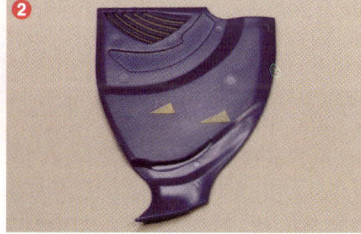

▲사포질 후 완성. 테이프로 표시한 부분이 핀의 흔적을 메운 곳인데, 부품과 동일한 색의 런너로 채웠기 때문에 위치가 어디인지 알 수 없을 정도다. 얇은 부품은 메운 곳의 반대쪽이 변형하는 경우도 있으므로, 가열하는 시간은 가능한 짧게 하도록 하자.

▲마찬가지 요령으로 접합선의 틈새를 메우고 있는 사례. 열로 늘인 런너를 틈새에 붙여서, 비트로 안에 밀어 넣어주는 듯한 움직임을 반복하여 정착시킨다. 이 사례에서는 장갑판 표면의 거칠거칠한 가공 흔적을 재현하는 것도 겸해서 작업하고 있다.

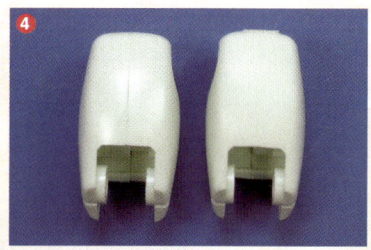

▲용접 기술을 부품의 접합선 수정에 활용해 보자. 왼쪽은 부품을 끼워 놓은 그대로. 오른쪽은 용접하여 정형한 상태. 흔적이 남지 않고 결합되어 있다. 플라스틱 접착제로 수지를 녹여서 흘러나온 것을 정형하는 방법을 접착제 대신 열을 이용하여 작업한 모습이다.

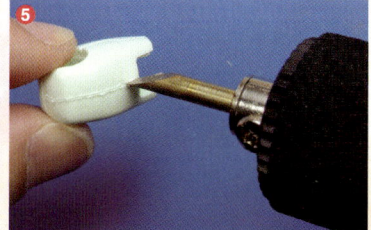

▲우선 부품끼리 확실하게 붙이는 단계. 접합선에 비트를 꽂아서 안쪽도 열로 붙여 준다. 이 작업을 하지 않고 표면만 다듬어주면, 강도가 약하여 접합부가 갈라지는 경우가 있다. 스냅 핏 부품과 내부의 끼우는 구멍 덕분에 부품 위치가 고정되므로, 가장자리가 녹아도 어긋나지 않아서 작업하기 쉽다.

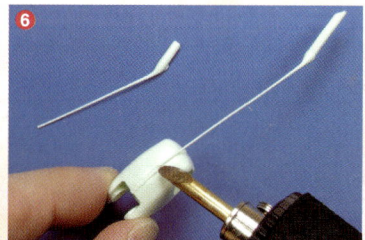

▲움푹 들어간 접합면에 동일 성형색의 런너 늘인 것을 덧대고, 그 위에서 열을 가하여 메워준다. 포인트는 런너 너머로, 아래까지 열이 전달되어서 확실하게 붙는 것. 런너의 표면만을 평평하게 만들어서 본은 결국 벗겨지고 만다. 이후 줄로 정형하여 표면을 마무리 짓는다.

CHECK POINT
● 안쪽까지 열을 전달하지 않으면…

▲파인 홈을 런너 늘인 것으로 용접하여 메워놓으나, 잘 되지 않은 실패 사례. 하얗게 보이는 것이, 메워 놓은 수지가 들떠 벗겨지려는 기미가 보이는 부분. 오목한 부분에 메워 넣는다 하더라도 제대로 녹아서 유착이 되지 않으면 이렇게 되어 버린다.

피규어의 포즈 변경

플라스틱제의 피규어의 포즈를 바꾸는 사례로, 가열하여 형태를 바꾸는 방법을 소개하도록 하겠다. 「벤더」라고 하는 바늘 형태의 비트를 이용함으로써, 부품의 내부를 부드럽게 하여 구부리는 가공이 가능해지게 된다.

CHECK POINT
● 도려내기 가공

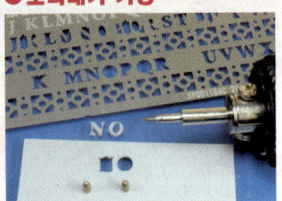

▲끝이 날카로운 비트 「핀포인트 프로」를 사용하면 얇은 플라스틱판을 원형과 문자 형태로 도려내는 것도 가능하다. 사진은 전용 에칭제 템플릿을 이용하여 문자를 도려낸 모습.

▲1:35 스케일의 피규어의 포즈를 변경해 보자. 「벤더」의 핀은 5개에서 3개로 줄여서 사용하고 있다. 온도는 가장 높은 270℃로 설정. 이것은 팔꿈치를 구부리는 사례이므로 우선 그곳에 핀을 찔러 넣어서 주변에 열을 전달한다. 부품이 작으므로 10초 정도 후에 뽑는다. 가공면이 넓은 경우에는 좀 더 시간을 들인다.

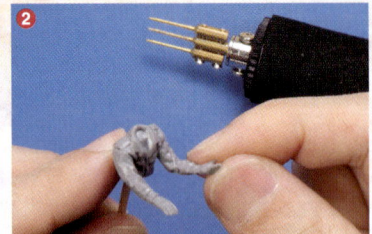

▲핀을 뽑았으면 식어 버리기 전에 원하는 각도로 구부려 준다. 핀을 뽑은 후에 생긴 구멍 부분이 관절이 된 듯한 감촉으로 포즈를 바꿀 수 있다. 이를 속옷 등 다른 부분에도 반복해 나간다. 핀을 꽂은 흔적은 남지만, 주변 몰드의 손상은 의외로 적은 편.

▲이어서 겨드랑이를 벌리는 포즈를 조정하기 위해서 어깨 부근에 열을 가하고 있는 장면. 단면이 넓으므로 핀을 2개 꽂았다. 이렇게 관절마다 각도를 바꾸어서 포즈를 변경해 나가는 것이다. 손목, 팔꿈치에 남아 있는 구멍의 상태에도 주목. 이 부분은 앞서 소개한 파인 곳을 메우는 방법으로 메워주면 된다.

스탬프를 이용한 몰드 가공

비트 끝으로 각인하는 듯이 하여 몰드를 가공하는 방법. 리벳 머리와 용접 흔적 등의 파인 부분만이 아니라, 수지를 발라서 정착시키는 방법도 있다.

CHECK POINT
● 비트를 자작하여 가공

▲단차가 있는 용접 흔적을 재현하기 위해서 에칭 블레이드의 일부를 잘라내어, 비트에 나사로 고정한 것을 이용한 사례. 플라스틱 소재를 붙여 그대로 횡 이동시키며 가공하고 있다.

■ 용접 흔적

▲AFV 모형에서 특히 자주 볼 수 있는 용접 자국. 비트 끝을 반복하여 눌러줌으로써 흔적을 만들어 나간다. 부품 표면에 직접 시술하거나, 또는 런너 늘인 것과 얇게 절단한 플라스틱판을 겹쳐도 좋다. 이번 사례는 직선적인 모양이므로 「커터」비트로 흔적을 만들어주고 있지만, 타원형의 경우에는 가느다란 「웰더」비트를 사용하는 것이 좋다.

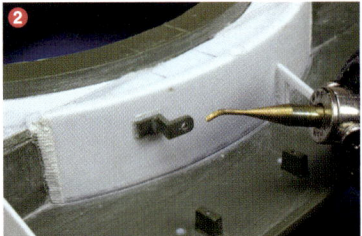

▲용접 자국용의 비트를 이용한 사례. 가느다란 끝 부분에 까칠까칠한 몰드가 새겨져 있으며, 이를 플라스틱 표면에 대고 눌러줌으로써 일정한 패턴으로 마무리되어 가공하기도 쉽다. 이러한 비트는 전용 제품 외에 범용 타입을 가공하여 자작하는 것도 가능하다.

■ 치머리트(Zimmerit) 코팅

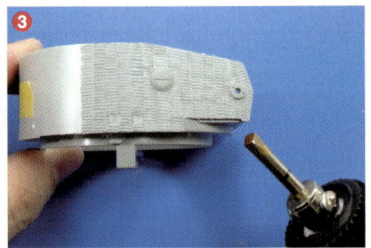

▲2차 대전 당시 독일군 전차에서 볼 수 있는 「치머리트 코팅」용 비트 사용 예. 부품 표면에 직접 '스탬핑'하면 간단하지만, "뭔가를 발라준 느낌"을 살리고 싶다면 플라스틱 시트나 프라 페이퍼 등, 얇은 플라스틱판을 겹쳐 작업하는 것도 방법. 여기서는 플라스틱 소재를 표면에 겹쳐서 스탬프 함으로써 정착시키고 있다.

CHECK POINT
● 리벳용 게이지

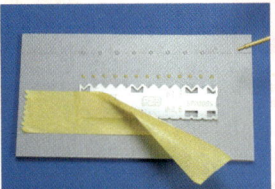

▲리벳을 깔끔하게 나열하기 위해서는 에칭제의 「리벳 자」를 사용하는 게 좋다. 톱니 모양의 면을 따라 비트를 가져다 대면 위치를 정하기도 편리해진다.

■ 리벳

▲'ㅇ'자 모양이나 'ㅇ'자 모양 속에 몰드가 들어간 형태의 리벳 자국을 스탬프 할 수 있는 비트를 사용해보자. 비트 끝을 시공 면에 대해 수직으로 자세히 잡는다. 끝 부분을 누르지 말고, 위치가 어긋나지 않을 정도로 가볍게 받쳐주며 몇 초간 그대로 대기. 열에 의해 자연스럽게 파이는 것을 기다렸다가 뺀다. 설정 온도는 가장 낮은 160℃.

▲스탬핑을 한 리벳 흔적. 열을 가해 연화시켰기에 수지가 약간 부풀어 올라서 눈에 띈다.(가장 왼쪽). 주변에 맞추기 위해서 표면을 평평하게 깎아주면 몰드가 얕아져 버린다. (왼쪽에서 2번째). 파인 곳을 확실하게 해주기 위해서 루터에 달려 있는 나일론 브러시로 닦아주면 오른쪽 2열처럼 마무리가 된다.

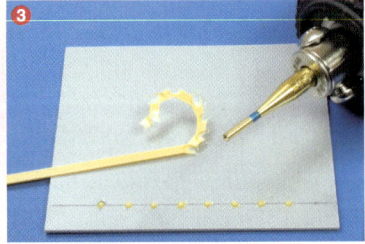

▲동그란 머리의 리벳의 표면에 심어주는 것도 가능. 반구체 상태의 오목하게 패여 있는 전용 비트를 장착하고, 플라스틱 소재(사진의 예는 노란색 플라스틱판)를 비트 끝에 충전하여, 그 상태 그대로 표면에 정착시킨다. 이는 피규어에 단추 등의 몰드를 추가할 때에도 사용하는 방법. 비트는 각종 사이즈와, 육각 타입도 있다.

CHECK POINT
● ABS 부품에도 사용할 수 있다?

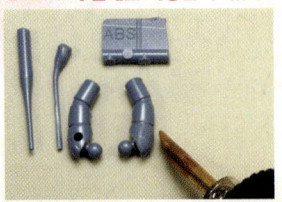

▲ABS제의 부품으로 시험해 본 상황. 플라스틱과 마찬가지로 구멍을 메우는 것은 가능하지만, 소재에 탄력이 있어서 주변과 동화하는 성능은 약간 떨어진다. ABS수지로 런너 늘인 것을 만들면 발포가 되어 깔끔하게 늘어나지 않는 경우가 많다. 동일한 ABS라 해도 소재의 특성은 제각각이므로 주의하도록 하자.

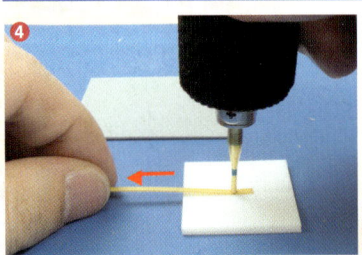

▲재료는 런너 늘인 것도 괜찮지만, 가늘게 잘라 놓은 플라스틱판이 반복 작업을 하기 쉬울 것이다. 온도 설정은 160℃. 테플론 매트 위에서 비트를 겹치고 몇 초 기다린다. 소재가 부드러워져서 비트가 살짝 가라앉는 감촉이 든다면, 비트를 유지한 채로 소재를 당겨서, 비트 끝부분에만 수지를 남긴다.

▲다음에 비트 끝을 작업하려는 면으로 이동. 수직으로 낙하하듯이 역시나 가볍게 힘을 주어 받쳐준다. 여기서 몇 초를 기다려서, 안에 있는 수지가 작업 면에 정착하는 것을 기다린다. 작은 리벳이라면 1~몇 초, 커다란 리벳이라면 대기 시간이 늘어난다.

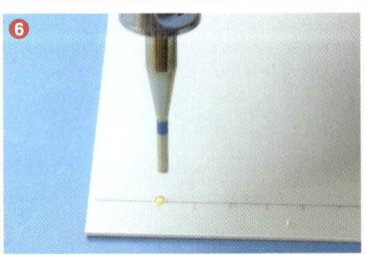

▲비트를 똑바로 들어 올린 장면. 표면에는 플라스틱판의 수지로 만들어진 리벳의 머리가 남아 있다. 이 사례의 경우는 정착 시간을 너무 길게 기다린 탓에, 비트가 깊게 들어가 주변이 움푹 패고 말았다. 지나치게 빠르면 정착이 어설프고, 너무 길면 이렇게 되어버리므로 시험을 해서 적절한 시간을 파악해 두도록 하자.

10. 플라스틱 소재의 열 가공과 히트프레스

열을 제어할 수 있다면, 플라스틱판·플라스틱 봉의 가공도 자유자재!

앞의 항목에 적어 놓았던 것처럼, 프라모델의 재질인 플라스틱(폴리스티렌, 스티롤 수지)는, 재질적인 분류를 하면「열가소성수지」라는 것으로 열을 가함으로써 부드러워져서 모양을 변화시킬 수 있는 성질을 가지고 있다. 프라모델의 생산단계에서 플라스틱이 금형으로 사출 성형되는 것도 고온으로 부드러운 상태이기에 형틀 구석구석 까지 흘러들어가서, 복잡한 형태로 성형할 수 있는 것이다.

시판되는 플라스틱 소재도 마찬가지로 열을 가해서 부드럽게 함으로써 모양을 변형시켜 사용할 수 있다. 예를 들자면 잘 알려져 있는 것으로「러너 늘인 것」이 있다. 잘라낸 러너나 플라스틱 봉을, 라이터 불 등으로 가열하고 양 끝을 당김으로써 실처럼 늘이는 기법이다. 이것은 플라스틱이 열을 가해도 타지 않고 부드러워져 잘 늘어나는 성질을 가지고 있기 때문에 다능한 기법이다. 하지만 너무 뜨거우면 타버리고, 당기는 힘이 너무 강하면 끊어지기도 한다. 적당한 시기에 맞춰 성형하려면 어느 정도 익숙해질 필요도 있다. 이 밖에도 봉 소재를 구부리거나, 가열해서 축소시키는 사용법도 있다.

추가로 특정한 형상을 만드는「히트프레스」나「버큠 폼」등의 성형방법도 가능하다.「히트프레스」는 가열해서 부드러워진 플라스틱판을 「틀」에 맞춰 눌러 그 형상을 떠내는 기법이다. 별도로 원형을 만들어서 하는 작업이므로 공작으로서는 손이 두 번 가는 것처럼 생각되기도 하지만 틀이 있으면 같은 부품을 몇 개든지 성형할 수 있고 무엇보다 플라스틱판 하나로 입체적인 모양을 만들어 낼 수 있게 된다. 또 플라스틱 소재의 표면가공의 용이함과 가벼운 완성품, 또 프라모델 부품과의 조화를 생각하면 이 테크닉을 능숙히 구사할 수 있다고 하는 것은 큰 메리트가 될 것이다.

이 항목에서는 히트 펜과는 다른 열 가공 테크닉, 그 기본기부터 히트프레스까지를 소개해 나가겠다.

◀플라스틱 소재는 열을 가하면 부드러워져서 모양을 바꾸기 쉬워진다. 그러면서도 소재의 성질은 변하지 않고 이전과 똑같이 접착이나 절삭, 마무리를 할 수 있다.

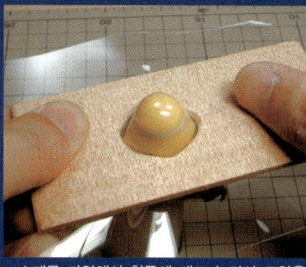
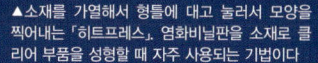
▲소재를 가열해서 형틀에 대고 눌러서 모양을 찍어내는「히트프레스」. 염화비닐판을 소재로 클리어 부품을 성형할 때 자주 사용되는 기법이다

▲금속구와 그것을 원형으로 히트프레스로 만든 부품. 이런 모양을 쉽게 만들 수 있는 것은 히트프레스 만의 장점이다

러너 늘인 것

플라스틱 소재를 가열하여 형태를 바꾸는 사례로서 가장 기본적인 것이「러너 늘인 것」이다. 키트에 따라서는 안테나 부분을 이 방법으로 자작하도록 지시하는 것도 있다. 열가공의 기본으로 반드시 익혀두자.

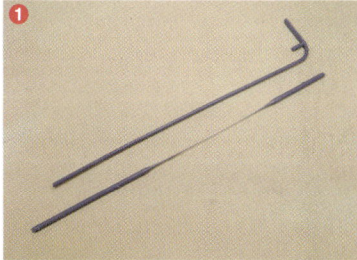
①
▲프라모델 부품 틀에 있는 러너와, 그 일부를 가열하여 실처럼 가늘게 뽑아 낸 것. 이것이「러너 늘인 것」이다. 늘이는 방법에 따라서 굵기와 형태를 변경할 수 있으며, 다양한 용도로 사용한다. 러너 만이 아니라 플라스틱 봉 등도 마찬가지 방법으로 가공할 수 있다.

②
▲만드는 방법은 러너를 양끝에 잡고 중앙을 불에 가까이 대고 가열한다. 러너는 손가락으로 돌리면서 주변에 열이 균일하게 전달되도록 한다. 굵게 마무리하고 싶은 경우에는 가열하는 범위를 좌우로 벌려서 하면 된다.

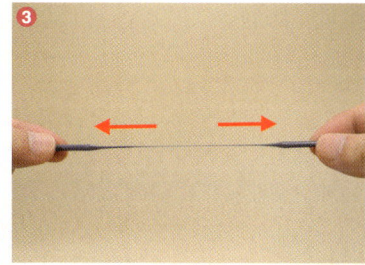
③
▲부드러워지면 불을 쬐던 것을 멈추고 잠시 기다렸다가 좌우로 잡아당긴다. 처음에는 천천히, 그 다음에는 약간 빠르게 당겨주면 굵기가 일정해지기 쉽다. 식어서 굳어지기 까지 몇 초 동안은 그대로 유지해 줄 것. 굳어지기 전에 힘을 빼면 구부러져 버린다

● 열원에 관해서
▲열을 가하는 열원은 라이터도 좋지만 안정되게 양손을 사용하기 위해서는 촛불을 사용하는 쪽이 좋다. 좁은 범위를 가열하는 것이 좋다면 향을, 넓게 가열하고 싶은 경우에는 알코올램프 등도 이용 가능. 주위에 가연성 물질을 놓지 않는 등, 불을 다룰 때는 충분히 주의를 기울이도록 하자.

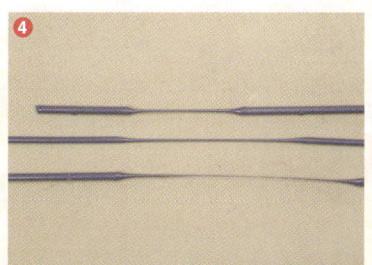
④
▲동일한 러너에서 굵기를 바꿔본 사례. 천천히 당기면 굵어지며, 빠르게 당기면 가늘어진다. 이처럼 굵기는 어느 정도 바꿀 수 있지만 두껍게 하는 것이 좋다면 처음부터 두꺼운 봉을 사용하는 것이 간단하다.

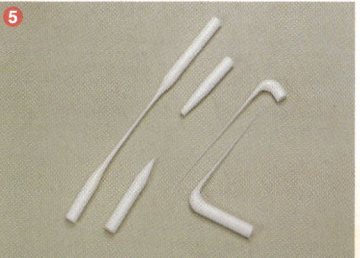
⑤
▲러너 늘인 것은 뿌리 부분의 "원추형"부분(굵기의 변화가 큰 부분)도 이용할 수 있다. 목적한 형태에 가까운 원추형으로 하여, 스파이크나 구부러진 가시 같은 부품의 자작에 이용할 수 있다. 원추형으로 조정하는 방법은 늘리고 싶지 않은 부분에 입김을 불어서 식혀준다거나, 당기는 힘을 조정하는 식으로 하면 된다.

⑥
▲사각과 삼각의 플라스틱 봉을 늘인 사례. 단면(붉게 칠한 부분)을 보면 알 수 있듯이, 가늘게 되어도 원래의 단면 형태를 거의 유지하고 있다. 시판되지 않는 가는 봉 소재를 얻고 싶으면 이렇게 만들면 된다. 이것은 원형 파이프도 마찬가지로, 극히 가는 파이프를 만들 수 있다.

● 불이 붙어 버렸다!!
▲러너에 불이 붙어 버렸다! 원인은 불에 지나치게 가까이 다가갔기 때문. 플라스틱이 열을 받아서 부드럽게 되는 정도면 그만이므로, 불에 타거나 그을리도록 하는 것은 엄금이다. 이런 경우에는 즉시 불을 끄도록 하자.

4 : 공작 테크닉 / 개조 편

CHECK POINT
● 구부러지는 플라스틱 소재

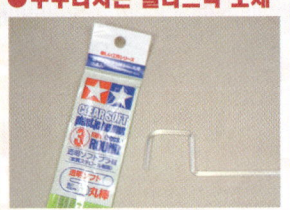

▲타미야의 '투명 소프트 플라스틱 소재'는 가열하지 않아도, 바로 구부리는 가공을 할 수 있는 편리한 소재. 구부린 부분은 반발하여 약간 되돌아가려고 하는 힘이 남아 있지만, 약간만 열을 가해주면, 그런 부분을 억제할 수 있다.

열로 구부린다

플라스틱 봉을 구부릴 때는 런너 늘인 것을 만들 때처럼 굽힐 부분이 지나치게 연해진 다음이면 각도를 정하기 어렵다. 형태를 유지하면서 가열하는 것이 포인트다. 또한, 구부리려고 하는 각도에 따라서 열을 가하는 범위가 달라진다.

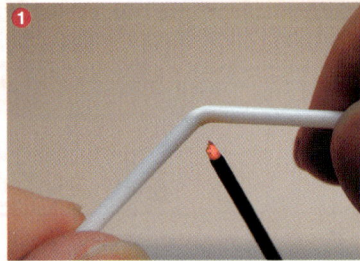

▲가는 플라스틱 봉을 구부릴 때, 구부릴 위치를 정확히 잡아주고 싶은 경우에는 좁은 범위만을 가열해야 하므로 향을 사용하는 것이 좋다. 또한 구부리는 부분에는 조금씩 열을 가해서, 반응이 있는 정도로만 유연하게 하자. 열을 지나치게 가하지 않는 것이 요령이다

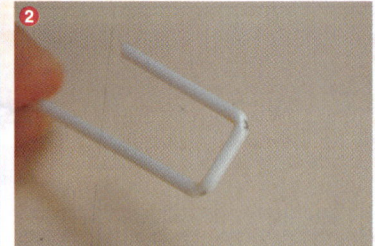

▲플라스틱 봉을 'ㄷ'자로 구부린 사례. 검게 표시한 부분에 향으로 가열해서 구부렸다. 구부리는 부분의 형태는, 약간만 힘이 가해져도 변화하므로 부정확해지기 십상이다. 몇 개 정도를 만들어서, 그중에 상태가 좋은 것을 사용하도록 한다.

▲커다란 곡선으로 구부리고 싶을 때는 그만큼 넓은 영역에 걸쳐 가열할 필요가 있다. 그럴 때는 드라이기로 가열하는 것이 좋다. 이것은 불이 붙을 염려가 없으므로 안심할 수 있다. 이런 방법 외에도 독특한 형상으로 구부리기 위해서 뜨거운 물에 담그는 방법도 있다.

CHECK POINT
● 지나치게 열을 가하면…

▲부품의 형태를 변경하기 위해 뜨거운 물로 부드럽게 할 수 없을까 생각해서, 시험해 본 결과가 이것(오른쪽). 확실히 부드러워 지기는 했지만 구불구불하게 일그러져서 형태가 망가지고 말았다. 열가공에도 한도가 있으므로 이런 실패는 하지 말기를…!

가열해서 동그랗게 만든다

플라스틱 봉의 끄트머리를 가열해서 부드럽게 만들면, 그 부분이 녹아서 모이게 되고, 표면장력에 의해서 '구'에 가까운 상태가 된다. 이것을 활용하면 끝 부분을 둥글게 하거나, 원형의 부품을 만드는데 이용하는 것이 가능하다.

▲평평하게 자른 플라스틱 봉의 끄트머리를 돌려가며 가열하면 표면장력에 의해 렌즈 같은 모양이 된다. 이 부분을 잘라내어 사용하면 필요한 지름에 맞는 렌즈형 부품으로 쓸 수 있다. 동그랗게 된 부분은 예쁜 광택도 지니게 된다.

▲같은 작업을 플라스틱 파이프로 하면 이렇게 부드럽게 된 부분이 바깥쪽으로 펼쳐져서 나팔처럼 된다. 사용법으로는 예를 들자면 바주카의 포구 등으로 쓸 수 있을 것이다. 이런 모양을 다른 방법으로 만드는 것은 약간 어려울 것이다.

▲전통적인 리벳의 제작법. 리벳을 붙이고 싶은 곳에 핀 바이스로 구멍을 뚫고 런너 늘인 것을 끼운다. 끄트머리를 모두 같은 높이로 맞추었으면 그곳을 향으로 가열한다. 이렇게 하면 런너의 끄트머리가 동그랗게 되면서 리벳형태가 만들어지는 것이다.

히트프레스

「히트프레스」소재를 가열해서 틀에 대고 누름으로써 모양을 만들어내는 방법이다. 판재를 사용해서 입체적인 모양을 한 번에 만들어 낼 수 있다. 하지만 가열하는 방법이나 찍어낼 때의 타이밍, 힘 조정 등이 미묘한 편이라서, 설령 익숙하더라도 실패가 잦다. 플라스틱판은 여분을 준비해 두자.

▲히트프레스를 하려면 만들고 싶은 모양에 맞는 '원형'이 필요하다. 열을 견딜 수 있는 소재라면 뭐든지 좋지만, 여기서는 쇠구슬(직경 24mm)을 사례로 만들어 보았다. 찍어내기 위해서는 어느 정도 높이가 있어야 하므로 순간접착제의 케이스를 받침대로 장착했다.

▲플라스틱판(두께 1mm인 것을 사용)을 필요한 크기로 자른 뒤 가열한다. 가열원 위에 플라스틱판을 올리고 원을 그리듯이 하여, 원형의 둘레보다 2치수 정도 넓은 둘레 면적을 가열한다. 부드러워져서 약간 아래쪽으로 오목해지는 정도가 되면 준비 OK

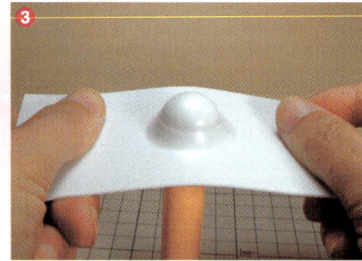

▲가열원에서 벗어났다면 부드러워 진 플라스틱판을 재빨리 원형 위에서 위치를 맞춰 누른다. 이 경우는 가열이 약간 부족했던 모양인지라 깊게 찍어낼 수 없었다. 이 상태라도 윗부분만이라면 따로 사용할 수도 있을 것이다.

CHECK POINT
● 눌러서 성형한다.

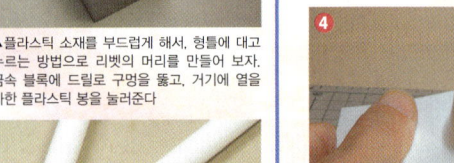

▲플라스틱 소재를 부드럽게 해서, 형틀에 대고 누르는 방법으로 리벳의 머리를 만들어 보자. 금속 블록에 드릴로 구멍을 뚫고, 거기에 열을 가한 플라스틱 봉을 눌러준다

▲눌러준 끝 부분에 리벳의 머리가 성형되어 있다. 이것을 잘라서 사용하는 것이다.

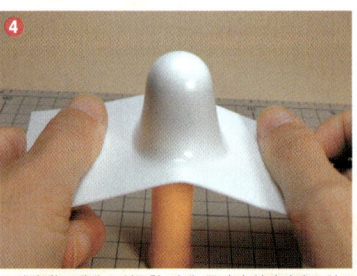

▲이번에는 제대로 성공한 사례. 주변이 얇아지지도 않고 깔끔하게 찍어낼 수 있었다. 하지만 언제나 이렇게 성공한다고는 장담할 수 없다. 익숙하지 않으면(…아니, 익숙하더라도) 실패가 잦다. 몇 번인가 해보고 깔끔하게 된 것을 사용하는 것이 일반적이다

▲원형에서 분리했으면 필요한 부분만 잘라낸다. 얇아진 부분은 찍어낸 방향으로 깨지기 쉬우니 자를 때는 주의해야 한다. 이것은 나이프로 자른 모습이다. 세로로 금이 가있는 것이 보일 것이다. 니퍼 등으로 뚝뚝 끊어내는 것은 아주 위험!

▲찍어낸 부분을 반구형으로 정형한 모습. 지금까지의 과정을 보면 알 수 있듯이 이 방법으로는 완벽한 반구형을 성형할 수는 없지만 비슷하게는 만들 수 있다. 플라스틱 재질이면서 내부도 비어있으므로 여러 가지로 사용할 방법이 있을 것이다.

히트프레스 · 그 두 번째

이번에는 직접 원형을 만들어 히트프레스를 해보자. 추가로 「바깥 틀」도 만들어서 찍어낼 소재를 원형에 확실하게 밀착시킬 수 있는 방법을 취했다. 사례로 만드는 부품은 사각뿔처럼 생긴 노즐 부품이다.

▲원형은 내열성이 있는 소재로 만든다. 이 사례에서는 에폭시 퍼티를 사용해서 바닥이 직사각형인 사각뿔을 만들고 그에 맞는 바깥 틀도 만들었다. 이것은 적당한 목재에 원형보다 조금 넓은 구멍을 뚫기만 한 것이다. 내열성이 있으면 아무거나 써도 된다.

▲원형을 받침대 위에 고정시켜 높이를 확보하는 것은 앞에서와 같다. 플라스틱판을 가열하고 재빨리 바깥 틀과 함께 찍어낸다. 틀과 원형의 위치가 맞아 들어가도록 주의할 필요가 있지만, 위치만 적당히 맞으면 찍어내면서도 다소는 조정할 수 있다.

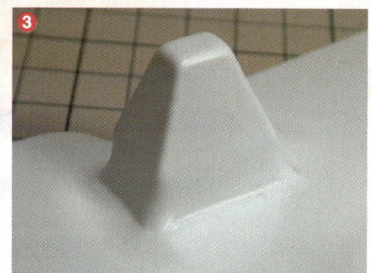
▲찍어내기를 마친 모습. 바깥 틀 덕분에 각 면이 원형에 밀착해서 깔끔하게 찍혔다. 측면의 각도가 중간에 바뀌는 듯한 모양의 경우에는 틀의 중요성이 더욱 커진다.

▲이쪽은 같은 원형으로 바깥 틀 없이 찍은 것이다. 밑으로 갈수록 원형과 밀착하지 않아서 형태가 흐리멍덩해졌다. 이런 상황을 막기 위해 바깥 틀이 필요한 것이다.

▲찍어낸 부품을 잘라낸 상태. 안쪽은 원형면의 모양과 똑같아 졌다. 하지만 가장자리를 보면 알 수 있듯이 군데군데 두께가 다르다. 이것은 어느 정도 감수할 수밖에 없는 일이므로 두께를 일정하게 하고 싶으면 사포 등으로 정형할 수밖에 없다

▲찍어낸 부품의 위쪽 절반을 잘라내고 뒤집어서 접착, 절단면(접착면)을 정형한 모습. 표면의 모서리도 둥근 부분을 쳐냈다. 이렇게 해서 자작 「사각 노즐」이 완성되었다. 겉과 속 모두 이용할 수 있는 히트프레스의 특징을 살린 노즐제작 방법이다.

CHECK POINT

● 성형한 부품의 두께

▲이것은 찍어낸 부품의 단면. 얼핏 보면 균일한 것 같지만 잡아당겨서 성형했기 때문에 위치에 따라 두께가 다르다. 윗부분이 가장 두껍고, 밑으로 갈수록 얇아진다는 것을 염두에 두자.

투명 부품 찍어내기

히트 프레스에서 자주 이용되는 대표적인 사례로서, 항공기 모델의 캐노피(바람막이) 자작이 있다. 원래 투명하지 않은 키트를 사례로, 이러한 자작의 흐름을 소개하도록 하겠다.

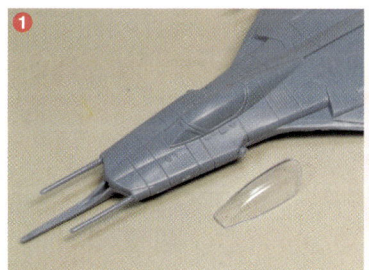
▲콕피트의 캐노피가 투명하지 않고 기체와 동일한 색으로 일체 성형되어 있는 키트. 이 부분을 투명하게 바꾸기 위해서 히트 프레스로 만들어낸 것이 오른쪽 부품. 이 제작 과정을, 원형 제작부터 소개하고자한다.

▲키트의 캐노피 형태를 복제하기 위해서 간단하게 형을 만든다. 준비해야 할 것은 뜨거운 물로 가열할 형틀 소재. 뜨거운 물에 담그면 부드러워 져서 간단하게 형태가 바뀌고, 식히면 굳어지므로 몇 번이고 다시 이용할 수 있다. 자세한 사항은 P.206의 「간이 복제」를 참조

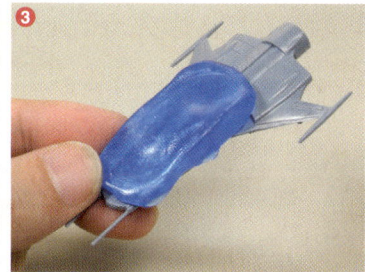
▲부드러워진 형틀 소재를 캐노피의 주변에 눌러준다. 이 때, 부품과의 사이에 공기가 남는다거나, 주름이 생기지 않도록 주의하도록. 몇 분만에 식어서 딱딱해지므로 잠시 기다렸다가 벗겨준다.

▲벗겨낸 형틀에 폴리에스테르 퍼티를 채우고 굳혀서 캐노피와 주변 형태를 복제한 모습. 여기서 필요 없는 부분을 깎아 내고 표면을 다듬어서 히트프레스의 "원형"으로 삼는다. 가장자리와 틀의 형태 등은 몰드가 있는 동안에 나이프 등으로 밑그림을 그려 놓는다.

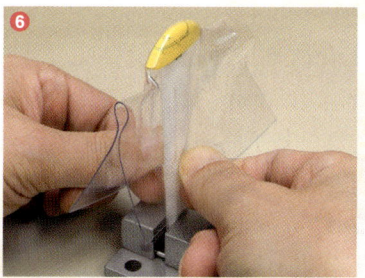
▲표면의 흠집을 메우고 매끈하게 연마한 원형. 캐노피의 형태를 연장하듯이 주위 여백을 남기고 있지만, 이는 필요한 부분이 일그러지는 것을 피하기 위해서. 원형 아래쪽에는 받침대를 놓아서 히트프레스하기 편리하도록 만들어두었다.

▲투명 염화 비닐판(두께 0.5mm)을 가열해서 히트프레스. 원형의 좌우에도 밀착시키기 위해서, 위에서 아래로 내리는 것뿐만이 아니라, 안쪽에서 짜내는 듯한 움직임을 하고 있는 것을 알 수 있을 것이다. 앞뒤로 주름이 생기고 있지만 필요한 부분은 깔끔하게 성형되었다. 여기서 잘라낸 것이 처음에 소개했던 투명 부품이다.

CHECK POINT

● 투명 플라스틱판으로는 안 되는 것일까?

▲투명한 플라스틱 소재로 열을 가하면 부드러워 지지만, 당겨도 잘 늘어나지 않으므로, 히트프레스와 버큠 성형에는 적합하지 않다. 그래서 투명 부품을 만들려고 할 때에는, 염화 비닐을 사용하는 것이다.

11. 버큠 폼

성형기를 자작해서, 진공 성형에 도전하자

「버큠 폼(진공성형)」은 가열하여 부드러워진 플라스틱판 등의 소재를 원형에 밀착시키는 성형 방법이다. RC카의 클리어 바디나 얇은 플라스틱제 가면 등도 이렇게 만들어 진다. 최근에는 찾아보기 어렵지만 예전에는 버큠 폼으로 성형된 부품을 잘라내어 조립하는 「버큠 폼 키트」라는 상품도 있었다.

이 방법의 메리트는 히트프레스보다 실패가 적고 안정적인 성형이 가능한 점이다. 작고 단순한 모양이라면 완성도의 차이는 별로 없지만 역 테이퍼나 곡면이 변화하는 모양, 세밀한 몰드가 있어도 성형할 수 있는 점은 커다란 차이다. 게다가 커다란 부품이나 깊이가 있는 부품도 성형할 수 있다.

버큠 폼을 하려면 전용 「버큠 포머」라는 기구가 필요하다. 기본적인 구조는 상자 윗면의 공기가 빠져나가는 그물망처럼 생긴 곳에 원형을 설치. 그리고 상자 내부에 바깥으로부터 주위 공기를 빨아들이기 위한 입구가 달려 있으며, 청소기에 접속해서 흡입한다. 추가로 소재를 가열하기 위한 전열기(핫플레이트)도 필요하다. 성형에 사용되는 소재는 플라스틱판, 염화비닐판으로 그 점은 히트프레스와 동일. 다만 성형하는 부품 사이즈가 작더라도 사용하는 소재의 크기는, 버큠 포머의 사이즈로 결정되기 때문에 낭비되는 부분이 많아진다.

여기서는 버큠 포머의 자작부터, 기본적인 사용 방법, 풀 스크래치까지 소개하고자 한다. 부품을 다루는 방법도 꼭 참고하도록.

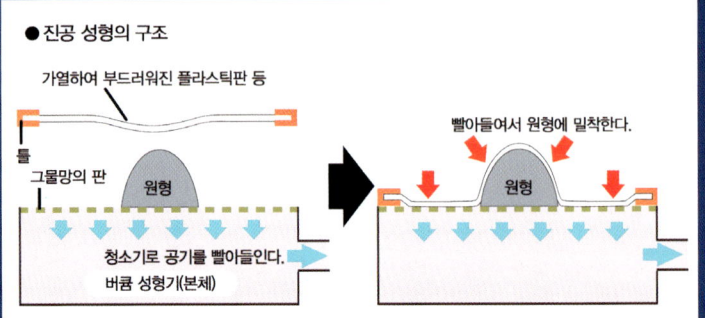

●진공 성형의 구조

▲소재의 가열에는 불을 쓰지 않고 넓은 면적을 가열할 수 있는 핫플레이트를 사용한다. 사진의 제품은 2500엔 정도

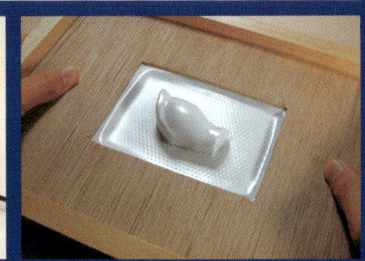
▲이렇게 원형에 밀착시켜 성형할 수 있다. 청소기로 공기를 빨아들여서 성형하는 것이 버큠 폼의 특징이다

버큠 포머 자작

현 상황에서 버큠 포머는 시판하고 있지 않으므로, 우선은 이를 자작하는 것부터 시작하자. 기본적인 구조는 위의 그림에서 소개한 바와 같다. 이에 적합한 재료를 준비해서 만들어 보자.

■'본체' 제작

CHECK POINT
● 시판되고 있는 성형기

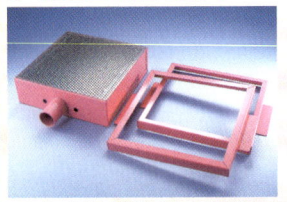
▲이것은 예전에 발매된 버큠 포머 「버큠 프레서 모모조」.(발매원은 워크, 나중에는 웨이브). 금속제로 튼튼하게 만들어서 사용하기 편하고, 전용 사이즈의 염화 비닐 판도 판매하고 있다. 자작할 때에 형태나 구조가 참고가 될 것이다.

❶
▲원형을 설치해서 빨아들이는 '본체' 제작. 목제 패널은 본체 외에도 판 소재를 받쳐주는 '틀'에도 사용한다. A5판의 패널은 안쪽의 파여 있는 사이즈가 거의 B6 정도로, 시판하는 플라스틱판을 효율 좋게 사용할 수 있다. 그 밖에도 패널 사이즈에 맞는 펀칭 시트(자그마한 구멍이 뚫린 금속판)도 필요. 공기를 빼는 부분에는 청소기의 가는 노즐을 사용한다.

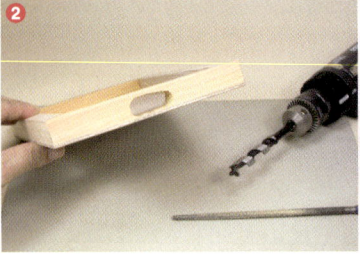
❷
▲목재의 패널 측면에 노즐을 달아주기 위한 구멍을 뚫는다. 가장자리가 깨지지 않도록 주의하면서 전동 드릴로 구멍을 뚫어주고 줄로 정형. 구멍이 원추형 상태인 것은 노즐의 형태에 맞추기 위해서. 이 사례에서는 패널의 짧은 변으로 구멍을 뚫었지만 긴 변이라도 상관이 없다

❸
▲가는 노즐은 패널의 두께 문제도 있어서 안쪽까지 삽입할 수는 없지만, 이 정도만 들어가도 충분하다. 구멍과 노즐 사이에 다소 틈새가 벌어졌다 해도, 그 부분은 접착제와 스티커 씰로 막아 버리면 된다.

CHECK POINT
● 흡입은 청소기로

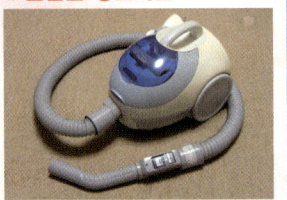
▲공기를 빨아들이는 '버큠'에 사용하는 것은 진공축소기. 빨아들이는 능력은 일반적인 가정용으로도 충분하다. 호스와의 접속 부분은 심플한 원통형이면 성형기와 이어주기 편할 것이다. 조인트 부위의 지름 차이는 시판하는 연결 파이프로 조정할 수 있다.

❹
▲빨아들이는 면 제작. 펀칭 시트를 겹쳐서 붙인다. 이 부분은 원형 설치 시와 흡입할 때 다소 힘이 걸리는 부분이므로, 확실하게 고정해 두자. 이 사례에서는 빈틈없이 접착하기 위해서 에폭시 계열 접착제를 사용했다.

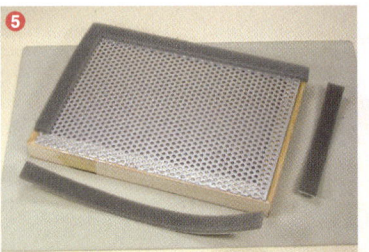
❺
▲빨아들이는 면 주위에 스펀지 소재의 틈새 막이 테이프를 붙였다. 이로써 겹쳐지는 틀과의 사이에 다소의 틈새가 있어도 메워지게 된다. 애초에 커다란 틈새가 아니므로 스펀지는 얇은 걸 사용하는 게 좋다.

❻
▲파이프가 두꺼운 부분이 아래에 닿으면 본체가 기울어지므로, 뒷면에 각진 소재로 '다리'를 추가했다. 안정될 수만 있다면 무엇이라도 좋다. 왼쪽의 소재를 유지하기 위한 '틀'. 이것의 제작은 다음 페이지에서 소개하겠다.

11. 버큠 폼

■ '틀' 제작

▲이쪽도 목재 패널을 사용. 우선은 안쪽을 도려내서 성형하는 범위의 구멍을 뚫고, 이것을 외곽 틀로 삼는다. 사진은 사각 구석에 구멍을 뚫고 그 구멍을 이어주듯이 하여 잘라내는 장면. 주위의 바닥을 남기는 부분의 폭은 약 1cm으로 했다.

▲왼쪽은 목재 패널의 외곽 틀. 오른쪽은 이 사이즈에 맞춰서 나왕 합판을 잘라 만든 안쪽 틀. 얇은 판만 있으면 덧붙일 때 누르기가 힘드므로 양 끝에 각진 소재를 붙였다. 이 경우는 구멍을 넓혀 놓았으므로, 각진 소재를 사각으로 조립하여 안쪽 틀로 삼아도 좋다.

▲플라스틱판을 안쪽 틀에 끼워서 유지하고 있는 모습. 틀 전체를 들고 있으면서, 안쪽 틀은 엄지손가락으로 누르고 있는 모습이 된다. 문제가 없다면 이로써 본체와 틀 양쪽 다 완성이다.

● CHECK POINT
● 목재의 가장자리 처리

▲도려낸 목재의 가장자리는 사용 중에 보풀이 일어난다거나, 벗겨지는 일이 없도록 순간접착제를 스며들게 해서 고정하는 게 좋다. 추가로 표면이 거칠게 되지 않도록 간단히 사포질을 해둔다.

■ 본체를 폴리스티렌 용기로 제작

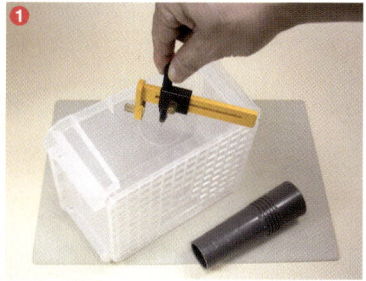
▲폴리프로필렌제의 용기를 이용해서 본체를 제작해 보자. 우선은 상자 측면에 연결 파이프용의 구멍을 뚫어준다. 구멍의 지름을 파이프의 원주 중간 즈음으로 해주면, 구멍 안에서 밖으로 꽂아주는 것만으로도 고정할 수 있다. 잘만 되면 접착제가 필요 없을 정도다.

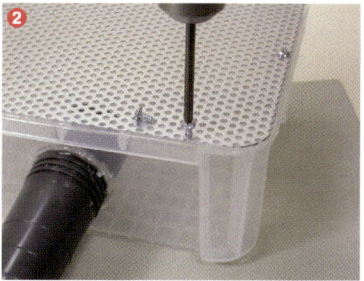
▲펀칭 시트를 고정한다. 폴리프로필렌제의 상자에는 접착제가 잘 안 붙기 때문에 나사로 박는 것을 선택했다. 단, 나사 머리가 나오는 만큼 틀을 겹칠 때 틈새가 생기므로, 그 부분은 틈새 막이 테이프에 의지하는 형태를 취한다.

▲폴리프로필렌 용기 타입의 성형기가 완성. 위에 덧씌우는 틀은, 앞에서 기술한 것과 동일한 것을 사용하고 있다. 빨아들이는 면의 범위를 정리하였으므로 기능적으로는 문제없다. 이 경우는 틀이 바깥으로 나와 있어서 오히려 들기가 쉬워졌다.

● CHECK POINT
● 구멍이 있는 시트 대신에

▲펀칭 시트를 입수하지 못한 경우에는 빨아들이는 면이 되는 것에 자잘한 구멍을 뚫어서, 자작하는 방법도 괜찮다. 이 사례에서는 폴리프로필렌 용기를 뒤집어서 바닥면에 구멍을 뚫어 만든 것. 약간 투박하지만 동일하게 성형하는 것이 가능했다.

버큠 성형 실천

기재가 준비되었다면 실제로 버큠 폼을 하는 과정을 살펴보자. 완성도를 좌우하는 포인트가 몇 개 있으므로, 우선은 그 요령을 익히도록 하자. 또한 열을 사용하는 것이므로 안전에도 배려를 할 것.

▲왼쪽 아래가 버큠 폼을 위해서 폴리에스테르 퍼티로 자작한 '원형'. 왼쪽 위와 오른쪽 아래는 원형을 토대로 성형한 것. 벗겨내기 상태로 형태를 복제했으므로 입체적인 성형품이 되어 있다. 오른쪽 위는 이를 부품으로 하여 가공중인 상태. 또한 투명 수지로도 성형하여 안쪽에 겹쳐 놓았다.

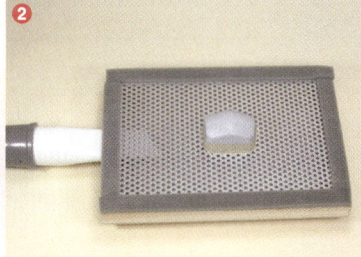
▲우선 빨아들이는 면 위에 원형을 설치한다. 이 사례에서는 원형을 유토로 만든 토대에 올려서 "한층 더 높이기"를 하고 있다. 이유는 오른쪽의 「CHECK POINT」를 참조. 청소기는 사전에 접속하여, 재빠르게 스위치를 킬 수 있도록 해두자.

▲이어서 성형용 소재 준비. 틀에 플라스틱판(이 사례에서는 1.0mm)을 끼우고 핫플레이트로 가열한다. 중심부만이 아니라 넓게 판 전체가 뜨뜻한 지도록, 전후좌우로 움직이자. 화상을 입지 않도록, 손에는 물에 적신 장갑을 끼우고 작업하는 게 좋을 것이다.

● CHECK POINT
● 원형을 한층 더 높이기

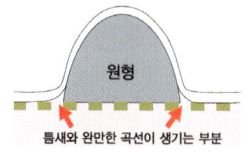
틈새와 완만한 곡선이 생기는 부분

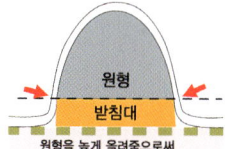
원형을 높게 올려줌으로써 일그러짐을 피해 성형할 수 있다.

▲버큠 포머로 성형하면 위의 그림처럼 원형의 아래쪽 근처에는 소재가 밀착되지 않으므로, 틈새와 젖혀짐이 생겨버린다. 목적한 형태대로 원형을 만든 경우, 필요한 형태의 성형품을 얻기 위해서는 아래 그림처럼, 약간 들어 올려줄 필요가 있는 것이다. 이 사례에서는 받침대로 유토를 사용했다.

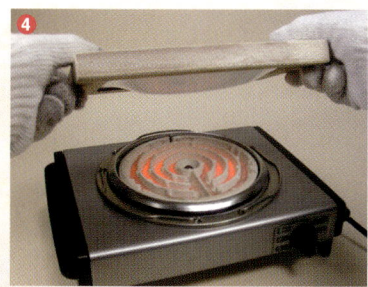
▲플라스틱판이 가열되어 중앙이 늘어지기 시작했다. 실제로는 이렇게까지 극단적으로 하지 않아도 괜찮으며, 오히려 전체가 평평한 상태로 부드러워지는 상태가 베스트. 소재의 두께와 종류에 따라서 가열하는 정도가 달라지므로, 몇 번 시험해 봐서 적당한 정도를 가늠하도록 하자.

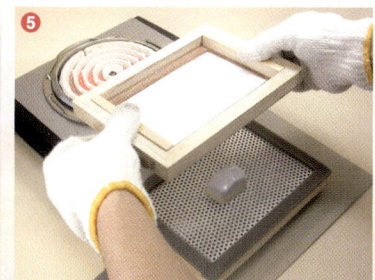
▲플라스틱판이 충분히 부드러워 졌다면, 청소기 스위치를 켜서 흡입 개시. 그리고 틀을 재빠르게 핫플레이트 위에서 이동하여, 성형기 본체 위에 겹친다. 틀과 본체가 어긋나지 않도록 주의

▲틀을 겹쳐주면 이렇게 순간적으로 성형된다. 청소기의 흡입과 틀에 눌러주는 것은 5초 정도만 하는 게 좋다. 참고로 이 스타일에서는 장갑 끝이 틀과 본체 사이에 끼이기 일쑤였으므로 참고할 것.

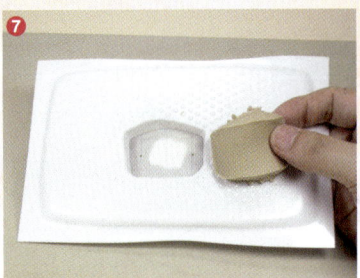
▲틀에서 플라스틱 판을 벗기고, 그 후 원형도 분리한다. 원형과 성형품은 딱 밀착하고 있으므로 간단히 분리하기 힘든 경우도 있다. 이것도 그러한 사례로 유토로 만든 토대를 벗긴 안쪽에 원형의 뒷면이 보이고 있다. 이후 여백을 잘라 원형을 떼어내면 된다.

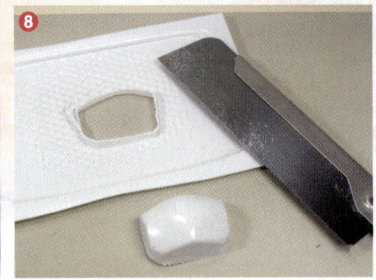
▲한층 들어 올려서 남긴 여백 부분에서 필요한 부분을 잘라낸 모습. 성형한 소재는 종 방향으로의 면이 얇으며, 또한 상하 방향으로 깨지기 쉬우므로 이러한 점에는 주의가 필요하다. 성형품에 힘이 걸리지 않는 절단 방법을 모색해 보자.

▲수작업의 버큠 성형은 성형품의 두께와 표면 상태 등, 완성도에서 차이가 나기 쉽다. 여러 번 성형해서 상태가 좋은 것을 사용하는 게 좋을 것이다. 또한 경우에 따라서는 두께를 변경하여 적절한 것을 선택하도록 하자.

CHECK POINT
● 실패해도 재활용이 가능하다?

▲성형에 실패하여 '낭비'했다고 생각하는 소재도 경우에 따라서는 다시 가열하여 판 상태로 만들어 다시 활용할 수 있는 경우가 있다. 사진은 오른쪽의 성형이 얇았던 플라스틱판을 재활용하고 있는 모습.

■성형 작업 시의 주의 사항

▲이것은 얇게 성형되면서 원형의 윗쪽밖에 밀착되지 않은 예. 흡입력이 약하거나, 소재의 가열이 부족하면 이렇게 되어버린다. 소재가 두터울 때는 특히 이렇게 되기 쉬우므로 주의하도록.

▲투명 부품의 성형에는 투명한 염화 비닐판을 사용한다. 이 사례는 성형품에 주름이 생겼다. 소재를 빨아들이는 정도에 따라서는, 이렇게 되는 경우도 있다. 주름이 여백 부분에 남는 정도로 그치도록 만들기 위해 원형을 좀 더 들어 올려주는 것이 좋다.

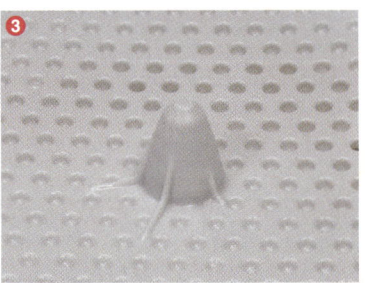
▲펜 뚜껑을 원형으로 이용한 사례. 이처럼 극단적으로 돌출된 형태는 주름이 쉬이 생겨 버리고 만다. 그렇다 해도 윗부분 만이라면 잘라서 사용할 수 있을 것이다.

■원형 제작에 관해서

▲원형 재료는 열에 견디는 소재라면 무엇이든지 좋다. 여기서는 폴리에스테르 퍼티의 덩어리를 깎아내는 사례를 살펴보자. 우선 필요한 바닥면 상태에 플라스틱판을 잘라내서, 주위를 에워싸듯이 틀을 설치하고 그 안에 폴리에스테르 퍼티를 부어넣어서 굳힌다.

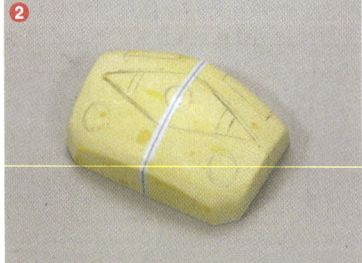
▲경화하면 틀에서 분리하여 나이프와 줄로 절삭하여 형태 다듬기. 한 가운데 보이는 플라스틱판은 센터의 기준이 되도록 붙인 것. 플라스틱과 폴리에스테르 퍼티의 경계선 부분은 버큠 성형을 하면 미약하게 일그러짐이 발생하므로, 클리어 부품을 성형하는 거라면 모든 표면을 폴리에스테르 퍼티로 만드는 게 좋다.

▲클리어 부품의 성형에 사용하는 면은, 가열했을 때 질감에 차이가 생기지 않도록 재질을 통일하는 것이 중요. 거기에 표면도 흠집이 생기지 않도록 깔끔하게 연마해두자. 이정도로 매끈하게 완성했다면 문제없다.

버큠 성형 이용 사례

간단한 것부터 응용까지 버큠 폼의 이용 사례에 대해서 소개해 보겠다. 원형을 자작하는 것은 간단하지 않지만, 의외의 물건이 사용되기도 한다. 여러 가지 방법을 익혀서 작품 제작에 활용해 보자.

■가까이 있는 것을 원형으로

▲왼쪽은 화이트보드 등에 붙이는 자석. 오른쪽은 쇠구슬. 구체는 자작하기가 힘들지만 이런 것들을 원형으로 해서 성형하면, 간단하게 정밀도가 높은 것을 만들 수 있다. 쇠구슬은 DIY 관련 매장 등지에서 입수 가능.

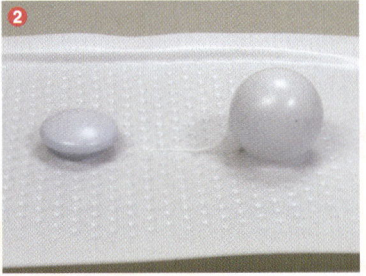
▲0.5mm 플라스틱판을 사용해서 받침대에도 올리지 않고, 그대로 성형해 본 결과물이 이것. 원형의 아래쪽까지 같이 성형되었다. 물론 이대로는 원형을 떼어낼 수 없으므로, 잘라서 사용하기로 한다.

▲잘라낸 부품. 구형 면은 성형한 상태 그대로도 깔끔한 표면이 되기 쉽다. 오른쪽 아래는 마찬가지로 투명한 염화 비닐판으로 성형한 것. 이런 클리어 부품도 간단히 만들 수가 있다.

11. 버큠 폼

■ 프라모델 키트의 부품을 원형으로

 ①
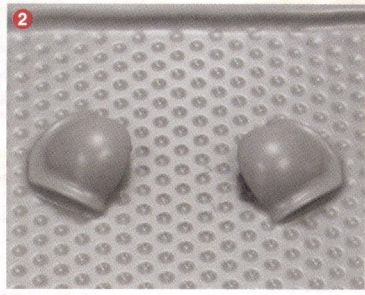 ②
 ③

▲오른쪽의 2개는 자쿠의 어깨 아머 키트 부품(왼쪽)을 원형으로 하여 성형한 사례. 이처럼 프라모델의 부품을 그대로 원형으로 사용하는 것도 가능하다. 이 방법이라면 키트 부품에 딱 맞는 해치와 단차 표현, 뒤에 붙이는 부품을 만드는 것이 가능하다.

▲이쪽이 성형 직후의 상태. 원형이 되는 부품은 안쪽에 유토를 채우고, 잘록한 부분을 성형하기 쉬운 각도로 설치하였다. 덕분에 실제 의도한 대로 성형할 수 있었다. 또한 이 사례에서는 0.5mm 회색 플라스틱판을 사용하고 있다.

▲여기에 더해 형태를 그대로이면서 볼륨 업을 하는 방법으로도 사용된다. 왼쪽부터 키트 부품, 두께 0.5mm로 성형, 두께 1.0mm로 성형한 것. 각도는 다소 완만하지만 형태를 유지한 채, 전체적으로 확대할 수 있다. 단순히 폭을 늘리거나 퍼티 적층만으로는 할 수 없는 가공이다

■ 얇은 투명 부품의 제작

 ①
 ②
 ③

▲레이싱 카의 윈도우 실드(투명 부품)를 얇게 다시 만드는 것은 디테일 업의 기본. 얇게 함으로써 부품 너머가 왜곡 없이 보여서 리얼리티도 업! 이 사례에서는 카울의 가장 자리에 겹쳐지듯 투명 부품이 달려 있다.

▲카울 쪽에 딱 맞게 만들기 위해서는, 키트 부품의 안쪽 면을 따르는 형태의 원형이 필요. 그러기 위해서는 부품 뒤에 에폭시 퍼티를 발라서 형태를 복사하면 된다. 원형을 이 후 레진으로 교체하며 견고한 상태로 사용했다.

▲완성 상태. 투명도와 가장자리의 완성도를 보면 그 효과가 확실하게 보일 것이다. 소재가 얇아짐으로써 실제 자동차처럼 리벳으로 고정시켜 놓은 느낌을 재현하기 쉬워졌다. 참고로 리벳의 재현에는 곤충 표본용 핀을 사용하였다.

■ 움푹 들어간 곳의 성형

 ①
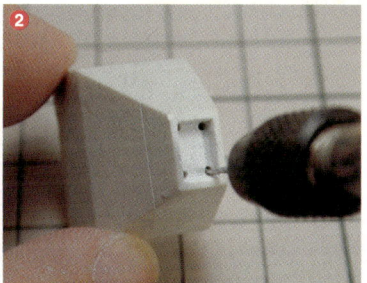 ②
 ③

▲버니어 부분 등에서 자주 보게 되는 사각 노즐. 중앙이 파인 형태로 되어 있다. 이렇게 파인 부분까지 한 번에 성형할 수 있다면 좋겠지만, 아무리 버큠 폼이라고 해도 이 상태로는 오른쪽의 어중간한 형태로 밖에 만들지 못한다.

▲파인 부분도 그곳에 공기를 빨아들이는 구멍을 뚫어주면, 흡입되서 원형에 밀착할 터이다. 그런고로 사각 구석에 핀 바이스로 구멍을 뚫어보았다. 물론 이 구멍은 원형의 바닥면까지 관통시킬 것.

▲성형한 부품. 약간 흐리멍덩한 느낌이 있지만 사각으로 파인 곳까지 제대로 재현되었다. 이런 파인 곳 외에, 곡면이 연속적으로 있어서 잘 어우러지지 못하는 경우에도, 공기가 지나는 구멍을 뚫어줌으로써 잘 성형이 되는 경우가 많다. 기억해 두자.

■ 점토 원형으로 부드러운 느낌을 표현

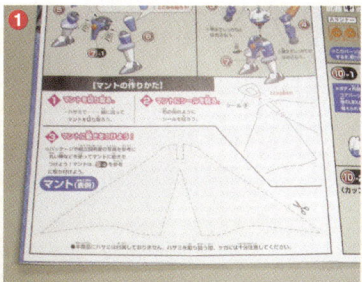 ①
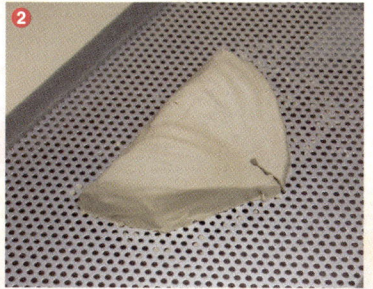 ②
 ③

▲설명서에 인쇄된 모양대로 종이를 잘라서 망토를 재현하도록 되어 있는 「골판지 전기」의 키트. 망토답게 "펄럭이는"형태로 만들기 위해서, 플라스틱 판을 버큠 폼 성형하여 자작해 보자. 사용 키트는 「LBX 페르세우스」.

▲원형은 부드러운 움직임을 표현하기 쉬운 유토로 제작. 중앙의 가느다란 홈은 공기 빼는 구멍으로 만든 것으로, 움푹 파인 면에 소재를 밀착시키기 위해서 작업했다. 빨아들이는 면 위에서 만든 것은 점토가 부드러운 탓에, 다른 곳에서 만든 후에 이동시키면 형태가 무너져 내리기 때문이다

▲0.5mm 플라스틱판으로 성형. 흡입력으로 점토가 눌려서 주름 표현이 원형보다 약해질 것을 미리 감안하여 만들었다. 사실 이것은 두 번째 성형으로 주름의 상태가 마음에 안 들어서 다시 하고 있는 모습.

● CHECK POINT
성형품의 뒷면을 사용한다

▲레이싱 카 등의 삼각형 에어 덕트(NACA 덕트)는 파내는 작업으로 만들기 어렵고, 생각보다 쉽사리 깔끔해지지도 않는다. 여기서 버큠 성형한 부품의 뒷면을 이용하는 방법으로 자작해 보자

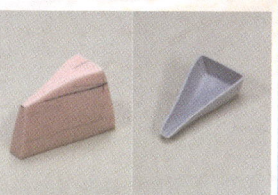

▲왼쪽은 오목한 곳을 볼록하게 반전해서 형태를 만든 원형. 이것은 레진 블록에서 깎아낸 것으로 오른쪽이 성형 결과물이다. 0.5mm의 플라스틱판으로 성형한 뒤 뒤집어서 사용하며 이것을 박아주면, 플라스틱을 파내는 작업을 하는 것보다도 훨씬 깔끔하게 덕트를 만들 수 있다.

● CHECK POINT
형태 수정도 간편

▲성형한 부품을 잘라내서 키트에 장착한 모습. 자연스런 굴곡이 들어간 덕분에 펄럭이는 느낌의 망토를 재현할 수 있었다 형태가 마음에 들지 않는 경우에도, 경화되지 않는 유토로 간단하게 형태 수정을 할 수 있다.

응용 사례 스크래치 빌드

버큠 폼을 활용해서 풀 스크래치에 도전해보자. 버큠의 특징을 살리기 쉬운 소재로 「기동전사 건담」에 등장했던 정찰기 「룩군」을 선택했다.

■1 : 144 룩군 제작

▲우선은 전면, 측면, 윗면의 3면도를 그려본다. 이 때 포인트는 정확한 그림을 그리는 것보다, 각 부분의 형상이나 배치, 구성을 파악하는 것이다. 동시에 부품을 어떻게 분할해서 만들 것인지 순서도 생각하자.

▲도면을 복사해서 플라스틱판에 붙인 것을 게이지로 삼는다. 이것을 잘라서 발사 목재에 접착. 발사는 커터 등으로 대충 잘라내고, 줄이나 사포로 마무리한다. 다만 목재에 물이 스며들면 부드러워져 버리므로 물 사포질은 피하도록 하자.

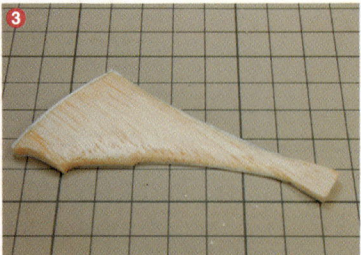

▲대강 다 깎은 상태. 표면에는 순간접착제를 스며들게 해서 굳혀둔다. 한쪽이 완성되면 반대쪽도 만든다. 좌우대칭이 되도록 양쪽을 겹쳐보면서 각 부분의 모양과 두께를 미세 조정해주자.

CHECK POINT
●표면의 일그러짐 정형

▲버큠 성형한 부품은 얼핏 매끄럽게 보이지만 미묘한 굴곡이 있다. 커다란 수축 같은 것이므로 전체적으로 사포질을 해서 마무리하자. 원형을 대충 만들면 제법 큰 공사가 되기도 한다. 서페이서를 뿌린 다음에도 확실히 확인하자

▲1.0mm 플라스틱판을 사용해서 버큠 성형을 한 것. 원형을 꺼내어 필요한 부분만 잘라낸다. 좌우로 2개씩 성형한다. 실제로는 여분으로 여러 개를 만들어 가장자리 부분의 두께를 비교한 뒤 상태가 좋은 것을 고르게 된다.

▲붙이기 위해서 잘라낸 부품의 접착면을 평평하게 정형한다. 나이프 등으로 어느 정도 모양을 잡아 준 다음에 평면에 사포를 깔고 그 위에서 부품을 문지르면서 깎아주자.

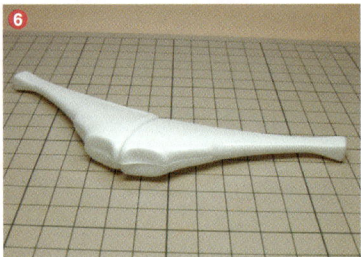

▲각 부품을 가조립해서 틈새를 확인한다. 문제가 없으면 위아래의 부품을 플라스틱 접착제로 접착. 접착한 뒤, 접합선 수정과 미묘한 굴곡제거를 겸해서 전체적으로 사포질해준다. 기체 중앙부분은 이 뒤의 가공을 위해 아직은 붙이지 않는다.

CHECK POINT
●점토로 토대를 붙인다

▲원형을 들어올리기 위한 받침대로는 점토를 사용하는 것을 추천한다. 이렇게 하면 원형에 맞추어서 간단하게 받침대를 맞출 수 있다. 가장자리의 모양 등도 찍어내는 정도에 맞춰서 수정할 수도 있고, 원형의 바닥면이 평평하지 않을 때에도 편리하다.

▲기체 중앙의 콕피트 부분. 노랗게 보이는 것은 폴리에스테르 퍼티를 붙이고 깎아낸 원형이다. 이형처리를 해두어 날개 부품과 분리한 다음 절삭가공해서 마무리한다. 도면을 토대로 플라스틱판에서 잘라낸 게이지를 잘 활용해서 형태를 잡도록 하자.

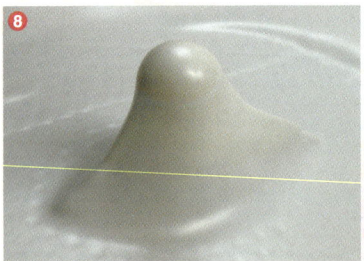

▲동그란 캐노피 부분도 폴리에스테르 퍼티를 발라서 조형. 기체 중앙부와 캐노피를, 동일한 원형으로 성형했다. 사진은 1.0mm 플라스틱판으로 성형한 기체 중앙 부품. 날개와의 접합선은 이후 원형을 따라서 자르고 평면으로 만들어준다.

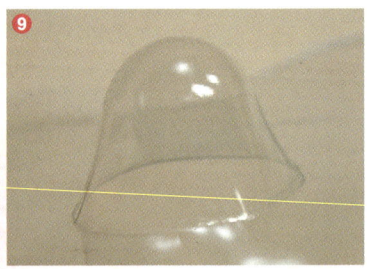

▲동일한 원형을 사용한 것으로, 이쪽은 투명한 염화비닐판으로 성형한 캐노피 부품. 원형을 확실하게 만들어 두면 이렇게 깨끗한 면이 탄생한다. 같은 원형으로 성형했으므로 잘 만들어지면 본체와도 아귀가 딱 맞아 떨어진다.

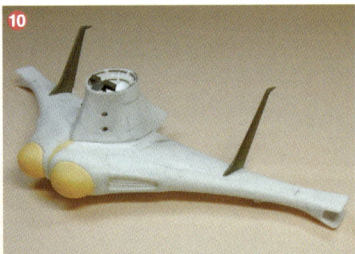

▲본체의 부품이 거의 다 모인 상태. 패널라인도 이미 파두었다. 버큠 이외의 방법으로 제작한 부분은 앞부분의 노란 폴리에스테르 퍼티로 정형. 수직날개는 1 / 100 돕 키트의 주익을 가공해서 사용했다.

▶이렇게 완성된 1 / 144 룩군. 버큠 성형이라 가볍고 소재가 플라스틱이라 패널라인과 조각들도 샤프하게 완성되었다. 또한 둥그런 레이돔 부분은 단순한 구형이므로 히트 프레스로 제작했다.

12. 디테일 업 부품의 능숙한 사용법

편리한 소재를 사용해서 정밀도를 높여 보자

　최근의 모형제작에서는 세밀한 부분을 보다 정밀하게 만들어 내겠다고 마음먹었다면 키트 부품 외의「디테일 업 부품」의 사용이 필수로 자리 잡은 상태. 플라스틱 성형으로는 재현하기 어려운 얇은 모양이나 가느다란 부분, 또한 도색으로는 재현할 수 없는 색이나 질감을 가진 부분도 각각에 맞는 디테일 업 부품을 사용함으로써 한층 업그레이드 된 질감의 완성도를 낼 수 있다.

　디테일 업 부품 라고 한마디로 말해도 그 자체는 범용 소재이거나, 또 역으로 특정 키트의 부품이거나 하는 등 그 형태는 다양하다. 범용소재로서는 예를 들어 황동선이나 양은판, 스프링이나 코드 종류 등의 금속 소재, 소재의 질감을 살려주는 시트, 스티커 씰 종류 등이 대표적인 것이라 할 수 있다. 캐릭터 모델에서는 자주 사용되는 노즐 종류 등의 범용 플라스틱 부품도 이에 포함될 것이다.

　또한 '소재'라기보다는 '전용 제품'에 가까운 것이「에칭 부품」이다. 플라스틱으로는 재현이 어려운 섬세한 몰드가 새겨진 금속 부품은 키트 부품에 그대로, 또는 간단한 가공을 해서 교환하기만 해도 정밀도를 높여줄 수 있다. 최근에는 처음부터 키트에 포함되어 있는 경우도 드물지 않다. 여기서는 이러한 디테일 업 부품의 사용법을 소개하겠다. 하지만 주의할 점은 디테일 업은 각각 상황에 따라서 선택하는 소재, 사용법이 다르다는 점이다. 여기서 소개하는 방법도 어디까지나 하나의 일례에 지나지 않는다. 소재나 가공에 무엇을 사용했는가 보다 어떻게 재현했는가가 중요하다. 그러기 위해서 무엇을 사용하고 어떻게 가공하는지 하는 것을 잊지 않길 바란다.

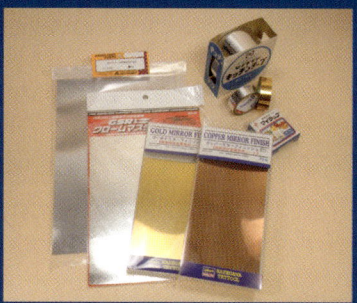
▲붙이기만 해도 금속 질감을 낼 수 있는 테이프와 스티커 씰. 도색과는 완성도의 차원이 다르다.

▲리드선을 사용한 디테일 업 예. 미터기 뒷면의 복잡한 배선은 양은선으로 모아주고 있다.

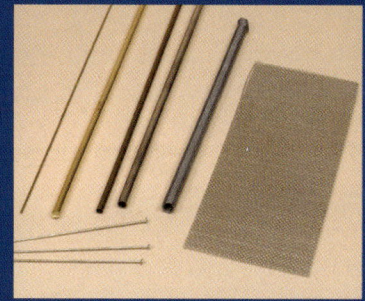
▲금속선은 정밀감과 질감을 높이는데 도움이 되면서, 강도를 높여주는 데도 유용

▲에칭 부품은 메쉬나 극히 얇은 디테일 업에 편리. 각 키트 전용 상품도 다수 판매되고 있다.

라이트 부품의 제작

　본디 투명하게 만들어졌어야 할 부품이 주변과 일체 성형되면서 도색이 필요해지는 것은 흔한 일이다. 이럴 때는 클리어 부품으로 교환해서, 한층 실물 같은 느낌으로 재현해 보자.

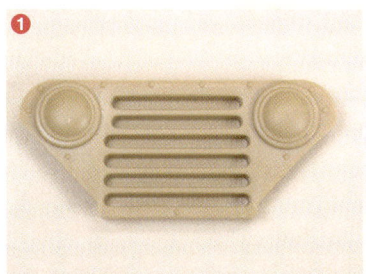
① ▲둥근 라이트 부분이 일체 성형된 부품. 이것은 AFV 키트의 사례인데, 헤드라이트 주변은 눈에 띄기 때문에 가능하면 투명하게 만드는 것이 좋다. 시판되는 렌즈 부품을 조합해 보자

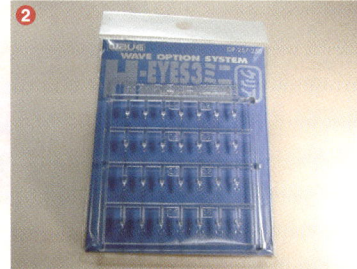
② ▲자동차 모델용 렌즈 부품은 여러 가지가 판매되고 있으나 웨이브의「H·아이즈」가, 약간의 지름차가 별로 사이즈가 많이 준비되어 있어서 이번 작업 같은 경우 안성맞춤이다

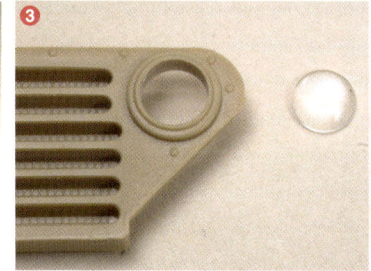
③ ▲라이트 렌즈부분을 둥글게 뚫은 상태. 단순하게 드릴로 구멍을 뚫는 것이 아니라 렌즈 부품이 딱 맞게 들어가도록 맞춰본다. 안쪽 면에도 사포질을 해서 마무리해 둔다.

④ ▲거울 같이 빛나는 알루미늄 증착테이프.「키친 테이프」(세메다인)와「마이랩」(니치반). 두께가 얇고 접착력도 높은 편으로, 거울이나 라이트의 반사면 재현에 자주 사용되는 재료다.

⑤ ▲렌즈 뒷면에 키친 테이프를 붙인다. 우선 테이프의 접착면을 위로해서 적당히 고정. 그 위에 렌즈를 붙이고 그 주변을 적당히 잘라낸다. 끼워 넣을 때는 여백을 남기지 않지만 경우에 따라 여백을 남기고 테이프의 접착면을 이용하여 붙이기도 한다.

⑥ ▲거울처럼 변한 렌즈 부품을 조립한 상태. 고정은 뒷면에서 에폭시 접착제를 사용하는 것이 좋다. 반사면이 생기면서 라이트 부품다운 깊이 있는 완성도가 되었다.

CHECK POINT

● 투명 런너 이용

▲프로텍터 라이트 등의 구체 렌즈를 재현할 때는, 투명 부품의 런너 끝을 둥글게 해서 사용하는 것도 효과적. 이 경우는 깎아서 둥글게 만든 것이지만, 열가공으로도 둥글게 만들 수 있다. 끝 부분은 콤파운드로 꼼꼼하게 연마해 주는 게 좋을 것이다.

컬러 필름을 붙인다

밀러 상태의 테이프는 앞 페이지에서 소개했지만, 스티커 씰 종류를 활용하는 케이스는 이 외에도 여러 가지가 있다. 하세가와의 「피니시 시리즈」를 예로 들어, 그 사용 사례와 접착 방법의 요령을 소개한다.

CHECK POINT
● 물 접착을 한다.

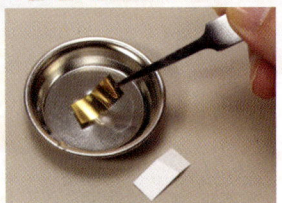

▲스티커 씰을 붙일 때는 바로 붙이지 않도록 접착면에 물을 발라두면, 위치를 맞추기가 쉬워진다. 위치를 정했다면 강하게 눌러 수분을 밀어내고 점착시킨다.

▲「곡면 추종 금속광택 시트」라고 적혀 있는 하세가와의 「피니시 시리즈」. 필름이 극히 얇고 당기면 늘어나는 것이 특징. 금속색 외에 솔리드 컬러와 카본, 스모크 등 표현도 다양하다.

▲피스톤 형태의 부분에 감아서 붙이는 사례. 붙이는 면의 폭 만큼 자르고 끝을 약간 겹치게 작업 하는데, 이 부분은 눈에 띄지 않는 곳에 위치시킨다. 필름에 흠집이 생기지 않도록 끝이 동그란 핀셋을 준비하는 게 좋을 것이다.

▲필름을 밀착시키기 위해서 표면을 적신 면봉으로 표면과 가장자리를 눌러준다. 이 사례는 전부 감은 다음에 작업했지만, 평면에 붙이는 경우에는 이렇게 조금씩 눌러가면서, 붙이는 면을 펼쳐 나가도록 한다.

CHECK POINT
● 테이프 재현에

▲필름을 가늘게 잘라서 F1 머신의 서스펜션 암에 케이블을 막고 있는 고무테이프를 재현한 사례. 점착력이 있으므로 확실하게 고정이 된다.

▲헤드라이트의 패여 있는 반사면에 미러 피니시를 붙이고 있는 모습. 필름이 늘어나므로 이런 작업도 가능하지만 붙일 때 주의하지 않으면 주름이 생긴다. 면봉을 사용해서 깊은 곳까지 서서히 펼쳐주면서 붙인다.

▲필름을 붙인 후에 부품 형태에 맞춰서 자르는 경우, 나이프는 가능한 새 날을 사용하자. 또한 이 사례처럼 움푹 파인부분을 도려내는 경우에는, 누르는 방향으로도 자를 수 있는 「곡선날」을 추천한다.

▲카본 필름을 F1 머신 부품에 붙인 사례. 완만한 곡면에는 확실하게 어우러지고 있다. 주위의 접혀서 구부러져 있는 부분까지 늘려서 붙여 보았지만, 그 부분에는 약간 주름이 남아 있으므로 칼집을 넣어서 자연스럽게 만들었다.

금속 소재 · 부품의 이용

모형의 디테일 업에 사용할 수 있는 금속소재는 카탈로그 페이지에서도 소개했으나, 여기서는 그것들을 실제로 사용하는 예를 소개해 보겠다. 각 소재의 형태, 질감, 강도, 가공성 등을 파악해서 활용해 보자.

▲왼쪽은 인섹트 핀. 곤충용 극세 바늘로 굵기도 다양하다. 머리 부분을 리벳으로 사용하거나 금속 스테이 등의 표현에 사용된다. 오른쪽은 양은선. 황동선 보다는 구부리기 쉽고, 광택이 은색이라는 그 질감을 살린 표현에 요긴하게 쓰인다.

▲클리어 바이저의 고정 나사로 인섹트 핀의 머리를 사용한 예. 금속재질의 리벳 표현인데, 실제로 바이저를 핀으로 고정한 것이다. 물론 미리 드릴로 구멍을 뚫어놓고 삽입했다.

▲인섹트 핀의 축 부분을 사용하여 피토관을 제작한 사례. 이렇게 극히 가느다란 봉은 플라스틱 소재에서는 느슨해지거나 강도에 불안함이 있는 편. 하지만 금속선이라면 구부리는 가공도 할 수 있다. 이 사례에서는 소재의 색도 그대로 활용하고 있다.

CHECK POINT
● 리드 선 활용

▲가죽 제품의 가장자리에 있는 '몰'을 재현하는 데 리드선을 사용한 사례. 붙이고자 하는 부분에 홈을 파둔 다음, 거기에 반쯤 묻어주듯이 해서 접착한다.

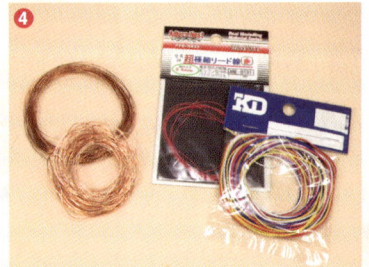

▲왼쪽은 구리선. 부드러워서 간단하게 구부릴 수 있는 것이 특징. 여기에 에나멜 피복을 씌운 것이 에나멜선으로, 이 또한 마찬가지로 사용된다. 오른쪽은 전기 배선에 사용하는 리드선(피복선). 모형용 제품도 있지만 전자 공작 부품에서 찾으면 색과 가늘기도 풍부하게 고를 수 있다.

▲엔진에서 뻗어 나오는 플러그 코드의 추가는 디테일 업의 기본. 동선과 안이 단심(한 가닥 선)으로 되어 있는 리드 선을 사용하면 샤프하게 구부릴 수 있다. 안쪽의 심이 여러 가닥인 경우에는 완만한 커브로 구부리기 쉽다. 사진에서는 심이 여러 개 들어 있는 리드 선을 사용하고 있다.

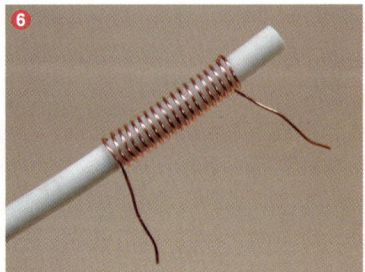

▲동선을 플라스틱 봉에 감아서 스프링처럼 만든 모습이다. 이렇게 하면 필요한 사이즈의 스프링 형태의 부품을 만들 수 있다. 또한 감은 선을 밀착시키면 뱀처럼 구불불한 호스를 표현할 수도 있다. 동선은 부드럽고 감기가 쉬워서 이런 작업에 적격이다.

12. 디테일 업 부품의 능숙한 사용법

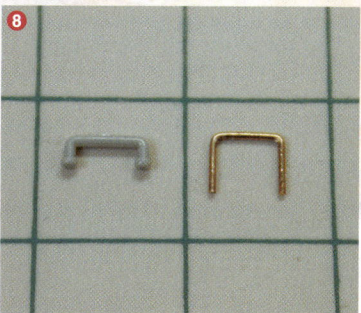

❼ ▲왼쪽부터 황동선과. 황동 파이프. 부품 부착의 보강과, 선 모양의 부품 제작으로 친숙할 것이다. 적당히 강도가 있으면서 구리는 가공도 쉬운 봉 소재이다. 오른쪽의 알루미늄 선은 부드럽게 휘어지는 것이 특징으로 부품의 접속과 곡선 표현에 사용하자.

❽ ▲황동선으로 '손잡이'를 자작. 플라스틱 부품(왼쪽)이라면 어쩔 수 없이 파팅라인이 발생하고 이를 지우면 단면이 완전한 원이 되지 않는다. 그런 점에서 황동선을 구부린 것이라면 단면은 물론이고 구부린 부분도 자연스럽고 강도도 있다.

❾ ▲롱 노우즈를 사용해서 황동선을 'ㄷ'자 모양으로 구부리는 모습. 펜치 곳곳에 생긴 홈집은 2mm, 3mm, 4mm…라고 하는 식으로 정해진 폭으로 구부릴 때를 위해 적합한 지점을 표시해 둔 것이다. 한쪽을 구부린 다음 홈집부분에 두고 남은 한쪽을 구부리는 것이다.

CHECK POINT

● **도금 파이프**

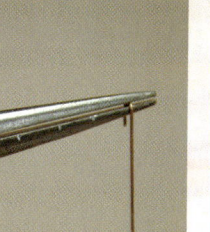

▲도금 가공된 황동 파이프나 스테인리스 파이프, 유압 실린더 등 반짝거리는 금속 표면으로 하고 싶은 경우에 사용하는 것이 좋다.

▲큰 지름의 도금 파이프가 필요할 때는 신축 안테나를 분리해서 사용하면 된다. 지름도 통일 되어 있고 가장자리가 둥글게 가공된 것은 매우 귀중한 소재. 이러한 안테나는 RC 송신기용으로 나온 것을 500엔 정도면 구할 수 있다.

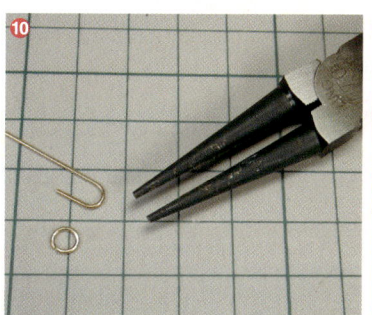

❿ ▲황동선을 넓게 구부리거나, 링 모양으로 가공하는데 편리한 것이 콘 플라이어. 끝 부분이 원추형으로 생긴 플라이어. 소재를 물리고 위치를 틀어가면서 구부려서 이러한 가공을 할 수 있다. 소재에도 상처를 주지 않는다.

⓫ ▲'S'자로 구부리고 있는 백미러의 스테이를 펜치로 구부린 황동선으로 재현. 이런 식으로 구부리는 가공의 경우, 선 소재의 끝에서 구부리는 것은 힘을 주기 힘들므로, 끝에 여유가 있는 부분에서 구부린 다음에, 양 끝을 잘라서 사용하면 된다.

⓬ ▲라디에이터의 배관을 알루미늄 선으로 재현한 사례. 강도가 필요치 않은 곳이라면 알루미늄 선이 부드럽고 구부리기 쉬우므로 이러한 표현에 적합하다. 반대로 똑바로 뻗어나가게 하는 것은 힘들므로, 장소에 따라서 구분하여 사용하는 게 좋을 것이다.

⓭ ▲스프링파이프를 특정한 모양으로 고정해서 사용할 때는 안에 황동선 등의 선 소재를 통과시켜 구부려 주면 좋다. 오른 쪽은 잡아당겨서 간격을 벌린 것이다. 이대로 「스프링」의 재현에 쓸 수 있다.

⓮ ▲오래된 레이싱 카의 엔진으로 보이는 흡기구의 돔 형태 커버. 이것을 실물 그대로의 모습인 금속 망으로 재현한 사례. 평평한 금속 망(메쉬)를 형틀에 대고 눌러서 성형(프레스)함으로써 입체적인 형태로 가공했다.

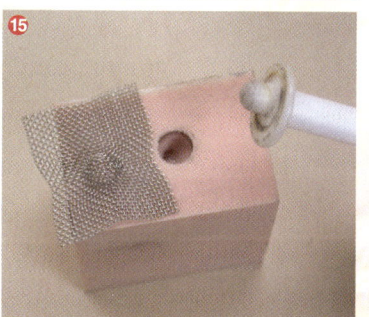

⓯ ▲프레스용으로 만든 형틀. 레진 블록에 구멍을 뚫고, 그 곳에 삽입할 수 있는 봉을 준비. 이것은 플라스틱 봉을 한 번 가열해서 구멍에 대고 눌러서 형태를 맞춘 것이다. 금속 망을 구멍 위에 올리고 봉으로 눌러주면 돔 형태로 만들 수 있다.

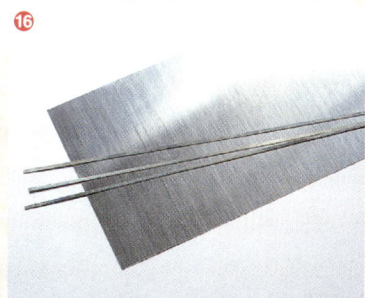

⓰ ▲이것은 양은선과 양은판. 매우 얇으면서도 강도가 높은 점이나 금속 질감을 살리고 싶은 경우에 사용된다. 절단이나 가공이 편하다는 할 수 없지만, "딱 여기다!"싶은 곳에 사용하면 매우 효과적인 소재다

⓱ ▲양은판과 양은띠를 잘라 카울에 달린 스테이나 에어로 포일러를 만들어준 예. 스테이 하단은 구부려서 밑면을 플라스틱 부품에 붙여두었다. 이렇게 구부릴 수 있다는 것도 금속소재의 장점일 것이다.

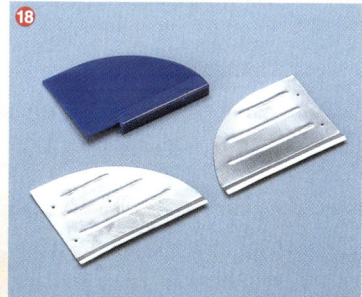

⓲ ▲위의 플라스틱 부품을 양은 판으로 다시 만든 사례. 프레스 자국은 뒷면에서 볼펜으로 세게 그어서 내 것이다. 이것을 하면 전체적으로 휘기 때문에 다시 평평하게 펴줄 필요가 있다. 밑면의 크랭크 모양으로 휜 부분은 칼집을 내고 자를 대서 구부린 것이다.

CHECK POINT

● **금속판 잘라 내기**

▲양은판 등을 잘라낼 때에는 금속을 자를 수 있는 가위로 하는 것이 간단하지만, 젖혀지거나 일그러지는 것을 막는 것이 좋다면 커터 칼로 하는 게 좋을 것이다. 커터의 날이 금방 나가지만 칼집은 넣을 수 있으므로 날을 부러뜨려 가면서 몇 번이고 반복하면 자를 수 있다.

109

CHECK POINT

● 구부리는 공구

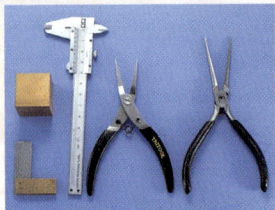
▲에칭 부품을 구부리기 위해 사용하는 공구들. 왼쪽부터 금속 블록, 직각 스코야, 캘리퍼스, 플랫 노즈 플라이어, 롱 노즈, 직각의 가이드와 부품을 물릴 수 있는 공구를 사용하는 것이다.

▲「EP 벤더」(인터 얼라이드)는 손톱 모양의 플레이트와 받침대에 부품의 가장 자리를 확실하게 고정할 수 있다. 사진은 부속되어있는 주걱으로 퍼 올리듯이 구부리고 있는 모습.

에칭 부품 다루기

「에칭 부품」은 금속을 부식시켜서 특정한 모양으로 도려낸 금속판이다. 메쉬나 세밀한 단차, 얇은 판 소재의 표현 등 정밀도를 높이는 데 매우 효과적이다.

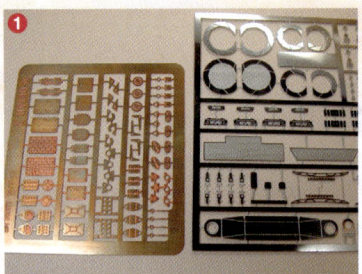
❶ ▲왼쪽이 황동, 오른쪽은 스테인리스 재질의 에칭 부품. 모형용으로는 대부분 둘 중 하나가 사용된다. 황동은 부드러워서 접거나 구부리기 편하다. 스테인리스는 다소 단단해서 직각으로 구부리거나 금속 질감을 살릴 때 적합하다.

❷ ▲에칭 부품은 자잘한 부품이 많다. 잘라낼 때는 조그마한 부품이 튀어 날아가지 않도록 뒷면에 테이프를 붙여서 고정해두면 좋다. 작은 게이트의 절단은 나이프로 눌러주면 된다. 절단면은 사포 등으로 정형해주자.

❸ ▲캘리퍼스에 부품을 물리고 블록에 대고 눌러서 구부리는 모습. 일그러지지 않도록 가능한 한 넓은 면으로 물리고, 구부릴 때도 면 전체에 힘이 가해지도록 한다. 특히 구멍 뚫린 부품의 경우 부분적으로 힘을 가하면 간단히 일그러져 버리니 주의.

❹ ▲둥근 봉과 맞추어 가면서 에칭 부품을 구부리는 모습. 사용하고 있는 것은 드릴의 축 부분이다. 드릴에는 다양한 사이즈가 있으므로 이러한 경우에도 임의의 굵기를 고를 수 있어서 편리하다.

❺ ▲에칭 부품과 플라스틱 부품의 접착은 순간접착제를 사용하는 것이 간편하다. 주의할 것은 쓸데없는 곳에 흘려서 기껏 만든 몰드를 죽이는 일이 없도록 할 것. 사진에서는 바닥에 흘려놓은 접착제를 나이프 끝으로 떠서 흘려 넣고 있다.

❻ ▲조그만 부품을 플라스틱 표면에 붙이기만 하는 것이라면 위치를 정한 뒤 가장자리에 대고 용제 계열 플라스틱 접착제를 흘려 넣는 방법도 있다. 접착제가 부품 뒷면을 흐르면서 플라스틱이 녹아 에칭과 밀착한다. 어지간히 세게 문지르지 않는 한은 벗겨지지 않는다.

범용 플라스틱 부품의 이용

디테일 업과 자작시에 도움이 되는 것이 범용 플라스틱 부품. 노즐과 동그란 몰드 등, 수작업으로는 만들기 힘든 형태를 각종 사이즈로 입수할 수 있다. 잘 이용하면 공작도 편해지고 정밀도도 높일 수 있다.

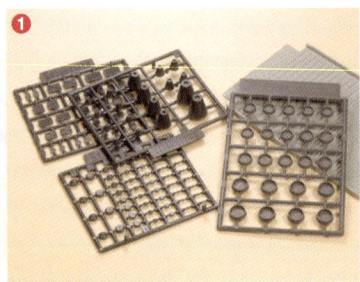
❶ ▲각종 범용 플라스틱 부품. 사각과 둥근 심플한 형태부터, 용도가 한정되는 특수한 형태까지 종류가 각양각색. 취급은 프라모델 부품과 마찬가지로 자르고 접착할 수 있다. 어떻게 활용할지는 자신의 아이디어에 달려 있다.

❷ ▲마이너스 몰드는 보다 정밀하게 보여주는 방법. 경사면의 몰드가 어설퍼지는 것은 「몰드 넣기」에서 설명한 그대로이다. 일단 드릴로 구멍을 내고 동일한 지름의 플라스틱 부품을 박아주면 파인 곳도 선명해진다. 도색 후에 끼워 넣을 수 있도록 만들어 주면 구분 도색 작업도 편리하다.

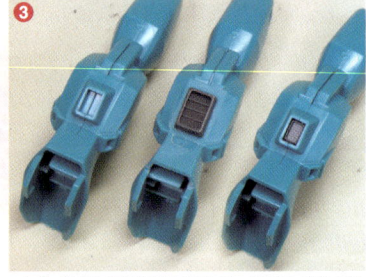
❸ ▲노즐 부분이 접합면으로 되어 있는 경우의 대처 사례. 왼쪽이 키트의 원래 모습인데, 틈새를 퍼티로 메워서 정형하기엔 좀 까다로운 곳. 그래서 아예 노즐을 깎아낸 다음에 다른 사각 노즐을 붙여 보았다.(중앙) 오른쪽은 안쪽에 소형 노즐을 넣어서 접합선을 감춘 상태.

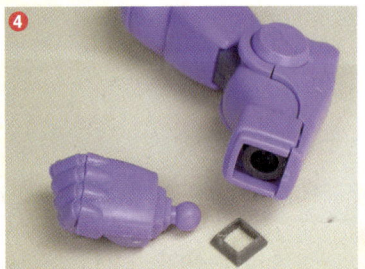
❹ ▲캐릭터 모델의 관절부, 관절축과 풀리캡을 가리기 위해서 추가한 「커버」로 얇은 노즐을 가공하는 것이 가장 간단하다. 사진의 예에서는 사각 노즐을 가공하여 만들었으며 축 주위에서 자유롭게 움직이도록 하고 있다.

❺ ▲움푹 파인 몰드의 플라스틱 부품에 플라스틱 소재 적층한 것으로 두께를 늘려서 하나의 블록으로 만든 예. 새로 붙인 부분과 매끄럽게 이어주면 애초부터 이런 형태였던 것처럼 마무리된다. 반대로 플라스틱 부품의 일부만을 잘라서 사용하는 것도 좋다.

❻ ▲파도 모양의 판 상태 부품 단면을 활용한 사례. 가느다란 띠처럼 자르고, 이를 부품의 가장 자리에 붙여서 단면 구조를 표현해 보았다. 일단 깨닫게 되면 너무나도 간단한 방법. 파도 모양의 판을 자를 때는 뒷면의 평평한 면에 날을 대면, 어긋나지 않도록 자를 수가 있다.

13. 관절 등 가동 기믹의 제작

움직임에 맞추어 「관절」을 넣어보자

모형에는 그 형태와 컬러 뿐 아니라 그 "움직임"을 재현할 수 있는 것도 있다. 특히 캐릭터 모델에는 다양한 포즈를 취할 수 있도록 각 부위에 관절이 설치되 있는 경우도 많으며, 여기에 더해 보다 넓은 가동 범위와 유지력을 얻기 위해서 추가 가공을 하는 경우도 있다. 스케일 모델이라 해도 실물과 마찬가지로 외장이 개폐되는 등의 '기믹'을 재현해준다면 작품의 표정이 풍부해져서 한층 더 맛이 살아날 것이다.

가동부를 자작하는 경우는 필요한 움직임에 맞춰서 축을 통과시킨다거나, 지지대가 되는 부분을 추가하는 작업이 된다. 강도와 가동의 원활함을 고려하여 플라스틱 소재 외에, 금속 소재와 전용의 「관절 부품」을 이용하면 좋을 것이다. 이 항목에서는 황동선을 사용하는 간단한 가동 사례부터 여러 가지 관절 부품을 이용하는 사례까지, 가공 사례와 함께 활용법을 소개하도록 하겠다.

관절 부품은 폴리캡(폴리에틸렌 소재의 축받이 타입)이 대표 사례. 탄력이 있는 소재로 표면도 매끈하며 내구성도 있다. 때문에 축 등을 다소 빡빡한 상태로 끼워 넣음으로써 그 위치나 각도를 유지시킬 수 있다. 또한 힘을 가해서 축을 움직이면 끼웠다 빼거나 회전도 가능하다. 이렇게 적당한 튼튼함을 지닌 가동과 유지가 가능한 것이 폴리캡을 사용하는 최대의 장점인 것이다.

이 "적당한 튼튼함"은 그 관절에 가해지는 무게와 힘에 따라서 변하기 때문에 그 점을 가늠하여 폴리캡의 크기나 축의 지름 등을 선택할 것. 또한 폴리에틸렌보다도 축의 단단함과 유지력을 중시한 ABS 소재와 폴리카보네이트 소재의 제품도 있다.

또한 부품의 형태도 "축받이"같은 것이므로, 구체이고 자유로운 방향으로 움직이는 것, 부품 끼리를 이어주는 조인트 타입 등 수많은 종류가 있다. 움직임의 특징과 가동 범위를 고려하여 적절한 것을 고르도록 하자.

▲여러 가지 폴리캡. 왼쪽부터 「축받이 타입」, 축과 축받이가 교차된 「십자 타입」, 볼과 축받이에 축이 달린 「볼 조인트 타입」, 횡축과 그 축받이로 연결된 「축 조인트 타입」.

▲복수의 축과 폴리캡을 조합하여 발목 관절의 자유도를 넓힌 개조 사례. 관절부를 이용하여 각 블록이 탈착이 가능하도록 하는 「후조립」도 겸하면, 이후의 정형과 도색 작업도 편해진다.

▲캐터필러 부품의 연결 부위에 축을 통과시킴으로써 가동이 가능하도록 만든 예. 황동선 외에 곤충 핀처럼 "머리"가 있는 핀을 사용하는 것도 효과적

간단한 가동부위 제작

우선은 간단한 경첩을 만들어서 가동시켜 보자. 경첩은 올곧은 축으로 끝나는 경우도 있지만, 주변의 간섭을 피하기 위해서 암 형태로 구부리는 등, 약간의 궁리가 필요한 경우도 있다.

▲자동차 모델의 개폐식 헤드라이트. "개폐 어느 한쪽을 선택해서 접착"하는 사양의 키트를 양쪽 모두 재현 가능하도록 가동화 하고 있다. 공작으로서는 라이트와 바디 뒤의 좁은 부분에 경첩을 추가하게 되는 상황이다.

▲왼쪽 키트의 헤드라이트 부품. 열려 있는 상태로 할 때, 바디 뒤에 접착하기 위한 판이 돌출되어 있다. 가동축은 이 끝에 홈을 파서 황동선을 박아 넣고 접착했다.(오른쪽 가공 후). 물론 축의 위치 결정은, 개폐 어느 쪽 상태에서도 가조립을 해서 검토하고 있다.

▲축받이는 개폐의 유지력과 공간을 고려하여 황동선에 비닐 파이프를 덮어서 축받이로 만들었다. 바디 뒤에 플라스틱 소재를 붙여서 파이프 부분의 위치를 정하고, 도색 후에 순간접착제로 접착한다. 접착제가 가동부에 흘러들어가지 않도록 주의할 것.

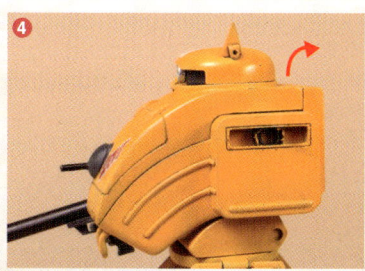
▲굴곡이 맞물리는 해치를 개폐 하는 사례. 분할 부분을 상~후방으로 향해서 열어준다. 맞물리는 부분이 깊어서 단순히 축으로 개폐하려고 하면 사이즈에 딱 맞추는 게 어려워진다. 그래서 전방으로 슬라이드 하듯이 해보았다.

◀열어놓은 상태. 위로 열기 위해서 축이 안에 있으므로 보기 힘들지만, 기본은 위의 헤드라이트 사례와 마찬가지. 그 축을 전방으로 구부려, 파이프에 꽂아줌으로써 해치가 전후(사진의 방향에서는 상하)로 슬라이드가 되도록 만들어졌으며 열린 상태에서도 바디의 윗면에 딱 올라가 있도록 되어 완성되었다.

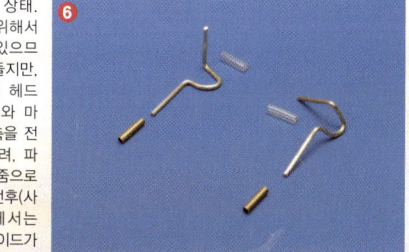
▲황동선을 구부려서 만든 경첩의 모습. 도중에 완만하게 구부러져 있는 것은, 왼쪽 사진에서 보았듯이 부품의 가장자리를 피하기 위해서. 개폐의 축받이는 비닐 파이프, 전후 슬라이드는 황동 파이프를 사용하고 있다.

CHECK POINT

● 축을 통과시키는 것만으로도…

▲손가락이 달려 있는 뿌리 부분에 황동선의 축을 통과시켜서 가동하게 만든 사례. 키트에 따라서는 이러한 가공을 하기 쉽도록 구성되어 있는 것도 있다.

CHECK POINT

● 플라스틱 봉으로 가동축을 추가

▲추가하는 축은 부품의 크기에 따라서는 플라스틱 봉을 사용해도 좋다. 사진은 일체 성형된 총의 그립을 잘라내고, 축과 축받이를 플라스틱 소재로 추가, 좌우로 스윙할 수 있도록 만든 사례.

관절 부품의 사용 예

우선 관절 부품(폴리캡)의 모양과 각각의 동작을 사용 예와 함께 소개하겠다. 여기서 열거하여 보여주는 것은 대표적인 사례다. 축과 축받이를 역으로 생각하거나 복수의 관절을 조합함으로써 더욱 응용범위가 넓어질 것이다.

❶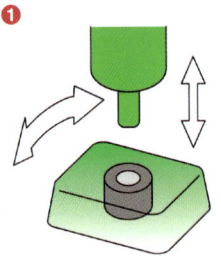

▲가장 단순한 축받이. 움직임은 "찔러넣은 뒤 회전"이다. 베이스를 고정시키지 않는다면 자유로이 회전시킬 수도 있다.

❷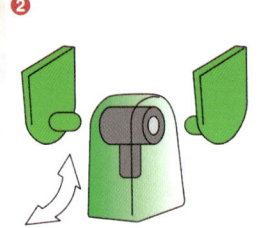

▲이것도 마찬가지로 찔러 넣고 회전시키는 것인데, 배치를 바꿔줌으로써 팔꿈치 등의 회전에 사용한다. 이 경우에는 십자 타입의 횡축을 위치 고정용으로 쓰고 있다.

❸

▲십자 타입을 사용한 탈장착 가능한 관절. 종회전에 관절 부품의 횡축을 쓰고 있다. 이것도 팔꿈치 등에 자주 사용되는 구조다

❹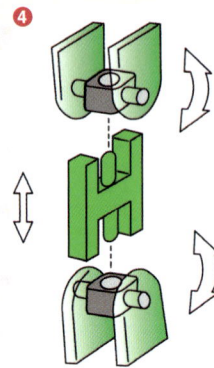

◀원쪽의 예를 상하로 조합한 이중 관절. 상하를 이어주는 축 부품은 이런 식으로 관절 부품을 덮어씌우듯이 만들어주면 외관도 근사해진다. 후조립이 가능, 상하로 관절을 이어주는 축 부품은 이런 식으로 가동 범위

❺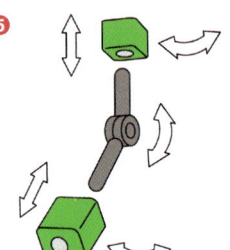

▲축 조인트 타입. 꺾이는 방향은 한 쪽뿐이지만 가동 범위가 넓다. 또한 장착 축에서의 회전과 슬라이드 등도 가능하다.

❻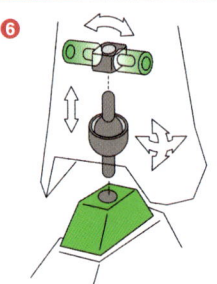

▲볼 조인트와 십자 타입의 조합. 발목에 자주 사용된다. 볼 조인트가 전후로 이동하고 세로로 넣었다 뺄 수 있어서 자유도가 높다

❼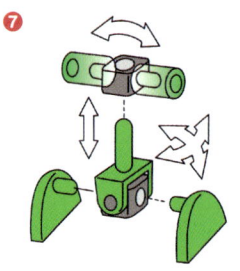

▲같은 움직임을 십자형 타입만으로 가능하게 해준 사례. 관절 부품을 이어주는 부품이 필요하지만 움직이는 방향이 명확하고 흔들림이 적은 이점이 있다.

❽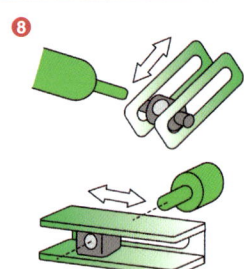

▲축받이를 슬라이드시키는 사례. 관절 부품 자체가 이동할 수 있도록 홈 상태로 에워싼다거나, 끼우는 방식. 흔들리지 않도록 적당히 빡빡하게 눌러준다

관절을 폴리캡으로 대체한다

플라스틱 관절을 폴리캡으로 대체하면 움직임이 원활해지며 가동 범위도 넓어진다. '후조립 가공'도 가능하게 해보자

❶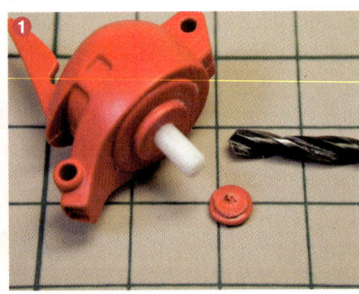

▲여기서 교재로 사용할 키트는 FG「자쿠」. 목의 관절을 바디의 앞뒤 부품으로 끼워서 고정하는 방식으로, 플라스틱 복을 축으로 하여 삽입하는 방식으로 변경한다. 플라스틱 봉은 회전하거나, 빼고 끼울 때 힘이 들어가기 때문에 확실하게 접착해주도록 한다.

❷

▲바디 측에는 원래의 축 위치에 맞춰서 폴리캡을 접착. 십자 타입을 반으로 자르고, 횡축을 끼우는 구멍 대신에 Mr.SSP를 발라서 고정하고 있다. 움직임과 바디 부품의 조립은 접착하기 전에 확인해 둘 것.

❸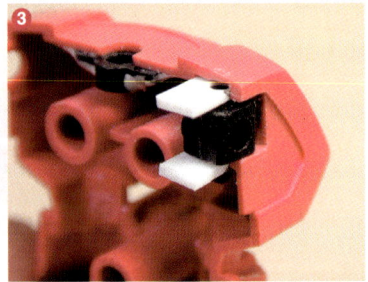

▲어깨 축의 탈착부. 이곳에 십자 타입을 내장하지만, 상하 플라스틱판을 축받이로 해서 폴리캡을 앞뒤로 가동 가능하도록 해보았다. 이에 맞춰서 주위를 사각으로 절개했다.

CHECK POINT

● 폴리캡의 절단

▲폴리캡을 절단할 때는 힘을 가하면 폴리캡이 일그러지므로 절단면이 경사지기 쉽다. 이럴 때 축을 통과시킨 상태에서 주위에 칼집을 넣어주면 똑바로 자르기 쉬워진다.

❹

▲조립한 어깨 관절. 어깨 블록으로 부터의 축을 플라스틱 봉으로 변경하고, 이를 바디 내의 폴리캡에 꽂아준다. 이 축을 약간 당겨주면 어깨 블록이 앞뒤로 스윙할 수 있게 된다. 폴리캡을 보여주고 싶지 않은 경우에는 플라스틱판 등으로 가려주면 된다.

❺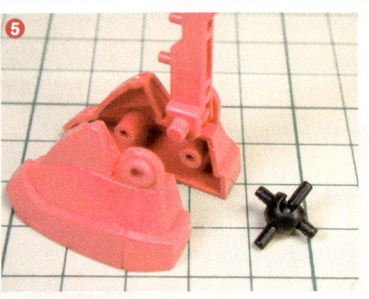

▲발목 관절. 정강이 프레임 끝의 횡축을, 발목의 부품 사이에 끼우는 방식으로, 이대로라면 상하 가동만이 가능하다. 이 부분을 볼 조인트로 바꿔서 자유롭게 움직이도록 만들어보자.

❻

▲키트의 축 부분을 잘라서 발목과 프레임 부분에 드릴로 축 구멍을 뚫어준다. 거기에 볼 조인트 축을 삽입하고 연결한 상태. 간단한 공작으로 발목의 경사와 비틀림이 가능해 졌다

관절 블록 자작

여기서는 가동되지 않는 부분에 새로이 관절을 설치하는 공작을 살펴보겠다. 이런 경우는 어떤 관절로 할 것인지와, 축의 위치를 검토하는 것부터 시작한다. 가동 범위와 함께 겉모습이 손상되지 않도록 하는 배려도 중요하다.

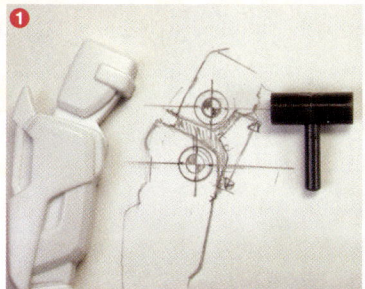

▲팔꿈치가 일체형으로 되어 있는 부품에 관절을 넣어보자. 우선 부품의 외형을 베껴 그려 축의 위치와 관절 부품의 크기 등을 검토한다. 사진 오른쪽의 폴리캡을 상하 2개소에 설치하기로 했다.

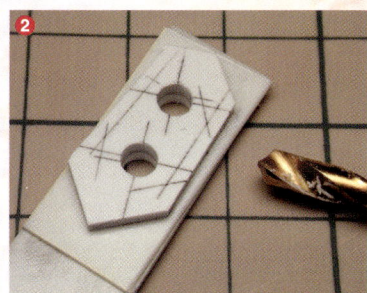

▲상완과 전완을 이어주는 "관절 블록"의 제작. 축의 위치와 대략적인 형태를 칼금으로 그린 다음에, 플라스틱판을 겹쳐서 필요한 두께로 만들어 정형해 나간다. 사진은 폴리캡을 넣어줄 구멍을 뚫은 장면.

▲바깥 주변을 성형한 상태. 폴리캡이 들어가는 부분은 「C」자 형태로 잘라서 딱 들어맞게 해놓고, 중심부에 축이 들어가도록 해서 고정한다. 좌우로 튀어나온 부분은, 관절 블록에 맞춰서 자르도록 한다.

CHECK POINT
● 작업에 사용한 키트는

▲여기서 사용한 것은 1:144 스케일 「스트라이크 건담」. 가동부는 목, 어깨, 넓적다리, 발목 정도로 한정되어 있으며 팔꿈치, 무릎은 일체가 되어 있다. 디자인으로는 2중 관절 상태의 관절 블록으로 배치되어 있으므로, 거기에 맞춰 가공했다.

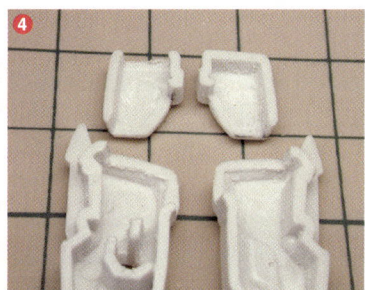

▲팔꿈치 부분에서 잘라놓은 팔 부품. 절단면은 관절 블록이 들어가므로, 그에 맞춰서 부품의 가장자리를 정리해 둔다. 부품 뒤의 끼우는 구멍도 관절 블록에 방해가 되는 부분은 잘라 버렸다.

▲상완 부품을 관통하도록 플라스틱 봉을 삽입하고, 관절 블록에 통과시켜 본다. 시험 삼아 움직여 봐서, 움직임이 매끄러운지, 한쪽으로 치우쳐 있지는 않은지 확인한다. 문제가 없다면 축을 접착하고 여분의 봉 부분은 잘라낸다.

▲동일한 공작을 전완에서도 반복하여 공작을 마친 상태. 측면에서 보면 플라스틱봉을 박아 넣은 축의 위치를 쉽게 알 수 있다. 2개소에 축을 설치함으로써 팔꿈치가 직각으로 구부러지게 되었다.

CHECK POINT
● 핀 바이스로 구멍 뚫기

▲핀 바이스로 2mm 이상의 지름의 구멍을 뚫는 경우는, 우선 먼저 가느다란 드릴로 구멍을 뚫고, 거기서부터 크게 벌려나가는 게 좋다. 이는 드릴 날 끝의 압력에 의해 플라스틱 표면이 일어나는 현상과, 위치의 어긋남을 방지하기 위함으로, 드릴이 수직으로 들어가 있는지 항상 신경을 써야 한다.

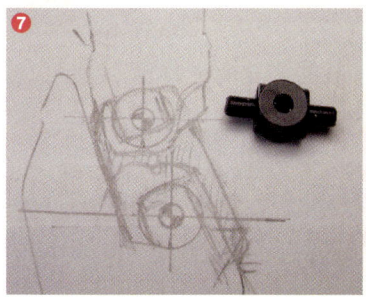

▲이어서 일체화되어 있는 무릎을 분리하여 가동시킨 사례. 여기서는 관절 블록측이 아니라, 넓적다리, 정강이 쪽에 폴리캡을 조립하는 방법을 취해보자. 역시나 이중관절로 작업하여 가동 범위를 확보한다.

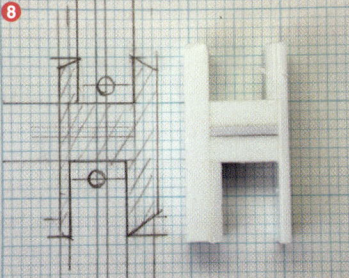

▲관절 블록은 각진 형태의 폴리캡이 들어가기 쉽도록 일정 폭의 플라스틱판을 조합해서 만들기로 했다. 형태를 모눈종이에 그려서, 이를 따라서 대략적으로 만든 것이 오른쪽의 상태. 이후 상하방향에 플라스틱 봉으로 축을 추가한다.

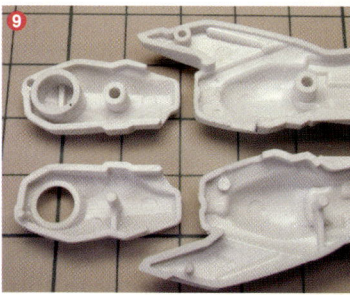

▲무릎을 분리한 키트 부품의 뒷면. 일체로 몰드된 관절 블록 부분을 잘라서, 새로이 조립할 수 있도록 가장자리를 정형해 둔다. 움푹 들어간 뒷면에는 이후 축받이를 추가한다.

CHECK POINT
● 스프링의 이용법

▲프런트 아머의 연동 가동 구조에 금속제 스프링을 사용한 사례. 하나만으로는 부품의 방향이 비틀어지기 쉬우므로 2개를 나란히 연결해 주는 것이 좋다.

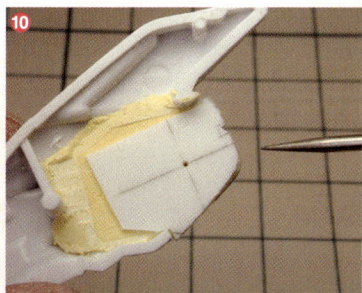

▲정강이 부품 뒷면에는 축받이를 쉽게 달아주기 위해서, 폴리에스테르 퍼티로 메워서 평평하게 한다. 굳어지기 전에 평평한 판으로 눌러주면 정형이 편해진다. 이어서 축 위치를 맞추기 위한 게이지를 겹쳐서 밑그림을 그린다. 이것을 좌우 4개소에 동일하게 반복한다.

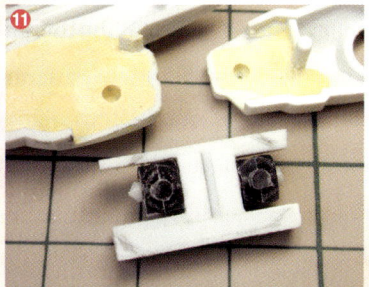

▲정강이, 넓적다리 양쪽 부품 뒤에 축받이 구멍을 뚫어주면 관절부의 주된 가공은 종료. 나머지는 관절 블록의 쓸모있는 부분을 정형하고, 가조립을 하여 클리어런스 등을 확인한다.

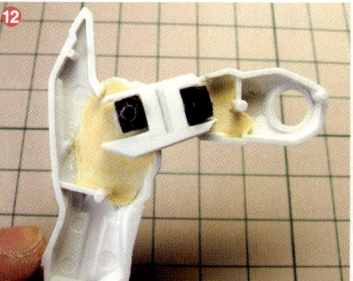

▲무릎 관절을 크게 구부린 모습. 관절 블록이 폴리캡을 둘러싸고 있으므로, 구부린 상태에서도 노출은 없다. 또한 관절부의 틈새가 적어지도록 배려한 형태를 정하는 것도 포인트다.

CHECK POINT
● 폴리캡을 숨긴다

▲관절부에 폴리캡이 드러나 보이면 사실감이 떨어지고, 도색도 잘 되지 않는다. 왼쪽의 사례처럼 숨겨주는 부품을 설치하는 것 이외에도, 얇은 플라스틱판으로 주변을 덮어버리는 방법도 있다. 이렇게 하면 다른 부분의 질감도 통일되고 도색하기도 쉬워진다.

4 : 공작 테크닉 / 개조 편

CHECK POINT

● 관절의 위치에 관해서

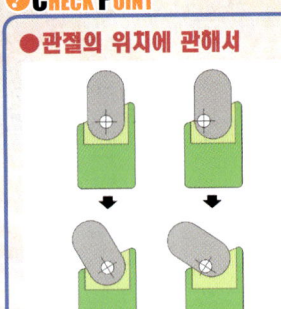

▲관절의 축 위치는 부품 중앙이 반드시 베스트인 것은 아니다. 그림처럼 구부리는 축과 개방되어 있는 부분의 가까운 위치에 축을 설치하면, 동일한 형태라 해도 가동 범위를 크게 확보할 수 있다.

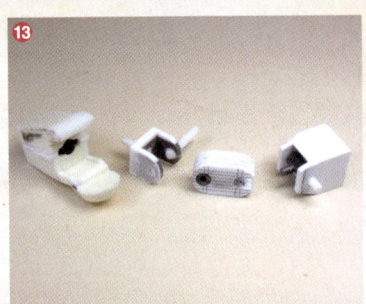

▲이쪽은 팔을 통째로 자작한 사례. 왼쪽이 아래팔이고 오른쪽이 위팔. 팔꿈치는 이중 관절의 관절 블록이고, 추가로 이를 받아들이는 「凹」형태의 부품이 전완부 안에 들어가는 구조. 구부리지 않을 때는 팔을 짧게 하고, 구부릴 때는 끌어당기는 방식이다.

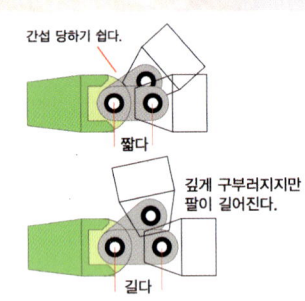

▲이중 관절이라고 해도 관절 축의 간격이 짧으면 부품 가장 자리가 간섭 당하기 십상이며, 구부릴 수 있는 각도도 좁아진다. 아래 그림처럼 길게 해놓으면 크게 구부릴 수 있지만, 그 만큼 팔이 길어져 버린다. 관절의 구조를 구상할 때에는 이러한 조건을 감안하여 "최적의 포인트"를 찾아야 한다.

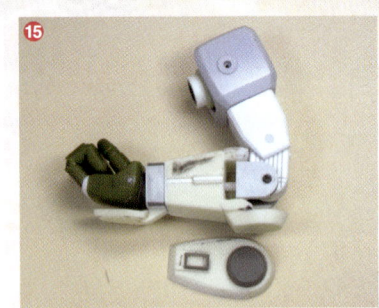

▲그런 연유로 슬라이드 기구를 설치한 모습. 팔을 똑바로 뻗을 때는 관절부를 밀착 시켜서 짧게 하고, 깊게 구부릴 때는 전완부 내에서 관절을 끌어당긴다. 이로써 어떤 포즈를 취해도 외관을 손상시키지 않는다.

▲어깨의 회전축을 끌어당기는 식으로 스윙할 수 있게 개조한 사례. 바디측에서 나와 있는 축을 어깨 관절 블록의 폴리캡으로 축받이 부분을, 볼 조인트 타입으로 변경하여, 축을 받아주는 측에 깊게 들어가도록 했다. 축받이 폴리캡은 그대로 사용하며, 볼 타입의 것은 쓰지 않았다.

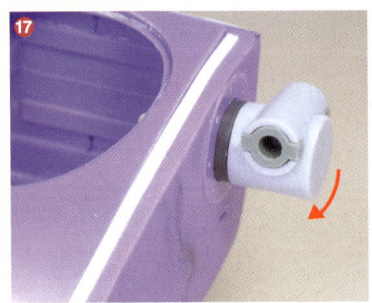

▲어깨 관절 블록을 축으로 하여 확실하게 꽂아 넣은 상태에서는, 관절 블록과 바디 측의 원형 부품이 밀착하므로 단순한 회전 동작만 할 수 있다. 겉보기에는 개조전과 다르지 않다.

▲관절 블록을 약간 끌어당기면 스윙이 가능해지도록 된다. 가운데 볼 조인트 이므로 스윙하는 방향은 자유. 관절 블록 끝이 노출되지 않도록 원형 부품과의 클리어런스에 신경을 쓰자.

관절의 뻑뻑함(텐션)을 조정

폴리캡 등의 관절부 움직임을 약간 빡빡하게 하는 것이 좋다거나, 또는 느슨하게 하고 싶은 경우도 있다. 여기서는 이를 조정하는 방법을 소개하겠다. 조립이 끝나고 나면 조정이 어려우므로 미리 잘 확인해두자.

CHECK POINT

● 축의 지름을 바꾼다

▲관절에 사용할 폴리캡을 고르고 있노라면 "여기 지름이 ㅇㅇmm라면 좋을 텐데..."하는 경우가 종종 있다. 주위의 두께가 여유가 있다면 드릴로 구멍을 넓혀 줄 수도 있다.

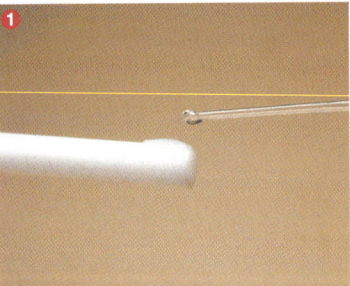

▲이것은 축을 굵게 만들기 위해 순간접착제를 바르는 모습이다. 바른 다음 굳을 때까지 잠시 기다린다. 접착제는 중점도가 좋다. 끝부분만 굵게 만들어서 일단 끼워 넣은 축이 잘 빠지지 않도록 하는 사용법도 가능하다.

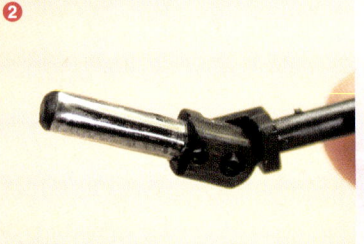

▲폴리캡의 축에 셀로판테이프를 감아서 굵게 만들어준 사례. 잘 벗겨질 것 같겠지만 일단 끼워넣으면 주위에서 확실하게 눌러주므로 벗겨질 가능성은 적다. 테이프가 얇으므로 미세한 조정도 가능하다.

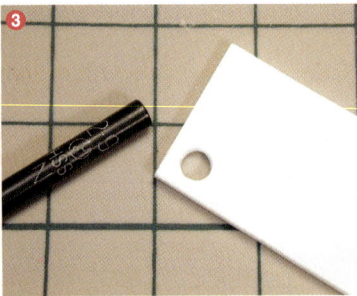

▲폴리캡의 축의 축받이 구멍을 뚫은 경우 2mm, 3mm등 축의 지름과 같은 크기의 드릴을 사용하는 것이 일반적이지만, 이것을 1.9mm, 2.9mm등 약간 작은 지름으로 하면 뻑뻑하게 할 수 있다. 축이 잘 안 들어갈 때는 축 선단을 비스듬히 잘라버리면 좋다.

● 축받이 부품을 사용한다.

▲폴리캡에 대응하는 전용 축받이 부품을 사용하면, 각 부위의 움직임의 뻑뻑함, 유지력이 안정된다. 잘 이용하면 관절을 자작하는 수고도 줄일 수 있고 정밀도도 향상된다.

▲폴리캡 안에 축을 통과시키면 폴리캡 자체가 약간 넓어진다. 이 벌어지는 폭을 줄이면 움직임을 뻑뻑하게 만들 수 있다. 그런 연유로 사진처럼 캡의 둘레를 감싸는 형태의 혹받이를 만들어서 축이 뻑뻑해진다. 이렇게 하면 움직임이 쉽게 느슨해지지 않는다.

▲볼 조인트는 볼과 컵의 양쪽이 폴리에틸렌 재질인 것이 대부분이지만, 이 볼을 플라스틱 재질로 바꾸면 탄력이 있는 부분이 줄어들어 움직임을 뻑뻑하게 조정하기 쉬워진다. 플라스틱 재질이라면 깎거나 순간접착제로 굵게 하는 등의 가공도 쉽다.

▲폴리캡으로 축을 잡아주면서도 가벼운 힘으로 끼웠다 뺄 수 있도록 하고 싶을 땐 칼집을 내서 유지력을 떨어트리는 방법도 있다. 좌우의 축이 확실히 고정되어 있으면, 탈착과 위치의 흔들림이 거의 일어나지 않는다.

폴리캡 카탈로그

각 회사에서 다수의 제품이 발매되고 있는 폴리캡. 최근에는 유지력을 한층 더 높인 ABS재질의 관절 부품도 판매되고 있다. 여기서는 형태별로 대표적인 제품을 소개하기로 한다. 비슷한 것 같아도 각 제품마다 각각 특징이 있다. 자신의 용도에 맞는 제품을 찾아 보도록 하자.

■ 십자 타입

PC-03 (200엔 / 웨이브)

◀▲모양이 다른 4가지 타입의 십자모양이 포함된 폴리캡 세트. PC-03은 축, 안쪽 지름 모두 3mm. 크기가 다른 「PC-02」(축, 안쪽 지름 모두 2mm), 「PC-04」(축3mm 안쪽 지름 4mm), 「PC-05」(축 지름 3mm, 안쪽 지름 5mm)가 있다.

T자 조인트 (300엔 / 고토부키야)

◀▲관절부에 끼워넣을 때 등에 사용빈도가 높은 폴리캡. 축받이, 축 모두 긴 편이라 필요에 따라 잘라서 쓰면 된다. 이것은 2mm, 3mm 안쪽 지름의 세트로, 이 밖에 5mm, 8mm의 안쪽 지름(·)인 것도 있다.

관절기 헥사파이프 (476엔 / 하비 베이스)

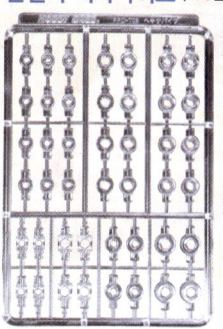

◀▲하비 베이스의 「관절기」시리즈는 높은 유지력이 특징이다. 필요할 경우 순간접착제로 고정할 수도 있다. 「헥사파이프」는 축받이가 육각형인 십자 타입 각종과, 축 지름이 다른 부품을 이어주는 연결 부품이 포함되어있다.

■ 볼 조인트 타입

BJ-04 (200엔 / 웨이브)

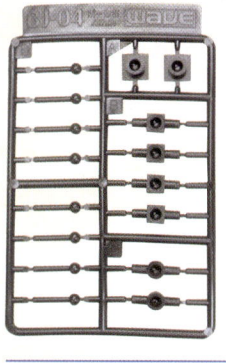

◀▲축이 달려 있는 볼과 축받이가 세트로 되어 있는 제품. 축받이는 컵, T자형, 플랫형 등 다양한 형태가 들어있다. 숫자는 볼의 지름으로 이 밖에 「03」, 「05」, 「06」이 있다. 유지에는 동사의 「플라서포」를 추천한다.

볼 조인트(L) (300엔 / 고토부키야)

◀▲스탠다드한 형태의 축이 달린 볼과 컵 모양 축받이 세트. 장착 축경은 3mm. 사이즈가 다른 (S)는 축경이 2mm. 또한 고토부키야의 폴리캡은 어느 제품이던 간에 성형색이 검정과 회색 두 종류이다.

관절기 볼 조인트 (476엔 / 하비 베이스)

◀▲볼 조인트의 연결타입. 가동 범위가 넓어질 뿐 아니라, 축이 평행인 채로 어긋나는 듯한 움직임도 가능하다. 장착 축은 3mm. 보다 볼이 큰 (L)도 있다.

■ 축 조인트 타입

L·조인트 (350엔 / 웨이브)

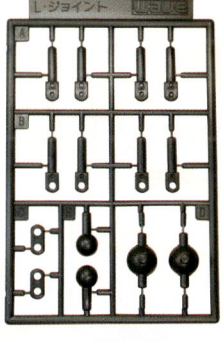

◀▲편고정 방식의 축 조인트와 볼 조인트의 세트. 축은 조합하는 방법으로 이중 관절로 만들 수도 있다. 추가로 소형으로 플라스틱 재질 관절 커버가 부속된 「L·조인트」「2」, 「3」도 있다.

ABS유닛 01(T조인트) (500엔 / 고토부키야)

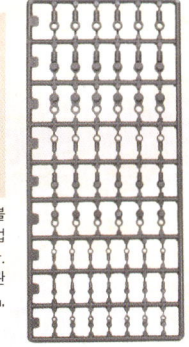

◀▲ABS 재질의 관절 부품. 횡축을 끼워 넣는 타입으로 단축 외에 중간 부품을 끼워 넣으면 이중 관절도 된다. 축경의 차이로 대(2.9mm) 6쌍, 중(2.3mm) 6쌍, 소(1.7mm) 7쌍의 세트. 색은 블랙과 그레이가 있다.

롤 스윙 조인트 (500엔 / 하비 베이스)

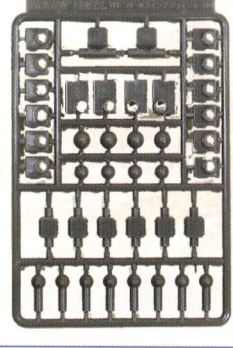

◀▲볼 조인트와 그 축받이까지 조립할 수 있는 복합 관절 부품. 각진 형태로 된 축받이의 횡축은 오프 세트되어 있는 타입도 있어 바깥으로 돌출되는 방식의 어깨 관절을 만드는데 편리. (소)는 축경 2mm, (중)은 축경 3mm의 타입. (대)는 축경이 3mm이고 부품의 형태가 크게 되어 있다.

■ 축받이 플라스틱 부품

PC-03 플라서포① (300엔 / 웨이브)

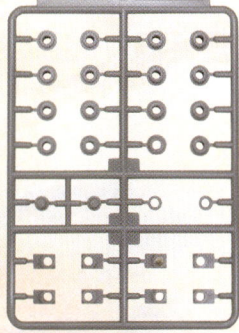

◀▲동사에서 발매한 폴리캡 「PC」시리즈의 축받이 부품이다. 모양은 길이가 다른 원통이나 단차가 있는 축, L형 축받이 등 5종류. 「PC-02~05」에 각각 대응하는 제품이 라인업되어 있다. 소형 플라스틱 소재로서 관절 자작 이외에도 유용하다.

PC-03 플라서포② (300엔 / 웨이브)

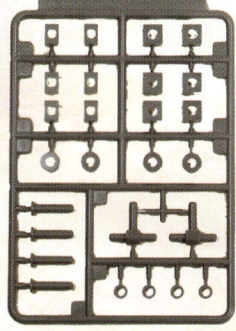

◀▲마찬가지로 「PC」시리즈에 조립할 수 있는 플라스틱 부품. 단축과 T자형의 축 부품과 폴리캡을 수납하는 듯한, 박스형태의 고정 부품이 포함되어 있는 것이 특징. 관절 커버의 자작에 활용할 수 있을 것이다. 이 또한 「PC-02~05」에 각각 대응하는 제품이 라인업되어 있다.

BJ-04 플라서포① (300엔 / 웨이브)

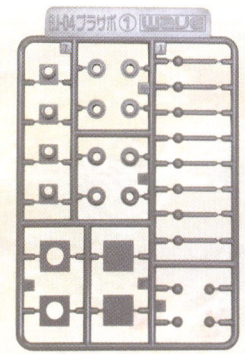

◀▲이쪽은 볼 조인트인 「BJ」시리즈용. 볼받이를 고정하는 부품은 L형의 끼워 넣기와, 파이프 상태, 추가로 사각 베이스 형태의 부품이 있다. 볼 축은 끝 부분의 「구」부분도 별도 부품화되어, 관절 자작의 자유도를 높여 준다.

14. 전자 광원의 이식

'빛'으로 작품을 연출해 보자

「전자 광원」은 모형에 광원 장치를 넣어서 발광시키는 공작. 「발광 기믹」이라고도 불린다. 스케일 모델이라면 라이트와 램프 류, 캐릭터 모델에서는 센서와 버니어를 빛나게 하는 것이 대표적이다. 작품에 발광이 더해지면 단순히 "빛"의 재현만이 아니라, 해당 기계가 가동 상태임을 느끼게 해준다거나, 극중의 한 장면을 연상케 해주는 등, 작품의 매력을 한층 더 올려준다. 전자 광원의 추가는 대부분의 경우, 이를 위한 가공이 필요해지지만 광원으로 사용하는 LED(발광 다이오드)의 진화 덕분에, 색의 선택과 좁은 공간에도 대응하기 쉬워졌다. 이 항목에서는 몇 가지의 조립 사례와 더불어, 전자 광원으로 사용하는 아이템의 특징과 조립 포인트를 소개할까한다.

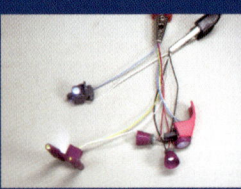

▲LED 광 화이버(광학 섬유)를 사용하여, 해당 부분에 알맞은 빛을 표현한다. 모형에 내장할 생각이라면 콤팩트하게 수납시키는 궁리도 필요하다.

◀라이트와 각종 센서에 전자 광원을 설치한 작품. 발광이 추가됨으로써 완성후의 모습도 한층 더 돋보인다.

전자 광원을 위한 광원

키트 내에 내장하는 광원은 꼬마전구와 LED. 양쪽 다 모형점에서 구입할 수 있지만 LED는 전자 부품 전문점 쪽이 종류가 풍부하다. 각각의 '빛'의 상태에 맞는 특징을 이해하여 사용하도록 하자.

CHECK POINT
● LED 사용시 주의할 점

▲LED는 극성이 있으며 반대로 이어주면 점등하지 않는다. 또한 적정 이상의 전류가 흐르지 않도록, 필요에 따라서는 저항을 집어넣을 것. 저항치는 LED의 특성과 전원 전압에 따라서도 변하므로, LED와 저항이 세트로 되어 있는 제품을 사용하면 안심할 수 있을 것이다.

▲꼬마전구. 소형 전구(백열등)로 예전에는 키트 내부에 조립하는 용도로 매우 인기가 있었다. 빛이 부드러운 인상으로 주변을 넓게 비춰주는 것이 특징. 가격이 싸고 +/- 전극에 관계없는 점은 사용하기 쉽지만, 수명이 LED 보다 짧고 전지의 소모도 빠른 편. 이 사례는 지름이 3mm인 원통 형태의 제품.

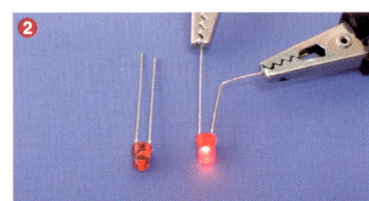

▲LED(발광 다이오드). 형태는 끝 부분이 둥글게 되어 있는 "포탄형"으로 지름은 3mm, 5mm가 일반적. 소비 전력이 적고 수명도 길어서 모형에 적합하다. 빛은 지향성이 있어서 발광부가 향하는 방향으로 강하게 빛난다. 사용할 때는 +/- 극성이 있으며, 블루와 화이트는 적정 전압이 높은 편이니 주의할 것.

▲칩 형 LED. 원래는 전자기판 상에 배치하는 것으로, 포탄형 보다는 좁은 곳에 배치할 수 있다. 뒷면의 금속부분이 단자로 배선은 그곳에 납땜질이 필요. 발광하는 곳은 윗면의 노란색 원형 부분. 빛은 강하고 넓게 퍼진다. 사진은 발광 면의 폭이 3mm인 제품. 이 외에 1~1.5mm 정도의 제품도 입수할 수 있다.

라이트의 발광

우선은 광원 배치가 간단한 사례부터 살펴보도록 하자. 빛나게 하고 싶은 부분에 광원을 넣어줌과 동시에, 필요 이상으로 빛이 새어나가게 하지 않도록 하는 것도 포인트다.

CHECK POINT
● 전원이 삽입된 LED 유닛

▲LED 중에는 전원 까지 세트로 되어 있는 제품도 있다. 왼쪽은 반다이의 건프라용 LED 유닛. 내부에 수은 전지를 수납했고 스위치도 내장, 대응 키트에 이것을 추가하는 것만으로도 광원의 설치가 가능하다. 오른쪽은 낚시의 찌 등에 사용되는 LED 장착 리튬 전지. 직경 3mm 정도의 봉 형태로, 끝 부분을 누르면 점등한다. 전지가 완전 소모되면 버리는 타입.

▲자동차 모델의 헤드라이트에 전자 광원을 설치한 사례. 라이트의 형태가 포탄형의 프로젝터 타입을 재현하기 때문에, 그곳에 꼬마전구를 박아 넣을 수 있도록 구멍을 뚫어서 삽입했다. 꼬마전구의 유리틱한 부분이 실물의 분위기에 딱 맞는다.

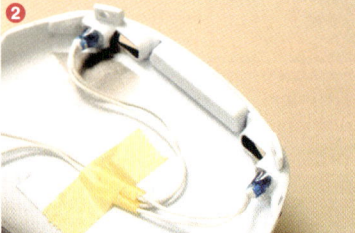

▲뒷면. 라이트 부의 튀어나온 곳에 꼬마전구를 삽입한 상태로 되어 있다. 접착 전에 발광 상태로 빛의 방향이나, 좌우로 쏠려 있지 않은지 등을 확인해둘 것. 접착은 부품에 영향을 끼치지 않도록 에폭시 계열 접착제를 사용하고 있다.

▲광원을 고정시켰다면 주변으로 빛이 새어나가는 것을 방지하기 위해서 검게 도색. 이를 소홀히 하면 부품의 틈새 사이로 여분의 빛이 새어나가면서 완성도가 떨어진다. 물론 이 상태에서도 발광을 하여 체크해준다.

▲완성 후 헤드라이트를 점등해놓은 상황. 라이트의 하우징 내부를 실버로 도색함으로써, 라이트를 둘러싼 부분만 확실하게 빛나고 있다. 전원은 전시 베이스의 뒷면에 건전지를 수납했다. 그 접속에 관해서는 다음 페이지를 참조.

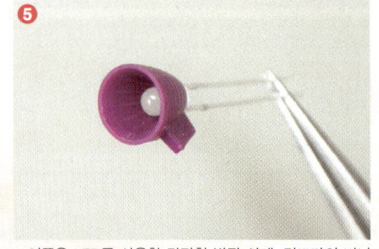

▲이쪽은 LED를 사용한 간단한 발광 사례. 건프라의 버니어 노즐을 빛나게 해보자. 방법은 노즐의 뿌리 부분에 구멍을 뚫어, 그곳에 포탄형 LED를 삽입하면 끝. LED는 백색 타입을 사용하고 있다.

▲버니어에 LED를 이식하여 발광시킨 장면. 노즐의 내부가 하얗고, 출구 쪽은 흐릿하게 빛나는 분위기를 연출하고 있다. 노즐 내의 몰드도 돋보이게 해주므로 효과적이다. 도색을 하지 않아서 **부품으로부터 빛이 새어나오고 있으**므로, 이를 억제하는 도색이 필요.

그 외의 전자 광원 사례

다음에는 발광부분의 광원이 드러나 있지 않는, 특정의 형태에서 빛나는 경우의 사례를 소개하도록 하겠습니다. 겉에서 보기에 근사하게 만들기 위해 빛을 반사시키거나, 다른 소재로 빛을 확산시킨다거나, 빛을 전파하는 방식도 사용했다.

▲MG「건담 Ver.2.0」의 눈부분 카메라에 LED를 조립한 사례. 카메라 부분은 클리어 부품으로 눈의 몰드 형태로 빛나게 하기 위해서는, 우선 '차광'이 중요하다. 구조상으로 광원이 안쪽에 있기에 옆에서 봤을 때 안광이 약해지지 않도록 하고 싶은 부분이기도 하다.

▲머리 내부의 부품에 눈의 간격에 맞춘 구멍을 뚫고, 뒷면에서 노란색 LED 2개를 고정. 카메라 눈 부분은 투명하게 남기지만, 가는 줄로 약간 흐릿하게 만들어주면 은은하면서 근사한 맛을 낼 수 있다. 그 주변은 당연히 검게 도색하겠지만, 눈 밑의 붉은 부품 윗면도 빛 샘을 방지하기 위해서 검게 칠해주도록 한다.

▲클리어 부품의 뒷쪽은 칸막이와 윗면 쪽 등, 주변에 알루미늄 테이프를 붙여서 빛을 반사시킨다. 이는 LED를 직시할 수 없는 측면 쪽에서 봐도, 빛나는 것처럼 보이게 하기 위한 궁리다.

CHECK POINT

● '면'으로 빛나게 하기 위해서

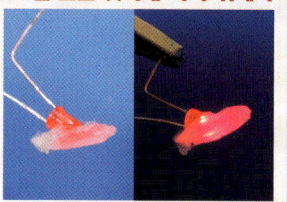

▲LED는 중심부의 빛이 강하지만 이를 확산시켜서 '면'과 '덩어리'로 빛나게 하도록 궁리한 사례. LED 끝을 색이 들어간 투명 부품과 반투명 수지(자외선 경화 퍼티)로 덮어씌었다. 중앙의 빛이 너무 강하지 않으면서 전체가 빛나도록 되었다. 왼쪽 페이지 처음 사진에 나온 밴시의 머리는 이런 식으로 카메라아이를 발광시키고 있다.

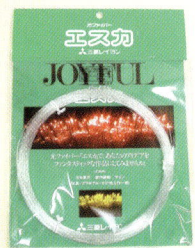

▲빛을 광원으로부터 다른 장소로 전하거나, 분산시킬 수 있는 것이 바로 '광섬유'로 일반 공작용으로 판매되고 있다. 소재는 단단하며 느슨하게 밖에 구부러지지 않지만, 드라이어로 가열해주면 부드러워지므로 꺾임을 주는 것도 가능하다.

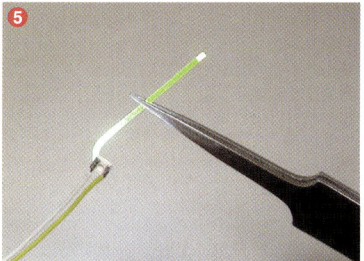

▲L자 형으로 구부러진 광섬유의 테스트 중. 왼쪽 아래 끝에 칩 형태의 LED가 빛을 대고 있다. 광섬유는 절단면으로 빛이 들어가서 반대쪽의 절단면이 발광하게 되는데, 이 사례는 오른쪽 끝 부분의 주변을 사포질하여 빛이 새어나와 넓게 빛나도록 하고 있다.

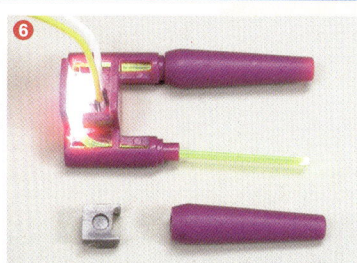

▲빔 건의 발광을 재현하기 위해서 광섬유를 이식한 사례. 뿌리 중앙에 LED를 1개 배치하여 2 가닥의 광섬유로 그 빛을 좌우로 분산시켜, 양 끝의 포구 부분을 발광시키고 있다.

전원과 배선에 관해서

전자 광원에서 필요한 전원의 배치와 배선. 이쪽은 가능한 겉모양을 훼손하지 않는 방향으로 수납하는 것이 좋다. 때에 따라서는 광원을 집어넣는 것보다도, 이쪽의 공작이 더 어려운 경우도 있다. 각부의 선 연결을 확실히 하여 트러블을 피하도록 하자.

CHECK POINT

● 배선이 노출되지 않도록 궁리한다

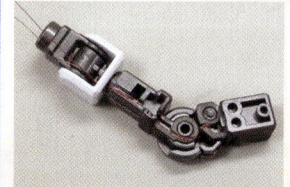

▲배선이 노출되지 않도록 팔의 내부에 홈을 파서 통과시키고 있는 사례. 관절 주변은 움직일 때에 선이 늘어나지 않도록 어떻게 처리할지를 고려하여, 선의 길이에 여유를 줄 필요가 있다.

▲전원에 사용하는 용품. LED는 2~3V 이상의 전압을 필요로 하므로 건전지(1.5V)라면 2개가 필요. 왼쪽은 N형 건전지와 건전지 박스, 이것이 들어간다면 공작이 쉽다. 오른쪽은 소형 수은 전지와 자작한 건전지 박스. 이거라면 콤팩트하게 수납된다. 가능하면 그 앞에 있는 스위치 종류도 접속하는 것이 좋다.

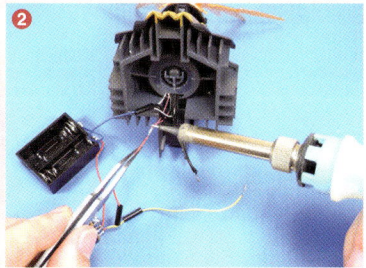

▲작품의 바닥 부분에 건전지 박스와 스위치를 수납하기 위한 납땜 작업. 선을 연결하는 부분은 테이프를 감아주는 식으로 절연해 둔다. 선의 연결은 선을 한데 모아 놓기만 하고 나중에 다시 연결할 수 있도록 하는 경우도 있다. 그 부분은 상황에 맞춰서 선택하면 될 것이다.

▲수은 전지를 수납한 사례. HGUC 지옹의 모노 아이를 발광시켜서, 전원을 가슴 속에 수납하고 있다. 안에 공간이 있는 것만이 아니라, 외관을 손상시키지 않고 접속이 가능할지도 포인트. 광원의 배선도 노출되지 않도록 내부를 정리해놓을 필요가 있다.

CHECK POINT

● 다수의 발광도 가능

▲다수의 LED를 내장하여 MG 유니콘 건담의 사이코 프레임 발광을 재현한 사례. 발광 확인을 위해서 외장을 붙이지 않기에 광점을 직접 확인할 수 있다. 완성 상태에서는 광점을 외장으로 가려져 간접 조명처럼 빛나게 한다. 이 작품의 상세한 사항은 「NOMOKEN3 건프라 완전 공략 가이드」(정가 21800원)에 수록되어있다.

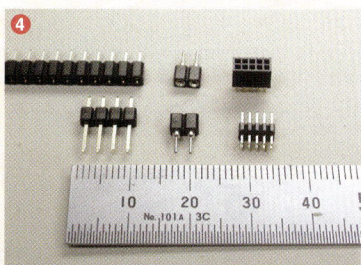

▲전자 회로에 사용하는 소형의 핀 모양 커넥터. 많은 수의 LED가 들어가는 등의 경우, 배선을 구분한다거나, 전원의 탈착을 용이하게 이용하면 편리. 극성을 잘못 연결하지 않도록 한쪽에 색을 칠해두는 것도 좋을 것이다. 이 또한 전자 용품 전문점에서 구입 가능.

▲전시 베이스의 뒤에 전원을 배치한 사례. 작품은 오른쪽에서 소개하고 있는 MG 「유니콘 건담」. 전원 측의 핀을, 발 뒷면에 설치한 커넥터에 이어주도록 하고 있다. 스위치는 측면에 만들어서 조작하기 쉽게 해놓았다. 전원의 수납 방식으로서는 기본적인 방법이다.

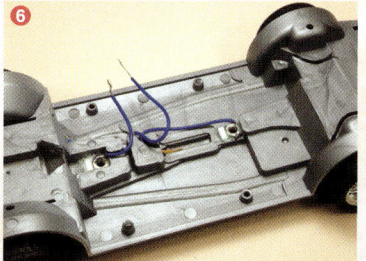

▲이쪽은 왼쪽 페이지에서 소개한 자동차 모델의 사례. 섀시 부분에 베이스와의 고정용 너트 2개를 설치하고, 그곳에 배선을 납땜해놓았다. 베이스 뒤에서 나사를 조여주며, 전원 단자도 함께 조여 줌으로써 배선이 완료되는 구조다.

15. 응용편 「제스타 캐논」의 제작

부품 자작으로 「MG 제스타」를 제스타 캐논으로 개조!

이 장을 정리하는 의미로, 이제까지 소개해온 테크닉을 모두 동원한 개조의 실전 사례를 소개하도록 하겠다. 이번 교재는 『기동전사 건담 UC(유니콘)』에 등장하는 1:100 MG 제스타 키트로, 극중에 등장하는 파생 모델 「제스타 캐논」으로 개조할 것이다. 기존의 제품을 베이스로 한 베리에이션의 제작은, 일정 이상의 완성도를 확보할 수도 있으며, 키트화되지 않은 모델을 손에 넣을 수 있다는 점에서 만족감 또한 각별하다.

이러한 개조 공작에서는 만들어 낼 형태를 구상하여 정리하는 것이 중요! 기본이 되는 디자인 스케치를 제대로 이해하고, 보이지 않는 곳을 상상하여 키트와 부품의 적합성이 잘 맞는 크기와 형태를 도출해내는 것이 완성후의 모습을 좌우한다.

또한 실제 제작과정에서는 스케치와 도면을 그려서 그대로 만들어나가는 방법도 있으며, 퍼티 등을 실제로 바르고 깎으면서, 그 와중에 형태를 가늠해 나가는 방법도 있다. 개조 공작의 방법은 한 가지만이 아니며, 자신이 익숙해져 있는 공작과 소재에 의해서도 변하므로, 여기서 보여주는 것은 어디까지나 한 가지 예일 뿐이다. 각 부품의 가공은 물론 어떻게 생각하여 소재와 공작을 선택해 나가는지도 포함해서 참고해주기 바란다.

▲기본 조립을 한 MG 제스타. 내부 프레임에 외장을 장착하는 「MG 스타일」 키트로, 세부에는 추가 부품의 확장을 배려한 부분도 엿보인다.

▲제스타 캐논의 설정 일러스트. 색을 칠한 곳이 기존 제스타에서 변경된 점으로 각 부분에 장갑과 무장이 추가되어 있으며, 제스타 본체의 변경은 거의 없다. 이 외에 라이플에도 변경점이 있다.

◀1:144 HG 「제스타」와 「제스타 캐논」. 양쪽을 비교해 보면 앞으로 만들어나가는 형태의 참고가 된다. MG와 HG는 의외로 해석이 다른 것을 느끼게 해준다.

▲자작한 부품을 장착한 모습. 주된 재료는 플라스틱 소재(하얀 부분)과 에폭시 퍼티(노란색 부분). 어깨부분(그레이)는 좌우가 동일한 형태인 관계로, 형틀 뜨기·복제한 부품을 사용하고 있다.

가슴 윗면 장갑의 볼륨 업

우선은 가슴 윗면의 증가 장갑을 제작해 보자. 여기서는 에폭시 퍼티를 바른 후, 깎아 내면서 형태를 정하는 방법을 채택해 보았다.

CHECK POINT

● 주된 재료는…

▲플라스틱 소재. 일정한 두께의 판과 봉 형태의 소재이므로, 이를 기준 삼아 정밀도를 높이기 쉬우며, 경량인 덕분에 마무리하기도 쉽다. 잘라서 상자 조립과 여러 장 겹치는데 이용하고 있다.

▲에폭시 퍼티. 발라준 후 절삭하는 작업에, 타미야 에폭시 퍼티(속성 경화 타입)를 사용하였다. 이 외에 부분적인 보수에는 폴리 퍼티도 사용하고 있다.

▲퍼티를 바르기 전의 밑 준비. 발라준 퍼티를 쉽게 벗길 수 있도록, 사전에 이형제(사진에서는 멘텀(멘소레담)을 사용)을 칠해 둔다. 얇게 발라도 괜찮으므로 파인곳까지 확실히 칠해두자. 주변은 가공 중에 흠집이 생기지 않도록 테이프로 마스킹을 해놓았다.

▲에폭시 퍼티를 발라놓은 상태. 볼륨이 부족하면 곤란하므로 약간 넉넉히 사용했다. 경화되기 전에 원하는 형태에 가깝게 가공하는 방법도 있지만, 자꾸 움직이다가 부품의 표면으로부터 퍼티가 떨어져 나오면 곤란하므로, 경화가 끝난 후에 가공하기로 했다.

▲퍼티가 굳었으면 키트 부품으로부터 떼어낸다. 뒷면을 보면 부품의 형태에 딱 맞게 되어 있는 것을 알 수 있다. 다시 부착해도 위치가 어긋날 걱정도 없다. 일단 불필요한 부분을 거칠게 깎는다. 이 작업에서는 나이프 외에 쇠줄과 입자가 큰 사포도 편리.

▲목적한 형태로 다듬으려면 그냥 막연하게 각 면을 깎아 주는 게 아니라, 우선 기준이 되는 면을 정한 후에 여기에 맞춰 작업하는 것이 좋다. 사진은 측면 부분을 키트 부품 외 가장 자리에 맞춰서 편평히 깎은 후, 그 부분에 밑그림을 그리는 장면.

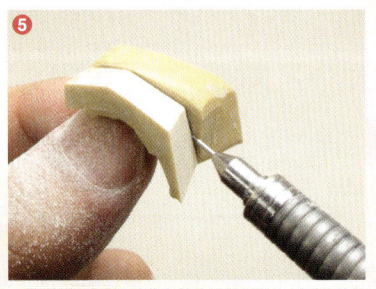
▲밑그림을 따라서 깎아낸 왼쪽 가슴 부품과, 반대쪽의 부품을 겹쳐, 형태를 옮겨 그리고 있는 장면. 직접 겹칠 수 없는 경우에는 캘리퍼스로 치수를 재거나, 평면에 두고 높이를 비교한다거나 해서 사이즈를 맞추자.

▲좌우의 부품이 갖추어진 상태. 가공 도중에 머리 부분의 간섭을 확인했기에, 최초의 이미지 보다 약간 낮은 형태가 되었다. 이후 표면의 자잘한 흠을 다듬고 모서리를 약간 죽이는 등의 가공을 하여 마무리 짓는다.

왼팔 장갑 제작

이 작업은 개조라기보다는 부품을 새로이 만들어내는 것에 가깝다. 때문에 사전에 그림을 그려서 형태를 결정해 놓고, 그에 따라서 만들어 나가는 방법을 채택했다. 소재는 플라스틱 소재를 사용하여 경량으로 마무리 지었다.

①
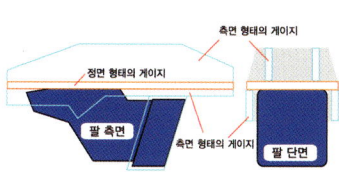
▲왼팔에 덮어씌우는 듯한 형상의 장갑 부품이지만 팔이 숨겨지는 단차 면에 사이즈가 딱 맞게 해주기 위해 그림을 그려 보았다. 팔과 접하는 면을 기준면으로 삼아, 그곳으로부터 수평면과 수직면의 게이지를 설정하고 주변을 메워 나가는 방법을 채용하였다.

②
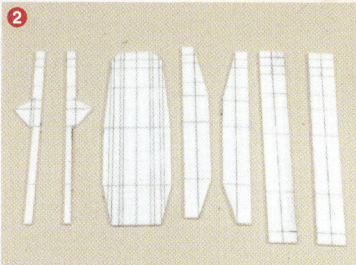
▲1mm 플라스틱판에서 잘라낸 각 게이지. 왼쪽부터 팔 부분용 측면 게이지(2장), 정면 게이지, 바깥쪽 측면 게이지(2장), 오른쪽의 2장은 바깥쪽 게이지 사이에 끼워서 윗면이 되는 부분. 사이에 끼워줌으로써 2장의 게이지를 평행하게 붙이기도 쉬워진다.

③

▲잘라낸 플라스틱 게이지를 붙여 놓은 장면. 이로써 그림으로 표시한 게이지 부분이 완성되었다. 아래팔의 소매 입구 부품은 이미 한층 큰 사이즈로 가공이 끝난 상황. 플라스틱판으로 둘러싸듯이 하여 만들었다.

CHECK POINT
● 도면에서 잘라 내기

▲우선 컴퓨터상으로 도면을 제작하여 인쇄한 것을 스프레이 풀로 플라스틱판에 붙인다. 그림에 따라 칼집을 내서서 밑그림을 넣어주는 것이다. 그 후에 잘라낸다고 하는 수순이다

④

▲아래팔과 장갑의 위치 관계가 고정됨에 따라서 주위 게이지와의 틈새 등, 남은 공간을 플라스틱 소재로 메워 나간다. 퍼티를 사용해도 좋겠지만 질감과 가공성을 동시에 추구하기 위해서 여기서도 플라스틱 소재를 선택했다.

⑤
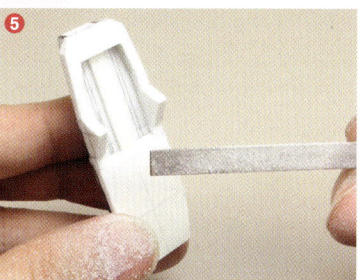
▲틈새를 메우기 위해서 붙여 놓은 플라스틱 소재의 여백을, 게이지를 따라서 정형하고 있는 장면. 이로써 처음에 보여줬던 그림의 아래쪽이 완성되었다. 뒷면의 파인 곳은 전완의 팔꿈치 측이 들어가는 부분으로, 사이즈가 딱 맞도록 했다.

⑥
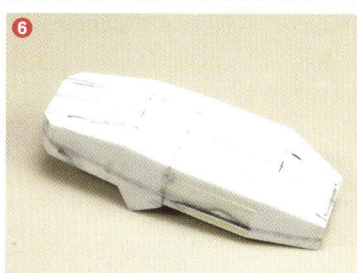
▲장갑 바깥쪽. 이곳도 양쪽에 플라스틱 소재를 붙여서 메우고, 게이지에 따라서 여분을 깎아 내는 방법. 수평과 수직면은 깎는 일이 없도록, 플라스틱 소재의 두께를 선택하여 겹쳐 놓았다. 전체 형태가 끝났다면 세부 조정 작업으로 들어간다.

어깨 아머 제작

어깨 아머는 대형화되어 있으므로 완전히 새로 만들기로 했다. 그 형태를 재현하는 것뿐만이 아니라 MG 키트 특유의 느낌에 맞춰 부품을 분할하고 내부 구조를 살리는 방법으로 만들어 보았다.

①

▲우선은 키트의 어깨 부품을 확인. 외장은 양측면과 중심부의 3면으로 분할되어 있어서, 형태가 꽤나 다르다. 내부 부품은 바디 측의 관절 축을 통해서 '가동 플레이트'를 사이에 끼우는 구조. 설치해야 하는 사정도 있어서 이 부분은 활용하기로 한다.

②
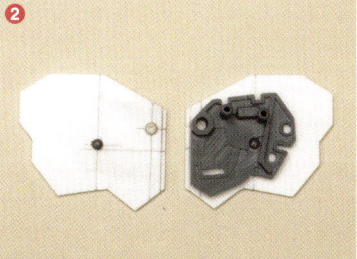
▲앞뒤 대칭면을 제작한다. 도면을 기초로 1mm 플라스틱판을 잘랐다. 그리고 그려놓은 동그라미 위치에 원형의 부품을 붙인다. 이것이 내부 부품을 끼우는 곳이 된다. 또한 내부 부품에 달려 있는 동그란 노즐은 제거했다.

③
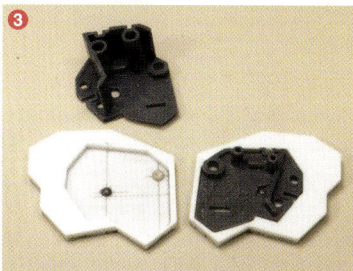
▲더해서 내부 부품의 형태로 도려낸 플라스틱판을 덧붙여서 부품에 두께를 더해준다. 내부 부품을 구멍에 끼워놓고 있으므로, 이렇게 복잡한 형태로 도려낸 부분에 다소의 어긋남과 틈이 있어도, 위치를 맞추는데 있어서는 영향을 끼치지 않는다.

CHECK POINT
● 어깨 아머 도면

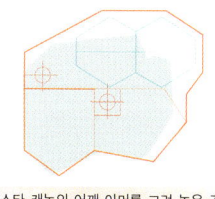
▲제스타 캐논의 어깨 아머를 그려 놓은 것. 회색 범위가 제스타의 형태. 왼쪽의 동그란 표시는 '가동 플레이트'의 축 위치. 중앙의 동그라미는 노즐 위치

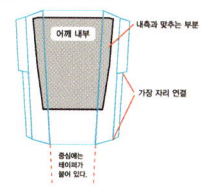
▲위에서 내려다 본 구조도. 측면의 판은 평행하여 늘어놓는 것이 아니라, 테이퍼가 들어간 형태가 된다. 내부 부품 면과 테이퍼가 들어간 각도가 다른 것이 난점이다.

④
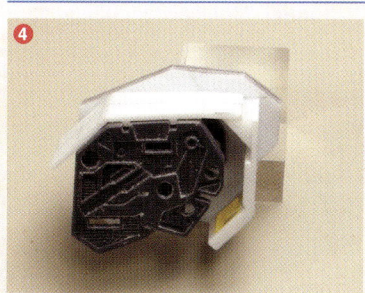
▲중간에 씌우는 부품은 내부 부품 위의 홈을 이용하여 위치를 고정. 그 끝에는 따로 제작해 놓은 사각 노즐을 이어주었다. 노즐 위치는 측면 부품의 가장 자리 위에 위치를 맞춰서 접착해 둔다.

⑤

▲중간 부분의 위쪽, 다각형인 부분은 에폭시 퍼티를 발라서, 각 면의 부품에 맞춰 정형했다. 외측의 팔각형 몰드 부분은, 플라스틱 소재의 틀을 주변에 반 고정해서, 높이와 직각의 가이드로 삼아 퍼티를 바르고 절삭했다.

⑥

▲다각형 몰드는 각각의 플라스틱판에서 깎아내어 붙여놓았다. 이로써 어깨 블록의 형태는 거의 완성. 동일한 물건이 좌우로 필요하기 때문에, 실제로는 이를 원형으로 하여, 레진으로 복제한 부품을 조립했다.

캐논 유닛 제작

백 팩 위에 장착되는 캐논 유닛. 좌우의 포는 각이 완만한 사각단면으로, 단차로 나누어지는 부분과 격자로 되어 있는 부분에 어떻게 대응하느냐가 포인트가 된다.

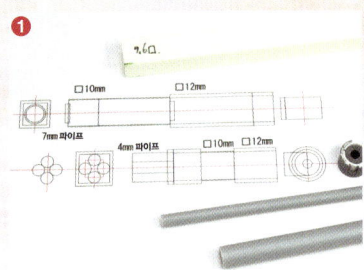

▲공작 전에 그려놓은 포신의 도면. 이러한 형태를 목표 삼아 사용하려는 소재와 공작 수순을 검토한다. 수치는 일단 눈대중 이므로, 다소 변해도 상관없다. 포신은 에버그린의 9.5mm 스퀘어 파이프를 심으로 삼았다.

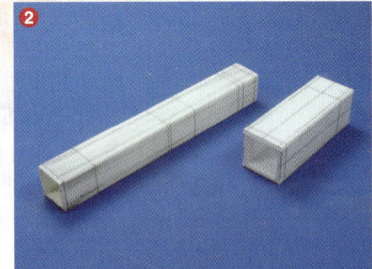

▲우측의 빔 캐논 부분은 두께가 2단계로 되어 있다. 9.5mm의 스퀘어 파이프를 사용하고, 후반의 두터운 부분은 1.2mm 플라스틱판으로 에워싸듯 붙였다. 여기서는 나중에 접속할 수 있도록 접착하지 않고 내버려둔다.

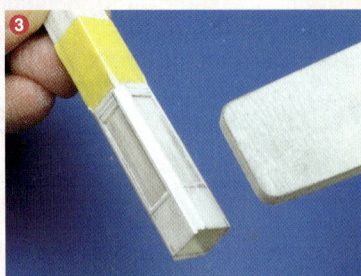

▲이어서 격자 부분의 가공. 사각 파이프 주변에 격자의 형태에 맞춰 플라스틱판을 붙여서 두께를 확보. 패여 있는 곳은 도려내야 할 부분이지만, 그렇게 가공하기 전에 먼저 각을 완만하게 하고 힘이 들어가는 가공 부분을 처리해 둔다.

CHECK POINT
●「프라서포」활용

▲「프라서포」(웨이브)는 폴리캡 축과 축받침 부품이지만, 적절한 사이즈의 상자 형태와 원통, 핀 형태이므로 정형 소재로도 요긴하게 쓰인다.

▲격자 기둥의 정형이 끝났다면 각 면에 사각 구멍을 뚫어준다. 여기서는 사각 구석에 핀 바이스로 구멍을 뚫어서, 구멍을 이어주는 식으로 도려내고 줄로 정형. 사각으로 뚫어주는 범위에 이미 단차가 있으므로 깎아주는 기준선이 되며 가장자리도 정리하기 쉽다.

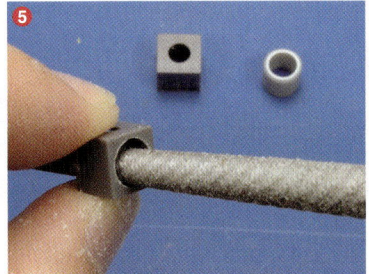

▲포신을 사각 파이프 속에 고정하는 부분의 제작. 스퀘어 파이프의 내벽에 맞춰서, 8mm 각이 딱 맞는 부품(「PC-04 프라서포②」의 [2])을 사용하고 있다. 사진은 중심 구멍을 둥근 봉 줄로 넓혀서 7mm 직경의 파이프가 통과할 수 있도록 만든 모습.

▲포신의 주요 부분이 완성된 모습. 안에 들어가는 부품은 내벽에 맞춰서 각을 완만하게 만드는 가공도 실시해주었다. 이것들은 도색 후에 격자 부품의 전후로 삽입해서 끼우도록 한다. 포신 뿌리 쪽의 두꺼운 부분은 별도의 부품으로 하고 있다.

4연장 멀티 런처

여기서도 사각 파이프를 심으로 삼아 만드는 것은 빔 캐논의 사례와 동일하다. 추가로 백 팩에 달아주는 축과, 백 팩 본체를 제작하도록 하겠다.

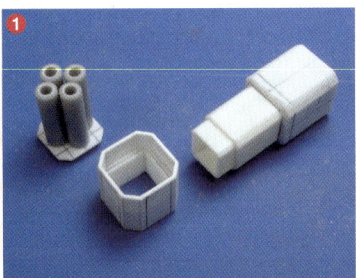

▲4연장 멀티 런처의 마무리. 포신은 4각 파이프를 심으로 제작. 4개의 총열을 판에 동일한 간격으로 세워서, 안에 박아 넣는다. 이를 둘러싸는 아우터 배럴의 가장자리를 얇게 하여, 각을 완만하게 하는 형태로 하는 것이 어려운 부분이다.

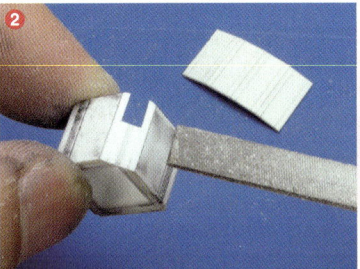

▲아우터 배럴은 사각 파이프를 심으로 삼아, 주변에 0.75mm 플라스틱판을 붙이고, 그 후에 각을 제거한다. 각을 제거한 후에 추가로 0.75mm 플라스틱판을 붙여주며, 각 면에 일그러짐이 없도록 선의 흔적을 기준 삼아, 꼼꼼하게 정형해 나간다.

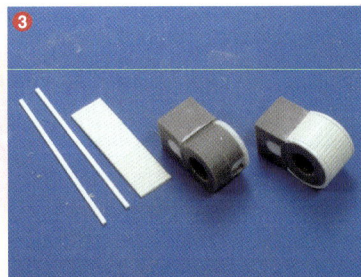

▲포신 뒤쪽 끝의 탈착 부분. 그레이 부분은 「프라서포」이며 원통 안에 지름 3mm 폴리 캡을 내장하고 있다. 사각 부분은 앞에서 소개한대로 스퀘어 파이프에 맞는 사이즈. 여기에 플라스틱 소재로 몰드를 추가해 준다.

CHECK POINT
●상자 조립 잘라내기

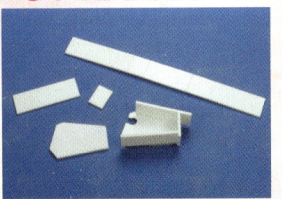

▲포의 가동부를 덮어주는 거치형 박스 부는, 실물에 맞춰서 측면 형태를 결정. 이를 몇 장정도 잘라내고, 사이를 동일한 폭으로 잘라낸 플라스틱판을 끼워 넣음으로써 상자를 만들어 내었다.

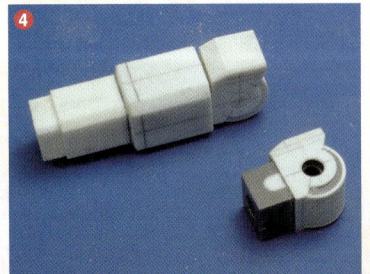

▲탈착 부분 완성. 위쪽은 각진 형태로 측면은 원형 몰드를 추가하기 때문에, 잘라낸 플라스틱 판으로 에워싸듯이 조형하고 있다. 원형으로 잘라 내거나 홈을 파기에는 작으므로, 시판중인 템플릿과 철필로 작업했다.

▲백 팩 부분은 윗면에 밀착하는 박스를 올려놓은 형태. 아랫면은 키트 부품에 맞춰서 제작하고 그 안에 포신을 상하로 움직이게 하는 축을 내장했다. 축의 위치를 정하는 것은 프라서포 부품으로, 상자 조립의 보강과 직각 가이드도 겸하고 있다.

▲백 팩의 완성. 좌우의 거치 박스 부위(위쪽)는 백 팩과 밀착된 느낌을 살리기 위해 중앙의 박스에 약간 덮어주듯이 작업했다. 각 부의 모서리는 키트 부품과 설정 일러스트의 기준에 맞춰 세세하게 각을 죽여주었다.

종아리 부분의 그레네이드 런처

정강이 바깥쪽에 증설되어 있는 그레네이드 런처. 원형인 제스타에도 허리 측면에 장비되어 있으므로, 이에 준하는 스타일로 제작한다.

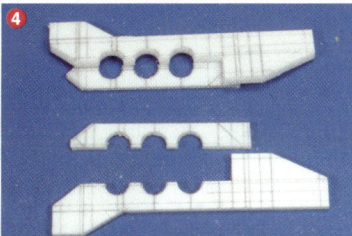

①▲런처의 형태를 검토 중. 달아주는 위치에 맞춰서 자른 두꺼운 종이에 측면 형태를 스케치 하고 있다. 설정 그림에서는 동그란 탄체의 크기와 간격은 허리 부분의 그것과는 약간 다르게 보이지만, 여기서는 동일한 것이라 해석하고 만들기로 했다.

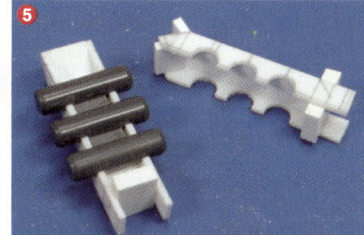

②▲스케치를 토대로 선을 정리한 도면. 중앙의 그림이 전체 형태. 오른쪽은 각 부분마다 잘라낸 형태. 탄체가 통과하는 원형부는 반씩 나누어져 있지만, 덮개(오렌지 부분)는 반원보다도 약간 돌출된 형태로 하여 베이스 쪽(녹색 부분)에 겹쳐지는 부분을 설치한다.

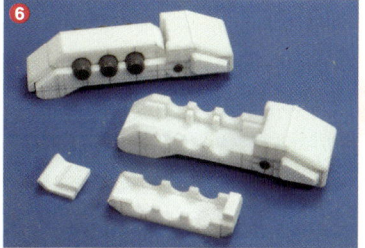

③▲측면도를 복사하여 플라스틱판에 붙이고 밑그림을 뜬 장면. 잘라내기 전에 우선 탄체용의 구멍 뚫기를 끝낸다. 여기서의 구멍 뚫기는 기본으로 작게 구멍을 낸 다음, 둥근 줄 등으로 서서히 넓혀 나가는 게 좋을 것이다.

CHECK POINT
● 프레임에 달아주기

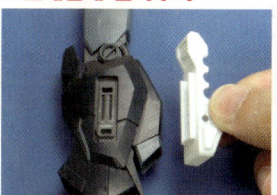

▲다리에 달아주는 증가 부품들은 내부 부품의 형상에 맞춰서, 런처 뒷면에 플라스틱 소재를 붙여 스냅 핏으로 고정할 수 있도록, 약간 빡빡하게 조정하였다.

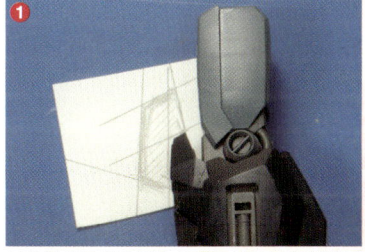

④▲다음으로 덮개와 베이스 부분의 측면 형태를 잘라낸다. 이 판끼리는 약간 겹치도록 하고 있으므로, 구멍을 중심으로 그냥 쪼개듯이 하는 게 아니라, 구멍을 하나 뚫을 때마다 어느 한쪽의 패널을 잘라내도록 했다. 이 사이에 끼워 넣는 판도 따로 잘라 둔다.

⑤▲덮개 부분 제작. 측면 판의 사이에 동일한 폭의 플라스틱 소재를 끼워서 조립한다. 반원의 위치는 어긋나지 않도록 탄체 부품을 대고 접착하는 것이 좋다. 외형에 오차가 있어도 정리하기 쉽지만, 반원 부위는 어려우므로 그곳을 우선한다.

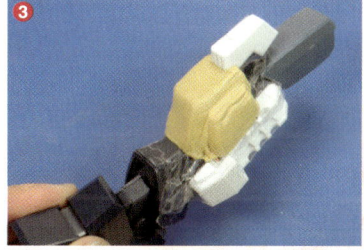

⑥▲아래쪽도 마찬가지로 플라스틱판을 사이에 끼우는 방법으로 제작. 주변에 몰드를 추가하고, 각의 정형도 작업하여 완성했다. 좌우 형태는 거의 대칭이지만 종아리 부분과의 피팅에 일부 차이가 있으므로, 복제를 하지 않고 양쪽을 따로 제작했다.

다리의 증가 장갑

무릎과 정강이에 씌우는 증가 장갑의 제작. 이곳에는 그레네이드 런처도 부착되므로, 먼저 그쪽부터 만들어 놓았다. 장갑 제작은 장소에 맞춰서 2종류의 방법을 구사하였다.

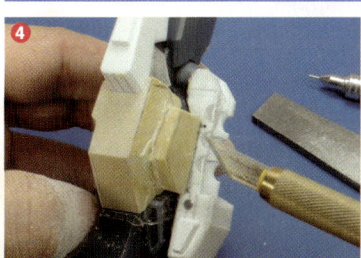

①▲우선은 무릎 아머 제작. 여기서는 키트 부품에 맞춰서 측면 형태를 스케치. 이를 토대로 실물과 대조하여 플라스틱판을 잘라낸다. 스케치한 형태의 각 부위를 길게 연장해서 그려주면 판을 겹쳐서 잘라내기 쉬워진다.

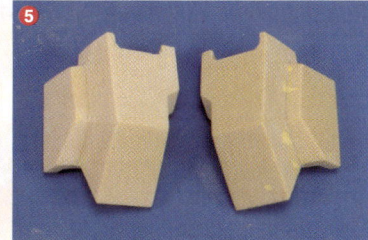

②▲측면 게이지는 4장을 잘라내 겹쳐 정형함으로써 형태를 맞춰 나간다. 무릎에 접하는 면의 판에 측면 판을 플라스틱 접착제로 접착하면서, 기준을 잡았다면 안에 보강재를 넣어주고 주변을 에워싸듯이 플라스틱판을 붙여서 정형한다.

③▲정강이 쪽의 장갑은 평면 구성이므로 플라스틱판으로 조립하는 경우도 고려해 보았지만, 정강이 부품과 딱 맞아 떨어지는 것을 우선하여, 에폭시 퍼티를 바르고 깎아 내는 방법을 선택했다. 기본적으로는 가슴 장갑을 만들 때와 같은 요령으로 작업이 진행된다.

④▲퍼티가 굳었다면 쇠줄로 대략적으로 정형. 우선 정면의 위아래 2개 면의 형태를 잡는다. 이곳은 무릎 아머의 굴곡을 반복하듯이 해주는 것이 포인트. 추가로 그레네이드 런처를 이어주는 부분을 두껍게 작업한다.

⑤▲절삭을 끝낸 정강이 아머. 복잡한 형태로 보이지만 우선은 정면, 그 다음은 측면을 작업하는 식으로, 순서를 맞춰서 깎아 가면 형태를 쉽게 갖출 수 있다. 오른쪽 부품만 면 작업까지 끝난 상태. 노란색으로 보이는 것은 폴리 퍼티로 보수한 부분이다.

⑥▶다리의 추가 부품이 갖추어진 제스타 캐논. 가공 상태를 쉽게 알 수 있도록, 아직 소재의 색을 그대로 놔둔 상태. 이 모습 또한 개조 공작에서는 하나의 '볼거리'라 할 수 있다. 이 후에 서페이서를 뿌려주는 등 표현 처리를 하고 도색을 칠해주면 완성이다.

4 : 공작 테크닉 / 개조 편

제스타 캐논 완성

　이제까지 제작한 무장, 장갑을 장착하여 완성해낸 1 : 100 제스타 캐논을 감상해 보자. MG 제스타 본체에 가공 작업을 한 부분이 적으며 키트를 잘라내는 고생도 거의 없었으므로, 그런 의미에서는 개조 작업치고 위험 부담이 적은 편이었기에 도전하기 쉬운 패턴이기도 하다. 물론 추가로 제작하는 부품의 형태가 간단했다고는 할 수 없지만 그럼에도 제작 수순을 차근차근 밟아나가면서 목적한 형태에 다가갔음은 제작 과정을 통해 잘 알 수 있을 것이다. 개조 공작에서는 각 부품의 형태를 추구할 뿐 아니라 완성으로 가는 수순을 올바르게 밟아 나가는 것도 포인트. 부품을 만드는 단계에서 베이스 키트의 조립 방식과 도색의 편의성 등도 고려해 두자. 향후의 작업을 예상하고 작업하는 방식이 매우 중요하다.

▲기체 각 부분의 라이트 블루로 채색되어 있는 곳이 주된 추가 부품. 마치 처음부터 이러한 형태의 키트였던 것처럼 보이는 것은, 키트 개조 작업에 있어서는 하나의 이상. 이를 위해 피팅과 에지를 완만하게 하는 방법, 둥글게 하는 방법 등에 이르기까지의 과정을 의식하여, 키트 부품의 분위기와 이어지도록 완성했다.

◀좌우의 포신은 격자 부분과 각을 완만하게 깎은 배럴 커버등, 평범한 방법으로는 만들 수 없는 부분이 있었다. 어떻게 만들지는 입체 퍼즐을 맞추듯 생각을 짜내야 하지만, 이 사례는 사각 파이프를 잘 활용한 제작이 되었다. 이런 식으로 "사용할 수 있는 소재"를 발견하는 것도 중요.

반다이 1 : 100 스케일 플라스틱 키트
「마스터 그레이드 RGM-96X 제스타」 개조
RGM-96X 제스타 캐논
제작 / 노모토 켄이치

도색용구 카탈로그 5

1. 도료
2. 캔 스프레이
3. 붓
4. 마커
5. 에어브러시
6. 컴프레서 외
7. 도색 부스
8. 마스킹 재료
9. 연마재
10. 웨더링 재료
11. 데칼 및 관련 용품
12. 기타 주변 용품

모형의 도색용품은 종류가 매우 풍부하다. 그만큼 다채로운 표현이 가능하다고 할 수 있으나, 아직 익숙하지 않은 사람에겐 무엇을 사용해야 할 지, 큰 고민으로 다가올 것이다. 이 장에서는 각종 도료의 종류와 특성부터, 에어브러시나 붓 등 도색을 위한 도구에 대해서 자세히 소개하고자 한다. 특히 현재 모형도색의 주류가 되고 있는 에어브러시의 경우, 그 주변기기까지 다룰 수 있도록 신경을 썼다. 이와 더불어 데칼 관련 용품에 대해서도 살펴보도록 하자.

1 도료

【용도】 · 붓으로 칠하거나 분무하여 도료를 입힌다.

모형용 도료는 크게 나눠 「래커 계열」, 「에나멜 계열」, 「수성 아크릴」의 3종류가 있는데, 각기 다른 용제(희석액)를 사용하기에 다른 종류의 도료와 섞을 수 없다. 각 도료의 특징은 아래와 같으며 도료별 특징을 살린 마감이나, 덧칠할 때 용제의 내성에 따라 구분하여 사용하고 있다. 또한 이 명칭은 모형 업계에서 사용되고 있는 "통칭"으로, 특징을 알기 쉽게 분류하기 위해 편의상 그리 부르는 것이며, 특히 「래커 계열」은 일반 「래커 도료」와 완전히 다른 물건이라는 것을 기억해두자.

【모형용 도료의 종류별 특징】

- 「래커 계열 도료」……유기 용제가 사용된 도료. 건조가 빠르고 유착과 내성도 뛰어나며, 다른 도료에 피막이 침식되지 않는다. 모형용으로 가장 널리 사용되고 있다.
- 「에나멜 계열 도료」……유성 도료로 퍼짐성과 발색이 좋아 붓으로 칠하기 편리하다. 또 침투성이 높아 먹선 넣기에도 사용된다. 다만 소재에 따라서는 일명 '솔벤트 크랙'이라 하여 "깨짐 현상"이 생길 위험도 있다.
- 「수성 아크릴 도료」……물로 희석되어 있는 도료. 건조 전에는 물로도 세척 가능하지만, 건조 후에는 물에 녹지 않는다. 냄새도 별로 없으므로 친환경적인 도료라고 할 수 있다.

◀도료의 구조를 나타낸 그림. 수지에 첨가제와 용제를 섞어서 바르기 쉽게 하고, 거기에 안료를 더한 것이 도료인 것이다.

덧칠 바탕	래커 계열	에나멜 계열	수성 아크릴
수성 아크릴	○	○	△
에나멜 계열	○	△	△
래커 계열	△	×	×

◀덧칠 대응표. 도색을 덧칠할 때는 도료에 포함된 용제에 따라서 바탕칠이 녹아내리는 경우가 있다. 녹아내리는 것은 에어브러시보다 붓 도색, 또 도료를 희석했을 때 나타나기 쉽다. 이 조합을 참고해서 도료를 잘 구분하자.

■ 래커 계열 도료

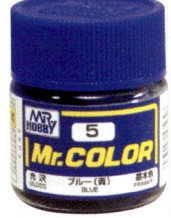

Mr.컬러
◀Mr.컬러는 일본에서 생산되는 프라모델 대부분에서 도색용으로 지정되는 등, 가장 널리 보급된 모형용 도료다. 색도 가장 다양해서 기본색 외에도 차, 비행기, AFV, 캐릭터물 등 각 장르별로 전용색이 다양하게 갖춰져 있다. 광택의 종류는 유광, 반광, 무광, 그리고 「3/4 광」도 채용. 도료를 희석할 때는 전용 희석액을 사용한다. 붓칠을 할 경우 도료 1에 희석액 1~1.5, 에어브러시 도색일 경우 희석액 1.5~2 정도를 기준으로 잡으면 될 것이다. 특정 용도에 알맞게 조색되어 있는 3~4색의 「특색 세트」도 있다. 10㎖들이, 전 169색.
(160엔 / GSI 크레오스)

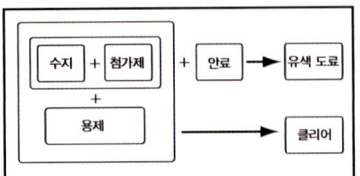

건담 컬러
◀반다이의 프라모델 「기동전사 건담」시리즈에 맞춰서 조합된 전용 도료. 특성은 Mr.컬러와 같으므로 똑같이 다룰 수 있는 것은 물론이고 혼색도 가능. 희석액도 Mr.컬러의 것을 그대로 사용한다. 메탈릭 외에는 전부 반광. 붓칠하는 경우에는 도료 : 희석액 = 1 : 1, 에어브러시 도색은 도료 : 희석액 = 1 : 3의 비율이 기준이다. 전 15색. 10㎖들이.
(200엔 / GSI 크레오스)

Mr.컬러용 안료
◀Mr.컬러의 조색용 첨가 안료. 색은 3원색의 시안, 마젠타, 옐로이며 백색과 검은색이 포함되어 있지 않기에 혼색을 하더라도 색이 탁해지지 않는다. 이 안료들만으로는 차폐력이 없으나 그 대신 특유의 투과성을 살려 클리어 컬러의 조색도 가능하다. 전 3색. 18㎖들이.
(240엔 / GSI 크레오스)

Mr.컬러 희석액
▶소 50㎖, 중 110㎖, 대 250㎖, 특대 600㎖
(소 150엔, 중 250엔, 대 600엔, 특대 800엔 / GSI 크레오스)

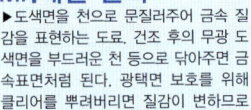

Mr.메탈 컬러
▶도색면을 천으로 문질러주어 금속 질감을 표현하는 도료. 건조 후의 무광 도색면을 부드러운 천 등으로 닦아주면 금속표면처럼 된다. 광택면 보호를 위해 클리어를 뿌려버리면 질감이 변하므로 주의하자. 10㎖ 들이, 전 9색.
(180엔 / GSI 크레오스)

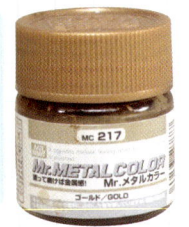

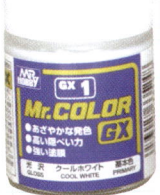

Mr.컬러 GX
◀차폐력이 높고 선명한 발색을 추구하는 고품질 Mr.컬러. 원색계열을 중심으로 7가지 색이 있다. 피막이 튼튼한 「슈퍼클리어 Ⅲ」도 이 라인업의 제품이다. 18㎖ 들이.
(280엔 / GSI 크레오스)

Mr.크리스탈 컬러
◀무지갯빛 펄 안료를 포함하고 있는 도료. 하얀 계열의 바탕 위에 도색하면 표면의 펄 코트의 반짝임이 더해지며, 검은색 위에 칠하면 펄의 반짝임 때문에 메탈릭한 느낌으로 마무리 된다. 전 8색. 18㎖ 들이.
(280엔 / GSI 크레오스)

Mr.컬러 슈퍼 메탈릭 도금 실버 NEXT
◀미세 금속 입자로 도금을 한 것 처럼 반짝이게 해주는 도료. 유광 검정으로 밑칠을 해줄 필요가 있으며 이 위에 에어브러시로 약하게 뿌려준다. 용제는 수성 하비 컬러를 사용한다. 18㎖ 들이.
(900엔 / GSI 크레오스)

Mr.리타더 마일드
▶Mr.컬러의 건조시간을 늦추는 첨가제. 도료가 잘 발라지게 되고 붓 자국을 방지해주어 광택이 잘 나게 된다. 습기가 많을 때 도료를 칠한 면이 뿌옇게 되는 현상을 방지하는 데도 효과적. 첨가량은 붓으로 칠할 때 10%이하, 에어브러시는 20%이하다. 40㎖ 들이.
(200엔 / GSI 크레오스)

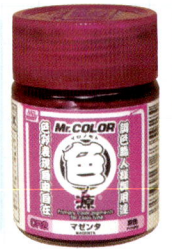

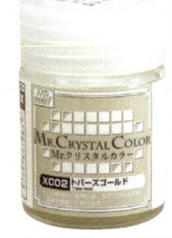

Mr.클리어 컬러 GX
▶안료 계열 클리어 컬러이므로 색 번짐의 우려가 없다. 칠하는 방식에 따라서 농담의 차이가 잘 나타나지 않는 것도 특징. 금속색의 클리어 컬러도 있다. 전 11색. 18㎖ 들이.
(280엔 / GSI 크레오스)

Mr.컬러 전용 진 · 용매액
▼도료병 속의 용제가 휘발되어 굳어버린 도료를 부활시켜주는 용매. 뭉친 덩어리가 녹으면 통상의 희석액을 사용한다. 지나치게 첨가하면 플라스틱을 녹여버리는 경우도 있다. 250㎖ 들이.
(600엔 / GSI 크레오스)

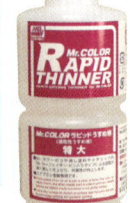

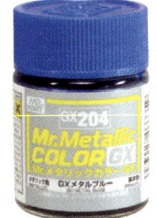

Mr.메탈릭 컬러 GX
◀발색이 우수한 메칼릭 컬러. 칠하는 정도에 따라서 색의 농도가 나오기 힘든 특징이 있다. 전 17색. 18㎖ 들이.
(280엔 / GSI 크레오스)

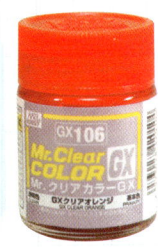

Mr.컬러 레벨링 신너
◀에어브러시 도색에 사용하는 전용 용제. 통상의 희석액 보다도 평활도가 높아져서 광택이 잘 난다. 또한 무광 도료에 사용해도 균일한 무광면을 얻을 수 있다. 첨가량은 10~20%가 적당. 중 110㎖, 특대 400㎖ 들이.
(중 300엔, 특대 900엔 / GSI 크레오스)

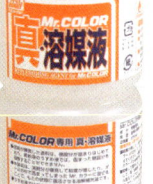

Mr.래피드 신너
▶메탈릭 도색 시 입자가 균일하게 정착되며 질감을 살려주는 희석액. 건조가 빨라 무광 도색에도 적합하다. 반대로 유광 도색에는 어울리지 않는다. 400㎖ 들이.
(800엔 / GSI 크레오스)

가이아 컬러
◀가이아 노츠의 용제 계열 아크릴 수지 도료. 발색과 높은 은폐력을 특징으로 하는 기본색 외에, 조색의 베이스가 되는 순색 시리즈, 금속 질감이 높은 메탈릭 컬러 등 특징 있는 도료를 라인업하고 있다. 또한 철도 모형, 밀리터리, 각종 캐릭터 모델에 맞춰서, 색감을 추구하는 전용 색을 늘리고 있다. 희석에는 동사 제품인 「래커 계열 용제」를 사용하며, 붓칠을 할 경우에는 도료 1에 용제를 0.5~1, 에어브러시는 용제를 2~3정도의 배율로 넣는 것이 기준이다. 15㎖ 들이.
(200엔~350엔 / 가이아 노츠)

가이아 컬러 Ex시리즈
◀은폐력과 광택을 추구한 안료, 수지를 사용한 고급 도료다. 색은 화이트 블랙, 실버, 프레시와 클리어 계열이 있다. 전 7색. 50㎖ 들이.
(600~700엔 / 가이아 노츠)

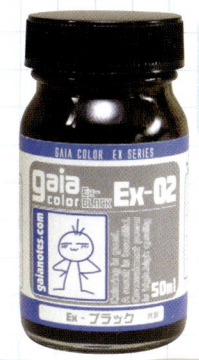

T-07 모데레이트 용제
▶브러시 마스터에 향료를 추가하여, 악취를 억제한 제품. 중 250㎖, 대 500㎖, 특대 1000㎖ 들이.
(중 600엔, 대 1000엔, 특대 1600엔 / 가이아 노츠)

가이아 컬러 희석액
▶중 250㎖, 대 500㎖, 특대 1000㎖ 들이.
(중 500엔, 대 800엔, 특대 1400엔 / 가이아 노츠)

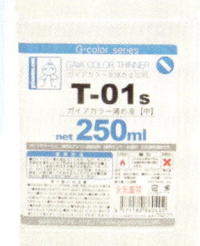

T-06 브러시 마스터
▶건조를 늦춰주는 리타더를 첨가한 희석액. 붓칠 자국이 감소하고, 에어브러시에서는 백화 현상을 방지하는 효과가 있다. 중 250㎖, 대 500㎖, 특대 1000㎖ 들이.
(중 550엔, 대 900엔, 특대 1500엔 / 가이아 노츠)

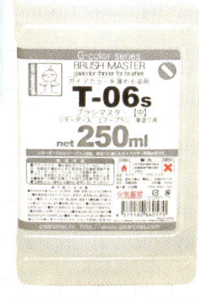

프리미엄 매트 파우더
◀범용으로 사용하는 분말 상태의 무광 안료. 도료에는 0.5% 정도 첨가한다. 붓칠에서 특히 무광 효과가 높으며, 많이 섞으면 고형감도 생긴다. 입자 크기의 차이로 「초미립자」와 「미립자」가 있다. 7g 들이.
(600엔 / 가이아 노츠)

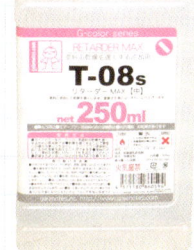

T-08 리타더 MAX
◀건조를 늦추는 첨가제. 소량을 첨가함으로써 붓칠 자국이 감소하고, 에어브러시에서는 「백화 현상」을 방지하고 보다 매끄러운 광택면을 만들어주는 효과가 있다. 중 250㎖.
(중 800엔 / 가이아 노츠)

T-09 메탈릭 마스터
▲메탈릭과 펄 도색에서 입자가 겹치는 것을 억제하고, 균일하게 마무리되도록 도와주는 희석액. 중 250㎖, 대 500㎖.
(중 700엔, 대 1200엔 / 가이아 노츠)

피니셔즈 컬러
▼자동차 모델 도색용으로 제작된 도료. 안료의 순도를 추구하여 탁하지 않은 기본색과, 실제 차량의 색에 맞춰 섬세하게 조색된 전용색이 갖춰져 있다. 희석은 전용 퓨어 신너로 한다. 래커 계열 중에서는 비교적 강한 용제를 사용하고 있지만 건조가 빨라서 플라스틱을 녹일 정도는 아니다. 용량 20㎖ 들이. 전 68색.
(350~1200엔 / 피니셔즈)

철도 컬러
◀철도 모형용 도료로, 각 차량의 차체 색상을 라인업. 특징적인 색으로 여타 장르에 사용할 때에도 편리하다. 희석은 Mr.컬러용 희석액을 사용한다. 입수는 철도 모형을 다루고 있는 모형점에서. 18㎖들이, 전 44색.
(350엔 / 그린 맥스)

퓨어 신너
▶110㎖, 대 250㎖
(400엔, 대 700엔 / 피니셔즈)

브이·컬러 전용 신너
▼소 100㎖, 중 200㎖, 대 400㎖
(소 350엔, 중 600엔, 대 1000엔 / 이리사와)

피트 로드 함선 컬러
▶군함 전용 도료. 미, 영, 일, 러시아 군 등의 함선에 사용된 색을 시대별로 모아놓은 세트(2~3색)로 판매하고 있다. 희석에는 Mr.컬러용 희석액을 사용한다. 1개당 18㎖ 들이.
(700엔~900엔 / 피트 로드)

브이·컬러
▶소프트 비닐(경질·연질 염화 비닐)용 도료. 유착성이 우수하며 건조 후의 도료 피막에 신축성이 있어 잘 벗겨지지 않는다. 연질 소재의 도색에는 빠질 수 없다. 희석에는 전용 신너를 사용. 우수한 유착성을 살리기 위해 도색할 때는 직접 소재에 바를 것. 또한 브이·컬러를 먼저 발랐다면, 그 위에 다른 도료를 덧칠할 수 있고, 잘 벗겨지지 않는다. 건조속도가 빠르므로 붓으로 칠할 때는 리타더를 첨가해서 사용하는 편이 좋다. 용량 23㎖, 전 37색.
(350엔 / 이리사와)

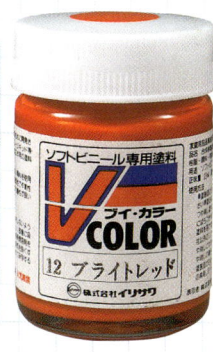

■ 에나멜 계열

타미야 컬러 에나멜 도료
◀에나멜 계열 도료는 건조에 다소 시간이 걸리지만, 발색이 좋고 잘 칠해지며 금속색의 질감이 좋아서 특히 붓칠에 적합하다. 타미야제 키트의 지정색으로 되어 있으며, 기본색과 함께 밀리터리색이나 금속색이 충실한 것도 특징. 병에 들어 있는 상태로는 약간 농도가 진한 편이므로 붓으로 칠할 때는 도료 1에 대해 용제 0.5, 에어브러시는 1~1.5 정도로 희석해서 사용하는 게 좋다. 또한 래커 계열로 도색한 위에 먹선을 넣거나 웨더링용으로도 자주 사용되고 있다. 10㎖ 들이, 81색.

(120~200엔 / 타미야)

타미야 컬러 에나멜 도료 용제
▶ 보통 10㎖, 대 40㎖, 특대 250㎖

(보통 150엔, 대 200엔, 특대 500엔 / 타미야)

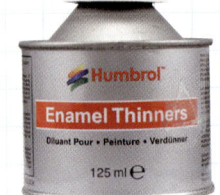

에나멜 페인트
◀영국 험브롤사의 도료. 색상 수도 많고 광택과 무광, 미려한 발색 등 장점이 많지만, 일본 국내에서는 건조가 다소 느리고 구하기 힘들다는 것이 난점이다. 도료의 농도는 붓으로 칠하기에 딱 좋고, 에어브러시의 경우 용제를 0.5~1 정도 첨가하면 될 것이다. 용제는 전용 시너를 사용한다. 개봉 후에는 열화하기 쉬우므로 희석은 용기에서 꺼내서 하고, 다시 돌려놓지 말 것. 용량 14㎖ 들이, 전 141색.

(220엔 / 험브롤)

에나멜 도료 용제
◀ 용량 125㎖

(860엔 / 험브롤)

■ 수성 아크릴 도료

타미야 컬러 아크릴 도료 미니
▶수용성 타미야 컬러. 칠이 잘 되고 붓 자국이 잘 남지 않는 도료. 건조하기 전이라면 붓을 물로 씻을 수 있지만 도료의 희석이나 손질은 전용 용제를 쓰는 것이 좋다. 농도는 붓으로 칠하기 딱 좋으며, 에어브러시로 도색하는 경우는 도료 1에 대해서 용제를 0~0.5정도를 기준으로 희석하면 될 것이다. 무광 도색에 효과적으로 표면이 일어나지 않고 차분한 무광표면으로 완성된다. 10㎖ 들이, 98색.

(150~200엔 / 타미야)

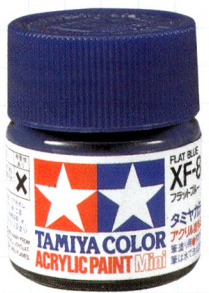

수성 하비 컬러
▶ 물로 도료의 희석과 용구의 세척을 할 수 있는 수용성 도료. 냄새가 상대적으로 순한 것도 특징. 건조 후에는 내수성이 생겨서 물에는 녹지 않는다. 색의 수는 전 96색으로 풍부하며, 특히 광택이 있는 색의 광택감, 매끈함에 특징이 있다. 도료의 농도는 붓칠이라면 그대로 사용하고, 에어브러시 도색이라면 약간 묽게 하는 편이 좋다. 희석은 물로도 할 수 있지만 유착성이 떨어지므로 전용 희석액을 사용하도록 하자. 10㎖ 들이.

(150엔 / GSI 크레오스)

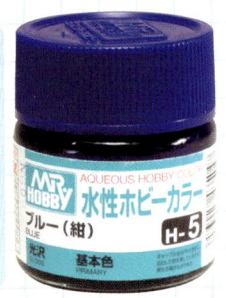

수성 하비 컬러 희석액
▶ 중 110㎖, 대 400㎖

(250엔, 600엔 / GSI 크레오스)

타미야 컬러 아크릴 도료 용제
▶ 미니 10㎖, 대 46㎖, 특대 250㎖

(미니 150엔, 대 300엔, 특대 500엔 / 타미야)

신 수성 컬러 아크리젼
▼ 유기 용제의 사용량을 줄여서 악취가 거의 없는 등, 유해성을 억제하여 가정에서 사용하기 쉽도록 만들어진 도료. 다른 수성 아크릴 도료와는 성질이 다르므로 혼합할 수는 없다. 도료의 희석은 물이나 전용 희석액을 사용하지만, 붓칠은 그대로도 가능하며, 에어브러시로도 그다지 희석할 필요가 없다.(메이커 추천은 도료 3 : 희석액 1). 건조가 빠르므로 색을 진하게 할 때에는 한 번에 두텁게 칠하기보다는, 건조 후에 덧칠하는 쪽이 좋다. 건조 후에 도색 피막은 물에 녹지 않으며 강도도 충분하다. 래커 계열에 에나멜, 수성 등으로 위에 덧칠 하는 것도 가능. 10㎖ 들이, 전 33색.

(180엔 / GSI 크레오스)

페인트 리타더 (아크릴 도료용)
◀타미야 컬러 아크릴 도료의 건조를 늦춰주는 첨가제. 도료를 칠하기 좋아지고 붓 자국도 잘 안 남게 된다. 또한 광택을 내기도 쉽다. 첨가하는 비율은 최대 10%까지.

(260엔 / 타미야)

수성 컬러 아크리젼 전용 툴 클리너
▶ 건조 후에 에어브러시 등에 남은 도료를 제거하는 용제로 이 제품은 약간 냄새가 독한 편. 중 110㎖, 대 250㎖. (중 400엔, 대 700엔 / GSI 크레오스)

수성 컬러 아크리젼 전용 희석액
◀ 중 110㎖, 대 250㎖

(중 400엔, 대 700엔 / GSI 크레오스)

■ 펄 첨가제

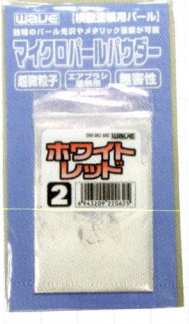

마이크로 펄 파우더
▶클리어 도료 등에 섞어서 도색 표면에 덧칠해서 코팅하거나 도료용 도료 자체에 섞어서 사용한다. 에어브러시 도색 전용으로 색은 화이트, 화이트레드, 화이트 블루, 화이트 옐로, 화이트 그린, 화이트 퍼플의 6 종류. 3g.

(600엔 / 웨이브)

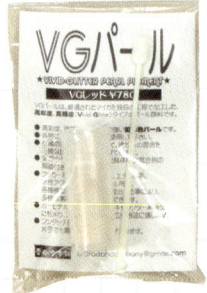

VG 펄
◀VG 펄은 종재의 제품보다도 휘도를 높인 펄 안료. 특정 파장의 빛을 반사하는 무지개색 펄 6종류(옐로, 레드, 코발트, 아쿠아, 에메랄드, 그린)와 산화 철색 3종류(골드, 쿠퍼, 라셋트)가 발매되어 있다.

(780엔 / 키라라도 본점)

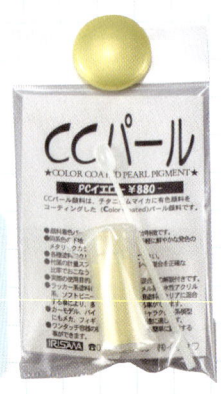

CC펄
▶티타늄 · 마이카에 유색 안료를 코팅한, 유채색 펄 안료. 펄 안료 자체에 색이 있어서 클리어 컬러를 덧칠하지 않고도 선명한 발색의 메탈릭 도색을 실현했다. 색은 옐로, 레드, 퍼플, 블루, 그린, 블랙이 있다.

(880엔 / 키라라도 본점)

2 캔 스프레이

【용도】
- 특정색을 분무하여 도색할 때
- 전체적인 광택을 정돈할 때(클리어 스프레이)

캔 스프레이는 손쉽게 「분무 도색」을 할 수 있는 것이 특징이다. 캔 안에는 도료와 함께 가스가 봉입되어, 버튼을 누르면 도료가 뿜어져 나오는 구조. 넓은 면에 균일하게 뿌릴 수 있으므로 특히 광택 도색을 할 때 유용하다.

모형용 캔 스프레이로 사용되는 도료는 대부분이 래커 계열이다. 때문에 스프레이로 전체적인 도색을 한 다음 에나멜 계열이나 수성도료를 덧칠하는 것도 가능. 색상의 수는 병 들이 제품에는 미치지 못한다고 해도 각 제품별로 다수의 라인업이 마련되어 있다. 사용 시에는 내부의 도료가 분리되어 있으므로 캔을 흔들어서 잘 혼합해 주자. 또한 사용하기 전에 캔을 약간 따스하게 데워서 뿌리면 좋다.

▲캔 스프레이라면 균일하게 뿌릴 수 있고, 블렌딩을 살린 도색도 가능하다.

▲사용 전에 캔을 잘 흔들어서 내부의 도료를 충분히 섞어주자

Mr.컬러 스프레이
◀초미립자의 안료를 사용해서 세밀한 분무로 정평이 난 캔 스프레이. 병 들이 「Mr.컬러」와 함께 모형용 도료의 표준으로서 많은 프라모델 키트의 지정 상표로 활용되고 있다. 색상도 풍부해서 약 70여 종이 있다. 유광, 메탈릭, 클리어는 두께를 잘 유지하고, 광택이 잘 나는 특성을 가지고 있다. 도료의 넘버는 「Mr.컬러」에 대응하고 있으므로 보완적인 역할을 할 수 있다. 용량은 100㎖, 전 68색.
(600엔 / GSI 크레오스)

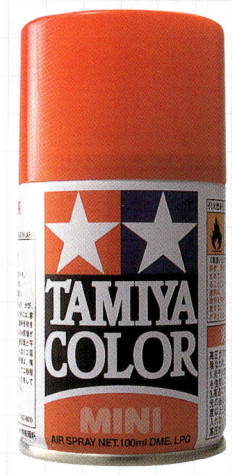

타미야 컬러 스프레이
◀래커 계열 스프레이 도료. 타미야의 캔 스프레이는 부드러운 느낌으로 뿌려지는 것이 특징으로, 세밀한 분무로 균일하게 입혀지고 잘 흘러내리지 않는다. 타미야의 플라스틱 키트 지정색이며 선명한 기본색부터 자동차 모델, 밀리터리 모델 등에서 자주 사용되는 색이 골고루 갖추어져 있다. 또한 키트에 맞춰서 전용색이 함께 발매되기도 한다. 「TS」시리즈의 번호는 병에 든 타미야 컬러와 일치하고 있는 것이 아니므로 주의할 것. 클리어, 세미 글로스(반광) 클리어, 플랫(무광) 클리어 등도 포함되어 있다. 100㎖, 약 90색.
(600엔~1400엔 / 타미야)

에어 모델 스프레이
▶미묘한 색상 때문에 조색이 어려운 항공기 색을 간단히 도색할 수 있는 컬러 스프레이. 제2차 대전 당시의 기체부터 현용 항공기까지, 대표적으로 사용되는 색이 라인업되어 있다. 모형에 도색한 상태에서 실제 기체처럼 보이는 톤으로 조정되어 있다. 키트 발매에 맞춰서 라인업이 늘어났으며, 색상 수는 30색을 넘어가고 있다. 100㎖.
(700엔 / 타미야)

건담 컬러 스프레이
▶「기동전사 건담」시리즈의 프라모델에 맞춰서 조합된 전용색 스프레이. 캔 스프레이로서의 특성은 「Mr.컬러 스프레이」와 같다. 색 또한 병 들이 타입과 동일한 색상을 갖추고 있으며 광택은 일부 메탈릭 색상 이외에는 전부 반광으로 통일되어 있다. 100㎖, 전 15색.
(700엔 / GSI 크레오스)

탑코트
▼수성 클리어 도료. 다른 도료를 녹이지 않으므로 어떤 계통의 도료를 사용해도 덧칠이 가능한 마무리용 스프레이. 「유광」, 「반광」, 「무광」의 3종류가 있으며 각각의 광택 정도에 대응한다. 또한 데칼 위에 덧칠해도 데칼 필름에 손상을 주지 않는 특징이 있다. 클리어 코트 해서 여백과 단차를 눈에 띄지 않도록 하고 싶을 때에도 안심하고 사용할 수 있다. 88㎖.
(500엔 / GSI 크레오스)

풍경 스프레이
◀특수 수지가 들어 있어, 뿌리기만 해도 입체적인 표면을 얻을 수 있는 스프레이. 디오라마나 전시 베이스의 제작 등에서 손쉽게 분위기를 낼 수 있다. 도색으로 입체적으로 된 부분은 만지면 움푹 들어가므로 주의할 것. 색은 리프 그린(잔디, 수목), 다크 그레이(진흙, 먼지)의 2가지 색. 100㎖들이.
(500엔 / 타미야)

Mr.슈퍼클리어
◀래커 계열 클리어 도료. 「유광」, 「반광」, 「무광」의 3종류가 있다. 「유광」은 평활도가 뛰어난 아름다운 광택으로 마무리 된다. 메탈릭색과 펄 도색의 마무리에도 효과적. 「반광」, 「무광」을 사용할 때는, 안에 들어 있는 무광 안료 성분을 섞기 위해서 잘 흔들어 줄 것. 마커 도색 시 밑도색용으로도 쓰인다. 170㎖.
(700엔 / GSI 크레오스)

Mr.슈퍼 클리어 UV컷
▶직사광선이나 형광등의 자외선을 차단하여, 색이 바래거나 변색되는 현상을 경감시켜주는 효과가 있는 클리어 스프레이. 「유광」, 「반광」, 「무광」의 3종류가 있으며, 사용법은 일반적인 클리어 스프레이와 마찬가지로 위에 덧뿌려주는 방식. 래커 계열(용제)이므로 에나멜 계열이나 수성 아크릴 피막에는 덧칠할 수 없다. 170㎖.
(800엔 / GSI 크레오스)

▶리프 그린을 뿌린 샘플. 보시는 바와 같이 입체감이 있게 마무리 된다.

✏ CHECK POINT

● 도료를 뿌려두고 사용한다.

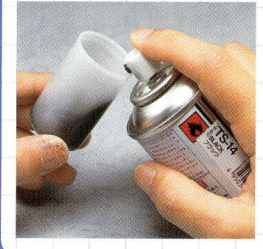
◀붓으로 세밀한 부분에 덧칠하는 등 캔 스프레이로 밖에 얻을 수 없는 색을 다른 방법으로 칠하고 싶을 때는 다른 용기 안에 뿌려서 고인 도료를 사용하면 된다. 다만 이 도료에는 가스가 혼입되어 있으므로 밀폐하면 가스압이 높아져서 위험할 수도 있다. 보관할 때는 가스가 빠져나갈 구멍을 뚫어둘 것

3 붓

【용도】 · 도료를 도포한다.
· 접착제나 퍼티를 도포한다.

도색을 시작으로 무엇인가를 "칠하는" 작업에 빠질 수 없는 것이 붓이다. 모형의 붓칠에 사용되는 것은 주로 「납작붓」과 「면상필」이다. 용도에 따라서는 「둥근붓」이나 「블렌딩 붓」등이 사용되기도 한다. 추가로 붓의 사이즈도 필요에 따라 갖추두면 좋다.

붓털의 종류에는 천연모(동물의 체모)와 합성모(나일론)의 2종류가 있다. 천연모는 붓끝이 흰색 또는 갈색이고 합성모는 오렌지색 이므로 구분하기 쉽다. 천연모는 가격이 저렴한 것부터 비싼 것까지 다양하게 있지만 너무 저렴한 것은 도색용으로 권하지 않는다. 붓 끝이 잘 갈라지고 사용감이 떨어지기 때문이다. 반면 고급품의 경우 붓끝이 잘 모이고 붓 자체의 내구성도 뛰어나서 오래 쓸 수 있다. 합성모의 경우는 가격도 적당하고 품질도 안정적이다. 딱히 소재를 따지지 않는다면 합성모로 만든 붓을 사용하는 것이 무난하다. 합성모는 붓끝의 탄력이 강한 것도 특징이다. 다만 사용하다 보면 붓끝이 휘어지기 때문에 어느 정도 '소모품'이라는 인식을 가지고 사용하는 것이 좋다.

 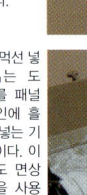 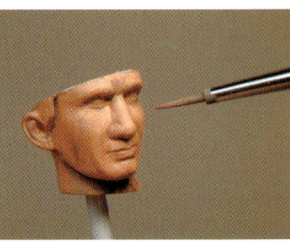

◀납작붓을 사용하면 도색. 붓끝이 잘 모이는 붓을 사용해야만 이렇게 깔끔하게 붓 도색을 할 수 있다.

◀정밀한 부분의 도색에 사용되는 것이 면상필. 문무 도색의 수정 등에도 활약한다.

◀「먹선 넣기」는 도료를 패널 라인에 흘려 넣는 기법이다. 이것도 면상필을 사용한다.

◀블렌딩 붓은 도료가 약간 말랐을 때 문지르거나 두드리듯이 하여 터치를 살린 도색을 할 때 사용한다.

타미야 모델링 브러시

▲천연모를 사용한 모형용 붓. 납작붓은 No.5(폭 15mm)부터, No.3(폭 8mm), No.01(폭 2.5mm)가 갖춰져 있다. 추가로 면상필이 중, 소, 단 의 3종류가 있고, 족제비 털을 사용한 고급 면상필 중, 「소」라 라인 업되어있다.

(100~500엔 / 타미야)

타미야 모델링 브러시HF

▲모형용 도료의 사용에 맞춰 합성모로 만든 붓. 납작붓은 No.2, No.0, No.02 3종류고 「모델링 브러시」의 틈새를 메우는 크기다. 면상필은 소, 세, 극세의 3종류. 극세 사이즈의 면상필은 고가품이기 마련이지만 비교적 저렴한 것이 장점이다.

(250엔~300엔 / 타미야)

타미야 모델링 브러시 PRO

▲콜린스키(시베리아 담비, 시베리아 및 극동 지역에 서식하는 족제비의 일종)의 털을 사용한 천연모 면상필. 탄력이 있고 내구성도 높다. 또한 붓끝이 잘 정돈되는 것도 특징이다. 그립은 다소 두꺼워 잡기 쉽다. NO.1, No.0, No.00, No.000의 4종류.

(1500~1700엔 / 타미야)

타미야 모델링 브러시 HG

▲모델링 브러시 HG는 합성모인 면상필(초극세, 극세, 세, 소)과 천연모의 납작붓(극소, 소, 중). 면상필은 붓 끝이 잘 모이고, 세부를 그려 넣을 때 적합하다. 납작붓은 붓 끝의 밀도를 얇게 하고 뿌리 부분을 두텁게 하여, 붓질을 할 때 처음부터 끝까지 얼룩이 생기지 않도록 배려하고 있다. 양쪽 다 손잡이가 두터워서 잡기가 편하다.

(각 600엔 / 타미야)

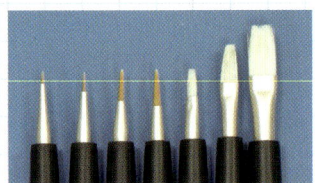

쿠마노 붓 시리즈

▲붓칠의 재미를 느낄 수 있도록, 칠하는 감각을 추구한 시리즈. 블렌딩 붓(대, 중, 소단, 소장), 면상필(무 상표, 극세), 납작붓 (단, 중, 장)의 9 종류. 블렌딩 표현과 그리는 감각, 얼룩이 적은 점 등, 각각의 목적에 맞춰서 붓의 재질과 형태를 선택하고 있다.

(800엔 / 하세가와)

※블렌딩 붓(대, 중, 소단), 면상필(무 상표)는 현재 생산이 중단되었음.

Mr.브러시

▲손잡이 부분이 실리콘으로 코팅 된 것이 특징인 모형용 붓 시리즈. 붓을 쥐었을 때 적당한 탄력이 있어 사용하기 편하다. 붓끝은 PBT라는 화학 섬유로 탄력이 강하다. 둥근 붓은 000호, 2호, 4호, 6호 이고, 납작 붓은 2호, 4호, 6호, 8호, 면상필은 극세, 세의 사이즈가 있다.

(550~700엔 / GSI 크레오스)

우디 핏

▲모형의 세밀한 부분을 도색하는데 특화된 두꺼운 손잡이를 지닌 상급 면상필. 붓털은 콜린스키(갈색)와 고양이털(흰색)의 2종류가 있다. 콜린스키는 다소 탄력이 좋고, 고양이 털은 부드럽다. 둘 다 가격은 동일하며 굵기는 No.2, 3, 4, 5, 10(굵은 순서)가 있다.

(600~1000엔 / 우에노분세이도)

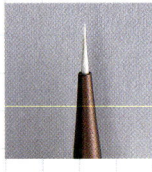

하이 세이블

▲극세 면상필이나 둥근 붓, 몇mm짜리부터 1cm 정도의 납작 붓까지 라인업이 충실한 합성모 재질의 붓. 품질도 안정적이고 납작붓 등을 칠할 면적에 맞춰 종류별로 갖추두고 싶을 때 좋을 것이다. 끝트머리가 비스듬하게 처리된 붓도 있다.

(200~400엔 / 우에노분세이도)

CHECK POINT

●붓끝의 체크

▲붓을 사용하다 보면 붓끝이 벌어지거나 털이 빠지는 경우가 있다. 그런 털은 자르거나 뽑아버리자. 이런 경우가 너무 빈번하게 일어난다면 그 붓으로 도색하는 것은 피하는 게 좋다. 좋은 붓은 이런 일이 적은 법이다.

4 마커

【용도】
- 특정색의 도포
- 가는 선 등을 그릴 때
- 펜 터치를 살리고 싶을 때

마커는 색을 바로 칠할 수 있는 도색용 펜이다. 특징은 바로, 다른 도료와는 비할 바 없을 정도의 간편함. 사용 방법은 잘 흔들어서 내부의 도료를 섞고, 펜 끝으로 도료를 흘러나오게 해서 칠하기만 하면 된다. 펜타입이라면 흔들 필요도 없고 직접 칠할 수 있다. 독한 냄새가 나거나 주변이 지저분해질 염려도 없으므로 간편한 마무리 방법으로 정착되어 왔다.

또한, 때로는 본격적인 도색의 일부로 마커를 이용하기도 한다. 하지만 모형용 마커는 펜 끝의 두께가 한정되어 있으므로 넓은 면적의 도색에는 취약하다. 아무래도 세부도색이나 작은 스케일에 적합하다고 할 수 있을 것이다.

마커의 이용에서 주의할 점은 펜의 종류다. 비슷한 듯 보여도 유성 마커, 알코올 계열 마커, 수성 펜 등 그 성질은 다르다.

▲도색용 마커로 부품에 색을 칠한다. 펜 끝의 방향을 조정함으로서 가늘게도 두껍게도 칠할 수 있으므로 울퉁불퉁해도 문제없다

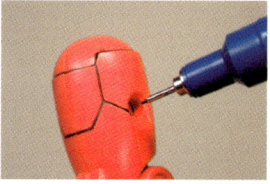
▲패널라인에 극세 펜으로 그려 넣는 「먹선」. 몰드가 강조되어 간단하게 정밀감을 불어넣을 수 있다.

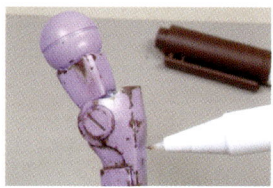
▲마커로 도색한 후 닦아내고 블렌딩. 이 방법으로 그라데이션과 웨더링 표현도 가능하다.

페인트 마커
▲유성도료를 사용한 마커. 발색이 뛰어나고 잘 칠해지는 것이 특징. 특히 X11 크롬실버는 도금 부품의 게이트 자국의 터치업에 안성맞춤이다. 색은 일부가 스팟 생산으로 이행되어 현재는 총 6색이 되었다.

(각 200엔 / 타미야)

건담 마커 도색용
▲「기동전사 건담」의 프라모델 용으로 조색된 마커. 펜 끝이 경사져 있어서 굵게도 가늘게도 칠할 수 있다. 도료는 알코올 계열로 잘 칠해진다. 바탕에 래커 계열 클리어를 뿌려두면 도료가 잘 정착하고 얼룩이 잘 생기지 않는다. 단품 16색 외에 6색 세트(12000엔)가 6종류 발매되고 있다.

(각 200엔 / GSI 크레오스)

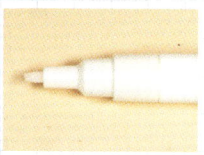

건담 마커 지우개 펜
▲흘러나온 건담 마커를 지울 수 있는 지우개 액. 펜 끝의 용액으로 칠한 부분을 녹여서 지운다. 사용하고 있으면 펜 끝이 더러워지므로, 천으로 닦거나 해서 깨끗한 상태로 사용하자. 도색용 6색 세트에는 포함되지 않으므로, 처음부터 따로 구입하는 게 좋다.

(각 200엔 / GSI 크레오스)

건담 마커 먹선 넣기용 / 극세
▲끝 부분이 극세 타입인 패널라인 도색용 펜. 도료는 유성. 패널라인을 따라서 그대로 주욱 긋듯이 그려나간다. 블랙, 그레이, 브라운의 3색. 맨 플라스틱이나 유광 표면이라면 삐져나온 것을 지우개로 지울 수도 있다.

(각 200엔 / GSI 크레오스)

건담 마커 먹선 넣기 붓펜
▲이 제품은 붓펜 타입의 패널라인 도색용 마커. 도료는 수성. 붓끝이 부드러우므로 패널라인의 안쪽까지 칠할 수 있다. 삐져나온 곳은 면봉 등으로 닦아준다. 블랙, 그레이의 2색.

(각 200엔 / GSI 크레오스)

건담 마커 흘려 넣기 먹선 펜
▲아무런 도색을 하지 않고 그대로 조립하는 '맨조립'용의 먹선 펜. 이 제품은 잉크의 특성 때문에 밑색을 녹일 위험이 있다. 잉크 자체는 가느다란 홈에 흘려 넣는 것이므로 먹선 작업을 하기 쉽다. 삐져나온 것은 '지우개 펜'으로 수정할 수 있다. 색은 단품은 블랙, 그레이, 브라운. 그 외에 「5색 + 지우개 펜」 세트로도 판매하고 있다.

(각 200엔 / GSI 크레오스)

건담 마커 리얼 터치 마커
▼수성이라서 칠한 다음 닦아낼 수 있는 펜이다. 먹선을 그릴 때처럼 색을 칠하고 가장자리를 블렌딩 펜으로 흐리게 만들어서 웨더링이나 그라데이션 등의 표현이 가능하다. 「5가지 색 + 블렌딩 펜」의 세트 2종류와 단품(각 200엔)으로 발매되어 있다.

(1200엔 / GSI 크레오스)

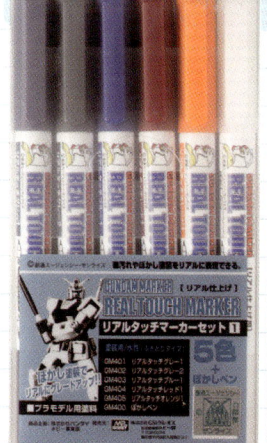

건담 먹선 넣기 펜 샤프
▲간편하게 먹선을 넣을 수 있는 0.3mm의 극세 샤프펜. 홈이 파인 곳이나 패널라인을 따라서 그려 넣기만 하면 손쉽게 몰드를 강조할 수 있다. 흘러나온 부분은 지우개로 지울 수 있다. 전용으로 나온 교체심(10개 들이, 150엔)도 있다.

(600엔 / GSI 크레오스)

> ### ✏ CHECK POINT
>
> ● 도료를 접시에 덜어 사용한다
>
>
>
>
> ▲마커의 붓 끝이 닿지 않는 부분의 도색이나 간단한 덧칠 등은. 이런 식으로 도료를 담아서 붓으로 칠하는 것이 좋다. 희석하는 것이 좋다면 알코올 계열은 수성도료, 유성이라면 에나멜용 용제를 사용하자.

5 에어브러시

[용도] • 도료 전반의 분무 도색

「에어브러시」는 분무 도색을 위한 도구로 끝 부분의 노즐에서 가스나 공기를 분사함으로써 도료컵이나 보틀에 담긴 도료를 빨아내고 안개 상태로 분무하여 도색하고자 하는 면에 내뿜는다. 에어브러시 본체 외에 별도의 가스(또는 압축 공기) 공급원이 필요하지만 도료의 종류와 색을 자유롭게 선택하여 뿌리는 것이 가능한 것은 큰 이점이다.

캔 스프레이와는 다르게 자유도가 매우 높고, 압축 공기의 압력과 뿜어내는 도료의 양, 뿌려주는 폭 등을 조정하면서 도색하는 것이 가능한 것도 큰 특징. 이에 따라 얼룩이 없는 균일한 도색과 광택 표면의 마무리, 블렌딩을 살린 도색, 그라데이션, 심지어는 가늘게 뿌려 그림을 그리기도 하는 등, 다양한 표현이 가능해진다. 에어브러시를 하나 장만하는 것으로 도색의 자유도가 크게 넓어진다는 뜻이다. 결코 싼 가격이라고는 할 수 없지만, 그래도 최근에는 가격이 크게 내려가고 주변 용품도 충실해져서, 모형 도색에 있어 빼놓을 수 없는 도구로 폭 넓게 이용되고 있다.

에어브러시는 그 구조에 따라, 크게 2종류로 나누어진다. 하나는 "입문용 간이형"이라 불리는 것으로, 공기의 분사구와 도료의 노즐이 다른 방향에서 나오는 타입. 구조가 심플하기 때문에 저가인 것이 특징이다. 또 하나는 흔히 말하는 "본격적인" 에어브러시로, 공기의 분사구와 도료의 노즐이 동일한 축에 배치되어 있는 것. 겸해서 이 본격적인 에어브러시도 조정 포인트와 조작성의 차이에 따라서 「싱글 액션」, 「더블 액션」, 「트리거 타입」의 3종류로 나누어진다. 제6장과 병행해서 보면 각각의 특징을 잘 알 수 있을 것이다.

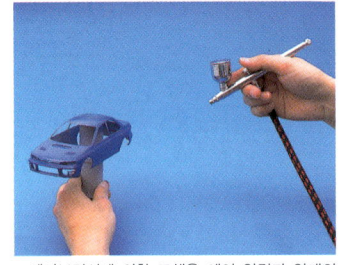
▲에어브러시에 의한 도색은 에어 압력과 안개의 폭을 바꿔줌으로써, 넓은 면부터 좁은 면까지 균일하게 도색을 할 수 있다.

▲에어브러시 도색을 하기 위해서는, 압축 공기의 공급원이 필요하다. 컴프레서나 에어 캔을 접속해서 사용한다.

▲입문용 간이형 에어브러시. 에어는 수평 방향으로 분사하고, 도료는 보틀 상부 노즐을 경유해 빨아들여서 뿜어낸다.

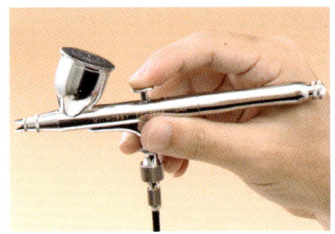
▲가장 스탠더드인 더블 액션 타입의 에어브러시. 상부의 버튼을 조작하여 도료의 양과 에어의 분사 방향을 조정한다.

■ 입문용 간이형

프로 스프레이 Mk-1
◀노즐 구경 0.4mm. 도료 보틀을 통해 빨아들이는 형태. 가격을 낮추면서도 필요한 기능과 부속품을 포함시킨 입문용 베이직 모델. 버튼식 싱글 액션 타입의 에어브러시에, 에어 호스, 에어 캔용 조인트, 에어 캔 외에 스페어 보틀, 스페어 튜브가 부속. 보틀 부분은 Mr. 컬러, 수성 하비 컬러의 도료 병을 그대로 장착할 수 있는 것도 이 타입의 특징이다. 그 외에 본체는 동일하면서 0.2mm 구경의 노즐이 추가 된 「Mk-2」(3500엔)도 있다.

(3000엔 / GSI 크레오스)

프로 스프레이 Mk-3
▶에어브러시 부분은 「Mk-1」, 「Mk-2」와 그대로이면서, 주변 용품을 보다 충실하게 갖춰놓은 것이 「Mk-3」. 노즐은 지름 0.2mm, 0.4mm이 부속. 호스는 스파이럴 호스, 에어 캔은 대형인 480㎖, Mr.스탠드, 조색 병 2개가 부속.

(4800엔 / GSI 크레오스)

프로 스프레이 Mk-6
▼노즐은 구경 0.2mm, 0.4mm의 2종류가 부속. 도료 보틀을 통해 빨아들이는 형태로 간이형이면서도 한층 본격적인 모델. 대형 그립으로 잡기가 쉽고 내구성도 견고. 그립 중앙에 에어 조정 다이얼이 달려 있어 정량적인 조정이 가능하게 되었다. 보틀 상부의 노즐 유닛은 본체에서 슬라이드식으로 분리하므로 노즐 구경의 교환도 편하다. 옵션인 「프로 스프레이 Mk-6・Mk-9 교환 보틀 유닛」(2개 들이 / 1500엔)을 사용함으로서, 세척없이 바로 색을 변경할 수 있다. 부속품은 에어 캔(190㎖), 호스, 에어 캔용 조인트, 스페어 보틀 등.

(6000엔 / GSI 크레오스)

이지 페인터
▶캔 스프레이와 간이형 에어브러시의 중간 형태를 띠고 있는 도색 툴로, 간단하게 좋아하는 색을 스프레이로 도색할 수 있다. 에어 캔(가스 캔)의 상부에 간이형 에어브러시 같은 유닛을 장착. 버튼을 눌러서 에어를 분출하는 것만으로도, 가느다란 용기에 들어 있는 도료가 분사된다. 노즐 부는 고정으로 조정 포인트가 없으므로 다루기 편하다. 도료의 농도는 가이아 컬러에서는 도료 1 : 용제 1의 비율로 묽게 희석하는 것이 기준이 된다. 「스페어 카트리지」(80㎖, 2개 / 1600엔), 「이지 페인터 용 스페어 보틀」(2개 / 500엔)도 발매 중.

(1500엔 / 가이아 노츠)

✔ CHECK POINT

● 입문용 에어브러시의 특징

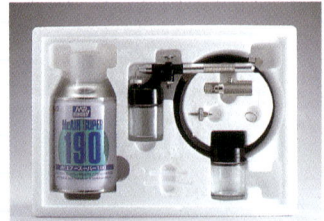

▲입문용은 처음으로 에어브러시를 구입하는 사람에게 알맞게, 호스와 에어 캔이 세트로되어 있는 제품이 많다. 그러면서 본격적인 타입보다 저렴한 가격이 특징. 당연히 에어브러시를 처음 사용하는 사람이 많은 관계로 조정 미숙으로 "입문용으로는 잘 칠할 수 없다"라고 생각하기 쉽지만, 실제로는 얼마든지 활용할 수 있는 물건들이다.

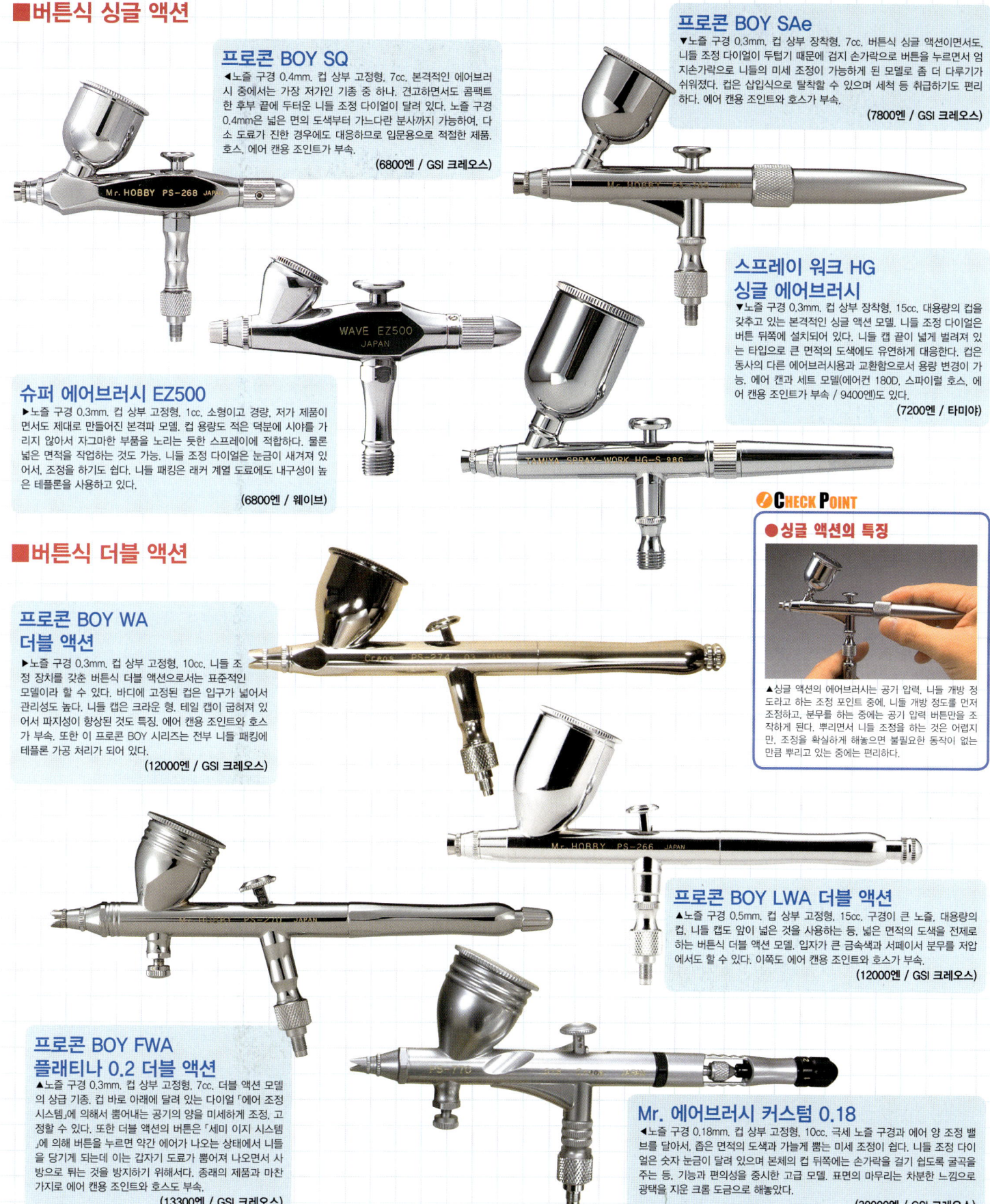

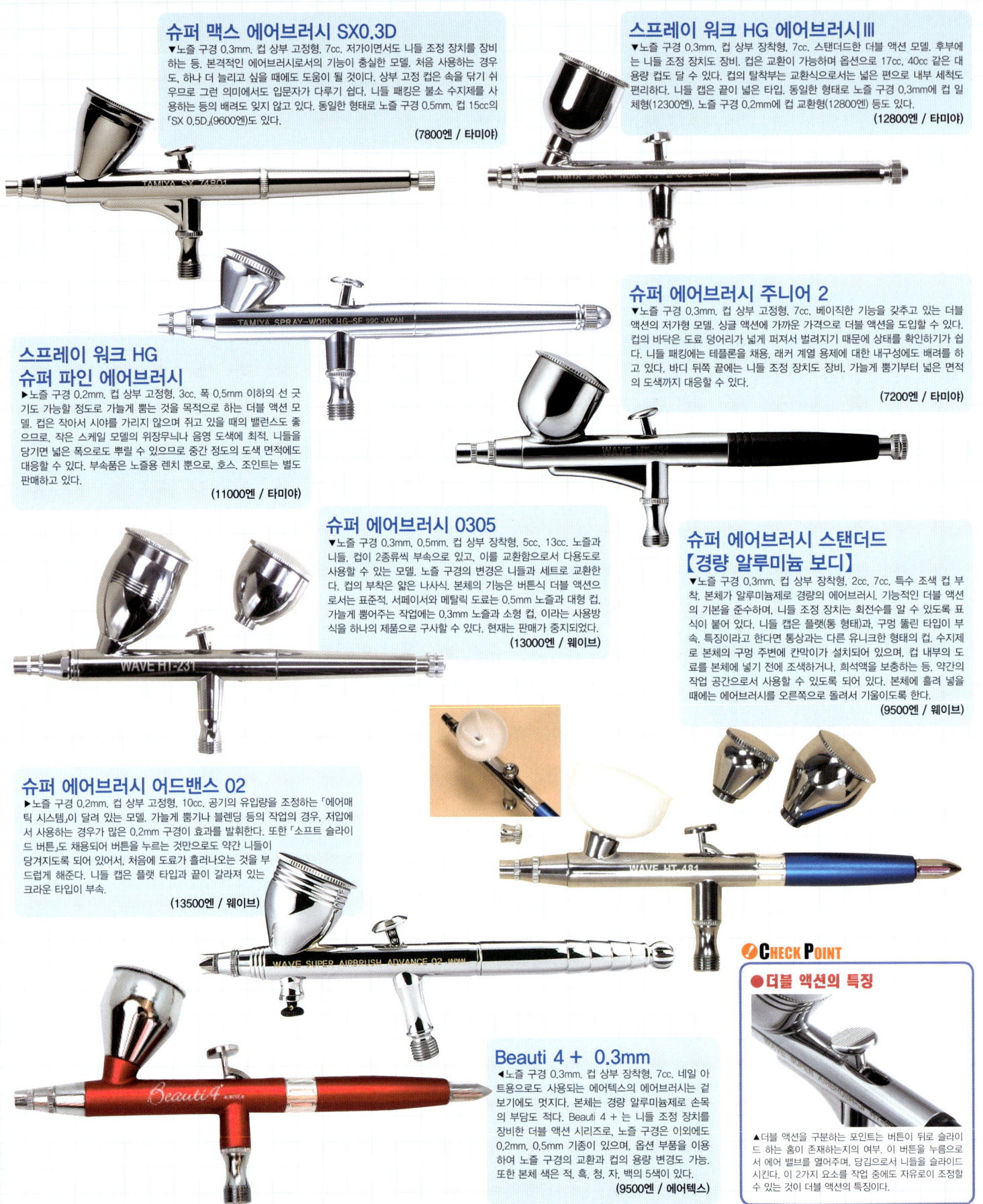

6 컴프레서 외

【용도】 • 에어브러시로 압축 공기를 공급한다.(컴프레서, 에어 캔)
• 에어브러시, 컴프레서의 사용을 보조한다.(기타 주변용품)

에어브러시 도색을 위해서는 그 주변기재도 다양하게 갖추어야만 한다. 우선 절대적으로 필요한 것이 「에어 캔」이나 「컴프레서」같은 압축 공기의 공급원이다. 에어 캔은 간편하여, 에어브러시를 조금만 사용할 때는 좋지만 장기적으로 봤을 때에는 부담이 크다. 장기적인 비용과 도색 중 압축 공기 공급의 안정성을 따지면 역시 컴프레서를 사용하는 것이 훨씬 현명한 판단이다.

하지만 컴프레서와 그에 동반되는 용품을 한꺼번에 전부 갖추려고 하면 금전적인 부담이 만만치 않다는 것 또한 사실이다. 그래도 최근에는 저렴하면서 성능이 좋은 컴프레서가 늘어나서, 부담이 상당히 줄어들었다할 수 있다.

또한 컴프레서 보조 용품도 가능한 한 갖추는 게 좋다. 예를 들어 공기가 압축되면서 발생하는 수분을 제거하는 「수분 필터」나 공기압을 조정하기 위한 「레귤레이터」, 그리고 이들을 이어 주는 호스나 조인트 등이다. 이것들 없이 에어브러시와 컴프레서를 직접 연결해도 사용할 수는 있지만 그것은 응급처치라고 생각해야 할 것이다. 정밀한 도색, 안정적인 도색을 하는 것이 좋다면 추천할 수 없다. 또한 도료가 컵에 남은 상태로 내려놓을 수 있도록 해주는, 에어브러시용 스탠드도 필수품이다.

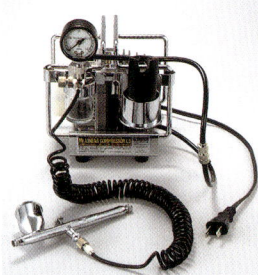
▲에어브러시와 공기 공급원인 컴프레서. 추가로, 수분 필터, 레귤레이터, 기압계, 스탠드 등도 준비해두면 좋다. 이들이 모두 한 세트가 된 제품도 있다.

▲에어브러시와 에어 캔의 조합에서는 호스, 에어 캔 용 조인트 외에 딱히 필요한 것은 없다. 에어 캔을 사용하는 것은 이런 점에서 편리하다.

■컴프레서

스프레이 워크 콤팩트 컴프레서
▲매우 콤팩트한 컴프레서로 본체 사이즈 100mm×105mm×55mm, 자리도 거의 차지하지 않으면서 저가로 장만하기 좋은 모델이라 할 수 있다. 연속 공기 압력은 약 0.07MPa로 용도는 가늘게 뿌리기와 작은 면적의 도색에 적합하다. 넓은 면을 칠하는 경우에는 천천히 시간을 들여서 덧칠하자. 기본적으로는 그다지 높은 공기압이 필요하지 않은 도색과 작은 스케일의 모델용. 그런 용도 한정으로는 사용하기 편하다. 본체 외에 AC 어댑터, 호스가 부속.
(8600엔 / 타미야)

Mr. 컴프레서 프티컴 · 큐트
▶소형의 다이어프램식 컴프레서. 안정감 좋은 박스 형태로 책상 위에도 설치하기 쉽다. 본체의 움푹 들어간 곳에 호스 부착부가 있으며, 나사는 PS 사이즈. 동사의 에어브러시에 부속된 호스라면 그대로 사용할 수 있으며, 일반적인 S 사이즈의 호스를 이어주기 위해서 변환 조인트도 부속되어 있다. 정격 압력 0.03MPa(참고치)로 압력은 낮으므로, 한 번에 폭 넓게 뿌리기는 힘들지만, 적절하게 희석한 도료로 덧칠하는 방식으로 면 도색도 가능하다. 본체 사이즈는 140mm×83mm×50mm. 전원은 AC 어댑터를 사용한다.
(10000엔 / GSI 크레오스)

minimo DC
▶다이어프램 식으로 소리가 조용한 컴프레서. 스마트한 외장에 본체 사이즈는 155mm×85mm×85mm. 최고 압력은 약 0.1MPa. 이 제품의 유니크한 특징이라면 본체 스위치가 다이얼 방식이라는 점이다. 돌려서 전원을 올리고, 더욱 돌림으로서 압축 공기의 양을 조정한다. 약하게 하기 위한 미세조정이 쉽고, 가늘게 뿌리는 등 분무 정도를 섬세하게 조정하고 싶은 경우에 편리하다. 본체 상부에는 간단한 에어브러시 홀더도 달려 있다. 길이 1.5m의 호스, AC 어댑터가 부속.
(18500엔 / 에어텍스)

Mr.리니어 컴프레서 프티컴
▶동사의 「L5」와 「L7」과 동일한 리니어 구동 컴프레서. 풍량은 「L3」에 해당하며 최고 압력은 0.085MPa, 정격 압력은 0.05MPa. 「큐트」보다는 높지만 소리는 조용하다. 본체 사이즈는 108mm×70mm×115mm, 일반적으로 콤팩트한 컴프레서는 높은 압력이 없어도 뿌리는 가느다란 노즐 구경의 에어브러시에 적합한데, 제품 설명서에도 「0.5mm 구경의 트리거 타입에는 사용할 수 없다.고 적혀 있다.
(15500엔 / GSI 크레오스)

스프레이 워크 HG 컴프레서 레보 II
▼야간 사용도 고려하여 진동과 소음을 억제한 컴프레서. 모터의 회전운동을 그대로 이용해서 압축하는 챔버가 4개 있어서 일정한 압력의 공기를 안정적으로 공급할 수 있다. 그립이 달린 합성수지 재질 바디는 3종류의 에어브러시 행거도 부착할 수 있다. 그 외에 설치 장소에 깔아주는 방진 시트, 호스 등이 부속. 최고 압력은 약 0.11MPa. 본체 사이즈는 185mm×90mm×185mm. 동사의 각종 에어브러시와의 세트도 있다.
(21800엔 / 타미야)

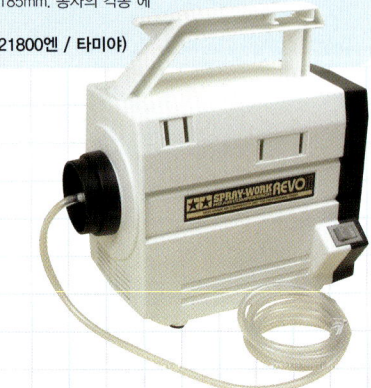

스프레이 워크 베이직 컴프레서 세트
◀에어브러시 도색을 저렴하게 시작할 수 있는 컴프레서와 에어브러시 세트. 컴프레서의 전원은 RC용 7.2V 배터리로 장소에 상관없이 야외에서도 사용할 수 있으며, 별도로 판매하는 스프레이워크 AC어댑터 SWA-2(4000엔)를 사용하면 가정용 콘센트에 연결해서 사용할 수도 있다. 세트로 들어 있는 에어브러시는 공기를 항시 뿜어내는 방식으로, 트리거로 니들 개폐만 조작하지만, 조정식 니들 스토퍼도 있으며, 각부의 구조도 튼튼하다. 노즐 구경은 0.3mm, 컴프레서의 최고 압력은 0.11MPa. 연속 사용 압력은 약 0.05MPa. 본체 사이즈는 220mm×105mm×138mm
(10800엔 / 타미야).

6. 컴프레서 외

◀ Mr.리니어 컴프레서 L5
리니어 구동방식으로 작동음이 조용한 것이 가장 큰 특징. 진동도 적어서 야간 사용도 가능하다. 또한 연속 사용 시간의 제한이 없어서 하루 종일이라도 사용할 수 있다. 최고 압력 0.12MPa, 정격 압력 0.1MPa. 이보다 대형 모델과 비교하면 압력은 낮은 편이지만 간단한 모형 도색에는 충분하게 사용할 수 있다. 본체 사이즈는 160mm×120mm×160mm. 콤팩트한 바디 형태로 전원 스위치도 본체 안에 내장되어서 탁상에서 사용할 수도 있다. 주변 용품이나 각종 에어브러시와 세트인 제품도 있다.

(31000엔 / GSI 크레오스)

Mr.리니어컴프레서 L7
◀배출 공기량이 분당 7ℓ로 Mr.리니어 컴프레서의 상위기종이다. 최고 압력은 0.15MPa, 정격 압력은 0.1MPa. L5로 부족한 경우에는 이것을 선택하면 될 것이다. 본체가 한층 더 커지고 소음도 조금 더 크지만 기본적으로는 콤팩트하고 조용한 컴프레서에 속한다. 본체 사이즈는 170mm×142mm×185mm. 레귤레이터 등의 주변용품과 에어브러시가 한 세트인 제품도 판매되고 있다.

(35000엔 / GSI 크레오스)

웨이브 · 컴프레서 217
▶최고 압력 0.26MPa, 크기에 비해 높은 압력을 자랑하는 컴프레서. 압력이 이 정도쯤 되면 넓은 면과 광택 고장은 물론이고, 고압으로 먼지를 날려버릴 때에도 사용할 수 있다. 본체에는 압력계가 장착된 에어필터, 간이 행거, 스파이럴 호스까지 달려 있어서, 에어브러시 본체에 연결만 하면 바로 사용할 수 있는 우수한 가성비도 매력적.

(17800엔 / 웨이브)

컴프레서 APC018
▶손잡이가 달려 있는 케이스로 되어 있는 것이 특징. 겉보기에도 좋고 먼지도 방지할 수 있다. 내부에 들어있는 것은 스탠다드한 피스톤 구동식 컴프레서. 케이스를 통해서 볼 수 있듯이, 기압계와 수분 필터가 달린 레귤레이터가 달려 있으며, 레귤레이터는 케이스 위로 돌출된 부분으로 간단하게 조작. 최고 압력 0.38MPa. 본체 사이즈는 260mm×145mm×235mm. 1.8m의 호스도 부속되어있다. 케이스 색은 화이트와 블랙의 2종류.

(21800엔 / 에어텍스)

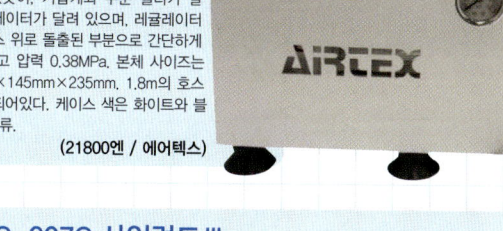

웨이브 · 컴프레서 317
◀컴프레서 217을 베이스로 에어브러시를 뿌릴 때만 가동하는 「자동 압력 스위치」를 장비한 제품. 작업을 하지 않을 때는 컴프레서가 알아서 작동을 멈추므로 쓸데없는 소음과 진동이 발생하지 않는다. 구동음은 217 보다 약간 크지만, 멈추면 소음이 없기 때문에 스트레스를 적게 받는다. 최고 압력 0.4MPa. 연속 사용 압력 0.22MPa. 본체 사이즈는 245mm×140mm×220mm. 기압계와 수분 필터가 달려 있는 레귤레이터를 장착하고 있으며 스파이럴 호스도 부속한다.

(19800엔 / 웨이브)

APC-007C 사일런트 III
▼최고 압력 0.6MPa로 고출력이면서도 저소음을 구현한 컴프레서. 모터를 오일 탱크에 넣어 소음을 냉장고 수준으로 억제하고 있다. 또한 대형 에어 탱크도 장비하여 안정된 에어 공급을 실현. 이전 모델에서는 탱크가 가득하면 공기가 빠져나가는 소리가 들렸지만, 이 모델에서는 그 문제마저 해소되어 있다. 기압계가 달린 레귤레이터, 수분 필터도 케이스 내에 고정, 호스도 부속되어있다. 본체 사이즈는 460mm×200mm×310mm. 무게는 약 17kg. 케이스 색은 화이트와 블랙 가운데 선택 가능.

(95000엔 / 에어텍스)

웨이브 · 컴프레서 517
▶고출력 오일 컴프레서로 철저한 저소음, 저진동을 실현한 고급 기종. 조용함은 냉장고 수준으로 작동하고 있다는 것을 종종 잊어버릴 정도. 그립파이프가 탱크의 역할도 겸함으로서 맥동도 억제해 준다. 다만 정비 시에 게이지로 오일 잔량을 체크해 줄 필요가 있다. 연속 사용 시에는 과열방지를 위해 자동정지, 자동 복귀하는 기능이 있다. 기압계 장착 레귤레이터, 수분 필터도 본체에 포함되어있다. 최고 압력 0.55MPa, 연속 사용 압력 0.4MPa. 본체 사이즈는 390mm×220mm×310mm. 무게는 약 10kg이다.

(98000엔 / 웨이브)

■에어 캔

Mr.에어 슈퍼 190, 480
▶동사의 각종 에어브러시에 사용가능한 에어 캔. 용량은 적힌 수치대로 190㎖와 480㎖의 2종류가 있다. 내용물은 가연성 DME(디메틸 에텔)이므로 사용할 때는 화기엄금!

(600엔, 1000엔 / GSI 크레오스)

스프레이 워크 · 에어 캔 180D, 420D
◀분사 가스로 지구온난화에 영향이 적은 DME(디메틸 에텔)을 사용한 에어 캔. 용량은 각각 180㎖와 420㎖다. 가연성이므로 사용 시에는 화기엄금. 동사의 제품은 물론이고 타사의 에어브러시에도 사용 가능.

(600엔, 800엔 / 타미야)

● CHECK POINT

● 컴프레서를 고르는 포인트
구입 과정에서 가장 신경이 쓰이는 부분은 포인트는 토출 압력과 소음일 것이다. 자동차 모델 등의 광택 도색과 그 나름대로 넓은 면적을 칠할 거라면, 공기압은 0.1~0.15MPa 정도가 필요하다. 공기압은 높은 것을 낮출 수는 있어도 낮은 것을 높일 수는 없으므로 어느 정도 여유를 두고 0.2MPa정도면, 책상에서 모형을 만드는 정도에는 충분할 것이다. 압력이 낮은 콤팩트한 타입이라 해도 에어브러시 도색에 익숙하고 조정도 능숙하게 할 수 있다면, 통상적인 모형을 칠하는 범위에서는 충분하다 할 수 있다. 소음이나 진동을 얼마나 중시할 것인지는 사용 환경에 따라 크게 차이가 있다. 가능하면 점포나 지인의 물건으로, 작동 시 소음이 얼마나 되는 지를 확인하면 도움이 될 것이다. 에어브러시를 뿌리고 있을 때와 안 뿌릴 때 서로 소리가 다른 것도 있으므로 그런 점도 확인해두자.

● 수분 필터는 꼭 필요한가?

▲수분 필터가 없어도 도색 자체는 가능하지만 컴프레서의 탱크 내부 등에는 공기가 압축되면서 탱크와 호스 내부에 수분이 응결하여, 습도가 높을 때는 호스에서 뿜어져 나오기도 한다. 수분 필터는 이 수분을 제거하는 역할로서 사용하는 것을 적극 추천하는 바이다. 다만 압력이 낮은 컴프레서라면 수분 발생이 적으므로 장착하지 않아도 그다지 문제가 될 일은 없는 듯하다.

● 호스 조인트의 사이즈
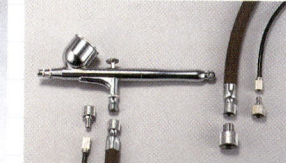

▲에어브러시와 컴프레서에 사용하는 호스 조인트의 사이즈는 주로 3종류가 있으며, 작은 것부터 순서대로 PS(4베), S(1/8), L(1/4)의 3가지가 있다. PS는 가는 호스용, S는 에어브러시의 조인트 밸브의 표준 사이즈. L은 대형 컴프레서의 공기 배출구나 레귤레이터 등. 사이즈가 달라도 변환 조인트로 접속할 수 있으나, 구입할 때 확인해두자.

■에어브러시 관련 용품

Mr.에어 레귤레이터 III (압력계 포함)
▶0.1MPa까지 측정가능한 에어 레귤레이터. 수분 필터, 에어필터 기능도 있고, 컴프레서에서 배출되는 공기압을 분할할 수도 있다. 부속된 스탠드는 거치형으로, 레귤레이터 용과 에어브러시용으로 2개가 있다. 추가로 PS(세호스)와, 호스 조인트 1/8(숫놈)이 포함되어있다. 이 밖에 같은 기능으로 L5, L7의 프레임에 고정하는 타입인 「Mr.에어 레귤레이터 IV」(6800엔)도 있다.
(6800엔 / GSI 크레오스)

에어 레귤레이터 HG
▶기압계가 장착된 에어 레귤레이터. 밑의 투명부분은 수분 필터 부분으로 물이 고였을 때는 밑의 꼭지를 열어서 배출한다. 기압계는 1.0MPa까지 측정할 수 있는 것으로, 기압 조정, 수분 필터 부분 모두 튼실하게 들여져 있다. 범용품으로서 각 제조사의 컴프레서와의 조합도 가능. 동사의 에어브러시 행거 HG 등, 책상 가장자리에 물리는 타입의 에어브러시용 스탠드에 장착한다.
(6800엔 / 웨이브)

Mr.조인트(3종 세트)
▼S사이즈와 PS사이즈를 변환하는 조인트로, 조인트 1(S암-PS숫), 조인트 2(S숫-PS숫), 조인트 3(S숫-PS암)의 3가지 타입 각 한 개씩이 세트로 되어 있다. 두 개를 조합해서 같은 사이즈의 암수변환도 가능하다.
(1200엔 / GSI 크레오스)

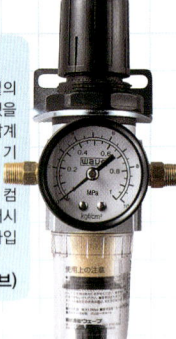

블레이드 에어 호스
▼고무 호스 주위를 섬유제 그물망으로 덮었으며 사용감이 우수한 호스. 부드럽고 유연하게 휘어지며, 꺾인 자국도 잘 남지 않는다. 끝에 달려 있는 조인트 별로 길이 선택도 가능. S-S(1m, 2m, 3m), S-L(2m, 3m), L-L(2m, 3m))이 라인업되어 있다.
(1900~2100엔 / 에어텍스)

에어브러시 용 3연장 조인트
▲컴프레서로부터 공기를 분할하여 에어브러시를 복수 접속하게 해주는 조인트. 각부의 조인트는 S(1/8). 에어브러시의 접속 시 토출구의 커버는 측면에 고정할 수 있도록 되어 있다.
(1800엔 / 타미야)

드레인 & 더스트 캐쳐 II (압력 조정 기능 지원)
▶에어브러시 본체와 호스 사이에 결합하는 타입의 수분 필터로 공기의 유입량을 조정하는 밸브를 장착한 모델이다. 이로서 공기 밸브기능이 없는 에어브러시에도 동일한 기능을 추가해 줄 수 있다. 수분 필터 기능만 있는 「드레인 & 더스트 캐쳐」(3000엔)도 있다.
(3600엔 / GSI 크레오스)

에어 캔용 어태치먼트
◀타미야제의 에어 캔을 에어브러시와 접속하기 위해서 만든 조인트, 호스의 세트. 에어 캔의 조인트는 밸브로 공기 조정이 가능하다. 에어브러시 측의 호스 조인트는 PS, S사이즈에 대응. 동사의 제품만이 아니라 타사의 에어브러시에도 사용할 수 있다. 코일호스 타입(2400엔)도 존재.
(1500엔 / 타미야)

에어브러시 행거 HG
◀최대 4개의 에어브러시를 동시에 걸어둘 수 있는 행거. 에어브러시 본체를 밑에서 지지하는 훅 부분에 2개, 끝을 꽂아 넣는 부분에 2개. 스탠드드 타입은 물론이고 트리거 타입에도 쓸 수 있다. 행거 옆에는 레귤레이터나 수분 필터를 장착하는 금속판도 부속되어 있다.
(1800엔 / 웨이브)

Mr.스탠드 & 트레이 세트II
◀윗부분에 에어브러시 2개를 거치할 수 있는 스탠드와 금속 트레이 세트. 끝 부분을 할퀴듯이 거치하는 방식으로, 트리거 타입에도 대응하지만 동사의 제품인 「프로콘 BOY WA 트리거 0.3mm」에는 대응하지 않으므로 주의. 트레이의 사이즈는 196mm×136mm
(1500엔 / GSI 크레오스)

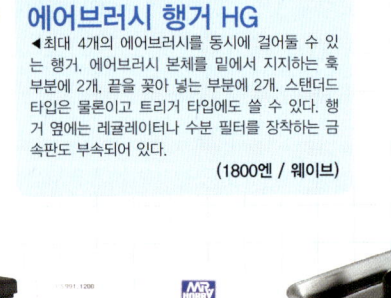
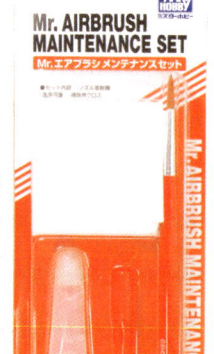

Mr.에어브러시 정비 세트
◀에어브러시의 상태를 양호하게 유지하기 위한 툴. 컵 내부와 노즐 주위를 닦기에 편리한, 끝이 길고 가느다란 붓과, 버튼(피스톤)용 그리스(윤활유), 바디를 닦아주는 융, 만에 하나 노즐이 파손되었을 경우에 대비한 노즐 탈착기가 세트로 들어 있다.
(1200엔 / GSI 크레오스)

Mr.클리너 보틀 (에어브러시 세척용 병)
◀에어브러시의 세척 등을 할 때 주변에 도료나 용제가 튀지 않도록 사용하는 보틀. 본체 윗부분의 노즐받이에 에어브러시 끝을 꽂아 넣고 분사하면 보틀 내에 용제나 도료가 고이는 방식이다. 노즐받이는 프로 스프레이용과 일반 에어브러시용이 부속되어있다.
(1800엔 / GSI 크레오스)

7 도색 부스

【용도】
- 실내에서 스프레이 도색을 가능하게 한다.
- 악취와 분진의 확산을 방지한다.

캔 스프레이와 에어브러시를 사용하는 스프레이 도색은, 공기 중에 도료 입자의 안개를 확산시킨다. 가능하면 실외에서 도색하는 것이 바람직하지만, 날씨와 바람에 좌우되는 등, 안정된 환경에서 작업하기가 힘들다. 「도색 부스」는 스프레이 도색을 실내에서 할 수 있도록 해주는 전용 환풍기다. 구조는 간단하게 전동 팬에 후드를 단 것을 기본으로 하며, 그곳을 향해서 스프레이를 뿌려 줌으로써 주변으로 분무되는 입자의 확산을 억제한다. 배기는 실외로 하게 되므로 배기구를 설치하는 장소에 대한 배려도 필요. 도료의 안료 등은 필터에서 어느 정도 걸러낼 수 있다. 도색 이외에 퍼티 등의 악취를 피하고 싶을 때도 도움이 된다. 단, 도색 부스를 사용해도 안개는 부품과 후드에 튕기기 때문에, 공기 중에 떠도는 것을 완전히 제거할 수 있는 것은 아니다. 주변의 유착에 주의를 기울임과 동시에, 자신 또한 마스크와 고글을 착용하는 등, 안개를 흡입하지 않도록 하기 위한 만반의 준비가 필요하다.

도색 부스는 각 메이커에서 모형 제작용으로 판매하고 있으며, 시판중인 환풍기 등을 이용하면, 간단하게 자작할 수도 있다. 어느 쪽이든 간에 제작 책상과 배기 장소 등, 자신의 환경을 고려하여 손쉽게 사용할 수 있도록 배치하는 것이 중요. 설치를 할 때에 배기 호스가 길어지면 효율이 떨어지므로, 그러한 점에 주의를 기울였으면한다.

◀도색 부스의 정면에 부품을 배치하고 스프레이 도색을 하고 있는 장면, 도료 입자의 확산이 억제되어 실내에서 도색 작업을 하는 것이 가능해 진다.

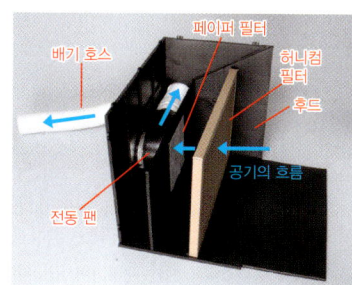
◀도색 부스의 구조. 박스형 후드 내에 전동 팬이 내장되어 있다. 스프레이 작업을 하는 면의 허니컴 필터는 안개가 튕기는 것을 줄여주는 효과가 크다. 내부의 페이퍼 필터는 팬에 달라붙는 도료를 줄여준다

Mr. 슈퍼 부스

▶얇은 형태로 후드면이 넓은 게 특징인 도색 부스. 후드 뒷면 중앙에 팬이 달려 있으며, 호스는 왼쪽으로 향한다. 후드 주변의 안개 가드와 허니컴 필터로 안개 확산을 방지하고 있다. 앞에 있는 작업 에어리어에는 아무것도 없지만, 거기에는 부속인 「밑받침」을 깔아서 사용한다. 팬과 후드의 탈착이 드라이버 하나로 가능한 간단한 조립식. 빨아들이는 면적에 비해서 설치하는 장소를 크게 차지하지 않으므로 창가에 놓아두기 쉬울 것이다. 본체 치수는 폭 620mm×너비 330mm×높이 370mm. 허니컴 필터(1장 500엔), 페이퍼 필터(5장 600엔)도 별도로 판매하고 있다.

(18000엔 / GSI 크레오스)

Mr. 슈퍼 부스용 배기구 어태치먼트

◀옵션 배기구 어태치먼트, 호스 끝에 달아서 「얇은 배기구」로 만들어 주므로, 창문을 조금만 열어주는 것만으로도 배기를 할 수 있게 된다.

(1000엔 / GSI 크레오스)

Mr. 슈퍼 부스용 연장 덕트 호스

■본체 부속의 호스에 접속하는 연장용 호스, 접속용의 수지 부품과 신축성 호스 세트, 호스는 늘리면 약 80cm까지 되지만, 구부리기 쉬운 내구성도 있다. 직경은 70mm

(2000엔 / GSI 크레오스)

▲배기 호스는 각 팬에 접속 하므로, 2개가 달리게 된다. 주름 부분이 있어서 길이와 방향을 조정할 수 있다.

페인팅 부스II(트윈 팬)

▲수납도 고려한 박스 형태의 도색 부스, 박스 앞의 후드, 에이프런 부분은 사용하지 않을때는 접을 수 있다. 빨아들이는 면에서는, 중심부만 강하게 빨아들이지 않도록 바깥쪽에서도 흡수할 수 있게 슬릿을 설치하여, 역풍을 줄이고 있다. 「트윈 팬」은, 박스 뒤에 동일한 팬이 배치되어 있으며, 전원도 독립되어 중간 스위치(1장 16800엔)도 있다. 물론 트윈 팬 쪽이 빨아들이는 양이 많으므로, 스프레이 도색이나 광택 도색 같이 뿌리는 양이 많은 작업이라면 이 타입을 추천. 호스는 위쪽 방향으로 접속하며 팬마다 하나씩 달려 있다. 본체 치수는 폭 400mm×너비 530mm×높이 330mm. 내부 필터는 우레탄 제로, 물로 씻어서 재이용할 수도 있다.(교환 필터 / 1400엔)

(24800엔 / 타미야)

스프레이 부스 레드 사이클론

▲박스 형태의 도색 부스. 환풍기 형태의 팬을 사용하여 빨아들이는 양이 많은 것이 특징. 본체는 콤팩트하며 사용 시에는 전면으로 커다란 후드를 전개한다. 각부는 수지제. 배기측은 바로 뒤쪽에 있는 굵은 호스(지름 약 100mm, 신축성으로 최대 길이 1.7m)가 달려 있으며 끝부분에 평형 덕트가 부속으로 달려 있다. 본체와 접속 부품에 길이가 있으므로 의외로 뒤쪽 공간을 차지한다. 이 타입은 가능한 호스를 짧고 스트레이트하게 사용할 수 있도록 설치하는 것이 좋다. 본체 치수는 폭 420mm×너비 590mm×높이 330mm. 회전 플레이트도 부속. 별도 판매로 후드 윗면의 3개 면에 설치하여 작업 대상을 보기 쉽게 해주는 전용 LED 라이트(3500엔)도 판매하고 있다.

(15000엔 / 에어텍스)

● 전동 팬의 종류

▲시판중인 도색 부스는 이러한 형태의 「시로코 팬」을 사용하고 있다. 원통형의 핀 부위가 회전하여, 중앙으로부터 빨아들여서 측면으로 배기한다. 배기 쪽 덕트가 길게 늘어나도 효율이 쉽게 저하되지 않는다.

▲이쪽은 시판중인 「환풍기」, 날개를 분리할 수 있기에 청소하기는 편하지만, 배기 저항이 약하고 도료가 튕겨 나오기 쉽다. 앞에 후드와 덕트를 붙이고 배기구는 분리해서 사용하는 게 좋다.

● 간단 자작 도색 부스

▲창틀에 끼우는 타입의 환풍기에 후드를 달아준 자작 도색 부스. 사용하지 않을때는 창문도 닫을 수 있다. 도색 부스의 자작 방법은 P.147에 소개하고 있으니 참고할 것.

8 마스킹 재료

【용도】
- 구분 도색 시, 도료 피막의 보호
- 제작중인 부품의 표면 보호
- 부품의 임시 고정·가조립(마스킹 테이프)

마스킹 재료는 도색할 때 도료가 묻으면 곤란한 부분을 감싸서 마스크를 씌워주기 위한 것이다. 또한 작업 중에 더럽히거나 흠집을 내고 싶지 않은 부분에 사용하기도 한다. 모형용으로는 「마스킹 테이프」, 「마스킹 졸」의 2종류가 전용 제품으로 판매되고 있다.

모형용 마스킹 테이프는 적당한 점착력으로 접착제가 남지 않는 것이 특징이다. 나이프로 잘라내기 쉽고, 쓰기 편하다. 한편, 마스킹 졸은 액상제로 부품 표면에 칠하고 마르면 면에 밀착한 막을 형성한다. 곡면이나 울퉁불퉁한 면 등 테이프를 붙이기 힘든 부분도 빈틈없이 덮을 수 있다. 졸에는 도려낼 수 있는 타입과, 할 수 없는 타입 2종류가 있으므로 사용 시 주의하자. 또한 가장자리는 테이프를 붙이고 남은 부분에 졸을 칠하는 식으로 두 가지를 조합해서 사용할 수도 있다.

◀마스킹 테이프 사용. 경계선은 가늘게 자른 테이프로 붙이고 단순히 가리기만 해도 되는 부분은 종이로 덮어서 테이프로 고정해도 된다.

◀마스킹 졸은 붓으로 칠한 다음 마를 때까지 잠시 기다리는 시간이 필요. 어느 정도 두껍게 칠해야 벗겨낼 때 떨어져나가지 않는다.

마스킹 테이프
▶손쉽게 사용할 수 있는 얇은 종이테이프로, 부품 표면에 잘 들러붙고, 접착제가 남지도 않는다. 커터가 달린 전용 케이스에 들어 있어서 테이프 측면에 먼지가 잘 붙지 않는 것도 장점이다. 폭은 6mm, 10mm, 18mm, 각 사이즈 별로 교체용 테이프도 있다. 또한 대형 모델용으로는 폭이 40mm의 테이프도 있다. 이것은 케이스는 없지만 넓은 면적의 마스킹에 유용하다.
(250~350엔 / 타미야)

하이 그레이드 마스킹 테이프
▶비닐제 마스킹 테이프. 테이프 자체가 늘어나므로, 곡면에 잘 어우러지며, 곡선으로 붙이는 것도 가능하다. 또한 종이테이프와 달라서 절단면에 보풀이 일어나지 않으므로, 샤프하게 칠하는 곳을 구분하는 라인으로 마무리 된다. 두께가 제법 있어서 겹치는 경우에는 주의가 필요하다. 폭은 2, 3, 5mm이 있으며, 각 10m 들이.
(600엔~740엔 / 스퀘어)

가늘게 잘려 있는 마스킹 시트 폭 1mm / 2mm 세트
◀마스킹을 위해 테이프를 가늘게 잘라서 사용하는 것은 자주 있는 일이지만 그런 용도로 처음부터 세절된 마스킹 용품이 이것이다. 폭 1mm(길이166mm×90개), 폭 2mm(길이166mm×45개)에 절취선이 그어진 시트가 각각 1장씩 들어있다. 같은 폭으로 다수 마스킹을 하는 경우에 특히 편리하다.
(480엔 / GSI 크레오스)

인쇄할 수 있는 마스킹 시트
▶잉크젯 프린터로 표면에 인쇄를 할 수 있는 마스킹 시트. 특정 형태로 마스킹 시트를 자르는 경우, 인쇄한 종이를 위에 겹쳐서 자르는 것이 보통이지만, 이거라면 직접 인쇄할 수가 있다. 인쇄면은 화이트로, 그대로 컬러 인쇄를 해서 스티커 씰처럼 사용할 수도 있다. 다만 그 경우에는 수성 클리어로 인쇄면을 코팅하는 것을 추천하고 있다. A4 사이즈 2장 들이.
(1000엔 / ABC 하비)

원형 마스킹 시트(1장 들이)
▶원형으로 마스킹하는 경우에는 서클 커터 등으로 마스킹 테이프를 도려내면 되지만, 1cm 이하의 원이라고 하면 그마저도 어려워진다. 이것은 그런 경우에 편하게 사용할 수도 있는, 사전에 원형으로 재단되어있는 마스킹 시트. 직경은 1.0cm, 1.5cm, 2.0cm, 3.0cm, 4.0cm, 5.0cm, 6.0cm로 되어 있다. 1장 들이.
(200엔 / HIQ PARTS)

Mr.마스킹 졸 개(改)
▶액상 마스킹 제. 액상이기 때문에 곡면 등도 빈틈없이 덮어줄 수 있다. 또 이 제품은 「칼로 자를 수 있는」 타입의 졸로, 도포한 다음 도색 면에 칼집을 내서 벗겨낼 수 있다. 한때 시중에서 잠시 모습을 감추기도 했지만, 이전보다 품질을 개량해서 다시 판매되고 있다. 용량 20㎖.
(400엔 / GSI 크레오스)

마스킹 코트 R
▶구분하여 칠하는 등, 도색을 겹치게 하고 싶지 않은 부분에 발라서 사용하는 액상 마스크 소재. 바른 후 20~30분 정도에 건조한다. 건조 후에 구분하여 칠하는 선과 부품 형태에 맞춰서 자르는 타입. 절단할 때에 나이프 날은 신품을 사용하도록 하자. 붓은 부속되어 있지 않으므로, 도색용 붓을 따로 구입하여 칠한다. 사용 후에는 건조하기 전에 물로 세척할 것. 35㎖들이.
(600엔 / 가이아 노츠)

마스크 졸 클리너
◀마스킹 졸을 붓에 잘 들러붙지 않도록 하는 세척제. 졸을 칠할 때 붓을 사용했을 경우 바로 씻어줘도 졸이 자잘하게 굳어서 붓에 남아있기 쉽다. 하지만 먼저 붓을 클리너에 담가두면 씻을 때 졸이 깨끗하게 사라진다. 한번 물에 씻어주면 효과가 사라지므로 졸을 사용할 때마다 붓을 담가두자. 용기 뚜껑이 잘 깨지므로 다른 통에 옮겨서 사용하는 게 좋다.
(500엔 / 피니셔즈)

Mr.마스킹 졸 NEO
◀칠하기만 해도 되는 「잘리지 않는」 마스킹 졸. 부틸 고무계열로 도료에 대해서 내성이 강하고 또 잘 벗겨진다. 소재가 잘리지 않으므로 샤프하게 가장자리의 처리를 하기는 어렵다. 틈새 메우기나 울퉁불퉁한 면의 마스크로 사용하는 것이 좋다. 반면 구름 모양 위장무늬의 마스킹처럼 곡선형으로 붓칠해서 사용할 수도 있다.
(200엔 / GSI 크레오스)

● CHECK POINT

● 마스킹 테이프의 점착제

◀이것은 다소 극단적인 예이지만, 일반 도색용 마스킹 테이프를 붙인 사례이다. 이런 식으로 점착제가 남아버리면 도색면에는 사용할 수 없다. 또 붙인 상태로 장시간 방치해두면 테이프 가장자리에도 접착제가 잘 남게 된다.

● 졸을 칠한 붓

◀졸이 굳어서 떨어지지 않도록 된 붓끝. 털 안에서 엉켜 굳어 있다. 이렇게 되면 어떤 방법을 써도 제거할 수 없으므로 졸을 칠하는 데는 당연히 사용하지 못하고, 아예 털끝이 전체적으로 굳어버리면 졸 용으로도 못 쓴다.

⑨ 연마제

【용도】
- 칠한 곳을 닦아서 광을 낸다.
- 부품의 아주 세밀한 흠집을 없앤다
- 광택을 보호한다.(왁스, 코팅제)

　연마재는 소재의 표면이나 도색 면을 닦아서 광을 내기 위한 것이다. 모형용 「콤파운드」가 그 대표적인 사례. 반죽형과 액체형이 있어 양자 모두 극세 연마입자나 용제를 포함한 것이다. 콤파운드는 부드러운 천 등에 묻혀서 사용하는데 어디까지나 마감용이라고 생각해야 한다. 우선 입자가 고운 내수 페이퍼등으로 사포질을 하여 평평하게 다듬어 주고, 극히 미세한 흠집을 지우는 단계에서 사용하도록 하자. 너무 연마하면 표면이 다 벗겨져서 도색면의 경우 바탕색이 드러나기도 하므로 주의할 것. 또한 이 항목에서는 연마하는데 사용하는 융과 표면을 코팅하는 왁스도 아울러 소개하기로 하겠다.

▲광을 내기 위해 콤파운드로 닦는다. 강하게 문지르면 쓸데없는 흠집이 생기므로 힘을 주지 말고 쓰다듬듯이 닦아주자.

◀콤파운드로 닦은 다음에는 부품을 물로 세척하여, 패널 라인에 낀 찌꺼기나 유분을 제거해 준다.

타미야 콤파운드(조목, 세목, 마감용)
▼모형용 콤파운드로는 가장 스탠더드한 상품. 천과 잘 어우러지고 연마력도 있어 소재의 광내기부터 클리어 부품의 흠집지우기, 사포질 후의 마감 등 폭넓게 사용할 수 있다. 「조목」은 입자가 굵고 연마력이 강하므로 소재 표면의 연마에 적합하다. 「세목」은 플라스틱 부품 표면의 흠집 지우기나 1000번 이상의 사포질을 한 다음 흠집 제거 등 다양하게 사용할 수 있다. 처음 사용할 때는 이 정도 제품으로 효과와 사용 방법을 익히면 좋다. 「마감용」은 입자가 곱고 균일한 연마재로 닦은 흔적이 남지 않는다. 최종 마무리 단계에서 사용한다. 각 20g 들이.

(300엔, 300엔, 600엔 / 타미야)

Mr. 콤파운드 (조목, 세목, 극세)
◀수성 타입 콤파운드로 도색면의 침식을 억제하고, 도포 후에 씻어내기가 편한 타입. 입자 크기에 따라 3종류가 있으며, 동일한 연마력을 지닌 사포의 입도 수치에 해당하는 수치가 명시되어 있으므로 기준을 잡기도 편하다. 어느 쪽도 모두 75mm의 각진 부직포 10장이 부속되어 있다. 얇은 천이므로 접어서 겹쳐주거나, 받침목에 대고 사용하자. 또한 「조목」은 연마 입자가 용기 내에서 분리되기 쉬우므로, 열기 전에 한번 흔들어 주는 게 좋다. 25㎖ 들이.

(각 700엔 / GSI 크레오스)

타미야 모델링 왁스
▶광택 도색을 한 표면의 광을 살려주고 표면을 보호해 주는 왁스. 광택면에 바르고 가볍게 닦아내 주기만 해도 광택면에 깊이가 생기고 지문이나 먼지가 잘 묻지 않는다. 또한 감촉도 매끄러워진다. 특히 광을 내기위해 꼼꼼히 닦은 면에 효과가 뛰어나서 마감용으로 최적이다. 30㎖ 들이. 부드러운 융 포함.

(800엔 / 타미야)

세라믹 콤파운드
◀액상 콤파운드. 입자가 가는 편으로, 이 보다도 거친 입자의 콤파운드로 닦은 다음에 마지막 마감용으로 사용하는 게 효과적. 세라믹 입자는 패널라인 등의 표면에 잘 남지 않으며, 수성이라 유분이 남지 않아 좋다. 30㎖ 들이.

(1200엔 / 하세가와)

코팅 폴리머
◀고분자 폴리머에 의해 표면의 극히 세세한 흠집을 지우고 광택을 한층 높여주는 코팅제. 정전기 방지효과도 있어 먼지가 잘 달라붙지 않고, 칠을 양호한 상태로 유지할 수 있다. 칠 외에도 금속 소재표면을 보호하는데도 효과적이다. 또 데칼 위에도 사용할 수 있다. 30㎖들이.

(1200엔 / 하세가와)

광택 코팅제
▶부품 표면과 도색 면등에 도포하여 광택감을 늘려주는 코팅제. 점도가 낮은 투명액으로, 얇게 펼쳐 바르며 닦아내기도 편하다. 동사의 「모델링 왁스」보다도 시공이 간편하다. 흔히 얘기하는 "왁스를 올린 느낌"없이 깔끔하게 마무리 된다. 닦는 천은 부속되어 있지 않으며 대신에 동사의 콤파운드용 융을 사용하는 것을 추천하고 있다. 10㎖ 들이.

(580엔 / 타미야)

Mr.클리어 코팅 광택
▶수용성 액상 코팅제. 얇게 펴 바를 수 있으며 닦아내기도 쉽다. 광택을 더욱 살려주고 먼지나 다른 오염원으로부터 도색 표면을 보호할 뿐 아니라, 자외선 방지제가 들어가 있으므로, 색 바램의 원인이 되는 자외선의 영향을 낮춰주는 효과도 가지고 있다. 25㎖ 들이. 폴리에스테르제 연마용 천이 부속.

(1000엔 / GSI 크레오스)

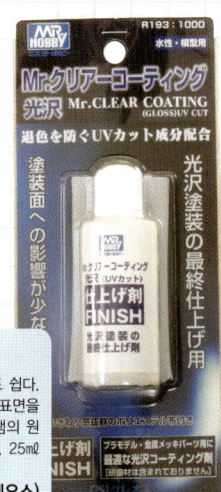

5 : 도색용구 카탈로그

Mr.피니싱 융 (연마용, 마감용)

▶표면에 섬유찌꺼기를 남기지 않고 닦아내는 융. 「연마용」은 연마의 초기~중간 단계에서 사용하기 적합하며 사이즈는 300mm×700mm. 「마감용」은 한층 더 매끈한 융으로 최종 단계의 광내기와 코팅제의 도포, 닦아내기에 사용한다. 사이즈는 300mm×300mm

(600엔, 800엔 / GSI 크레오스)

◀왼쪽이 연마용, 오른쪽이 마감용. 섬유의 입자 차이를 알 수 있다.

슈퍼 폴리싱 융

▶초극세섬유로 만들어진 연마용 융. 표면이 대단히 매끄럽고 표면에 닿는 느낌이 부드러워 광낼 때 흠집이 생기는 것을 최소화할 수 있다. 동사의 「세라믹 콤파운드」등 마감용 콤파운드는 이런 융을 함께 사용하는 것이 바람직하다. 빨아서 재사용도 가능하다. 사이즈는 200mm×260mm

(1000엔 / 하세가와)

▶표면이 부드러운 마감용 융. 사용하기 편한 크기로 잘라서 사용해도 좋을 것이다.

◉ CHECK POINT

●지나친 연마에 주의!

▲콤파운드로 닦는 것은 표면을 깎는 것과 같다. 그런데 실제로 얼마나 깎였는지는 잘 파악하기 힘들다. 이런 모서리 부분은 깎이기 쉽기 때문에 지나칠 경우 이렇게 도색이 벗겨진다. 이런 곳은 조심해서 닦아주도록 하자.

●투명 부품도 연마해준다

▲키트에 부속된 클리어 부품 등도 콤파운드로 닦아주면, 겉으로 봐서는 알 수 없는 자잘한 굴곡이 사라져서 투명도가 높아진다. 단, 클리어 부품은 깨지기 쉬우므로, 닦을 때는 신중하게 작업할 것!

▶3색으로 되어 있어서 콤파운드의 종류와 왁스용으로 구별해서 사용할 수 있다. 융의 매끈함은 전부 동일하다

타미야 콤파운드용 융 (3색 세트)

◀콤파운드로 연마하기에 최적의 융 세트. 기모 처리된 초미세섬유는 매끈하여, 쓸데없는 흠집을 내는 일 없이 광을 낼 수 있다. 사용하는 콤파운드의 입자에 따라 구분하여 사용하기 쉽도록 3가지 색이 한 세트가 되어 있다. 또 왁스 도포나 물 세척 후의 수분 제거에도 사용할 수 있다. 사이즈는 260mm×190mm, 3장 들이.

(1000엔 / 타미야)

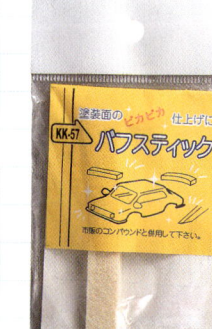

버프 스틱

◀연마용 섬유를 봉 모양으로 굳힌 것. 천과 마찬가지로 콤파운드를 묻혀서 닦는다. 두께가 있어 탄력이 있으므로 손에 쥐고 사용하기 편하다. 때문에 평면 닦기 외에도 끝을 잘라 자유롭게 모양을 만들어서 홈이 파인 곳을 닦을 때 특히 편리하다. 10mm×7mm×80mm, 2개 들이.

(600엔 / 프로하비)

⑩ 웨더링 재료

【용도】• 녹이나 변색 등의 표현
• 진흙, 그을음 등 부착물의 재현

진흙이나 모래, 먼지 등의 부착, 비바람에 쓸린 모습 등을 모형에서 재현하는 것이 「웨더링」이다. 웨더링 표현은 붓이나 에어브러시를 뿌리는 법, 도색한 후에 닦아내기 등, 색을 칠해가는 도색 단계에서도 다양한 궁리를 하게 된다 하지만 웨더링이란 그런 색의 차이만을 표현하는 기법이 아니다. 표면에 부착된 덩어리나 꺼끌꺼끌한 느낌 등 볼륨과 질감까지 추가하여 표현해야 하는 경우도 많기 때문이다.

여기서는 이러한 웨더링 표현을 위해 판매되고 있는 다양한 재료를 소개해 가겠다. 이것들을 다루는 방법에 대해서는, P.173 「웨더링」항목에서도 소개하고 있으므로 함께 참고하기 바란다.

▲파스텔 분말을 칠한다. 표면이 지저분해지거나 홈에 먼지가 끼인 느낌을 살릴 수 있다.

▲반고체 상태의 재료를 사용하면 덩어리가 부착된 입체적인 표현도 가능하다.

웨더링 파스텔 세트

▶웨더링에서 자주 사용되는 파스텔을 사용하기 쉽게 분말상태로 만든 것. 이대로 칠하는 것 외에도 수성도료의 희석액에 녹여서 칠한다. 「1」은 다크 브라운(흙, 진흙, 녹), 라이트 브라운(메마른 흙, 진흙), 샌드(모래, 먼지)의 3색. 「2」는 차콜 그레이(그을음), 라이트 그레이(콘크리트 가루), 오렌지(붉은 녹)의 3색. 각 색당 15g 들이.

(각 900엔 / GSI 크레오스)

타미야 웨더링 스틱

▲스틱형으로 칠하는 타입의 웨더링 재료. 반고체 소재를 칠함으로서 덩어리가 눌어붙은 표현이 가능하다. 칠한 직후에는 부드럽지만 시간이 지나서 건조하면 딱딱해진다. 물을 발라서 다듬거나, 물로 녹인 후에 칠하는 방법도 있다. 색은 진흙 표현용 「머드」, 눈 등을 표현하는 「스노우」, 모래 표현을 위한 「샌드」, 메마른 흙의「라이트 어스」의 4색.

(각 300엔 / 타미야)

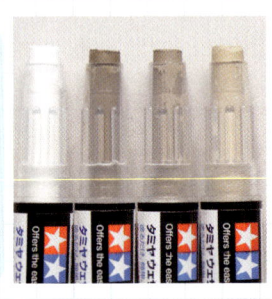

타미야 웨더링 마스터

▼화장품 같은 케이스에 들어있는 웨더링 재료. 사용법도 화장품과 같다. 팔레트에 상으로 굳어 있는 안료를 스펀지나 붓으로 떠서 문지른다. 안료는 촉촉한 상태이므로 그대로 칠해도 정착성이 있다. 그 외에 따로 도구 없이도 손쉽게 웨더링을 할 수 있다. 케이스는 8cm×5cm 크기다. 각 3가지 색으로, 무늬와 용도의 차이에 따라서 A~H 세트 8종과, 추가로 「자동차 모델 샤시용」, 「WWⅡ 미 해군기용」이 있다. 부속되어있는 툴(스펀지 & 브러시)도 3개에 200엔으로 별도 판매하고 있다.

(각 600엔 / 타미야)

웨더링 용 스펀지 (중, 세)

▼웨더링 마스터 용 스펀지 붓. 끝의 결이 고운 스펀지로 되어있다. 붓대도 굵고 튼튼해서 생각보다 작업하기 편하다. 오른쪽 사진의 가장 아래쪽은 웨더링 마스터의 팔레트에 부속된 브러시.

(각 280엔 / 타미야)

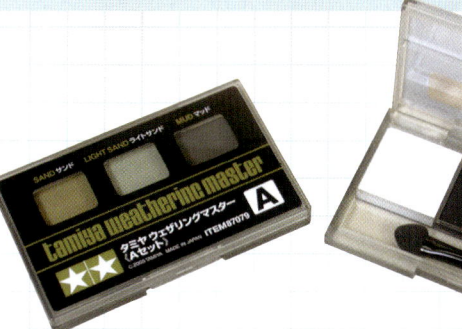

Mr.웨더링 라이너 세트

◀도색 면에 다양한 무늬를 그려 넣는 색연필 상태의 도구. 일반적인 색연필 보다 심이 굵고 부드러워서 도색 면에 쉽게 정착한다. 사용 방법은 색연필과 동일하게 끝으로 그려 넣는다거나, 심의 측면에 대고 문질러 주는 방식으로 사용한다. 용도에 따라 분류되어 있는 3개 세트로 1「녹 세트」, 2「진흙 세트」, 3「눈 세트」의 9색으로 구성되어 있다.

(각 500엔 / GSI 크레오스)

먹선 넣기 도료

▶패널라인과 몰드에 어두운 색을 흘려 넣어서 입체감을 강조하는 「먹선 넣기」. 이럴 때는 에나멜 도료를 희석해서 사용하는 것이 일반적이지만 이것은 처음부터 먹선을 넣는데 사용하기 좋게 색과 농도를 조정한 제품. 색은 블랙, 브라운, 그레이, 다크 브라운의 4색으로, 농도는 묽어 흘리는 작업도 뚜껑 뒤에 달려 있는 가느다란 브러시로 가볍게 작업할 수 있다. 도료는 기본적으로 에나멜 계열이므로 닦을 때에는 에나멜 용제를 사용한다.

(각 360엔 / 타미야)

Mr.웨더링 컬러

▼먹선 넣기와 워싱으로 도료를 옅게 칠하고 닦아내는 등, 부분적으로 남기는 웨더링에 적절한 전용 도료. 유화 물감을 베이스로 하는 도료이므로 부품이 깨지거나 할 걱정은 없다. 색 무늬마다 점도를 바꾸는것도 특징으로, 멀티 블랙은 묽으며, 그랜드 브라운과 센데이 워시는 약간 점도가 높으며, 스테인 브라운은 한층 더 높은 느낌. 각 40㎖ 들이. 붓 등은 부속되어 있지 않다. 닦아낼 때에는 전용 희석액(110㎖ / 460엔)을 사용한다.

(각 380엔 / GSI 크레오스)

사비텐넨*

▲녹 표현을 위해 실제로 녹을 발생시키는 특수도료. 금속가루가 혼입된 A액을 도색 면에 칠하고 그 후에 B액을 덧칠하면, A액을 칠한 곳이 산화해서 녹이 피어오른다. 입체적이고 건조한 녹 표현은 여타 소재로는 재현할 수 없는 것이다.

(1280엔 / 웨이브)

문질러서 은 Sun

▲특수한 가루를 사용해서 금속 질감을 내는 마감용 소재. 「마법의 가루」라고 적혀 있는 검은색의 가루와 광을 내는 사용하는 탈지면, 그리고 작업 중에 사용하는 얇은 장갑, 흡입 방지를 위한 마스크가 부속으로 들어 있다. 사용 방법은 유광 검정으로 밑색을 칠한 부품 위에 가루를 부착시킨 뒤 탈지면으로 광을 낸다. 닦으면 닦을수록 광이 나며, 마치 진짜 은으로 만든 듯한 금속 질감을 낼 수 있다.

(1500엔 / 웨이브)

※주 : 일본어로 "녹이 슬어 벗다 아이가"…정도의 뜻임.

⑪ 데칼 및 관련 용품

【용도】• 데칼을 부착면에 잘 달라붙게 한다.(연화제)
• 데칼의 자작(컬러 데칼)

도색과 함께 모형의 마무리에서 중요한 위치를 차지하는 것이 데칼에 의한 마킹이다. 자잘한 주의 사항 같은 것부터 전체를 크게 나누는 컬러링을 하는 것까지 그 사용법은 다양하다. 데칼 붙이기에서 가장 어려운 것이 곡면이나 단차에 맞게 붙이는 것이다. 이때 도움이 되는 것이 「마크 소프터」등의 데칼 연화제. 이것을 데칼을 붙일 면에 바르거나 붙인 후에 칠해주면 데칼의 필름을 부드럽게 하여 곡면이나 자잘한 굴곡에도 잘 어우러지게 하는 효과가 있다.

데칼은 정해진 마킹 외에도 컬러 데칼이나 라인 데칼을 사용함으로서 표면에 다른 색의 도색을 하는 작업을 대신할 수 있다. 오히려 부분적인 것은 데칼이 더 간편하고 깔끔하게 마무리되는 경우도 많다. 물론 이렇게 하려면 특정색의 데칼이 필요하지만 시판되는 제품에 취향에 맞는 것이 없으면 컬러프린터를 이용해서 데칼을 자작할 수도 있다.

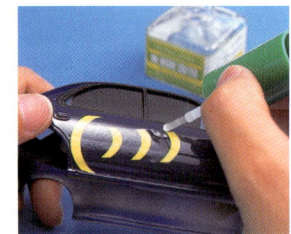
◀「데칼 연화제」를 사용하면 굴곡이 있는 면에도 데칼이 잘 어우러진다.

◀연화제 덕분에 손잡이나 차체 옆의 홈에도 데칼이 정확히 달라붙어 있다.

◀하얀 부분에 컬러 데칼을 사용한 사례. 마스킹을 해서 칠하는 것보다 깔끔하게 마무리된다.

◀컬러프린터를 이용해 인쇄한 자작 데칼. 필요한 마킹을 스스로 만들 수 있다.

Mr.마크 소프터

◀데칼의 필름을 부드럽게 해서 붙이기 쉽게 하는 연화제. 데칼을 붙이기 어려운 곳에 위에서부터 칠하거나, 틈새에 흘려 넣거나, 먼저 붙여 놓은 면에 칠하는 사용 방식도 있다. 연화제로서의 효과는 차분한 편으로 일본의 메이커에서 출시한 키트의 데칼에 딱 맞는다. 그래도 지나치게 사용할 경우 데칼 필름에 주름이 생기기 쉬우므로 주의할 것. 너무 칠했다싶으면 즉각 물을 덧칠해서 희석할 것. 40㎖ 들이.

(200엔 / GSI 크레오스)

Mr.마크 세터

◀데칼 연화제에 데칼 풀을 첨가한 제품. 데칼을 붙일 면에 먼저 칠해둠으로서 부드럽게 할 뿐 아니라 접착력이 떨어진 데칼도 밀착시켜 붙일 수 있어 칼 필름 밑으로 공기가 들어가 "허옇게 뜨는 현상"도 막을 수 있다. 데칼을 붙인 주위에 마크세터가 묻어있으면 말랐을 때 하얗게 되므로 마르기 전에 닦아내자. 용량 40㎖ 들이.

(250엔 / GSI 크레오스)

마크 핏

▲타미야의 데칼 연화제. 아무런 표시가 없는 통상 타입과, 연화력이 강한 하드 타입의 2종류가 있다. 사용 방법은 양쪽 다 동일하게 데칼을 붙이는 면에 바르지만, 부분적으로 추가로 발라주는 방법이 된다. 이러한 연화제는 지나치게 발라서 주름이 생겨 버리면 돌이킬 수가 없으므로, 특히나 하드 타입을 사용할 때는 사전에 데칼과의 상성을 확인해 두자. 또한 아크릴 도료 위에서는 도색면을 녹이는 경우가 있으므로 주의하도록. 40㎖ 들이.

(각 200엔 / 타미야)

GSR 데칼 연착제
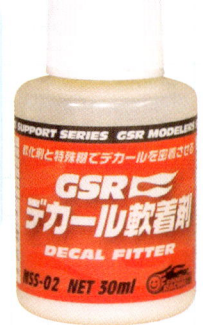
▶데칼 연화제에 데칼 풀이 배합된 '연착제'. 연화시키는 효과가 강하고 굴곡에 잘 어우러진다. 또한 데칼과 붙이는 면 사이에 공기가 남아 허옇게 뜨는 이른바 '실버링' 현상도 크게 감소한다. 붙인 후에는 풀이 남지 않도록 잘 닦아내자. 30㎖ 들이.

(571엔 / 굿 스마일 컴퍼니)

리퀴드 데칼 필름

▶항공기의 별매 데칼로 잘 알려져 있는 마이크로 스케일사의 데칼 수복액. 오래된 인쇄면에 금이 들어간 데칼 등의 표면에 덧칠하며 피막을 형성함으로서, 찢겨나가지 않도록 사용할 수 있다. 또한 필름이 얇아서 다루기 힘든 데칼에 발라서 두껍게 하거나 보강하는 식의 사용 방법도 가능하다. 약 30㎖ 들이.

(660엔 / 마이크로 스케일)

NEW 클리어 데칼

◀알프스사의 컬러프린터「MD시리즈」의 인쇄용으로 제작된 물 전사지. 현재는 레이저 프린터용으로서도 사용할 수 있다. 인쇄 외에도 인스턴트 레터링을 전사하거나, 마킹을 손으로 그리는 용도로 사용한다. B5사이즈 5장 들이.

(1200엔 / 웨이브)

GSR 컬러 데칼

◀발색이 좋은 실크스크린 방식으로 인쇄된 컬러 데칼. 넓은 면적의 데칼 부분에 띠 모양으로 인쇄되어 있다. 전체 데칼의 크기는 약 190mm×60mm, 띠의 폭은 0.3mm, 0.4mm, 0.5mm, 0.75mm, 1.0mm, 1.2mm, 1.5mm 1.7mm, 2.0mm, 색은 화이트, 옐로, 레드, 블루, 실버, 블랙, 매트 블랙의 7색 외에, 샤인 실버와 은박, 축광 등의 베리에이션도 있다.

(각 667엔 / 굿 스마일 컴퍼니)

데칼 트레이
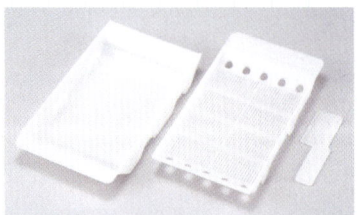
▲물에 적신 데칼을 다루기 쉽게 해주는 데칼 붙이기 전용 플라스틱 트레이. 물을 담는 트레이와 물기 제거용 체를 겹쳐서 사용하고, 체를 들어올리면 간단하게 데칼을 물에서 건져내 물기를 털어낼 수 있다. 정교한 데칼인 경우에 특히 편리하다. 데칼을 건져내기 위한 가래모양 주걱포함.

(580엔 / 웨이브)

12 기타 주변 용품

【용도】
- 도료의 혼색이나 보관(조색 용품, 스페어 보틀)
- 도료나 화학약품의 냄새를 맡는 것을 막아준다.(마스크)
- 도색할 부품을 잡아준다.(스탠드)

칠하는 도구 외에도 도색을 좀 더 편하게 하기 위해 갖추어두면 좋은 용품은 다양하다. 예를 들어 붓을 씻거나 색을 섞을 때 빠트릴 수 없는 도료용 접시나 스페어 보틀, 도료를 저어줄 스틱이나 스포이드 등이 있다. 적당한 용기로 대체할 수 있을 것 같지만 용제를 견디면서, 세척하여 재이용할 수 있는 전용 제품의 장점은 크다. 도색할 부품을 잡아주는 클립이나 받침대 등도 부품에 맞춰서 준비하고 싶을 정도다.

또한 에어브러시의 보급과 함께 최근 중시되기 시작한 것이 도색환경에 관한 용품이다. 예전에는 스프레이 도색은 집 밖에서 하곤 했는데 안정적인 도색을 하려면 실내가 더 좋다. 이 때문에 「팬이 달린 도색 부스」를 이용하는 실내에서의 도색이 일반화 된 것이다. 하지만 그래도 공기 중에 도료나 약품 냄새가 남아있는 것은 피할 수 없으므로 작업 중에는 마스크나 고글 등을 착용하고 작업하기 바란다.

Mr.도료접시

▶도료를 조금만 덜어서 사용하거나 농도조정이나 색을 섞을 때 사용하는 금속 재질의 도료접시. 가장자리 폭이 넓어서 붓에 묻은 도료를 털어 주기도 좋다. 도료가 굳더라도 셀로판테이프 등을 붙였다 떼어내면 간단히 제거할 수 있다.
(120엔 / GSI 크레오스)

Mr.귀때 계량컵

◀수지 소재로 깊이 만들어진 조색용 컵. 반투명하여 양을 알기 쉽고, 용기에 눈금이 있어서 조색시 기준이 된다. 조색 후에 도료 병이나 에어브러시의 컵에 부어줄 때에도 잘 흘러넘치지 않도록, 귀때 형태로 되어 있다. 6장 들이.
(300엔 / GSI 크레오스)

조색 스틱
▲스테인리스제 스틱. 끝은 작은 수저, 뒷부분은 평평한 주걱처럼 생겼다. 도료의 교반, 조색 외에도 퍼티를 붙이거나 사포를 붙일 때 쓰이는 주걱 등, 다용도로 활약한다. 2개 세트.
(300엔 / 타미야)

하얀 도료 접시 & 홀더
▲3종류의 수지제 도료 접시와 이를 접시를 올려두는 홀더 세트. 도료 접시는 평저와, 환저의 깊은 것과 얕은 것. 홀더 부는 도료 접시를 앞쪽으로 기울여서 놓도록 되어 있기에, 도료가 앞쪽에 모여서 사용하기 편하다. 홀더의 자그마한 구멍에는 조색봉이나 붓 등을 끼워서 세울 수 있다.
(680엔 / 웨이브)

Mr.믹스 II

◀조색용 스푼과 스포이드 세트. 스푼은 스테인리스 재질로 한 스푼에 0.3cc의 계량이 가능하다. 뒷부분은 주걱이기 때문에 교반 외에 퍼티를 바를 때에도 쓸 수 있다. 스포이드는 목이 가늘어 깊은 용기 바닥에도 닿는다. 1cc까지 계량할 수 있는 눈금이 있다. 각각 2개 들이.
(600엔 / GSI 크레오스)

Mr.교반용 메탈 볼(강구)

◀캔 스프레이를 흔들어서 달그락 거리는 소리가 나도록 교반하는 것을, 도료 병 속에서 실시할 수 있도록 해주는 금속구. 도료 병에 2~4개를 넣고 뚜껑을 닫은 상태에서 흔들어서 교반한다. 메탈릭 도료 등, 안료가 가라앉기 쉬운 색에 편리하다. 60개 들이.
(300엔 / GSI 크레오스)

Mr.스페어 보틀
◀Mr.컬러와 그 외의 도료를 취급할 때 희석과 혼색 작업에 편리한 보틀. 용량은 18㎖ 외에, 40㎖(150엔), 80㎖(200엔)이 있다. 18㎖병은 Mr.컬러와 동일한 지름으로 표면의 라벨에 내용을 적어 넣을 수 있도록 되어 있다.
(80엔 / GSI 크레오스)

Mr.툴 클리너[개(改)]

◀도색용구 등에 부착된 채 굳어버린 도료 등을 제거하는 강력한 세척액. 에어브러시나 붓, 도료접시의 세척에 유용하다. 도료의 희석이나 플라스틱 표면의 도색 제거에는 사용할 수 없으므로 주의. 250㎖ 들이 외에, 특대 400㎖ 들이(800엔)도 있다.
(500엔 / GSI 크레오스)

페인트 믹서

◀전동 도료 교반기. 끝이 모터로 회전해서 병에 넣기만 해도 도료를 바닥까지 확실하게 저어줄 수 있다. 크기도 적당하고 사용해보면 의외로 편리하다. AA건전지 2개 사용
(1000엔 / 웨이브)

스페어 보틀

◀조색이나 도료의 보존 시 편리한 유리병. 속 뚜껑이 있어서 확실히 밀폐할 수 있으며, 계량눈금도 인쇄되어 있다. 사진 속 제품의 용량은 23cc와 46cc. 이 외에 타미야 컬러의 에나멜과 동일한 각병(10cc), 수성 아크릴 미니와 동일한 동그란병(10cc)도 있다.
(90엔, 140엔 / 타미야)

타미야 에어브러시 클리너

▶에어브러시 손질 시 편리한 강력 세척액. 이 밖에도 조색 스틱이나 도료 접시 등, 금속 툴의 도료 얼룩을 제거할 때도 사용할 수 있다. 표면이 녹아버릴 우려가 있으므로 플라스틱 표면에는 사용하지 말 것. 250㎖ 들이.
(500엔 / 타미야)

5 : 도색용구 카탈로그

Mr.면봉

웨더링이나 데칼 붙이기, 삐져 나온 부분의 수정 등 다양한 곳에 사용되는 면봉. 「스탠더드」는 일반적인 면봉보다 소형으로 원형 머리, 삼각형 머리 2종류가 각 25개 들이. 그 외에 「빅 사이즈」(원형, 삼각형 각 25개 / 280엔)도 있다. 이것은 일반적인 크기. 추가로 「끝부분 극세 경화 타입」(50개 / 300엔)이라고 하는 끝이 단단하고 가느다란 타입도 있다.

(280엔 / GSI 크레오스)

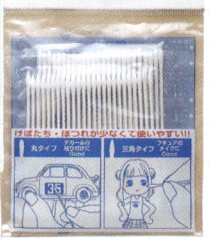

Mr.크래프트 면봉

▶타미야의 크래프트 면봉은 다채로운 형태가 라인업되어 있다. 단면이 평평한 「환·플랫」, 「삼각·플랫」, 삼각형 머리면서 일반적인 크기의 「삼각·M 사이즈」, 한층 소형인 「환·S 사이즈」, 「삼각·S 사이즈」, 「삼각·XS 사이즈」, 「환·XS 사이즈」, 전부 다 50개 들이.

(260엔~280엔 / 타미야)

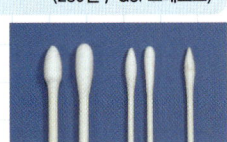

피니시 마스터

▲먹선을 닦아내는 등의 작업에서 면봉처럼 사용되는 새로운 도구. 끝은 흡수력과 유연성이 뛰어난 발포 올레핀 재질이다. 모양이 망가지지 않으므로 몰드에 맞춰 샤프하게 닦아낼 수 있고 털뭉치가 떨어져 나가는 일도 없다. 사용 후에도 도료의 용제로 씻은 다음 재사용할 수 있다. 플라스틱 재질 손잡이와 끝부분이 10개 들어있다.

(500엔 / 가이아 툴)

초음파 세척기 울트라 소닉 클리어 UL-600

◀도색 전의 부품 세척에 편리한 것이 초음파 세척기. 몇 분간 담근 뒤에 가동시키는 것만으로도, 파인 곳에 들어가 있는 부스러기와 표면의 유분까지 제거해 준다. 내부 공간은 원형에 가깝고 넓다. 종횡은 15cm×11cm, 깊이는 약 4cm.

(4800엔 / 우라와 공업)

클리닝 브러시

◀도색하기 전의 부품이나 완성품 표면의 먼지를 제거하기 위한 브러시. 큰 브러시는 털이 길어 복잡한 곳에서도 문제없이 쓸 수 있으며, 먼지가 잘 달라붙지 않도록 하는 정전기 방지효과가 있다. 손잡이 안에 내장된 미니브러시는 좁은 홈 등에 끼인 부스러기 제거 작업에 편리.

(1500엔 / 타미야)

페인팅 스탠드 세트

▲스프레이 도색에 편리한 회전식 도색 스탠드 세트. 1 / 24 자동차 모델의 차체를 고정하는 스탠드와 원형 범용 회전 스탠드 2종류가 있다. 원형 테이블은 부속 클립이나 플라스틱 봉, 런너를 꽂아서 세워 둘 수 있다. 클립은 4개 부속.

(1500엔 / 타미야)

페인팅 클립 II

▲끝이 '악어 클립'으로 되어 있는 도색용 손잡이. 부품 축 등을 확실하게 잡아준다. 자루 쪽은 튼튼한 금속제. 약 2mm의 두께로 동사의 페인팅 베이스 2와 "고양이 발톱 스크래처" 등에 꽂아서 세우기 편하다. 20개 들이.

(1000엔 / HIQ PARTS)

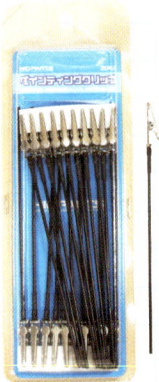

Mr.간이 마스크

◀에어브러시나 캔 스프레이 도색 시 분진 흡입을 방지해 주는 마스크. 코와 입 주변을 넓게 덮어줌으로써 호흡에 불편함이 작업할 수 있다. 7장 들이.

(320엔 / GSI 크레오스)

하나* 피트

▶크게 벌려서 코부터 입까지를 감싸주는 타입의 마스크. 마스크 상단의 코가 걸리는 부분에는 와이어가 들어 있어 코에 맞춰서 구부려주면 틈새를 없앨 수 있다. 또 필터에는 활성탄이 들어 있어 분진 외에 화학약품 냄새에도 효과가 있다. 3개 들이.

(480엔 / 웨이브)

페인트 랙

◀조립식 모형 도료용 선반. 칸막이를 조정하면 각 메이커의 거의 모든 도료병에 대응한다. 각 수납 선반은 슬라이드해서 앞으로 잡아 뺄 수 있으므로 안쪽에 있는 병도 꺼내기 쉽다. 플라스틱 재질로 사이즈는 폭 256mm×높이 497mm×너비 195mm.

(4800엔 / 웨이브)

Mr.드라이 부스

▼드라이 부스는 도색 후에 먼지가 붙는 것을 막아주고, 건조를 촉진시켜주는 건조기. 원리는 단순한 식기건조기 같은 것으로 바닥의 플레이트를 가열함으로써 부스 내부의 공기를 건조시킨다. 내부의 대류현상으로 인해 온도가 상승하는 것이므로 모형에 미치는 영향도 적다. 내부 온도는 35℃~40℃가 된다. 에폭시 퍼티 등의 경화 촉진에도 쓸 수 있다. 크기는 폭 424mm×너비 247mm×높이 365mm. 동작은 연속, 또는 1시간 이하로 타이머를 설정해서 작동시킨다.

(15000엔 / GSI 크레오스)

페인트 베이스

▲도색 부품의 손잡이와, 그것을 세워 둘 스탠드 세트. 특히 캐릭터 모델 도색시 편리하며, 부품을 잡아주는 '페그'는 클립 타입 외에도 관절에 끼워 넣고 사용하거나 딱 맞는 모양 등 6종류 16개가 들어있다. 스탠드 쪽은 이쑤시개나 2mm봉을 꽂아 둔다.

(1600엔 / 月반)

Mr.컬러 수납 스탠드

▶Mr.컬러나 수성 하비 컬러, 스프레이 등을 수납할 수 있는 스탠드. 선반의 위치와 열의 폭은 변경 가능하므로 다른 도료용기도 수납가능. Mr.컬러를 둘 경우 최대 297개 수납할 수 있다. 사이즈는 폭 500mm×너비 320mm×높이 250mm.

(4800엔 / GSI 크레오스)

※주 : 일본어로 '코'라는 의미임

도색 테크닉

1. 도색을 위한 환경
2. 도료를 사용하기에 앞서…
3. 에어브러시의 사용법
4. 에어브러시 테크닉
5. 클리어 컬러 활용
6. 캔 스프레이
7. 마스킹
8. 도색 표면의 연마
9. 붓 도색
10. 웨더링
11. 데칼의 사용법
12. 자작 데칼 만들기

도색의 기본은 얼룩이나 더러움이 없이 깔끔한 도색 면을 만드는 것이다. 이를 위해선 우선 도료의 특성을 잘 이해하는 것이 중요. 그리고 도색용구를 능숙하게 다루어야 한다. 특히 에어브러시의 조정과 사용에는 예비지식이 필요할 것이다. 각각의 도료나 용구에 맞는 사용법을 마스터하면 단순히 색을 칠하는 것 뿐 아니라 소재의 질감이나 더러움을 표현하거나 입체감을 연출하는 등 다양한 표현이 가능해진다. 그러한 테크닉에 의해서 작품에 깊이가 생기는 것이다.

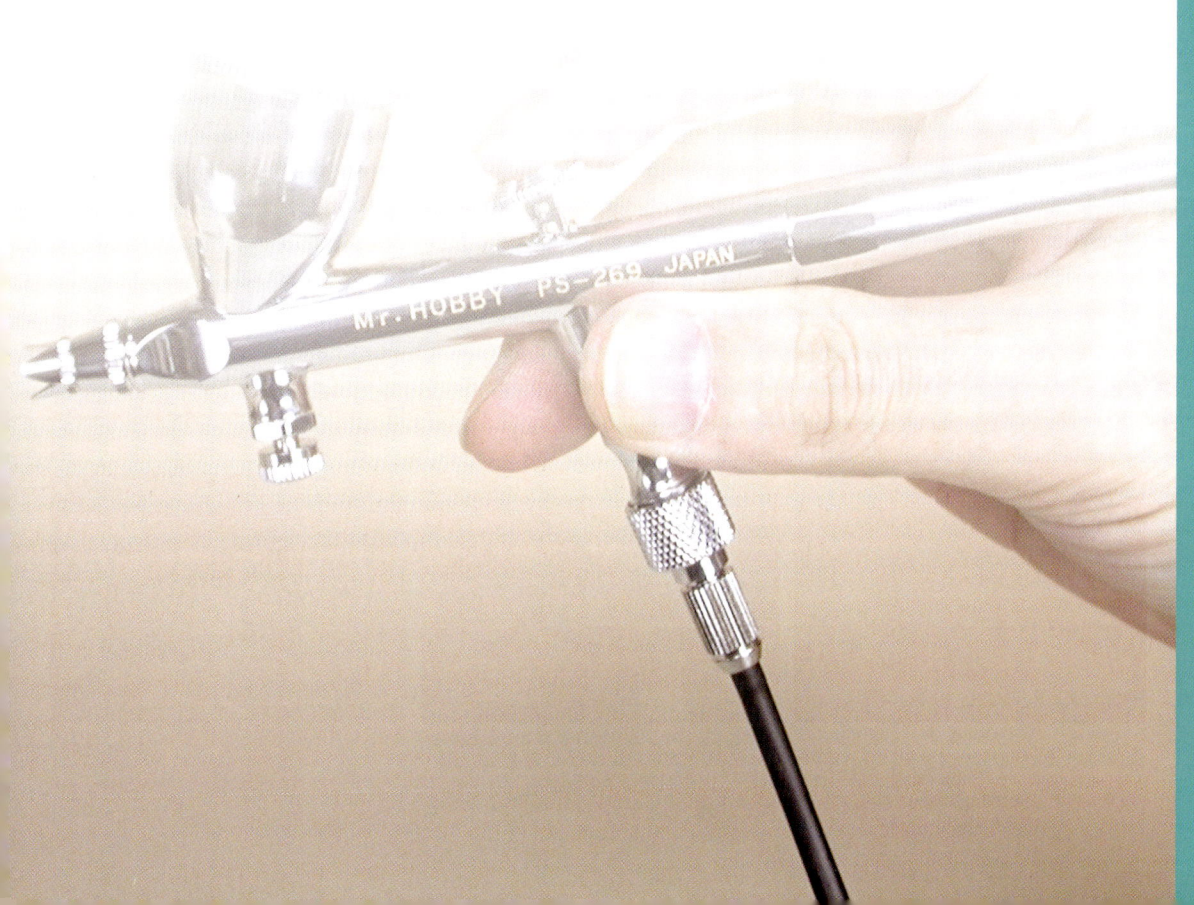

1. 도색을 위한 환경

주변도 배려하여 작업하기 쉬운 환경을 정비하자

도색을 할 때에는 도료의 악취나 분진이 주변에 퍼지므로 자신은 물론이고 주변에 대한 배려가 필요해 진다. 가족과 동거하고 있다면 말할 것도 없다. 특히 유기 용제가 포함되어 있는 래커 계열 도료를 사용한다거나, 에어브러시로 도색을 하려고 한다면, 가능한 도색 부스를 설치하여 환기를 실시하는 제작 환경을 정비해 두어야만 한다.

또한 도색을 하는 작업 공간은 청소와 정리 정돈을 해두는 것이 중요. 이렇게 하면 혹여 부품을 떨어뜨려도 더러워지는 것을 최소한으로 방지할 수 있고, 도료가 들어있는 병을 쓰러트리는 등의 실수도 줄일 수 있다. 여기에 조명도 중요한 포인트. 우선, 작업하기에 충분한 밝기로 해둘 것. 또한 형광등이냐 백열등이냐에 따라서도 색이 보이는 방식이 변한다. 조명을 가까이 하거나 멀리 떨어트려서, 어떻게 보이는지를 확인하면서 작업을 진행하는 것도 좋을 것이다.

작업의 흐름이라는 측면에서 보자면 절삭 같은 가공 작업은 가능한 도색 전에 끝내는 게 좋다. 도색 작업 중에 가공을 하게 되면 더러워지는 원인이 되기 때문. 이러한 점을 포함하여 이 항목에서는, 에어브러시 도색을 하기 전의 주변 환경에 관해서 고찰해 보기로 하겠다.

◀환풍기를 이용한 「자작 도색 부스」를 향해서 스프레이 도색을 하고 있는 장면. 실내에서 분무 도색을 하려면 도색 부스가 필요하다

CHECK POINT
● 도색은 실외에서? 실내에서??

도색 작업 시에 분진이 주변에 끼치는 영향을 생각하면, 에어브러시 도색은 실외에서 하거나 베란다나 창문을 바깥을 향해서 뿌리는 것이 좋다. 그러나 실외는 비바람, 추운 기온등 날씨의 영향을 받기 쉽다는 문제가 있다. 안정된 환경에서 도색하는 것을 우선으로 한다면, 도색 부스를 설치하여 실내에서 작업하는 것이 편리하다. 그렇게 하면 추운 날에도 비가 내리는 날에도 도색을 할 수 있으며, 도료의 준비 등을 아우르기에 작업성도 좋다. 단 도색 부스는, 흡입면을 향해서 분무되는 도료 입자 등에는 높은 효과를 보이지만, 부품에서 튕겨 나오거나 주변에 흩날리는 것 까지 흡수할 수 있는 정도는 아니다. 따라서 다소라도 주변에 분진이 흩날린다는 점은 염두에 두어야 할 필요가 있다.

도색 환경과 주변 용품

특히나 에어브러시로 도색하는 경우에는, 각 기구를 사용하기 쉬운 위치에 배치하여 작업을 원활하게 진행하도록 하자. 또한 주변을 더럽히지 않기 위해서 환기는 물론이고 책상과 주변에도 신경을 쓰자.

❶

❷

◀에어브러시부터 컴프레서 일체를 책상에 배치한 모습. 컴프레서는 대형이라 진동을 피하기 위해서 책상 아래에 두었다. 소형이라면 책상위에 두어도 좋을 것이다. 기압계, 레귤레이터는 보기 쉽고 조작하기 쉬운 곳에 배치했다. 이들 기구는 자신이 작업하는 책상에 항상 비치해놓는 것이 이상적이겠지만, 매번 다시 설치하는 경우에도, 조작성이 좋은 배치를 찾아보도록 하자.

▲추가로 「도색 부스」를 설치한 모습. 분진을 실외로 배출해주는 도색 부스를 사용하면, 에어브러시 도색을 실내에서 할 수 있다. 배기 문제도 있으므로 창문 가까이에 배치하였다

CHECK POINT
● 에어브러시 작업 중의 복장

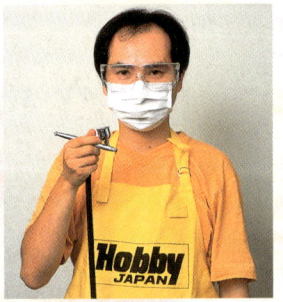

▲에어브러시 도색에서는 주변에 흩날리는 도료 입자를 흡입하거나, 옷을 버리지 않도록 하는 것도 중요. 고글은 도색하는 부품으로부터 튕겨 나오는 안개가 눈에 들어가는 것을 방지해준다. 디테일한 도색 작업 시에는 아무래도 얼굴을 가까이 가져가기 때문에 이러한 장비가 필요해진다. 마스크는 분진 흡입을 방지하기 위한 것, 코와 입을 확실하게 덮어주는 제품이 좋다. 유기용매의 독한 냄새에도 효과가 있는, 활성탄이 들어간 마스크 등을 사용할 것을 추천한다.

❸

▲에어브러시를 사용할 때는 도료를 넣은 채로 유지할 수 있는 「행거」가 빠질 수 없다. 이것은 책상 옆에 부착하는 클램프 타입과 거치대 형태. 에어브러시를 몇 개 걸쳐 놓는 것 등이 있다. 에어브러시 단품에는 부속이 없으므로 잊지 말고 준비하는 게 좋다.

❹

▲컴프레서 전원 조작은 옆에 있는 스위치와 중간 스위치를 활용하자. 컴프레서에서 스위치가 붙어 있지만 바닥에 두고 있는 경우에는 조작하기 힘들다. 이것이 있으면 에어브러시를 한손에 들고 있는 상태에서도 ON/OFF가 가능하므로 작업도 원활해진다.

❺

▲온도가 높으면 도료의 건조가 늦어지고 더불어 도료 수분을 흡수하면서 특히나 유광 도색의 경우 마무리할 때에 영향을 끼치게 된다. 가능하면 습도가 높은 때에는 도색을 피할 것. 현재의 습도를 파악하기 위해서 습도계를 준비해두면 좋다.

❻
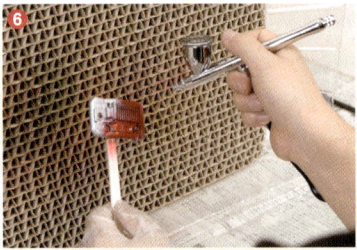

▲도색 부스를 가동시켜서 부품을 도색하고 있는 모습. 이 사례처럼 작은 부품의 도색이라면 주변에 대한 영향을 적게 끼친다. 부품을 지니고 있는 손에도 도료가 묻기 쉬우므로, 얇은 비닐장갑을 착용하고 있다.

❼

◀도색 부스를 설치한 경우에는, 배기 호스를 창문을 통해서 실외쪽으로 배치한다. 도료 입자는 필터로 상당 부분 걸러 내지만, 악취가 사라지는 것은 아니므로 주변에 폐를 끼치지 않는 곳으로 배치하도록 하자.

❽

▲에어브러시의 세척과 같이, 도료와 용제를 분사할 때에 편리한 것이 클리너 보틀. 이 안에서 분사함으로써 분진을 주위에 확산시키지 않을 수 있다. 단 특유의 독한 냄새만은 필터를 통과하여 약간 남는다. 사용할 때에는 보틀 내에 물을 충분히 담아둘 것!

1. 도색을 위한 환경

▲도색하는 부품은 방향을 쉽게 바꾸기 위해서 손잡이를 붙여주는데, 건조할 때까지 부품을 띄우서 지지해 줄 필요가 있다. 손잡이는 플라스틱 봉과 병에 양면테이프로 붙여준다거나, 클립으로 잡아주거나 한다. 손잡이 봉을 찔러서 세우기 위해서는, 골판지제의 베이스가 편리하다. 이것은 대형 마트에서 팔고 있는 '고양이 스크래처'로도 대용할 수 있다.

▲도색 후에 먼지가 쌓이는 걸 막고 건조를 빠르게 하고 싶을 때 편리한 것이, 후드가 달려 있는 건조기. 사진은 GSI 크레오스의 드라이 부스. 후드 내의 공기를 따스하게 대류시킴으로서 건조를 촉진시킨다. 동일한 사양으로 시중에서 판매되고 있는 식기 건조기를 이용하는 것도 좋은 방법.

◀에어브러시 도색에서는 농도 조정과 세척 등 용제를 사용하는 장면이 많다. 거기서 재빠르게 주입하기 위해서 내부 뚜껑에 구멍을 뚫는다거나, 전용 주입 캡을 이용하면 편리하다. 용제 자체도 큰 병으로 준비해 두는 것이 좋다.

도색 부스 자작

도색 부스는 DIY(Do It Yourself)로 자작하는 것도 가능하다. 작업 공간과 배치하는 장소에 맞추고 싶은 경우, 또한 비용을 적게 들이고 싶은 경우 등, 자작을 할 때 얻을 수 있는 이점은 제각각이다. 여기서는 시중에서 판매 중인 환풍기를 이용한 간단 제작법을 소개하겠다.

▲주방 등에 설치하는 환풍기. 이것은 팬의 지름이 15cm으로 3000엔 정도에 입수. 날개를 분리할 수 있으므로 청소하기도 편하다. 이 타입은 풍량은 괜찮지만 배기 측의 저항에는 약하기 때문에, 뒤에 기다란 호스를 연결하는 것은 적합하지 않으므로 주의하자.

▲도색 부스의 후드를 만드는데 딱 어울리는 것이, 폴리스티렌 수납 박스. 크기도 선택할 수 있고 가공하기도 쉬우며 내구성도 좋다. 또한 유착된 더러운 부분과 도료도 제거하기 쉽다. 이 외에 튼튼한 골판지 상자를 가공하는 것도 좋을 것이다.

▲가공은 우선 옷상자의 바닥에 환풍기를 달기 위해서 구멍을 뚫어준다. 사각으로 밑그림을 그린 곳이 바로 그 부분. 모서리에 드릴로 구멍을 뚫은 후, 톱으로 잘라낸다. 힘을 지나치게 주면 "빠직"하고 쪼개지는 경우도 있으므로 주의!

✅ CHECK POINT
●전동 팬에 관해서

▲시판중인 도색 부스 중에는 환풍기 형태가 아니라, 이른바「시로코 팬」을 사용하고 있는 것도 있다. 원통형의 핀 부위가 회전하여, 중앙으로부터 빨아들여, 측면으로 배기한다. 배기구 덕트가 길게 늘어나더라도 효율이 쉬이 저하되지 않는 것이 특징

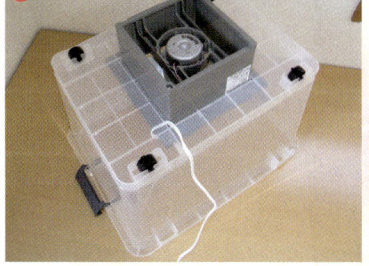

▲바닥의 구멍을 뚫고 팬을 상자의 안쪽을 향하도록 하여 환풍기를 꽂아 넣은 모습. 환풍기는 주변의 나사 구멍을 이용하여 옷상자에 나사로 고정한다. 환풍기 뒷면의 개폐 부분은 제거하고, 전원 코드도 뒤쪽으로 보내도록 한다.

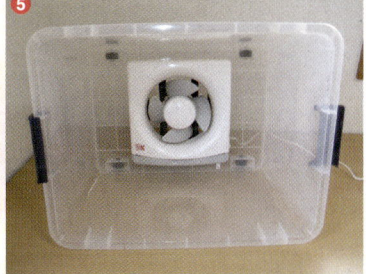

▲빨아들이는 측의 상태. 이로서 기본적인 부분은 완성. 환풍기 앞에 시판하는 환풍기 필터 같은 것을 붙여주는 것도 좋을 것이다. 옷상자가 투명하면 주위의 빛을 차단하지 않으므로, 그러한 점에서도 메리트가 있다.

▲배기구를 어떻게 설치 할 수 있느냐에 따라서 변하는 부분. 이 사례에서는 환풍기의 출구를 골판지로 에워싸고, 지름 15cm의 알루미늄 덕트를 짧게 붙여 놓았다. 이 덕트를 창문을 통해 실외로 내보낸다. 이로서 간이 도색 부스는 완성

✅ CHECK POINT
●알루미늄 호스

▲흡배기를 편리하게 처리할 수 있게 해주는 것이 바로 알루미늄 호스. 7cm, 10cm, 15cm 사이즈로 지름이 있으며, DIY 전문 매장 등에서도 입수 가능. 만능 가위 같은 걸로 절단할 수 있다.

▲창문 앞에 설치한 상황. 간단히 만들었지만 충분히 기능을 하는 도색 부스가 되었다. 배출 덕트의 폭이 넓으면 창문을 그만큼 많이 열어야 한다. 그 위의 틈새를 가리는 등, 도색 부스의 주변이 더러워지지 않도록 하는 궁리를 해보자

▲이번의 예는 창틀에 끼우는 타입의 환풍기. 장소는 고정되지만 만드는 것은 간단하다. 왼쪽의 창문도 환풍기와 겹쳐지듯이 닫혀 있어, 사용하지 않을 때에도 설치한 그대로 두면 된다. 사진의 것은 날개 지름이 20cm이나 하는 제품으로 제법 강력하다.

▲환풍기의 상하를 반대로 하여 설치하고, 그 앞에 골판지 상자를 가공하여 후드를 붙인 모습. 이로서 바로 도색 부스로서 사용할 수 있다. 설치 장소가 고정되므로, 이 앞에 도색 용품을 비치하고 작업대 등을 설치해주면 좋을 것이다.

✅ CHECK POINT
●배기 방식의 연구

▲이것은 필자가 자작한 도색 부스의 배기구. 빗물 막이가 달린 배기구를 창틀 내의 패널에 설치하고, 거기에 알루미늄 덕트를 연결했다.

2. 도료를 사용하기에 앞서…

도색을 하기 전에 알아두어야 하는 기본을 확인

구체적인 도색 테크닉을 설명하기 전에 우선은 도료를 사용할 때 주의할 점을 확인하자. 여기서 소개하는 내용은 래커 계열, 에나멜 계열, 수성 등, 어떤 종류의 도료에도 공통되는 사항이다.

도료를 사용하기 전에 가장 먼저 할 일은 병 속에 있는 도료의 교반이다. 도료는 장시간 방치하면 무거운 안료가 바닥에 모이게 된다. 병의 바닥에서 보이는 색이 뚜껑을 열어보면 생각하던 색과 전혀 다른 것은 이 때문이다. 따라서 도료를 사용하기 전에는 우선 병 안에서 잘 섞어주는 것이 중요. 교반에 사용하는 것은 전용 교반봉이나 런너 등 아무거나 써도 되지만, 병 바닥에 가라앉아 굳어있는 것도 확실하게 휘저어서 섞어 줄 것. 그렇게 하지 않으면 도료가 본래 조색된 색깔을 내지 않는다.

다음은 도료의 농도. 붓칠이든 에어브러시 도색이든 도료의 농도에 따라 칠하기 편한 정도가 달라지므로 조정은 도색하는 중이라도 수시로 필요하다. 도료병에 들어있는 상태에서도 묽게 희석할 수는 있지만 반대로 진하게 할 수는 없다. 농도조정을 할 때뿐만이 아니라 도료를 사용할 때는 일단 도료병과는 별개의 용기에 옮긴 다음에, 그것을 농도조정해서 사용하도록 습관을 들이자. 마찬가지로 도료를 섞을 때도 도료병 속에 바로 도료를 부어 교반하거나 하지 말고, 별도의 용기를 사용하도록 한다.

▲도료의 종류와 제품은 여러 가지가 있지만 발색의 주의나 칠하는 방식에 맞춰서 농도 조정을 하는 등, 취급하는데 있어서의 기본은 전부 다 동일하다

도료의 취급과 혼색 시 주의사항

도료는 사용하기 전에 내용물을 잘 교반할 것. 용매가 휘발되어 진해진 상태라면 용제를 넣어서 사용하기 편한 상태로 만들자. 혼색은 동일한 상표끼리 하는 것이 기본이지만, 동일한 계통이라면 섞어서 사용하는 경우도 있다.

● CHECK POINT
● 염료계 도료에 관해서

▲형광색 위에 같은 계통의 클리어를 덧칠했더니 색이 번진 사례. 클리어나 형광색의 일부 등, 「염료」를 사용한 도료는 덧칠한 도료의 용제 성분을 흡수해서 염료가 녹아내리는 경우가 있다. 시험해서 확인해두자.

▲도료 병을 열어본 모습. 다른 색으로 보이는 경우가 있는데, 이는 안료가 분리되어 있기 때문. 도료는 안료를 섞어줌으로써 비로소 지정색으로 조색 된다. 안료의 가벼운 쪽이 위로 오고, 무거운 쪽은 바닥에 쌓이기 십상이다

▲그런고로, 바닥에 가라앉은 것까지 확실히 저어준 상태. 상당히 다르게 보이는 것을 알 수 있다. 이후, 붓칠과 에어브러시 등, 목적에 맞춰서 사용하기 쉽게 농도를 조정. 다른 용기에 적정량을 나눠 담아서 희석액을 보충한다.

▲색을 섞을 때는, 처음부터 필요한 양을 섞어 버리면 색조가 달라 보일 때 추가해야 하는 양이 늘어나 버려서, 변화를 주기 힘들뿐더러 도료를 낭비하기 십상이다. 처음에는 소량만 섞어서 목적한 색을 만들고, 또한 그에 맞는 비율을 확인하도록 하자.

▲섞은 도료를 에어브러시로 시험 삼아 뿌려본 것이다. 왼쪽이 뿌린 직후, 오른쪽이 마른 상태다. 같은 도료라도 도색 직후에는 밝게 보이지만 마른 뒤에는 어둡고 차분한 느낌이 된다. 이러한 변화가 있으므로 정밀하게 색을 합칠 때는 시험 삼아 뿌려보는 것이 필요하다

▲소량만 섞은 상태를 참고삼아 필요한 양을 섞는다. 혼합한 색은 양이 부족해서 다시 만들어도 완전히 같은 색이 되지는 않기 때문에 미리 충분한 양을 만들어 두는 편이 좋다. 섞은 비율도 잘 기록해두자.

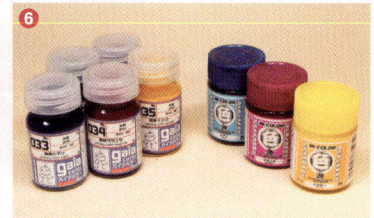
▲조색을 할 때는 백과 흑 등의 무채색 안료가 섞여 있지 않은 「순색」, 「원색」이라 불리는 도료를 추가하면, 색조를 흐리게 하지 않고도 조정할 수 있다. 이것들은 색상을 만드는 도료로, 투과성이 높아서 직접 칠해도 밑 색을 은폐하는 능력은 없다.

● CHECK POINT
● 메탈릭 도료

▲왼쪽은 붓칠, 오른쪽은 에어브러시로 같은 메탈릭 도료를 사용한 사례다. 메탈릭 도료는 안료의 비중이 무겁고 붓으로 칠한 경우 입자가 잘 흐르는 경향이 있다. 도료에 따라서는 좁은 면의 한정으로 깔끔하게 칠이 되는 경우도 있지만, 이런 도료는 가능한 에어브러시로 칠해주도록 하지.

발색에 관하여

색을 덧칠할 때는 「밝은 순서대로 칠하는 것」이 기본이다. 이것은 밝은 색, 선명한 색은 은폐력이 약한 경우가 많아 그 바탕색을 투과시키기 쉽기 때문. 어두운 색 위에 은폐력이 낮은 도료를 아무리 덧칠해봤자 본래의 색은 나오지 않는다.

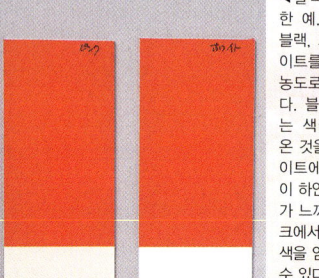
◀발색의 차이를 비교한 예. 바탕 도색으로 블랙, 그레이, 핑크, 화이트를 준비하고 같은 농도로 레드를 덧칠했다. 블랙, 그레이에서는 색이 칙칙하게 나온 것을 알 수 있다. 화이트에서는 바탕 도색이 하얀 탓에 색의 깊이가 느껴지지 않는다. 핑크에서 가장 선명한 발색을 얻고 있는 것을 알 수 있다.

▲검은 바탕에 흰색(베이스 화이트 사용), 그리고 빨간색을 덧칠한 모습. 바탕의 색이 진한 경우라도 일단 은폐력이 높은 도료(색)를 칠해서, 바탕색의 영향력을 억제함으로서 선명한 발색을 얻을 수 있다. 이것이 바탕색의 효과다.

3. 에어브러시의 사용법

에어브러시의 구조와 조작을 이해해 보자

에어브러시는 컴프레서나 에어 캔에서 대기압보다 높은 압력의 공기를 공급받아 그것이 뿜어져 나오는 힘을 이용하여 도료를 뿌리는 도구다. 에어브러시 도색은 도료를 입자 형태로 분무하여 대상물을 도색하는 「분무 도색」이라고 불리는 도색법이다. 분무 도색에는 캔 스프레이를 사용하는 방법도 있지만, 시판되는 캔 스프레이는 색상이 한정되어있고 뿌리는 강도와 넓이를 조정하기도 어렵다. 하지만 에어브러시를 사용하면 이런 조정을 자유자재로 할 수 있다. 이것이 에어브러시의 가장 큰 장점인 것이다.

게다가 도료를 스스로 혼합해서 원하는 색을 선택할 수 있고, 캔 스프레이에는 없는 종류(성질)의 도료를 사용할 수도 있다. 뿌리는 강도도 조정할 수 있어서 부품의 크기와 형태에 맞춰서 도색할 수 있으며, 균일한 마무리는 물론이고 블렌딩을 활용하는 표현도 가능하다. 이렇게 매우 편리한 에어브러시 도색. 테크닉을 익히기에 앞서 우선 기본적인 원리를 알아보자.

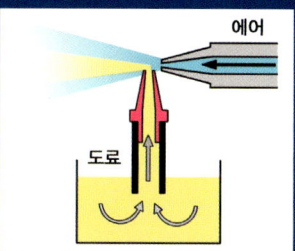

◀에어브러시가 도료를 뿜어 칠하는 원리를 그린 것. 에어(파란 부분)와 도료(노란 부분)는 별도의 통로로 되어 있다. 우선 도료를 뿌리고 싶은 방향에 공기를 힘차게 분출시킨다. 이렇게 하면 가까이 있는 도료의 노즐로 부터 도료가 빨려 들어가서 공기와 함께 입자 형태로 분무되는 것이다.

에어브러시의 구조

에어브러시로 도색을 할 때는 에어브러시 본체(핸드 피스라고도 부른다)외에, 공기의 공급원이 되는 주변기기도 필요해진다. 이에 대한 소개와 동시에 여기서는 에어브러시에 대한 구조를 설명한다.

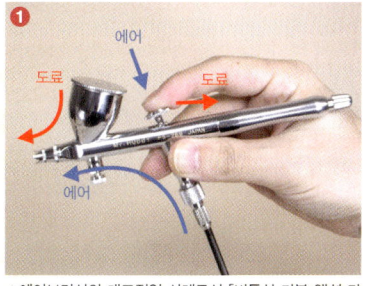

▲에어브러시의 대표적인 사례로서 「버튼식 더블 액션」타입으로 조작 방식을 설명하겠다. 본체의 중앙에 있는 버튼은 "누르기"와 "당기기" 조작이 가능. 버튼을 누름으로서 에어 공급원으로부터 보내어지는 공기(또는 가스)가 끝에서 뿜어진다. 여기에 버튼을 당김으로서 도료가 끝의 노즐로부터 바깥으로 빨려 나와 안개 상태로 뿌려진다.

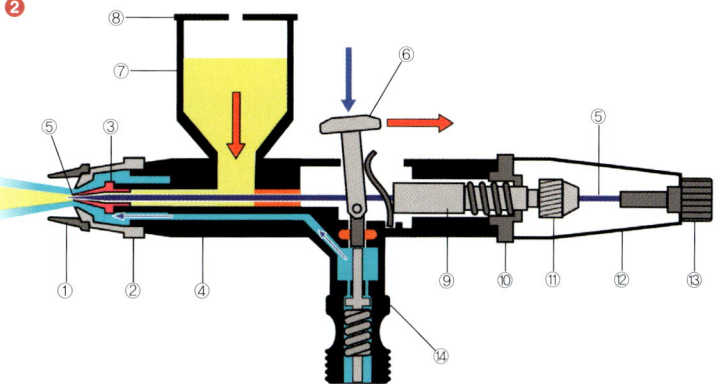

▲에어브러시(더블 액션)의 구조도. 분해 사진과 함께 도료를 뿌리기 까지의 과정과 각부의 역할에 대해서 설명을 하겠다. 우선 ⑭ 에어밸브에 공기 공급원 호스를 연결한다. ⑦ 컵에 도료를 넣으면 도료는 ④ 바디 속으로 들어가서 ③ 노즐 안쪽까지 도달한다. 아무런 조작도 하지 않을 때는 ③ 노즐 끝은 ⑤ 니들로 막혀 있어서 도료가 나오지 않는다. ⑥ 버튼을 누르면 아래로 이어진 피스톤이 ⑭ 에어밸브를 눌러서 공기가 노즐의 주위에서 뿜어지는 상태가 된다. 여기서 ⑥ 버튼을 당기면 ⑨ 니들 척이 고정되고 ⑤ 니들이 뒤로 물러나면서 ③ 노즐 내에 도료가 흐르는 틈새가 생긴다. 이로서 공기와 함께 도료가 빨려 들어가서, 분무를 시작한다. ⑥ 버튼을 누르는 정도로 공기를 그리고 당기는 정도로 도료를 뿌리는 양을 조작할 수 있으므로 "더블 액션"이라 하는 것이다.

① : 니들 캡
② : 노즐 캡
③ : 노즐
④ : 바디
⑤ : 니들
⑥ : 버튼
⑦ : 컵
⑧ : 컵 뚜껑
⑨ : 니들 척
⑩ : 니들 스프링 케이스
⑪ : 니들 척 나사
⑫ : 테일 캡
⑬ : 니들 스토퍼
⑭ : 에어 밸브

CHECK POINT

● 압축 공기의 공급원에 접속

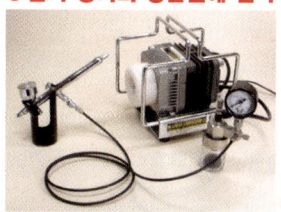

▲압축 공기의 공급원으로 「컴프레서」를 준비한 접속 예. 에어브러시 본체와 컴프레서를 호스로 연결하고, 그 중간에 공기압을 조정하는 「레귤레이터」와, 압축된 도료의 수분을 제거하는 「수분 필터」를 접속. 레귤레이터는 기압계가 달려 있으면 기준 삼기에 편하다. 이 사례는 중간의 기기가 일체화되어 있는 제품. 이 외에도 에어브러시를 거치하기 위한 「스탠드」도 필요하다.

▲공기 공급원으로 「에어 캔」을 사용한 접속 사례. 에어 캔은 상부에 전용 조인트를 달아서, 그 곳을 통해 호스로 에어브러시와 이어준다. 조인트에 있는 밸브로 공기압을 조정하는 것이 가능. 전용 가스이므로 수분 필터는 필요 없다. 간단한 구성이라 초기 비용은 저렴하지만, 오래 사용할 경우엔 에어 캔이 소모품인 만큼 배보다 배꼽이 커져버리고 만다.

에어브러시의 종류

에어브러시는 그 구조에 의해 크게 4가지로 분류된다. 우선 공기와 도료의 출구가 다른 방향인 타입(간이형). 그 외에는 에어와 도료의 출구가 동일 선상에 배치되어, 노즐과 니들로 도료를 뿌리는 정도를 조정한다. 조작 계통의 차이로 3종류로 나뉜다.

❶ 간이형

▲공기와 도료의 노즐이 별도인 타입. 구조가 단순하며 저렴하다. 분사 면적의 조정 등 조작성에서는 본격적인 타입만은 못하지만 가늘게 뿌리는 것부터 넓은 면적 도색까지 해낼 수 있다.

❷ 버튼식 싱글액션

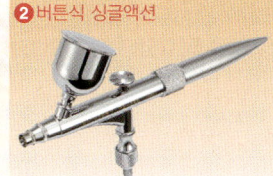

▲상부의 버튼을 눌러서 공기의 분출을 조작. 뿜어내는 도료의 양은 바디의 다이얼(바디 뒤에 있는 두꺼운 부분)을 돌려서 내부의 니들을 뒤로 이동시킨다. 일정한 면적을 유지한 채 지속적으로 분무하는 작업에 적합하다.

❸ 버튼식 더블액션

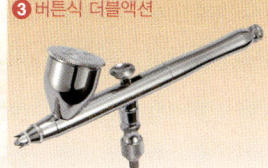

▲버튼의 "누르기·당기기"로 토출되는 공기와 도료의 양을 조작. 뿌리면서 변경하는 것도 가능하며 용도를 한정하지 않고 유연하게 사용할 수 있는 타입이다. 겉보기에는 싱글액션과 비슷하지만, 버튼 위에 홈이 파여져 있는 것이 특징

❹ 트리거식

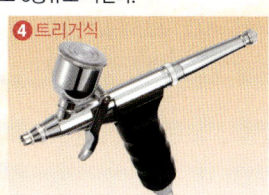

▲트리거식의 경우 레버를 약간 당기면 공기가 조금씩 나오고, 더욱 당기면 공기와 도료가 연동해서 서서히 많이 나오게 된다. 들기 편하고 조작도 편해서 장시간 작업에 적합하다.

노즐의 구경

에어브러시를 고를 때 조작계통과 함께 중요한 것이 노즐 구경이다. 가늘면 뿜어내는 도료의 양이 적고, 정교한 도색에 적합하다. 굵으면 도료를 많이 뿜어내서 넓은 면이나 농도가 진한 도료로 도색할 때 좋다. 모형용으로는 0.2~0.5mm구경의 제품이 주로 사용된다.

CHECK POINT
● 분무되는 폭은 바꿀 수 있다

▲노즐 구경에 따라 가늘게 혹은 넓게 뿌리는 특징이 있기는 하지만, 실제로 뿌리는 폭은 가늘게도 넓게도 할 수 있다. 패나 유연하게 대응하는 것이 가능하다.

▲노즐부분을 확대한 모습. 모형에서는 0.3mm구경이 표준적인 사이즈라고 할 수 있다. 가운데를 통과하는 니들을 뒤로 당겨서 도료의 양을 조정할 수 있다. 실제로 대상물에 뿌리는 폭은 1mm 이하부터 몇cm까지 조정할 수 있다.

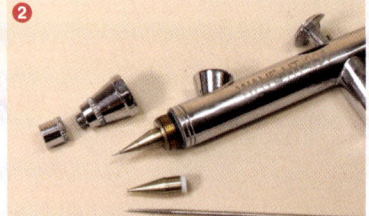

▲노즐 구경은 에어브러시마다 고정되어 있는 것이 일반적이지만, 개중에는 변경할 수 있는 타입도 있다. 그 경우에는 부속, 또는 옵션 노즐과 니들로 교환한다. 사례는 웨이브의 「슈퍼 에어브러시 0305」로 지름 0.3mm, 지름 0.5mm를 선택할 수 있다.

▲간이형은 고정되어 있지만 노즐을 통째로 교환하여 구경을 바꿀 수 있는 것도 있다. 또한 도료 유입량의 미세 조정은, 노즐의 나사를 회전시켜서 아래위로 움직이게 하여 (공기를 뿜는 노즐과의 간격을 가까이 하거나 한다) 조정할 수 있다.

니들 캡의 형태

에어브러시의 끝에 달려 있는 원통 모양의 부품이「니들 캡」이다. 뾰족한 니들이 다른 곳에 닿거나, 구부러지지 않도록 하기 위해 있는 것인데, 캡의 형태 차이에 따라서 뿜어져 나오는 도로 입자의 분무 상태가 달라진다.

▲원통 모양의 니들 캡. 끝이 가늘게 오므라든 타입은 입자를 중심으로 몰아주어 가운데 부분에 색이 진하게 칠해진다.

▲끝이 넓게 밖으로 벌어진 타입. 도료 입자를 모아주지 않으므로 주위에 넓게 퍼진다. 노즐 구경이 큰 에어브러시에서 주로 사용된다.

▲끝이 삐죽삐죽한 흔히 말하는 '크라운' 타입. 기능적으로는 왼쪽과 같다. 도료 입자가 넓게 퍼지면서 도색 면에 가해지는 압력이 약해지는 효과가 있다.

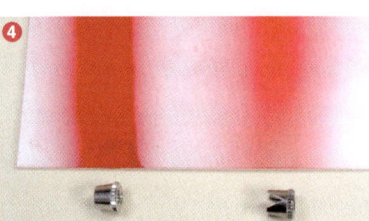

▲동일한 조건에서 니들 캡만 바꿔서 뿌려본 상태를 비교해 보았다. 왼쪽은 도료가 중심부에 집중적으로 강하게 칠해져 있다. 오른쪽은 넓고 부드러운 느낌이며 블렌딩 면적도 넓다. 교환할 수 있는 모델을 쓸 때는 이런 특징을 숙지하도록 하자.

도료 컵의 위치

에어브러시 본체에 부속된 도료 컵. 이것에도 다양한 종류가 있고 사용 시 차이점이 있다.

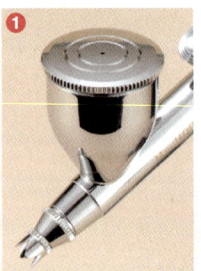

▲바디 위에 고정되는 타입. 컵 바닥이 바디내의 "도료가 모이는 곳"이 되므로 잔량 확인이 쉽고 내부 세척도 간편하게 할 수 있다. 파지하는 방법에 따라서는 손가락 움직임의 방해가 되거나 정교한 부분을 도색할 때 시야를 가리는 등의 단점도 있다.

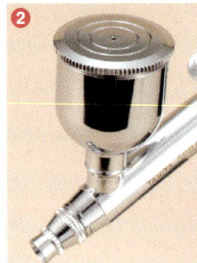

▲탈부착이 가능한 방식은 용도에 맞춰서 컵 용량을 바꿀 수 있는 것이 큰 장점이다. 조인트 부분에서 내부가 좁아지므로 도료가 모이는 곳까지 청소하려면 컵을 제거하고 씻어줄 필요가 있다.

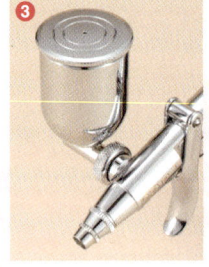

▲측면 장착형인 경우 컵이 위에 있지 않으므로, 에어브러시 끝의 시야를 가리지 않아서 세부 도색을 할 때에 도색 면을 보기 쉽다. 또한 컵의 각도를 바꿀 수 있기에 극단적으로 위, 아래 방향을 향해 뿌리는 경우에도 도료가 쏟아지지 않도록 할 수 있다.

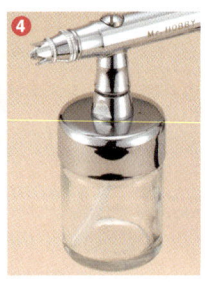

▲빨아들이는 보틀 타입은 보틀 내에서 조색하여 그대로 장착해서 사용할 수 있는 것이 장점. 도료가 흘러넘칠 우려도 적고, 일정하게 도색을 지속할 때에 적합하다. 사용하는 색을 바꿀 때는 튜브를 먼저 세척할 필요가 있는 등, 손이 많이 가는 일면도 있다.

에어브러시 파지법

에어브러시의 파지법은 칠하는 대상, 또는 버튼 조작을 어느 손가락으로 할 것인가에 따라서 변하게 된다. 여기서는 더블 액션 타입을 사례로 들어 그 차이를 설명하겠다.

CHECK POINT
● 트리거 타입의 경우

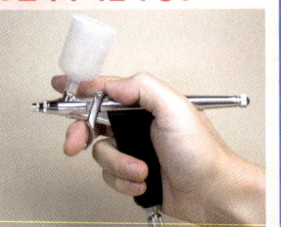

▲트리거 타입은 검지 손가락과 가운데 손가락으로 트리거를 당긴다. 조작이 단순할뿐더러, 그립과 호스 부분을 쥐어줌으로써, 안정되게 자세를 유시할 수 있다.

▲에어브러시를 바로 뒤에서 보는 듯한 방향으로 자세를 잡고, 검지로 버튼을 조작하는 파지법. 정밀한 부분을 노려서 칠할 때 적합하다.

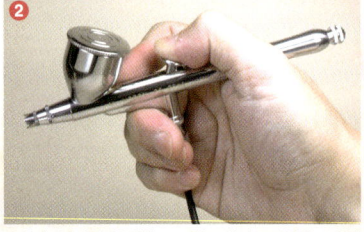

▲에어브러시를 횡 방향으로 잡고 엄지로 버튼을 조작하는 파지법. 이 파지법은 평행 이동하기가 편하고, 넓은 면적을 도색할 때 적합하다.

▲더블 액션의 조작을 확실하게 할 수 있도록 검지로 버튼을 당기고, 엄지로 누르는 방식의 파지법. 두 개의 손가락이 버튼을 지지하므로 미세한 조작도 가능해진다.

3. 에어브러시의 사용법

에어브러시의 조정법을 익혀서 능숙하게 활용해보자

에어브러시에서 분무를 원활하게 하려면, 3개의 조정 포인트가 있다. 그것은 「도료의 농도」, 「공기압」, 「니들 개방 정도」다. 목적에 맞게 이것들을 조정함으로서 적절하게 도료 입자를 뿌리는 상태로 만드는 것이 우선 중요. 이 조정 포인트는 각각 연관성이 있어서 그것을 알기 쉽게 보여주는 것이 오른쪽의 그림이다. 각 요소를 변경할 때는 밸런스를 맞춰가면서 정삼각형이 되도록 조정해 가면 좋다. 참고로 이 삼각형의 면적은 뿜어져 나오는 도료의 양을 뜻한다. 예를 들어 도료가 묽은 상태에서는 니들 개방 정도는 작게 하고, 공기압도 낮춰 주어야 분사하기 적당한 정도가 된다. 단, 그렇게 하면 나오는 도료의 양이 적어서 색이 연하고 좁은 범위밖에는 칠할 수 없다. 한 번에 넓은 곳을 뿌리고 싶으면 반대로 조정하면 된다.

또 실제 도색 시에는 에어브러시를 조정하는 것 외에도, 도색 대상물과의 "거리"와 에어브러시를 움직이는 "속도"도 활용하여 색이 칠해지는 정도를 조정할 필요가 있다. 거리가 가까우면 도료는 좁은 곳에 집중되어 진해지고, 멀어지면 넓고 희미해진다. 움직임은 느릴수록 진하게, 빠를수록 연하게 된다. 에어브러시는 균일한 마무리를 특기로 하는 도색 용구이지만, 움직임도 포함하여 뿌리는 양을 조정함으로서, 다채로운 표현이 가능해지는 것이다.

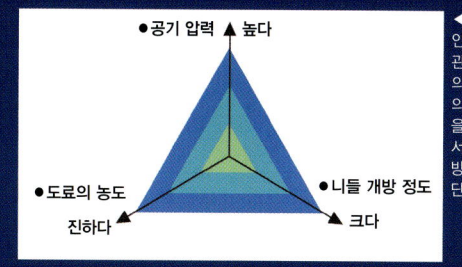
◀조정 포인트의 상관도. 각각의 요소와의 관련성을 고려해서 조정할 방향을 판단한다.

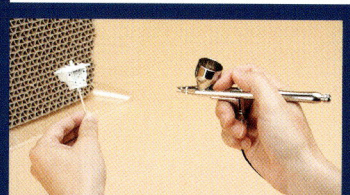
◀도색면과의 거리, 움직이는 속도에 의해 도색면에 칠해지는 도료의 상태를 바꿀 수 있다.

도료의 농도

도료의 농도조정은 에어브러시를 처음 사용하는 사람이 가장 먼저 고민하게 되는 문제라고 할 수 있다. 통상의 병 타입 도료를 그대로 에어브러시 도색에 사용하기엔 너무 진해서, 어느 정도 희석해서 사용하는 것이 기본이기 때문이다. 도료가 지나치게 진하면 노즐 내부에서 도료가 흐르지 못하고 막혀버리는 일도 생긴다.

CHECK POINT

● 도료를 희석하는 기준

GSI 크레오스	
Mr. 컬러	Mr. 컬러 1에 대해서 희석액 또는 레벨링 신너를 1~2
수성 하비 컬러	희석하지 않고 그대로 사용할 수 있다.
타미야	
타미야 컬러 에나멜 도료	도료 1에 대해서 1~1.5
타미야 컬러 아크릴 도료	도료 1에 대해서 0~0.5

▲이것은 도료 제조사에서 발표하고 있는 에어브러시 도색 시에 희석하는 농도의 참고치. 비율은 도료의 휘발 정도에 따라서 변하므로, 이것을 기준으로 하더라도, 실제로 시험 삼아 뿌려보고 어느 정도가 가장 적절한 농도인지 확인하자.

▲병 타입 도료를 잘 저어준 뒤 별도의 용기에 적당량을 옮기고 용제를 첨가하여 희석시킨다. 별도의 용기를 사용하는 것은 용제를 넣어서 양이 불어나면 도료 병에서 넘칠 우려가 있기 때문이다. 또 이렇게 함으로써 실수로 너무 묽게 만들어도 다시 도료를 더해서 되돌릴 수 있다.

▲도료를 희석한다고 해도 어느 정도가 좋을지 잘 모를 때에는, 캔 스프레이를 용기에 뿌려서 이를 참고하는 것이 좋다. 넓게 칠할 때와 광택 도색이라면 동일한 농도로, 세부 도색에서는 한층 옅게 하는 것이 기준이 된다.

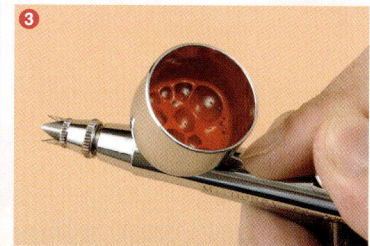
▲농도 조정은 용기에 넣은 단계에서 끝내는 게 좋지만, 실제로는 컵에 넣고 시험 삼아 뿌려본 다음에 추가적으로 도료나 용제를 넣어 미세하게 조정하는 경우도 있다. 이럴 때는 컵 안에서 공기를 역류시키는 '뽀글이'를 해줘서 잘 섞어준다.

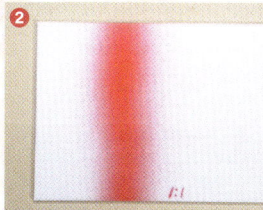

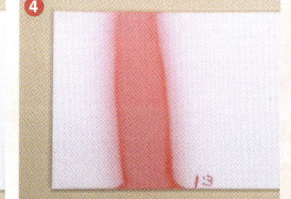

▲Mr.컬러를 예로 들어 희석액 비율을 바꿔가며 도색해본 샘플이다. ① 1 : 0(원액)에서는 진하게 도료가 칠해지지만 주위에 굵은 입자가 튀면서 표면이 깔끔하지 않다. ② 1 : 1인 상태에서도 약간 알갱이가 굵다. 조금 더 희석해야 할 것 같다. ③ 1 : 2에서는 깔끔한 블렌딩이 이루어졌으나 색이 너무 연하다. 이것을 반복해서 칠해주면 깔끔한 도색면이 될 것이다. ④ 1 : 3에서는 용제가 너무 많아서 도료가 줄줄 흘러내린다. 가늘게 뿌릴 거라면 니들 개방 정도를 줄여서 하면 적당할 것이다. 여기서 중요한 것은 희석하는 비율의 수치가 아니라, 어떤 상태로 뿌려야 적절할 지를 판단하는 것이다.

니들 개방의 정도

니들 개방 정도(노즐과 니들의 틈새)를 조정하면, 뿜어져 나오는 도료의 양을 바꿀 수 있다. 가늘게 뿌리고 싶으면 니들 개방 정도는 작게, 넓게 뿌리고 싶으면 니들 개방 정도를 크게 하는 것이다. 실제 도색에서는 뿌리는 폭에 맞춰서 도색면과 에어브러시의 거리도 고려할 필요가 있다.

CHECK POINT

● 끈적한 실처럼 뿌려진다?!

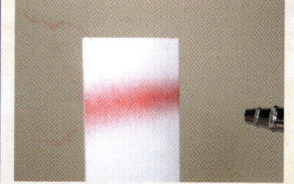
▲도료가 너무 진하면 뿌리는 도료가 찐득한 거미줄처럼 되어버리는 경우가 있다. 이렇게 되어버리는 이유는 농도가 지나치게 진하기 때문이 명백하므로, 도료를 컵에서 완전히 제거한 후 다시 희석해 주자.

▲니들을 조금 당긴 상태. 노즐의 구멍을 막고 있는 니들이 뒤로 슬라이드 함으로서 틈새가 생긴다. 그곳으로부터 도료를 분출한다. 극히 작은 틈새이므로, 도료가 진하면 덜컥거리고 막혀 버리는 것도 이해가 갈 것이다.

▲싱글 타입 에어브러시는 브러시 끝이나 바디에 있는 다이얼을 돌려서 니들을 뒤로 슬라이드 한다. 슬라이드시킨 시점에 노즐 틈새로 도료가 흐르기 때문에 에어브러시 끝이 아래를 향하지 않도록 주의하자.

▲더블 액션방식은 버튼을 당겨주면 니들도 뒤로 슬라이드 된다. 뿌리면서도 미세조정이 가능하고, 버튼을 놓으면 니들이 닫히므로 다루기도 쉽다.

6 : 도색 테크닉

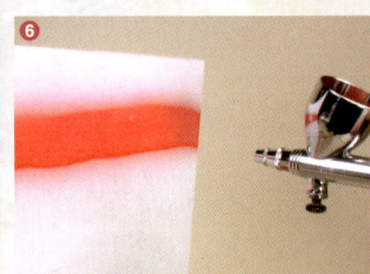

▲더블 액션의 뒤에 있는 니들 조정 장치. 나사식으로 회전시켜 니들을 슬라이드 하는 폭을 제한할 수 있다. "이것을 ○회전시키면 면 도색", "1/○ 회전은 가늘게 뿌리기 딱 좋은 정도"라고 하는 식으로 설정하여 사용한다.

▲농도나 공기압은 일정하게 두고 니들 개방 정도와 거리를 바꿔서 뿌리는 폭을 조정해 봤다. 이것은 가늘게 뿌린 사례로 폭은 약 0.5mm, 노즐을 도색면에 상당히 가깝게 하게 된다. 에어브러시의 노즐 구경은 0.3mm, 공기압은 0.05MPa

▲이쪽은 니들을 최대한으로 개방하여 두껍게 칠한 상태다. 뿌려진 폭은 약 2㎝, 손잡이 조작만으로 이 정도로 변화시킬 수 있다. 도료의 농도나 공기압을 바꿔 주면 조작 폭이 더 넓어질 것이다.

공기압의 조정

공기압의 조정은 도료가 노즐로 빨려 들어가서 도색면에 뿜어지는 힘을 조정하는 것이다. 압력이 낮으면 묽은 도료가 아니면 뿌리기가 힘들고, 깔끔하게 분무되지 않는다. 또 압력이 너무 높으면 너무 많은 양의 도료가 뿜어지면서 도색면에 고이거나 흘러내리기 쉬워진다. 뿌리는 힘의 강도는 도색면과의 거리를 바꾸는 방식으로도 조정할 수 있다.

CHECK POINT
● 공기 조정 밸브

▲이것은 바디 아래에 공기의 유입량을 제한하는 밸브가 달려 있는 에어브러시. 이 덕분에 버튼을 누르는 정도로 조정하는 것과는 별개로, 간단한 조작으로 공기 유입을 적정량으로 조정할 수 있다. 에어브러시와 호스 사이에 추가하는 타입도 있다.

▲왼쪽이 적정 압력으로 에어밸브를 전개해서 뿌린 것. 오른쪽은 입자가 약하게 뿌려져서 모래 알갱이처럼 되어 있다. 이러한 표현을 「모래 뿌리기」(P. 166 참조)와 웨더링에 활용할 수 있다.

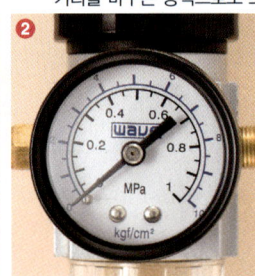
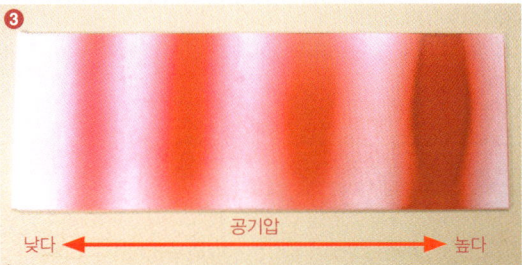

▲공기압은 버튼을 누르는 정도로 조정할 수 있으나, 그 폭이 작아서 미세조정이 어려운 경우도 있다. 가능하면 에어 레귤레이터(기압 조정기)로 조정하고, 에어브러시의 버튼을 꾹 누른 채 작업하도록 하면 편하다.

▲기압계 장착형 레귤레이터. 기압계가 있으면 「평소에는 ○기압이고, 가늘게 뿌릴 때는 ○기압」이라는 식으로 기준을 명확하게 세워두기 쉽다. 기압계가 없을 때는, 조정 장치를 죄어줄 때 몇 회전 시켰는지를 기준으로 삼으면 좋을 것이다.

▲다른 조건은 동일하게 둔 상태에서, 공기압만 조정하면서 뿌린 예. 압력이 낮으면 도료의 폭이 가늘고 블렌딩이 '알갱이'처럼 된다. 압력을 높일수록 분무된 도료의 폭도 넓어지며 도료의 양도 늘어난다. 압력이 너무 높으면 도료가 묻은 곳에 다시 강하게 도료를 뿌리게 되어 도색면이 물결치거나 흘러내리게 된다. 적절한 압력은 다른 조건에 의해서도 변하지만 10~20㎝정도의 모형을 도색할 때는 0.05~0.1Mpa정도를 기준으로 삼으면 될 것이다.

낮다 ← 공기압 → 높다

도색면과의 거리

에어브러시와 도색면의 거리는 분사하는 폭과 도색면의 상태에 관여한다. 가늘게 뿌리고 싶으면 가까이 대고, 넓게 뿌리고 싶으면 멀리 떨어뜨린다. 거리가 가까우면 입자가 도색면에 강하게 부딪혀서 도료도 많이 묻는다. 거리가 멀면 입자에 힘이 없어서 도색면에 묻는 양도 줄어들고 거칠게 된다.

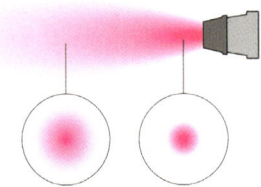
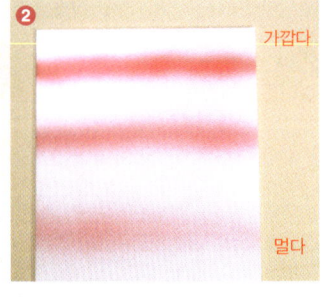

◀거리와 폭의 상관관계를 그림으로 그려 보았다. 에어브러시의 입자는 부채꼴 모양으로 퍼지므로 거리를 멀리 떨어뜨려서 하면 넓게 뿌려지는 대신 연하고 흐릿한 느낌이 된다. 가까이서 뿌리면 중앙 부근에 진하게 집중된다. 실제 도색시의 거리는 가늘게 뿌릴 때는 몇cm 부터 경우에 따라서는 1cm이하, 넓게 뿌려서 칠할 때는 10cm정도가 기준이 된다.

▶이것은 거리를 바꿔가며 뿌린 사례. 거리를 떨어뜨리면 입자에 힘이 없고 공기 중에서 도료가 말라버려서 도색면이 '배 껍질'처럼 된다. 빠르게 건조시키고 싶은 경우와 도색면을 거칠거칠하게 만들고 싶을 때에는 일부러 이런 상태로 뿌리기도 한다. 넓게 뿌리기 위해서 거리를 벌렸다면, 그에 맞춰서 압력을 높여줘야 한다는 것도 이해가 갈 것이다.

가깝다 / 멀다

에어브러시를 움직이는 속도

에어브러시를 움직이는 속도에 따라서, 도색면에 묻는 도료의 양이 변한다. 붓칠을 할 때 붓을 빨리 움직이느냐, 천천히 움직이느냐의 차이와 동일한 원리다.

CHECK POINT
● 에어 캔의 기압 저하

▲공기 공급원이 에어 캔인 경우, 연속으로 사용하면 캔이 차가워지면서 공기압이 저하되어 버린다. 사진 왼쪽은 차가워 져서 성에가 끼어 있는 상태. 이대로 사용하면 효율이 나쁘므로 예비로 에어 캔을 준비하여 교환하는 것이 좋다.(참고로 사진의 캔은 예전 버전의 제품임)

빠르게 / 느리게

▲에어브러시는 빨리 움직이면 면적에 닿는 입자의 양이 적어서, 색이 옅고 흐리멍덩한 상태가 되어 금방 마른다. 천천히 움직이면 입자가 많이 묻어서 도료가 고이기까지 한다. 일반적인 도색에서는 가운데 상태를 목표 삼아서 움직이는 게 좋다. 이런 식으로 몇번 정도 덧칠해서 마무리 해주자.

▲이것은 빔 사벨이 빛을 내는 것을 회화적으로 재현하는 도중의 모습. 칠하면서 블렌딩의 정도나 색의 농담을 가늠하기 위해서, 거리를 떨어뜨리고, 빠른 움직임으로 조금씩 덧칠하고 있다.

▲광택 도색의 덧칠 등, 전체적으로 도료에 젖은 듯한 상태로 만들고 싶을 때는, 부품의 방향을 바꾸어 가면서 에어브러시를 천천히 움직여서 도료를 두껍게 칠해준다.

에어브러시의 세척과 손질

에어브러시는 원하는 색을 칠할 수 있다는 장점은 있지만 당연하게도 뿌리는 색을 바꾸거나, 다 사용한 다음에는 내부를 확실히 세척해야할 필요가 있다. 일단 에어브러시에 도료를 넣으면 다 뿌린 다음에도 어느 정도 도료가 남는다. 이것을 확실히 제거하지 않으면, 다른 색을 사용할 때에 탁해지고 만다. 특히나 클리어 계열과 밝은 색을 칠하기 전, 또는 메탈릭 색상을 사용한 후에는 꼼꼼하게 세척을 해둘 것. 도료를 제거하기 쉬운 '골든타임'안에, 다 쓰고 나면 바로 세척하는 습관을 들이자. 또 오랫동안 사용하면 부드럽게 움직이지 않는 경우도 있다. 그런 때에는 어느 정도 분해해서 손질을 해주자. 조심해서 다루면 부서지지 않고 오래 사용할 수 있을 터이다.

■세척

▲색의 변경과 도색 종료 후의 세척에서는, 우선 컵 안에 남은 도료를 병에 되돌리거나, 안에 남아 있는 도료를 씻겨준다. 세척을 위해서 안에 희석액을 넣어준다

▲이어서 컵 안쪽에서 '뽀글이'를 실시한다. 손가락으로 끝을 막고 니들을 살짝 당긴 상태에서 공기를 분사하면 공기가 안으로 역류하여 보글거리게 된다. 이렇게 교반을 했다면 다시 뿌려서 전부 날려 버리자

▲뽀글이 후에 하얀 종이를 향해 뿌려서, 깔끔하게 세척되었는지를 확인하고 있는 모습. 통상적으로 "뽀글이~공기 뿜기"를 2, 3회 정도 반복하면 맑은 용제만이 뿜어져 나오는 상태가 될 것이다.

CHECK POINT
● 도료 닦아내기

▲세척할 때 컵 안쪽에도 도료가 다량 붙어 있는 경우에는, 희석액을 바른 휴지 등으로 대강 닦아준 다음에 세척해준다. 컵 주위의 바디에 도료가 붙어 있으면 그 또한 닦아준다.

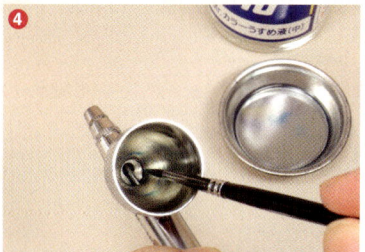

▲꼼꼼하게 세척하는 경우에는 도료가 고이는 곳과 그곳으로부터 노즐로 통하는 경로까지, 가느다란 붓을 삽입해서 세척한다. 이 사례에서는 니들이 달려 있는 채로 작업하고 있는데, 니들을 뒤로 당기고 하면 한층 더 세척하기 쉬워진다.

▲도색을 계속해서 실시하면 에어브러시 노즐 캡에 도료가 고이기 쉬우며, 이로 인해서 도료 입자가 일정하지 않고 거칠게 분무되는 경우도 있다. 수시로 체크하여 고인 상태라면 용제를 바른 붓과 면봉으로 닦아낸다. 니들에 흠집이 가지 않도록 당긴 상태에서 작업하자.

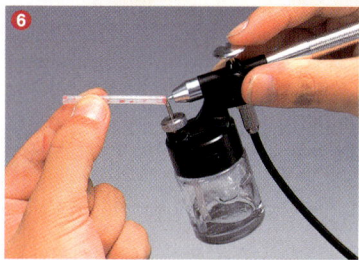

▲보틀 흡입 방식에서는 튜브도 분리해서 씻어줘야 한다. 사진에서처럼 에어브러시를 사용하여, 희석액만을 안에 분사해주면 간단하게 세척할 수 있다. 가능하면 세척 전용으로 깨끗한 스페어 보틀과 튜브를 한 세트 준비해 두는 게 좋을 것이다.

CHECK POINT
● 니들캡이 크라운 타입인 경우의 뽀글이

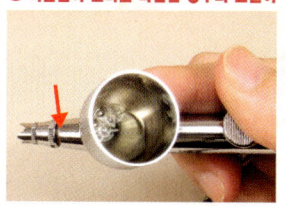

▲니들 캡이 끝이 크라운 타입의 경우, 뽀글이를 할 때는 노즐 커버를 느슨하게 하여, 바디와 1~2mm 정도 간격을 둔다. 이 상태에서 공기를 뿜으면, 컵 내로 역류하게 되는 구조이다.

■손질

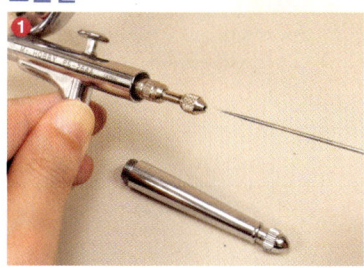

▲니들이 원활하게 당겨지지 않는 경우의 대처법. 우선 뒤의 척을 느슨하게 하여 니들을 빼낸다. 이때 잘 뽑히지 않으면 어딘가에 도료가 고착된 것이므로, 컵 내부에 툴 클리너 등 강한 용제를 붓고 약간 기다린 다음에 작업하자

▲니들을 뽑아보니, 역시나 도료가 고착된 부분이 있었다. 여기서는 툴 클리너를 바른 면봉으로 이것을 녹이면서 닦아준다. 나이프 등으로 깎아 버리면 표면에 흠집이 생기므로 절대로 하지 말 것

▲버튼을 길게 눌렀을 때, 버튼이 눌렀다가 잘 되돌아오지 않는 경우도 있다. 원인은 아래의 피스톤 움직임이 뻑뻑해져 있기 때문으로, 그곳을 청소하고 구리스를 발라주자. 구리스는 극히 얇게 발라주는 것만으로도 충분하다.

▲내부를 철저하게 세척하는 경우에는 노즐을 분리하는 경우도 있다. 노즐은 섬세한 중요 부품이므로 흠집이 생기지 않도록 신중하게 다룰 것. 분리하는 경우에는 부속 렌치를 사용한다. 또한 다시 부착할 때는 너무 꽉 조이지 않도록 주의할 것.

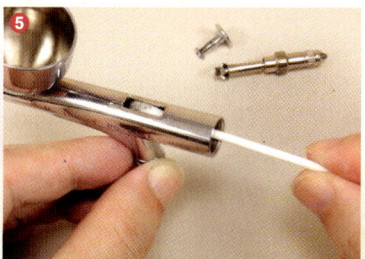

▲니들 척과 버튼을 분리하여 바디 내부를 세척하고 있는 모습. 니들 이곳은 더러워지지 않을 터이지만 오랜 기간 동안 사용하고 있었다면 버튼의 개방부와 니들 패킹 틈새로 도료가 흘러들어가는 경우도 있다. 심하게 더럽다면 패킹 열화되었을 가능성도 고려해야 한다.

▲니들 끝이 구부러진 경우의 처치. 평평한 판 등에 회전하면서 누르는 방식으로, 휘어진 부분을 가능한 똑바로 만들어 준다. 그 후 1200~2000번의 사포 위에서 니들을 돌리면서 당겨줌으로써 표면의 일그러짐을 수정한다.

CHECK POINT
● 눌어붙은 찌꺼기는

▲눌어붙은 도료 등은 도료의 용제로도 쉽게 닦이지 않는 경우가 있다. 그럴 때는 툴 클리너 같이 강력한 용제를 사용하자. 다만 너무 자주 사용하면 패킹 열화의 원인이 되기도 하므로 가급적이면 사용을 자제하는 것이 현명하다. 또 휘발성이 강하므로 환기에도 신경 쓸 것.

4. 에어브러시 테크닉

에어브러시를 능숙하게 다루어, 도색의 달인을 노려보자

에어브러시의 구조와 사용법을 파악했으니, 이제 실제 도색 테크닉을 살펴보도록 하자. 여기서는 구체적인 도색 예와 함께 다양한 국면에서의 에어브러시 사용법을 소개하겠다. 기본이라고도 할 수 있는 평면의 균일한 도색부터, 정밀한 부분의 도색, 광택마감이나 블렌딩을 활용한 도색, 또 그라데이션 등 모두 에어브러시의 특징을 활용한 도색 방법이다.

이러한 테크닉에서는 칠할 대상이나 원하는 표현에 따라 분무 폭이나 거리, 에어브러시를 움직이는 방법, 도료의 두께 등이 달라진다. 각 상황에 맞게 사용할 수 있도록 앞서 기술한 「도료의 농도」, 「공기압」, 「니들 개방 정도」등의 포인트를 조정한다.

에어브러시를 활용한 도색은 그 모형의 장르나 표현법에 의해 실로 다양하다. 모두를 소개할 수는 없지만, 여기서 소개할 테크닉이나 사용법을 참고로 할 수 있는 것도 많을 터이다. 어떤 경우라도 우선은 도색면의 상태를 잘 보고, 어떻게 작업을 진행할 지를 신경 쓰면서 칠하는 것이 포인트라 할 수 있을 것이다.

◀ 에어브러시 도색을 할 때는 공기압과 니들 개방 정도를 조정할 때는 물론이고 부품을 도색하기 직전에 도 우선 시험 삼아 뿌려보도록 한다. 원활하게 뿌려지는지를 확인할 뿐 아니라, 실제로 칠할 때의 움직임이나 거리감을 파악해두면 좋다.

에어브러시 도색의 기본

우선은 평면에 얼룩지지 않도록 균일하게 칠해보자. 한 번에 두껍게 칠하려 하지 말고 여러 번으로 나누어 덧칠하는 것이 좋다. 또 처음 뿌릴 때는 도료 가루가 튀기도 하므로 부품에 닿지 않는 곳에서 먼저 도료를 뿌린 후에 시작하자.

CHECK POINT

● 부품의 먼지를 제거한다

▲도색 전에는 부품 표면에 붙어 있는 부스러기나 먼지 등을 확실히 제거해 주자. 먼지 제거에는 정전기 방지 브러시를 사용하면 효과적이다

▲도색 직전에 에어브러시로 공기만을 분사하여 먼지를 날리는 것도 좋다. 실제로 도료를 뿌릴 때에, 파인 곳에 고여 있는 부스러기가 퍼지는 것도 방지할 수 있다.

1 ▲넓은 면은 에어브러시의 뿌리는 폭을 넓혀도 한 번에 칠할 수는 없다. 처음에는 전체적으로 도료를 얇게 입혀주기 위해, 가로 방향으로 일정한 속도로 에어브러시를 움직여 간다. 얇게 입혀둔 도료가 나중에 덧칠할 때 도료의 유착을 도울 것이다.

2 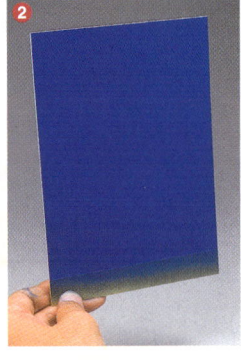 ◀추가로 2번 더 덧칠해주니 색이 충분히 입혀져 얼룩 없이 말끔하게 되었다. 덧칠하는 단계에서는 처음 도색할 때보다는 진하게 칠하지만, 이것은 도료를 진하게 하는 것이 아니라, 에어브러시를 천천히 움직여서 도료가 많이 묻게 하는 것이다.

3  ▲부품의 도색은 가장자리나 그림자가 되는 부분을 먼저 칠해서 칠이 덜 된 부분이 없도록 한다. 하지만 가장자리에 집중해서 뿌리면 흘러내리기 쉬우므로 약간 떨어뜨려서 하거나 한군데를 뿌리는 시간을 짧게 잡도록 하자. 너무 진하게 뿌릴 필요는 없다.

4 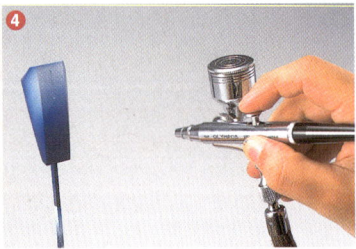 ▲가장자리를 가볍게 칠했으면 전체 면을 메우듯이 칠해 나간다. 부품과 에어브러시의 거리는 10~15cm정도로, 같은 곳에 집중되지 않도록 끊임없이 손을 움직이면서 뿌려준다. 처음에는 수평방향으로 뿌리고, 그 다음에 세로로 움직여서 덧칠해준다.

5  ▲정교한 부품을 칠할 때는 아무래도 에어브러시를 가까이 하게 마련이다. 다만 이렇게 되면 너무 많은 양의 도료를 뿌리게 될 우려가 있다. 낭비되는 도료가 많더라도 일부러 조금 거리를 두고 약하게 뿌리는 것이 좋다.

6  ◀부품으로 도료가 튀어버린 사례. 이런 일이 생기지 않도록 처음에 뿌릴 때는 부품 바깥쪽에서 시작하는 것이다. 튀어 버린 흔적을 눈에 띄게 하지 않으려면, 주위도 포함해서 충분하게 색을 칠한 다음에, 도색면을 사포질한 후에 마감을 해주면 된다.

7 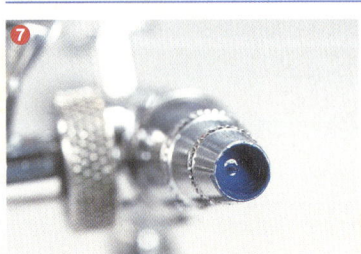 ▲도료가 튀어버린 원인은 니들 캡에 도료가 고여 있었기 때문으로 장시간 작업을 계속하다 보면 모르는 사이에 이렇게 되곤 한다. 뿌리기 전에 확인해서 고여 있다면 티슈나 면봉으로 닦아내거나 캡을 분리해서 씻어주자

8 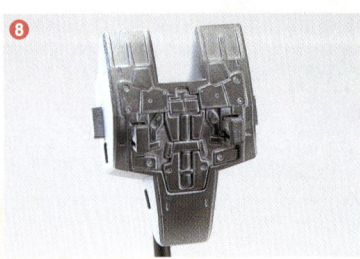 ▲도료의 농도가 묽을 경우, 색을 입히기 위해 무심코 너무 많이 뿌려버려서, 골이 진 곳에 고여 있거나 흘러내리기 십상이다. 그대로 계속 뿌려봐야 흘러내릴 뿐이므로 마를 때까지 기다렸다가 적절한 농도의 도료로 덧칠해주자

9 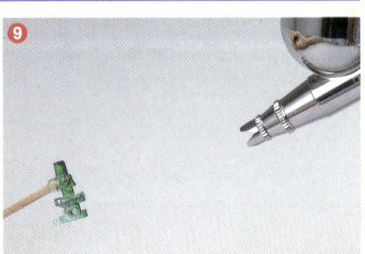 ▲투명 부품의 도색은 처음 칠할 때는 한층 더 도료가 흘러내리기 쉽다. 처음엔 멀리서 뿌려서 약간 마른 도료를 입히고, 그 다음 표면이 거칠어지지 않도록 덧칠해나간다. 골이 진 곳에 도료가 고이는 일이 없도록 주의하자.

광택 도색

「광택 도색」은 단순히 유광 도료를 사용하는 것으로 끝난 것이 아니다. 반짝거리는 광택 표면을 얻으려면 도색면의 상태를 세심하게 신경 쓰면서 덧칠하는 것이 중요하며 미리 도색의 바탕을 매끄럽게 마무리해주는 것 또한 필수이다. 여기서는 자동차 모델의 바디를 예로 들어 살펴보자.

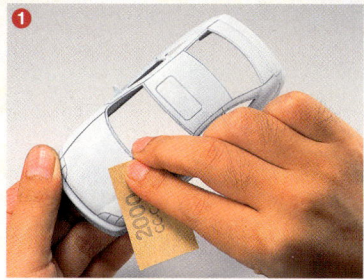
▲깔끔한 광택을 얻으려면 도료 피막 표면을 매끄럽게 만들어 줘야 한다. 이를 위해서는 도색 이전 바탕 단계가 매우 중요하다. 서페이서를 칠한 다음 아주 사소한 알갱이도 표면에 없도록 입자가 고운 사포로 문질러서 마무리해준다.

▲처음에는 부품의 가장자리나 패널라인 부분을 중점적으로 칠한다. 광택 도색은 전체적으로 다소 두껍게 칠하게 되는데, 이런 부분은 두껍게 칠하면 흘러내리거나 도료 고이기 쉽다. 그래서 이렇게 미리 칠해두어 두껍게 칠하지 않아도 되도록 하는 것이다.

▲잠시 그대로 두었다가 이번에는 전체면을 도색한다. 부품을 이리저리 돌려가면서, 색의 농도가 통일 되도록 덧칠해 나간다. 마지막에는 모든 면에 도료가 약간 고여서, 바로 건조가 되지 않는 정도에서 멈추면 된다. 단 도료가 흘러내리기 직전에 멈출 것.

▲깨끗한 광택을 얻었다. 다만 도료가 건조할 때 수축이 일어나서 표면에 아주 자잘한 물결이 생겨서 반짝거리는 정도는 아니다. 여기서 더욱 광을 내려면 클리어를 덧칠해서 닦아주어야 한다.

▲이쪽은 도색면에 미세한 물결이 한층 더 눈에 띄는 이른바 '귤껍질' 상태. 동일한 도료라 해도 입자가 거칠다거나, 건조 덜 된 상태에서 덧칠하면 이렇게 되기 십상이다. 광택이 있긴 하지만 매끈하게 보이지는 않는다.

▲한 번 '귤껍질'이나 '배 껍질'처럼 되어버리면 아무리 덧칠해도 그 흔적이 남는다. 대처법은 1000번 이상의 입자가 고운 사포로 문질러서 표면의 굴곡을 다듬은 후에 다시 덧칠하도록 한다.

CHECK POINT
●도색면의 굴곡

▲도색면을 매끈하게 칠해도, 도료가 건조하면 극히 미세한 굴곡이 생겨 버린다. 이때 리타더 등을 도료에 첨가하여 건조를 지연시키면, 이러한 현상이 완화되어 광택이 좋아진다.

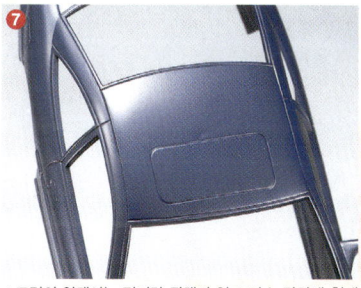
▲표면의 알갱이는 적지만 광택이 없고 다소 탁하게 칠해진 상태. 흔히 말하는 '백화현상'이 일어난 것이다. 습도가 높은 날은 공기 중의 수분을 도료가 빨아들여 버리므로 이런 상태가 되기 쉽다. 습도가 높은 날 광택 도색은 피하는 것이 좋다.

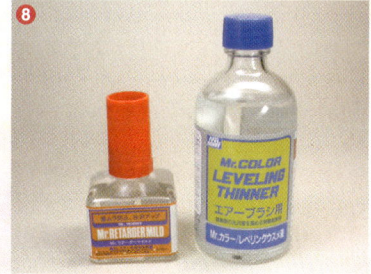
▲왼쪽은 「리타더」, 오른쪽은 칠을 평활하게 만드는 효과가 있는 용제인 「레벨링 신너」. 이것 등을 도료에 섞어주면 건조시간을 늦춰주어 백화현상의 발생을 막고 표면에 자잘한 굴곡이 생기는 것을 최소화시켜준다. 광택 도색을 할 때는 꼭 활용하자.

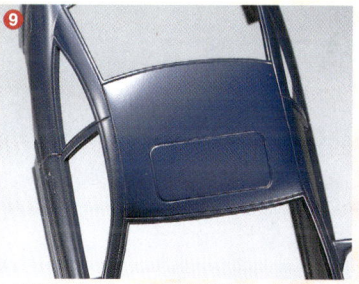
▲리타더를 첨가한 도료로 다시 칠해준 모습. 그 효과를 알 수 있을 것이다. 이 사례는 유색 도료라서 덧칠해서 수정할 수 있지만 클리어 컬러가 흐려져서 덧칠을 해도 사라지지 않는다. 클리어도료를 사용할 때는 특히 더 주의해야 한다는 뜻이다.

도료 피막에 먼지가 들어갔다면

칠에 먼지가 묻었을 때는, 제거하기 쉬운 것이라면 마르기 전에 핀셋으로 제거할 수 있지만, 그렇지 않은 것은 건조 후에 사포질을 하여 깎아낸다. 여기서는 피막 속에 깊숙히 들어가 버린 경우를 살펴보자.

▲가는 섬유가 들어가 버린 곳. 표면만 깎아서 다듬어도 섬유의 색이 남아서, 덧칠해도 색이 비칠 것 같다. 그래서 도려내기로 결정했다. 나이프 날은 예리함을 우선시해서 새것을 사용한다. 쓸데없는 흠집을 내지 않도록 신중하게 진행한다.

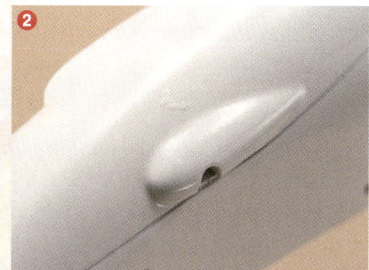
▲잘라내서 흠집이 생긴 부위에 같은 색의 도료를 퍼티 메우는 요령으로 바른다. 도료로 메울 수 있다는 뜻이다. 흠집이 깊어 질 것 같으면, 이렇게 발라주는 작업을 여러 번으로 나눠서 반복한다. 바른 다음에는 잠시 건조를 기다린다.

▲도료가 다 마르면 극세 사포(1500~2000번)로 부분적으로 바른 부분을 문질러 도료를 다듬는다. 이후 원래의 도료나 클리어를 뿌려주면 사포질한 흔적이 사라지고 흠집(먼지자국)도 가려진다.

CHECK POINT
●도색 후에도 먼지를 피한다

▲이것은 건조를 기다리는 동안 먼지가 묻지 않도록 전시 케이스의 뚜껑으로 덮어둔 모습이다. 광택 도색으로 건조시간이 길어지는 경우에는 칠하는 동안은 물론이고 도색이 끝난 다음에도 먼지가 묻지 않도록 해야만 한다.

복잡한 부분의 도색

부품의 형상에 따라서는 에어브러시의 도료 입자가 잘 닿지 않는 경우가 있다. 그런 곳까지 무리해서 칠하려고 하면 주변에 도료를 너무 많이 칠하게 되기 십상이다. 뿌리는 방법을 바꾸거나 붓칠을 병행하는 방법도 고려하자.

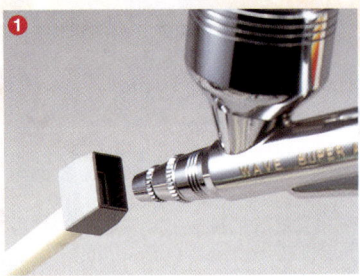

▲이런 부품을 도색할 때, 주위를 도색하는 것과 같은 정도로 홈 내부까지 칠하려고 하면, 앞부분에 도료가 너무 많이 묻거나 흘러내리기 쉽다. 고로 여기서 뿌리는 폭을 가늘게 하고, 공기압도 약하게 한 상태에서 우선 노즐 내부를 칠한다. 색이 얇게 칠해질 수밖에 없으므로 느긋하게 칠하자. 그 다음에 주변을 칠한다.

▲에어브러시로 칠하기 힘든 부분만 붓으로 칠을 하는 방법도 있다. 이렇게 하면 자잘한 굴곡도 확실하게 칠할 수 있다. 하지만 이 경우에 신경 쓰이는 점은 붓 자국과 광택 등, 에어브러시로 칠한 곳과의 완성도가 다르다는 것이다.

▲그래서 부분적으로 붓칠을 한 곳도 전체의 도색과 동시에, 추가로 에어브러시로 덧칠해주면 된다. 원래 칠하기 어려운 부분이지만, 에어브러시의 도료 입자가 얇게 입혀지기만 해도, 번들거림과 얼룩이 잡혀서 에어브러시로 칠한 부분과 비슷한 완성도를 보여준다.

▲이번에는 뿌리는 방향에 주목! 홈 내부를 한 번에 뿌리는 것이 아니라, 내부의 각 면별로 나누어서 조금씩 칠하는 것이다. 이 사례에서는 우선 윗변의 내부를 화살표대로 에어브러시를 움직여서 칠한다. 물론 뿌리는 폭은 좁게 한다.

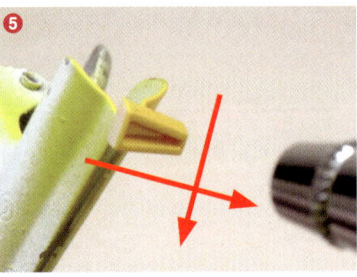

▲다음에는 부품의 방향을 바꿔서 밑변의 내부를 칠하자. 특정 부분을 중점적으로 칠하고자 하는 경우에도 항상 에어브러시를 이동시켜야 함을 잊지 말 것.

▲이런 도색을 잘하려면 가늘고 원활하게 뿌려지도록 조정해두는 것이 중요하다. 시험 삼아 뿌려보는 것은 물론이고, 필요 없는 부품 등에 칠해봐서, 부품과의 거리와 움직이는 방법, 도료가 입혀지는 정도 등도 파악해 두자.

프리핸드로 위장무늬를 도색

「위장무늬」라고 한마디로 얘기해도 엄청나게 다양한 종류가 있는데, 여기서 소개할 것은 에어브러시의 특징인 블렌딩 도색이다. 블렌딩의 정도를 '프리핸드'로 조정하는 것이 포인트. 이것도 가늘게 뿌리기의 응용이라 할 수 있다.

▲우선은 바탕으로 전체를 샌드로 도색했다. 이 위에 녹색으로 그려나가도록 하겠다. 마스킹은 하지 않았지만 프리핸드만으로 모양을 그리는 것은 의외로 어려운 법이므로, 필요에 따라 연필로 패턴의 밑그림을 연하게 그려두는 것도 좋을 것이다.

▲녹색으로 칠할 부분에 가장자리를 파악할 수 있도록 가늘게 뿌려가며 도색. 이 라인이 색 구분선의 블렌딩 부분이 된다. 폭이 얇은 패턴의 무늬라면 이 상태로 도색을 계속하면 될 것이다.

▲뿌리는 폭을 넓혀서 녹색면을 도색한 모습. 먼저 뿌려둔 곳의 내부만 칠하도록 하면 되지만, 녹색을 확실히 발색시키려고 한다면 아무래도 넓게 뿌리게 되고 블렌딩 범위도 지나치게 넓어져 버린다.

● 블러링 수정

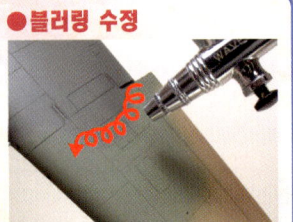

▲블러링(블렌딩의 범위)의 수정에서는 색을 구분하는 선 부근을 붓으로 쓰다듬어 주듯이 뿌리는 것이 아니라, 작은 원을 그려가면서 칠하는 것이다. 이렇게 하면 칠하는 면적과 블렌딩을 조정하기 쉽다.

▲이때 바탕인 샌드를 가늘게 다시 뿌려가며 블러링을 수정한다. 혹시 샌드로 수정을 너무 많이 넣었다면, 다시 녹색으로 같은 것을 반복한다. 이런 수정을 반복하면서 최적의 마무리를 목표로 하자.

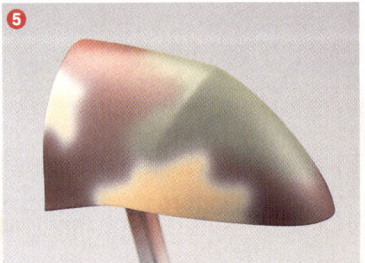

▲동일한 위장무늬 도색을 3색으로 넣은 사례. 색상 수가 늘어도 하는 작업은 동일하지만, 블렌딩이 된 경계면의 수정은 다소 번거롭다. 사치스럽긴 하지만 이럴 때는 아예 에어브러시를 여러 개 준비해서, 색상 별로 뿌려주면 효율적이다.

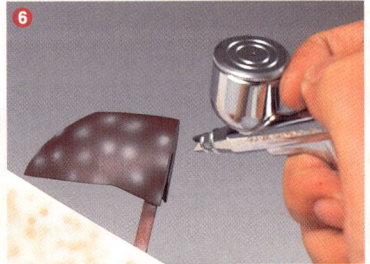

▲이것은 스팟 패턴(반점 무늬)의 예. 도색면에 "칙, 칙"하며 살짝 뿌려가는 것이므로 도료가 튀지 않도록 주의하자. 종이 등에 실험을 해보고 칠하는 리듬을 파악하고 나서 도색하는 게 좋을 것이다.

4. 에어브러시 테크닉

그라데이션 도색

「그라데이션 도색」은 색의 농도나 명암, 색상을 변화시켜서 칠하는 방법이다. 블렌딩을 이용한 그라데이션은 에어브러시만의 특기 중 하나. 여기서는 윤곽을 강조하기 위해 가장자리는 밝게, 면의 중앙은 채도가 낮은 색으로 칠해보았다.

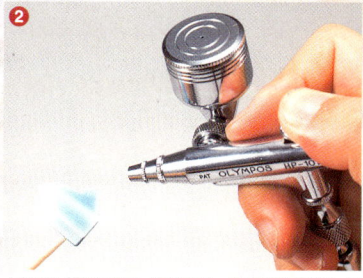
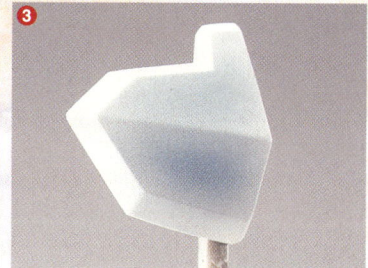

▲우선은 색조에 변화를 주는 사례부터 살펴보자. 처음에는 채도가 더 낮은 색으로 전체를 칠한다. 이 사례에서는 푸른 계열의 색을 칠하고 화이트를 뿌려서 지워가기로 했다. 효과를 알아보기 쉽게 차이가 큰 색을 고른 것이다.

▲윤곽을 따라서 밝은 색(여기서는 화이트)을 칠한다. 덧칠은 발색을 좋게 만들기 위해 밝은 색부터 먼저 칠하는 것이 기본이지만, 윤곽을 남겨가며 칠하는 것은 어렵기 때문에 이런 순서로 덧칠하고 있다. 또 최종적으로 표현하려는 색에 가까운 것을 겉에 칠하는 것이 좋다.

▲칠이 끝난 상태. 거의 하얗게 뒤덮여 있지만, 먼저 칠한 색을 남긴 면에서는 단색을 칠할 때와는 다른 입체감이 느껴진다. 너무 미묘하게 표현하면 완성 후에 효과가 약해지므로, 다소 대담하게 변화를 주는 것도 좋을 것이다.

CHECK POINT
● 시각적 효과를 노린다

▲캐릭터 모델에서는 음영 넣기나 하이라이트, 그라데이션 도색을 하는 경우가 많다. 이것은 복잡한 모양이나 디테일을 강조함으로서 보다 시각적으로 입체감이 살아나 보이는 효과가 있기 때문. 이른바 '회화적 연출'을 넣어주는 도색인 것이다.

◀다음은 음영을 색으로 표현하는 그라데이션의 예. 이것은 단색으로 칠한 상태. 모형과 같은 미니추어의 경우 원래 색만 칠해서는 분위기가 잘 살아나지 않고 그저 밋밋한 인상을 주게 된다. 이를 기본색으로 삼아 음영과 하이라이트를 넣어보자.

◀기본색보다 어두운 색을 부품의 모서리와 패널라인 주위에 가늘게 뿌려준 모습. 이것이 흔히 말하는 「음영 도색」이다. 전체적으로 어둡게 함으로서 중량감이 느껴지게 된다. 음영이 지나치게 강조되는 느낌이면 기본색을 가늘게 뿌려서 조정하는 것도 가능하다.

◀모서리 부위에 기본색보다 밝은 색으로 하이라이트를 넣은 모습. 부품의 형태가 강조됨과 동시에 빛이 강한 곳에 놓인 듯한 인상을 준다. 이런 표현은 기본색의 색과, 어떤 분위기를 부여하고 싶은가에 따라서 구분하면 된다.

CHECK POINT
● 그라데이션 용 도료

▲왼쪽의 사례에서 사용한 도료. 중앙이 기본색, 왼쪽이 쉐도우, 오른쪽이 하이라이트. 이처럼 동일한 계통의 색으로 명암을 줄 수가 있다. 다만, 이 또한 어디까지나 하나의 예일 뿐. 기본색과는 전혀 다른 색과 클리어 도료를 사용하는 방법도 있다. 거기에 위에서부터 명암을 주는 게 아니라, 바탕 도색으로 명암에 차이를 주고, 그 위에 기본색을 칠하는 방법도 있다.

펄 도색

진주 같은 복잡한 광채를 띠우는 「펄 도색」. 이를 사용하는 펄 안료는 반투명한 박막층을 형성하여 빛을 반사할 뿐만이 아니라 투과시키거나 굴절시킴으로써 독특한 광채를 발휘하는 것이 매력이다. 그 기본적인 사용방법을 소개하도록 하겠다.

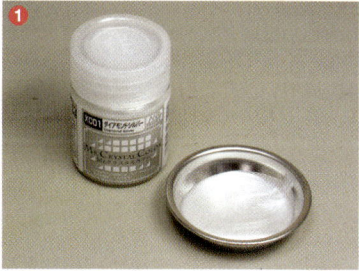
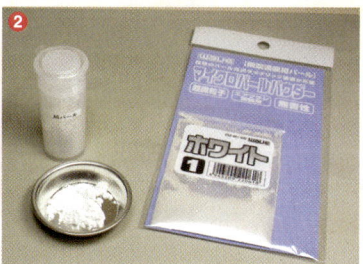

▲병 타입의 펄 도료인 Mr.크리스탈 컬러. 취급은 통상의 래커 계열 도료와 마찬가지로, Mr.컬러 희석액으로 농도를 조정한다. 이 사례는 XC01 다이아몬드 실버. 겉보기에는 입자가 곱고 하얀 실버 같은 느낌.

▲분말 타입의 펄 안료. 왼쪽은 AG 펄(키라라도 본점), 오른쪽은 마이크로 펄 파우더(웨이브). 양쪽 다 극세 입자 분말로, 이를 클리어 도료에 섞어서 사용한다. 이 상태에서는 반짝이지 않는다.

▲화이트로 도색된 몸체에 화이트 펄을 칠해보자. 분말의 경우에는 클리어 도료에 적정량을 잘 섞어서 사용할 것. 원활한 작업을 위해서는 노즐 구경 0.3mm이상의 에어브러시를 추천. 표면에서 흘러내리지 않도록 뿌리는 면의 토출 압력에 주의한다.

CHECK POINT
● 펄 도료의 덧칠

▲펄 도료의 사용법은 크게 2종류로 나뉜다. 하나는 펄 안료와 도료를 섞어서 그대로 색을 칠하는 방법. 펄의 효과는 억제되지만 손쉽게 의도한 색을 재현하기 쉽다.(위쪽 그림).
또 하나는 클리어 도료와 펄 안료를 섞어 그것을 컬러층 위에 덧칠하는 방법. 이쪽이 펄의 광채가 강조되고 더 깊이감이 있는 완성도를 보여준다. 하지만 덧칠하는 두께에 따라 빛나는 정도가 변하므로, 통일감 있게 만들기 위해서는 신경을 써야 한다.(아래쪽 그림)

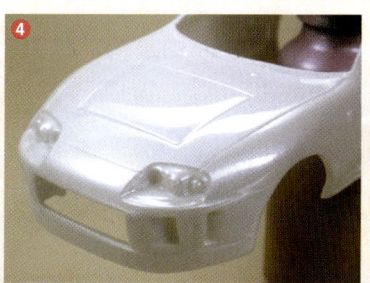

▲펄 안료를 뿌린 다음 추가로 클리어 도료를 뿌려서 표면을 코팅한다. 이렇게 표면을 매끄럽게 함으로서 더욱 반짝이게 되는 것이다. 반짝이는 부분을 보면 클리어 코팅 밑에서 펄층이 빛나고 있는 것을 알 수 있다.

◀펄 도료로 도색한 샘플. 왼쪽 아래부터 화이트, 블루, 그린. 왼쪽 위부터 옐로, 레드의 펄 도료를 덧칠했다. 테스트 조각은 반이 하얀색 바탕, 나머지 반이 검은색 바탕. 바탕이 흰색일 경우 빛을 반사하므로 희미하게 색이 보인다. 검은색은 빛을 흡수해서 펄 안료의 반사(색)가 현저하게 드러난다. 이런 특성을 이용해서 사용하자.

5. 클리어 컬러 활용

색의 '투과'를 활용하는 도색 테크닉

모형용 도료에는 용제의 차이에 따라서 래커 계열, 에나멜 계열, 수성 등이 있지만, 저마다 각각 따로 라인업되어 있으며, 그 중에서도 또한 특수한 존재라고 할 수 있는 것이 바로 유색 투명의 클리어 컬러. 통상의 도료 색(솔리드 컬러)은 칠하는 곳을 덮어서 숨김으로서 확실하게 발색하는 것을 추구했지만, 클리어 컬러는 칠하는 곳의 바탕색과 빛을 투과하는 투명감을 유지하면서, 착색하는 것을 추구하고 있다.

그런 만큼 용도도 솔리드 컬러와는 다르며, 클리어 부품의 착색 이외에도, 바탕색에 덧칠하여 색감을 추가한다고 하는, 독특한 사용 방식이 가능한 것이 최대의 특징. 예전에는 한정된 색상밖에 없었지만, 요즘에는 색의 수도 풍부해지고, 색의 소재를 따지는 제품도 발매되어 있다. 이것들을 능숙하게 사용하면, 도색으로 자아내는 표현의 폭이 한층 더 넓어질 터이다.

이 항목에서는 그런 클리어 컬러를 다루는 방법과 함께 그 특징을 살리는 각종 도색 테크닉을 소개하기로 한다.

▲클리어 컬러를 실제로 칠해 보면 병에 들어 있는 상태보다는 옅은 색으로 보인다. 색이 있는 위에 칠을 하면 바탕색의 영향을 그대로 받게 되는 것도 특징. 착색되어 있는 셀로판을 겹치는 이미지를 생각하면 이해하기 쉽다.

◀안료 계열, 염료 계열의 차이. 안료 계열(왼쪽, Mr.컬러는 덧칠을 해도 극단적으로 진해지지는 않는다. 염료 계열(오른쪽, 수성 하비 컬러)는 겹쳐서 칠하면 할수록 색이 점점 진해진다.

◀자동차 모델의 헤드라이트 등의 착색은 클리어 컬러의 가장 스탠더드한 용도일 것이다. 농담의 차이가 발생하지 않도록, 색이 얼룩지는 일이 없도록 칠하는 것이 포인트다.

◀금속색 표현. 이것은 실버로 이미 도색되어 있는 위에 클리어 오렌지를 덧칠하는 장면. 이 방법으로 다양한 메탈릭 표현이 가능.

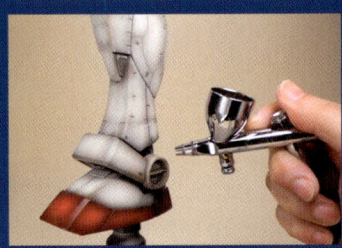

◀덧칠하면 진해지는 성질은 웨더링 표현에도 효과적이다. 흐릿한 범위와 농담의 정도도 솔리드 컬러를 사용할 때 보다 조정하기 쉽다.

클리어 컬러 도색

우선은 라이트와 윈도우 등의 클리어 부품에 착색하는 사례부터 소개한다. 클리어 컬러를 도색할 때 주의할 점과, 도료의 취급 방법을 살펴보기로 한다.

● CHECK POINT
● 어느 쪽이 안료고 어느 쪽이 염료지?

▲주요 도료의 클리어 컬러 가운데 어느 쪽이 안료 타입이고 어느 쪽이 염료 타입인지. 도색에 참고가 되도록 정리해 보았다.
Mr.컬러, Mr.컬러 GX : 전부 안료
수성 하비 컬러 : 전부 염료
가이아 컬러 : 주로 염료. 클리어 퍼플, 클리어 블루만 안료
타미야 컬러(아크릴, 에나멜 양쪽 다) : 스모크, 클리어 블루가 안료. 클리어 옐로, 클리어 오렌지, 클리어 레드가 염료. 클리어 그린은 안료 + 염료

①
▲클리어 컬러를 얼룩 없이 칠하기 위해서는, 에어브러시로 뿌려주는 것이 베스트. 뿌리기 좋은 농도의 클리어 컬러는 처음에 색이 좀 엷은 느낌이므로 자기도 모르는 사이에 두껍게 칠해버리기 십상. 처음에는 거리를 두고 약간 건조시키려고 할 때 칠하면, 잘 흘러내리지 않는다.

②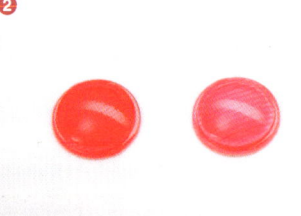
▲왼쪽은 서서히 덧칠하여 전체를 클리어 레드로 도색한 것. 사진에서는 색이 진하게 보이지만, 실제로 보면 반투명으로 되어 있다. 오른쪽은 얼룩진 상태. 도료가 엷다거나, 갑자기 두껍게 뿌려준다거나, 오목하게 패이거나, 각진 부분의 색이 엷어 지거나 한다.

③
▲자동차 모델 윈도우 부품을 스모크 도색한 사례. 부품의 뒷면을 칠했다. 이렇게 하면 표면의 매끄러움이 손상되지 않으므로 스모크 도색도 깔끔하게 보인다. 라이트 종류의 경우에도 부품의 형태에 따라서는 뒷면에 도색하는 편이 더 좋은 경우도 있다.

● CHECK POINT
● 도료가 잘 유착되도록 한다

▲매끈매끈한 투명 부품은, 통상보다도 도료가 흘러내리기 쉽다. 조금이라도 개선하는 방안으로서, 도색하면 바로 벗겨질 정도의 극히 미세한 흠집을 낸 후에 도색하는 방법이 있다. 사례는 사포 스틱으로 가볍게 흠집을 내는 장면.

④
▲클리어 컬러는 칠한 부위에 얼룩이나 먼지가 있으면 특히나 눈에 뜨이며 수정이 어렵다. 또한 얼룩을 닦으면 정전기 때문에 또 다시 먼지가……라는 사태도 일어난다. 도색 전에 정전기 방지 브러시로 털어주거나, 에어브러시로 불어 날려 버리는 게 좋을 것이다.

⑤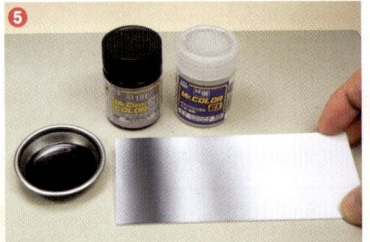
▲클리어 컬러로 옅게 착색하고 싶은 경우의 조정법. 희석한 용액을 첨가하는 것만으로는 도료가 너무 옅어서 칠하기 힘들어진다. 이럴 때는 클리어(투명)을 섞어주면 도료의 농도를 적당히 유지하면서 색만 옅게 할 수 있다.

⑥
▲클리어 컬러를 원하는 색으로 조색하는 경우에는, 클리어 컬러 끼리 섞어줄 것. 사진은 클리어 레드와 클리어 블루를 섞어서 퍼플로 만든 것이다. 섞어주면 색이 진하게(검게)보이므로, 시험 삼아 칠해봐서 색을 확인하시라.

5. 클리어 컬러의 활용

캔디 도색

실버 같이 반짝이는 바탕색에 클리어 컬러를 덧칠하는 도색은, 클리어 부품처럼 보이게 한다거나, 금속 질감을 내는 표현으로서 곧잘 사용되곤 한다. 클리어 층을 두껍게 덧칠하여 깊이를 주는 도색을 일명 「캔디 도색」이라고도 부르기도 한다.

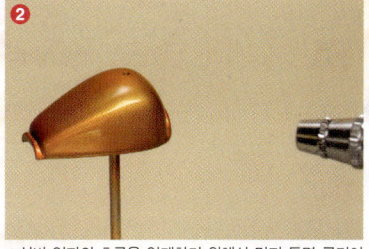
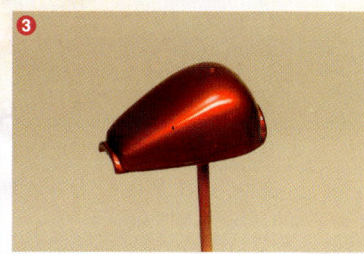

▲실버로 칠한 부품에 클리어 오렌지를 덧칠해 보자. 완성 시의 선명함과 전체의 색조를 정리하기 쉬운 것은 안료 계열. 색에 변화를 주는 것이 좋다면 염료 계열 도료를 사용하면 된다. 이 사례에서는 염료 계열을 사용하기로 했다.

▲실버 입자의 흐름을 억제하기 위해서 먼저 투명 클리어를 한 번 뿌려주고, 그 후에 전체에 클리어 오렌지를 도색. 이렇게 하니 겉보기에 금속처럼 되었다. 실버 입자로 비춰 보이므로, 메탈릭한 느낌이 있는 마무리가 된다.

▲계속해서 덧칠해주면, 색조가 금색에서 구리색, 그리고 갈색 계열로 변화해 간다. 반사가 강한 부분은 메탈릭 컬러로 빛나고, 주변은 어둡게 대조되어 깊이가 증가하고 있다. 추가로 표면을 클리어 코트해서 닦아 주면, 번들거림이 생겨서 한층 효과적이다.

● CHECK POINT
● 에나멜 계열과 수성의 활용

▲실버 바탕에 클리어 컬러를 붓으로 덧칠한 사례. 이런 경우는 바탕을 래커 계열로 하고, 에나멜 계열과 수성 클리어 컬러를 사용하면, 바탕의 도료가 녹지 않고 깔끔하게 완성된다. 작은 사이즈의 지시등을 구분하여 칠하기에 이용되는 테크닉이다.

열로 인한 금속의 변색 표현

이번에는 전체를 칠하는 메탈릭 도색이 아니라, 금속색 위에 클리어 컬러를 부분적으로 칠해줌으로써, 금속 표면이 그을리거나 변색된 색조와 특유의 질감, 깊이를 더하는 테크닉. 단색을 칠하는 것과는 다른 연출적인 표현이다.

▲F1 머신의 배기 파이프. 클리어 옐로 + 클리어 오렌지를 뿌려서, 금속이 열로 변색된 색상을 표현했다. 이 후에, 남은 부분에는 클리어 블루와 스모크를 뿌려서 색칠해 보았다.

▲완성. 색이 겹쳐지면 검은색처럼 되어버리므로, 주위에 맞춘다거나, 간격을 준다거나 하는 식으로. 스모크는 그보다도 넓게 칠해서, 전체에 깊이를 더해준다.

▲"도색하지 않은 금속 표면"풍으로 완성한 건담의 머리 부품. 실버 바탕에 클리어 블루, 클리어 퍼플, 스모크를 가늘게 뿜어서, 여러 가지 색의 반짝임을 더했다.

살색 표현

클리어 컬러를 사용해서 살색을 표현하는 방법을 소개하겠다. 이는 바탕색이 비춰 보이는 것과 옅은 농도로 되어 있는 특징을 살린 테크닉. 한 가지 색으로 음영 표현이 가능하며, 또한 탁하지 않은 색으로 칠할 수 있는 것이 메리트다.

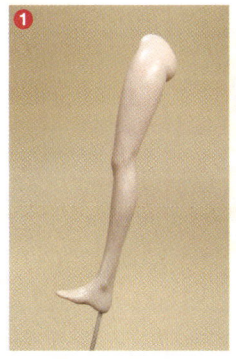
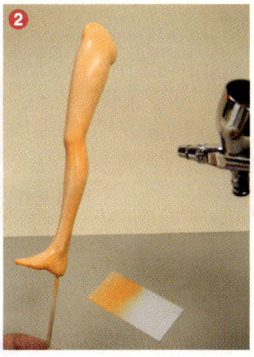
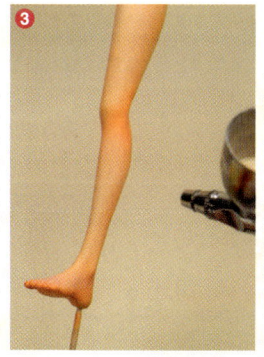

◀아이보리 화이트를 엷게 뿌려서 덧칠한 피규어의 다리 부품. 발색을 올리기 위해서 바탕을 하얀 계열로 하고, 그 위에 클리어 오렌지를 덧칠해 간다. 이 조합으로 어떤 색이 나올지는 사전에 테스트 조각 등을 칠해보며 확인해 두자.

◀클리어 오렌지를 덧칠해주니 살색에 가까운 색이 되었다. 게다가 그림자가 되는 부분과 관절 근처에 덧칠해주면 색이 진해지므로, 완만하고 자연스럽게 변화를 줄 수 있다. 솔리드 컬러와는 다르게 투명감이 있는 것도, 인간의 피부를 표현하는데 있어서 효과적이다.

◀추가로 하이라이트 색을 덧칠한다. 이는 화이트와 클리어 오렌지(무광도 살짝)를 섞어서 만든 "밝은 피부색". 투명한 느낌이 약간 억제되면서 내용물이 꽉 차 있는 인상으로 바뀌었다. 또한 클리어 컬러로 작업한 음영은 수정이 불가능하므로 신중하도록.

● CHECK POINT
● 솔리드 컬러와 혼색

▲왼쪽의 사례에서 사용한 도료. 클리어 컬러에 솔리드 컬러(통상색)를 섞으면, 당연히 투명도가 떨어진다. 하지만 클리어 컬러에는 백색과 흑색이 존재하지 않으므로, 탁하지 않은 색을 만들고 싶을 때에는 요긴하게 쓰인다.

염료계 클리어 사용 시 주의할 점

염료 계열과 안료 계열의 발색 차이에 관해서는 처음에 소개했지만, 그 외에도 염료 계열을 사용하는 경우 주의해야 할 점이 있다. 그것은 바로 염료 계열의 위에 덧칠하는 경우다.

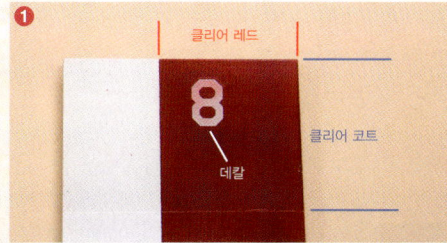
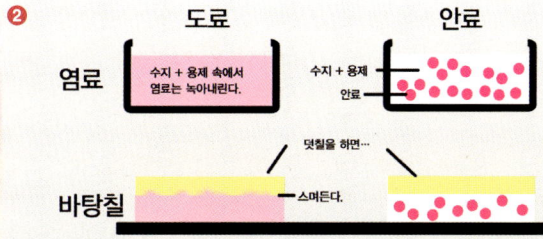

▲화이트 위에 클리어 레드(염료 계열)를 칠하고, 숫자 데칼을 붙인 사례. 그 위에 클리어(투명)를 두껍게 덧칠하고 한동안 시간이 지나자, 데칼 부분이 붉게 물이 들고 말았다. 이유는 클리어의 용제 분량만큼 클리어 레드의 염료가 녹아 버렸기 때문. 이러한 트러블은 클리어 컬러에 한하지 않고, 염료를 사용한 형광등색에서도 일어난다. 먼저 작업한 밑칠을 녹이지 않도록 해주는 궁리가 필요하다.

▲염료와 안료의 차이. 도료의 주성분은 "수지 + 용제"이며 염료는 거기에 "녹고" 있다. 그에 반해 안료는 "섞여" 있는 상태. 도색해서 건조하면 어느 쪽도 안정되지만, 덧칠해서 용제가 침투하면, 염료는 거기에 번지듯이 녹아내린다. 안료의 경우는 녹지는 않는다. 염료 계열 각종을 시험해 본 결과, 이렇게 녹는 것은 래커 계열(클리어 컬러) + 래커 계열(덧칠)일 때에 현저해지며, 에나멜끼리도 약간 발생하며, 수성끼리는 아주 약간이었다. 래커 계열 염료 위에 덧칠하는 경우, 수성 도료를 사용하니 번지지 않았다.

● CHECK POINT
● 염료 계열의 번짐을 이용해보자

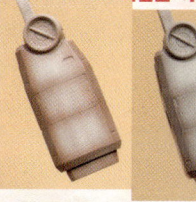

▲왼쪽은 염료 계열 클리어 컬러(혼색)를 웨더링 풍으로 칠한 것. 오른쪽은 마무리에 무광 클리어를 덧칠한 것. 클리어 컬러가 용제에 가볍게 녹아 내려, 기체 표면에 스며드는 듯한 분위기로 변했다. 스며드는 것을 역으로 이용하면 이런 표현도 가능해진다.

6. 캔 스프레이

간단하지만 심오한 스프레이 도색의 노하우

캔 스프레이는 손쉽게 도색이 가능하고, 색도 풍부하게 선택할 수 있는 매우 편리한 도료다. 에어브러시가 없다면 분무 방식의 도색은 오직 이것에 의존하는 수밖에 없으므로 적극적으로 활용하도록 하자. 또 단색을 그냥 칠하기만 하면 될 것 같은 부분은 에어브러시보다 캔 스프레이가 더 간편하고, 조색으로 재현하기엔 미묘한 전용색도 발매되어 있는 등, 캔 스프레이는 의외로 쓸모가 많다.

캔 스프레이를 사용하기 전에는 먼저 캔 안에 분리되어 있는 도료를 섞어주기 위해, 잘 흔들 것. 또 겨울철과 같이 기온이 낮을 때는 가스압을 올려주기 위해 35~40℃의 따뜻한 물에 담가 캔을 데우면 좋다. 직접 가열은 엄금. 캔 스프레이에는 도료와 함께 가스가 봉입되어 있어 내부 압력이 높기 때문에 자칫하면 열팽창으로 파열될 우려가 있기 때문이다.

뿌리는 방법으로는 스프레이를 든 손을 평행으로 이동시키고 직선으로 띠를 그리듯이 "치익"하고 한 번에 뿌려준다. 다음은 도료가 닿는 위치를 바꿔서 마찬가지로 "치익"하고 한번. 이 과정을 반복하는 것이 기본이다. 손을 움직이는 속도가 느리면 너무 많이 뿌리게 되므로 주의하자. "캔 스프레이로 도색했더니 흘러내려서 실패했다."라는 경험은 누구나 있을 것이다. 캔 스프레이는 높은 압력으로 넓은 면을 균일하게 칠할 수 있게 만들어져 있다. 이것은 에어브러시로 치자면 니들의 개방 정도를 넓혀서 높은 압력으로 뿌리는 것과 마찬가지. 거리가 너무 가깝거나, 같은 곳에 계속 뿌리게 되면 흘러내리는 것은 당연한 것이다.

또한 더러워진 노즐로 인해 도료가 알갱이가 되어 튀는 경우가 있다. 이것이 부품에 묻지 않도록 처음 뿌릴 때와 끝낼 때 도료의 입자가 부품에 닿지 않도록 하는 것도 중요하다.

◀모형용 캔 스프레이의 대부분은 래커 계열 도료. 전체색의 도색과 넓은 면에 사용하는 것이 효과적이다. 색도도 풍부하다

▲추운 날에는 따뜻한 물로 데워주어 기화 압력을 높여준다. 뜨거운 물에 넣거나 불로 직접 가열하는 것은 엄금!

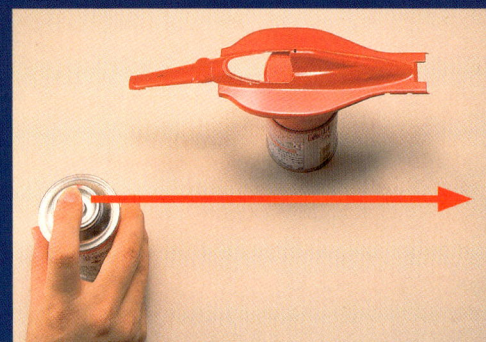

◀부품의 바깥쪽에서 시작해서 그대로 캔을 일정한 속도로 평행 이동시킨다. 같은 곳에 오래 뿌리는 것은 엄금!

뿌리는 방법의 기본

자동차 모델의 차체 도색을 예로 들어 살펴보자. 복잡한 면이 있으므로 색이 덜 칠해진 곳이 없도록, 또 흘러내리지 않고 균일한 도색이 되도록 주의하자. 이를 위해서는 여러 번에 걸쳐 덧칠을 해야 한다.

CHECK POINT

● 노즐이 더러워지면?

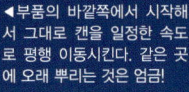

▲노즐은 캔 스프레이의 중요한 부분이지만 뿌리고 나서 그대로 두면 도료의 찌꺼기가 눌어붙고 만다. 이렇게 되면 커다란 알갱이가 툭하고 뿜어져 나오거나, 심하면 노즐이 막히기도 한다. 래커 계열 희석액을 묻혀 닦아내 주자.

▲더러운 상태의 노즐로 그대로 뿌린 사례. 도료의 입자가 균일하지 않고 뭉쳐서 튄 것을 알 수 있다. 이래서는 깨끗한 도색면을 기대할 수 없다.

①▲부품과의 거리는 20cm 전후. 스프레이를 든 손은 팔꿈치부터 움직이면서 횡으로 이동시켜가며 뿌리는 것이 기본이다. 처음에는 도료가 닿기 어려운 복잡한 부분부터 칠한다. 이때는 다소 가까이 접근하여 짧게 이동시키면서 "칙, 칙"하고 뿌려준다.

②▲실제로는 부품 쪽고 같이 손에 들고 칠하게 된다. 이것은 전체적으로 가볍게 색을 입힌 모습. 처음 칠할 때는 도가 얇게 입혀져도 괜찮다. 확실히 건조시킨 다음에 덧칠해줌으로써 다음번에 도료가 잘 유착되어 흘러내리지 않도록 되는 것이다.

③▲추가적으로 각각의 면을 덧칠하여 색의 농도를 통일한다. 캔의 이동속도는 초속 50cm 정도를 기준으로 "칙~"하는 느낌으로, 광택 마감일 경우 약간 천천히 움직여서 도료 피막이 오돌토돌해지지 않도록 뿌리는 것이 요령이다. 이후에는 천천히 건조를 기다린다.

흘러내렸을 경우에는?

도료를 너무 많이 뿌려서 부품의 가장자리에 고이거나, 측면 등에 흘러내려버렸을 땐 어떻게 하면 될까. 부분적인 경우 깎아 내거나 다시 칠할 수도 있지만, 크게 눈에 띌 경우에는 도색을 벗겨내고 다시 칠하는 것도 고려해두도록 하자.

①▲한 번에 너무 많은 양을 뿌린 바람에 도료가 흘러내려서 고이고 말았다. 기포가 생긴 경우는 상당히 심각하다고까지 할 수 있다. 이 부분은 거의 바탕 가까이 까지 깎아내지 않으면 평평해지지 않는다. 이렇게 되면 괜히 쓸데없는 짓은 하지 말고 일단 이대로 건조를 기다린다.

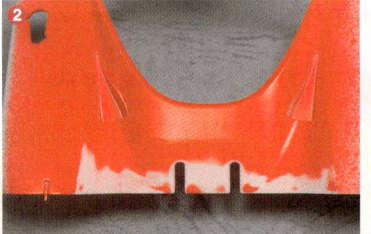

②▲완전히 마른 다음에 사포질로 흘러내린 부분을 깎아낸다. 1200~1500번대로 마무리하고, 그 다음 깎은 부분을 중심으로 몇 번 덧칠해준다. 캔 스프레이는 부분적으로 정교하게 뿌릴 수 없으므로 완전히 색의 차이를 없애는 것은 어렵다.

③▲도색을 완전히 벗겨내려는 모습. 용기에 래커 계열 용제의 희석액을 넣고, 붓으로 희석액을 칠해주면서 씻어준다. 바탕에 서페이서가 칠해져 있다면 서페이서도 같이 벗겨지지만, 처음부터 완전히 다시 칠하려면 이런 방법을 취할 수밖에 없다.

광택을 위한 덧칠

도색면을 광택 마감하는 경우에는 덧칠로 생긴 자잘한 알갱이를 사포질로 없앤 다음에 뿌리는 것이 좋다. '배 껍질' 상태에서는 덧칠을 해도 완전히 평탄해지지 않기 때문이다.

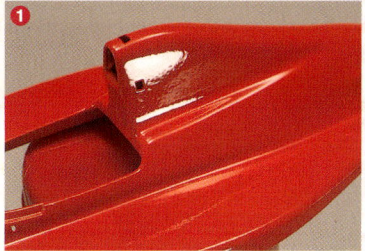
▲유광 도료를 캔 스프레이로 덧칠한 상태. 이 상태로도 제법 광택이 난다고 할 수 있겠지만, 몇 번에 걸쳐 덧칠한 탓에 도색면이 약간 '귤껍질'같은 상태가 되었다. 이를 제거하여 더욱 광택을 살려주자.

▲도색면에 사포질을 해서 '귤껍질'을 지운다. 여기서는 1200번 사포를 사용. 각 면에 자잘한 사포 흠집이 생겨서 광택이 사라지는 것도 하나의 기준. 지나치게 깎아서 색이 엷어지거나 바탕면이 드러나지 않도록 주의하자. 이 작업은 「중간 연마」라고 부른다.

▲사포질 후 추가로 덧칠한 상태이다. '귤껍질' 상태가 해소되어 평활한 광택면이 되었다. 마무리를 위해서 뿌리는 방법은 천천히 이동시켜 기포가 생기지 않도록 주의한다. 물론 흘러내리는 것도 곤란!! 이를 가늠하기 위해서는 익숙해지는 것도 필요하다.

■ 한방에 끝낸다!

▲"계속 덧칠을 하다보면 표면이 조금씩 '귤껍질' 상태가 되기 쉬운 법"…이라고 한다면 "차라리 깔끔하게 한 방에 다 끝내버릴 경우엔 깔끔한 마무리가 되지 않을까?"…라는 생각에 대한 답은 Yes! 흘러내리지 않게 칠할 수만 있다면 가장 좋은 방법일 것이다. 그 예를 살펴보자.

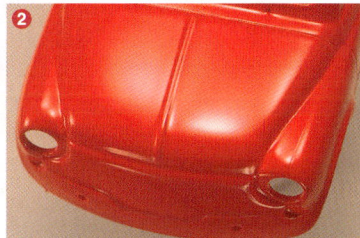
▲일련의 흐름으로 한 방에 칠해본 것이 이것. 왼쪽사진은 도료의 유착을 돕기 위해 화이트 서페이서를 가볍게 뿌린 상태. 처음에는 다소 멀리서 전체에 뿌리서 도료를 칠하고, 건조 시간을 기다리지 않고 부품의 방향을 바꾸면서 각 면에 덧칠을 한다.

▲완성된 바디 부품. 매끈한 광택 도색을 한 번 만에 성공했다. 부분적으로 두껍게 보이는 곳이 있지만 어느 정도는 어쩔 수 없다. 이 도색방식의 단점은 익숙하지 않으면 실패할 확률이 매우 높다는 것이다. 어쨌거나 도색면을 가늠하는 안목이 중요하다.

CHECK POINT

● 스프레이 도료를 꺼내서 사용하자

▲캔 스프레이로 밖에 얻을 수 없는 색은, 내용물을 옮겨서 도료로서 사용하는 경우도 있다. 그럴 때는 노즐 끝에 빨대를 달아주거나, 튜브를 단 노즐로 교환하여 병에 불어주면 된다. 옮긴 도료는 가스가 혼입되어 있어 기포가 올라오므로, 잠시 동안 뚜껑을 덮지 말고 가스가 빠지는 것을 기다렸다가 사용한다.

정교한 부분을 칠할 때는

캔 스프레이는 넓은 면을 칠하도록 만들어져 있으므로 복잡한 부분을 칠하기는 적합하지 않다. 그렇다고 무리해서 뿌리려고 하면 주변에 도료가 너무 많이 묻어버린다. 그럴 때의 대처법을 소개하겠다.

▲이것은 노즐의 움직임을 제한해서 뿜어져 나오는 양을 줄이는 기술이다. 노즐 밑에 가운데 구멍이 뚫려있는 5엔짜리 동전을 넣고 "깊이 눌리지 않는다 = 뿜어져 나오는 도료의 양이 감소"라는 효과를 노린 것이다. 정교한 부분뿐만 아니라 작은 부품의 도색이 많을 때에도 유용하다

▲스프레이의 도료를 용기에 담는 모습. 캔 스프레이로 칠할 수 없는 곳은 용기에 옮겨 담은 다음 붓으로 칠하거나 에어브러시로 칠하는 방법도 있다. 동일한 도료로 칠하면 도색법의 차이에서 발생하는 위화감도 최소화할 수 있다.

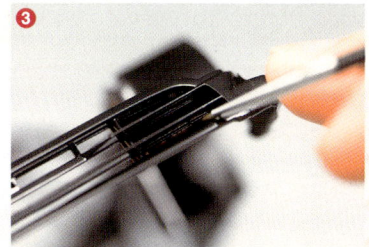
▲홈이 파인 안쪽을 칠하는 모습. 미리 예상하고 있다면 스프레이를 뿌리기 전에 붓칠해두는 편이 최종적으로 깔끔하게 마무리된다. 나중에 붓칠을 하더라도 가볍게 스프레이로 한 번 더 덧칠해주면 붓 자국이 눈에 띄지 않도록 된다.

CHECK POINT

● 다 쓴 다음에도 아직 쓸 수 있다?

▲가스를 다 사용한 캔 스프레이 안에는 아직 어느 정도 도료성분이 남아있다. 다 쓴 캔을 열어서, 내용물을 꺼내서 도료로 사용할 수도 있다. 특히 병 타입 도료에 없는 색은 남겨두면 나중에 요긴하게 쓰인다.

클리어 코팅

도색면의 광택을 정돈하거나, 도색과 마스킹을 보호하기 위한 클리어 도색은, 캔 스프레이로 하면 간단하다. 래커 계열과 수성 캔 스프레이가 있으며, 각각 「유광」, 「반광」, 「무광」의 3종류가 있다.

◀래커 계열인 「Mr.슈퍼 클리어」는 래커계열 도색의 광택을 살리거나 성형색을 살린 클리어 피막의 형성, 또는 원래 성형색을 살리는 마무리에 적합하다. 수성 「탑 코트」는 모든 도색이 끝난 후에 광택을 정돈하기 위해서 사용하는 것이 좋다.

▲클리어 스프레이의 도색 예시. 왼쪽부터 「유광」, 「반광」, 「무광」이다. 「반광」이나 「무광」은 건조하기 전에는 이 상태가 되지 않는다.(건조 전에는 다 같이 유광으로 보인다). 때문에 지나치게 칠하기 쉬우므로 주의하자

▲이것은 「무광」을 너무 많이 칠한 사례. 다소 뭉친 것도 그렇지만, 무광 안료도 뭉쳐서 색이 허옇게 일어난 것처럼 보인다. 이래서는 모처럼의 클리어 코팅도 의미가 없다. 마지막 마무리까지 실패하지 않도록, 시험 삼아 뿌려서 어느 정도 뿌릴지를 파악하고 사용하자.

CHECK POINT

● 다 쓰고 난 후에는

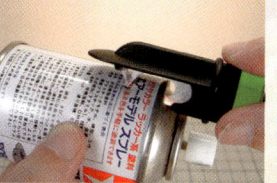
▲캔 스프레이를 다 쓰고 나면 캔에 구멍을 뚫은 다음 버리는 것이 정석이었으나 최근에는 가스를 다 뿜어내고 나면 구멍을 내지 말고 버리도록 지정한 지자체도 많은 모양이다. 각 지역의 실정에 맞춰서 취급하도록 하자.

7. 마스킹

깔끔하게 구분해서 칠하는 것은 꼼꼼한 마스킹에서…

색을 구분해서 칠할 경우, 특히 에어브러시나 스프레이 등 분무하는 방식의 도색에서 빼놓을 수 없는 것이 마스킹 작업이다. 「마스킹」이란 칠하고 싶지 않은 부분은 마스킹 테이프나 마스킹 졸로 감싸서 보호하는 것이다. 일반적으로 도색면의 일부를 마스킹해두고 다른 색을 덧칠하는 식으로 자주 사용한다.

마스킹의 포인트는 색을 나누고 싶은 선이나 모양을 따라서 일그러짐 없이 깔끔한 라인을 형성하는 것이다. 틈새 없이 표면에 밀착시키는 것도 중요하다. 사실 이것은 상당히 어려워서 꼼꼼하게 작업했다고 생각해도, 도색 후에 테이프를 벗겼더니 도료가 틈새에 스며들어있더라…고 하는 것은 경험을 쌓은 경력자라도 종종 일어나는 일이다. 따라서 마스킹 에서는 "실패한 부분의 대처"가 매우 중요한 것이다. 또한, 마스킹에서 구분한 부분은 칠의 두께만큼 바탕면과 단차가 생긴다. 마무리할 때, 경우에 따라선 이 단차도 깎아서 다듬어 줄 필요가 생긴다. 반대로 간편한 것은 패널라인이나 부품 표면의 요철을 따라서 색을 칠한 경우. 이럴 때는 가장자리 처리가 불필요한 경우가 대부분이다.

추가적으로 마스킹에는 단순히 색을 구분해주는 역할 외에도, 마스킹을 사용한 블렌딩 도색과 패턴 도색 등의 기법도 있다. 이 또한 병행하여 소개하겠다.

▲색을 구분하기 위해 마스킹 테이프로 마스킹이 된 부품. 활용해야 하는 도색면을 빈틈없이 감싸고, 다른 색을 덧칠한다.

마스킹 테이프를 사용한 구분

우선은 마스킹 테이프를 사용한 직선적인 구분. 이왕 하는 도색을 망치지 않도록 확실하게 작업하자.

● CHECK POINT
● 테이프의 특성

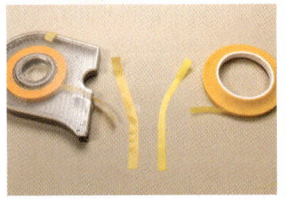
▲마스킹 테이프에는 일반적인 종이 재질(왼쪽)과 약간 두꺼운 비닐 재질(오른쪽)이 있다. 비닐 재질은 당기면 늘어나므로 구부러진 곳에 밀착하기 쉽다. 두께가 있으므로 겹쳐서 붙일 때의 틈새와 여러 개로 자를 때에는 주의가 필요.

①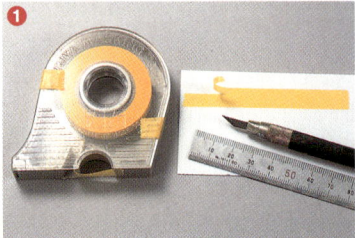
▲마스킹 테이프의 가장자리를 그대로 색을 구분하는 경계로 쓰지 말 것. 테이프의 가장자리에는 먼지나 이물질이 부착되어 있는 경우가 있기 때문이다. 사진처럼 테이프의 양 측면을 일단 직선으로 잘라낸 다음 사용하도록 하자.

②
▲실제로 마스킹도색을 한 사례. 왼쪽은 테이프의 가장자리를 자르지 않고 그대로 마스킹에 사용한 경우. 오른쪽이 나이프로 자른 부분을 사용하고 있는 경우다. 테이프를 그대로 쓴 쪽은 아주 약간씩 비틀려있는 것을 알 수 있다.

③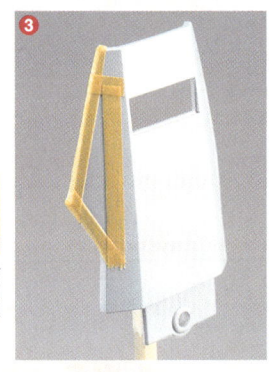
◀실드 옆 삼각형 부분의 구분 도색. 경계 부분을 가늘게 자른 마스킹 테이프로 둘러싼다. 가늘게 자른 것은 이쪽이 테이프가 경계선에 더욱 잘 밀착되기 때문. 가장자리는 물론 테이프가 겹쳐지는 곳도 틈새가 생기지 않도록 밀착시키자.

● CHECK POINT
● 삐져나온 것을 수정

▲래커 계열 도료를 사용하는 경우, 도료 입자가 살짝 스며든 듯한 만큼만 비어져 나온 것이라면, 에나멜 용제를 묻힌 면봉으로 닦아낼 수 있다. 위 사진이 삐져나온 상태이며 아래가 수정 후. 너무 닦아내면 밑의 도색 피막까지 벗겨지므로 주의하자.

④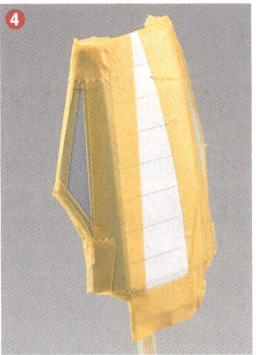
◀그리고 부품 전체를 마스킹. 넓은 면은 테이프의 절약을 겸해서 적당한 종이로 덮어주면 된다. 에어브러시 도색은 약간의 빈틈만 있어도 도료가 스며들 가능성이 있다. 칠하는 곳 외에도 틈새가 없는지 주의해서 마스킹하자.

⑤
◀노란색을 뿌린 상태. 두껍게 뿌리면 테이프 가장자리에 도료가 고이기 쉽다. 이 경우 테이프를 벗겼을 때 단차가 생기고, 틈새가 있을 경우 스며드는 양이 많아진다. 금방 마를 정도로 조금씩 여러 번 나눠서 덧칠하자

⑥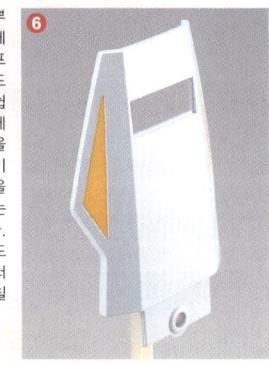
◀도료가 완전히 건조하여 테이프를 벗긴 모습. 경계선이 곧게 일직선인 깔끔한 도색이 되었다. 테이프를 벗길 때는 위로 당기면 칠이 벗겨질 위험이 있으므로, 경계선을 180도 꺾어 접어버리듯 벗겨내는 것이 좋다.

⑦
▲마스킹에서 실패하기 쉬운 것이 이렇게 테이프가 겹치는 모서리 등이다. 삐져나온 곳이 있으면 그 부분을 수정해 주면 된다. 마스킹 도색에 실패는 으레 따르기 마련, 한 번에 성공하는 일이 드물다는 것을 기억해두자.

⑧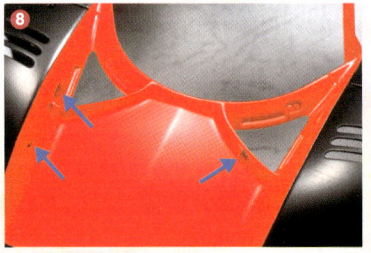
▲이것도 실패한 사례. 확실히 마스킹했다고 생각했는데, 블랙을 덧칠해주었다가 테이프의 작은 틈새로 번지고 말았다. 도색면에 약간 새어나온 정도라면 사포로 깎아내 주거나, 콤파운드로 연마하여 제거한다.

⑨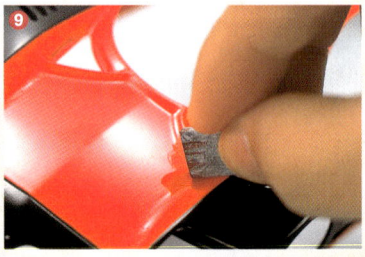
▲1500∼2000번 대의 사포로 삐져나온 곳을 깎아낸다. 바탕색까지 벗겨지지 않도록 신중하게 하자. 사포질로 생긴 흠집은 마무리 할 때 클리어 코팅으로 지울 수 있다. 이는 유광도색이나 무광도색이나 마찬가지.

곡선 마스킹

곡선이라고 해도 다양하므로 형태에 대응하는 방법을 선택하게 된다. 커다란 곡선이라면 가늘게 자른 테이프로 처리할 수 있을 것이다. 복잡한 곡선의 경우 그때그때 상황에 맞게 마스크를 만들게 된다.

▲이것은 타미야의 마스킹 테이프를 폭 3mm로 잘라서 플라스틱판에 붙인 것. 커다랗게 구부러진 곡선이라면 주름이나 뜨는 곳 없이 붙일 수 있다. 이 경우 반지름이 최소 5㎝정도 까지는 괜찮았다

▲가늘게 자른 테이프로 마스킹한 사례. 왼쪽의 종이(데칼의 카피)의 범위를 마스킹하려고 한다. 끝 부분은 종이틀에 맞춰서 테이프를 「ㄷ」자로 자르고 옆의 곡선은 가늘게 자른 테이프를 붙였다.

▲원이나 호를 마스킹 하고 싶을 때는 컴퍼스 커터나 펀치 등으로 잘라내서 사용하는 것이 좋다. 가늘게 곡선으로 자른 테이프는 테이퍼 면이나 곡면상의 마스킹에도 편리하다.

CHECK POINT
● 자잘한 굴곡의 마스킹에는

▲굴곡을 따라서 자르는 마스크에는 셀로판테이프도 편리. 얇고 잘 붙일 수 있고 샤프하게 자를 수 있다. 다만 그냥 사용하기엔 점착력이 너무 높으므로 일단 다른 것에 한번 붙여서, 약간 점착력을 떨어트린 다음에 사용하는 게 좋다.

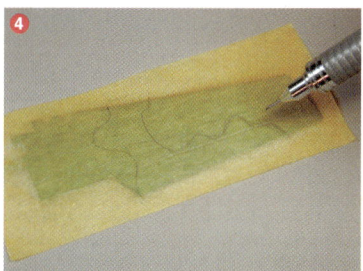

▲이것은 위장무늬 모양의 마스킹 사례. 복잡한 곡선은 모서리에 붙이기 힘들기 때문에 큰 사이즈의 마스킹 테이프(시트)를 잘라내서 사용한다. 우선 부품에 붙인 다음 구분선을 그려 넣는다. 위치를 맞추기 위해 패널라인 부분에 표시를 해두면 좋다.

▲테이프를 부품에서 벗겨내고, 커팅 매트위에 붙인 다음 나이프로 잘라낸다. 여백으로 제거하는 부분을 덧칠하는 순서를 바꾸면 마스크로 쓸 수 있다.

▲잘라낸 테이프를 다시 부품에 붙인다. 이 정도 재활용이라면 점착력이 극단적으로 떨어지는 일은 없다. 미리 표시해둔 패널라인에 위치를 맞춰 붙인다.

CHECK POINT
● 부품의 표면에서 직접 자르지 않는다

▲부품 표면에서 직접 테이프와 필름을 자르면 흠집이 생기므로 주의. 혹시라도 자를 때 빗나가거나, 흠집이 발생한 곳에 먹선용 도료 등이 흘러 들어가면, 상당히 눈에 거슬리게 된다. 단 패널라인이나 움푹 파인 곳 같이 자른 흔적이 눈에 띄지 않는 부분이라면, 꼭 그렇지 만은 않다.

▲도색을 마치고 마스킹 테이프를 벗긴 상태. 이렇게 해서 의도한 대로 색을 구분할 수 있었다. 부품의 표면에서 모양을 본뜨고 도려낸 다음 붙이는 방법은, 곡선 이외에도 복잡한 패턴 전반의 마스킹 방법으로서 유용하다

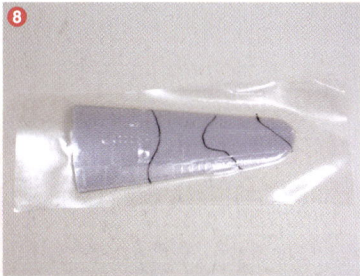

▲이것은 마스킹 테이프가 아닌 마스킹 필름(투명 시트)를 사용한 사례. 이쪽은 부품 표면이 잘 보여서 패턴을 정하기 쉽다. 구분선을 긋고, 벗긴 다음에 자르는 등, 사용 방법 동일하다

▲마스킹 졸을 붓으로 칠해서 마스크의 경계를 만들어 가는 방법도 있다. 이 경우에는 부틸 고무계열의 졸을 사용한다. 졸을 붓으로 칠하는 경우에 주의할 점은 다음 페이지를 참조. 가장자리 외에는 테이프로 메워 버려도 된다.

패널라인으로 색 구분

패널라인이나 부품의 홈을 따라서 색을 구분하는 경우에는 마스킹도 비교적 편하다. 테이프를 붙인 상태에서 테이프를 자를 수 있기 때문이다. 미리 패널라인이나 홈을 깊게 파두면 마스크를 잘라내기 쉽고 깔끔하게 완성된다.

▲마스킹 테이프를 색의 경계면이 될 부분에 가볍게 붙인 다음, 패널라인에 대고 이쑤시개 등으로 꾹꾹 눌러 넣어준다. 테이프가 전체에 밀착되면 패널라인의 홈 내부에 달라붙기 힘들므로 패널라인을 우선 하는 것이다.

▲테이프를 붙였으면 절단. 나이프는 날이 잘 드는 새 날을 사용하며, 힘을 주지 말고 패널라인을 따라가듯 잘라낸다. 혹시 삐져나오거나 휘었을 때는, 다시 잘라도 지저분해 지므로, 테이프를 붙이는 것부터 다시 하는 것이 좋다.

▲테이프를 자른 가장자리는 패널라인보다 약간 떠있으므로 다시 이쑤시개 등으로 눌러서 밀착시킨다. 너무 세게 누르면 기껏 깨끗하게 붙인 테이프의 가장 자리가 일그러지는 경우도 있으므로 주의하자.

CHECK POINT
● 패널라인을 가로지르는 부분

▲경계선이 패널라인을 횡으로 가로지르는 경우, 테이프를 붙인다고 해도 안쪽에는 잘 들어가지 않아서, 틈이 생겨 버리고 만다. 이런 경우에는 클리어 도료를 발라서 막는 방법이다. 패널라인을 메운다기보다는, 틈새에 얇은 '막'을 치는 이미지로 바른다.

6 : 도색 테크닉

마스킹 단차의 처리

마스킹을 하여 칠하고 나면 칠의 두께만큼의 단차가 생기고 만다. 이 단차는 마스크의 가장자리일수록 도료가 고여서 높이지게 된다. 사포질에 눈에 안 띌 정도로 다듬어 주자.

CHECK POINT
● 경계선의 가장자리를 깎아낸다

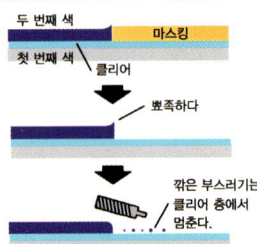

▲단차 처리 상황을 그림으로 그려 보았다. 마스킹을 벗기면 칠의 가장자리가 솟구쳐 있는 경우가 있으므로, 다듬어 주는 것이 자연스럽게 보인다. 이때, 깎여나간 부스러기가 첫 번째 색의 표면에 부착되면 깔끔하게 제거하기 힘들다. 이럴 때에는 사이에 클리어를 한 번 뿌려 놓은 후, 그 위에서 깎거나 연마하여 제거하면 된다.

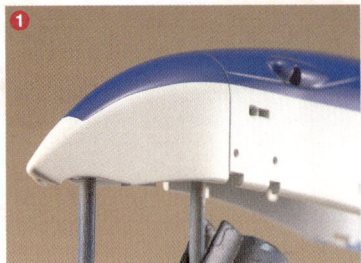

▲색의 경계선을 확대한 모습. 파란 부분이 덧칠한 곳으로 그 가장자리가 약간 떠있는 듯이 보인다. 이 단차를 사포질해서 없애주는 것인데, 깎은 부스러기로 인해 색이 탁해지는 것을 방지하기 위해, 사전에 흰색 바탕 위에 클리어를 뿌려준 다음에 마스킹, 파란색을 칠한다고 하는 순으로 밟는다.

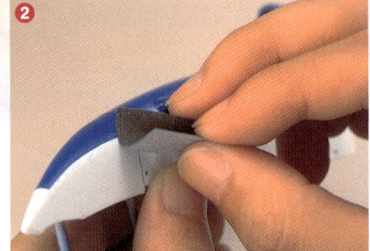

▲1500~2000번 사포로 문지른다. 단차를 완전히 없애는 것은 무리이므로, 불룩 솟아 오른 부분을 없애주는 정도로 한다. 파란색 도료 가루가 흰색 위에 묻지만, 이것은 흰색으로 칠한 부분의 클리어 층을 깎아주면 없앨 수 있다. 이를 위해서 클리어 도색을 미리 하는 것이다.

▲파란 가장자리를 깎아내자, 구분선이 매끄럽게 된 것을 알 수 있을 것이다. 이후 사포질로 인해 광택이 사라진 것을 정돈하기 위해 전체적으로 클리어도색한다. 이로서 약간 남아있는 단차도 눈에 안 띄게 가릴 수 있다.

마스킹 졸의 사용

「마스킹 졸」은 액상 마스킹 소재다. 붓으로 칠할 수 있어 울퉁불퉁한 면이나 곡면에도 빈틈없이 덮어줄 수 있다. 칠한 후 약 수 십분 정도 있으면 말라서 필름이나 고무형태가 된다. 건조 후 나이프로 잘라낼 수 있는 타입과, 칠하기만 하는 타입이 있다.

CHECK POINT
● 마스킹 졸을 벗기려면

▲마스킹 졸을 벗길 때는 핀셋 등을 써도 되지만, 클리어 부품 등, 자잘한 흠집을 방지하고 싶을 때는, 셀로판테이프를 접은 것을 졸 표면에 붙여서 벗겨내면 된다. 찢어진 부분도 제거하기 쉽다.

▲잘라낼 수 없는 부틸 고무 계열 졸의 사용 사례. 마스크의 경계를 샤프하게 마감하기 위해 가늘게 자른 테이프를 붙인다. 그 안쪽 곡면에 졸을 칠해서 마스킹하고 있다. 곡면은 테이프를 붙이는 것 보다 졸이 더 확실하다.

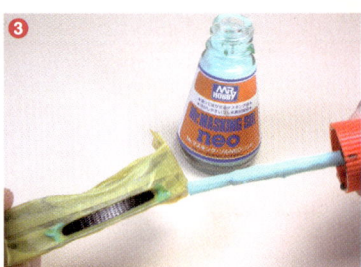

▲졸이 건조한 상태. 캐노피의 뒷면도 졸로 마스킹해두었다. 이런 오목한 면에 테이프를 붙이는 것은 표면보다 힘들기 때문에 졸을 사용하는 편이 더 적합하다.

▲이것도 테이프로 마스킹 할 때 틈새에 졸을 칠하는 모습이다. 부틸 고무 계열 졸은 두껍게 칠할 수 있어서 이러한 틈새 메우기에도 편리하다.

CHECK POINT
● 자르는 타입의 졸

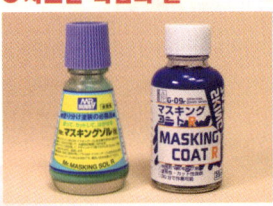

▲현재 판매되고 있는, 바른 후에 자르는 타입의 졸. 「Mr.마스킹 졸 '개'」(GSI 크레오스)와 「마스킹 코트 R」(가이아 노츠)

▲바른 후에 잘라낼 수 있는 타입의 마스킹 졸을 사용한 예. 대상이 되는 부품은 비행기의 캐노피로 틀 이외의 부분을 마스킹해야 할 필요가 있다. 우선은 전체적으로 졸을 칠해주자.(사진의 마스킹 리퀴드는 현재 판매하고 있지 않지만, 다른 유사품도 기본적인 사용 방법은 마찬가지)

▲졸을 얇게 발라서 건조시킨 상태. 앞뒤로 빈틈없이 칠하기만 하면 된다. 너무 두껍게 칠하면 잘라내기 힘들어 지므로 주의하자. 잘라낼 틀의 몰드(패널라인)에 따라서 자를 것이므로 너무 많이 칠하면 그 안에 졸이 고여서 자르기 힘들어진다.

▲틀의 몰드를 따라서 신중하게 나이프로 자른다. 나이프는 새 날을 끼워 사용하도록 하자. 가능한 한 번에 졸의 면을 잘라내도록 한다. 칼질을 여러 번 하면 가장자리가 찢어져서 지저분해진다.

CHECK POINT
● 도료와의 상성

▲무광 도색면에 마스킹 졸을 썼을 경우 깨끗이 안 벗겨지고 자국이 남는 경우가 있다. 사전에 테스트해서 확인해보자.

▲칼집을 냈으면 졸의 여백을 벗겨낸다. 한 번에 잡아당기면, 덜 잘린 곳이 있으면 필요한 마스킹까지 벗겨지므로, 잘 확인하면서 조심스레 벗기자

▲여백을 제거하고 마스킹이 끝난 상태. 이후 뒷면도 덮어서 도색한다. 이렇게 몰드에 맞춰서 자르는 방법은, 붙이기 쉬운 면이라면 셀로판 테이프와 스티커 씰 종류로도 할 수 있다. 부품 모양에 따라서 보다 편한 쪽을 선택하면 된다.

▲붓으로 마스킹 졸을 칠할 경우, 먼저 「마스킹 졸 클리너」에 담갔다가 사용하면, 사용 후에 졸을 제거하기 쉽다. 일반적인 졸은 「물 세척」이라고 표기되어있지만 실제로는 물 세척만으로는 깔끔하게 제거할 수 없다. 붓끝의 졸이 마르기 전에 꼼꼼히 씻어주는 것이 중요하다.

마스킹을 띄워서 블렌딩하기

마스킹을 도색면에서 띄움으로써 블렌딩 도색을 할 수 있다. 이 방법을 사용하면 특정한 모양의 가장자리에 일정한 블렌딩을 넣은 형태로 마무리할 수 있다.

▲일정한 너비로 색이 구분되는 형태를 블렌딩하려고 할 때는 종이틀(지형)을 사용하는 것이 편리하다. 두꺼운 양면테이프를 써서 도색면에서 살짝 띄운 상태로 붙인다. 종이틀이 아닌 마스킹 테이프를 써서 가장자리를 띄운채로 붙여도 된다.

▲도료를 뿌린 상태. 이 사례에서는 캔 스프레이로 도색했다. 에어브러시가 없어도 이렇게 하면 가느다란 블렌딩도 가능하다. 블러링에 차이가 없도록 도색면에 대해 수직방향에서 뿌린다.

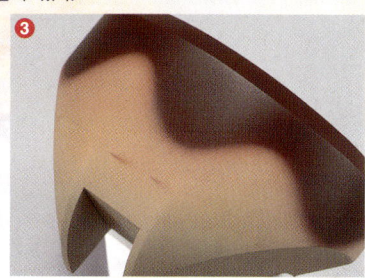
▲종이틀을 제거한 모습. 띄워둔 틈새로 스며든 도료 입자 덕분에 블렌딩 도색이 완성되었다. 마스킹은 조금 수고스럽지만 블렌딩을 넣은 부분과 그 외의 부분이 모두 균일한 완성도를 보여주고 있다.

카본 마감

이것은 일정한 패턴을 간이 마스킹에 의해 재현하는 예이다. 예를 들어 에칭 재질 템플릿의 「●」와「■」를 이용하면, 그런 모양의 마스킹을 쉽게 할 수 있다. 표면에 모양이나 패턴을 베껴내는 듯한 사용법이 가능하다.

▲에칭 재질의 메쉬(그물눈)를, F1 서스펜션 부품과 겹친 모습. 부품은 이미 검은색 도색을 해두었다. 여기에 메쉬를 감고 그 위에 그레이를 덧칠함으로서 그물눈 모양 패턴을 찍어낼 수 있다.

▲도색후의 상태. 메쉬가 겹쳐진 부분이 검은 그물눈 모양으로 남고 다른 곳은 그레이로 칠해져 있다. 이렇게 해서 카본 파이버의 패턴을 재현한 것이다. 곡면에서는 나일론 메쉬 등 유연한 소재를 사용하면 된다.

관절부분의 색 구분

캐릭터 모델의 끼워 넣기식 관절에 서로 다른 색을 칠하는 것은, 조립 후에 칠할지, 부품별로 먼저 칠해둘지 결정하기 어렵다. 각각의 마스킹과 도색 공정을 통틀어 고려하자.

▲우선 안쪽에 끼울 부품을 먼저 도색까지 끝마친 다음, 조립하는 방법이다. 왼쪽의 관절부 부품으로 이미 도색을 마쳤다. 이것을 마스킹한 다음에 끼워 넣을 부품과 조립한다. 마스킹 테이프를 나중에 벗겨내기 쉽게 붙여두는 것이 요령이다.

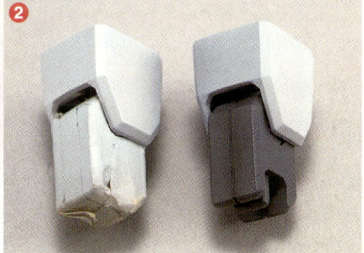
▲겉의 부품을 정형해서 바탕 처리부터 도색까지 마친 상태가 왼쪽. 그 후에 마스킹 테이프를 벗기니 오른쪽처럼 완성되었다. 완성은 깨끗하고 확실하지만, 도색부품과 부품 정형을 번갈아가며 작업해야 하므로 많이 번거롭다.

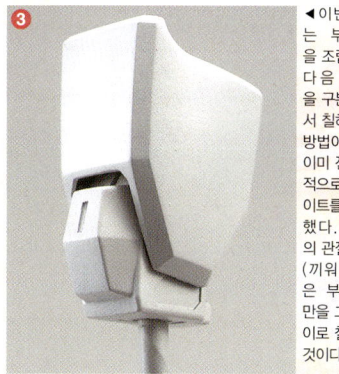
◀이번에는 부품을 조립한 다음 색을 구분해서 칠하는 방법이다. 이미 전체적으로 화이트를 칠했다. 밑의 관절부(끼워 넣은 부분)만을 그레이로 칠할 것이다.

CHECK POINT
● 끼워 넣는 부분의 도색

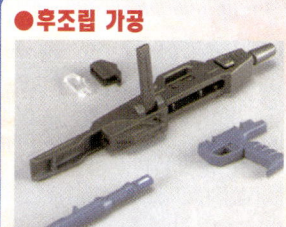
▲관절을 끼워 넣은 상태에서 칠할 때는, 겹치는 부분에 칠이 안 되거나, 색의 농도에 차이가 생기기 쉽다. 이점에 주의하여 각도를 바꾸어가며 몇 번에 걸쳐 칠을 하자.

▲위에 남길 화이트 부분을 마스킹. 특히 내부의 잘 안 보이는 부분도 꼼꼼히 마스킹해주자. 그리고 밑의 부품을 중심으로 위주로 도색한다. 관절부의 틈새도 도색하지만 너무 뿌려서 흘러내리지 않도록 주의할 것.

▲건조 후에 관절의 각도를 바꿔서, 전 단계에서 칠하지 않은 부분을 도색한다. 조금씩 각도를 바꾸며 여러 번 반복해서 하는 편이 먼저 칠한 곳과 나중에 칠한 곳 사이의 색이나 피막의 차이가 쉽게 드러나지 않는다.

◀마스킹을 벗겨서 마무리 된 상태. 이 방법은 부품의 정형과 도색공정이 확실히 분리되어 있어 작업하기 편리하다.

CHECK POINT
● 후조립 가공

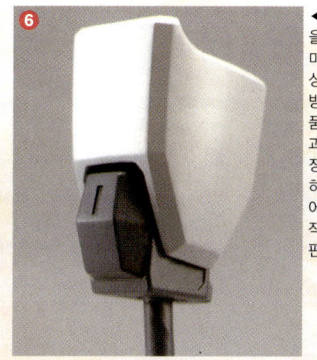
▲끼워 넣는 부품을 도색한 후에 장착하는 것이 이른바 '후조립 가공'이다. 이 작업을 하면 귀찮게 마스킹을 할 필요 없이 각각을 도색한 후에 조립하는 것이 가능하다. 장착 핀을 짧게 만들거나, 끼우는 위치에 홈을 파서 가공하는 등 그 방법은 다양하다. 부품의 구성에 따라 각자 스스로 생각하고 판단해야만 한다.

8. 도색 표면의 연마

거울처럼 매끄러운 광택면을 얻기 위한 마감 테크닉

「광내기」는 「경면(유리면) 마감」이라고도 불리며 도색면에 약간의 알갱이도 남기지 않도록 사포로 갈아준 다음 다시 닦아나가는 방법이다. 도자기처럼 매끈한 광택을 얻을 수 있기에, 자동차 모델의 도색 마감 등에서 자주 사용하는 테크닉이다.

일반적으로는 도색면에 클리어 코팅을 하고 그 클리어 층을 연마한다. 때문에 데칼을 붙인 면에 광내기를 하면 데칼의 두께나 가장자리를 알아볼 수 없게 할 수도 있다. 단, 작업 공정에는 주의해야 할 점이 많다. 칠이 단단하고 건조가 빠른 래커 계열 클리어를 두껍게 뿌려줄 필요가 있는데, 그렇게 하면 밑의 도색면이나 데칼이 상할 수 있다. 도색면이 녹으면 색이 번지고, 데칼일 경우 금이 가거나 주름지기 십상이다. 또한 클리어 층을 평균인 두께로 연마하는 것은 어려우며, 지나치게 많이 깎는 상황에도 충분히 주의하지 않으면 안 된다. 광내기는 효과적인 기법이지만, 어느 정도 실패가 따르기 마련이라고 생각하는 것이 좋을 것이다.

▲두껍게 바른 클리어와 광내기에 의해 데칼의 단차도 없는 평활한 표면을 완성했다.

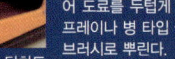
▲광내기에서는 클리어 층을 연마해주기 위해 래커 계열의 클리어 도료를 두껍게 칠한다. 캔 스프레이나 병 타입 클리어를 에어브러시로 뿌린다.

CHECK POINT
● 도색면의 구조

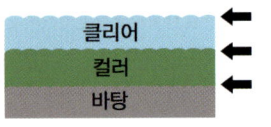

▲도색면은 층이 더해질 때 마다 '배 껍질' 상태가 되어간다. 「광내기」는 '배 껍질' 상태의 표면을 평평하게 연마한 다음, 이 과정에서 생긴 흠집을 지워나가는 작업이다.

클리어 코팅

「클리어 코팅」은 나중에 광을 내기 위한 클리어 층을 만드는 작업이다. 따라서 어느 정도 두껍게 해줄 필요가 있다. 이를 위해선 여러 번으로 나누어 칠해주어야 하는 데, 표면을 가능한한 평활한 면으로 만들어 주면, 다음에 광을 내야 할 때 매우 편해진다.

▲이 F1 경주 차량의 노즈 부품을 사례로 살펴보자. 이것은 기본 도색을 하고 데칼을 붙인 상태다. 클리어도색을 실시하기 전에는 데칼의 풀이나 물방울 자국 등을 확실히 제거해주는 것도 중요하다.

◀이 사례에서 사용할 클리어 스프레이는 소프트99의 「바디펜·클리어」. 본래는 자동차 도색용이지만 건조가 빠른데도 굳은 뒤에도 꽤 단단하기 때문에 광내기에 적합하다. 자동차 모델러 사이에서는 꽤 보편적인 아이템이다.

▲캔에 들어있는 클리어를 한층 더 쉽게 뿌리기 위해서 도료를 일단 다른 용기에 옮기고 Mr.레벨링 신너로 농도를 조정한다. 이렇게 희석한 것을 에어브러시로 뿌리는 것이다.

▲클리어 뿌리기. 이 첫 도색이 가장 중요하다. 용제가 데칼을 상하게 하지 않도록 에어브러시의 거리를 띄우고 도료입자가 다소 마른 상태에서 부품에 입혀지도록 하자. 이렇게 하면 표면이 까끌까끌해 지는데 이를 「모래 뿌리기」 기법이라고 부른다.

▲「모래 뿌리기」를 해준 도색면. 다소 '배 껍질' 상태가 되었다. 광택 마감을 할 경우엔 너무 알갱이가 많으면 곤란한데 여기서는 바탕에 영향이 없도록 하는 것을 우선시했다. 이 최초의 클리어 층으로 이후 덧칠할 때의 용제 성분으로 인한 침식을 막는 것이다.

▲모래 뿌리기가 끝났으면 일단 건조시키고, 그 다음부터는 표면이 평활해 지도록 덧칠해간다. 이것은 일반적인 광택 도색과 같다. 사진은 2번 정도 덧칠한 모습이다. 데칼의 단차도 꽤 매끄러워졌다.

CHECK POINT
● 데칼에 금이 갔을 때

▲클리어 도료를 겹쳐 칠하면 이런 식으로 데칼에 금이 가는 경우가 있다. 원인은 데칼이나 도색면이 클리어 층의 용제성분을 흡수해서 약간 팽창했다가 건조하며 수축할 때 도색면과 데칼의 수축 정도에 차이가 있어 이렇게 금이 가는 것이다. 「모래 뿌리기」는 이러한 현상을 막기 위해 가능한 적은 용제로 최초의 클리어 층을 만들어주는 방책인 것이다.

중간 연마

광내기를 하려면 클리어를 어느 정도 두껍게 칠할 필요가 있는데, 최종적으로 평활한 면으로 만들기 위해서는 중간에 한번씩 "갈아내는" 것이 효과적이다. 이후의 클리어 층이 매끈해지고 단차나 '배 껍질' 상태를 체크할 수도 있다. 쓸데없이 칠이 두꺼워지는 것도 막을 수 있다.

▲클리어 층의 표면을 극히 고운 입자의 내수 페이퍼(1200~1500번)로 물 사포질한다. 불필요한 흠집을 내지 않기 위해 탄력이 있는 것(예를 들어 지우개)을 받침목으로 사용하는 것이 좋다. 사포질도 가볍게 쓰다듬듯이 한다.

▲물 사포질이 끝난 상태. 도색면의 '배 껍질'이 사라졌다. 데칼의 두께만큼의 단차는 남아있지만 아직 클리어 층이 그다지 두껍지 않으니 무리하지 말자. 사포로 생긴 흠집은 다시 클리어를 덧칠하면 지워진다.

▲중간 연마를 한 다음 클리어를 덧칠한다. 중간 연마 덕분에 그냥 뿌리기만 했는데도 표면의 데칼 단차가 거의 없어지고 깔끔한 광택이 생겼다. 보통의 광택 마감이라면 이내로 끝내도 충분할 것이다. 다음은 광내기로 넘어간다.

광내기

도색 피막의 아주 작은 알갱이, 물결무늬 자국을 사포질로 지우고, 그 사포 흠집을 지우기 위해 콤파운드로 닦는다. 지금까지의 과정에서 만든 클리어 층이 평활한 면으로 완성되었다면 갈거나 닦는 작업은 조금만 하면 되지만, 그렇지 않을 경우 꼼꼼하게 닦아주어야 한다. 실패하면 클리어 코팅으로 되돌아간다.

① ▲칠한 곳을 연마하는 데 사용할 내수 페이퍼는 종이가 부드러운 것이 좋다. 1000~2000번은 타미야의 「피니싱 페이퍼」, 한층 더 입자가 고운 번호라면 천으로 되어 있는 Mr.라프로스(GSI 크레오스)가 사용하기 편하다.

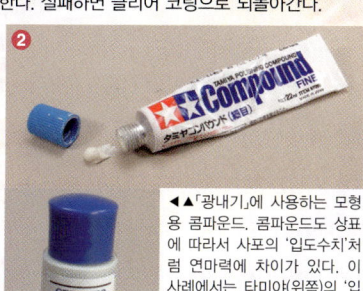

② ▲▲광내기에 사용하는 모형용 콤파운드. 콤파운드도 상표에 따라서 사포의 「입도수치」처럼 연마력에 차이가 있다. 이 사례에서는 타미야(위쪽)의 「입자」로 커다란 흠집을 지우고, 다음에 하세가와의 세라믹(왼쪽)을 사용해서 한층 자잘한 흠집을 지운다. 이렇게 하는 것이 효율이 좋다.

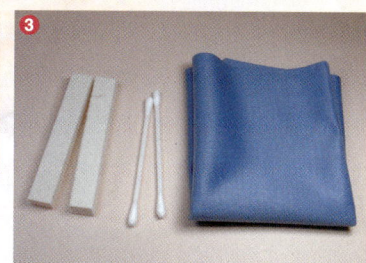

③ ▲광내기 작업에는 부드러운 천을 사용하면 되지만 전용 제품도 있다. 왼쪽부터 프로하비의 「버프 스틱」(섬세한 섬유를 막대형으로 만든 것으로 끝을 자유롭게 잘라서 정형할 수 있다), 일반적인 면봉, 하세가와의 「슈퍼 폴리싱 클로스」

CHECK POINT
●데칼에 주름이 생겼을 경우

▲클리어 코팅을 했더니 데칼이 클리어 도료의 용제 성분을 흡수해서 주름이 생기고 만 예. '모래 뿌리기'가 충분하지 않았거나, 도료가 확실히 건조하지 않았거나…. 뭐, 어느 쪽이던 간에 일단 다 마를 때까지 기다리자.

▲건조가 끝난 후, 주름진 면을 내수 페이퍼로 정리한다. 이것은 중간 연마와 같은 요령이다. 물론 데칼을 깎는 것이 아니라, 그 위에 입혀진 클리어 층만을 깎아내는 것이다. 가능한 평활하게 다듬었다면 다시 모래뿌리기. 그 후 여러 차례 클리어 도료를 반복해서 뿌린 다음 중간연마 단계로 돌아간다.

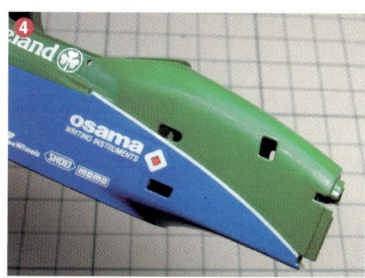

④ ▲클리어 층이 완전히 경화하면 광내기에 돌입한다. 우선은 클리어면의 '배 껍질'을 지우기 위해 표면을 1500~2000번의 사포로 물 사포질했다. 모서리나 튀어나온 곳의 칠이 얇아져 있는 경우가 있으므로 너무 많이 깎이지 않도록 주의하자. 배껍질이 사라져도 사포의 흠집은 남으며, 이 단계에서는 무광 상태가 된다.

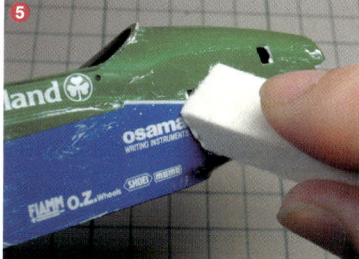

⑤ ▲콤파운드에 의한 연마. 천 등(사진에서는 버프 스틱)에 콤파운드를 소량 묻히고 이를 도색면에 넓게 발라 문지른다. 힘을 주지 않고 표면을 미끄러지는 느낌으로 닦는다. "뽀득 뽀득"하는 소리가 나는 것은 콤파운드가 다 떨어진 것이므로 더 이상 닦지 말 것.

⑥ ▲파인 면의 광을 내는 작업에는 면봉이 편리하다. 각이 한층 더 예리하게 파인 곳이나 돌출된 가장 자리 등은, 지우개 끝을 각도에 맞게 자르고 거기에 폴리싱 융을 감아서 사용하면 된다. 사포질과 마찬가지로 광을 내는 장소를 고려하여 작업하자.

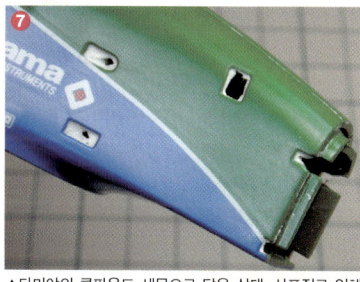

⑦ ▲타미야의 콤파운드 세목으로 닦은 상태. 사포질로 인해서 광택이 사라진 상태에서, 광택이 다시 살아났다. '배 껍질'을 다듬었으므로 원래 칠한 상태보다도 표면이 매끈하다. 아직 자잘한 흠집이 있는데, 이는 마감용 콤파운드로 지운다.

⑧ ▲하세가와의 세라믹 콤파운드로 광내기를 끝낸 모습. 극세 수성 콤파운드이므로 전 단계의 유분도 제거되었다. 더이상 흠집이 보이지 않는다. 광내기가 끝났다면 흐르는 물에 씻어내어, 표면에 남아 있는 콤파운드를 제거하자. 이로서 종료!

⑨ ▲광내기를 끝내고 매끄러운 광택면을 얻었으며 데칼의 단차도 사라졌다. 사실은 아래쪽에 지나치게 광을 내는 바람에 문제가 생겼지만 이 부분도 깔끔하게 수복하는데 성공했다. 광내기는 시간도 수고도 많이 들어가지만, 그만큼의 완성도를 얻을 수 있게 된다.

CHECK POINT
●콤파운드의 유분

▲콤파운드에는 유분이 약간 포함되어 있어서 닦은 다음에도 그 유분이 조금 남게 된다. 그 위에는 도료가 입혀지지 않도록 되므로 다시 도색할 때에는 중성세제로 잘 씻어 내거나 표면을 극세 사포로 깎아낼 필요가 있다. 수성 타입일 경우에는 그런 걱정은 필요치 않다.

너무 갈아버렸을 때의 대처법

광내기에 익숙하지 않으면 너무 갈아버리는 일도 자주 생긴다. 클리어 층이 어느 정도 두께이며, 어느 정도 깎아낼 수 있는지를 파악하는 것이 어렵기 때문이다. 따라서 너무 깎아 냈을 때의 대처법은 매우 중요하다.

① ▲클리어 층을 사포질하는 동안 모서리 부분의 도색이 깎여서 색이 옅어진 상태. 이렇게 되면 다시 칠하는 수밖에 없다. 칠이 깎이기 시작하면 사포에 색이 묻어나므로 잘 체크하자

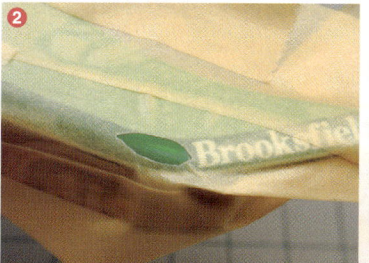

② ▲다시 칠하는 것은 옅어진 부분과 그 주위만 해주도록 하자. 이것은 원래 도색과 잘 어우러지게 하기 위함이다. 클리어 코팅 덕분에 이렇게 데칼이 벗겨질 걱정을 하지 않고 마스킹 테이프를 붙일 수 있다.

③ ▲이 경우의 리터치(재도색)는 붓으로 중심부를 다소 두껍게 칠하고, 에어브러시로 덧칠하는 방법을 취했다. 도료가 건조하면 주위와 어우러지도록 사포질을 한다. 그 후 클리어 코팅을 하고 광내기의 첫 단계로 돌아가면 된다.

CHECK POINT
●남은 콤파운드를 제거한다

▲패널라인이나 홈이 파인 곳에 들어간 콤파운드를 제거하려면 끝을 날카롭게 깎은 이쑤시개를 물에 적셔서 사용하는 것이 좋다. 이렇게 하면 표면에 상처도 남지 않는다. 덩어리진 부분은 흐르는 물에 대고 붓으로 닦아내자.

9. 붓 도색

도색의 기본, 붓 도색의 테크닉을 익혀보자

「붓 도색」은 도색의 기본이라 할 수 있지만 이를 위해서는 일정 이상의 테크닉이 필요하다. 특히 넓은 면을 균일하게 칠하는 것은 꽤 어렵다고 생각하는 것이 좋다. 플라스틱 등의 수지는 종이나 천처럼 도료가 스며들지 않아 얼룩이 생기기 때문이다. 하지만 오직 붓 도색으로만 가능한 표현도 많다. 붓의 터치를 남기거나, 도색 표면에서 색을 섞어 그라데이션을 만들거나, 혹은 문지르듯이 칠하는 등, 붓의 움직임에 변화를 주어 다양한 '표정'을 연출해줄 수 있는 것이 붓 도색의 특징. 또한 붓끝의 폭에 따라 칠하는 범위를 한정할 수 있어 마스킹 없이도 구분 도색이 가능하고, 붓 끝이나 붓의 가운데 부분을 사용해서 부품의 볼록 솟은 부분에만 도료를 칠하는 식으로 사용할 수도 있다. 에어브러시로는 다 칠할 수 없는 면의 도색이나 수정에도 붓은 빼놓을 수 없다. 붓 도색을 확실히 마스터하는 것은 에어브러시와 마찬가지로 표현의 폭을 크게 넓혀준다.

모형의 도색에 사용되는 붓은 주로 「납작 붓」과 「면상필」로, 납작 붓은 비교적 넓은 면의 도색에, 면상필은 세세한 부분의 도색에 적합하다. 우선 중요한 것은 용도에 맞고 사용하기 편한 붓을 고르는 것. 이것은 붓의 모양이나 폭은 물론, 붓의 품질이나 사용감도 포함된다. 붓이 사용하기 편한 것이면 그렇지 않은 것과 비교해서 완성도도 크게 차이가 난다.

붓 도색하기 좋은 도료는 도료의 퍼짐성이 가장 좋은 에나멜 계열이며 수성 아크릴과 래커 계열이 그 뒤를 잇는다. 일반적으로 부품의 가장 기본색이 되는 부분은 래커 계열, 혹은 수성 아크릴이고 세부적인 도색이나 먹선 등에 에나멜 계열을 사용하는 식으로 구분하여 사용하는 경우가 많다. 또 도료의 농도 조정도 중요한데 도료의 농도는 면 도색의 경우에는 붓질이 쉽도록 묽게 하고, 좁은 부분을 도색할 때는 한 번에 색을 입힐 수 있게 다소 진하게 조정하도록 하자.

◀도료의 농도조정은 도료 접시에 덜어서 한다. 이렇게 하는 것이 붓에 묻히는 양도 조정하기가 쉽다.

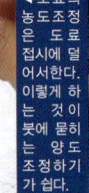

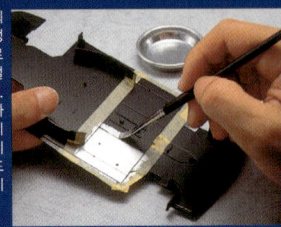
◀면 도색에서는 붓을 한 방향으로 평행이동 하면서 칠한다. 왕복은 금물!

◀같은 계열의 도료 위에 덧칠하면 밑의 도료가 나오면서 색이 탁해진다.

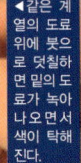

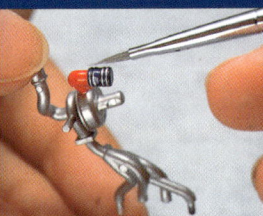
◀세부 도색에는 붓 끝이나 붓 중앙 부분을 사용한다. 이것은 볼록한 면을 붓 중앙부로 칠하는 모습.

◀마스킹해서 색을 구분한 경계면을 극세 면상필로 수정하는 모습

◀붓을 사용한 다음에는 용제로 도료를 확실히 씻어내 준다. 특히 메탈릭 계열은 꼼꼼하게 세척할 것.

농도 조정

붓 도색에 적합한 도료의 농도라는 것은 도색 방법이나 도색 단계에 따라서도 달라지는 법이다. 여기서는 평면의 도색을 전제로 도료가 퍼지는 정도나 칠한 후의 평활도로 판단했다. 다른 도색 방법으로도 농도를 바꿨을 때의 효과는 똑같으므로 참고가 될 것이다.

1
▲붓 도색용 도료를 희석하는 기준은 Mr.컬러, 타미야 에나멜은 도료 : 용제 비율이 1 : 0.8~1. 수성 하비 컬러나 타미야 아크릴은 희석하지 않고도 그대로 칠할 수 있다. 병 타입 도료는 사용하다보면 휘발되어 농도가 진해지므로 용제를 추가하도록 하자.

2
▲Mr.컬러를 사용한 농도 비교. 위에서부터 진함, 적절, 묽은 순서다. 「진함」은 좁은 면에 한 번에 칠할 때는 이대로 써도 된다. 「적절」은 덧칠하는 것을 전제로, 발색보다는 얼룩이 생기지 않는 것에 중점을 두었다. 「묽음」은 색이 연하고 도료가 흘러내리기 쉽다.

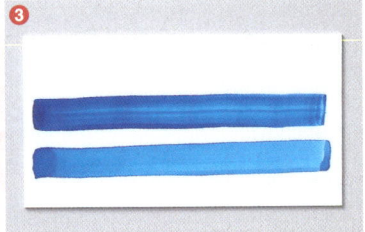
3
▲이것은 Mr.컬러의 건조를 늦추고 붓질이 잘 되게 해주는 리타더를 첨가한 사례다. 사진 위가 첨가 전, 사진 아래가 첨가 후. 아래쪽은 붓을 빨리 움직인 관계로 색이 옅지만 도료가 잘 퍼지면서 얼룩 없이 깔끔하게 도색이 이루어졌다는 것을 알 수 있다.

CHECK POINT
● 리타더 마일드

▲도료에 「리타더」를 추가해주면 도료의 퍼짐성이 좋아지며, 붓 자국에 의한 얼룩도 감소한다. 대신 그만큼 건조는 조금 지연된다. 극소량을 넣어도 효과가 있으며, 너무 많이 섞으면 건조시간이 필요 이상으로 지연되거나 도리어 광택이 죽어버리는 등의 부작용이 있으므로 붓 도색 시에는 10%를 한계로 삼을 것.

면도색의 붓질 요령

넓은 면을 도색할 때의 붓질은 방향과 속도가 관건이다. 같은 곳을 여러 번 건드리지 않도록 하여 붓자국이 많이 남지 않는 도색을 염두에 둔다. 그것을 반복하여 전체적으로 얼룩이 적은 상태로 마무리 하는 것이다.

1
▲한 번의 붓질로 붓 자국이나 고인 곳이 없는 상태로 만들려면 붓끝의 상태를 잘 유지하는 것이 중요하다. 특히 신경을 써야 하는 것이 붓에 묻히는 도료의 양. 양이 많으면 붓질이 시작되는 부분에 도료가 많이 묻히니 고이기 쉽다. 반대로 너무 적으면 도중에 끊겨버린다

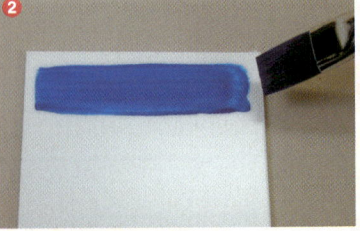
2
▲이것은 붓 끝을 일정한 속도로 부드럽게 움직여서 칠한 사례다. 붓자국이나 도료가 고인 곳 없이 깔끔하게 칠해졌다. 칠한 부분의 색 농도도 거의 일정하다

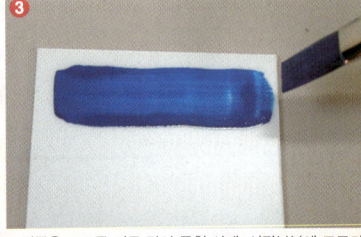
3
▲이쪽은 도료를 너무 많이 묻힌 사례. 시작부분에 도료가 고여 있는데다 이동한 부분도 양 옆으로 도료가 번져서 고여 있다. 칠하는 마지막 부분의 붓을 뗀 곳도 도료의 농도가 다르다. 이것을 계속해서 옆에 칠하면 얼룩이 생기고 말 것이다.

9. 붓 도색

❹ ▲이어서 넓은 면의 도색에 들어가 보자. 붓 끝의 상태를 유지하며 평행으로 선을 그리듯이 칠해나간다. 붓자국이 겹쳐지면 그곳이 진해져 버리므로 그런 부분은 최소화하도록 하자. 하지만 틈새가 생겨도 곤란하기 때문에 어느 정도는 감수할 수밖에 없는 부분이다.

❺ ▲완전히 건조하기를 기다렸다가 같은 방향으로 마찬가지로 덧칠한다. 처음보다 도료가 잘 묻으므로 다소 두껍게 칠해도 괜찮다. 그렇게 하는 편이 도색면이 물결치는 것을 방지할 수 있다. 한 번 씩 교차하며 칠하는 방법도 있지만 처음 2번 정도는 같은 방향으로 할 것을 권하고 싶다.

❻ ▲다시 건조를 기다렸다가 이번에는 90°도로 방향을 바꿔서 동일한 색을 반복한다. 이것으로 얼룩이 없는 표면이 매끄러운 도색이 되었을 것이다. 도색의 가장자리가 정돈되어 있지 않지만 정돈하는 것이 좋다면 미리 마스킹을 해두자.

CHECK POINT
● 에나멜 계열 도료의 경우

▲붓 도색으로 한 번에 두껍게 칠하는 방법의 경우, 에나멜 계열 도료를 사용하여 깔끔하게 진행하면 이렇게 분무 도색을 한 것처럼 균일한 피막을 얻을 수 있다. 다만 건조하는 데 며칠씩 걸리는 것이 난점. 그때까지 먼지가 앉지 않도록 주의하자.

■잘못된 사례도 알아두자

❶ ▲최초 단계부터 붓질을 여러 번 반복하며 칠해서는 안 된다. 이렇게 하면 전체적으로 색을 입힐 수는 있지만 자잘한 얼룩이나 붓자국이 물결모양처럼 남는다. 특히 덧칠 단계에서 이렇게 하면 밑에 칠한 도료가 녹아내리기도 한다.

❷ ▲먼저 칠한 도료의 건조를 기다리지 않고 덧칠해 버린 실패 사례. 덧칠한 붓에 이끌려서 먼저 칠했던 도료 움직이는 바람에, 부분적으로 옅어지고 말았다.

❸ ▲도료를 두껍게 칠하고 표면장력으로 붓자국을 줄이는 도색법. 캔 스프레이로 하는 "한 방에 도색하기"와 같은 방법. 한 번에 도료를 입힐 수 있지만 얼룩을 없애기 위해 두껍게 칠해야만 한다. 또 도료가 잘 퍼져주지 않으면 물결 모양의 붓자국도 안 지워지기에 권하는 않는다.

CHECK POINT
● 마커 도료로 칠한다

▲도료의 취급과 붓칠에 익숙하지 않은 사람은, 마커의 잉크를 도료 접시에 부어서 바르는 것도 추천. 붓칠하기에 딱 좋은 농도로 퍼짐성이 좋으며, 겹칠이 되더라도 의외로 얼룩이 잘 생기지 않는다.

실전 평면도색

여기서부터는 실제로 부품을 도색해보자. 부분적인 도색은 붓만으로 칠해보겠다. 일그러짐 없는 경계선으로 전체를 균일하게 칠하는 것이 목표다. 사용하는 도료는 래커 계열인「Mr.컬러」다.

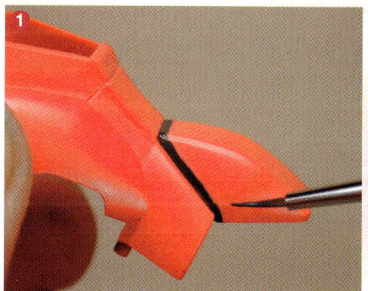
❶ ▲우선은 붓칠을 할 범위를 면상필로 가장자리를 그려 지정한다. 이렇게 해서 가장자리 부분의 도색이 옅어지는 것을 방지하고 붓으로 칠할 때의 기준으로 삼는다. 마스킹을 하지 않는 것은 경계면에 도료가 고이기 쉬우므로 이를 피하기 위함이다.

❷ ▲면을 도색하기 전에 시험 삼아 조금 칠해본다. 농도가 적절한지, 도료가 잘 칠해지는지, 어느 정도의 속도로 붓질을 하면 도료가 잘 칠해지는지. 이러한 것을 미리 확인하면 안심하고 도색할 수 있다.

❸ ▲평면을 칠할 때는 가능하면 한 번에 칠할 수 있는 크기의 붓을 사용하자. 이것은 색의 경계선을 따라서 평행방향으로 한번 붓질한 모습이다. 면에 전체적으로 각도가 들어갔기에 색이 옅은 곳도 있지만, 우선은 건조를 기다린다.

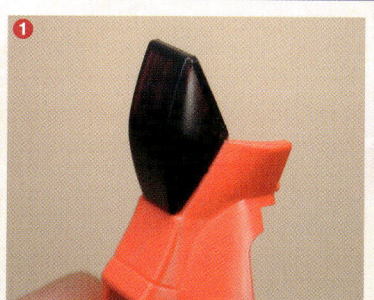
❶ ▲다른 면도 마찬가지로 붓으로 한 겹씩 칠해준 상태. 역시 색이 옅은(도료가 덜 묻은)부분이 있지만 그것은 이 다음의 덧칠 과정에서 얼룩을 지워버릴 것이므로, 너무 신경 쓰지 말고 우선은 건조를 기다리자. 괜히 당황해서 덧칠하지 말 것!

❷ ▲충분히 마르면 이번에는 교차하는 방향으로 칠한다. 여기서는 색의 경계선에 대해서 수직방향이다. 이 방향일 경우 붓질 한 번으로는 해결이 안 되므로 평행하게 두 번 붓질했다. 붓자국이 겹쳐서 진해지지 않도록 주의하자.

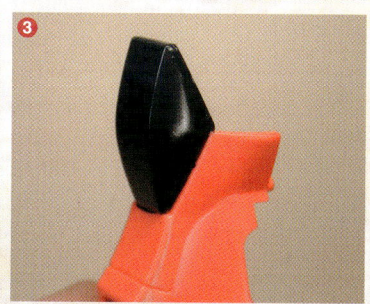
❸ ▲다른 면도 두 번째 붓칠이 끝난 모습. 이로서 얼룩이 상당부분 사라진 색이 입혀졌다. 그래도 아직 약간 색이 옅은 부분이 남아있으므로 그 부분에 붓이 잘 닿도록 한 다음에, 다시 한 번 반복하면 도색 작업이 완료된다.

실전 세부도색

세부도색의 예로서 캐릭터 모델의 얼굴인 '눈' 주위를 붓으로 칠해본다. 면적이 좁으므로 상황에 맞는 붓질과, 도색 순서를 생각해보자.

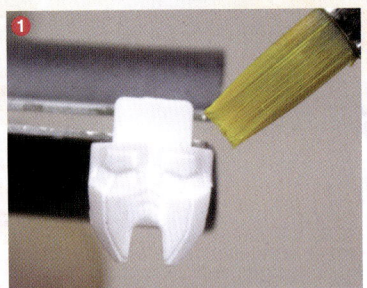
▲건담의 얼굴 부품. 눈 부분을 옐로, 그 밑을 레드, 눈 주위를 블랙으로 칠할 것이다. 우선은 눈의 옐로부터 납작붓으로 칠한다.

▲눈 부분은 흘러나오지 않도록 칠하는 것보다도, 얼룩이 없도록 한 번에 마무리하도록 한다. 이를 위해 확실히 색이 입혀지는 농도의 조정과 붓질의 감도를 확인해둔다.

▲납작붓으로 한 번에 칠한 모습. 조금 흘러나온 곳이 있지만 그것은 나중에 수정한다. 말은 이렇게 해도 역시 나중에 레드를 칠할 부분에는, 가능한 묻지 않도록 신경을 쓴다

CHECK POINT
● 붓끝이 흔들리지 않도록

▲세세한 부분에 색을 구분해서 칠할 때는 붓끝이 안정되어있으면서도 움직임이 편해야 한다. 작은 부품은 들기 쉽도록 클립을 사용하거나, 사진처럼 붓을 든 손과 함께 서로 지지하는 식으로 들어주는 것이 좋다.

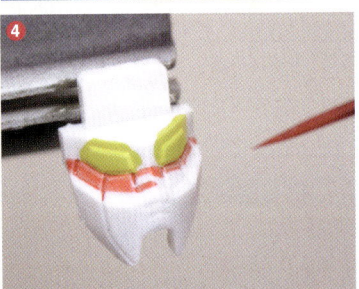
▲이어서 띠 형태의 레드 부분. 여기는 좁기 때문에 가는 붓(면상필)을 사용해서 경계선부터 그려 넣는다. 그 다음 중간 부분을 메워준다. 범위는 작지만 앞 페이지의 면도색과 수순은 동일하다.

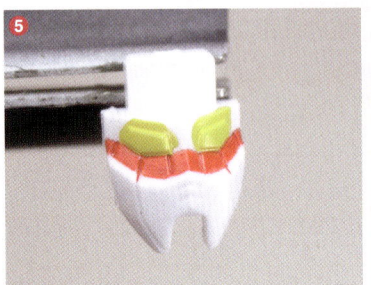
▲붉은 띠 부분의 도색이 끝난 모습. 가는 붓으로 여러 번 반복해서 칠해서 옐로 부분 보다 붓 자국이 남아있는 것을 알 수 있다. 극세 납작붓과 조합해서 칠하면 붓 자국을 더 줄일 수도 있을 것이다.

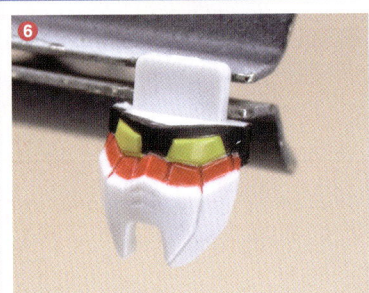
▲레드 부분과 같은 요령으로 눈 주위의 블랙을 칠한 상태. 이것으로 커다란 색 구분은 끝났다. 다음으로 옐로와 레드의 경계, 붉은 띠의 패널라인 부분도 검게 칠하겠지만 그 방법은 P.172「먹선넣기」항목을 참조.

블렌딩

「블렌딩」은 도색면에서 색이 다른 도료를 섞어서 그라데이션을 만드는 도색법이다. 사람의 얼굴이나 옷의 주름 등 좁은 범위에서 명암을 변화시키는 부분에서 사용된다. 도료는 건조가 느린 에나멜 계열이나 수성이 적합하다. 이 사례에서는 타미야 아크릴을 사용했다.

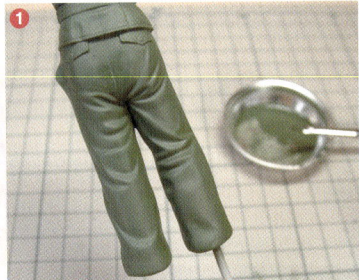
▲블렌딩 기법으로 바지의 주름에 맞춰 명암을 줘 보자. 우선은 기본이 될 색을 도색한다. 이 색을 기준으로 하여 '명'과 '암' 총 3색을 준비했다.

▲그림자가 되는 부분에 어두운 색을 칠한다. 이것은 주름의 파인 부분이나 양 다리의 안쪽 부분, 주머니 덮개의 주위 등 그늘이 생길 법한 곳을 생각해서 칠한다. 이후는 기본색과 섞기 때문에 어느 정도 대담하게 칠해도 괜찮다

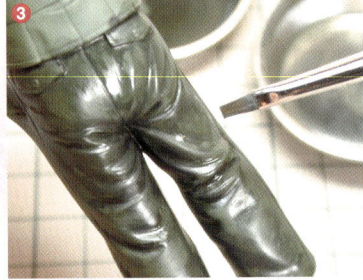
▲다음으로 희석액을 묻힌 붓으로 덧칠한 부분을 쓰다듬 듯이 도료를 용해시켜 2색의 경계를 없앤다. 어떻게 그림자로서 남길지 전체를 보면서 조정해가자. 녹아 나와서 번들거리는 부분은 마지막에 정리해주면 된다.

CHECK POINT
● 세세하게 색을 어우러지게 만든다

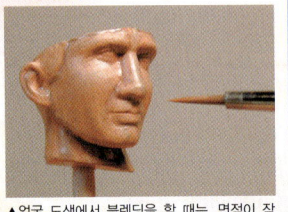
▲얼굴 도색에서 블렌딩을 할 때는, 면적이 작기 때문이라는 점도 있겠지만 그보다는 붓자국이 크게 남지 않도록 하기 위해 면상필을 세밀하게 움직이면서 녹여간다. 면상필은 끝부분을 조금 둥글게 만들어 두면 블렌딩 작업에 사용하기 편하다.

▲이번에는 빛이 닿아서 밝게 보일 부분에 하이라이트를 넣는다. 여기서는 주름의 솟은 부분이나 주머니 가장자리 등이다. 이후에는 마찬가지로 희석액을 발라서 경계선을 녹여 어우러지게 한다. 필요할 경우 덧칠해도 된다.

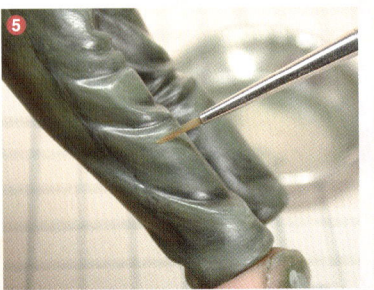
▲이전 단계까지는 납작붓 1개로 칠했지만 붓이 너무 크거나, 정교한 수정을 하고 싶을 때는 보다 가는 붓을 사용하는 게 좋다. 여기서는 면상필을 사용해서 명암의 변화가 급격한 부분의 경계를 녹여 어우러지게 하고 있다.

▲도색이 끝난 상태. 처음의 단색 상태와 비교하면, 보다 입체적이고 빛으로 인해 그늘이 생긴 것 같은 자연스런 느낌이 되었다. 붓자국이 남아있는 것도 소재의 질감을 느끼게 하는 효과가 있다.

드라이브러싱

「드라이브러싱」은, 이름 그대로 "(꾸덕꾸덕하게) 건조된 붓"으로, 문지르듯이 칠하는 기법. 부품의 요철 부분과 에지 등 모서리에만 도료를 입힐 수 있으므로, 도료의 명도를 바꾸어가면서 덧칠함으로써, 디테일을 강조해주거나, 그라데이션을 주는 것이 가능하다. 일부러 대상의 오염을 표현하는 도색에도 자주 쓰이는 방법이다. 여기서는 약간 축축한 붓으로 작업하는 「웨트브러싱」도 병행하여 소개하도록 하겠다.

■ 웨트 브러시

▲이 사례에서는 다크 그린을 기본으로 서서히 밝아지는 도색법을, 전부 붓칠 만으로 해보았다. 사진은 다크 그린 보다도 어두운 색을 넓은 붓을 이용해 대략적으로 칠해준 상태. 도료는 타미야 아크릴을 사용하였다.

▲여기서부터는 발색을 확인하면서 그때그때 색을 바꿔서 칠해나가도록 한다. 이를 위해서는 "정량적 조색"을 하는 것보다 실물에 맞춰서 섞어가는 편이 좋을 것이다. 이런 작업에는 미술용 팔레트나 사진에 나와 있는 '매화 접시'*를 사용하면 편리하다.

▲붓에 머금은 도료를 먼저 종이에 발라서 붓 끝이 약간 마른 느낌이 되도록 정리한다. 질척하게 바르는 것이 아니라 "쓸어주듯" 바르는 것이므로 도료가 너무 많이 묻지 않도록 해야 하는 것이다. 이때 붓이 잘 칠해지는 지도 확인.

CHECK POINT
● 사용한 붓은?

▲여기에서 사용한 것은 전부 나일론 재질의 붓. 털어주듯이 칠하는 경우가 많아서 붓끝의 탄력 등 자신의 취향에 맞는 것을 골라 사용하고 있다. 다만, 나일론 재질의 붓은 붓끝이 휘거나 길이 잘못 들기 쉬우니 주의할 것. 또한 오른쪽의 세필 2개는 세부적인 곳에 구분하여 칠할 때 사용한다.

▲커다란 납작붓을 사용해서 바탕색보다 밝은 색으로 차체색을 칠한다. 끈적하게 칠하는 것이 아니라, 붓끝으로 부품 표면을 위아래로 쓸어주듯 칠한다. 평면부와 돌기 부분이 밝은 색이 되고, 파인 곳이나 리브, 리벳주변은 어두운 색을 남기는 이미지로.

▲형태가 복잡한 부분은 크게 털어내듯 칠하는 것은 어려우므로, 상하로 두들기듯이 칠한다. 붓은 약간 건조하다고 해도 「드라이브러싱」보다는 도료를 많이 머금은 상태이므로, 한번 칠한 부분은 마르기 전까지 다시 칠하지 말도록.

▲「웨트브러싱」 도색을 끝낸 상태. 굴곡을 강조할 뿐만이 아니라, 평면부분에도 세세한 농담표현과 붓자국이 남아서 색 바램과 마찰로 인한 것의 표현, 거친 표면의 분위기가 살아났다.

CHECK POINT
● 붓을 자주 씻어주자

▲붓끝으로 털어주는 도색에서는, 붓 끝에 도료가 묻은 부분이 굳어 탄력이 사라지게 되면 잘 칠해지지 않게 된다. 자주 붓을 씻어서 좋은 상태를 유지하자.

■ 드라이브러싱

▲이제부터가 진짜 드라이브러싱. 한층 밝은 색을 사용해서 모서리와 디테일을 두드러지게 한다. 붓은 끝을 가지런히 자른 것을 사용. 일단 도료를 머금었다면, 종이 등에 문질러서 소모하여, 끝에 도료가 남았는지의 여부가 애매한 상태로 만든다.

▲붓을 잽싸게 움직여서 부품을 자잘하게 쓰다듬어 주듯이 칠해준다. 도료가 질척한 느낌으로 칠해지는 것이 아니라 아주 살짝 색이 올라앉은 느낌으로 하면 좋겠다. 모서리와 凸부분의 디테일을 확실하게 드러내고 싶을 때에는 이 방법이 효과적이다.

▲기본 색에서 서서히 밝아지는 색으로 바꾸어 몇 단계에 걸친 드라이브러싱을 실시한 상태. 전에 칠한 색을 전부 덮어버리지 않도록, 색을 바꿀 때 마다 칠하지 않는 면적을 늘려서, 그라데이션 효과가 생기도록 마무리한다.

CHECK POINT
● 드라이브러싱 작업용 붓

▲드라이브러싱에 사용하는 붓은 전용 제품도 판매되고 있기는 하지만 일반적인 붓을 짧게 자른 것으로 충분하다. 붓끝을 1/3정도 길이로 자르고 절단면을 사포로 문질러 정돈한다.

▲붓끝의 단단함과 길이로 터치도 달라진다. 평면에 드라이브러싱을 할 때는 다소 길고 부드러운 편이 적합하다.

▲이쪽은 붓 끝으로 두들기듯 칠하는 방법. 모서리가 아닌 면을 칠할 때 등, 붓의 방향성이 남아버리는 것이 싫다면, 이 방법을 이용하는 게 좋을 것이다. 사진은 하이라이트 같은 느낌으로 밝은 색을 칠하고 있는 장면.

▲드라이브러싱에서는 단계별로, 기본색에 밝은 색을 더해서 색을 밝게 만들지만, 단순히 하얀색만을 섞어서는 수수한 느낌이 되어버린다. 약간 푸른 기가 도는 필드 그레이, 샌드 등을 섞어 줌으로써 색이 바랜 느낌도 동반되도록 만들어 보았다.

▲모서리 부분에는 모래흙이 올라앉은 듯한 표현을 위해 갈색~샌드 계열의 색을 드라이브러싱하여 올려준 뒤 녹 표현을 넣어준다. 마지막으로 에나멜 계열 도료로 먹선을 넣고 파인 곳에 남도록 워싱을 하여 완성. 붓칠 만으로도 이러한 사실감 있는 도색이 가능하다.

※주 : 일본화용 도구

먹선 넣기

「먹선 넣기」는 부품 표면의 패널라인이나 홈이 파인 곳에 어두운 색의 도료를 흘려 넣어서 몰드를 강조하는 도색 테크닉. 방법은 희석한 도료를 모세관 현상을 이용해 붓으로 흘려 넣고 남는 부분을 닦아내는 것뿐이다. 사용할 도료는 침투성이 높고 닦아내기 쉬운 에나멜 계열 도료. 경우에 따라서는 수성도료를 사용하기도 한다.

▲왼쪽이 맨숭맨숭한 단색. 오른쪽은 동일한 부품에 먹선을 넣은 것. 먹선은 이렇게 패널라인이나 홈이 파인 몰드를 강조해서 부품 표면에 표정을 주고 정밀감을 부여하는 '회화적 연출' 도색법이다.

▲먹선 넣기에는 에나멜 계열 도료를 사용한다. 이것은 바탕 도료에 영향이 적은 것과 흘려 넣고 닦아내기가 쉽기 때문. 도료는 묽은 것을 뛰어넘어 용제에 도료를 첨가하는 느낌이다. 여기서는 플랫 블랙과 플랫 브라운을 섞었다.

▲패널라인 부분에 면상필로 흘려 넣는다. 붓끝을 패널라인에 두면 도료가 모세관 현상으로 인해 흘러들어간다. 흐르지 않는다면 도료가 너무 진한 것이다. 간격을 띄우며 붓을 갖다 대는 것만으로 스며드는 것이 적절한 상태.

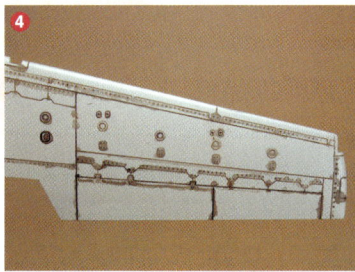

▲부품 전체적으로 패널라인과 리벳부분에 먹선을 그린 상태. 이 정도 번진 것은 문제없지만 너무 많이 흘러나오지 않도록 주의한다. 구멍처럼 옴폭한 리벳이 줄지어 있는 곳은 잉크가 흐르지 않으므로 붓으로 살짝 그어주듯 칠했다.

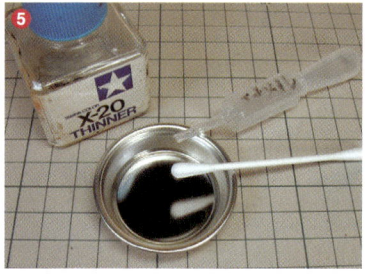

▲도료가 마르면 흘러나온 곳과 먹선이 진한 부분을 닦아낸다. 이때는 면봉을 사용하는 것이 좋다. 섬유가 잘 풀리지도 않고 방향을 바꿔가며 좁은 곳을 닦아내는 데도 사용할 수 있다. 도료접시에 용제를 담아서 적셔가며 사용하자.

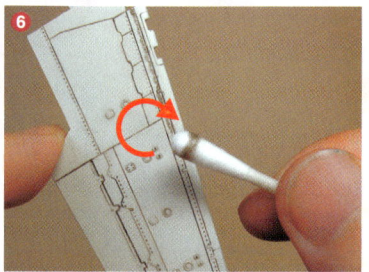

▲닦아낼 때 먹선이 주위로 번지는 것은 곤란하다. 한 방향으로 움직이며 닦아내는 방법도 있지만, 여기서 추천하는 것은 면봉을 빙글빙글 돌려가며 닦아내는 방법이다. 이렇게 하면 주위로 먹선이 번지는 일 없이 닦아낼 수 있다.

CHECK POINT
● 먹선 전용 도료

▲먹선용으로 사용하기 쉬운 색과, 묽은 농도로 되어 있는 전용 도료도 판매하고 있다. 일일이 섞어주는 수고가 없으므로 편리하다. 또한 통상의 에나멜 도료보다 플라스틱을 손상시키는 일도 적다.

▲라인 바깥의 도료를 전부 닦은 상태. 패널라인 주위에 살짝 먹선이 번져있는 느낌도 들지만 이것은 무광 표면의 경우에는 어느 정도 감수할 수밖에 없는 일이다. 도리어 이렇게 다소 남아있는 편이 웨더링 같아서, 자연스러운 느낌이 들기도 한다. 그래도 확실하게 제거하는 것이 좋다면, 지우개로 주위를 문지르는 방법도 있다.

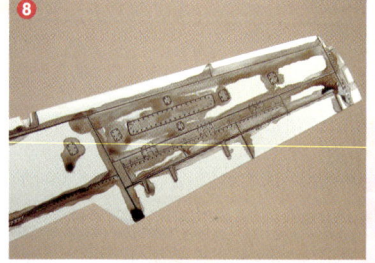

▲이것은 실패한 사례. "어차피 닦아낼 거라면…"이라는 생각에 먹선을 흘려 넣는 것이 아니라, 아예 뭉텅뭉텅 칠해버리고 말았다. 이 정도 상태가 되면 깨끗하게 닦아내는 것은 거의 불가능한 일이다.

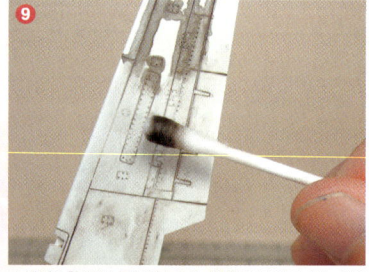

▲불필요한 곳에 들어간 도료는 완전히 닦이지 않는 경우도 있다. 또한 너무 문지르면 바탕색이 설령 래커 계열 도료라 하더라도 피막이 깎여나갈 우려가 있다. 먹선 넣기로는 결코 좋은 방법이 아닌 것이다. 다만 일부러 이것을 일종의 "오염을 표현하는 도색"으로 활용하는 테크닉이 있기는 하다.(P.174 「워싱」참조).

마커를 이용한 먹선 넣기

먹선 넣기는 에나멜 계열 도료로 하는 것이 정석이지만, 더 간편하게 마커나 펜을 사용하는 방법도 있다. 어느 쪽도 번진 부분은 닦아낼 수 있다.

CHECK POINT
● 먹선에 사용하는 색

▲왼쪽은 검은색, 오른쪽은 갈색으로 먹선을 넣은 부품을 비교했다. 갈색이 보다 부품에 가까워 차분하게 보인다. 먹선을 넣을 때 사용할 색은 그 면의 기본색과의 조화와, 어떤 표현을 원하는지에 따라서 결정한다. 명도 차이가 너무 크면 부자연스럽기 때문이다.

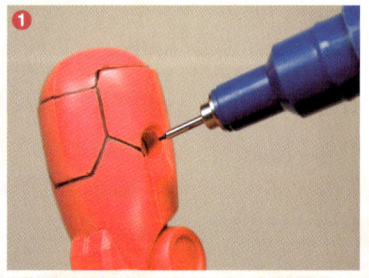

▲먹선용으로 나온 건담마커. 끝이 가느다란 유성펜이다. 패널라인을 따라가듯이 그려넣는다. 완성면이 다소 심심한 느낌은 들지만 취급이 매우 편하다. 도색면 보다는 성형색의 부품 표면에 그려 넣는 것에 적합하다.

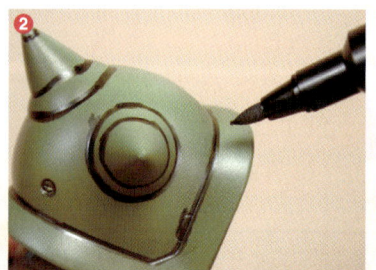

▲이것은 마찬가지로 건담 마커 「먹선용 붓펜」. 도료는 수성이다. 펜 끝에 탄력이 있어 좁은 틈새나 깊은 홈에도 칠하기 쉽다. 그만큼 많이 흘러나오기도 하지만 그건 나중에 닦아내면 된다.

▲면봉을 사용해서 닦아내는 모습. 닦아낼 때는 따로 용제를 묻히지 않아도 되지만, 보다 확실히 닦아내고 싶다면 물이나 수성도료의 용제를 사용하는 것이 좋다. 다만 그렇게 할 경우 너무 많이 닦여서 되려 색이 연해질 우려가 있다.

10. 웨더링

오염이나 색 바램 표현을 추가하여 "살아 숨쉬는" 작품을 완성해 보자

「웨더링」이란 풍상에 노출되거나 세월의 경과로 인해 색이 바랜 상태를 재현하는 도색을 뜻한다. 하지만 일반적으로 그 의미는 아주 폭넓게 쓰여서, 자연 조건, 사용 환경, 시간의 흐름으로 인한 변화, 오래된 모습을 표현하는 도색 이라고 하는 편이 적절할 것이다. 물론 여기에는 흔히 말하는 '오염 표현'도 포함된다. 구체적인 요소를 열거하자면 비바람에 의한 색 바램, 도색의 벗겨짐, 고열에 의한 변색, 녹, 빗물 자국, 기름때, 검댕, 모래나 진흙, 먼지 등이 있다. 조건에 따라서는 이외에도 더 많은 요소가 있을 것이다.

이들 요소를 담는 것이 「웨더링」인 것이고, 특정한 도색 방법을 지칭하는 것은 아니다. 드라이브러싱이나 먹선도 웨더링의 방법으로 사용되며 에어브러시의 강약조정으로 표현할 수 있는 것도 있다. 다양한 요소를 표현하기 위해선 그에 맞는 도색법과 도료를 사용하고, 소재를 준비한다.

여기서는 실제 도색 사례와 함께 이에 필요한 소재를 소개한다. 웨더링에서 중요한 것은 다양한 표현을 작품이 돋보이도록 효과적으로 사용하는 것이다. 이 또한 당연히 하나의 연출인 것이다. "더러움을 표현한 것"과 "작품이 지저분한 것"은 전혀 별개라는 것을 이해하도록 하자.

▲색 바램과 녹, 빗물자국 등의 표현을 중이로써 작품의 완성도에 깊이가 더해진다.

색 바램 표현

각종 기계류의 도색면은 시간이 지나면서 색이 바래고 벗겨지거나, 먼지가 쌓이거나 빗물이 흐르는 등 다양한 변화가 더해진다. 여기서는 에어브러시와 붓칠을 병행하여 이러한 요소들을 표현한 도색 사례를 살펴보자.

▲우선 전체를 기본색보다 약간 진한 색(진한 녹색)으로 에어브러시 도색. 그리고 홈이 파인 곳이나 그림자가 생기는 부분을 남기면서 밝은 색을 덧칠한다. 색감을 균일하게 할 필요는 없고 나중에 칠할 색의 발색이 잘 되도록 부분적으로 얇게 바르는 것도 효과적

▲이번 예시에서 사용할 도료 3종. 왼쪽부터 사용할 순서대로 Mr.컬러의 [15]진한 녹색, [303] 「FS34102」, [303] + [304] 라이트 그레이다. 이번의 경우는 3단계로 나누었지만 보다 미묘한 변화를 주고 싶을 땐 색을 더욱 세분화하면 된다.

▲기본색 [303]을 에어브러시로 덧칠한다. 전체적으로 균일하게 도색하는 것이 아니라 모서리나 돌기부분 등 밝고 눈에 잘 띄는 부분을 강조하도록 가늘게 뿌리고 있다. 윗면 부분에서는 위아래 방향의 줄무늬가 생기도록 칠하여 빗물 자국을 표현했다.

▲부품의 가장자리 등 스쳐서 색이 옅어진 부분의 표현은 드라이 브러싱으로 한다. 사용하는 것은 3번째인 밝은 색. 붓에 도료를 묻히고 종이 등에 문지른 다음에 부품에 문지르듯이 칠해준다

▲모서리 부근을 털어내듯이 붓끝을 왕복시키고 있다. 몰드의 요철부분을 강조하거나 자잘하게 붓자국을 남겨 더 낡허진 모습을 재현하는 데 자주 사용된다. 두드리거나 꾹 눌러주는 방법도 있다.

▲추가적으로 모서리 부분에 도색이 벗겨진 모습을 표현한다. 도색은 실버 + 그레이를 사용했다. 바디 아래 부분의 라이트 그레이 부분도. 그린 부분과 동일한 단계를 거쳐서 도색했다.

음영 도색

에어브러시를 이용한 「음영 도색」으로 검댕이나, 낡아빠진 얼룩 느낌을 표현해 보자. 부품과의 거리가 가까우니, 약간의 움직임으로 뿌리는 폭과 색의 농도가 바뀌는 것에 주의할 것. 클리어 컬러를 사용하면 그렇게까지 신경을 쓰지 않고서도 작업할 수 있다.

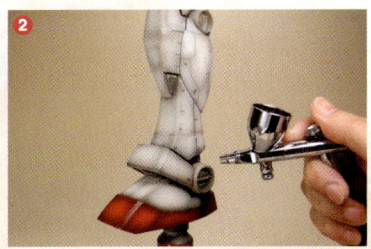

▲「음영 도색」은 웨더링에서도 자주 사용되는 기법. 사진은 스모크 그레이 + 클리어 브라운을 패널라인을 따라 가늘게 뿌리고 있는 모습. 단순히 더럽히는 도색이 아니라, 모형의 표면에 강약을 주어 디테일을 강조하는 효과도 있다.

▲패널라인을 따라 음영을 추가함으로써 더러움이나 색 바램의 느낌을 더해주는 마무리가 되었다. 클리어 컬러는 한 번에 옅게 밖에는 착색되지 않으므로 마무리를 컨트롤하기 쉽다. 단, 바탕색이 비춰보이므로, 장소에 따라서는 색감이 바뀌는 점에는 주의.

▲이쪽은 패널라인 이외에 오염이 세로 방향으로 흘러내린 것처럼 그려 넣은 사례. 역시나 한 번에 얇게 밖에 색이 발라지지 않을 정도로 뿌려주는 것을 반복하여 덧칠함으로써, 색의 농담과 흐름의 방향을 표현해 나간다.

6 : 도색 테크닉

CHECK POINT

● 에나멜 도료의 침식에 주의

에나멜 계열 도료는 침투성이 높아서, 플라스틱을 상하게 할 수 있다. 작은 부품을 워싱하거나 먹선을 넣을 때 너무 많이 흘려 넣으면 사진처럼 부품이 깨지는 일이 생길 수 있다. 이것은 키트에 어떤 플라스틱이 사용되었는지에 따라서도 달라진다. 또한 스냅 킷 등의 하중이 걸리는 부분도 주의가 필요!

워싱

「워싱」은 희석한 도료를 전체에 칠하고 부분적으로 남겨가며 닦아내는 기법이다. 전체적인 톤을 차분하게 가라앉도록 해주는 효과도 있어서 그런 의미로는 「필터링」이라고도 한다. 웨더링으로는 빗물 자국이나 기름때의 표현에 효과적. 방법은 "먹선넣기 & 닦아내기"의 연장이라고 생각하면 이해하기 쉽다. 도료는 에나멜 계열이 적합하다.

▲워싱에 사용할 것은 에나멜 계열 도료다. 이 사례에서는 블랙 + 브라운을 중심으로 부분적으로 플랫 어스도 사용하여 전체적으로 더럽고 때가 탄 느낌을 주는 것을 노렸다. 각각 적정량의 용제와 플랫 베이스를 첨가해두었다. 농도는 꽤 묽은 편이다

▲묽게 만든 도료를 붓에 묻히고 부품에 흘려 넣듯이 칠한다. 홈, 패널라인, 요철몰드의 주위 등 닦아줄 때 어느 정도 남겨줄 부분을 중점적으로 하자. 완전히 닦아내는 것은 힘들기 때문에 더럽히기 싫은 곳에는 도료가 묻지 않도록 한다.

▲용제를 묻힌 면봉으로 도료를 닦아낸다. 이것이 워싱의 핵심으로 닦아내는 정도, 도료를 남기는 정도로 다양한 상태를 표현할 수 있는 것이다. 면봉이 더러워지면 새것으로 바꾼다. 작업방식에 따라서도 다르지만 이 작업을 할 경우 적어도 10개 정도는 사용하게 된다.

CHECK POINT

● 닦아낼 때 주의할 점

▲워싱 부분을 닦아낼 때, 용제가 남아 있는 상태에서 끝을 내버리고 건조한 다음에 광택이 생기는 부분이 있다. 확실하게 닦아주도록 하자.

▲닦아낸 흔적의 광택을 억제하기 위해서는, 건조가 빠르고 광택이 남기 힘든 유화 물감용 용제나 나프타 계열의 라이터용 연료를 사용하는 방법도 있다.

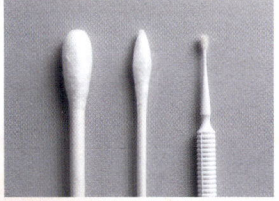
▲자잘한 부분을 닦아낼 때와 남기는 정도의 조정에 보통의 면봉을 쓰기에는 너무 큰 경우가 있다. 그럴 때에는 모형용으로 발매되어 있는 극세 면봉을 사용하는 것이 좋다.

▲다 닦아낸 상태. 리벳의 주위나 모서리 부분에 검댕을 남긴 외에 평면부분에도 약간의 흔적이 남아있다. 이것은 닦아낼 때 방향성을 일정하게 함으로서 표현할 수 있다.

◀이후 접합선의 틈새로부터 기름이 흘러나온다거나, 녹이 슬어 있는 표현도 추가하여, 전체적으로 낡은 느낌으로 완성되었다. 웨더링에 있어 "이 정도면 OK"라는 기준은 없다. 어느 정도까지 표현할 것인지는 자기 스스로 가늠하여 판단하지 않으면 안 된다.

▲워싱에서 자주 사용하는 색과 농도로 조정한 전용 도료, Mr.웨더링 컬러(GSI 크레오스). 이것을 사용하면 작업도 간단하게 시작할 수 있다. 에나멜 계열의 불안 요소인 이른바 '솔벤트 크랙'이라고 하는 현상이 발생할 우려가 없는 것도 특징이다.

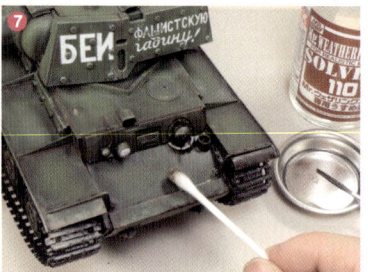
▲닦아내는 수순은 앞에서 소개한 워싱 작업과 동일. 그대로 닦아주거나, 전용 용제를 발라서 닦아준다. 닦아낸다 해도 도료가 희미하게 남기에 차분한 느낌으로 마무리되는 것을 알 수 있을 것이다.

▲마찬가지로, Mr.웨더링 컬러의 스테인 브라운을 사용해서 패널의 가장자리 등에 녹이 번져 있는 표현을 해보았다. 패널라인과 볼트 주위에 남아 있는 느낌이 들지만, 너무 많이 고여있는 상태로 남기면 광택이 생기는 경우도 있으므로 주의하자.

부분적인 오염 자국 그려 넣기

전체적인 얼룩과는 별개로 녹과 도색의 벗겨짐 등, 부분적인 오염을 표현하는 사례를 소개한다. 여기서는 기본적으로 붓칠로 그려 넣고 있다.

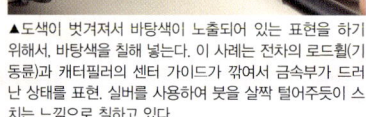
▲볼트와 패널의 가장자리에 녹이 슨 상태와 녹물이 흘러내린 상태를 붓으로 칠하고 있는 모습. 약간 화려한 기갈색을 사용하고 있지만, 이는 나중에 워싱으로 차분한 느낌을 주는 것도 고려해서 선택한 것이다. 녹이 슨 표현은 수성 도료로 하고 있다.

▲도색이 벗겨져서 바탕색이 노출되어 있는 표현을 하기 위해서, 바탕색을 칠해 넣는다. 이 사례는 전차의 로드휠(기동륜)과 캐터필러의 센터 가이드가 깎여서 금속부가 드러난 상태를 표현. 실버를 사용하여 붓을 살짝 털어붓듯이 스치는 느낌으로 칠하고 있다.

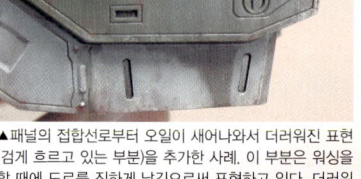
▲패널의 접합선로부터 오일이 새어나와서 더러워진 표현 (검게 흐르고 있는 부분)을 추가한 사례. 이 부분은 워싱을 할 때에 도료를 진하게 남김으로써 표현하고 있다. 더러워지는 경계선을 흐릿하게 하지 않고, 선명하게 만들어주는 효과적.

치핑

「치핑」은 돌이 튀거나 단단한 물체에 부딪혀서, 도색이 부분적으로 벗겨진 상태를 표현하는 웨더링 기법의 일종. 이 또한 붓으로 디테일하게 그려 넣는 방법도 있지만, 여기서는 실제로 도색을 벗겨서 바탕색을 노출시키는 방법을 소개하겠다.

▲덧칠한 도료를 벗겨내기 위해서 헤어스프레이를 사용하는 방법. 사례는 전차의 차체로 바탕색으로 녹 방지 프라이머색을 발라 놓았다. 그 위에 헤어스프레이를 덧뿌린다. 입자가 가늘므로 칠한 면이 거칠어지는 일은 없다. 이로서 얇은 '점착 풀'의 층이 만들어진다.

▲말랐다면 자체 색으로 도색. 이 사례에서는 래커 계열 스프레이로 확실하게 도색했다. 이곳을 에어브러시로 얇게 도색하여, 벗겨지기 쉽게 하거나 농담을 넣어 색이 바랜 것처럼 표현하는 것도 좋을 것이다.

▲차체 색이 말랐다면 도색의 벗기기 쉽도록 하기 위해서, 수성 도료의 용제를 얇게 발라준다. 이렇게 하면 칠한 면이 부드러워 지므로 이쑤시개로 찌르거나, 문지르면 벗겨지게 된다. 마르게 되면 다시 잘 안 벗겨지게 된다.

▲이번에는 '이형제'를 사용하는 방법. 이형제는 형 뜨기와 복제 등에서 소재를 벗겨내기 귀여지도록 사용하는 것(사례는 Mr.실리콘 배리어). 역시나 바탕 도색을 끝내고, 그 위에 이형제를 바른다. 붓칠이라면 벗겨낸 곳만 칠하기 쉽다.

▲마찬가지로 차체색을 도색하여 건조해진 다음에 벗기는 작업. 애초에 벗겨지라고 바른 이형제 이므로, 이쑤시개로 찌르기만 해도 간단히 벗겨진다. 작은 황동 브러시를 사용하면, 할퀸 듯한 흠집을 만들기도 쉽다.

▲평범하게 두 가지 색을 덧칠한 다음에 벗기는 방법도 있다. 이것은 입자가 거친 모래 지우개 같은 소재, Mr.치핑 고무로, 덧칠한 칠면을 문질러서 벗겨낸 흠집을 만드는 장면. 덧칠하는 쪽의 칠을 얇게, 아래쪽의 도색을 두껍게 해 놓으면 된다.

각종 재료로 표현하는 웨더링

여기서는 세부의 오염 표현을 중심으로 웨더링에 편리한 재료와 그 사용법을 소개해 가겠다. 도료와는 다른 질감을 얻을 수 있는 것도 있으므로 용도에 맞춰서 선택해 보자.

■파스텔

▲파스텔은 화방 등에서 팔고 있는 건식 크레용 같은 것이므로 가격은 1개 100엔 정도부터 시작한다. 이것을 잘게 갈아서 분말 상태로 발라줌으로써 먼지가 쌓이거나, 파인 곳에 몰려 있는 듯한 표현을 할 수 있다. 여기서는 모래먼지를 재현해 보자.

▲우선 파스텔을 사포위에서 갈아준다. 사포는 240번을 사용했는데 이것도 원하는 입자의 크기에 따라서 정하면 된다. 표현이 단조로워 지지 않도록 2가지 색의 파스텔을 섞어서 사용하기로 한다.

▲갈아낸 파스텔을 붓으로 칠한다. 특히 홈이 파인 곳을 중점적으로 칠하자. 파스텔은 그대로 두면 정착되지 않고 쉽게 떨어져 나간다. 잘 정착시키는 것이 좋다면 수성 클리어 등을 뿌려주면 된다. 다만 질감은 다소 변할 수 있다.

■웨더링 파스텔

▲GSI 크레오스의 웨더링 파스텔(900엔). 사용하기 쉽도록 가루상태로 판매되는 파스텔이다. 「Set1」은 다크 그린, 라이트 브라운, 샌드가 3색 세트

▲그대로 칠하면 파스텔과 마찬가지지만 도색면에 대한 정착성을 높이고 싶을 때는 수성 도료의 용제에 녹여서 칠하면 된다.

▲이것을 붓으로 칠해주면 실제 진흙이 묻은 것 같은 모습을 재현할 수 있다. 칠이 마르면 색이 상당히 연해지는 것에 유의할 것.

■ 웨더링 마스터

▲타미야의 웨더링 마스터(600엔)는 화장품처럼 팔레트에 굳은 안료가 담겨있는 것이다. 이것을 부속된 스펀지나 브러시로 문질러서 칠해준다. 사용법 자체는 파스텔과 같다.

▲캐터필러 표면의 금속 질감을 살리기 위해 실버를 칠하는 모습. 모서리나 돌기부분 평면에 문질러 칠할 때는 스펀지가 적합하다.

▲리브의 홈이나 귀퉁이에 녹슨 색을 입히고 있다. 홈에 가루가 고인 것처럼 하고 싶을 때는 이렇게 브러시를 사용하는 것이 좋을 것이다. 표면에 흩뿌리듯 칠하는 경우에도 마찬가지다.

■ 웨더링 스틱

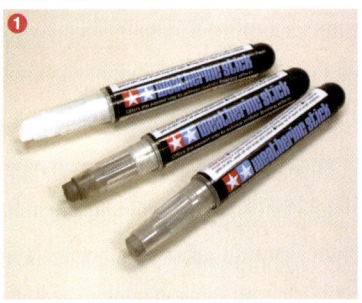
▲타미야의 웨더링 스틱(300엔). 컬러 부분은 딱풀 정도의 단단함이 있다. 이것을 부착시켜 눈이나 진흙 등의 덩어리진 느낌을 재현할 수 있다.

▲캐터필러에 진흙을 칠해보았다. 컬러 부분은 돌기에 닿자 간단히 모양이 망가지면서 칠해진다. 덩어리져서 달라붙어버린 상태. 이대로는 세세한 곳까지는 칠하기 힘들다.

▲정밀하게 칠하려면 물을 묻힌 붓으로 다듬어주면 된다. 이렇게 하면 진흙이 튄 자국도 어렵지 않도록 재현할 수 있다. 잠시 그대로 두면 건조하여 굳는다.

■「사비텐넨」의 사용

▲어떤 소재에도 녹이 스는 표현을 가능케 해주는 특수도료「사비텐넨」(1280엔 / 웨이브). 금속가루가 혼입된 A액(주제)에, B액(발색액)을 덧칠함으로써, "실제로 산화작용을 일으켜" 녹을 표현하는 독특한 아이템이다

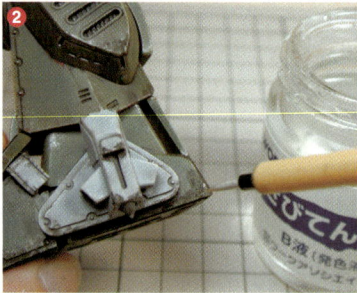
▲검은 알갱이가 있는 부분이 A액을 칠한 부분이다. 건조 후 B액을 덧칠한다. 산화는 몇 시간에서 며칠씩 걸린다. 주의할 점이라면 A액을 확실히 교반한 다음에 사용할 것. 또 B액을 너무 많이 칠하고 말랐을 때 하얗게 변하지만 이것은 물로 닦아낼 수 있다.

▲산화해서 녹이 슨 상태. 알갱이 부분과 그 주위의 녹슨 색은 일반적인 도료로는 불가능한 사실적인 질감이다. 굳이 따지자면 큰 스케일에 적합하기는 하지만 그 효과는 절대적이다.

■ 알코올 계열 마커

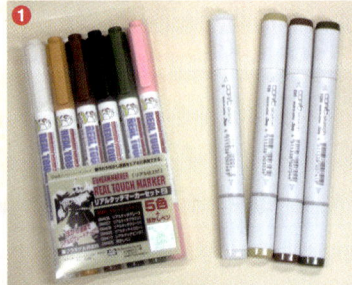
▲도색면 위에서도 블렌딩을 할 수 있는 것이 알코올 계열 염료 마커의 특징이다. 왼쪽은 리얼터치 마커(200엔 / GSI 크레오스), 오른 쪽은 회화용「코픽」(399엔 / Too)다

▲리얼 터치 마커로 더러워진 모습을 그려 넣는다. 유착을 돕기 위해 도료로 도색을 한 다음이나, 성형색일 경우 무광택 클리어를 뿌린 다음에 그리는 것을 추천. 염료 계열이므로 투명한 느낌이 있고 바탕색이 비치기 쉽다.

▲칠한 범위를 흐릿하게 만들거나 연하게 퍼줄 때는 무색 용액 투명한 "블렌딩 펜"을 사용한다.(코픽일 경우 컬러리스 블렌더). 붓펜 같은 끝이라 붓 자국을 남길 수도 있다. 적신 면봉으로 닦아내는 것도 가능하다.

11. 데칼의 사용법

데칼의 종류와 붙이는 방법에 대한 요령을 알아보자

모형용 데칼이라고 하면 물에 적셔서 사용하는 '습식 데칼'을 일컫는 경우가 대부분인데, 여기서는 붙이는 씰 전반을 「데칼」이라 묶어 각각의 차이를 해설해 나가기로 한다.

「스티커 씰」은 접착제가 붙은 필름 뒷면에 도안이 인쇄된 것으로 종이나 필름채로 붙인다. 평면 등에 붙일 때는 간단하지만 소재에 신축성이 별로 없어 곡면 등에 밀착시키기는 어렵다.

「드라이 데칼」은 투명 필름의 뒷면에 도안을 인쇄한 것으로 그림에 추가적으로 접착제가 포함되어 있다. 이 접착제는 평상시에는 접착력이 약하고 마른 상태로 있기 때문에 드라이 데칼이라고 불리는 것이다. 이것은 압력을 가하고 문질러 주면 접착력이 생긴다.

「데칼(습식데칼 혹은 슬라이드 마크)」은 수용성 접착제가 발라진 시트위에 그림이 인쇄된 것이다. 물에 적시면 접착제가 녹아서 인쇄된 그림이 시트에서 분리되어 떠오르는데 이것을 붙인다. 인쇄에 따라 다양한 무늬를 만들 수 있고 곡면에도 잘 밀착하기 때문에 커다란 것부터 정밀한 마킹에 이르기까지 널리 쓰인다.

어느 데칼이건 필름이 상하지 않도록 조심스레 다룰 필요가 있는 것은 전부 동일. 각각의 특징을 이해하고 잘 붙이면, 오직 데칼이기에 가능한 표현을 얻을 수 있다.

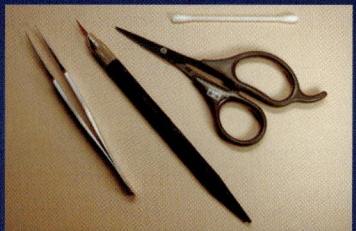
◀데칼을 붙이는데 필요한 도구들. 핀셋, 나이프, 소형 가위, 면봉, 핀셋이나 가위는 데칼 전용인 것이 다루기 편하다.

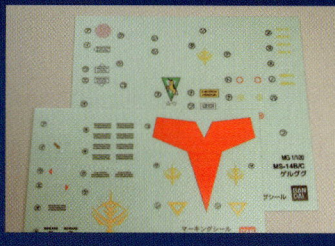
◀가장 간편한 것이 스티커 씰이다. 표면이 무광이라면 여백도 눈에 띄지 않는다. 필름이 얇은 것은 표면과의 밀착도 좋다.

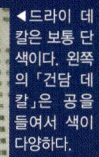 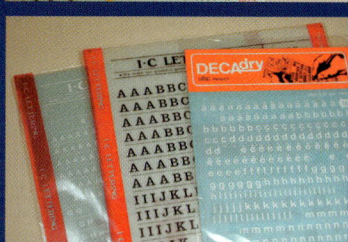
◀드라이 데칼은 보통 단색이다. 왼쪽의 「건담 데칼」은 공을 들여서 색이 다양하다.

◀시판되는 인스턴트 레터링도 드라이 데칼의 일종. 문자의 종류, 크기가 풍부해서 모형에도 쓸 수 있다.

◀섬세하면서 색이 다양한 그림이 인쇄된 키트 부속의 습식 데칼. 이것을 도색으로 재현하는 것은 불가능하다.

◀키트에 부속된 데칼 외에도 단색이나 라인 형태, 패턴이 인쇄된 범용 데칼도 시판되고 있다.

스티커 씰을 붙이는 방법

그러면 종류별로 데칼을 붙이는 법을 살펴보자. 우선은 「스티커 씰」부터. 스티커 씰을 붙일 때는 특별히 어려운 점은 없다. 다만 접착력이 강하므로 붙이기 전에 불필요한 접촉이나 먼지에 주의하도록 하자.

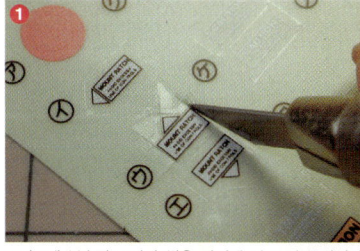  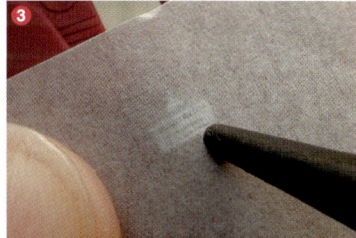

▲키트에 부속된 스티커 씰은 사전에 마크 별로 칼집이 나 있는 것이 많다. 하지만 여백을 더욱 줄이거나 더 편하게 붙이는 것이 좋다면 개별적으로 나이프로 잘라내는 편이 좋다. 칼집이 없을 때도 마찬가지다.

▲시트에서 벗길 때는 손가락을 사용하지 말고 핀셋이나 나이프 끝을 사용한다. 스티커 씰의 가장자리부터 나이프로 살짝 뒤집듯 하여 벗겨낸 뒤, 손가락으로 살짝 눌러주면 붙는다. 이 상태 그대로 붙일 위치까지 가져가서 위치를 맞춘다. 위치가 정해지면 스티커 씰을 손가락으로 밀착 시켜주자.

▲더욱 확실히 밀착시키려면 위에서부터 문질러준다. 스티커 씰 표면에 직접 닿지 않도록 종이 등을 덧대어 주도록 하자. 사진의 예는 트레이싱 페이퍼를 덧대고 디자인나이프 손잡이로 문지르는 모습이다. 너무 세게 문지르지는 말 것

CHECK POINT
● 테이프 종류를 붙일 때는

▲시판되는 테이프 종류를 사용할 때는 가장자리 부분에 먼지가 묻어있는 경우도 많고, 그대로는 다루기 어렵다. 남은 스티커 씰 시트나 박스테이프 표면에 일단 붙이고, 그 다음에 적당한 크기로 잘라내어 사용하는 편이 좋다.

 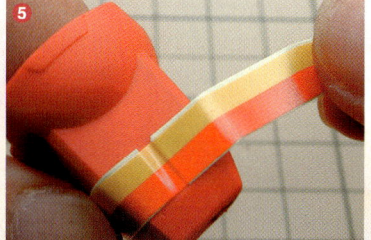 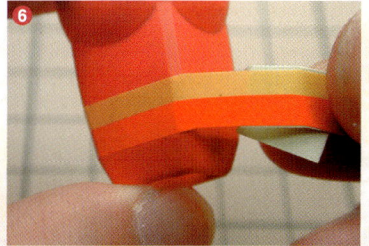

▲위의 것은 여백을 아슬아슬한 곳까지 잘라내서 붙인 것. 밑은 여백을 그대로 놔두고 붙인 것이다. 이렇게 비교해 보면 역시 여백을 잘라내는 편이 효과적임을 알 수 있다.

▲띠 모양의 스티커 씰을 붙이고 있는 모습. 붙이는 면적이 넓을 때나 부품의 모양에 맞춰 정확히 위치를 정해주고 싶을 때는, 우선 시트에 붙은 채로 스티커 씰을 잘라내어 시트의 일부를 임시 접착한다. 사진에서는 중앙부분의 시트만 벗겨냈다

▲임시 접착해서 위치를 확인했으면 남은 시트를 벗겨내면서 붙이는 면적을 넓혀 간다. 이 사례에서는 모서리 부분에서 스티커 씰이 뜨거나 주름지기 쉬우므로 조금씩 당겨주면서 붙이고 있다.

CHECK POINT
● 데칼을 붙이는 면의 유분 제거

▲약국에서 구입할 수 있는 소독용 에탄올이다. 데칼을 붙이는 면의 탈지는 이것을 묻혀서 닦으면 확실하다. 그냥 조립된 부품 표면에 스티커 씰을 붙일 때도 효과적이다. 도색 표면에서는 그렇게까지 필요하지 않으며 도리어 도색 피막을 벗겨낼 위험이 있다.

드라이 데칼을 붙이는 방법

「드라이 데칼」은 여백이 없는 것이 특징. 하지만 의외로 붙이는데 실패하기 쉬운 데칼이니 주의가 필요하다. 심지어 다시 붙일 수도 없으므로 실패할 경우 새로운 데칼을 준비해야 한다.

▲드라이 데칼은 접착면에 반투명한 보호시트가 붙어있다. 이 보호 시트째로 필요한 데칼을 잘라낸다. 마크 주위를 아슬아슬하게 자르지 말고 잡아주기 편하도록 크지막하게 남겨두자.

▲데칼의 위치를 정하는 가이드로 마스킹 테이프를 붙여두었다. 보호시트를 벗긴 데칼을 그 라인에 맞춰 가볍게 얹고 위치를 조정한다. 위치가 정해지면 어긋나지 않도록 위에서 셀로판테이프로 고정해버리자.

▲위치를 고정했으면 데칼을 위에서 문지른다. 문지르는 도구는 인스턴트 레터링 용 전용 제품도 있지만 디자인 나이프 손잡이 등 적당히 둥글둥글한 것이라면 아무거나 상관없다. 시트에서 벗겨져 안착한 부분은 색이 바뀌는걸로 판단할 수 있다.

CHECK POINT
● 자작 드라이 데칼

▲드라이 데칼은 스스로 밑그림을 준비하면 커다란 화방이나 디자인 매장에서 만들어주기도 한다. 비용은 색상의 수나 면적에 따라 다르지만 보통 수천 엔부터 시작하는 만큼, 나름 비싼 편이다. 사진은 자동차 모델의 마킹용으로 특별 주문한 사례.

▲문지르기를 끝내고 데칼이 정착했으면 시트를 벗긴다. 끗머리부터 천천히 들어올려 시트에 남아있지는 않은지를 확인하면서 신중하게 벗겨내자. 혹시 시트에 남아있으면 다시 문지른다.

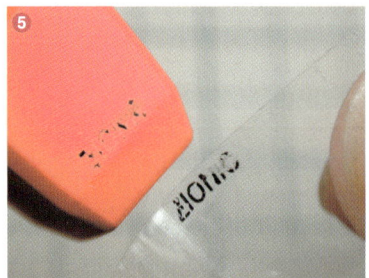

▲한 번 붙인 드라이 데칼을 떼어낼 경우 셀로판테이프를 데칼 위에 붙이고 문지른 다음 벗기면 된다. 물론 데칼은 재사용할 수 없게 된다. 자잘하게 남은 것은 에탄올을 묻혀 닦아내면 된다.

▲문자를 이어붙이는 경우와 드라이 데칼을 밀착시키기 어려운 곳에 붙일 때는 클리어 데칼(습식 데칼)에 일단 붙이고 그것을 잘라내서 사용하는 방법도 있다. 이렇게 하면 "여백이 없다"는 장점은 사라지지만 붙이기 쉬워진다.

데칼(습식데칼)을 붙이는 방법

습식 데칼은 모형용으로서는 가장 일반적인 데칼이다. 붙이는 데 시간은 걸리지만 위치의 미세 조정과 마감의 조정도 가능. 상태를 잘 관찰하면서 붙이자.

▲데칼은 1장씩 잘라내서 붙인다. 시트 전체가 여백인 경우와 마크 주위만 여백인 경우가 있는데 개별적으로 잘라내서 쓰는 것은 똑같다. 잘라냈으면 얕은 용기에 물을 담고 데칼을 적신다. 따뜻한 물을 사용하면 효율적이다.

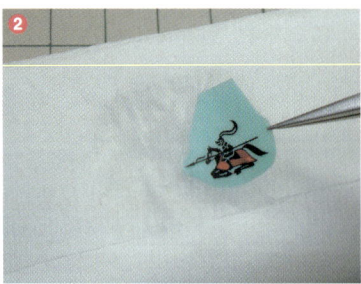

▲담가두는 시간은 수십 초 정도. 데칼을 시트에서 움직이기 시작하면 OK. 시트에서 떨어져서 떠올라버렸을 때는 시트째 건져내자. 데칼을 핀셋으로 꺼내서 티슈 등의 위에 잠시 올려두어서 여분의 물기를 제거한다.

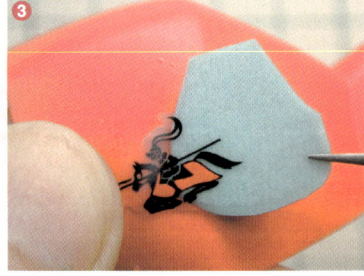

▲시트째로 부품 위에 가져가서 데칼을 시트에서 슬라이드시키듯 해서 부품에 얹는다. 이것은 데칼과 붙이는 면 사이에 공기가 들어가지 않도록 하기 위함이다. 붙이는 면에도 미리 물방울을 떨어뜨려 두면 좋다.

CHECK POINT
● 물에 담근 채로 방치하지 않는다

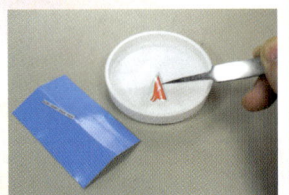

▲데칼은 수분이 시트에 침투한 후, 시간이 잠시 흐르면 벗겨지므로 계속 담가 놓을 필요는 없다. 수분이 약간만 침투한 상태에서 위에 올려두면, 자잘한 데칼이라도 흐트러지지 않아서 다루기 편하다.

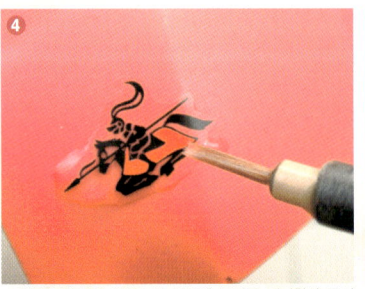

▲데칼을 완전히 얹었으면 여분의 물기를 제거함과 동시에 위치를 미세조정한다. 이 작업에는 면상필을 사용하는 것이 편리. 데칼의 필름에 힘집을 내지 않으면서도 가장자리를 들어 올리거나 옮길 수도 있다.

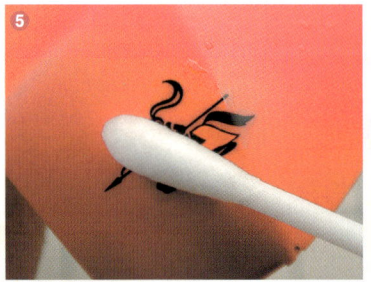

▲추가적으로 데칼을 밀착시키기 위해 젖은 면봉으로 표면을 쓰다듬어 준다. 문지르지 말고 데칼 표면을 따라서 굴려주듯이 해주면 된다. 이렇게 해서 데칼 밑의 여분의 물기와 공기를 밀어내는 것이다.

▲붙인 후 건조시킨 모습. 데칼의 크기에도 좌우되지만 건조하는데 걸리는 시간은 최소 수십분 정도다. 주위에 데칼 접착제 자국이 남아있으면 젖은 면봉 등으로 닦아내 주자.

11. 데칼의 사용법

커다란 데칼을 붙이는 경우

커다란 데칼도 작은 데칼도 붙이는 방법은 동일하지만, 면적이 크면 그만큼 밑에 공기가 들어가기 쉽기도 하고, 밀착시키는데 번거롭기도 하다. 또 곡면일 경우 주름지기도 쉬우므로 주의하자.

▲대형 데칼일 경우 형태도 다양해서 시트에서 분리하는 것이 어렵다. 그래도 가능한 한 붙이는 면과의 틈새에 공기가 들어가지 않도록 신경을 쓰자. 또한 붙이는 면에 먼지가 없는지 확인한 다음에 붙일 것.

▲모든 면 위에 얹었으면 위치 조정을 하면서 물기를 제거한다. 양이 많은 곳은 티슈를 사용하는 것이 좋다. 대형일 경우 이 단계에서 표면에 밀착시키기는 어렵다. 물기 때문에 다소 떠있더라도 건조하면서 달라붙으니 무리는 하지 말자.

▲데칼은 수분을 흡수해서 약간 팽창하지만 건조하면서 줄어들어 팽팽한 상태가 된다. 또 데칼 밑의 물기가 증발함과 동시에 다소 떠있거나 주름 졌던 곳이 이 과정에서 사라진다. 밀착이 덜 된 곳에는 데칼 연화제를 사용하자.

CHECK POINT
● 여분의 데칼을 준비한다

▲대형 데칼이나 곡면에 붙이는 등, 부착이 어려운 데칼은 가능한 여분을 준비해두면 좋다. 물론 실패했을 때 다시 붙이기 위함이기도 하지만, 예비용이 있다고 생각하면 조금 과감하게 붙이는 방법도 시험해 볼 수 있다.

주름이 생기는 경우에는

붙이는 면의 모양이나 데칼의 형태에 따라서는, 그대로 붙이면 무슨 짓을 해도 주름이 생기고 마는 경우가 있다. 사전에 알고 있으면 미리 칼집을 내서 대처할 수 있지만 보통은 붙인 다음에야 깨닫기 마련이다.

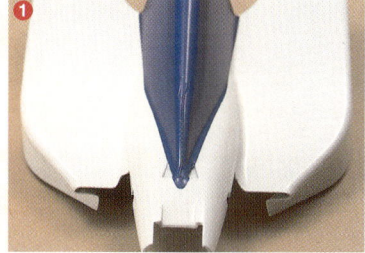

▲데칼이 접히는 부분에 주름이 생기고 말았다. 아직 완전히 마르지는 않았지만 이대로 건조하더라도 이것은 사라지지 않을 것이다. 이럴 때는 눈에 띄지 않는 곳에 칼집을 내서 그곳을 겹쳐주면 된다.

▲적당한 위치를 나이프로 자른다. 나이프 날은 새것을 사용할 것. 잘랐으면 데칼의 끝을 적셔서 깔끔하게 겹쳐준다. 이 작업은 면상필로 하자. 데칼이 많이 마른 상태일 경우 물기를 보충해서 작업해준다.

▲절단면이 다소 어색하지만 이렇게 해서 주름이 사라지고 일단 밀착되었다. 이렇게 될 것이 미리 예상되는 곳에는 칼집을 내서 붙이는 편이 깔끔하게 된다. 여분의 데칼이 있다면 그 방법으로 다시 붙이는 편이 좋을 것이다.

데칼이 하얗게 뜨는 것을 방지한다.

데칼이 마르면 여백이 하얗게 보이는 경우가 있다. 이것은 데칼 밑에 공기가 침투했기 때문인데, '배 껍질' 모양의 면 위에 많다. 이 하얗게 뜬 것을 없애려면 데칼 연화제를 사용해서 밀착시켜주도록 한다.

▲'배 껍질' 표면에 데칼을 붙인 모습. 확실히 붙였다고 생각했는데 마르고 보니 데칼 밑에 공기가 들어가 "하얗게 떠"있다. 필름이 뻣뻣한 데칼일 경우 평활한 면에 붙여도 이런 일이 생길 수 있다.

▲하얗게 뜨는 것을 방지하려면 데칼 연화제를 사용해서 표면에 밀착시켜주면 된다. 미리 데칼을 붙일 곳에 칠해두면 데칼이 부드러워져서 표면에 잘 달라붙는다. 하지만 과도한 사용은 절대 금물!

▲마크 소프터를 칠한 곳에 데칼을 붙인 모습. 붙이는 단계에서는 표면에 잘 들러붙도록 면봉으로 눌러주었다. 데칼이 '배 껍질' 표면에 잘 밀착해 있는 것을 알 수 있을 것이다. 물론 그냥 붙이기만 해서는 이 정도로 잘 달라붙지는 않는다.

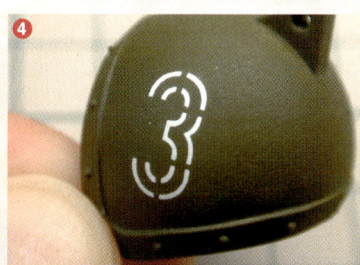

▲추가적으로 데칼의 광택을 주변과 맞추기 위해 마른 다음 무광 클리어를 뿌린 모습이다. 이렇게 하면 데칼의 여백도 거의 알아볼 수 없게 되고, 마크도 도색면과 구분이 안되게 된다. 이상적인 마킹 상태라고 할 수 있다.

▲데칼 연화제를 사용할 때는 과도한 사용은 엄금. 데칼이 너무 부드러워져서 쭈글쭈글해진다. 이렇게 되면 찢어지기 쉬워서 만질 수 없게 된다. 이대로 마르면 주름은 없어지지 않으므로 벗겨내는 수밖에 없다.

▲보통은 셀로판테이프로 간단히 벗길 수 있으나 연화해서 도색면에 밀착되어 있으면 벗겨지지 않는 부분도 생긴다. 이렇게 되면 아주 고운 사포로 깎아낼 수밖에 없다. 그 위에 덧붙이면 상처도 눈에 안 띄게 된다.

CHECK POINT
● 데칼 풀을 바른다

▲데칼을 다시 붙이는 등, 벗겨지기 쉬운 경우와, 배껍질 면에서 하얗게 뜨는 것을 방지하기 위해서는 '데칼 풀'을 보충해 주는 것이 좋다. 그러기 위해서는 수성 목공 본드를 물로 희석하는 것이 좋다. 붙인 다음에는 풀의 물방울 흔적이 주위에 남지 않도록, 잘 닦아주자.

6 : 도색 테크닉

곡면에 밀착시킨다.

데칼(습식 데칼)의 특징이자 또 어려운 점이라고 할 수 있는 것이 곡면에의 밀착. 수분에 의한 신축과 더불어 열이나 데칼 연화제를 사용해서 곡면에 잘 밀착시켜주자.

CHECK POINT
● 찜타월 대신에

▲찜타월은 뒤집어가면서 여러 번 쓸 수는 있지만, 사용하다 보면 점차 식어버리고 준비하는 것도 조금은 번거롭다. 간이 대용품으로 접은 티슈를 뜨거운 물에 적셔서 사용하는 것도 좋을 것이다.

❶ ▲이것은 데칼을 부품의 튀어나온 곳에 감아두듯이 붙이는 부분이다. 시트에서 슬라이드시켜 붙이려고 해도 밑에까지 돌려서 붙이기는 굉장히 어렵다. 이것을 밀착시키려면 과연 어떻게 해야 할까?

❷ ▲이럴 때 옛날부터 사용되고 있는 것이 '찜 타올'을 사용한 방법이다. 이것으로 눌러서 열로 데칼을 부드럽게 해서 밀착시키는 것이다. 찜 타올은 젖은 타올을 전자레인지로 1분 정도 돌려주면 된다. 물론 화상에 주의할 것.

❸ ▲찜 타올을 데칼 표면에 대고 누른다. 데칼의 위치가 어긋나지 않도록 주의하자. 강하게 누르는 것이 아니라 가볍게 눌러서 열이 전달되도록 하는 느낌이다. 시간은 10초 정도면 충분할 것이다.

CHECK POINT
● 연화제는 언제 칠할까?

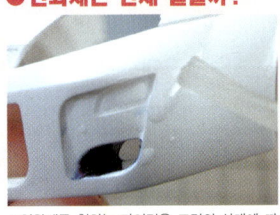
▲연화제를 칠하는 타이밍은 표면의 상태에 따라 판단한다. 미리 칠해주는 것은 효과가 높기도 하지만 위험성도 있다. 전체적으로 밀착시키려고 한다면 물과 함께 미리 칠하고 부분적으로 사용할 경우에는 붙인 후라고 생각하는 것이 무난할 것이다.

❹ ▲가열을 통해 데칼이 부드러워져서 이렇게 뒷부분까지 감아두듯이 밀착되었다. 하지만 찜타올은 세세한 굴곡에는 대응하기 어렵다. 이렇게 움푹 파인 부분에는 밀착시키기 어려워서 데칼이 뜨고 말았다.

❺ ▲그래서 이번에는 뜨거운 물에 적신 면봉으로 눌러보았다. 면봉은 역시 문지르는 것이 아니라 돌려가면서 표면을 살짝 눌러주듯이한다. 찜타올과 달리 금방 식어버리므로 여러 번 반복하자.

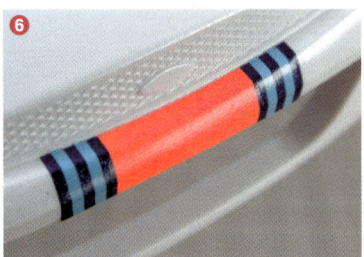
❻ ▲건조하여 주름도 없이 반듯하게 붙은 모습. 찜타올은 고전적인 방법이지만 단순한 면에 데칼을 붙이는 데는 매우 효과적이다. 연화제 같은 실패를 할 가능성도 낮기 때문에 안심하고 작업할 수 있는 것이 장점이라 할 수 있다.

단차에 밀착시킨다.

이번에는 세세한 단차나 패널라인에 데칼을 밀착시켜 보자. 이것은 찜타올로 하기에는 어려우므로 데칼 연화제를 사용하게 된다. 연화제를 사용할 때는 표면의 상태를 잘 관찰하여 최대한 사용량을 줄일 것.

CHECK POINT
● 기포를 발견했다면?

▲데칼 건조 후에 기포를 발견하는 경우도 있다. 이럴때는 기포에 바늘로 구멍을 뚫어준다거나, 나이프로 칼집을 내서 안에 있는 공기를 빼버리자. 그 후 연화제를 사용하여 밀착시키면 흠집은 눈에 띄지 않도록 된다.

❶ ▲데칼을 붙이는 면에 홈과 같은 단차가 있는 사례. 홈 안에 데칼이 들어가지 못하고 떠올라 있다. 이렇게 되면 연화제가 나설 차례. 사전에 발라주는 것도 좋지만, 붙이는 것과 동시에 데칼 전체가 부드러워 지므로, 위치의 미세조정이 어려워진다.

❷ ▲데칼 부착 후에 연화제를 칠한 모습. 전체적으로 주름이 생긴 것을 알 수 있다. 연화제를 사용할 때는 이 주름의 모습에 신경 쓸 필요가 있다. 다소의 주름은 마르면서 사라지지만 자잘한 주름은 다 마르고 나서도 그대로 남기 때문이다. 사진 정도가 한계선이라 할 것이다.

❸ ▲면상필로 연화제로 인해 생긴 주름을 정돈함과 동시에 홈에 데칼이 밀착하도록 해준다. 이 상태로 말려주면 종료. 사용한 것은 Mr.마크 소프터. 부드럽게 만드는 힘은 적당하다 할 수 있지만, 그래도 너무 많이 발랐을 때는 물을 첨가하여 희석하도록 하자.

여러 부품에 걸쳐진 경우

2개의 부품에 걸쳐 데칼을 붙이는 경우. 먼저 데칼을 자른 다음 따로 붙이는 방법도 있지만 그렇게 할 경우 위치를 맞추기가 어렵다. 부품에 붙인 다음 잘라서 분리해 주는 것이 좋을 것이다.

CHECK POINT
● 데칼 겹쳐 붙이기

▲2장 이상의 데칼을 겹쳐 붙이는 경우도 있다. 이럴 때는 아래에 있는 데칼이 완전히 마른 다음, 그 위에 데칼을 붙일 것. 건조하기 전에 겹쳐버리면 수축의 차이로 겹친 부분에 물결무늬나 주름이 생기기 십상이다.

❶ ▲이 사례는 다른 카울 부품 사이로 걸쳐지는 데칼을 붙이는 경우다. 작업 중에 부품이 서로 어긋나지 않도록 우선 마스킹 테이프로 확실하게 고정한 다음 데칼을 붙인다. 데칼이 마를수록 분할 부분을 쉽게 알 수 있다.

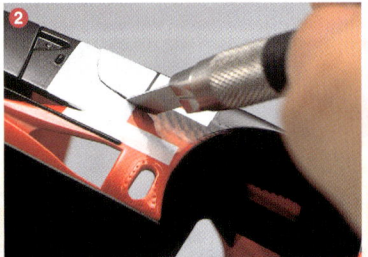
❷ ▲데칼이 말라서 어긋나지 않도록 되었다면 부품의 접합선을 따라 나이프로 자른다. 반드시 날카롭고 잘 잘리는 새 날을 사용할 것. 조금이라도 날이 걸리면 데칼이 뜨거나 이상한 방향으로 잘린다.

❸ ▲절단했다면 데칼의 절단면에 물로 희석한 연화제를 칠해서 부품을 따라 밀착시킨다. 사진은 건조 후, 추가적으로 넘버 데칼을 덧붙인 모습이다. 이 숫자도 마찬가지로 붙인 후에 나이프로 절단했다.

12. 자작 데칼 만들기

PC와 가정용 프린터로 마킹을 인쇄!

정밀한 문자와 그림을 표현할 때 사용하는 데칼. 예전에는 오리지널 데칼이라고 하면 클리어 데칼에 자기 스스로 그려 넣는 방법 정도밖에 없었으나, 지금은 컴퓨터와 가정용 컬러프린터를 이용하면 누구든지 원하는 그림을 전용 용지에 인쇄해서 만들 수 있게 되었다. 잉크젯 방식 외에 레이저 프린터도 저가 제품이 늘어나면서 되어서 장만하기도 쉬워졌다. 인쇄면이 비치는 것과 여백의 절단 같은 과제가 남기는 하지만 그럼에도 원하는 마킹을 만들 수 있다는 것은 큰 장점. 이 항목에서는 각각의 프린터 형식과, 전용 용지로 인쇄하는 수순과 함께, 마무리의 특징, 활용법 등을 소개하겠다.

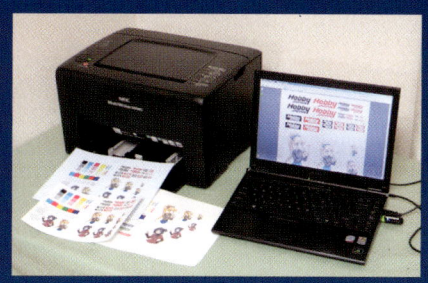
◀컴퓨터로 제작한 그림을 가정용 컬러 프린터로 인쇄하기 위해서는, 프린터의 인쇄 형식에 맞는 데칼 전용 용지가 필요해 진다.

◀자작 데칼을 붙인 사례. 마크, 일러스트 부분이 깔끔하게 완성되었다. 붙이는 면이 하얀색 이외의 경우 바탕이 비쳐 보이는 등의 문제가 발생한다.

데칼을 인쇄하기 전에

데칼 제작의 시작은, 인쇄하고 싶은 그림의 데이터를 만드는 것부터 시작한다. 문자와 로고, 일러스트 등의 그림을 준비하고, 크기와 숫자를 갖추어, 인쇄용으로 배치하자.

▲우선은 인쇄하는 마크의 데이터를 만든다. 문자라면 워드 프로세스 소프트로 문자를 치면 OK. 로고와 일러스트는 참고가 되는 그림을 로드하여 가공하거나 따라 그리도록 한다. 이것은 그림 작업용 소프트를 사용한 작업. 완성되었다면 이를 인쇄용지에 맞춰서 레이아웃한다.

▲데이터가 완성되었다면 시험 삼아 일반 용지에 인쇄를 해보자. 인쇄해보면 화면에서는 깨닫지 못했던 실수가 보이는 경우도 있다. 또한 시험 삼아 인쇄한 것을 부품에 대어보고, 크기가 맞는지를 확인하는 것도 중요. 데칼 용지를 낭비하지 않도록 사전에 준비해두자.

▲데칼 제작에서는 로고 등을 인쇄물로부터 복사하거나, 부품에서 복사한 형태를 재현해야 하는 상황도 있다. 그런 때에는 스캐너가 필요해진다. 프린터와 일체형인 경우도 있으며, 일반 거치형도 저렴한 가격의 제품으로 충분하다.

CHECK POINT
● 부품에 맞춰서 밑그림을

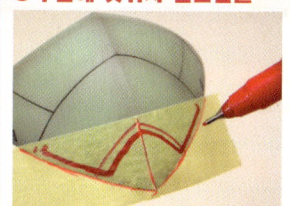
▲부품에 맞춰서 라인 데칼을 만들기 위해 테이프를 붙여 밑그림을 그리고 있는 모습. 이를 벗겨서 스캐너로 읽어 들인 데이터를 토대로 깨끗하게 작업하여 인쇄하는 것이다.

레이저 프린터로 인쇄

레이저 프린터는 용지의 표면에 토너를 정착시키는 인쇄 방법. 잉크젯 같은 전용 용지가 아니더라도 빠르고 고품질의 인쇄가 가능한 것이 특징이다.

▲컬러 레이저 프린터라고 하면 흔히 회사에서 사용하는 사무기기라는 이미지를 떠올리겠지만, 가정용 저가 모델도 얼마든지 있다. 사진의 기종은 1200dpi×2400dpi로 토너는 CMYK의 4색. 작동 중에는 복사기 같은 소리가 나며 발열이 있다. 본체는 잉크젯 방식보다 크고 무거운 편

▲인쇄용지로 사용하는 시판용 클리어 데칼 용지. 사진에 실린 것은 파인 몰드의 「클리어 데칼」과 하얀 바탕인 「화이트 데칼」(전부 A4 사이즈, 2장 들이 580엔 / 760엔). 이러한 데칼은 이외에 HI-Q와 웨이브, 케이 트레이딩 등에서도 발매하고 있다.

▲사진은 인쇄에서의 설정 항목에 거의 손을 대지 않고 용지 사이즈만 선택한 채로 바로 인쇄한 것. 앞의 시트지가 투명색인 것이 클리어 데칼이며, 뒤에 있는 것은 화이트 데칼로 인쇄한 것이다. 어느 쪽도 용지에 잘 정착되기는 했지만, 만에 하나 표면이 쓸리는 것을 방지하기 위해 래커 계열의 클리어 도료를 도포해두는 것이 좋다.

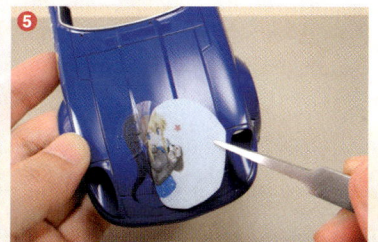
▲인쇄한 마크는 따로 재단되어있지 않으므로 주위를 꼼꼼하게 잘라줘야 한다. 그 다음에는 일반 데칼과 마찬가지로 붙이면 OK. 곡면에도 어느 정도 밀착되기는 하지만, 여백은 필름이 부드럽다 해도 인쇄된 부분은 상대적으로 뻣뻣하므로 주의하도록 하자.

▲클리어 데칼에 인쇄한 것은 바탕색이 이처럼 비쳐 보이게 된다. 붙이는 면이 하얀색 이외의 것일 경우에는 색이 깔끔하게 나오지 않도록 된다. 원래 프린터라는 것이 하얀 종이에 인문서 등을 인쇄하는 것을 전제로 하여 만들어진 것이기에 어쩔 도리가 없는 부분이기도 하다.

▲화이트 데칼로 인쇄했다면, 바탕이 진한 색이라 해도 비쳐 보이는 일 없이 발색이 나온다. 아래의 마크처럼 사각형이라면 여백을 자르는 것이 간단하지만, 일러스트 같은 종류는 여백을 자르기가 어렵다. 이것은 다른 인쇄 방법의 경우에도, 똑같이 일어나는 문제다.

CHECK POINT
● 여백의 색을 맞춘다

▲붙이는 면의 색에 맞춰서 여백을 비슷한 색으로 인쇄한 데칼을 사용해 보았다. 전혀 눈에 띄지 않는다고는 할 수 없지만, 색이 상당히 비슷해 "그럭저럭"이라 할 만한 완성도로 마무리되었다.

잉크젯 방식으로 인쇄

가정용으로서 일반적으로 사용되고 있는 것이 잉크젯 방식의 컬러 프린터. 인쇄에는 잉크젯 전용의 데칼 용지를 사용한다. 정착용 스프레이를 따로 뿌려줘야 하는 등, 제작에 손이 많이 가지만, 색이 선명하게 나오는 것이 특징이다.

● 미라클 데칼의 경우

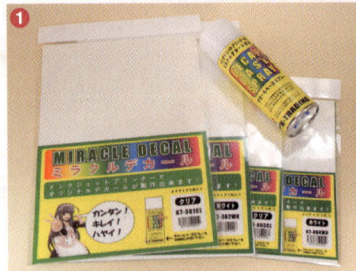
▲「미라클 데칼」(케이 트레이딩)은 잉크젯 방식에 대응하는 습식 데칼 용지. 잉크 정착을 좋게 해주는 베이스 스프레이와 함께 사용한다. 용지에는 클리어와 화이트가 있다. 3장 들이고 A4 사이즈 각 1000엔, 스프레이는 840엔.

▲인쇄하기 전에 데칼 표면에 베이스 스프레이를 골고루 뿌려준다. 이는 잉크의 정착을 좋게 해주기 위한 작업이다. 15분 정도 건조시킨 다음에 프린터에 세팅해서 인쇄. 이 사례는 클리어 용지를 사용하고 있으며, 육안으로는 앞뒤 구분이 어려우므로 뒷면에 별도 표기가 되어있다.

▲사진은 가정용 보급 프린터로, CMYK 4색 + 검은 잉크를 탑재하고 있다. 용지에 따라 발색에 차이가 있으며, 「광택 용지」와 「사진 용지」등을 시험한 결과, 「고품질 전용 용지」가 가장 색이 깔끔하게 나왔다. 프린터 기종별로 특성이 각기 다르지만 일단 참고해두기 바란다.

▲인쇄 후에 충분히 건조했다면 모형용 클리어 도료를 스프레이 하여 표면을 코팅한다. 이는 물에 젖었을 때에 잉크가 녹는 것을 방지하기 위해서다. 설명서에는 「전체에 얇게 뿌려주고 말리는 것을 몇 번 반복한다.」고 적혀 있다.

▲클리어 코팅이 건조되었다면 필요한 부분을 잘라서 붙인다. 설명서에는 「마크 가장 자리로부터 "2mm 이상 남기고 자른다."」고 되어 있다. 이 또한 물에 젖었을 때 색이 번지는 것을 방지하기 위해서다. 접착 방법은 통상의 습식 데칼과 동일한 수순으로. 이쪽도 바탕색이 비쳐 보이는 과제가 있지만, 이처럼 색이 깔끔하게 나온다.

▲이 방식에서 주의할 점은 두 가지로, 인쇄 후의 클리어 코팅이 충분하지 않으면, 물에 젖어서 잉크가 번져 버리는 경우가 있다는 것과 또한 데칼 연화제에 대한 내성이 약하므로 가능하면 연화제는 사용하지 않는 것이 좋다는 점이다.

CHECK POINT
● 자작 데칼의 활용 사례

▲데칼의 인쇄는 로고와 마크, 컬러링만으로 한정되지 않는다. 아이디어에 따라서는 다양한 곳에 사용할 수 있다.

▲자동차 모델의 계기판(사각 부분)을 자작 데칼로 표현. 약 3mm×4mm이라고 하는 섬세한 부분에서는 붓질도 어려우며, 데칼 방식이 깔끔하게 재현할 수 있다.

▲카본 파이버 무늬를 레이저 프린터로 화이트 용지에 인쇄하여 만든 사례. 보이는 대로 울퉁불퉁해도 밀착시킨 상태로 붙일 수 있었다.

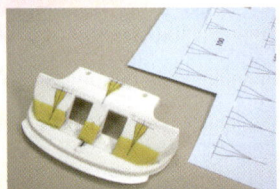
▲개조 가공 가이드로 삼기 위해서 데칼을 사용한 사례. NACA 덕트(깔때기 형태의 삼각형으로 파인 곳)를 파기 위해서, 그런 형태의 데칼을 부품 위에 붙였다. 부품 위에서 그림을 그리는 것보다도 편하고 정확하게 결정할 수 있다.

● 오우치 de 데칼*의 경우

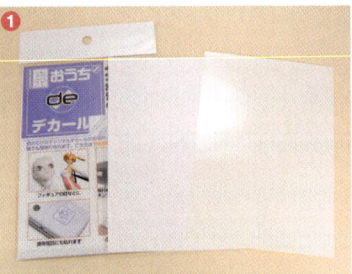
▲「오우치 de 데칼」(가이아노츠)은 인쇄면에 점착 시트를 붙이는 방식으로, 습식 데칼과는 사용 방식이 다르다. 중앙이 인쇄용 시트로 오른쪽이 점착 시트. 클리어와 화이트가 있으며, 이 사례에서는 화이트를 사용했다. A6 사이즈 2장에 600엔.

▲인쇄는 데이터를 좌우 반전한 상태로 실시하는데, 프린터 설정이나 그래픽 프로그램 자체에서 좌우 반전 명령을 실행하면 된다. 그 후 점착 시트의 노란 시트지를 벗기면서, 인쇄면에 겹쳐서 붙여 나간다. 공기가 들어가지 않도록 주의하자.

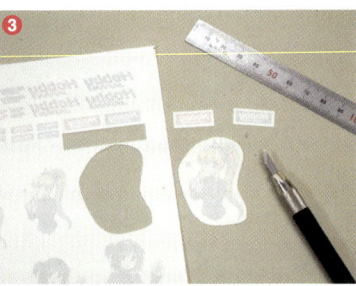
▲점착 시트를 붙인 상태에서 비쳐 보이는 상태는 기준삼아 마크를 잘라나간다. 사례는 화이트의 점착 시트이므로 하얗게 흐릿하게 보이지만, 클리어의 경우는 투명하므로 인쇄면이 잘 보인다. 여백을 아슬아슬하게 자르는 것은 일단 잘라낸 다음에 해도 좋을 것이다.

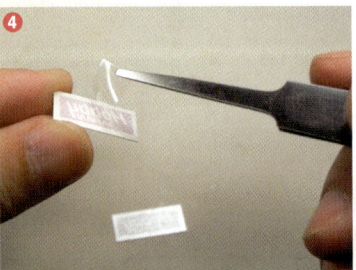
▲다음에 잘라낸 마크 표면에 투명하고 얇은 필름을 살며시 벗긴다. 이로서 드디어 점착면이 드러나게 되는 것이다. 마크를 잡고 있는 손가락으로 점착면(하얀 부분을) 만지지 않도록 주의. 만지면 손가락에 달라붙어서, 하얀 바탕이 망가져 버리고 만다.

▲마크를 뒤집어서 붙이는 장소에 위치를 맞춘다. 점착력이 강해서 한번 붙이면 위치를 수정할 수 없으므로 신중하게 하자. 처음에는 가볍게 올려두고, 위치와 각도가 어긋나지 않도록, 손가락으로 몇 번 눌러서 밀착 시킨다. 흔히 스티커 씰을 붙이는 방법과 동일한 방식이다.

▲마지막으로 위에 있는 인쇄 시트 용지에 손가락으로 물을 묻힌다. 잠시 기다리면 시트지가 어긋나서 벗겨지게 된다. 이렇게 되면 인쇄한 마크가 정 반대로 나타난다. 표면의 매끔함과 수분을 닦아내면 종료, 마무리는 일반적인 데칼 보다도 약간 두껍다.

※주 : "집에서 데칼" 이라는 뜻

개러지 키트의 제작법

1. 레진 키트 제작 방법
2. 메탈 키트 제작 방법

「개러지 키트」이라 함은 소규모 설비와 소량 생산에 적합한 소재의 총칭. 프라모델처럼 고가의 금형을 사용하는 대량 생산품이 아니라 "개인이나 매장 단위의 '개러지(차고, 헛간)'에서 만들어진 듯한 가내 수공업품 키트"라고 하는 것이 이 이름의 유래이며, 재질과 형태는 레진, 소프트 비닐, 메탈, 버큠 포밍 등 여러 가지가 있다. 현재는 1980~90년대의 전성기에 비하면 약간 시들해진 느낌이기는 하지만, 개러지 키트의 탄생으로 인해서 마이너한 아이템을 입수할 수 있게 되었다거나, 조형적으로 우수한 제품이 발매되는 등, 모형의 세계를 한층 더 확대시키는 모습을 보여주었다. 이 장에서는 주로 특별한 소재별로, 키트를 만드는 방법을 소개하기로 한다.

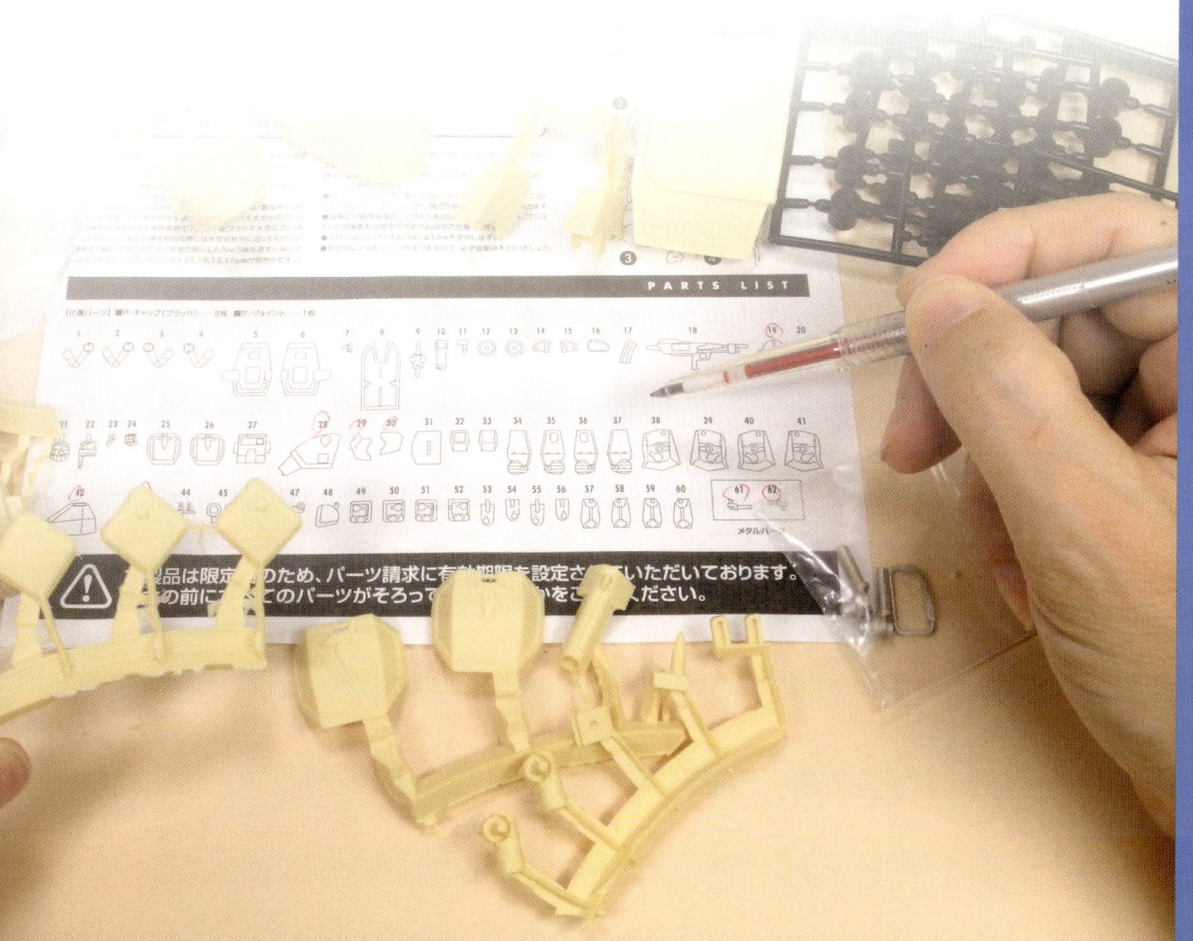

1. 레진 키트 제작 방법

아이템 선택의 폭이 넓어지는 레진 키트를 조립해 보자

개러지 키트 중에서도 가장 수가 많고, 그 대명사로도 불리는 것이 「레진 키트」이다. 이것은 원형을 실리콘 고무로 형을 떠서, 거기에 레진을 흘려 넣어 성형한 것(자세한 사항은 8장「형틀 뜨기·복제」를 참조). 1980년대 초 개러지 키트의 여명기에는 치과용 레진 등이 사용되었지만, 모형 제작용의 시판 제품이 등장한 것을 기점으로 무발포 폴리우레탄 수지가 주류가 되었으며, 이후 레진 키트라고 하면 이 소재로 만들어진 것을 지칭하게 되었다.

키트는 조형 이벤트 등에서 판매하고 있는 개인 제작품부터, 전용 메이커의 제품까지 매우 다양. 전문 메이커의 대량 생산품에 비하면 생산량은 적다해도, 장르도 스케일 모델, 로봇, 피규어, 괴수와 크리처 계열등 다양한 제품이 나돌고 있다.

최대의 메리트는 원형에 충실한 복제품을 얻을 수 있다는 것. 프라모델에서는 어려운 형태의 재현도 가능하며, 다소의 역 테이퍼 형상도 일체 성형할 수 있는 것이 특징이다. 기포 메우기 같은 표면처리가 필요한 경우도 있지만, 조립 테크닉 자체는 프라모델 제작의 연장선상에 있다고 하는 점에서, 프라모델에 익숙한 사람이라면 손을 대기 쉬울 것이다.

이 항목에서는 키트 제작의 대략적인 흐름과 그 노하우를 소개하도록 하겠다.

▲레진 키트의 사례 2가지. 왼쪽은 로봇 계열로 가동 관절 부분을 넣기 위해서 프라모델처럼 부품을 분할하였기에 부품이 많다. 고정된 포즈의 프로포션 모델이라면 부품 개수는 적어진다. 오른쪽은 컬러 레진으로 성형한 피규어로, 색마다 부품이 성형되어 있으므로, 도색을 하지 않아도 완성할 수 있다. 머리카락의 조형 등 프라모델에서는 불가능한 형태로 성형할 수 있는 것도 레진 키트의 특징.

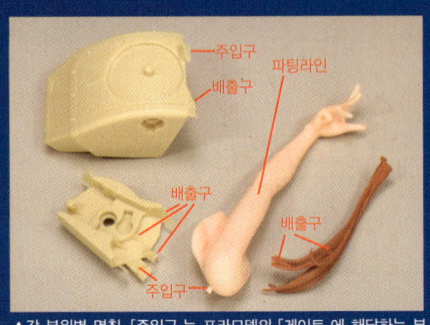
▲각 부위별 명칭. 「주입구」는 프라모델의 「게이트」에 해당하는 부분으로, 수지를 흘려 넣는 입구. 「배출구」는 구석구석까지 수지가 들어가도록 돕는 돌출부로 「공기 배출구」라고도 불린다.

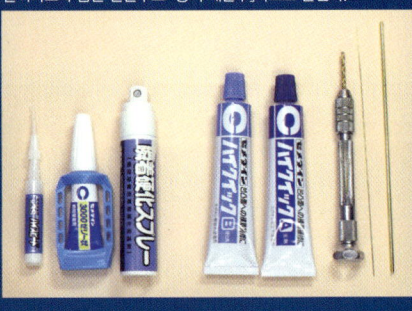
▶레진 키트 제작에 사용하는 주요 소재. 왼쪽부터 접착에 사용하는 순간접착제(저점도, 젤리 상태)와 경화 촉진제. 무게가 있는 부분과 틈새가 있는 경우에는, 중앙의 에폭시 계열 접착제가 적합하다. 드릴 & 핀 바이스와 황동 선은 부품의 연결에 맞춰서 사용하여 접합부를 보강한다.

조립하기 전에

레진 키트의 부품을 실리콘 틀에서 쉽게 분리하기 위해서 표현에 '이형제'라고 부르는 유분이 부착되어 있는 경우가 있다. 이형제가 남아 있으면 접착과 도색에 방해가 되므로, 우선 이것부터 씻어내도록 하자.

CHECK POINT
● 표면에 사포질을 해준다

▲이형제를 제거하고 서페이서를 잘 유착시키기 위해서는, 부품 표면을 사포질하는 방법도 유효하다. 표면 처리를 겸해서 하면 수고도 줄일 수 있다.

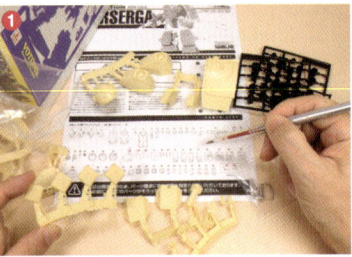
▲❶ 레진 키트는 부품이 중구난방으로 봉지에 채워져 있으므로 부품이 부족해도 바로 알아차리기가 힘들다. 조립을 하고 난 후에 당황하는 일이 없도록, 구입 후에는 처음에 설명서의 부품 리스트와 대조하여 부족한 것이 없는지 체크해 두자.

▲❷ 이어서, 부품 표면의 이형제 제거 작업. 가까이 있는 물건을 이용하는 방법으로는 주방용의 중성세제를 풀어놓은 물에 하룻밤 정도 담가 두었다가, 그 후에 클렌저로 문질러서 닦아주면 좋다. 부품이 배수구로 빠지거나, 작은 부품이 부러지는 일이 없도록 주의!

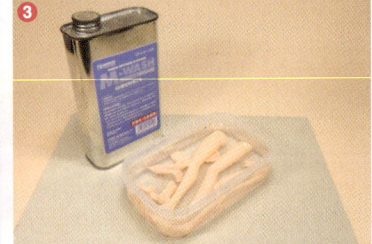
▲❸ 전용 이형제 제거 용제도 편리. 사진은 웨이브의 「M·워시」, 세정액에 몇 분 담가두는 것 만으로 이형제를 제거할 수 있다. 문지를 필요가 없으므로 부품이 많은 키트와, 부러지기 쉬운 부품이 있는 경우에 도움이 된다. 이형제 제거 제품은 이것 외에 스프레이 타입도 있다.

부품의 정형

조립 공정의 최초는 부품에 붙어 있는 불필요 부분을 제거하고, 형태를 가다듬는 것부터 시작한다. 파팅라인을 지운다거나, 부품의 휨과 같은 미묘한 변형에도 대응해야 한다.

CHECK POINT
● 주입구가 달려 있는 부분에 주의

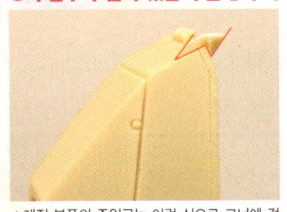
▲레진 부품의 주입구는 이런 식으로 코너에 걸쳐서 달려 있는 경우도 있다. 잘 확인하지 않고 주입구를 잘라 버리면, 필요한 부분까지 잘라버리기 십상이므로 주의하도록 한다.

▲❶ 부품 가장 자리에 붙어 있는 주입구를 절단한다. 주입구는 두꺼운 경우가 많으므로, 게이트용이 아닌 날이 튼튼한 니퍼와 톱을 사용하자. 우선 부품에서 떨어진 곳에서 자르는 것은 프라모델과 마찬가지.

▲❷ 부품에 남아 있는 주입구는 나이프와 줄로 정리한다. 부품에 맞춰서 나이프로 자르려고 하면, 부품 표면을 도려내기 십상이므로 주의. 조금씩 깎아내고 최종적으로는 사포로 마무리 하는 게 좋다.

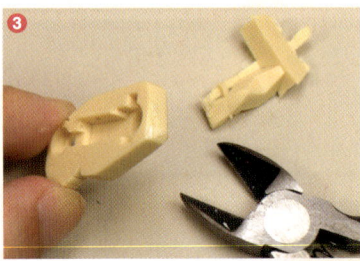
▲❸ 실패 사례. 주입구를 한 번에 잘라 내려고 하다가 부품까지 도려내고 말았다. 부품에 최대한 붙여서 깎으려고 하면 이렇게 되기 쉽다. 도려내진 부분은 주입구의 남은 부분을 접착하여 수복시켜주게 된다. (P.186 참조)

1. 레진 키트 제작 방법

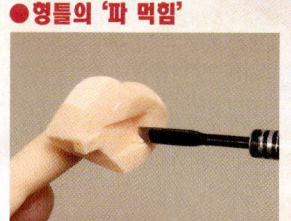

CHECK POINT
● 형틀의 '파 먹힘'

▲파인 곳에서 찾아낸 여분의 튀어 나온 부분. 이것은 배출구가 아니라 실리콘 형틀이 열화·소모되면서 떨어져나가 버린 흔적이다. 배출구와 마찬가지로 깎아서 주위 몰드를 정리해 주자.

④ ▲부품 사이에 연결되어 있는 배출구 제거. 레진의 강도는 프라모델과 비슷하므로, 이런 작은 부분이라면 게이트 커트용의 니퍼로도 자를 수 있다. 날이 좋은 도구를 이용하면 주변의 일그러짐도 적어진다.

⑤ ▲움푹 들어간 곳에 배치된 배출구를 제거할 때는 루터를 사용하는 것이 편리. 비트는 다이아몬드 비트 같이 '입자'로 연마하는 타입을 이용하면 조금씩 깎아내기 쉽다. 가느다란 부품의 경우에는 비트를 지나치게 밀어주지 않도록 주의하자.

⑥ ▲구미 지역의 키트에서 흔히 볼 수 있는 예로, 부품 뒤에 큼지막한 게이트가 붙어있다. 이 경우, 톱으로 절단하는 게 좋지만 한쪽에서만 잘라 나가면 반대쪽의 몰드까지 자르게 될 우려가 있으므로, 주위의 각 방면으로부터 중심을 향해서 자르도록 하자.

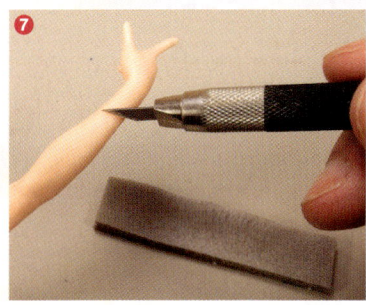
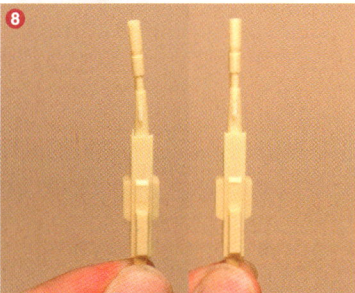

⑦ ▲프라모델과 마찬가지로, 레진 부품도 파팅라인(형태의 분할선)이 있다. 약간의 단차라면 나이프로 대패질하고, 사포로 다듬어 주자. 곡면 부품은 해당 부위만 평평해지지 않도록 주위와 매끄럽게 이어지도록 만들어주자.

⑧ ▲구부러져 있는 레진 부품(왼쪽)과, 그것을 똑바로 수정한 것(오른쪽). 가느다란 부품과 얇은 부품은 경화가 진행됨에 따라서 구부러지거나, 패키지 속에서 다른 부품 등에 눌려 휘어지는 경우가 있다. 수정하기 위해서는 부품을 따뜻하게 데워서 부드럽게 한 다음에 변형된 부분을 수정해준다.

⑨ ▲레진 부품을 가열하고 있는 모습. 푹 삶는 것이 아니라 불에서 내린 뜨거운 물을 사용. 잠시 기다리면 부드러워진다. 이후 손가락으로 직접 휘어 수정하거나, 평평한 것에 맞춰서 형태를 정리한다. 드라이어로 직접 데우는 방법도 있다.

레진 부품 접합

레진에는 플라스틱 접착제를 사용할 수 없으므로 순간접착제와 에폭시 계열 접착제를 사용한다. 사전에 접착면을 정리한다거나, 보강용 심을 미리 박아두는 등의 준비도 확실하게 해두자.

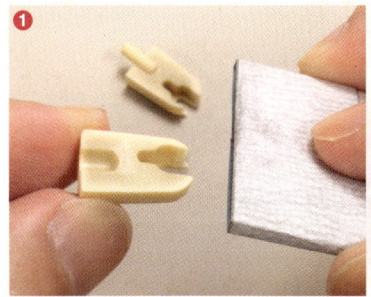

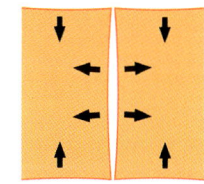

CHECK POINT
● 부품 표면의 수축

▲레진은 경화할 때에 약간의 수축이 일어나서, 부품 표면에 그림처럼 움푹 패인 곳이 발생한다. 접합선의 바깥쪽이 밀착되어 있어도, 사실은 접착 면적이 적은 경우도 있는 법이다.

① ▲평면끼리 붙여야 하는 부분에서는, 면이 패여 있어서 접착 면적이 적어지는 경우가 있다. 이때는 접착면을 사포질 해서 평면 부분을 늘려주면 튼튼하게 붙는다. 접합면의 패임에 관해서는 오른쪽의 「CHECK POINT」를 참조.

② ▲부품을 맞추는 접착은 점도가 낮은 순간접착제를 사용해주면 간단. 그다지 하중이 걸리지 않는 부분이라면 이걸로도 충분한 강도를 얻을 수 있다. 흘러나오는 흔적도 약간으로 그치므로 그곳은 사포질을 하여 처리하도록 하자.

③ ▲접합선에 틈새나 결손이 있는 경우에는, 중간 점도~젤리 상태의 순간접착제를 바르고, 경화 촉진제로 굳혀 주면, 빠르게 메울 수 있기에 바로 정형 작업으로 넘어갈 수 있다. 굳은 부분은 약간 딱딱해지므로 사포질을 하기 쉬운 면에 적합한 방법이다.

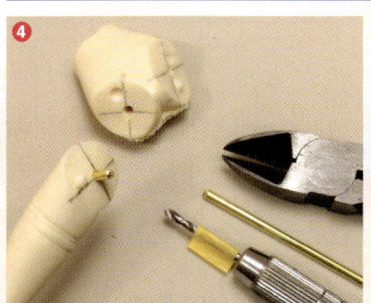

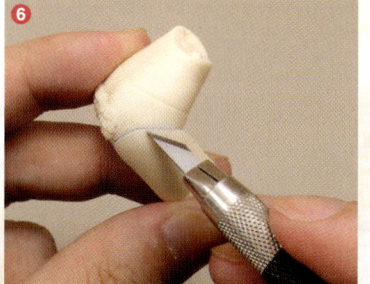

CHECK POINT
● 접합면의 수정

▲부품을 분리한 채로 접합면을 수정하는 방법. 한쪽 면에 이형제(멘소레담이나 바셀린 등의 유분)를 바르고, 반대쪽 면에 폴리에스테르 퍼티를 발라, 양면을 눌러 맞춘 다음 경화 후에 떼어낸다. 이렇게 하면 틈새가 메워져서 접합부가 딱 들어맞는다.

④ ▲무게가 있는 부분을 접착할 때는 보강을 위해서 축을 박아 넣자. 부품을 이어준 상태에서 주위에 표시를 해두고, 각각 십자선을 그려놓으면 동일한 위치에 구멍을 뚫기가 쉽다. 자신은 한쪽 부품에 황동선을 박아 넣은 모습. 부품 표면까지 구멍이 관통하지 않도록 주의!

⑤ ▲이렇게 단단하게 접착하고 싶은 곳에는 에폭시 계열 접착제를 사용하는 것이 좋다. 순간접착제처럼 단시간에 경화하지 않으므로, 붙인 다음에 위치 조정을 할 수 있는 시간을 벌 수 있으며, 경화 전이라면 흘러나온 것을 닦아낼 수도 있다.

⑥ ▲에폭시 계열 접착제로 접착한 접합선을 다듬은 상태. 사진은 그곳에 홈을 새로이 다시 파주고 있는 장면이다. 순간접착제로 메우면 그 부분만 단단해 지므로 가공하기가 약간 어렵지만, 에폭시 계열 접착제라면 이러한 가공이 훨씬 수월하다.

7 : 개러지 키트의 제작법

CHECK POINT
●기포의 상태

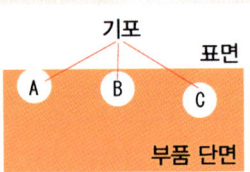

▲기포는 「A」처럼 표면에서 보이는 구멍보다도 안쪽이 더 넓다. 따라서 구멍을 넓혀서 안쪽까지 메우주는 것이 좋다. 「B」의 경우도 비쳐 보인다거나 만졌을 때 파인다면 구멍을 뚫어서 메워준다. 표면에 영향이 없는 「C」라면 별 문제없다.

CHECK POINT
●컬러 레진의 주입구

▲기포 등의 수복용으로 컬러 레진의 주입구를 잘랐다면, 만일을 위해서 조각을 남겨두도록 하자. 톱으로 잘라 두면 일그러짐이 적어서, 재이용하기 쉬울 것이다.

기포 메우기

「기포」라 함은 수지가 경화할 때에 발생하는 거품과, 액체의 흐름에 문제가 생겨서 부품에 공기가 남아버린 부분을 가리키며 부품 일부가 결손된 형태로 나타난다. 최근의 메이커 키트에서는 거의 볼 수 없지만, 요즘이라고 해서 전혀 없는 것은 아니다. 만약 발견했다면 신중하게 메워주도록 하자.

▲부품 중앙에 미세한 기포가 있다. 기포는 표면에 보이는 구멍보다도 내부가 더 넓으므로 확실하게 메우기 위해서는 표면을 브러시로 두들기거나 해서 구멍을 완전히 노출시키는 게 좋다. 너무 심하게 작업하면 숨어 있던 기포까지 드러나는 경우도 있으므로 주의.

▲미세한 기포 메우기에서는 묽은 용액에 락카 퍼티를 풀어 놓은 「혼합 퍼티」를 사용하지만, 병에 들어 있는 레진용 서페이서도 레진과 상성이 좋으므로 추천한다. 병 바닥의 걸쭉한 부분을 퍼서 발라주고, 건조 후에 사포질을 해서 표면을 다듬는다.

▲커다란 기포는 폴리에스테르 퍼티처럼 두껍게 바를 수 있는 퍼티로 메우는 것이 좋다. 이 사례는 큰 기포 외에 작은 기포도 메우기 쉽도록, 드릴로 구멍을 넓힌 다음 한꺼번에 퍼티를 바르고 있는 모습.

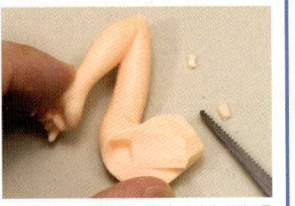

▲입체적인 몰드 부분에 기포가 있는 경우는 형태를 수복하기 쉬운 에폭시 퍼티로 메워주는 것이 좋다. 채워주기 전에 먼저 순간접착제를 발라두면, 퍼티가 레진과의 경계선에서 뜨는 것을 방지할 수 있다.

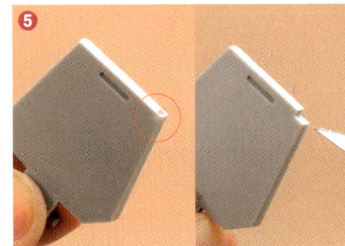

▲레진 부품의 모서리에 생긴 기포. 이를 레진 조각을 접착해서 메워보자. 잘라낸 주입구를 이용하면 다른 재료도 필요 없고 간단히 작업할 수 있다. 우선은 오른쪽처럼 기포가 일어난 부분을 잘라내서, 레진 조각이 쉽게 접착할 수 있도록 한다.

▲레진 조각을 딱 맞게 깎아주고 순간접착제로 접착. 그 후 남는 부분을 정형해서 마무리 짓는다. 질감과 색이 동일하므로 컬러 레진 키트와 서프레스 도색(나중에 설명)에서 특히 유효. 단, 접합선에는 순간접착제의 흔적이 약간 남는다.

바탕 마무리

부품의 정형과 기포 메우기의 마무리 단계. 레진 부품은 직업 도료를 칠하면 정착이 약해서 쉬 벗겨진다. 여기서는 도색을 위한 바탕 작업도 겸하고 있으므로, 어떠한 도색을 할지를 고려하여 준비하도록 하자.

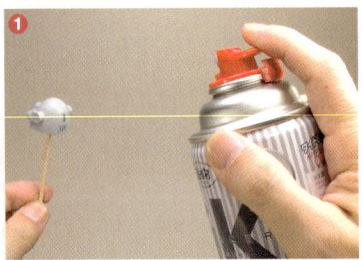

▲정형과 기포 메우기를 끝낸 부품에 서페이서를 뿌려준다. 서페이서는 레진 전용 타입이 유착이 좋으며 기포를 메우는 효과도 높다. 단 두터워지는 경향이 있으므로, 디테일하고 작은 부품 같은 경우에는 프라이머로 처리하는 것도 선택지 중 하나이다.

▲서페이서를 뿌린 후에 기포를 발견하는 경우도 있다. 큰 경우에는 앞에서 소개한 메우기 작업으로 돌아가지만, 극히 미세한 경우에는 바탕이 드러나지 않는 선에서 표면을 사포질하고 다시 서페이서를 뿌려줌으로써 처치할 수 있다.

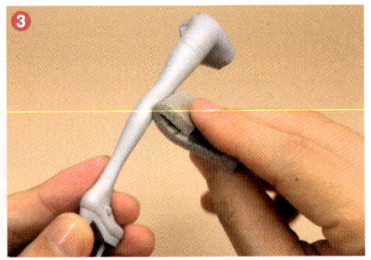

▲레진용 서페이서는 칠을 반복하다 보면 표면이 까칠해지기 쉬운 경향이 있다. 반들반들한 표면으로 만들고 싶은 경우에는, 입자가 가는 스펀지 사포로 쓰다듬듯이 사포질하여, 서페이서의 표면을 매끄럽게 해주자.

CHECK POINT
●도색 후의 접착은

▲도색한 면끼리 접착하면 접착력이 약하다거나, 칠이 통째로 벗겨지는 경우가 있다. 접착면의 칠을 벗기고, 소재의 면끼리 접착하면 원래의 접착력이 발휘된다.

레진 키트 도색

레진 부품의 도색에는 모형용 도료를 사용하지만, 플라스틱 부품 정도로 도료의 유착이 좋은 것은 아니므로 이를 개선하기 위한 바탕 도색이 필요. 피규어 등에서는 일부러 서페이서를 뿌려주지 않고 작업하는 이른바 「서프레스」로 마무리 하는 경우도 있다.

▲레진 도색은 서페이서와 프라이머 등, 도료의 정착성을 올려주는 바탕제를 발라준 후에 락카 계열, 에나멜 계열, 수성 등의 각종 모형용 도료로 도색하는 것이 가능하다. 레진 부품 단체라면 레진 전용 타입을 사용하며, 플라스틱 부품이 섞여 있는 경우에는 "프라서프"타입을 사용한다.

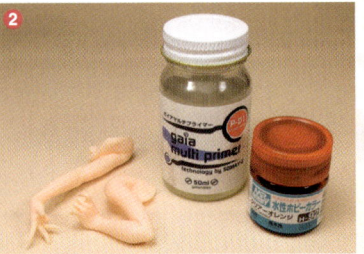

▲레진의 성형색과 특유의 투명한 느낌을 살리기 위해 서페이서를 사용하지 않고 마무리 하는 것이, 「서프레스 도색」이라 불리는 기법. 투명 프라이머를 뿌려서 성형색이 비쳐 보이듯이 도색하는 방법 외에, 레진에 대한 유착력이 비교적 강한 수성 도료를 직접 바르는 방법도 있다.

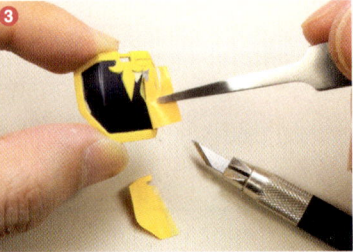

▲레진 도색에서 주의해야 할 것이, 구분 도색을 하는 부분. 마스킹 테이프를 벗길 때 자칫하면 도료 피막이 서페이서까지 통째로 벗겨져 나가는 경우가 잦다. 부품 표면에 대고 테이프를 자르면 이렇게 되는 경우가 잦으므로 가능하면 피하도록 하자.

2. 메탈 키트 제작 방법

금속 소재만이 가능한 중량감과 질감을 만끽하자

「화이트 메탈」은 납과 주석의 합금으로 녹는점이 낮아 형틀에 부어 주형하는 것은 레진 키트와 동일하지만 이 제법 자체는 예전부터 존재했으며, 개러지 키트 이전의 모형으로서도 상당한 역사가 있다. 복잡한 형태를 주형할 수 있는 것이 특징으로, 주로 밀리터리와 판타지 계통의 피규어, 1:43 자동차 모델 등이 생산된다. 레진 키트 중에도 세부 부품은 화이트 메탈로 하는 등, 여러 소재를 복합적으로 사용하여 생산되는 경우가 많다.

에칭 부품은 「포토 에칭」가공으로 만들어진 부품을 지칭하는데, 구리나 황동, 스테인리스 등의 얇은 금속판을 사용, 목적하는 형태를 정확하게 남겨두고 나머지를 부식시켜 도려낸다거나 굴곡을 주게 된다. 두께는 0.1mm~1mm 정도이며, 극히 얇은 부품과 몰드를 재현 가능한 것이 특징이다. 구부리는 가공과 병행하여 입체를 재현하기도 한다. 에칭 부품은 그 자체로 주역이 되기보다는 다른 소재와 조합, 세부 디테일 표현에 사용되며 프라모델의 디테일 업 부품이 가장 흔한 예이다. 부품이 작고 손이 많이 가는 면도 있지만, 고생한 만큼의 완성도를 보여주는 부품이다.

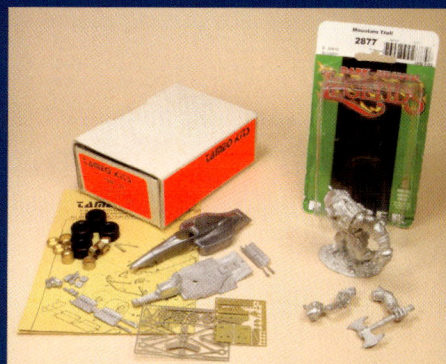
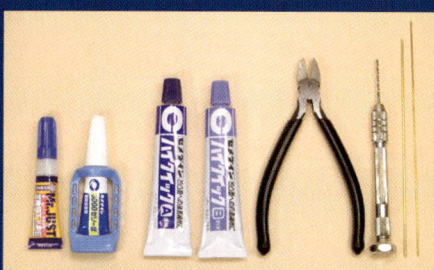
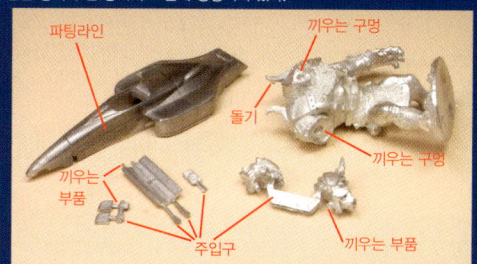

◀메탈 키트의 예. 왼쪽은 1:43 스케일의 F1 모델, 주된 부품은 화이트 메탈로 세부에 에칭 부품이 사용되고 있다. 오른쪽은 환타지 계열의 피규어. 복잡한 형태가 한 덩어리로 일체 성형되어 있다.

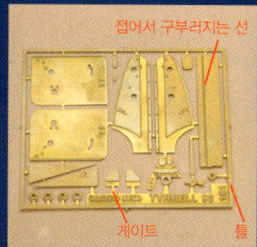

▲화이트 메달 부품 부위의 명칭.「주입구」는 녹아 있는 금속을 흘려 넣는 곳. 자잘하게 붙어 있는 경우는「공기 배출구」.「끼우는 부품」,「끼우는 구멍」은 부품을 맞춰 끼우는 부분. 끼우는 부분과 주입구는 이어져 있는 경우도 있다.
◀에칭 부품 부위. 주위에는「틀」이 있으며, 몇 개소의「게이트」가 달려 있다. 접어서 구부러지는 부분에는 오목한 홈이 파여 있다.

◀메탈 키트, 에칭 제작에 사용하는 주요 용품. 왼쪽부터 순간접착제(고강도, 젤리 상태). 에폭시 계열 접착제. 금속용 니퍼. 그리고 드릴 & 핀 바이스, 보강용 황동선.

조립을 하기 전에

각 소재별로 사전 준비를 해두자. 화이트 메탈 부품은 표면의 부착물을 제거하기 위해서 브러시로 다듬을 것. 에칭 부품은 프라이머 처리를 먼저 끝내놓으면 나중 작업이 수월해진다.

● CHECK POINT
● 유분 제거

▲지문 흔적 등 부품 표면에 유분이 묻었다면, 프라이머를 칠해주기 전에 툴 클리너로 닦아두자.

▲우선은 키트 내용과 부품의 체크부터. 봉지에서 꺼낸 자잘한 부품은 분실하지 않도록 케이스 등에 보관하는 것이 좋을 것이다. 설명서가 부품의 위치만을 표시하는 경우에는, 자기 스스로 작업의 흐름을 생각해 두는 것도 필요.

▲화이트 메탈 표면에는 '탈크(Talc)'라고 불리는 분말 상태의 이형제가 묻어 있는 경우가 있다. 칫솔로 문질러서 제거하도록 하자. 이때에 부품 표면에 '공동'(밀도가 낮은 부분)이 보이는 경우도 있다. 그리고 금속 브러시는 표면에 흠집을 내기 때문에 적절치 않다.

▲에칭 부품은 틀에서 분리하기 전에 도색의 바탕칠과 금속을 보호해주는 프라이머를 스프레이 해두면 나중에 작업하는 수고를 덜 수 있다. 두껍게 칠해서 흘러내린다거나 몰드를 메워 버리는 일이 없도록 주의하자.

화이트 메탈 정형

처음에는 주입구와 파팅라인 등을 정리하는 작업부터. 화이트 메탈은 부드러운 금속이므로, 나이프와 줄은 프라모델용으로도 충분하지만, 니퍼는 금속 제품에 대응하는 것을 사용하자.

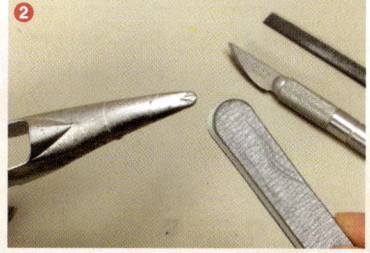
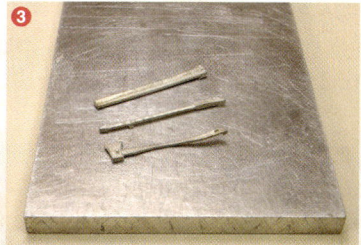

▲주입구의 절단은 레진의 경우와 마찬가지. 날 끝이 튼튼한 니퍼를 이용하여 부품 면에서 조금 떨어진 곳에서 절단, 절단면의 일그러짐이 부품에 영향이 없도록 한다. 주입구가 너무 두꺼운 경우에는 톱을 이용하는 게 좋을 것이다.

▲주입구의 남은 부분과 돌기는, 나이프와 소형 쇠줄로 절삭한 후에 사포로 마무리한다. 지나치게 깎아 버리면 프라모델과 레진의 경우보다도 수복하기 힘드니 여기서는 신중히 작업을 진행하자.

▲메탈 부품은 부드러우므로 얇거나 가느다란 부품은 휘어져 있는 경우도 있다. 이 정도라면 손가락으로 고칠 수 있으므로, 평평한 물건에 대고 눌러서 수정해준다. 플라이어 같은 걸로 고정하는 경우에는 부품에 흠집이 생기지 않도록 주의한다.

7 : 개러지 키트의 제작법

▲메탈 부품의 표현은 자잘한 '배 껍질' 상태라거나, 밀도가 낮은 '공동'으로 되어 있는 경우도 있다. 이러한 표면을 다듬는 경우에는, 금속에도 유착이 좋은 레진용의 서페이서를 바르고 사포질을 해주면 좋다.

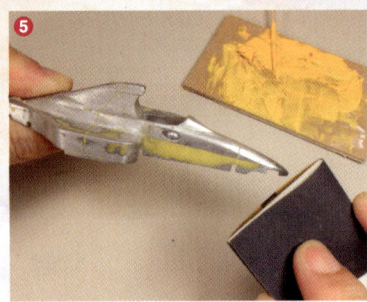

▲파팅라인의 단차나 파인 곳이 큰 경우에는 폴리에스테르 퍼티로 메운 다음에 정형한다. 폴리에스테르 퍼티는 애초에 판금용이므로 이런 용도에 적합하다. 단, 반쯤 경화된 상태에서 거칠게 다듬으면 아예 벗겨지는 경우도 있으므로, 충분히 굳은 다음에 깎아줄 것.

▲메탈 부품의 표면을 깎아서 끼우는 구멍과 파여 있는 홈이 얕아진 경우에는, 홈을 다시 파준다. 도구는 프라모델용을 그대로 쓸 수 있다. 나이프는 날이 튼튼한 아트나이프 계열이 좋다. 홈을 정리하는 것은 에칭 톱으로, 원래의 흔적이 사라지기 전에 대처해 두자.

CHECK POINT
● 연마하여 금속 질감을 살린다

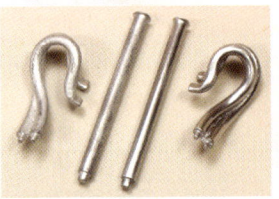

▲화이트 메탈의 표면은 하얗고 뿌옇게 보이지만, 표면의 '배 껍질' 상태를 다듬어서 연마해주면 금속 표면 특유의 광택을 얻을 수 있다. 연마한 표면은 손이 닿으면 흐릿해지기 쉽기 때문에, 투명 프라이머를 뿌려서 보호해 주는 것이 좋다.

▲정형 단계가 끝났다면 서페이서를 뿌려서 완성도를 확인. 금속 부품에 유착이 좋은 '프라이머 서페이서' 타입이나, 레진용 서페이서를 사용하자. 흠집을 메우는 효과는 레진용이 약간 더 우수한 모양이다.

▲퍼티로 메워놓은 부품의 경우에는, 서페이서를 한 번 뿌리는 것으로 끝내지 않고, 서페이서면도 사포질을 해서, 미묘한 패임과 흠집을 다듬는 것이 좋다. 바탕이 드러났다면 다시 서페이서를 뿌려서, 소재의 표면이 노출되지 않도록 한다.

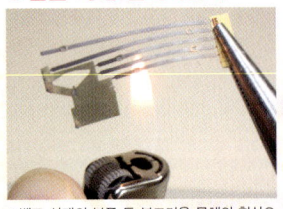

▲복잡한 몰드 위에 파팅라인으로 인한 단차가 있는 경우. 깎아서 다듬는 것은 어려우므로, 에폭시 퍼티를 발라서 원래 조형과 어우러지도록 다듬는 것이 좋을 것이다. 퍼티가 굳기 전에 최대한 형태를 맞춰서, 경화 후에 절삭 작업을 최소한으로 하자.

에칭 부품 다루기

에칭 부품의 절단부터 구부리는 가공까지의 수순을 소개. 작업 중에는 판을 어딘가에 걸고 구부린다거나 잘라낸 부품을 잡으려고 하다가 튕겨나가는 경우도 있으므로 주의하자.

CHECK POINT
● 열을 가해 연화시킨다

▲벨트 상태의 부품 등 부드러운 물체의 형상으로 구부리고 싶은 경우, 불로 가열한 후 자연스럽게 식혀주면 구부리기 쉬워진다.

▲판의 두께가 얇아서 간단히 자를 수 있는 경우. 단단한 판 위에 두고 게이트 부분을 나이프로 눌러서 자른다. 커팅 매트 같은 부드러운 받침 위에서 자르면, 게이트 부분이 일그러질 수 있으므로 피하도록 하자. 자그마한 부품을 작업할 때는 뒷면에 마스킹 테이프를 붙여두면 잘라낸 다음에 취급이 용이하다.

▲두터운 판이나 단단한 소재의 경우에는 금속용 니퍼를 사용한다. 게이트 부근이 일그러지지 않도록 가능한 날을 수평으로 해서 집어넣도록 하자. 이 사례에서는 주위의 틀을 잘라낸 다음, 목적한 부분에 니퍼를 대고 있다.

▲게이트를 자른 부분은 약간 돌출부가 남아 있으므로 평평하게 정형하자. 깎는 도중에 판이 구부러지지 않도록 힘을 가볍게 주고 깎을 것. 또한 절삭 중에 걸리는 일이 없도록, 사포와 다이아몬드 줄 같이 고운 '입자'로 깎는 도구를 사용하는 것이 좋다.

CHECK POINT
● 곡면으로 구부리기

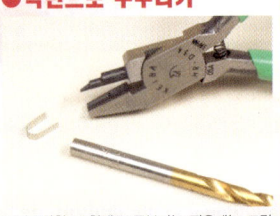

▲자그마한 U 형태로 구부리는 경우에는 드릴 자루를 가이드 삼아서 지름을 선택하기 편하다. 철사 세공에 이용하는 와이어 루프 플라이어를 이용하면, 판을 끼우고 구부릴 수 있으므로 편리하다.

▲에칭 부품을 구부리는 가공. 기본은 홈의 한 쪽을 플라이어 같은 것으로 확실하게 고정시키고, 일으키려 하는 방향으로 움직인다. 이 사례에서는 손가락으로 아래를 받치고 있지만, 부품 형태에 따라서는 아래쪽에도 판을 대서 일그러지지 않도록 한다.

▲직각 2개소를 구부려서 'ㄷ'자 형태로 만든 모습. 구부린 부분은 각도가 약간 되돌아오므로, 조금만 더 깊게 눌러서 구부러주도록 한다. 통상은 홈이 안쪽에 있는 '계곡 접기'로 구부리지만, 역으로 '산 접기'를 하는 경우도 있다. 설명서와 완성 형태를 확인한 다음에 작업하자.

▲구부려야 하는 부품의 폭이 넓은 경우 부분부분 조금씩 구부리면 일그러지기 십상이므로, 가능한 넓은 면적으로 끼우는 공구를 이용, 한 번에 구부려 주도록 한다. 반대쪽도 일그러지지 않도록 넓고 확실하게 받쳐주는 것이 바람직하므로, 사진의 예에서는 금속 블록을 사용하고 있다.

2. 메탈 키트 제작 방법

부품 접착

화이트 메탈은 모형 재료로서는 좀 무거운 소재이므로, 거기에 상응한 접착 강도가 필요해 진다. 한편 에칭 부품은 가장자리에 돌출된 형상으로 고정되는 경우가 많으므로, 그런 때에는 특히 신중하게 작업하도록 하자.

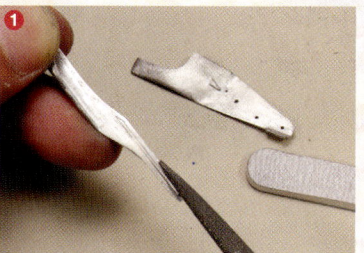

▲메탈 부품끼리의 접착. 이 경우에만 한하는 얘기가 아닌데, 접착면끼리 가능하면 딱 들어맞도록 평면 작업을 해두자. 화이트 메탈은 위치를 맞춰주는 '핀' 부분이 약간 두루뭉술하게 성형된 경우가 많으므로, 샤프하게 깎아서 밀착시키도록 한다.

▲부품을 이어주는 사이에 순간접착제를 흘려준다. 저점도의 타입이면 흘려 넣기 쉽지만, 분리되기도 쉬우므로, 여기서는 고강도 타입(중점도)을 사용. 접착제를 팔레트에서 꺼내서, 끝이 가느다란 봉(사진의 예는 글루 어플리케이터)으로 바르고 있다.

▲넓은 면에서 붙이는 경우, 가장자리에만 흘려주면 면의 안쪽에 고정되지 않으므로, 중심부에 젤리 상태의 순간접착제를 발라서 붙여 준다. 물론, 평면 작업은 사전에 처리해두고, 접착제 경화에 걸리는 약간의 시간동안에 위치의 미세 조정을 해준다.

● CHECK POINT

● 결합용 핀을 황동선으로 교체!

▲결합핀이 짧거나 약할 때에는 황동선 등으로 교체를 추천! 부품 고정도 확실해질 뿐더러 핀을 조금 길게 남겨뒀을 경우, 도색 작업 시 손잡이로도 사용 가능하다.

▲특히 하중이 걸리는 부분은 축을 박아 준 다음에 에폭시 계열의 접착제로 고정한다. 순간접착제는 충격이 가해지면 의외로 쉽게 떨어져나가는 경우가 있으므로, 만전을 기하고자 한다면 에폭시 계열을 사용하는 것이 정답이다. 다소의 틈새도 메워주므로 확실하게 고정할 수 있다.

▲에칭 부품끼리의 접착은 순간접착제로 처리하는 것이 간편하다. 이 사례는 홈에 판을 세우듯이 접착하는 경우. 작은 부품을 핀셋으로 유지하고 있는 모습. 판의 가장자리에 약간 젤리 상태로 발라서, 반고정이 가능하도록 해놓는다.

▲위치를 맞추고 각도에 어긋남이 없는지 확인하면서, 접합선에 고강도의 순간접착제를 흘려준다. 메탈 부품의 접착과 동일한 요령이다. 만약 벗겨져 버렸다면, 순간접착제 덩어리를 제거한 후에 다시 접착한다.

납땜 고정

에칭 부품을 확실하게 고정하기 위해서는 「납땜 고정」을 하는 것이 가장 확실하다. 그러기 위해서는 전용 도구가 필요하며 익숙지 않으면 제대로 되지 않는 경우도 있다. 접착하는 것만으로는 믿음이 가지 않는 경우에 도전해 보자.

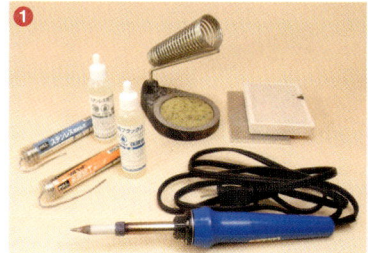

▲납땜 용품. 앞에 있는 것이 열로 땜납을 녹이는 인두. 왼쪽 안에 있는 것이 실납과 플럭스. 황동과 구리에는 범용으로 사용되는 금속용. 스테인리스에는 전용 인두를 사용한다. 그 외에 인두를 두는 인두 받침대와 열에 견딜 수 있는 작업대도 있으면 좋다.

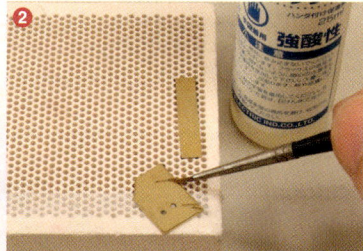

▲홈이 있는 곳에 판을 세우듯이 고정하는 사례. 아래의 판은 움직이지 않도록 양면테이프로 임시 고정한 모습. 접합부에는 페이스트를 발라서 녹은 땜납의 흐름을 원활하게 한다. 강한 산성이므로 취급에 주의할 것.

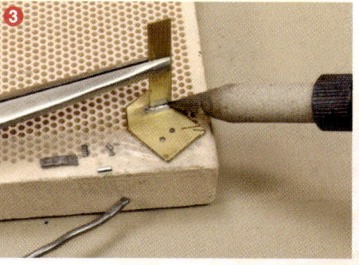

▲부품을 유지하면서 실납을 잘게 자른 것을 접합부에 두고, 인두로 녹여서 접합선에 흘려 넣는다. 가열하는 시간은 가능한 짧게 하는 것이 좋다. 여러 곳에 납땜 작업을 하는 경우에는, 먼저 접합한 부분이 열에 의해서 녹지 않도록, 물 티슈 등을 덮어주는 것이 좋다.

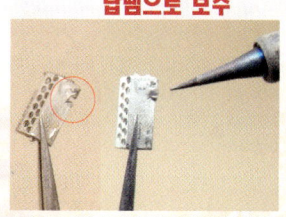

● CHECK POINT

● 화이트 메탈을 납땜으로 보수

▲화이트 메탈 부품의 결손이 발생한 부분은, 납땜으로 보수하는 것도 가능하다. 왼쪽이 결손이 발생한 부품이고 오른쪽은 이를 메워 놓은 상태. 너무 뜨거우면 다른 부분까지 녹아내릴 위험이 있으므로 주의하자.

메탈, 에칭 도색

금속의 표면은 모형용 도료가 잘 정착하지 못하므로, 바탕 처리가 필요해진다. 여기서 소개하는 것 외에도, 알루미늄과 황동을 깎은 부품의 경우에도 마찬가지다.

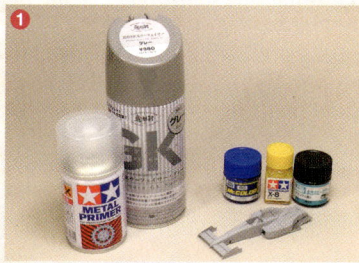

▲금속 부품은 모형용 도료가 그대로 유착하기가 힘들다. 그렇기에 금속용 프라이머와 레진용 서페이서로 밑바탕 처리를 해두자. 그런 뒤라면 프라모델과 마찬가지로 각종류의 도료를 사용할 수 있게 된다.

▲금속 부품과 플라스틱 부품이 섞여 있는 경우. 레진용 서페이서는 플라스틱과는 상성이 나빠서 쉬이 벗겨지므로, 이 경우에는 사용하지 말 것. 어느 쪽에도 대응이 가능한 '프라이머 서페이서'타입의 서페이서나 프라이머를 사용하는 게 좋다.

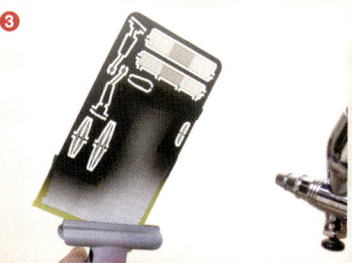

▲에칭 부품 도색에서 조립한 후에 도색하는 것이 어려운 경우에는, 불필요한 부분을 가리고 틀에 달려 있는 상태에서 사전에 도색해 두는 방법도 있다. 또한 그물눈이 도료로 메워지지 않도록 칠하려고 한다면 에어브러시를 사용하는 것도 좋은 방법이다.

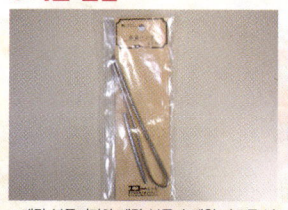

● CHECK POINT

● 저온 땜납

▲메탈 부품끼리와 메탈 부품과 에칭 파트를 납땜할 때에는, 융점이 한층 더 낮은 「저온 땜납」을 사용하는 것이 좋다. 이것은 철도 모형 전문점 등에서 입수할 수 있다.

형틀 뜨기 · 복제

8

1. 복제용 재료 카탈로그
2. 형틀 뜨기의 기본
3. 양면 형틀로 형틀 뜨기
4. 그 밖의 복제 테크닉
5. 간이 복제
6. 붓칠을 이용한 복제 기법

모형의 부품을 복제할 때는 원형을 실리콘으로 형을 떠서, 그 틀에 주형제를 흘려 넣는 것이 기본적인 방법. 이렇게 해서 굳은 것이 복제품이 되는 것이다. 일단 거푸집을 만들면 같은 부품을 몇 개라도 늘릴 수 있다. 레진 재질의 개러지 키트도 완전히 같은 방식으로 생산된다. 그 외에도 복수의 소재가 혼합된(플라스틱과 퍼티 등)부품을 같은 소재로 대체하는 경우에도 이런 복제방법이 사용된다. 또한 실리콘 고무를 사용하지 않는 간이 복제 방법도 있다. 어느 쪽이던 간에 복제의 노하우를 익혀두면 조형의 폭을 크게 넓힐 수가 있을 것이다.

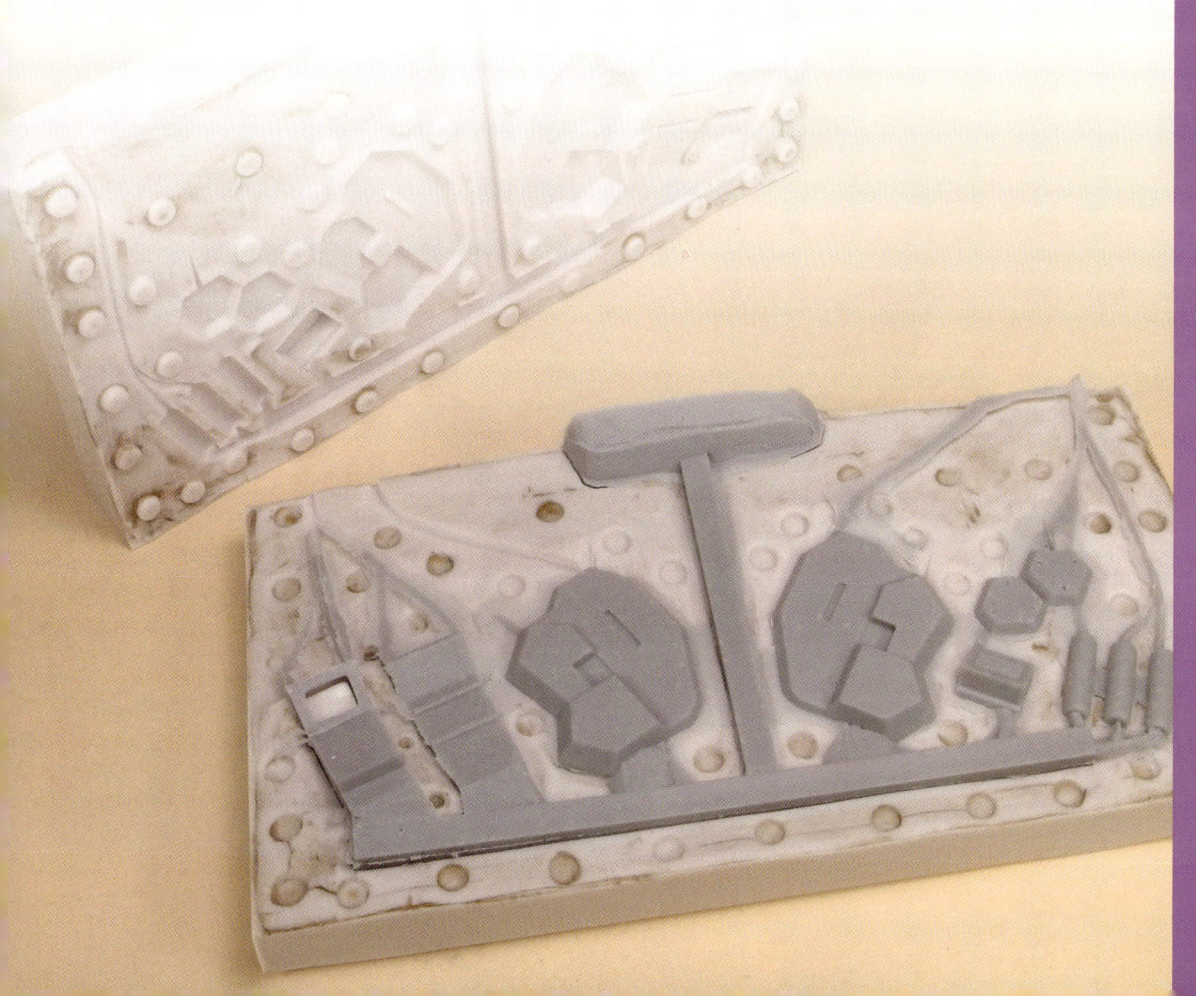

1. 복제용 재료 카탈로그

부품을 복제하는 작업은 「형틀 뜨기」와 「주형」 2개의 과정으로 나뉜다. 우선은 이에 필요한 재료를 살펴보자.

「거푸집」을 만드는 재료로서 사용되는 것이 「형틀 뜨기용 실리콘」(실리콘 RTV 고무)다. 유동성이 좋아서 세세한 굴곡사이에도 흘러들어가고 굳은 뒤에는 탄력 있는 고무가 된다. 그 외에는 실리콘을 흘려 넣기 위한 「형틀」, 양면 틀을 만들 때는 「이형제」가 필요하다. 그 형틀에 주형할 때는 「무발포 우레탄」(레진)을 사용하는 것이 일반적이다. 이 밖에도 「에폭시 수지」등도 주형에 사용된다.

■ 형틀 뜨기용 실리콘

KE-17
(5164엔 / 신에쯔화학공업)

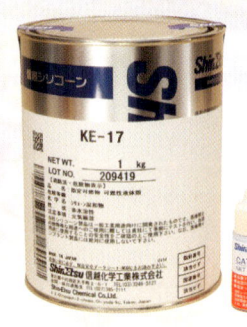

◀1kg 들이. 모형에 쓰이는 형틀 뜨기용 실리콘으로는 예전부터 사용되던 대표적인 상품이다. 유동성이 높고 굳은 뒤에는 비교적 단단한 편에 속해서 확실하게 거푸집을 끼워 맞출 수 있다. 그만큼, 잡아당겼을 때 많이 늘어나지는 않는다. 굳으면 옅은 회색이 된다. 혼합 비율은 주제 : 경화제 = 100 : 1. 작업가능 시간 30분, 경화시간은 8시간 정도

KE-12
(5164엔 / 신에츠화학공업)

◀1kg들이. 「KE-17」과 마찬가지로 형틀 뜨기용 실리콘으로 오랫동안 사용되어온 제품이다. 특징은 굳은 뒤에도 적당히 부드럽고 잘 늘어나는 점이다. 역 테이프 형이나 뒤틀리는 듯한 복잡한 모양도 틀을 벗겨내기 쉬워서 복잡한 형상의 형틀 뜨기에 적합하다. 굳으면 흰색이 된다. 혼합 비율은 주제 : 경화제 = 100 : 1. 작업가능 시간 30분. 경화시간은 8시간 정도. KE-17과 KE-12의 경화제는 공통이다.

하이그레이드 실리콘 HG-017
(3048엔 / 비제이)

▶1kg 들이. 형틀 뜨기용 실리콘으로는 표준적인 성질을 가진 실리콘이다. 전반적으로 무난하게 쓸 수 있는 타입. 경화제가 붉은 색이어서 혼합 정도를 확인하기 쉽다. 혼합 비율은 주제 : 경화제 = 100 : 1. 작업가능 시간 60분, 경화시간 24시간. 이 밖에 잘 늘어나고 잡아당기는 힘에 강한 SG020(2300엔. 작업가능 시간 20분, 경화시간 6시간)과 유동성이 높고 정밀한 부분에 흘려 넣기 좋은 SG070(2300엔. 작업가능 시간 40분, 경화시간 6시간)등도 있어서 용도에 맞춰서 구분하여 쓸 수 있다.

조케이무라 점토형 실리콘
(4200엔 / 보크스)

▼500g 들이. 점토형 형틀 뜨기 실리콘. 형틀에 흘려 넣는 것이 아니라 원형에 대고 눌러주거나 원형을 실리콘 속에 묻듯이 해서 형을 뜬다. 취급이 간편하고 경화시간이 짧아서, 바로 형을 뜰 수 있는 것이 메리트. A, B를 동일한 양으로 혼합한다. 굳은 뒤 색은 황토색. 작업가능 시간 2분, 경화시간 30분.

KE-1417
(7000엔 / 신에츠화학공업)

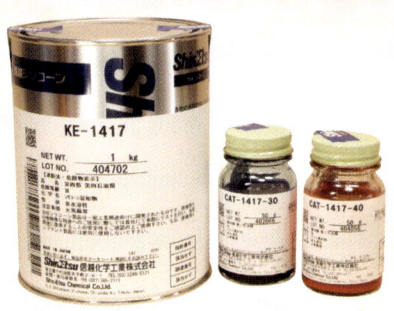

▲1kg 들이. 형틀 뜨기용 고강도 실리콘으로 내구성이 높은 것이 특징. 즉, 복제품을 양산할 때 적합하다. 굳은 뒤에는 잡아당기는 힘에도 강하고 잘 늘어나서 복잡한 형상의 틀에도 적합하지만 혼합 시 기포가 잘 빠져나가지 않아서 원래는 진공 탈포를 한 뒤에 사용하는 것이 좋다. 물론 통상적인 압력에서도 쓸 수는 있다. 경화제는 차이에 따라서 2종류가 있는데, 「KE-1417-30」은 푸른 경화제로 경화 후에 보다 잘 늘어나고, 「KE-1417-40」은 빨간 경화제이며 다소 단단하다. 혼합 비율은 주제 : 경화제 = 100 : 5. 작업가능 시간 90분, 경화시간 24시간 정도.

조케이무라 신 슈퍼 EX실리콘
(3029엔 / 보크스)

▶1kg 들이. 조케이무라 브랜드의 형틀 뜨기용 실리콘의 표준 타입. 굳은 뒤에도 유연한 편이라 복잡한 형상의 형틀 뜨기에 적합하다. 굳은 뒤 색은 흰색. 혼합 비율은 주제 : 경화제 = 100 : 4. 작업가능 시간은 20분, 경화시간 6시간. 용량 500g 들이에 2172엔 제품도 있다. 관련 상품으로서 경화 시간이 빠른 「EX 실리콘 전용 경화제」(50㎖, 350엔). 실리콘의 점도를 낮추는 첨가제 「EX실리콘 유연제」(100㎖, 980엔)도 판매되고 있다.

블루믹스 Ⅱ
(670~4000엔 / 아그사 재팬)

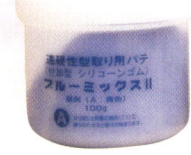 

▼기본 재료인 푸른 A제에 촉매인 하얀 B제를 섞어서 사용하는 퍼티형 실리콘 형틀 뜨기 소재. 예전 제품인 「블루믹스」의 A, B 색이 반대로 되어 있지만 기본적인 특성은 동일하다. 반죽하는 시간은 30초 정도로, 약 1분 45초가 지나면 경화가 시작된다. 경화 시간은 약 30분. 가격은 500g(670엔), 200g(2250엔), 400g(4000엔). 경화 시간이 좀 더 느린 「슬로우」도 있다.

Mr.실리콘(반투명 타입)
(6400엔 / GSI 크레오스)

◀1kg 들이. 반투명한 형틀을 만들어주는 실리콘. 형틀의 내부 상태를 확인할 수 있으므로, 한 번에 실리콘을 흘려 넣어서 형을 만들어, 칼로 잘라 분할하는 「절개식 형틀」의 제작에 적합하다. 또한 주형 시에 액체가 흐르는 상태도 확인할 수 있는 장점이 있다. 경화제용 스포이드도 부속. 혼합 비율은 주제 : 경화제 = 100 : 4. 작업가능 시간 20분, 경화시간 12시간. Mr.실리콘은 이 외에도 하얀색(1kg / 3200엔)도 있다.

■ 이형제

Mr.실리콘 배리어〈다목적 이형제〉
(1300엔 / 신에츠 화학 공업)

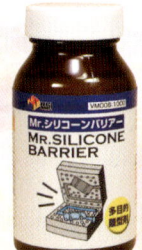

◀100g 들이. 다목적으로 사용되는 이형제로, 양면틀의 제작에서 실리콘 끼리 붙는 것을 방지하기 위해서 바르는 것 외에도, 틀과 레진 등, 주형 소재를 쉽게 벗겨내기 위해서도 사용한다. 색은 약간 흰색 같은 투명. 붓칠 외에 에어브러시로 뿌리는 것도 가능하다.

배리어코트 No.6
(1300엔 / 신에츠화학공업)

▶100g 들이. 양면틀을 제작할 때 등 실리콘끼리 붙어버리는 것을 방지하기 위해 칠하는 이형제다. 저점도의 액체로 붓칠 외에도 스프레이로 뿌리는 것도 가능. 경우에 따라서는 원형에도 도포하여 실리콘의 경화 장애를 방지하는데 사용하기도 한다.

유성 왁스 액상 블루
(930엔 / 린레이)

◀1kg 들이. 시판되는 바닥용 왁스인데 유분과 함께 잘 칠해지는 특성 때문에 실리콘의 밀착하는 것을 방지하는 이형제로도 자주 쓰이다. 모델러들 사이에서는 '블루 왁스'라고 불린다. 내용물 색은 오렌지색이다.

Mr.메탈 컬러
(180엔 / GSI 크레오스)

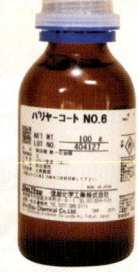

▶10㎖ 들이. 도료로서가 아니라 여기서는 실리콘끼리의 유착을 막아주는 이형제로서 사용된다. 용제로 상당히 희석해도 이형효과가 있다. 색에 따라서는 금속입자가 남는 정도가 다른데, 골드가 추천할 만하다

하이 리무버 94FXⅡ
(2200엔 / 에이치 앤 케이)

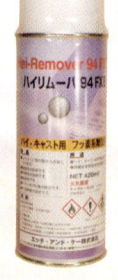

▶420㎖ 들이. 실리콘 틀의 주형면에 스프레이 함으로서, 주형재가 잘 벗겨지게 하고 틀을 장시간 유지하게 해주는 효과가 있다. 불소 계열 이형제의 페인트블 타입이므로, 실리콘 계열의 이형제보다도 주형재에서 이형제를 제거하는 수고가 많이 경감되어, 도색을 하기가 편하다.

UB-108
(2200엔 / 유우비 조형)

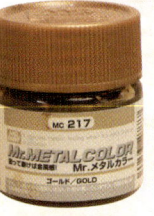 

▶420㎖ 들이. 이쪽도 레진 탈형용 이형제다. 성형한 부품을 벗겨내기 쉽게 하고 틀을 오래 쓸 수 있게 하는 효과가 있다. 불소계열 이형제로 비투과성이어서, 복제품의 표면에 남은 이형제도 제거하기 편하다는 특징을 가지고 있다.

1. 복제용 재료 카탈로그

■ 주형제

하이 캐스트
(4390엔 / 헤이센 양행)

▶2kg 들이. 복제에 사용되는 주형용 레진(무발포 폴리우레탄 수지)로서는 대표적인 제품이다. 유동성이 뛰어나서 정교한 모양에도 흘러들어간다. 또 굳은 뒤에는 적당히 단단해서 가공하기 쉽다. 절삭감은 다소 끈기가 있는 느낌. 사용법은 A, B액을 동일한 양(중량비)으로 혼합해서 형틀에 흘려 넣으면 된다. 작업가능 시간은 1~2분. 경화시간 10~20분. 경화 중에는 발열하기 때문에 주의가 필요하다. 색은 화이트, 아이보리, 블랙이 있다. 사용 중에는 유해한 냄새가 나므로 환기에 충분히 신경 쓰자. 또 습기를 흡수하면 기포가 생기기 쉬우므로 밀폐해서 보관할 것.

HG 캐스트
(2980~3980엔 / 비제이)

◀2kg 들이. 주형용 무발포 폴리우레탄 수지. 유해성분인 「키실렌(Xylene, 디메틸벤젠이라고도 한다)」을 사용하지 않는 「논 키실렌 타입」을 주로 채용하고 있다. 색은 뉴 아이보리, 서프 그레이, 화이트의 3종류가 있으며, 추가로 경화 시의 차이에 따라서 120초, 180초 타입을 선택할 수 있다. 이외는 별도로 「클리어(3980엔)」도 있다. 소재로서는 하이 캐스트에 가깝지만 경화후의 질감은 다소 단단한 느낌.

하이 캐스트미니 솔벤트 나프타
(2000엔 / 헤이센 양행)

▶1kg 들이. 강한 냄새를 줄이고 저자극성 소재를 사용한 주형용 레진. 전부 사용하기 편한 용량이라, 복제입문용으로 적절하다. 사용법은 하이캐스트와 같다. 작업가능 시간은 1~2분, 경화시간은 10~20분. 색은 아이보리와 플레시가 있다. 냄새를 억제하기는 했지만 사용 중에는 환기를 잘 해둘 것.

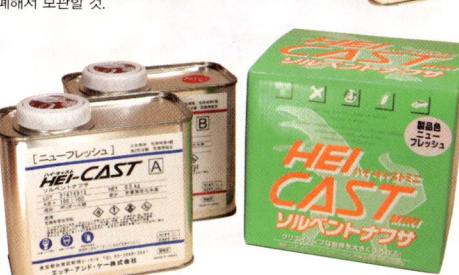

Mr. 캐스트 2
(2800엔 / GSI 크레오스)

▶1kg 들이. 적당한 용량의 주형용 폴리우레탄 수지. 색은 화이트로 성형색을 바탕으로 하는 서프레스 도색을 하는 것에도 적합하다. 경화 상태에서의 소재감은 약간 부드러운 느낌. 작업 시간은 120초, 이형 가능 시간은 10~15분.

퍼스트 캐스트
(5800엔 / 파인몰드)

▶2kg 들이. 프랑스의 액산사 제품으로, 고품질 주형용 폴리우레탄 수지. 악취를 억제한 논 키실렌 타입으로, 같은 타입의 제품 중에서도 특히 냄새가 거의 없는 것이 특징이다. 또한 경화 시에 수축이 적은 것도 특징으로 정밀한 복제를 하고 싶은 경우에 추천한다. 색은 아이보리. 주제, 경화제의 혼합은 동일한 양. 작업 가능시간은 약 3분. 경화 시간은 30~45분. 또한 A액(주제)의 용기가 찌그러져 있는 것은 품질 유지를 위한 것으로, 제조 단계에서 일부러 이렇게 만든 것이다.

조케이무라 EX캐스트 화이트
(3500엔 / 보크스)

◀2kg 들이. 이것도 화이트 타입 무발포 폴리우레탄 수지. 유동성이 좋아서 흘려 넣을 때 기포가 잘 생기지 않는 것이 특징이다. 경화시간(작업 가능 시간)은 120초와 180초 타입이 있고, 또한 용량 라인업도 풍부하여 필요에 따라서 선택하기 편하다. 200g(934엔), 500g(1410엔), 1kg(2362엔), 2kg(3500엔), 5kg(8500엔), 이외에 투명 타입도 있으며 200g(1410엔), 500g(1886엔), 1kg(2839엔), 2kg(4268엔)

ET 고투명
(3800엔 / 데브콘)

◀300g 들이. 주형용 고투명 에폭시 수지. 통상 압력에서도 기포가 잘 빠지는 것이 특징으로 폴리우레탄으로 주형할 때와 같은 작업으로 클리어 부품을 만들 수 있다. 다만 경화시간이 길으며, 이 덕분에 기포가 빠져서 투명도가 높아지는 것이다. 혼합 비율은 주제 : 경화제 = 2 : 1(중량비). 작업가능 시간은 2시간, 경화시간 12시간.

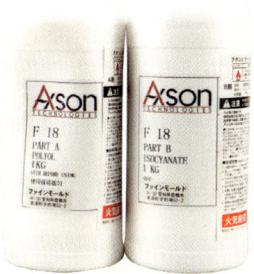

조케이무라 EX 토너
(381~572엔 / 보크스)

▶동사의 EX 캐스트용 착색제. 이것을 혼합하기 전의 A액에 적정량을 섞어줌으로써, 다양한 컬러 레진을 만들 수 있다. 색은 화이트, 블랙, 레드, 옐로, 블루, 그린, 브라운, 실버, 프레시, 오렌지, 라임 그린, 퍼플의 12색으로 17g 들이. 가격은 각 382엔(화이트만 34g 들이 572엔이다). 사용할 때는 잘 교반할 것. 또한 사용량은 A액 500g에 대해 15g 이하로 되어 있다.

● CHECK POINT

● 폴리에틸렌 재질 용기와 스포이드

▲실리콘이나 레진의 혼합 시 편리한 것이 폴리에틸렌 재질 용기다. 투명해서 용량이나 경화반응을 확인하기 좋고, 굳은 뒤에 벗겨내서 몇 번이고 재사용할 수 있다. 크기에 따라서도 다르지만 100엔 정도로 구할 수 있다. 또 폴리에틸렌 재질의 스포이드는 계량하면서 레진을 부을 수 있다. 사진의 것은 200엔 전후.

■ 점토, 형틀 소재

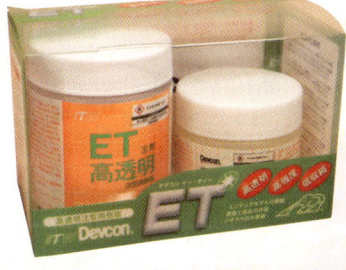

호이쿠 점토
(240엔 / CEC)

500g 들이. 어린이들이 쓰는 조형용 점토지만 실리콘이 잘 들러붙지 않고 저렴하다는 이유로 양면 틀 뜨기의 원형 채우기에 널리 쓰이고 있다. 제품을 깨냈을 때부터 부드럽기 때문에 반죽을 많이 하지 않아도 바로 사용할 수 있다.

Mr.크레이2(형틀 뜨기용 유점토)
(250엔 / GSI 크레오스)

▲500g 들이. 양면틀 제작을 할 때, 원형을 채우는데 사용하는 점토. 이형이 잘 되고 원형과 실리콘 형틀에 점토가 잘 남지 않는다. 점토면도 매끈하게 다듬기 쉬워서 작업성이 좋다.

Mr.형틀 뜨기 블록
(500엔 / GSI 크레오스)

▶거푸집 제작용 블록 세트로 동일한 모양의 블록 102개가 들었다. 돌기가 얇고 틈새에 스며든 실리콘을 벗겨내기도 쉽다. 조립하여 사용하는 것이며, 길이가 두 배인 블록으로 구성된 「Mr.형틀 뜨기 블록2」(더블 사이즈)」(108개들이 / 1200엔), 바닥에 깔 플레이트로 사용하는 「Mr.형틀 뜨기 블록 플레이트」(800엔)도 있다.

믹싱 스틱
(500엔 / 프로 하비)

▶폴리에틸렌 재질의 교반봉. 제법 두께가 있는 튼튼한 봉이므로 점토가 많이 묻어도 잘 섞을 수 있다. 폴리에틸렌 재질이라서 경화 전, 후에 부착되어버린 소재를 벗기기 쉽다. 적당한 봉으로 대체해도 될 것 같겠지만 막상 써보면 편리하다.

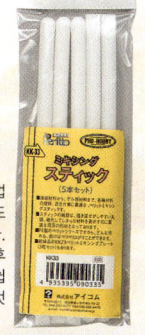

■ 이형제 세척액

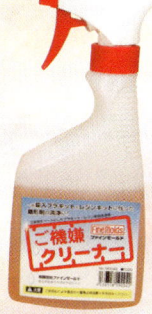

M·워시
(1200엔 / 웨이브)

▲500ml 들이. 탈형에 사용한 이형제를 복제품에서 닦아내기 위한 용액. 깊은 용기에 부어주고, 거기에 부품을 담가서 유분을 제거한다. 담그는 시간은 5분 정도. 한 번 사용한 「M·워시」는 다시 사용할 수도 있다.

"상쾌" 클리너
(1000엔 / 파인몰드)

▲400ml 들이. 레진 표면의 이형제만이 아니라, 프라모델의 부품의 제작 단계에서 묻어 있는 유분 등을 제거하는 세척액. 사용방법은 부품에 뿌려주고 3~10분 후에 물에 씻어주면 되므로 매우 간단하다. 세척액은 약한 알칼리성으로 손에 묻어도 위험하지 않다.

2. 형틀 뜨기의 기본

「단면 뜨기」로 복제의 수순을 기억해 두자.

이번 장에서 소개할 「복제」는 원형의 형상을 본뜬 「거푸집」을 만들고 그곳에 주형제를 흘려 넣어 굳힘으로서 성형품을 만드는 작업이다. 원형에 거의 충실한 모양을 재현할 수 있고 또 양산도 가능하다. 이 거푸집을 만드는 작업이 「형틀 뜨기」다. 원형의 형상 등에 따라 다양한 형틀 뜨기 방법이 있지만 그 중 대표적인 것이 「단면 뜨기」와 「양면 뜨기」다.

「단면 뜨기」는 원형의 바닥이 평평한 양각 형 부품을 복제하는 데 적합한 방법. 바닥의 모양을 만들 필요가 없기 때문에 거푸집 만드는 작업이 1번에 끝나서 간단하다. 반면 「양면 뜨기」는 프라모델의 금형과 마찬가지로, 부품을 위아래에 끼우듯이 거푸집을 만드는 방법. 원형의 모양을 남기지 않고 형틀 뜨기를 할 수 있어 보다 입체적인 부품의 복제가 가능하다. 다만 거푸집을 한쪽 면씩 만들기 때문에 작업량이 2배가 되고, 원형을 점토로 메우는 공정도 있어서 번거롭다.

형틀 뜨기에 사용할 재료는 실리콘 RTV고무다. 굳기전의 실리콘은 액상이고 유동성이 높아서 원형을 정밀하게 본뜰 수 있다. 그리고 커다란 특징이 하나 있는데, 그것은 바로 굳은 뒤에 탄력있는 고무재질이 된다는 것이다. 거푸집을 누르거나 당기면서 원형, 또는 성형품과 분리할 수 있기 때문에 역 테이퍼나 기타 복잡한 모양의 부품도 복제할 수 있는 것이다.

거푸집에 흘려 넣을 주형제는 흔히 말하는 레진(무발포 폴리우레탄 수지)를 사용하는 것이 일반적. 유동성이 매우 뛰어나고 단시간 내에 굳는 것이 특징이다. 경화 후에는 플라스틱과 비슷한 느낌으로 가공할 수 있고 도색도 모형용으로 할 수 있다. 다만 레진에는 인체에 유해한 성분이 포함되어 있어서 휘발된 냄새를 맡는 것은 가능한 한 피하는 것이 좋다. 주형할 때와 굳을 때는 환기는 물론 활성탄이 들어간 마스크를 착용할 것을 권한다. 또 혼합된 레진은 흘리거나 주위에 묻어버리면 잘 떨어지지 않는다. 거푸집에서 새어나가는 경우도 있으므로 만일에 대비해서 얕은 상자나 폴리에틸렌 재질의 트레이 위에서 작업하는 습관을 들이자.

실리콘틀의 제작에서 주형, 복제품을 얻는 과정은 오른 쪽 표에 적힌 대로다. 우선 이번 항에서는 「단면 뜨기」를 사례로 들어 복제작업의 포인트를 소개하겠다.

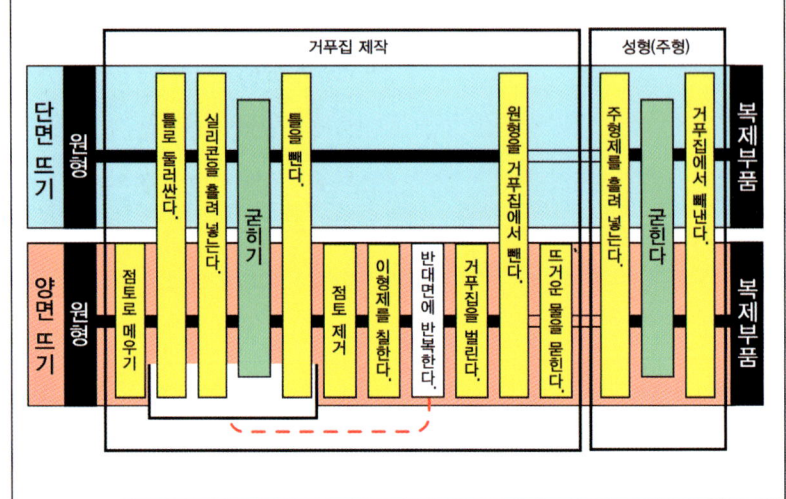

형틀 뜨기·복제 진행표

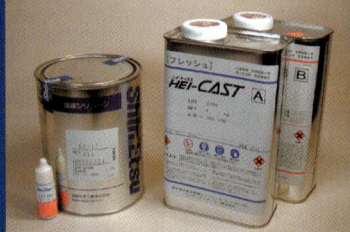

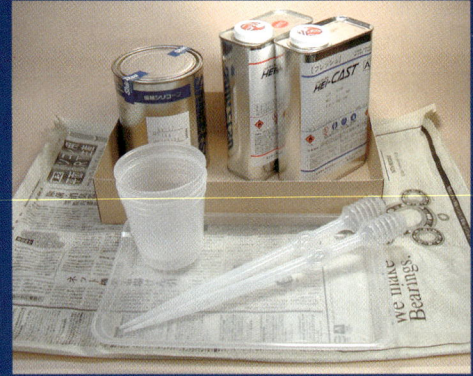

◀실리콘(왼쪽)으로 거푸집을 만들고 그 안에 레진(오른쪽)을 흘려 넣는다. 이것이 「복제」의 기본

▲작업 전에 주위를 어지르지 않기 위한 준비를 해두자. 상자나 트레이를 사용하면 다소 흘리더라도 넓게 번지지 않는다.

◀원형과 복제한 부품. 다소의 역 테이퍼 모양도 재현할 수 있는 것이 실리콘에 의한 형틀 뜨기의 장점이다.

거푸집의 종류와 형태

거푸집 제작에 들어가기 전에 실리콘 거푸집에는 어떤 것이 있는지 그 사례들을 살펴보자. 여기서 소개하는 것은 가장 일반적인 「단면 뜨기」와 「양면 뜨기」, 그리고 다소 고도의 작업을 요하는 「강제 탈형」이다. 각각의 제작과정은 나중에 소개하겠다.

▲「단면 뜨기」의 거푸집과 그 원형. 실리콘 거푸집으로서는 가장 단순한 타입이다. 원형이 되는 것은 부품을 위에서 내려다 봤을 때 그늘지는 부분이 없는(역 테이퍼가 없는)모양에 한정 된다. 이 방법으로는 원형의 뒷면 모양은 재현할 수 없다.

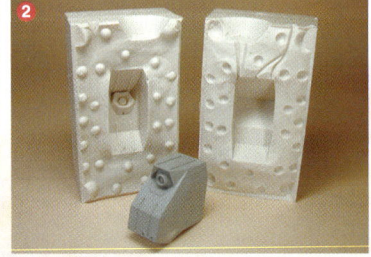

▲「양면 뜨기」의 거푸집과 원형. 거푸집을 2개로 분리함으로서 원형을 전체적으로 본뜨는 방법이다. 거푸집 제작에서는 원형의 어느 위치에 파팅라인(거푸집의 분할선)을 둘지가 포인트가 된다. 원형이 걸리지 않도록 분리할 수 있도록 고려한다.

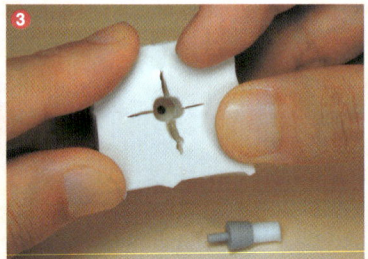

▲「강제 탈형」의 거푸집과 원형. 강제 탈형은 단면 뜨기의 일종이라고도 할 수 있다. 역 테이퍼 형으로 빠지지 않는 부분에 칼집을 내고 거푸집을 벌려서 빼내는 말 그대로 강제적인 방법인 것이다. 구부림이나 비틀림에 강한 실리콘을 사용하는 것이 좋다.

2. 형틀 뜨기의 기본

거푸집의 제작(단면 뜨기)

그러면 이제 실제로 거푸집을 만들어 보자. 단면 뜨기의 방법을 예시로 하여 실리콘의 취급 법과 거푸집에 흘려 넣는 방법을 소개해 가겠다. 실리콘을 다루는 법은 물론 다른 거푸집 제작 시에도 똑같다.

▲이것이 원형이 되는 부품. 부품의 바닥이 평평하고 위에서 봤을 때 그늘진 곳이 없는(역 테이퍼 형상이 없는)것이, 이 형틀 뜨기 방법을 취할 수 있는 원형의 조건이다.

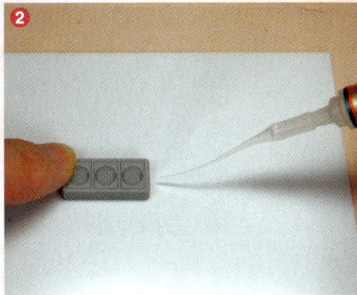

▲우선 원형을 평평한 판에 설치한다. 판은 평평하기만 하면 뭐든 상관없으나, 이 사례에서는 플라스틱판을 사용했다. 원형의 위치를 고정하기 위해 저점도 순간접착제를 조금 발라준다. 양면테이프 등으로 고정해도 상관없다.

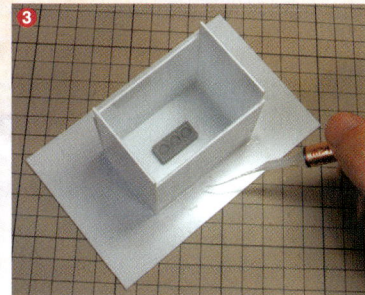

▲실리콘을 흘려 넣기 위한, 틀을 장착한다. 여기서는 간편하게 플라스틱판을 잘라내서 순간접착제로 고정했다. 틀의 모서리나 바닥부분에 조금이라도 틈새가 있으면 실리콘이 새기 때문에 그런 곳이 없도록 순간접착제로 메워둔다.

▲다음은 실리콘의 준비. 우선 캔의 뚜껑을 열고 주제에 잘 저어준다. 윗쪽이 섞여있어도 바닥쪽은 단단하게 남아 있는 경우도 있으므로 튼튼한 봉을 사용하자. 공기가 들어가지 않도록 천천히 저어준다.

▲형틀의 크기를 보고 필요한 양을 계산해서 실리콘을 컵에 덜어낸다. 원형 위 5mm정도 높이로 계산해서 조금 많이 준비하자. 용기는 눈금이 있는 것을 사용하는 것이 좋다. 경화제의 혼합은 중량비가 기준이기 때문에 무게를 잰다.

▲규정량의 경화제를 첨가한다. 미터기의 수치를 리셋한 후에, 경화제 무게를 잘 측정하면서 하자. 이 디지털 저울은 1g이하의 수치는 표시하지 못한다. 사용량이 적은 경우에는 작은 오차도 치명적일 수 있으므로 0.1g 단위까지 표시하는 제품을 사용하자.

▲경화제를 넣으면서 교반. 거품이 생기지 않도록 조심하면서 꼼꼼히 섞어준다. 섞은 다음에 틀에 흘려 넣는다. 갑자기 대량으로 붓는 것이 아니라 봉을 따라서 가늘게 실을 뽑아주듯이 해서, 우선 원형의 표면을 실리콘으로 감싼다.

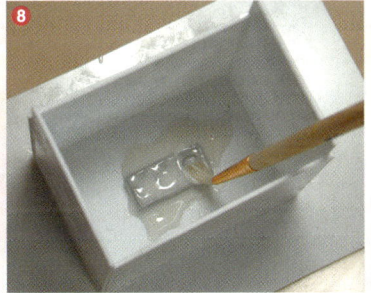

▲실리콘은 유동성이 있으므로 표면이 울퉁불퉁해도 흘러들어가지만, 작은 기포가 들어가거나 공기가 고여 있을 수 있다. 걱정이 될 때에는 붓 등으로 쓰다듬어서 밀착시켜주면 확실하다. 붓은 사용 후 바로 용제로 씻어줄 것.

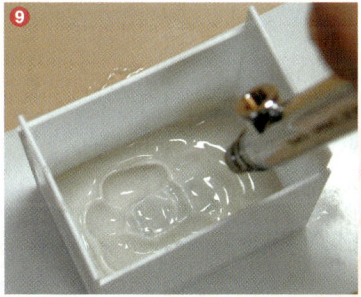

▲원형 주변에 흘려 넣었으면 틀 전체에 흘려 넣어준다. 원형표면의 기포나 공기가 고인 것을 없애려면 사진처럼 에어브러시의 공기압으로 실리콘을 눌러주는 방법도 있다. 잘못하면 실리콘이 튀어버리므로 주의할 것!

✓ CHECK POINT
● 실리콘을 흘려 넣는 방법

▲틀에 흘려 넣을 때 실처럼 흘려 넣는 것은, 가늘게 늘려줌으로써 실리콘 내의 기포를 줄여주는 효과가 있기 때문이다. 하지만 작업시간이 한정되어 있으므로 실리콘이 원형표면을 다 감쌌으면 그 다음엔 서서히 굵게 흘려 넣어도 된다.

▲실리콘이 굳은 것을 확인하려면 표면을 만졌을 때 끈적거리지 않는 정도가 기준이다. 굳은 것을 확인했으면 우선 주변의 틀을 제거한다. 그 다음 바닥면을 벗겨낸다. 이 사례에서는 원형이 거푸집에 붙어있는 상태에서 벗겨졌지만 바닥판에 남아있는 경우도 있다.

▲원형을 거푸집에서 빼낸 모습. 원형 표면의 세세한 몰드 도 깨끗히 복사되어있다. 이것으로 단면 뜨기의 거푸집이 완성되었다.

✓ CHECK POINT
● 원형 꺼내기

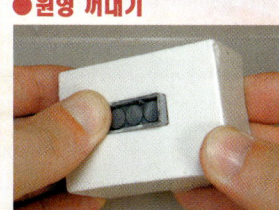

▲거푸집에 붙은 원형을 꺼내려면 원형주위의 거푸집을 조금 벌려주면서 뒤에서 밀어주면 좋다. 조금만 어긋나면 쉽게 꺼낼 수 있을 것이다. 거푸집의 고무가 원형에 붙어서 찢어져 버리지 않도록 신중하게 할 것.

또한 이미지 10의 설명:

▲실리콘을 다 흘려 넣은 모습. 어느 정도 높이까지 실리콘을 넣을지는 사전에 형틀에 표시해두면 좋다. 틀에서 새는 곳이 없으면 이대로 굳을 때까지 기다린다. 혹시 새는 곳이 있을 경우 점토 등을 사용해서 막아준다.

8. 형틀 뜨기 · 복제

CHECK POINT
● 하이 캐스트 프레시

▲오른쪽의 주형 사례에서 사용하고 있는 「하이 캐스트 프레시」는 현재 판매가 중단되었다. 동일한 색으로는 「하이 캐스트 미니 솔벤트 나프타」,의 「뉴 프레시」다.

레진의 주형

실리콘 거푸집이 완성되었으면 거기에 레진(무발포 폴리우레탄수지)을 흘려 넣어서 굳히면 복제품이 완성된다. 여기서는 주형의 흐름과 함께 레진을 다루는 법과, 굳는 상태도 함께 살펴보도록 하자.

1
▲여기서 사용할 주형제는 하이캐스트. 레진에는 다양한 제품이 있지만 색이나 굳은 뒤의 단단함에 다소 차이가 있을 뿐, 기본적인 특성과 취급 방법은 모두 같다. 수분을 흡수하면 발포되기 쉬우므로 사용 후에는 바로바로 뚜껑을 닫아주자.

2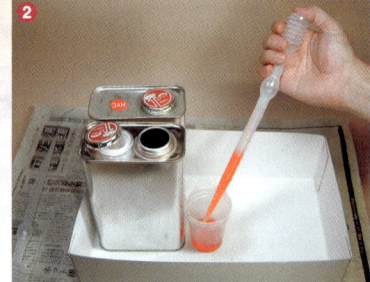
▲캔에서 덜어낼 때는 소량일 경우 폴리에틸렌 재질의 스포이드를 사용하면 편리하다. 눈금도 달려 있으므로 용량의 기준을 정하기도 쉽다. 사용할 양이 많은 경우 캔에서 직접 컵에 따르는 경우도 있다. 우선은 A액, B액을 각각 다른 용기에 담는다.

3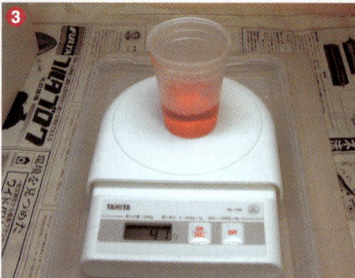
▲A액과 B액은 동일한 중량으로 섞기 때문에 각각의 무게를 측정해서 맞춘다. 실제로는 저울에 먼저 컵을 둔 다음에 거기에 직접 스포이드로 흘려 넣는 것이 쉬울 것이다. 이 경우 저울이 더러워지지 않도록 덮어주는 것이 좋다.

4
▲중량을 맞춘 A액, B액. 부피는 A액이 좀더 크다. 참고로 이번의 부피 비율은 약 10 : 8. 5. 이 수치를 알아두면 A액 10cc일 때는 B액 8.5cc라고 하는 식으로 스포이드나 컵만을 가지고도 계량할 수 있게 된다.

5
▲A액, B액의 혼합은 또 하나 별개의 컵을 준비해서 혼합한다. 부어줄 때 거품이 생기지 않도록 컵 테두리에서 따라서 흘려 넣는다. 컵에 담은 시점에서 반응이 시작되므로 작업은 신속하게!

6
▲용기에 담았으면 서둘러서 저어준다. 이때도 거품이 생기지 않도록 주의하면서 용기의 바닥이나 테두리도 잘 저어주자. 교반봉으로 나무젓가락을 써서는 안 된다. 목재는 수분이 포함되어 있어 기포 발생의 원인이 되기 때문이다. 이 사례에서는 런너를 사용했다.

CHECK POINT
● 경화불량

▲이것은 경화불량의 예이다. 경화불량이 일어나는 원인은 주로 2가지. 계량 미스와 교반 부족이다. 복제품의 경화불량으로 인해 계속 말랑한 상태면 거푸집에서 뺄 수 없기에 곤란한데, 가열해서 경화를 촉진시켜주면 벗겨내기가 쉬워진다. 물론 이렇게 한다고 해서 반드시 제대로 굳는 것은 아니므로 주형을 다시 할 필요가 있다.

7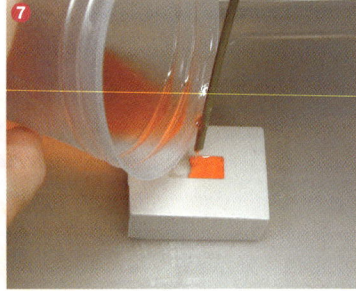
▲잘 저어준 레진을 거푸집에 부어준다. 봉을 따라서 흐르게 하면 조금씩, 부드럽게 부어 줄 수 있다. 레진의 작업가능 시간은 짧기 때문에 천천히 부어주는 동안에 굳어버리기 시작하는 경우도 있다. 레진이 뜨거워지기 전에 부어주도록 하자.

8
▲거푸집에 부었으면 몰드 구석에 기포가 없는 지 확인한다. 기포가 있으면 뾰족하게 만든 런너 등으로 찔러서 없애준다. 뒷면이라면 기포가 있어도 상관없지만 표면에 보이는 부분일 경우, 그 부분이 결손된 상태로 성형되기 때문이다.

9
▲경화가 시작되면 색이 변하면서 투명감이 사라진다. 경화는 레진이 고인 곳의 중심부터 시작해서 주위로 퍼진다. 부품의 끄트머리나 얇은 곳은 천천히 굳는다.

CHECK POINT
● 경화시의 열에 주의!

레진은 경화할 때는 매우 뜨거워진다. 이 발열량이 의외로 커서 직접 만지면 화상을 입을 정도다. 복제품은 거푸집 안에 있으므로 문제없겠지만 컵에 레진이 많이 남아있을 때는 주의하도록 하자.

10
▲전체색이 똑같아지고 발열을 멈추면 경화가 완료된 것이다. 원형을 빼낼 때와 같은 요령으로 복제품을 꺼낸다. 혹시 시간이 지났는데도 말랑하거나, 색이 변하지 않는 부분이 있을 때는 경화 불량이다.

11
▲왼쪽 사례에서는 액체의 표면장력으로 부풀어 오른 데다 약간 흘러나온 채로 경화하고 말았다. 하지만 굳기 전에 윗면에 판을 붙여두면 평평하게 성형할 수도 있다. 레진을 약간 많이 부어준 다음 흘러나오게 하면서 플라스틱 판을 밀착시키면 된다.

12
▲왼쪽부터 원형, 단면 뜨기를 한 복제품, 바닥을 평평하게 만들고 돌기 등을 제거하여 정형을 마친 복제품 이다. 원형과 형태는 물론 표면의 몰드도 똑같은 복제품이 완성되었다. 이제 같은 과정을 반복하면 개수를 늘려갈 수 있다.

3. 양면 형틀로 형틀 뜨기

분할하는 위치를 고려하여 부품의 전면 거푸집을 만들자

「양면 틀」은 「단면 뜨기」와 달리 원형의 뒷면의 거푸집도 만들기 때문에 부품의 모든 면을 완전히 재현한 복제품을 얻을 수 있다. 공정이 복잡한 작업이긴 하지만 뒷면이 패여 있는 프라모델 부품 같은 형태로 복제할 수 있다. 양면 틀 뿐만이 아니라 복제 작업 전반에 걸쳐 가장 중요한 것은 좋은 틀을 만드는 것이다. 좋은 틀의 조건이란 밑의 3가지를 말한다.

- 액체(주형제)의 흐름이 좋고 기포가 잘 생기지 않을 것.
- 게이트와 공기빼기는 필요 최소화 하고 몰드에 손상이 적을 것.
- 성형한 부품을 거푸집에서 쉽게 빼낼 것.

이들 조건에 맞는 거푸집을 만들려면 어떻게 하면 되는지, 이 항목에서는 그 부분을 자세히 설명하도록 하겠다. 또한 주형작업에서 틀을 빈틈없이 맞춘 다음에 흘려 넣기 때문에 새는 곳이 없도록 하는 것이 중요하다. 또 주형 작업 도중에 잘 흐르지 않는 곳을 발견했을 때는 수시로 대처해야 할 필요도 있다.

▲양면틀은 원형을 절반으로 나눈 형태가 된다. 접합면의 둥근 자국은 거푸집을 서로 맞추기 위한 가이드다.

▲한 면씩 틀을 만들기 위해 처음에는 원형을 점토로 메운다. 꼼꼼한 작업이 필요하다.

원형의 배치와 점토 묻기

좋은 틀이 될지 안 될지의 여부는 이 단계에서 결정된다고 해도 과언이 아니다. 원형의 배치나 분할을 잘 생각하자. 이 사례에서는 원형의 일부에 깊은 굴곡이 있어서 단순하게 상하나 좌우로 나눌 수는 없다.

1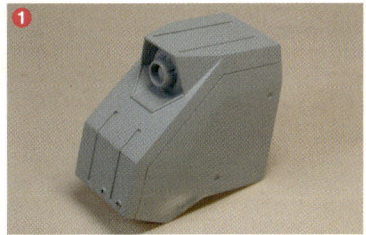
▲우선은 원형을 돌려보면서 좋은 틀의 조건을 생각한다. 액체의 흐름이 원활하면서 기포를 적게 하기 위해서는, 틀 내의 공기가 아래에서부터 위로 빠져나갈 때 막히는 곳이 없는 각도로 두는 것이 좋다. 즉 원형표면의 튀어나온 곳 등은 밑을 바라보게 하는 것이 좋다는 것이다.

2
▲그래서 원형을 비스듬히 배치해서 틀을 만들기로 했다. 이 방향이라면 좌측의 울퉁불퉁한 부분에 공기가 차는 일 없이 위로 빠져나갈 것이다. 테이프를 붙인 위치는 분할선으로, 이렇게 하면 좌우 어느 쪽에도 걸리는 곳이 적다. 수지를 흘려 넣을 주입구와, 공기 배출구는 위쪽에 배치한다.

3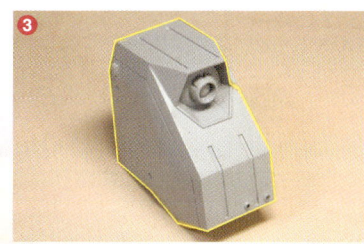
▲이것은 다른 방식을 생각해본 것. 파팅라인이 전부 면의 가장자리를 통하도록 한 것으로, 원형의 앞, 위, 우측면의 3면을 잇는 면과, 그 외의 3면으로 나뉜다. 부품이 틀에 깊숙이 들어가지 않는 장점이 있지만, 분할선이 복잡해서 점토 묻기가 힘들어진다.

4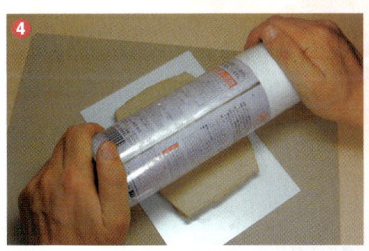
▲원형의 배치를 정했으면 점토 묻기를 하자. 점토는 굳은 실리콘이 들러붙지 않고 깨끗하게 벗겨지는 것을 사용하자. 이것이 대전제가 된다. 점토를 꺼냈으면 대충 네모나게 해서 표면을 평평하게 다듬는다.

5
▲미리 정해둔 분할선까지 원형을 점토에 묻는다. 이것은 대강 묻어둔 모습이다. 강제로 밀어 넣어서 묻는 것보다 묻을 곳의 점토를 주걱 등으로 파낸 다음에 넣는 것이 더 좋다.

6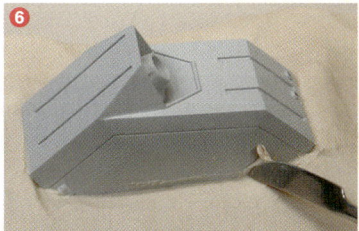
▲원형과 점토 사이에 틈새가 없도록, 그리고 원형이 가능한 한 점토에 수직이 되도록 만들자. 원형과 점토가 접하는 라인(파팅라인)은 사진과 같이 주걱으로 긁어내듯이 마무리한다.

7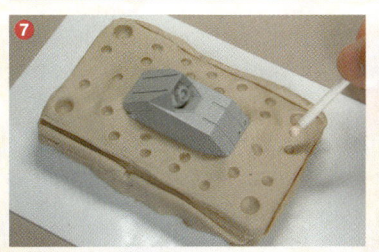
▲원형 주위를 마무리했으면 틀의 어긋남을 방지하기 위한 홈을 판다. 이것은 위치를 맞추기 위한 가이드이므로 모양은 동그라미도 사각도 상관없다. 여기서는 구체 부분으로 눌러주고 있다. 점토의 바깥 둘레에 생긴 홈은 형틀의 위치를 확인한 자국이다.

8
▲형틀에는 블록을 사용하기로 한다. 미리 사각형모양으로 블록을 조립해둔 다음에 그것을 점토위에 올려서 위치를 맞춘다. 테두리에 남은 점토를 제거하고 모자란 곳은 더해서 틀을 다시 끼운다.

9
▲틀을 설치했으면 틀의 내벽과 점토가 접하는 부분에 틈새가 없도록 주걱으로 수정한다. 또 형틀을 설치할 때 점토면이 일그러지면서 원형 주위에 틈새가 생겨나지 않았는지 체크한다. 틀은 흔들리지 않도록 박스테이프 등으로 확실하게 고정해주자.

CHECK POINT

● 원형을 묻어주는 방향

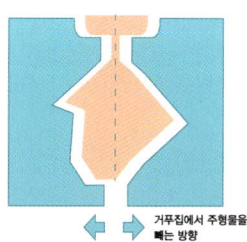

▲원형을 수직으로 가르듯이 묻어준 경우. 이렇게 하면 주형재를 흘려줄 때에, 각진 곳에 기포가 걸리는 부분이 적다. 묻는 방법은 원형의 형태에 따라서 변하지만, 가능한 이렇게 하는 편이 좋다.

▲원형을 대각선으로 가르듯이 묻어준 경우. 주형재를 흘리는 방향도, 거푸집에서 벗기는 방향도 걸리는 부분이 적다. 묻는 방법은 원형의 형태에 따라서 변하지만, 가능한 이렇게 하는 편이 좋다.

8. 형틀 뜨기・복제

CHECK POINT

● 틀을 만드는 재료

▲형틀의 테두리를 만드는 재료는 플라스틱판이나 블록, 또는 목재 등이 사용된다. 플라스틱판은 큰 틀에 사용하면 실리콘의 무게로 일그러지기 때문에 소형 틀에 적합하다. 무엇을 사용하건 재이용 가능하도록 천으로 된 고정용 테이프 등으로 고정해서 쓰면 편리하다.

A면의 제작

여기서부터는 실리콘을 흘려 넣어서 거푸집을 만드는 작업이다. 이 책에서는 「양면 틀」의 처음 만드는 쪽 거푸집을 「A면」, 나중에 만드는 거푸집을 「B면」으로 칭하기로 한다. 실리콘이 굳으면 원형이 묻혀있던 점토는 깨끗이 벗겨내 준다.

▲형틀을 설치했으면 실리콘을 흘려 넣는다. 실리콘의 사용법은 단면 뜨기와 같다. 경화여부의 확인은 직접 손가락으로 만져 봐도 되지만, 컵에 남은 실리콘의 상태로도 판단할 수 있다.

▲실리콘이 굳었으면 형틀을 제거한다. 그 후 점토면을 통재로 받침판에서 벗겨낸 상태이다. 점토면이 얇을 경우 밑의 판에서 깨끗하게 벗겨지지 않으므로 이럴 땐, 그대로 다음 단계(실리콘에서 점토를 벗긴다)로 넘어간다.

▲실리콘에서 점토를 벗겨낸다. 원형이 틀에서 떠오르거나 벗겨지지 않도록 주의할 것. 한 번 벗겨져 버리면, 다시 되돌려도 원형과의 사이에 틈새가 생기고 만다. 특히 작은 부품과 면에 굴곡이 없는 부품은 위험하므로 신중하게 하자.

▲점토를 벗긴 모습. 실리콘이 부착하지 않는 타입의 점토라면 이렇게 깨끗하게 벗길 수 있다. 하지만 그렇다고 한 덩어리로 해서 떼어낼 필요는 없다. 원형이 분리되지 않도록 떼어내는 것이 더 중요하다.

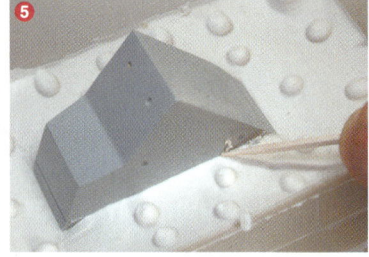

▲원형의 테두리에 약간 남은 점토 찌꺼기를 제거해 주는 모습. 이 밖에도 원형의 패널라인 등의 몰드나 거푸집의 가이드 주위 등 세세한 부분에 점토가 남아있지 않는지 잘 체크한다. 혹시 남아있으면 확실하게 제거해주자.

▲점토를 제거한 후에, 거푸집 주위의 돌기와 가장자리의 얇아진 부분을 잘라내면 A면은 완성. 거푸집 주위의 돌기는 커터 칼이나 나이프로는 잘라내기 힘들기 때문에, 니퍼나 가위를 사용하는 것이 좋다.

이형제를 칠한다.

A면이 완성되었으면 다음은 반대쪽 B면을 만들어야 하는데, 이대로 실리콘을 흘려 넣으면 실리콘끼리 달라붙어 버린다. 따라서 여기서는 A면에 이형제를 바른 다음 실리콘끼리 달라붙지 않도록 해주었다.

▲이형제에는 전용 제품 외에 바닥용 왁스 등이 자주 사용된다. 실리콘끼리 달라붙지 않는 굳은 실리콘 표면에 얇은 막을 형성하는 것이라면 뭐든 상관없다. 여기서는 발라 놓은 부분을 쉽게 확인할 수 있는 Mr.메탈컬러의 골드를 사용했다. 붓으로 실리콘 틀에 칠한다.

▲이형제는 원형에 묻지 않도록 칠하자. 메탈컬러는 도료이므로 칠이 얇아서 원형에 묻어도 별 문제는 없지만 「배리어 코트」등 도색 피막이 두꺼워지는 것은 단차가 되어 자국이 남기 때문에 주의가 필요하다.

▲이형제는 이처럼 원형이외의 거푸집이 맞닿는 면 전체에 칠한다. 틀 표면에 있는 볼록한 가이드 때문에 균일하게 칠해지진 않았지만 얇게 칠해진 곳도 이형제로서의 효과는 있기 때문에 문제없다. 하지만 칠하지 않은 곳이 있는지는 잘 확인해두도록.

B면의 제작

이어서 반대쪽(B면) 형틀 뜨기를 한다. A면의 거푸집에 다시 한 번 형틀을 씌우고 실리콘을 흘려 넣는 것이다. 작업 자체는 A면 제작의 반복이다.

CHECK POINT

● 블록의 재사용

▲형틀에 블록을 사용하면 블록 틈새에 실리콘이 스며들 때가 있다. 재사용할 때는 굳은 실리콘을 제거한 다음 사용할 것. 편리한 블록 틀이지만 다소 번거로운 부분도 있다.

▲이형제를 칠한 A면에 틀을 장착한다. 물론 틀은 동일한 크기로 한다. 판과 블록을 재이용하면 된다. 다만 틀의 높이가 모자라는 일이 없도록, 판으로 된 형틀일 경우 처음부터 높게 만들어두자. 형틀이 블록이면 추가로 쌓는 것이 가능하다.

▲B면에 실리콘을 흘려 넣어 굳은 상태. 원형의 윗 모서리부터 이 실리콘 윗면까지의 높이가 이 거푸집의 가장 얇은 부분이다. 때문에 다소 높이 흘려주는 편이 거푸집으로서는 튼튼하고 일그러짐이 적다.

▲틀에서 분리한 실리콘 거푸집. 아직 양면이 딱 달라붙어 있는 상태. 거푸집의 각 변에 생겨난 돌기는 잘라서 제거하자. 이 후 거푸집을 벗기고 원형을 꺼낸다.

3. 양면 형틀로 형틀 뜨기

원형 꺼내기

완성된 거푸집을 접합선을 따라 분리하고 원형을 꺼낸다. 이형제를 칠해뒀다고는 해도 두개의 거푸집은 딱 달라붙어있다. 행여나 여기서 거푸집이 찢어지거나, 결손이 일어나면 모처럼의 작업이 헛수고가 될 수 있으므로 신중하게 진행하자.

▲거푸집을 벗기려면 우선 모서리 부분을 당겨주어 틈새를 만든다. 조금 벗겨지면 이 틈새를 틀 전체로 넓혀간다. 거푸집을 크게 휘게 하는 것이 아니라 전체를 띄우듯하다.

▲거푸집을 떼어낸 모습. 이 거푸집의 경우 수직 방향으로 떼어내면 원형에 걸리게 되므로 비스듬하게 들어 올리듯이 했다. 거푸집을 분리하는 방향도 원형의 설치단계에서 고려해야만 한다.

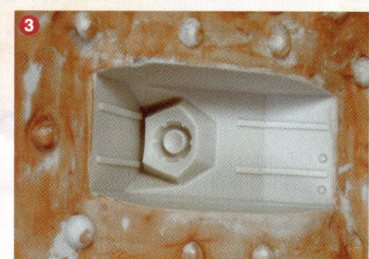

▲깊은 굴곡 부분도 깔끔하게 형태가 복제되었다. 깊은 홈(거푸집 입장에선 돌기)이나 역 테이퍼 부분을 떼어낼 때는 한 곳에 급격한 힘이나, 강한 힘이 가해지지 않도록 천천히 벗겨내도록 하자. 이는 복제품을 탈형할 때도 마찬가지다.

주입구, 공기구멍을 설치한다.

거푸집에 주형제를 흘려 넣기 위한 「주입구」와 구멍과 공기가 빠져나갈 「공기구멍」을 만들어준다. 주형제 주입구를 설치하는 방법에는 「탑게이트」와 「언더게이트」 2가지가 있으나 여기서는 부품의 위에서 흘려 넣는 「탑게이트」를 사례로 진행하겠다.

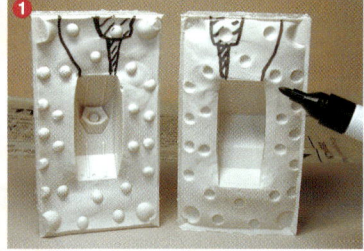

▲주형제의 「주입구」와 「공기구멍」을 만들 위치를 그려넣은 모습. 주형제 주입구는 주형제가 잘 흘러들어가도록 깔때기 모양으로 한다. 공기구멍은 가늘어도 상관없으나 윗면의 출구는 주형제 주입구로 부터 떨어뜨려 놓는다. 실수로 흘린 주형제가 구멍에 들어가지 않도록 하기 위해서다.

▲나이프 등으로 'V'자 모양으로 칼집을 내듯이 해서 주입구와 공기구멍을 판다. 부품의 게이트가 될 부분은 좁으면 흐름이 나쁘고 굵으면 그만큼 몰드가 사라진다. 처음에는 작게 했다가 주형물이 나온 모습을 보아가며 넓혀주면 될 것이다.

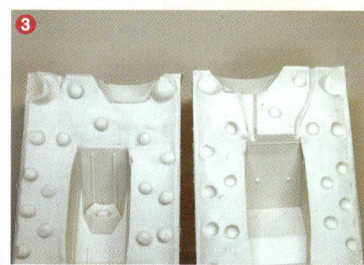

▲주형제 주입구, 공기구멍을 전부 설치한 모습. 이 거푸집은 두께가 있어서 한쪽 면에만 파도 충분한 굵기의 홈이 생기므로 남은 한쪽은 그대로 두었다. 거푸집의 내구성을 생각하면 칼집을 넣는 곳은 적을수록 좋은 법이다.

CHECK POINT
● 웅덩이를 크게 만든다.

▲주형제 주입구의 가장 윗부분에는 주형제가 일단 고이도록 깔때기 모양의 「웅덩이」를 만든다. 이로 인해 안정적으로 흘러들어가고 기포가 들어가는 것도 방지된다. 또 주형제를 부어주기도 편해진다. 가능한 크게 만드는 것이 좋다.

주형

양면틀의 주형은 거푸집을 맞물린 다음에 흘려 넣기 때문에 거푸집이 어긋나 있으면 주형제가 새어버리고 만다. 따라서 양면의 거푸집을 어긋나지 않도록 확실히 잡아주는 것이 중요하다. 또한 주형제의 흐름이 나쁘거나 성형품에 큰 기포가 남아있을 때는 공기구멍을 추가하는 등, 거푸집에 수정을 가할 필요가 있다.

▲거푸집 양면을 맞물렸으면 밀착시키기 위해 고무밴드 등으로 눌러준다. 접합면 전체에 평균적인 힘이 가해지도록 하는 것이 이상적이다. 이런 이유로 거푸집 양 측면에 판을 끼워주면 좋다. 너무 세게 눌러도 거푸집이 일그러지므로 주의하자.

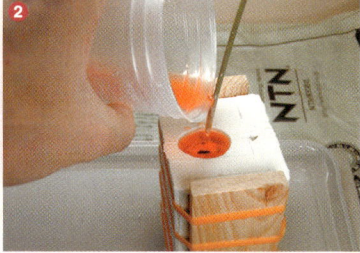

▲주입구에 주형제(레진)를 부어준다. 봉을 타고 흐르게 하면서 액이 넘치지 않도록 조심하며 따라주자. 주입구가 좁거나 공기구멍이 충분히 뚫려 있지 않으면 금방 넘쳐버리는 경우도 있다.

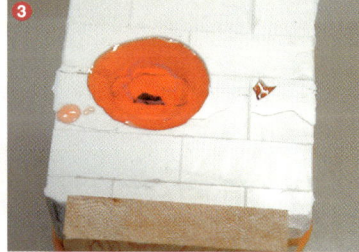

▲거푸집 안의 흐름이 원활하면 주형제는 공기구멍까지 흘러들어가서 윗면에서 볼 수 있게 된다. 여기까지 흘려 넣었으면 주형은 끝이다. 이 후, 거푸집 주위를 손가락으로 가볍게 두드려 주자. 주형제 안에 기포가 있을 경우 이렇게 하면 기포가 떠오른다.

CHECK POINT
● PP 테이프로 거푸집을 고정

▲거푸집을 고정할 때는 고정용 PP 테이프(폴리프로필렌 테이프)를 사용하는 것이 좋다. 거푸집을 딱 맞추고 가로 세로로 둘둘 감싸주면. 테이프가 늘어나지 않으므로 확실하게 고정할 수 있다.

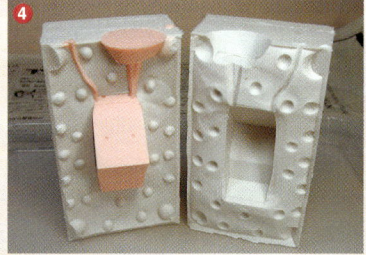

▲굳은 다음 거푸집을 분리한 모습. 전체적으로 깔끔하게 되어있긴 하지만 잘 보면 공기구멍 부근에 기포가 발생한 것을 알 수 있다. 주입구와 공기구멍이 거의 수평이라서 그 사이에 공기가 남기 쉬운 것이다. 이것을 해소하기 위해 공기구멍을 늘리기로 한다.

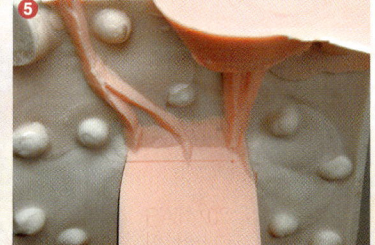

▲공기구멍을 늘리고 주형한 것. 공기구멍뿐만 아니라 부품 윗부분에 다소 찌꺼기가 생기도록 거푸집을 살짝 잘라냈다. 이것은 레진 자체의 발포에 따라 발생한 기포를 이곳에 빼내기 위함이다. 이렇게 시험 삼아 주형물을 뽑아 보면서 거푸집을 수정하는 것도 중요하다.

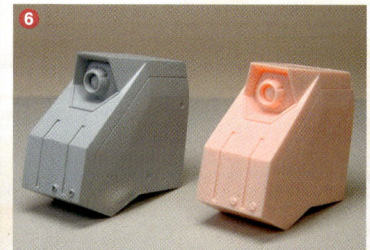

▲거푸집에서 빼내서 주입구와 공기구멍을 잘라내어 정형한 복제품. 원형과 비교해도 전체적인 모양, 세부 몰드까지 충실하게 재현되어있다. 부품으로서 사용하려면 파팅라인의 처리와 표면처리가 필요해 진다.

CHECK POINT
● 수지의 수축에 따른 축소

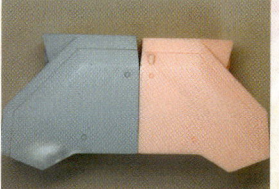

▲복제한 부품은 원형과 비교하면 아주 약간 작아진다. 이것은 실리콘이나 주형제가 각각 굳을 때 수축하기 때문이다. 실리콘의 경우 0.3~0.5%, 레진은 2~3%정도 수축한다.

복수 부품용의 양면 틀

양면틀은 원형의 모양에 따라서 다양한 제작법이 있다. 이번 예는 2개의 부품을 한 번에 형틀 뜨기 하는 사례를 살펴보자. 이 경우 주입구는 부품의 밑에서부터 돌아가는 형태를 취한다. 이것이 「언더게이트」라고 불리는 방법이다.

CHECK POINT
● 아래로 우회시킨다.

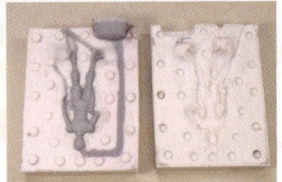

▲피규어의 복제 사례. 주형 수지를 일단 아래로 우회시켜서, 위쪽을 향해서 성형 부분에 흐르도록 하고 있다. 이렇게 하면 수지도 공기도 동일한 방향으로 흐르므로, 공기가 잘 고이지 않게 된다.

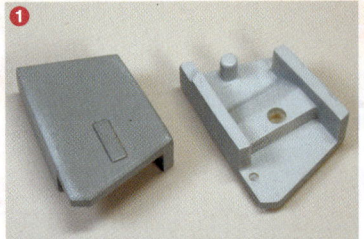

▲이것이 형틀 뜨기를 할 원형. 좌우를 접합하는 관절 부품으로 전체적으로는 판형이지만 안쪽에 축이나 축받이용 구멍이 뚫려있다. 분할선의 위치는 프라모델 부품처럼, 부품 테두리 선을 따르기로 한다.

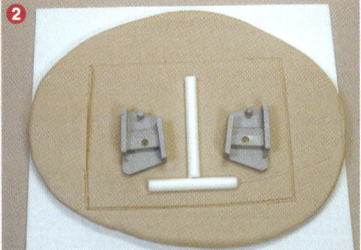

▲평평하게 다듬어 놓은 점토에 원형을 배치한다. 부품 사이에 있는 플라스틱 봉은 좌우의 원형에 균등하게 주형하기 위한 주입구가 되는 부분이다. 원형의 밑에서 흘려 넣는 「언더게이트」방식이다. 주입구를 나중에 만드는 것 보다 이렇게 주입구도 성형하는 편이 원활하게 흐른다.

▲파팅라인을 원형의 테두리에 맞추기 위해 그 부분은 점토를 쌓아 올린다. 이렇게 점토면은 반드시 평면이 아니라도 된다. 원형의 어느 위치에 파팅라인을 둘 것인가에 따라서 점토면을 조정해주는 것이다.

▲형틀로는 플라스틱판을 사용. 재이용할 것이므로 각 판의 고정은 강력하면서도 깨끗이 떼어낼 수 있는 천 테이프를 사용하는 것이 좋다. 틀 모양을 만든 다음 점토면 위에서 눌러주어 고정하며 실리콘이 새는 것도 방지한다.

▲실리콘을 흘려 넣고 거푸집을 떼어내는 작업은 「탑 게이트」의 사례와 동일하다. 사진은 양면의 거푸집이 완성된 상태이다. 원형 뒷면의 축이나 움푹한 부분도 기포 없이 재현되었다. 이 후 웅덩이와 공기구멍을 설치한다.

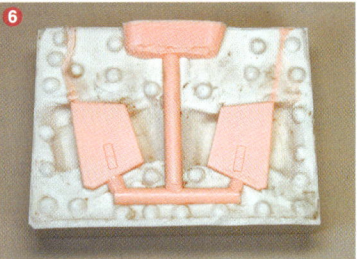

▲완성된 거푸집에 주형한 상태. 언더게이트에 의한 주형은 거푸집 안에서 공기와 주형제가 밑에서 위쪽으로 움직이기 때문에 흐름이 매끄럽고 공기가 잘 빠져나간다. 또 여러 개의 부품을 한 번에 주형하는 경우에도 주입구를 배치하기 쉽다는 장점이 있다.

흐름이 좋지 않은 부분의 처리

거푸집이 깊고 복잡한 부분이나 모서리가 될 부분에는 주형제가 잘 흐르지 않고 기포가 생기기 쉽다. 그러면 그런 부분도 잘 흐르게 하려면 어떻게 하면 될지 그 방법을 살펴보자.

CHECK POINT
● 기포도 2종류

복제품에 남는 기포는 공기가 잘 빠져나가지 않아서 생기는 것(크다)과, 주형제의 발포에 의해 생기는 것(작다)이 있다. 공기가 잘 빠지지 않아서 생기는 경우는, 공기구멍을 마련해서 대처할 수 있지만 발포인 경우는 어느 정도 어쩔 수 없다

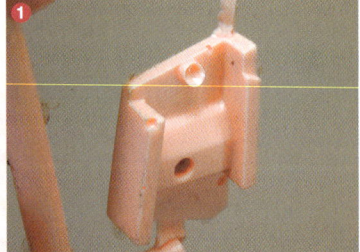

▲위의 사례에서 성형한 부품의 뒷면. 실은 사진과 같이 축이나 모서리 부분에 기포가 생겨버렸다. 원인은 주형제의 흐름이 좋지 않았기 때문. 흐름을 좋게 하려면 축의 밑 부분에 일부러 찌꺼기가 생기도록 칼집을 내면 되지 않을까…?

▲유감스럽지만 그것은 오답. 깊이 들어간 곳에 주형제를 흘려 넣으려고 해도 공기가 빠져나가지 못하면 수지가 흘러들어가지 않는 것이다. 따라서 공기가 잘 빠져나가도록 바깥쪽에 틈을 만들어 주는 것이 정답이다. 공기가 잘 빠져 나가면 주형제도 흘러들어가기 쉽다.

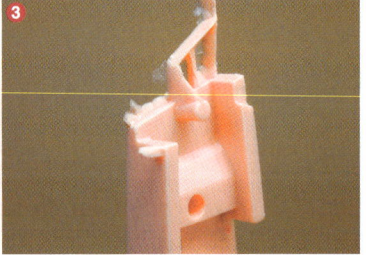

▲거푸집에 홈을 판 다음에 주형한 것. 축 부분에도 확실히 주형제가 흘러들어갔다. 결과적으로 쓸데없는 덧살이 생겼지만 이 정도쯤이야 정형해주면 그만이다. 중요한 것은 주형제의 흐름이 안 좋을 경우 공기를 빼기 위한 대처를 해줘야 한다는 점!

그 밖의 거푸집 사례

더욱 독특한 양면 틀의 사례를 소개하겠다. 기본은 지금까지 살펴본 것과 같지만 원형의 방향이나 배치, 주형제의 흐름, 공기가 빠지는 법을 잘 파악하고 있다면 많은 부품을 한 번에 뜨거나, 기포가 잘 생기지 않는 주형을 할 수 있는 것이다.

▲복수의 부품을 형틀로 뜬 예. 각 부품에 주형제가 흐르기 쉽도록 언더 게이트 식을 택하고 있다. 밑에 배치된 부품의 공기구멍이 그 위에 있는 부품의 게이트 역할을 하는 것에 주의. 이러한 거푸집을 만들 때는 주입구와 공기구멍을 어떻게 낼 것인지 미리 생각해서 위치를 정한다.

◀부품을 한 바퀴 돌듯이 울퉁불퉁한 몰드가 있는 원형을 형틀로 뜬 예. 몰드를 죽이지 않도록 파팅라인은 부품의 각 모서리 부분에 위치시키고 여기에 더해 윗면의 몰드에 기포가 고이지 않도록 전체적으로 약간 기울여서 배치했다.

4. 그 밖의 복제 테크닉

용도와 복제 상황에 따라서 복제 방법을 선택하자

이제까지 단면 뜨기, 양면 뜨기와 스탠더드한 복제 방법을 소개 하였으나, 거푸집 제작과 주형 방법은 아직 다른 방법도 있다. 「복제는 하고 싶지만 수는 적어도 되고, 그다지 고생하고 싶지 않다」고 하는 경우에는 점토 묻기를 생략하는 방법도 있으며, 주형에 있어서도 부품의 사용 방법에 따라서는 주입구를 만들어서 흘려 넣는 것과는 다른 방법을 취하는 경우도 있다.

이 항목에서는 그러한 개별적인 제작 상황에 대응할 수 있는 복제 테크닉을 소개한다. 자신이 복제하고자 하는 부품을 어떻게 사용하려고 하는지 등, 목적에 대응하여 선택하는 것이 좋을 것이다. 또한, 복제후의 실리콘 형틀의 취급과 수복, 성형품의 이형에 관해서 등등, 복제에 관계된 여러 가지 제반 상황에 대처하는 방법도 여기에 적도록 한다.

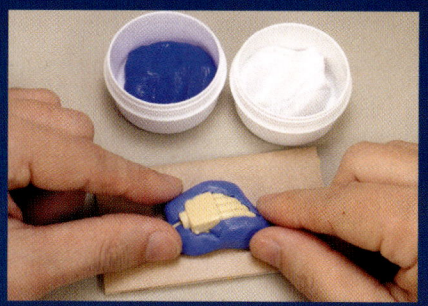

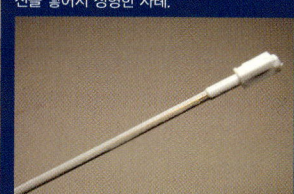

◀점토 상태의 실리콘으로 제작하는 방법. 경화도 빠르므로, 잽싸게 제작할 수 있는 점이 매력적이다.
▼레진의 젖혀짐을 억제하기 위해서 안에 금속선을 넣어서 성형한 사례.

한방 뜨기

「한방 뜨기」는 실리콘을 한 번만 흘려 넣어서 양면 틀을 만들어버리는 방법이다. 공정을 단축시킬 수 있어서 손쉽게 형틀 뜨기가 가능하다. 다만 실리콘이 굳은 뒤에 거푸집을 잘라서 분리하기 때문에 파팅라인이 복잡한 형태에는 시도하기 어렵다.

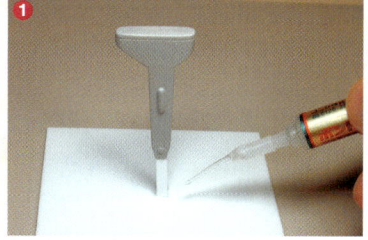

▲우선 원형에 지지대를 꽂고 판 위에 설치한다. 이 지지대 부분이 주입구 혹은 공기구멍이 되므로 다소 높이가 있는 편이 좋다. 이 다음 주위에 판을 붙여서 실리콘을 흘려 넣는다. 이 부근은 단면 뜨기와 같은 작업이다.

▲실리콘이 굳으면 틀을 빼고 지지대가 보이는 부분으로 원형이 있는 곳을 예상하고 거푸집 측면에 칼집을 낸다. 절단면은 직선이 아닌 파도치는 식으로 할 것. 이렇게 해서 가이드 대신으로 삼는 것이다.

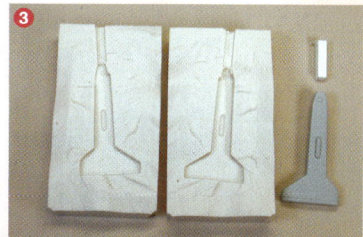

▲한 바퀴 돌려서 칼집을 냈으면 절개면을 벌려서 추가적으로 자르거나, 서서히 절개해 나가는 식으로 해서, 절단면이 원형의 가장자리 까지 도달하도록 한다. 이로서 거푸집이 둘로 분리된다. 그 후에 오른쪽 사진처럼 주입구와 공기구멍을 내면 끝

CHECK POINT

● 한방 뜨기에서 주의점

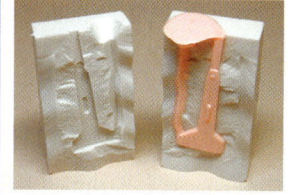

▲「한방 뜨기」에서는 원래 의도한 파팅라인에 따라 거푸집을 절개하는 것이 가장 중요하다. 절개면을 잘 보고 거푸집이 이상하게 찢어지고 있지 않은지 확인하면서 절개한다. 투명 실리콘을 사용하면 내부가 보여서 작업하기가 편하다.

강제 탈형

「강제 탈형」은 거푸집을 2개로 나누지 않고, 입구 부분을 강제로 벌려 탈형하는 방법이다. 본래라면 단면 뜨기가 곤란할 원형이라도 어느 정도라면 주형 가능하다. 다만 거푸집에 부담이 많이 가는 방법이므로 부드러우면서도 변형에 강한 실리콘을 사용하자. 일본 외의 국가에서 자주 볼 수 있는 성형방법이다.

▲우선 원형이 될 부품에 지지대를 꽂고 설치한다. 이 후, 틀을 에워싸고 단면 뜨기와 같은 요령으로 실리콘을 흘려 넣는다. 지지대 면적이 넓을수록 주형품을 꺼내기 쉬워지므로 가능한 넓은 지지대를 설치하는 것이 좋다.

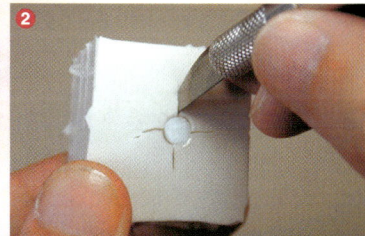

▲실리콘이 굳으면 거푸집에서 원형을 꺼낸다. 물론 이대로 꺼내는 것은 불가능하기에 지지대 주위에 칼집을 내서 거푸집을 벌리기 쉽게 한다. 이 사례의 원형은 동그란 형태라서 십자가 모양으로 칼집을 내고 있다.

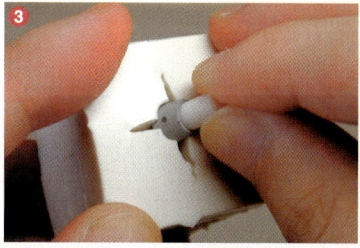

▲칼집을 냈으면 거푸집 전체를 넓히면서 원형을 꺼낸다. 역 테이퍼 형 같이 다소 걸리는 곳이 있어도 더욱 벌려서 강인하게 잡아당긴다. 거푸집이 찢어지거나 떨어져 나가지 않도록 잡아당기는 힘에도 강한 실리콘을 사용할 필요가 있다.

▲추출한 원형과 완성된 거푸집. 칼집을 낸 부분도 원형을 빼고 나자 알아볼 수 없게 되었다. 혹시 잘 꺼내지지 않을 경우에는 거푸집을 찢어서 「한방 뜨기」로 변경하는 방법도 있다. 이 후, 지지대 부분을 주입구로 해서 주형한다.

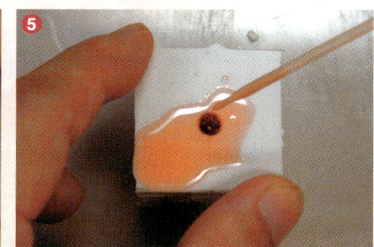

▲주형도 단면 뜨기와 같은 요령이다. 다만 주입구가 부품 모양에 비해 좁기 때문에 역 테이퍼 부분이나 좁은 곳에는 기포가 남아있기 쉽다. 사진은 봉으로 찔러서 기포를 빼고 있는 모습. 거푸집을 잠시 벌려서 칼집 부분에서 기포를 빼는 방법도 있다.

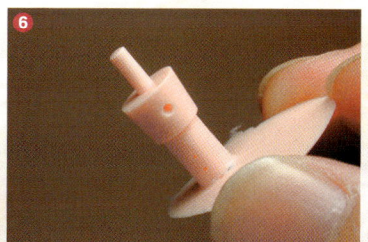

▲굳은 뒤, 거푸집에서 꺼낸 복제품. 거푸집에 낸 칼집은 주입구뿐이므로 파팅라인이 없다. 복제할 수 있는 형태는 어느 정도 제한을 받지만, 작업공정도 적고 매우 깔끔한 복제품을 얻을 수 있다.

붕어빵 방식

양면 형에 주입구를 설치하지 않고 두 개의 거푸집에 각각 주형제를 따른 다음 합쳐서 붙이는 것이 「붕어빵 방식」이다. 약간 요령이 필요하지만 주입구나 공기빼기가 없어도 되며, 이것 때문에 몰드가 사라지는 곳이 없는 것도 장점이다. 또 세세한 몰드에 주형제가 흘러들어가 있는지 확인하기도 쉽다.

CHECK POINT
● 거푸집을 합칠 때 주의

「붕어빵 방식」으로는 거푸집을 합쳤을 때 어긋나면 주형제가 다 흘러나오고 만다. 적당한 상자 위에서 작업하는 등, 거푸집 주변에 흘려도 상관없는 작업환경을 마련해두자.

▲양면에 주형제를 채워 넣은 모습. 경화가 시작되지 않아서 유동성이 높은 단계에서는 주형제가 흘러내리므로, 색이 변해서 경화가 시작되는 시기를 가늠하여, 타이밍을 놓치지 말고 거푸집을 접합한다.

▲합칠 때는 재빠르게 그리고 단번에 완벽히 아귀가 맞도록 한다. 이것을 처음부터 잘하기는 어렵다. 몇 번 연습을 해서 타이밍과 접합 방법을 익힐 필요가 있다. 거푸집을 합쳤으면 그대로 잠시 눌러주도록 한다.

▲붕어빵 방식에 의한 복제품. 주위에 주형제가 넘쳐흐르기 때문에 저렇게 찌꺼기가 생기는 것은 어쩔 수 없다. 얇은 덧살이라면 간단하게 정형할 수 있다. 성공했을 때 완성도는 높지만 난이도가 조금 높다. 유동성이 낮은 주형제를 사용하는 편이 작업하기 쉬울 것이다.

공동 성형

「공동(空洞) 성형」은 「붕어빵 방식」의 응용이다. 주형제를 조금 모자라게 부어주고 거푸집 내의 각 면에 닿도록 거푸집을 돌려가면서 굳히면 가운데가 텅 빈 공동 상태로 완성된다. 가볍게 만들고 싶을 때와 얇은 껍질 모양으로 성형하고 싶을 때의 테크닉으로, 그 완성도는 감에 의존하는 부분이 크다. 이 사례 외에 P208의 「붓칠 복제」도 참고하도록.

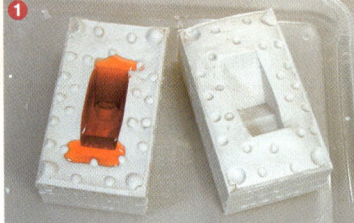

▲사용할 틀은 붕어빵 방식처럼 양면 틀을 합치는 방식이다. 사용할 주형제의 양은 원하는 두께에 따라 다르다. 하지만 결국 원하는 두께로 만드는 것은 매우 어렵기 때문에 절반 정도를 기준으로 삼으면 될 것이다. 이 사례에서는 한 쪽에만 주형제를 부었다.

▲거푸집을 합쳤으면 주형제가 굳는 사이에 내벽을 타고 흐르도록 방향을 계속 바꿔 준다. 안의 주형제의 흐름을 상상하면서 움직여주자. 투명실리콘을 사용하면 내부 모습을 볼 수 있어서 도움이 될 것이다.

▲복제품을 절단한 모습. 윗부분에 약간 고여 있긴 하지만 거의 성공적이라고 할 수 있다. 거푸집을 움직이는 방법에 따라서 부품의 두께가 바뀌기 때문에 깔끔하게 완성하는 것은 상당히 어렵다. 여러 개를 만들어본 다음에 상태가 좋은 것을 골라서 사용하는 것이 좋을 것이다.

심 넣기 성형

레진 등의 주형제는 가늘거나 얇은 형태로 성형하면 나중에 휘기도 한다. 이러한 변형을 막기 위해, 거푸집에 미리 '심'이 될 소재를 넣어서 성형하는 방법. 이처럼 거푸집에 부품을 넣어서 주형하는 방법은, 성형품에 관절 부품과 고정용 축을 박아 넣는 것에도 응용할 수 있다.

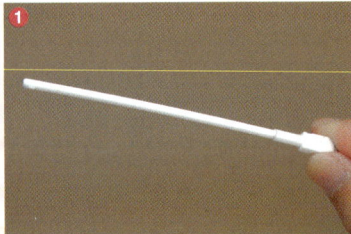

▲레진으로 복제한 가늘고 긴 부품. 끝으로 갈수록 약간 휘어져 있는 것을 알 수 있다. 레진이 경화, 수축하는 과정에서 이런 변형은 어느 정도 감수할 수밖에 없는 부분이다. 다만 가열하면 부드러워 지므로 이런 문제를 수정하는 것이 가능하다.

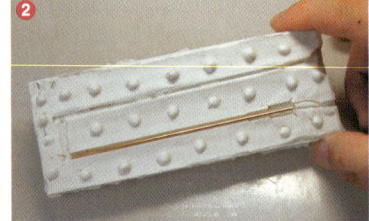

▲왼쪽의 부품을 성형한 거푸집. 이번에는 봉 형태의 부분에 황동선을 넣고 성형한다. 이 경우에는 겉으로 드러나지 않도록 하기 위해 거푸집 안에 넣고 있다. 심이 달라붙지 않도록 중간부분을 살짝 휘어서 뜨게 했다.

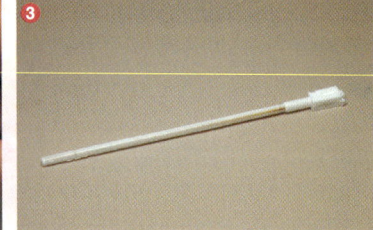

▲성형한 부품. 이 경우는 모양이 일직선인 것은 물론, 기포 없이 깔끔하게 성형되었다. 부분적으로 황동선이 비치지만 직접 표면에 드러나지만 않으면 완성도 면에서 문제가 될 것은 없다.

점토형 실리콘에 의한 형틀 뜨기

「점토형 실리콘」은 잘 반죽한 실리콘에 원형을 도색처럼 눌러줌으로써 간단히 거푸집을 만들 수 있다. 단면 뜨기만이 아니라 양면 뜨기에서도 사용할 수 있다.

CHECK POINT
● 점토 실리콘의 주형

▲점토 형태의 실리콘으로 만든 양면 거푸집에는, 흘려 넣는 타입의 주형제는 사용하기 어려우니, 붕어빵 방식으로 폴리에스테르 퍼티를 채워서 성형. 감싸듯 휘어져 들어간 형태도 복제되어 충분한 완성도라 할 수 있다.

▲왼쪽은 「점토형 실리콘」(보크스 / 500g, 4200엔). 오른쪽은 「블루 믹스」(아그사 재팬). 어느 쪽도 2색의 소재를 동일한 양으로 섞어서 사용하는 것으로, 경화하기까지의 작업 시간은 2분 정도로 짧은 편. 30분 정도면 원형에서 분리할 수 있다. 「블루 믹스」는 작업 시간이 4분인 「슬로우」 타입도 있다.

▲블루 믹스를 사례로 양면 거푸집을 만들어 보았다. 반죽을 하여 균등한 색이 되면, 원형에 눌러 주거나, 반죽에 원형을 눌러준다. 패여 있는 곳에 공기가 남지 않도록 하는 것이 포인트. 한쪽 면이 경화되었다면, 이형제를 바르고 반대쪽도 눌러준다.

▲반대쪽 거푸집 제작 중. 아래쪽 거푸집이 금속처럼 보이는 것은, 이형제(Mr.메탈 컬러의 골드)를 발랐기 때문이다. 위쪽 거푸집은 우선 자잘한 곳부터 채우고, 그 후에 넓은 면적을 채워나가는 방법을 택했다. 실리콘 고무는 경화 후에 덧붙여도 확실하게 유착되므로, 서두르지 않아도 된다.

폴리에스테르 퍼티를 주형한다.

복제품을 그대로 부품으로서 사용하는 것이 아니라 가공의 소재로서 사용하는 경우 등에는 폴리에스테르 퍼티를 주형하는 경우도 있다. 이 사례에서는 폴리에스테르 퍼티 중에서도 가장 유동성이 높은 「도로도로」를 사용해보았다.

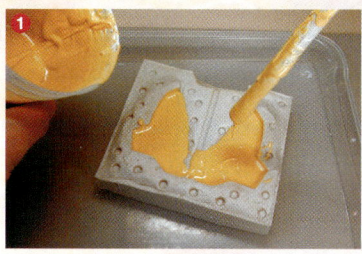
▲아무리 유동성이 높은 「도로도로」라고 해도, 레진처럼 흘려 넣는 것은 무리. 따라서 거푸집에 바르듯이 담아서 합치는 「붕어빵 방식」으로 주형한다. 폴리에스테르 퍼티는 잘 흐르지 않으므로 반대로 말하면 이 주형방식에 가장 적합하다고도 할 수 있을 것이다.

▲거푸집에 폴리에스테르 퍼티를 넣고 두개를 합쳐준다. 점도가 높으므로 레진으로 작업할 때보다 강하게 거푸집을 누른다. 너무 세게 눌러도 거푸집이 일그러질 수 있으므로 적당히 하자. 경화시간은 레진보다 긴 편이므로 적당한 무게의 물체를 올려두는 것이 좋다.

▲주형후 군더더기를 깎아낸 후 완성된 복제품. 공기가 잘 고이지 않는 「도로도로」 덕분에 깔끔하게 성형되었다. 기포나 결손이 있어도 같은 재료로 그대로 메우거나 보수할 수 있는 것이 폴리에스테르 퍼티 주형의 장점이다.

다 쓴 실리콘으로 절약하기

형틀 뜨기를 할 때 실리콘을 절약하는 방법이다. 쓸모가 없어진 실리콘 파편을 첨가해서 양을 늘리면 새 실리콘을 절약할 수 있다.

▲양을 늘리는데 사용하는 것은 다 써서 쓸모가 없어진 실리콘 거푸집. 거푸집 표면이나 주형제가 닿은 면은 제거하고, 열화된 곳이 없는 부분을 사용한다. 이것을 잘게 잘라서 섞기 좋게 만든다. 이것이 실리콘의 양을 늘리는 소재가 되는 것이다.

▲증량용 실리콘을 쓰기 전에 원형의 표면이나 거푸집의 접합면에는 새 실리콘을 흘려 넣어 둔다. 이 부분은 가능한 한 좋은 상태의 실리콘으로 덮어주자. 그 후, 전체에 흘려 넣을 실리콘에 증량 소재(잘게 자른 실리콘)를 더해서 흘려 넣는다.

▲증량재를 새 실리콘과 잘 뒤섞고 잘게 자른 덩어리의 표면을 새 실리콘이 덮어주도록 한다. 흘려 넣을 때는 덩어리 사이에 공기가 들어가지 않도록 천천히 가라앉게 한다. 참고로 P.200의 B면은 이렇게 해서 만든 것이다.

거푸집의 보수

주형·탈형을 반복하다 보면, 레진과 실리콘이 점점 잘 달라붙게 되어서 틀에서 분리가 안 되고, 결국에는 거푸집이 찢어지거나 갈라지게 된다. 이렇게 되면 거푸집을 다시 만들 수밖에 없지만, 보수해서 재사용할 수 있는 경우도 있다.

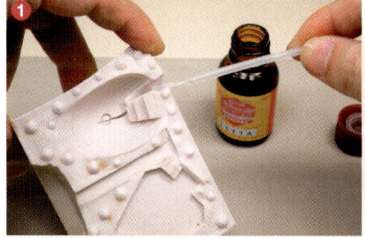
▲복제를 반복한 거푸집이, "쩍"하고 찢어졌다. 따라서 이를 붙여서 보수하도록 한다. 우선 찢어진 양면에 Mr.실리콘 레스큐 프라이머(GSI 크레오스)를 문지르듯이 발라서, 접착 바탕을 만든다.

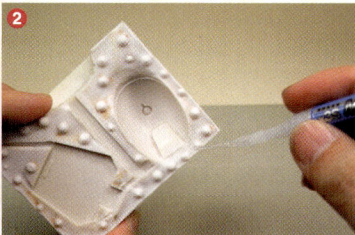
▲다음으로 형태에 맞춰서 약간 벌려놓고 순간접착제를 흘려 넣는다. 너무 벌려 놓으면 거푸집이 어긋나기 쉬우므로 피하고 싶지만, 그렇다고 해서 벌리지 않으면 안쪽까지 확실하게 접착할 수가 없는 것이 난점이다. 이 외에, 다용도 접착제로도 실리콘을 접착할 수 있는 제품이 있다.

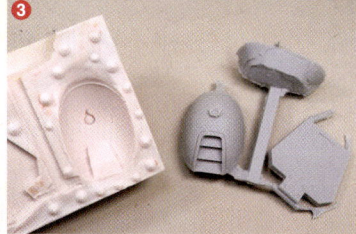
▲보수한 거푸집으로 만든 성형품. 거푸집을 보수한 흔적이 부품 표면에 약간 남아 있지만, 간단히 정형할 수 있으므로 사용상에 문제는 없다. 보수한 거푸집은 몇 번의 주형 작업을 견뎌 냈다. 어디까지나 간이보수에 지나지 않지만, 그래도 도움이 되는 경우도 있을 것이다.

CHECK POINT

●거푸집이 좀 "먹혔"다

▲성형품의 표면에 실리콘 거푸집의 일부가 찢겨져서 남아 있다. 이것이 "거푸집이 좀 먹혔다"고 하는 상태. 복제를 반복하여 거푸집이 열화하면 쉬이 일어나게 되지만, 깊이 팬 몰드에서는 보다 일찍 일어나는 경우도 있다.

이형제 이용

하나의 거푸집으로 여러 개의 복제품을 만드는 경우에는, 성형한 부품이 잘 분리되게 하여, 거푸집의 수명을 늘리는 용도로 이형제를 바르면 좋다. 그 자체는 간단한 작업이지만 이형제를 사용한 복제품은, 이형제를 씻어낸 다음에 사용해야만 한다.

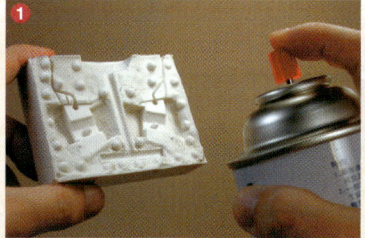
▲실리콘 거푸집에 스프레이 타입의 이형제를 뿌리는 모습. 양면 틀이라면 당연히 양면에 모두 뿌린다. 두껍게 뿌려서 거푸집에 고이면 그대로 복제품의 표면에도 반영이 되므로 주의하자. 한번 뿌려두면 수 차례 정도의 복제 작업 중에는 효과가 있다.

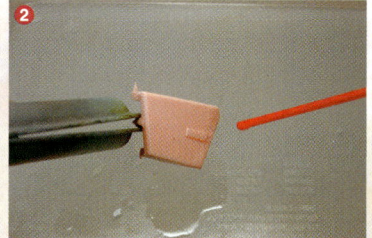
▲이형제를 사용한 성형품은 가공이나 도색을 하기 전에 이형제를 씻어내자. 사진은 스프레이 타입의 이형제 세척액을 뿌리고 있는 모습. 이형제를 제거하는 다른 방법과 주의점에 관해서는 P.184의 「레진 키트 제작 방법」도 참고하도록 하자.

▲이것은 이형제를 씻어내지 않은 채 서페이서를 뿌린 모습이다. 서페이서 표면이 이형제로 인해 물걸치고 있는 것을 알 수 있다. 또 이 상태로도 도색 할 수는 있지만, 마스킹 테이프 등을 사용하면 서페이서도 통째로 벗겨져 버릴 위험이 있다.

CHECK POINT

●거푸집의 열화

▲주형·탈형을 반복하다 보면 부분적으로 찢겨지는 것 외에도, 거푸집 전체가 휘어서 아귀가 안 맞게 되기도 한다. 억지로 끼워 맞춰서 성형해도 찌꺼기와 형태의 어긋남이 눈에 띄게 커진다. 이렇게 되면 거푸집으로서 수명이 다한 것이므로, 다시 만드는 편이 좋다.

5. 간이 복제

실리콘과 레진을 사용하지 않는 간단한 복제법

이어서 간단한 소재를 사용하는 간이 복제법. 실리콘 고무와 레진을 사용하는 본격적인 형틀 뜨기・복제는, 복잡한 형태에 대응이 가능하고 양산성도 높다고 하는 장점이 있지만 번거롭고 비용이 비싸다. 작은 부품의 복제와 몰드 일부를 복제하고 싶은 경우에 실시하기에는 허들이 약간 높다. 그런 때에 편리한 것이 바로 끓는 물에 부드러워지는 「간이 형 뜨기 소재」를 사용하는 방법.

주형 소재로도 친숙한 퍼티 종류를 사용하면 새로 준비해야 할 소재가 줄어든다. 그런 간편한 소재로 형틀 뜨기・복제를 하는 수순을 소개하겠다.

형을 만드는 단계에서는 재료에 원형을 눌러주는 방법이 되기 때문에, 부품 형태가 단순한 것에 적합하며 굴곡이 많은 형태에는 어울리지 않는다. 그러나 이런 문제는 형을 만드는 쪽의 궁리에 따라서는 극복할 수도 있다. 손쉽게 복제가 가능해 진다면 모델링의 폭을 크게 넓혀주게 될 것이다.

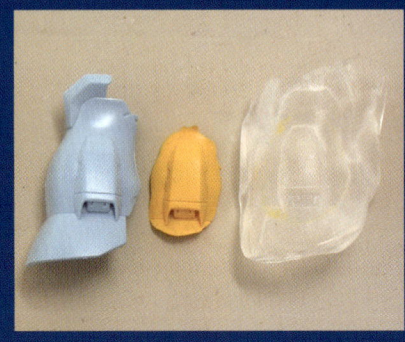
◀가열하면 부드러워 지는 수지에 대고 눌러서, 부품 표면의 몰드 형태를 복제한 사례. 한 가운데 있는 것이 형틀에 폴리에스테르 퍼티를 주입해서 경화시킨 완성품.

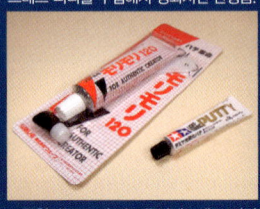
▲주형하는 소재로는 폴리에스테르 퍼티와 광경화 퍼티가 편리.

단면 뜨기

간이 복제의 수순을 「단면 뜨기」를 사례로 소개해 보겠다. 형틀을 잘 만들기 위해서는 재료를 눌러주는 방법 등 주의해야 할 점이 있다.

CHECK POINT

●형을 만들때의 주의

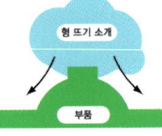
▲형 뜨기 소재를 눌러주는 방법. 동그란 덩어리로 만들고 높이가 있는 곳에 올려, 그곳부터 눌러서 펼쳐준다. 이렇게 하면 부품과 형의 사이에 공기가 잘 남지 않으며, 표면에 밀착한 형태가 된다.

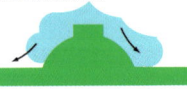
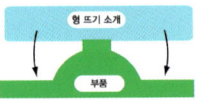
▲이쪽은 나쁜 사례. 형 뜨기 면을 한 번에 펼쳐서 덮어 버리면, 오목한 곳에 공기가 남아버리기 쉽고, 형이 부품과 밀착하지 못하게 된다. 이렇게 형을 복제해 버리면 부품에 필요 없는 돌출부가 생겨 버리게 된다.

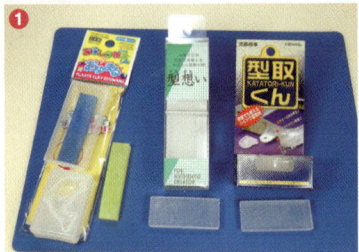
▲간이 복제에 사용하는 열가소성 형틀 뜨기 소재. 왼쪽부터 「오유마루」(다이소 / 13g・100엔), 「가타오모이」(웨이브 / 25g・900엔), 「가타토리 군」(무토우 상사 / 25g・800엔). 사용 방법은 전부 다 동일하며, 물로 데워서 부드럽게 만든 다음에 원형에 눌러준다.

▲동그랗게 에워싼 부분의 벌지(부풀음)를 복제해 보자. 잘하면 개조와 자작을 위해서 키트를 희생하지 않아도 된다. 근처에 있는 경첩 몰드도 함께 시험해 본다. 형 뜨기 소재는 적당한 크기로 잘라 놓는다.

▲형틀 뜨기 소재는 80~90℃의 끓는 물에 2~3분 정도 담가서 부드럽게 만든다. 사례에서는 끓인 물을 보온 컵에 넣어서 사용. 꺼낼 때는 뜨거우므로 젓가락 등으로 집어주자. 수분은 화장지로 흡수하여 제거하고, 그 후 형 뜨기 소재를 재빨리 뭉쳐준다.

▲부품에 대고 누를 때에는, 틀과 부품 사이에 공기가 들어가지 않도록 눌러준다. 공기가 부품 표면에 남으면 하얗게 보이므로 알기 쉽다. 너무 세게 눌러서 틀의 두께가 지나치게 얇아지지 않도록 주의하자.

▲형틀 뜨기 소재가 식었다면 부품에서 벗겨낸다. 흐르는 물 등에 식히면 확실하다. 뒤쪽 면에는 벌지와 경첩만이 아니라 주변의 홈 까지 흔적이 남아 있다. 만약 잘 안됐다 하여도, 형틀 뜨기 소재를 데워서 다시 작업하는 것도 가능하다.

▲주형에는 폴리에스테르 퍼티를 사용하여 보았다. 형틀에 발라줄 때에는 표면의 굴곡을 채우도록 신경을 쓰자. 세부는 이쑤시개로 찔러주듯이 하거나, 면봉 등으로 문질러서 발라도 괜찮을 것이다. 표면을 칠한 후에, 전체를 메우기 위하여 양을 약간 많이 발라준다.

▲발라준 뒷면을 평평하게 하고 싶은 경우에는 판을 겹쳐서 눌러주면 된다. 사례는 퍼티의 상태를 볼 수 있도록 투명 플라스틱판을 사용. 퍼티가 쉽게 벗겨지도록 표면에는 포장용 PP 테이프를 붙여 놓았다.

▲폴리에스테르 퍼티가 굳었다면 형에서 분리하여, 주위의 돌기를 제거한다. 이렇게 부품 표면의 몰드가 독립된 하나의 부품이 되었다. 이걸 다른 부품에 붙이는 등의 사용 방법이 가능해진 것이다. 경첩 부품의 세세한 몰드가 재현되어 있다.

▲경첩 부분을 광경화 퍼티를 사용하여 주형해 보았다. 광경화 퍼티를 사용할 때에도 요령은 동일하지만, 한 번에 경화가 가능한 것은 2mm까지로 되어 있다. 이 부품은 1.5mm의 두께이므로 확실하게 재현되었다.

5. 간이 복제

양면 형에 의한 형틀 뜨기

단면틀로는 복잡한 형상을 성형할 수 없으므로 부품 전체를 덮어줄 수 있도록 2개의 면으로 나눈 틀이 필요한데, 작은 부품이라면 간이 형틀로도 대응 가능하다. 주형은 양면에 주형제를 넉넉히 발라준 후 2개의 틀을 합치는 방법이 사용된다.

CHECK POINT
● 형틀의 접합선을 정리한다.

▲형틀 뜨기 소재를 눌러서 접합하는 가장자리는 그대로 내버려 두면 틈새가 발생하기 쉽다. 오른쪽 그림처럼 동그란 부분을 자른 다음에 접합하면, 돌기와 형태의 어긋남을 줄일 수 있다.

①▲이 손목 부품의 형을 떠보자. 형틀의 분할선(파팅라인)을 어디에 두면 형틀로부터 원형과 주형 부품을 분리할 때에 무리가 없을지를 고려하여 기준선을 그려둔다. 형틀 뜨기 소재는 탄력이 있으므로 다소 벌려서 분리하는 것을 전제로 해도 좋다.

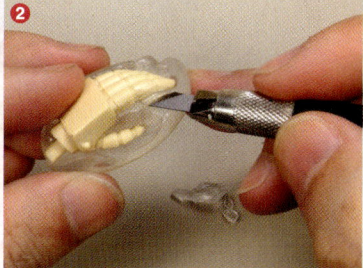

②▲우선 손바닥 쪽에 형 뜨기 소재를 눌러주었다. 사전에 그린 파팅라인 보다 깊이 파묻게 하여, 굳은 다음에 여분을 잘라서 제거하자. 가장자리를 자르는 것은 형태의 접합을 좋게 하는 작업이기도 하다. 파묻힌 정도를 보면서 분할 위치를 수정해도 좋을 것이다.

③▲남은 면을 덮어주듯이 형 뜨기 소재를 발라준다. 형틀끼리 잘 들어맞도록 약간 넓게 눌러 붙여주었다. 또한 실리콘 고무의 양면 형틀에서는 형틀끼리 유착하는 일이 없도록 이형제를 발라 놓을 필요가 있지만, 이 형틀 뜨기 소재에서는 필요 없다.

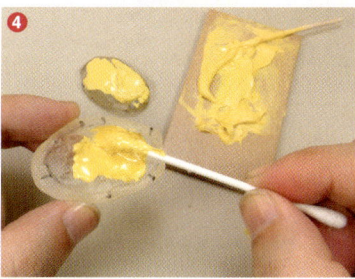

④▲완성된 형틀에 폴리 퍼티를 넣어 주형. 기포가 생기지 않도록 신경 써야 하는 것은 단면 형틀 뜨기와 마찬가지. 면요 등으로 안쪽 굴곡에 퍼티를 발라준다. 퍼티를 적정량보다 넉넉하게 바르고 양쪽 틀을 접합한 뒤 경화를 기다리자. 형틀에 너무 힘을 주어 일그러지는 일이 없도록 할 것.

⑤▲퍼티가 경화된 후, 위의 형틀을 벗겨낸 모습. 손가락 측면 등 관련 부위도 양호하게 형태가 재현되어 있다. 주형면에 돌기가 생긴 것은 어쩔 수 없다. 깎아주면 되는 것이므로 매우 얇게 만들어주면 문제없다.

⑥▲형에서 분리한 성형품. 왼쪽은 파팅라인의 돌기도 적으며 잘 만들어진 것. 오른쪽은 형틀끼리의 밀착이 충분치 못했던 것. 파팅라인 부분에서 부품이 어긋나서 두께가 확장되어 버렸다. 이 방법에서는 자주 있을 법한 실패다.

⑦▲한층 세세한 몰드가 있는 형태로 1：35 스케일 전차의 캐터필러의 형틀을 떠 보았다. 간이 복제라고 해도 전체 형태만이 아니라, 표면의 미끄럼 방지와 측면의 핀 머리까지 재현할 수 있었다. 이를 실현하기 위한 형틀 제작을 위해서는 여러 가지 궁리가 필요하다.

⑧▲우선 처음에 만드는 단면은 형틀 소재가 펼쳐지지 않도록 틀에 넣은 후, 그 상태에서 원형 부품을 눌러주도록 한다. 반대쪽 면(파란쪽)의 형은, 우선 소재를 작게 준비하여, 봉을 이용해서 패여 있는 몰드에 확실히 눌러줘서, 그곳으로부터 부품 표면으로 퍼져 나가도록 했다.

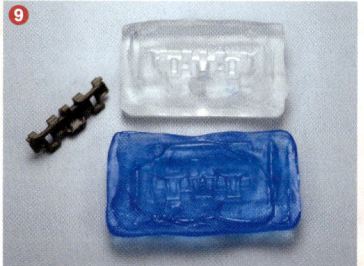

⑨▲푸른쪽의 형틀은 이것만으로는 얇게 올려져 있을 뿐이므로, 추가로 부품 전체를 덮어주듯이 형 뜨기 소재를 덧붙이고 있다. 이 방법으로는 형틀 뜨기 소재를 틀에 넣어주고, 원형에 어울리게 하고, 2장을 겹친다는 작업을, 재료가 식어 버리기 전에 빨리 처리해야 할 필요가 있다.

부품의 투명화

간이 형틀 뜨기의 응용으로서 부품의 투명화를 해보았다. 주형 작업용 투명 수지는 취급이 용이한 '광경화 타입'을 사용해 보았다.

CHECK POINT
● 박막화는 어렵다

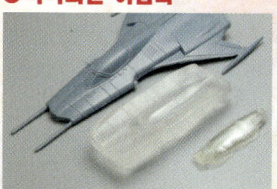

▲마찬가지로 투명하지 않은 비행기의 캐노피 부분을 형 뜨기를 하여 클리어 부품으로 만들어 보았다. 무광택 투명 부품이 되었지만 교환해서 분위기를 살리는 정도는 가능할 듯 하다. 하지만 역시 프라모델 부품처럼 얇게 성형하는 것은 어려웠다.

①▲왼쪽이 원형. 실제 자동차에서는 투명한 헤드라이트 커버 부분이, 색이 들어가 있는 플라스틱 수지로 성형되어 있다. 이를 형을 뜨고 복제하여 오른쪽처럼 투명한 부품으로 만들었다. 복제 직후이므로 런너 부분과 돌기가 남아 있지만, 이건 나중에 정형하면 된다.

②▲이 경우에는 열을 가한 형틀 뜨기 소재에, 원형을 눌러서 본을 뜨는 듯한 방법으로 단면 형틀 뜨기의 형을 만들었다. 런너가 달려있는 채로 작업한 이유는, 형틀에 묻어줄 때에 어긋남이 없도록 하기 위함과 동시에, 작은 부품이므로 주형한 후에 쉽게 다루는 것을 고려한 것.

③▲주형에 사용한 투명 수지는 UV 젤 클리어(가이아노츠, 사진은 구용품). 투명도가 높은 수지와 자외선을 비추는 LED 램프(사진 안쪽)가 세트로 구성되어 있다. 용기에서 점을 찍듯이 주형하고 램프를 약 40초간 비춰주면 경화된다.

6. 붓칠을 이용한 복제 기법

속이 비어 있는 성형과 부드러운 수지로 부품을 제작

형틀 뜨기·복제는 부품의 수를 늘리는 것 외에, 동일한 형태인 채로 "소재를 교체하는 것"을 목적으로 하는 경우도 있다. 일반적인 주형 작업에서는, 레진 같은 액상 수지를 흘려 넣어서 강화시키고, 단단한 내용물이 채워져 있는 무광택 상태의 부품을 성형하게 되지만, '붓칠 타입'의 수지 소재를 이용하면 동일한 형태면서 속이 빈 껍데기 형상의 성형품을 쉽게 만들 수 있고, 경화 후에도 탄력이 있어 구부려서 가지고 놀 수 있는 성형품의 제작도 가능해진다. 이 항목에서는 이러한 특성을 지닌 붓칠 주형 소재의 특징을 살릴 몇 가지 방법을 생각해 보았다. 혼합 및 주형 방법도 독특하므로, 그 수순과 완성 모습을 함께 소개하고자 한다. 형틀을 만드는 방법은 앞서 소개한 실리콘 고무를 사용하는 방법과 마찬가지. 아이디어에 따라서는 모형의 표현 방법을 한층 더 넓혀 줄 것이다.

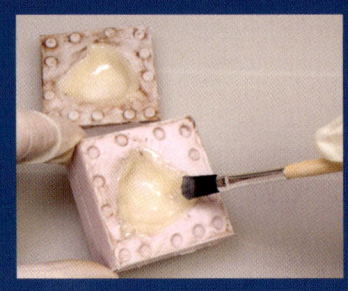
◀실리콘 형의 양면에 붓칠 타입의 주형 재료를 발라준다. 형의 제작은 기존과 동일하다

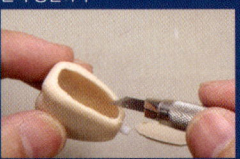
▲속이 텅 빈 모양의 성형품. 텅 비어 있는 상태로 사용하는 것 외에, 심을 넣어서 사용하는 방법도 가능하다.

붓칠 주형 수지의 특징

여기서 사용하는 것은 타케바야시 화학 공업에서 발매하고 있는 2액형 우레탄 수지의 3종류. 붓칠이라고 하는 특징 외에 경화 후의 단단함에 차이가 있다.

✔ CHECK POINT
● 이형제에 관해서

▲이런 수지들을 형에서 분리할 때에 사용하는 이형제는 실리콘 타입을 사용할 것(왼쪽). 불소 타입(오른쪽)은 표면에 끈적거림이 남기 때문이다

▲「타케실 쉘 캐스트」. 경화 후에 딱딱해지는 타입으로 말랑한 반죽 상태의 주제와 액상 경화제를 섞어서 사용한다. 혼합하여 바를 수 있는 시간은 7분. 90분 정도로 탈형이 가능하지만 그 단계에서는 아직 부드러우며, 서서히 굳어져서 완전 경화하기 까지 24시간. 300g에 4200엔.

▲「타케실 우레탄 마이스터」. 소프비 인형과 PVC 정도의 탄력으로 경화 된다. 작업 시간은 7분으로 탈형 시간은 60분. 완전 경화에는 12시간이 걸린다. 주제는 역시 말랑한 반죽 상태로 여기에 액상 경화제를 넣어서 사용한다. 300g에 4200엔.

▲「타케실 K2K」. 경화 후에 고무 같은 유연함과 질감을 낸다. 주제, 경화제 둘 다 점성이 있으므로 확실하게 섞어줘야 한다. 작업 시간은 7분, 탈형 시간은 90분, 완전 경화까지는 12시간. 부드러우므로 도색할 때는 도료를 가리지만, 그 부분은 나중에 설명하겠다. 300g에 4200엔.

속이 텅 빈 성형물에 도전!

우선은 「쉘 캐스트」를 사용하여 붓칠 성형의 주형 수지의 혼합부터 바르기까지의 수순과 함께, 취급 법의 기본을 살펴보도록 하자. 물론 복제품은 이 방법의 특징인 속이 비어 있는 부품이 된다.

✔ CHECK POINT
● 두께를 통일하는 요령

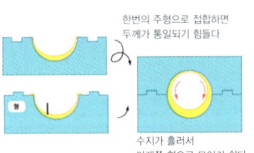

▲한 번의 주형(바르기)만으로 접합하는 방법에서는, 경화하기 까지 수지가 다소 흘러버리기 때문에, 두께와 공동의 위치가 변해 버리는 경우가 있다.

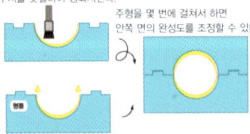

▲부품의 두께를 통일하기 위해서는, 우선 각각의 형에서 얇게 경화시키고, 그 후 접합선에 수지를 발라서 형을 접합하여 일체화시키는 방법을 취하는 게 좋다.

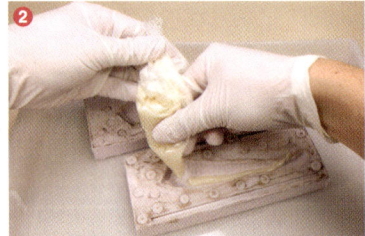
▲혼합률은 중량비 기준으로 0.1g 단위로 표시하는 디지털 저울을 준비. 그 위에 비닐봉지로 포장한 컵을 올리고 주제와 경화제를 넣는다. 그 후 컵에서 비닐봉지를 빼내서, 흘러나오지 않도록 입구를 봉하고, 봉지를 주무르듯이 섞어준다.

▲교반이 끝났다면 비닐봉지의 끝에 구멍을 내서, 그곳을 통해서 형에 수지를 짜낸다. 여기서는 대충 부착시켜주는 정도로 해도 된다. 경화는 이미 시작되고 있으므로 재빠르게 처리하자. 또한 메이커의 설명에 따르면 양이 많은 경우는 컵 등에서 직접 섞는 것도 가능하다고 한다.

▲형틀에 부어넣은 수지를 붓으로 세부 작업을 하면서 두께를 다듬어 준다. 한 번의 주형으로 접합할 생각이라면, 접합선 부근이 얇아지지 않도록 조금 흘러나올 정도로 발라주자. 그런 만큼 군더더기가 약간 생기게 된다.

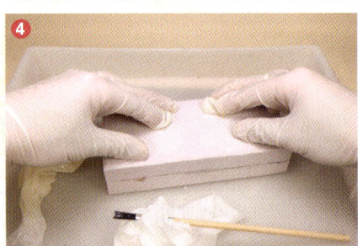
▲형틀의 양면을 접합하고 단단히 눌러서 밀착시킨다. 형을 접합할 때는 전면을 한 번에 "탁" 하고 붙이는 것이 아니라, 한 쪽 끝을 먼저 맞춘 다음에, 조금씩 휘어가면서 접합해나가면 형의 어긋남과 군더더기가 적게 발생하게 된다.

▲경화 후에 형틀에서 분리한 성형품. 투명감이 있는 소재이므로, 두께의 차이가 비쳐 보인다. 완전 경화까지는 시간이 걸리므로 적당한 시점에 형틀에서 분리하여 그대로 경화를 기다리자. 접합선의 사포질 등은 완전히 경화한 다음에 하자.

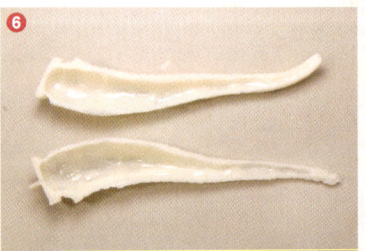
▲반으로 자른 안쪽 상태. 다소의 파문은 있지만, 내측은 대부분 잘 성형되어 있는 상태. 속이 비어 있는 성형 부품이 가볍게 완성되는 메리트 외에도, 수지가 반투명한 것을 활용하여 전자 광원을 집어넣는다고 하는 사용 방식도 가능하다.

6. 붓칠을 이용한 복제 기법

부품을 구부릴 수 있도록

부드러운 수지로 주형을 할 때에, 철사 같은 뼈대를 박아두는 방법. 이렇게 하면 자유로이 구부러지는 부품을 만들 수 있다.

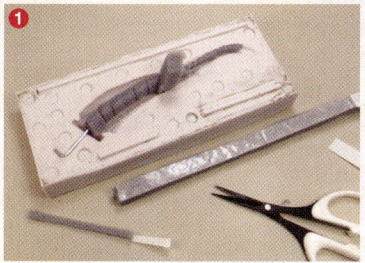

▲구부러지는 뼈대 재료로서 알루미늄 선에 스펀지를 감아서 '심'으로 삼는다. 적당한 폭으로 자른 스펀지에 양면테이프를 붙여서 대각선으로 감아준다. 남는 부분은 가위로 자른 후 형태를 다듬으면 된다.

▲형틀의 양면에 수지를 칠한 다음, 심이 될 소재를 가운데 붙여준다. 스펀지 주변에도 수지를 발라서, 주위와 어우러지게 함과 동시에 심재가 형틀의 끝단에서 노출되지 않도록 한다.

▲완성된 성형품. 이것은 수지에 K2K를 사용한 것으로 구불구불하게 구부려서 가지고 놀 수 있게 되었다. 우레탄 마이스터의 경우는 완만하게 휘어지는 느낌. 용도와 완성도에 따라서 선택하는 것도 좋을 것이다.

● CHECK POINT · 붓의 세척에 관해서

▲수지를 발라주거나 어우러지게 하는 작업에서 사용할 솔이나 붓은, 재빨리 우레탄 신너에 담가서, 수지를 제거할 것. 래커 신너로는 대응할 수 없으므로 주의하자.

부품의 유연화

주형 재료의 부드러움을 살린 제작 사례 2가지를 살펴보도록 하자. 베앗가이Ⅲ의 리본과 자쿠의 프런트 아머를 유연화 하는 공작. 이외에도 사용방식에 따라 여러 가지 표현이 가능할 것이다.

▲베앗가이Ⅲ의 리본. 오른쪽만을 형틀로 떠서 우레탄 마이스터로 성형했다. 덕분에 이렇게 부드럽게 휘어지게 되었다. 위의 매듭도 속이 비어 있는 성형 부품으로 했으므로, 만져보면 말랑말랑 탄력성이 있는 마무리가 되었다.

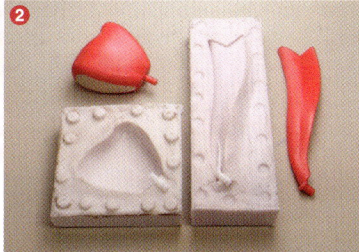

▲원형으로 삼은 키트 부품과 실리콘 형틀. 매듭 쪽은 위아래로 구멍이 뚫린 부분을 점토로 메운 상태에서 형을 뜨고, 성형한 뒤에 다시 구멍을 뚫어주었다. 본체와의 접속 부분은 어느 정도의 강도가 필요하기에 플라스틱 봉을 심재로 주형했다.

▲우레탄 마이스터로 성형한 부품. 이 후 군더더기를 제거하고 왼쪽의 부품은 상하의 구멍을 뚫어줬다. K2K로도 동일하게 성형해 보았지만, 지나치게 부드러워서 리본이 무게로 인해 늘어지고 말았다. 부드러움의 차이는 다양한 선택지를 제공해준다.

▲HGUC 자쿠의 스커트를 일체화시켜서, 복제한 후에 K2K로 바꿔 보았다. 애니메이션 극 중에서 "스륵"하고 구부러지는 모습을 재현해 보자는 것이 본 작업의 의도. 겨드랑이와 다리의 동력 파이프도 마찬가지로 K2K로 교환한 상태이다.

▲스커트 아머의 실리콘 형틀에 주형하여 경화시킨 장면. 형틀은 스커트의 바깥쪽과 안쪽으로 분할되어 있다. 주형은 파인 곳에 수지를 많이 발라주고, 그곳에 안쪽의 형을 집어넣는 순서. 여분의 수지는 주위로 흘러 넘치게 한다.

▲건담 마커로 도색 후에 포즈를 취한 모습. 앞으로 내딛고 있는 다리에 맞춰서 허리 아머가 젖혀지고 있다. 무릎을 굽혀도 파이프가 부자연스럽지 않기에, 애니메이션에서의 묘사에 가까워 졌다.

● CHECK POINT · 수지의 배출구

▲허리 아머의 성형품. 넘쳐흐르는 수지를 원활하게 배출시키기 위해, 형틀 주위에 도랑을 파 놓았다. 붉은 화살로 표시한 부분이 그 흔적. 형틀끼리 밀착시켜서 군더더기가 적게 발생하도록 만들기 위한 방편이다.

착색에 관해서

탄력이 있는 소재에서는 도료의 정착성, 구부릴 때 칠이 유지 될지의 여부는 꽤나 신경쓰이는 부분. 그래서 소재마다 다양한 도료를 시험해 보았다. 연질 수지에 도색할 때 참고했으면 한다.

▲딱딱하게 경화하는 쉘 캐스트는 일반적인 레진과 마찬가지로 취급할 수 있는 듯하다. 모형용 레커로도 직접 칠할 수 있지만, 레진용 서페이서에서 유착이 더욱 좋으므로 이를 바탕으로 이용하는 게 좋을 것이다.

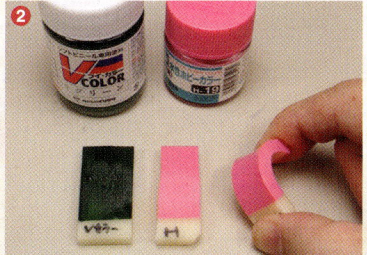

▲탄력이 있는 우레탄 마이스터의 경우, 이러한 소재에 강할 것이라 생각했던 소프비용의 브이 컬러가 의외로 잘 맞지 않았던 관계로 다양한 도료와 프라이머를 시험해보았다. 수성 하비 컬러를 우레탄 마이스터에 직접 칠해보면 구부려도 주름이 잘 생기지 않으며 정착성도 우수했다.

▲부드러운 K2K는 건담 마커 도색 펜이 정착되기는 했지만, 몇 번 움직여보니 미세한 주름이 발생하고 말았다. 내구성이 높았던 것은 프라이머로 밋차크론을 뿌린 후에, 고무 착색용 도료인「고무 밴즈 컬러」(다이아 화이트 / 70g · 1180엔)를 바르는 방법이었다.

● CHECK POINT · 접착에 관해서

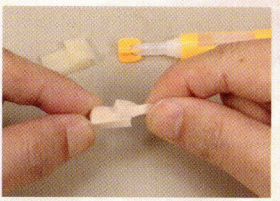

▲세 수지 모두 순간접착제와의 상성이 좋다. 탄력이 있는 우레탄 마이스터와 K2K에서, 접합부를 비틀어도 잘 벗겨지지 않았다.

NOMOKEN 노모토 켄이치 모델링연구소 [최신개정판]

저자	노모토 켄이치
기획 · 구성 · 디자인	이토 카츠히토
편집 담당	타카하시
편집 협력	요코시마 마사리키
촬영	노모토 켄이치
	혼마츠 아키시게(스튜디오R)
	스튜디오R
	카츠 키히(이노우에 사진 스튜디오)
협력사	주식회사 웨이브
	주식회사 에어텍스
	주식회사 에이비씨 하비
	주식회사 에코텍
	가이아노츠 주식회사
	주식회사 키소 파워툴
	주식회사 굿 스마일 컴퍼니
	유한회사 月世
	갓 핸드 주식회사
	주식회사 壽屋
	주식회사 선라이즈
	주식회사 GSI 크레오스
	타케바야시 화학 공업 주식회사
	주식회사 타미야
	주식회사 하세가와
	비제이
	빌리켄 상회
	유한회사 파인몰드
	유한회사 팬텍
	유한회사 보크스
	보쉬 주식회사
	주식회사 하비 베이스
	주식회사 미네시마

AK HOBBY BOOK

NOMOKEN
노모토 켄이치 모델링 연구소 [최신개정판]
중 · 고급 프라모델러를 위한 테크닉가이드

초판 1쇄 인쇄 2015년 8월 20일
초판 2쇄 발행 2017년 5월 30일

저자 : 노모토 켄이치
번역 : 이은수

펴낸이 : 이동섭
편집 : 이민규
디자인 : 이은영, 이경진
영업 · 마케팅 : 송정환
e-BOOK : 홍인표, 이문영
관리 : 이윤미

㈜에이케이커뮤니케이션즈
등록 1996년 7월 9일(제 032-1996-00026호)
04002 서울 마포구 동교로 17안길 28, 2층
TEL : 02-702-7963~5 FAX : 02-702-7988
http://www.amusementkorea.co.kr

ISBN 979-11-7024-259-8 17630

한국어판©에이케이커뮤니케이션즈 2015

NOMOKEN NEW EDTION
©2014 Ken-Ichi Nomoto · HOBBY JAPAN
©SUNRISE
©SOTSU · SUNRISE
©SOTSU · SUNRISE · MBS
Originally Published in Japan 2014 by HOBBY JAPAN Co.,Ltd.
Korea translation Copyright©2015 by AK Communications Inc

이 책의 한국어판 저작권은
일본 ㈜HOBBY JAPAN과의 독점계약으로
㈜에이케이커뮤니케이션즈에 있습니다.
저작권법에 의해 한국 내에서 보호를 받는 저작물이므로
무단전재와 무단복제를 금합니다.

이 도서의 국립중앙도서관 출판예정도서목록(CIP)은
서지정보유통지원시스템 홈페이지(http://seoji.nl.go.kr)와
국가자료공동목록시스템(http://www.nl.go.kr/kolisnet)에서
이용하실 수 있습니다.(CIP제어번호: CIP2015020074)

*잘못된 책은 구입한 곳에서 무료로 바꿔드립니다.